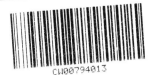

# A Source-Book on French Law

# A Source-Book on French Law

Public Law: Constitutional and Administrative Law
Private Law: Structure, Contract

Kahn-Freund, Lévy, Rudden

Third, Revised, Edition

Bernard Rudden

CLARENDON PRESS · OXFORD
1991

Oxford University Press, Walton Street, Oxford OX2 6DP

Oxford New York Toronto
Delhi Bombay Calcutta Madras Karachi
Petaling Jaya Singapore Hong Kong Tokyo
Nairobi Dar es Salaam Cape Town
Melbourne Auckland
and associated companies in
Berlin Ibadan

Oxford is a trade mark of Oxford University Press

Published in the United States
by Oxford University Press, New York

British Library Cataloguing in Publication Data
A source-book on French law : public law : constitutional and administrative law,
private law : structure, contract. – 3rd, rev. ed.
I. Rudden, Bernard
3444
ISBN 0–19–876248–8
ISBN 0–19–876247–X pbk

Library of Congress Cataloging in Publication Data
Rudden, Bernard.
A source-book on French law : public law—constitutional and administrative
law : private law—structure, contract / Kahn-Freund, Lévy, Rudden.—3rd, rev.
ed. / Bernard Rudden.
Includes bibliographical references (p. 516) and index.
1. Law—France. 2. Contracts—France. I. Kahn-Freund, Otto, Sir,
1900– II. Lévy, Claudine. III. Title.
KJV233.R83 1990 349.44—dc20 [344.4] 90–7511
ISBN 0–19–876248–8 (hardback)
ISBN 0–19–876247–X (pbk.)

Set by Pentacor PLC, High Wycombe, Bucks

Printed in Great Britain by
Biddles Ltd, Guildford and King's Lynn

*In Piam Memoriam*

OTTO KAHN-FREUND

17.11.1900 – 16.8.1979

*Certain it is, that when a great learned man (who is long in making) dieth, much learning dieth with him.*

Co. Litt. Pref.

# Contents

PART II.  PRIVATE LAW

# Preface

REVIEWERS of the last edition, though kindly, were agreed on one thing: that it was too difficult. In an attempt to meet their criticisms, this edition has been completely revised, both in plan and in content.

It now begins with a fairly lengthy Introduction, largely in English and designed to explain to the student the necessary background and the crucial division of French law. That division is then followed in the rest of the book, which consists of extracts in the original French usually prefaced by observations in English. The first Part deals with public law: its section on Constitutional Law sets out the major sources of, and the main controls in, this basic area. Its second section sketches the structure and domain of administrative law, while its last sub section tries to provide a fairly simple illustrative example. The second Part is devoted to private law. Its first section gives the basic texts on the field's categories, sources, and structure, illustrated by the contract materials in the second section.

Major alterations in the substance of the texts included were imposed by the legal and political developments which have occurred in France during the last decade. The *Conseil constitutionnel*—an innovation of 1958—now bids fair to become a Supreme Court.[1] It has kept the Parliament scrupulously within a Bill of Rights, and in doing so has been forced to reflect on the fundamental principles of the law of the Republic. Although the Parliamentary opposition has frequently referred legislation to the *Conseil*, hoping to attain by a lawsuit what it cannot achieve by a vote, the *Conseil* has acted with prudence and independence, setting fair limits around both the nationalizations of the early and the privatizations of the mid-1980s. For just over two years from March 1986 a socialist President had to live with (the French called it *cohabitation*) a non-socialist majority in the legislature. That Charles de Gaulle's Constitution stood the strain is—at least to a lawyer—in no small measure due to the *Conseil constitutionnel*.

[1] For articles in English, see Barry Nicholas, 'Fundamental Rights and Judicial Review in France', [1978] P.L. 82 and 155; John Bell, 'Equality in the Case-law of the *Conseil constitutionnel* in France', [1987] P.L. 426; Cynthia Vroom, 'Constitutional Protection of Individual Liberties in France: The *Conseil constitutionnel* since 1971', 63 Tul. L.R. 265 (1988) and works there cited.

Another dimension is added by the fact that the *Conseil's* decisions bind legislature, executive, and judiciary. The influence of its leading cases is now felt throughout the system, leading to what, for want of a better word, might be called the 'constitution-alisation' of administrative and private law.[2] In the near future this process may well be accelerated: for the bicentenary of the Revolution has seen calls—at the highest level—for an enlargement of the *Conseil's* jurisdiction. Soon both public and private supreme courts may be able to ask the *Conseil* to rule on the constitutionality of statutes in force. Soon any citizen may be able to seise the Conseil with a complaint that a particular application of a law is a breach of human rights as defined by the 1789 Declaration and by the Republican tradition. For these reasons, the new material in Part I concentrates on the recent decisions of the *Conseil constitutionnel*. At the same time certain topics (for instance the distribution of legislative power between the Parliament and the government) have now become of less importance, and their treatment has been greatly curtailed.

In Part II some material in the earlier editions—such as the invention by the judges of a law of life assurance—has not been reproduced. This has left space to include more of the Civil Code itself, and to give some extracts on recent developments (inspired by both doctrine and case law) whose counterparts are arousing interest in this country. Examples include the growing duty on professionals to inform or advise layfolk with whom they deal; and the increasing, if discreet, intervention of the courts in revising contracts.

I must first express my deep gratitude to Dr Claudine Lévy. A co-editor of the first two editions, she contributed greatly to the production of this one, both with sound advice and with practical help in securing the necessary permissions to reproduce many of the passages. I must also thank the authors and publishers whose names appear in the Bibliography for kindly allowing their work to be used; Professor John Bell of the University of Leeds for his advice in selecting suitable material; Pierre Rainville of Magdalen College, Oxford for his help in preparing the text; the Oxford

[2] See Georges Rouhette, 'L'Effet des décisions du conseil constitutionnel à l'égard des juridictions civiles', [1987] *Journées de la Société de Législation Comparée*, pp. 399 ff.; Basil Markesinis, 'Comparative Law—a Subject in search of an Audience', [1990] MLR 1.

University Press for its patient work on a difficult manuscript; and, as always and for everything, the Bodleian Library and its learned staff.

*Brasenose College*                                                    B.R.
*Oxford*
*14 July 1989*

# Conventions

*Doctrine.* The works from which extracts are taken are given only a brief heading in the text; full details will be found in the Bibliography. Unless otherwise stated: passages are extracts only; the author's own citations are omitted; where the original bears paragraph or section numbers these have been preserved; where textbooks are referred to but not reproduced, the number given is that of the paragraph not the page.

*Jurisprudence.* Cases are referred to in the usual French way. Thus Cons. const. 16.7.1970 means a decision of the *Conseil constitutionel* given on that day. Cass. civ. 9.5.1983 means a decision of a *Chambre civile* of the *Cour de cassation*. The case's own docket number is added only where there might otherwise be confusion between it and some other decision handed down by the same body on the same day.

The method of compiling law reports has changed from time to time, and not all use the same conventions. The letters D. and S. refer to the most commonly cited reports of Dalloz and Sirey; D.S. to the years when they are united. The last number is always the page; but if, between it and the date, there appears the number 1, 2, or 3, this refers, respectively, to the section of the volume dealing with decisions of the *Cour de cassation*, of other civil courts, and of the administrative jurisdictions. The pages of each section are numbered afresh. Until 1924, Dalloz also issued parts 4 (legislation) and 5 (summaries). In the case of the Recueil Dalloz, D.H. refers to the part entitled Hebdomadaire which used to appear weekly with unannotated reports; D.A. means the part once entitled Analytique; D.C. that once called Critique.

In its modern form, D.S. still bears numbers but they are rarely used in citation: instead Chron. means Chroniques and refers to articles and comment; J. means Jurisprudence; and L. means legislative material. If the citation is simply D.S. followed by a year and a page, the reader will find the case at that page in the section of the volume devoted to *jurisprudence*.

The *Gazette du Palais* is published with two volumes every year, consequently the number refers to the volume. Its material is distributed under titles similar to those used by D.S. and described above. The work which appears under the name *La Semaine Juridique* is referred to as J.C.P. (*Jurisclasseur Périodique*). It is divided into parts indicated thus: I *Doctrine*, II *Jurisprudence*, III *Textes*, IV *Summaries*. Only this last section has numbered pages; in the others the number is that of the entry.

# Abbreviations

| | |
|---|---|
| adm./admin | administratif |
| AF | anciens francs |
| A.J.D.A. | L'Actualité Juridique, Droit administratif |
| al./alin. | alinéa |
| anon. | anonyme |
| a./art(s). | article(s) |
| att. | attendu |
| Bull. civ. | Bulletin civil |
| C./c. | contre |
| Cass. civ. | Cassation chambre civile |
| Cass. com. | Cassation chambre commerciale |
| Cass. crim. | Cassation chambre criminelle |
| Cass. req. | Cassation chambre des requêtes |
| Cass. soc. | Cassation chambre sociale |
| C.E. | Conseil d'Etat |
| Chr./Chron. | Chronique |
| C. civ. | Code civil |
| C. com. | Code commercial |
| Comm. gouv. | Commissaire du gouvernement |
| Comp./Cie. | Compagnie |
| concl. | conclusions |
| cons. | consorts |
| Cons. const. | Conseil constitutionnel |
| C. pén. | Code pénal |
| C. proc. civ./CPC | Code de procédure civile |
| D. | Dalloz |
| D.A. | Dalloz analytique |
| D.C. | Dalloz critique |
| D.H. | Dalloz hebdomadaire |
| Dlle | Demoiselle |
| Dme | Dame |
| Doctr. | Doctrine |
| D.P. | Dalloz périodique |
| Dr. Soc. | Droit social |
| D.S. | Dalloz-Sirey |
| éd. | édition |

| | |
|---|---|
| et s. | et suivant(es) |
| F./Fr./fr. | francs |
| G.A. | *Les Grands Arrêts de la jurisprudence civile*, ed. Capitant. H., Weill, A., et Terre, F., 7th ed., Dalloz, 1976. |
| G.A.A. | *Les Grands Arrêts de la jurisprudence administrative*, ed. Long, M., Weill, P., et Braibant, G., 7th ed., Sirey, 1978. |
| G.D. | *Les Grandes Décisions du Conseil constitutionnel*, ed. Favoreu, L. et Phillip, L. 4th ed., Sirey, 1986. |
| Gaz. Pal. | Gazette du Palais |
| gén. | général(e) |
| J.C.P. | Semaine juridique (Jurisclasseur périodique) |
| J.O. | Journal officiel |
| L. | Loi |
| L.G.D.J. | Librairie générale de droit et de jurisprudence |
| N./n° | numéro |
| N.C.P.C. | Nouveau code de procédure civile |
| P.U.F. | Presses universitaires de France |
| R.D.C.C. | Recueil des décisions du Conseil constitutionnel |
| R.D.C.E. | Recueil des décisions du Conseil d'Etat |
| R.D.P. | Revue du droit public |
| R.F.D.A. | Revue Française de droit administratif |
| Rev. Int. Dr. Comp. | Revue internationale de droit comparé |
| Rev. Tr. Dr. Civ. | Revue trimestrielle de droit civil |
| Rev. Tr. Dr. Com. | Revue trimestrielle de droit commercial |
| S.A. | Société anonyme |
| Scté. | Société |
| Somm. | Sommaires |
| T.C. | Tribunal des conflits |
| T.G.I. | Tribunal de grande instance |
| T.I. | Tribunal d'instance |
| Vve | Veuve |

# Table of French Statutes etc.

N.B. The more prolix titles have been shortened.

# Table of French Cases

# Table of English Statutes

# Table of English Cases

# Introduction

THIS introduction is divided into two sections. The first describes some of the important features of the law in the Ancien Régime; the second attempts to prepare the reader for the great division of the French legal system into the two parts which form the bulk of this book.

## Some Background Features

Almost all the texts in this work are taken from the law of post-Revolutionary France. That law, however, still shows the influence of the Ancien Régime in two ways: on the one hand much of it is a conscious rejection of the past; but, on the other hand, there are some areas which display here and there the heritage of older attitudes, assumptions, and institutions.

In order to help the reader grasp the full import of the modern texts, we set out here the main characteristics of the law of the Ancien Régime which—for one of the two reasons given above— are still relevant today. Our treatment is inevitably selective and deliberately superficial, since our aim is merely to sketch in the background to the main structure of the modern law. We know all too well that a true picture would be of a complexity bordering on chaos; and so, with that firmly in mind, it seems to us that the most important features are the following.

1. *No common law.* Until 1804 and the enactment of the *Code civil*, France lacked a common law in the sense of a body of rules dealing with the main areas of private law and laid down, or approved, by some central authority acting for the whole realm. In England that task had been accomplished long before, partly by the great legislation of Edward I and Henry VIII but mainly by the activities of the central courts of the kingdom. In France, by contrast, there were over sixty separate areas of customary law, each with its own rules on the details of such important matters as property, inheritance, and the family home. Naturally there were similarities in the main institutions of private law; naturally, also, the Custom of Paris exercised a growing influence throughout the

realm. Furthermore, the difficulty of knowing the law applicable in any given area and to any particular fact-situation had been alleviated both by the publication of the various customs and by their systematization at the hands of great jurists ranging from Beaumanoir in the thirteenth century to Dumoulin in the sixteenth and Loysel in the early seventeenth. None the less, the variations were often considerable, particularly between the customs in the southern third of the country and those to the North. In the former, Roman law still formed the basis of the system, either as ancient custom or as a conscious reception; for that reason it was known as the *pays de droit écrit*, in contrast to the *pays de droit coutumier*, where the basic structure was that of Normandy, Brittany, and so on.

The very first clause of C. civ. art. 1 (given at the end of this section) can be seen as the legislative response to this problem, enacting as it does Napoleon's desire that his Code should form the law common to the whole country.

2. *Feudalism.*   Up to 1789 the form and much of the substance of French law were still feudal. Perhaps the word 'seigneural' would better convey a sense of the widespread privileges of the great lords (both lay and ecclesiastic), and the consequent limitations on the legal powers and liberties of their inferiors. The earliest acts of the Revolution were aimed at breaking the feudal system and at safeguarding the new regime. In public law a statute of 1790 (which is still in force) forbids the courts to interfere with the public service; the impact of this provision has been extensive and profound (see below, Administrative Law). Some fifteen years after 1789, when the dust had settled and the blood had dried, it became possible to enshrine in normative form the Revolution's impact on the fundamental structure of private law. The key provisions of the *Code civil* provide for: private property (544–5), freedom of contract (1134), general liability for deliberate or careless damage (1382–6) and the availability of all assets to creditors (2092–3).

3. *The parlements.*   It is scarcely an exaggeration to state that parliament in the English sense did not exist in pre-Revolutionary France. It is true that there was a deliberative body—the Three Estates—in which representatives of nobility clergy and the rest were supposed to assemble. Disbanded in 1615, it was not convoked again until 1789; by then it was too late.

The *parlement* of the Ancien Régime was a lawcourt; indeed the *Parlement de Paris* was the great lawcourt of France, its judgments being subject only to the theoretical possibility of reversal by the King in his Grand Council. The structure and functions of this kind and the other fifteen regional *parlements* (or equivalent courts) amount to a topic of great complexity. The details need not detain us; all that need be stressed here are certain features whose influence persists. Two characteristics of the judicial office as it emerged into the eighteenth century deserve mention.

(*a*) *Private property*. The first is that a judgeship, although technically subject to certain controls, had, since the sixteenth century, become in effect private property: it was purchased, initially from the Crown and then from its holder; it could pass, subject to payment of a tax, on the holder's death; and it could be mortgaged. Indeed, to facilitate such transactions, the law assimilated the office to what a common-lawyer would call 'real property'. The Custom of Paris, for instance, lays down that '*les offices vénaux sont réputés immeubles et ont suite par l'hypothèque*' (art. 95).

The Crown's reason for selling such offices was to raise money, and the practice goes some way towards accounting for the large number of judgeships in the old French courts: it was said by sceptics that every time it pleased the King to create an office to sell, it pleased God to create a fool to buy it. As a result, of the 590 families represented in the eighteenth century *Parlement de Paris*, some 212 produced two or more judges, while another 150 were established legal dynasties. In England, by contrast, while lesser offices in the lawcourts were treated as private property, judgeships were not sold after the reign of James 1.

The general French practice did not long survive the Revolution, but there are still—to English eyes—traces of it to be found today. Firstly there is still a large number of judges on the bench in France. Secondly, 1816 saw the reintroduction of venality for some posts (*offices ministériels*) which are lesser in dignity if not in remuneration. Thus to this day the office of the modern French notary—although public—is still to some extent a private asset in the hands of its holder.

(*b*) *Nobility*. The second feature is that a judicial office in the *Parlement* had the effect of raising its holder to the ranks of the nobility. This will come as no great surprise to the English (or

Scots) lawyer who calls the judge 'My Lord', but, when added to the inheritability of the office and the title, it meant that certain families—*la noblesse de robe*—could, and did, become entrenched in positions of both social privilege and judicial power.

4. *Les gens du roi.*  A feature of the old regime which has persisted to this day is the function performed in the courts by a body of lawyers who are neither the judges who decide the case nor counsel for the parties to it. Early in the fourteenth century the King's interests before the *Parlement* came to be represented by a permanent officer known as the *Procureur-Général*, whose assistants became known as the *avocats-généraux*. In addition to appearing for his client, this officer had also to see to the maintenance of public order; so that if, for instance, a crime were committed but no private party came forward to prosecute, it fell to the *Procureur*'s office to mount an action on the Crown's behalf. This was the origin of the public prosecutor, an institution which France gave to Europe.

The modern successors to this office bear the old titles and are collectively called *le ministère public* (see below Part II, Legal Personnel). But the popular name by which they are known—*le parquet*—describes, not the current geography of a French court, but the layout of the old days when the table of *les gens du roi* was placed at a lower level than the judges' bench.

5. *Registration of enactments.*  As has been mentioned, the pre-revolutionary French system had virtually no equivalent to the English, and then British, Parliament. Consequently there was—to put it very simply—no clear institutional focus of opposition to, or control of, the powers of the monarch. Equally there was no clearly defined constitutional understanding that the monarch not legislate without the advice or consent of the realm expressed in some form or another.

In this uncertain area, one fact gradually assumed great importance. In the fourteenth century the practice had grown up whereby royal letters, ordinances, and the like were read to the *Parlement de Paris* and transcribed on to its register. This served the dual purpose of providing publicity and an official record of legislation. The ceremony, however, ceased to be a simple formality and became a process in which the *Parlement* sought to play an important part in the legislative process. Three procedures emerged: remonstrance, modification, and refusal to register.

Under the first, the *Parlement* conveyed to the monarch its reasoned objections to the proposed legislation. In the last resort, its opposition could not prevail against a personal appearance of the King himself at his *lit de justice* in the court's great chamber; but, before a conflict reached this stage, the monarch frequently accepted the amendments offered by the *Parlement* in its 'remonstrances', or at the least some compromise was attained. The power of 'modification' enabled the court to treat a duly registered edict with considerable freedom, suppressing sections which, in its view, had become undesirable or outdated and adding interpretations which amounted to virtual amendments. To this day the French courts, both in the private and the public law domain, treat legislation with a freedom which is surprising to the English lawyer.

The ultimate sanction—that of refusing to register—was a gesture whose true legal effect was never, and could not be, resolved by cold legal reasoning. As the power of the Estates-General dwindled into nothing, the *Parlement* became increasingly the only feasible constitutional check on the monarchy: in this it was fortified by its permanent corporate identity, its background of education, its long tradition, and its *esprit de corps*. When the Sun King's long reign ended in 1715 with the death of Louis XIV, the *parlements* increased their claims to power, and two extreme theories of government vied for supremacy. The monarchy insisted that all legislative power appertained to the King alone *sans dépendence et sans partage*, while the *parlements*, both of Paris and of other areas (especially Brittany) constantly refused to register—and so to enforce—enactments, financial, fiscal, and religious, of which they disapproved. In doing this, they saw themselves—or so they said—as supplying the consent of the governed necessary to the legitimate exercise of sovereignty.

In the modern system, of course, statutes are passed by vote of the *Parlement* in the sense of an elected legislative body and enter into force on promulgation by the Head of State. The reaction to the previous practice of the *parlements* may be found in the second clause of the first sentence of the *Code civil* art. 1 (given at the end of this section). The ghost of the old divisions, however, lurks behind the rest of that article.

6. *Courts and administration.* One of the features of the eighteenth-century constitutional struggles just described was the

way in which the *parlements* sought to interfere with the powers and jurisdiction of Crown servants. Their chief targets were the *intendants*, officials sent to the provinces to oversee the local administration, above all in the field of tax-collecting. Beyond this, however, their powers grew to cover such matters as the promotion and regulation of trades and the supervision of road, bridge, and waterway maintenance and construction. They also covered the settlement of disputes in these fields, and thus formed the nucleus of an administrative jurisdiction.

Competition for jurisdiction lies at the roots of much of English law, and so it will not surprise a common-lawyer to learn that the *parlements* reacted vigorously to impede the work of the *intendants*. The Revolution abolished the *parlements* and, in setting up a new court system, took care to prevent the private-law courts from ever again impeding the civil service. The enactment is still in force.

7. *Arrêts de règlement.*   Before 1789 it was accepted in France that the courts possessed wide rule-making powers. By long-standing custom and practice, the *parlements* did not confine themselves to the resolution of the issues at stake between the litigants before them. They acted also as a general regulatory body for their territory—as, one might say, a sort of local authority (though often in competition with other organs whether of the town, the guilds, or the monarch). In this capacity they issued by-laws for the good order and administration of their area on such matters as the upkeep of highways or the supply of bread and fish to the markets and of fuel to the householders. Furthermore—acting sometimes on their own motion and often at the prompting of the *Procureur* or *Avocat-Général*—they also took the opportunity presented by particular lawsuits before them to lay down general regulations which were to govern such matters in future.

It may help to read an actual example, selected because it expressly mentions *arrêts de règlement* and because it deals with a problem of great importance in a case-law system: whether judgments should be reported and, if so, by whose authority and in what form. As in England, the judges and practitioners at the French bar sometimes published their own notes of cases but, as far as others were concerned, in 1690 and 1717 the *Parlement de Paris* forbade the publication of its judgments, save under express permission of the court. It did so on the motion of the *Avocat-Général*, whose reasons were the following.

Il exposoit que l'on voyoit tous les jours répandre dans le public des arrêts de la cour, imprimés, auxquels on donnoit des titres qui ne répondoient ni aux questions agitées dans les plaidoyeries de la cause, ou dans les jugemens des procès, ni aux principes qui avoient servi à la décision; que quelque respectables que soient les jugemens émanés de la cour, l'expérience fait connoître qu'il n'est pas toujours nécessaire de les rendre publics; parce que, quoiqu'ils partent également d'une suprême intelligence, et d'un parfait esprit de justice, comme ils ont souvent pour motifs des circonstances particulières, les titres qu'on donne à ceux qu'on fait imprimer, et les mémoires qu'on y joint, introduisent quelquefois des maximes contraires à la plus saine jurisprudence, qui engagent les parties dans de mauvaises contestations, et entraînent même les premiers juges dans l'erreur: enfin qu'il arrive souvent que les imprimés ne sont pas conformes aux minutes qui sont au greffe de la cour.

The prohibitions did not go far enough to satisfy the court when, in 1729, a particular case was reported. True, the reporter had been given permission to publish; but he added a summary, like a modern head-note, and seems to have infuriated the court by giving their judgment a title: *Arrêt rendu en faveur des dames*. The *Parlement* laid down the following general and sweeping rule.

La cour ordonne que les arrêts des 14 janvier 1690, et 4 mai 1717, seront exécutés . . . ce faisant, fait défenses à toutes sortes de personnes de faire imprimer aucun arrêt, et a tous imprimeurs d'en imprimer sans permission de la cour, à peine, contre les contrevenans, de deux cens livres d'amende, pour la première fois; et à l'égard des imprimeurs, en cas de récidive, d'être suspendus de leurs fonctions pendant trois mois; à l'exception néanmoins des arrêts de réglemens, et de tous ceux qui concernent l'ordre et la discipline publique, qui doivent être imprimés par les soins du procureur général du roi, et par lui envoyés dans les bailliages, sénéchaussées et autres sièges du ressort, en exécution des arrêts qui l'ont ainsi ordonné; et encore des arrêts d'ordre et d'homologation des contrats, pour être signifiés aux parties.

    Fait en outre défenses, sous les mêmes peines, à toutes sortes de personnes, lors de l'impression des arrêts, dont la permission auroit été accordée par l'arrêt même, ou postérieurement à l'arrêt, d'y insérer aucun autre titre, que le nom des parties et la date, ni d'y ajouter aucun autre imprimé, soit *mémoire*, *factum*, *abrégé*, *précis du fait*, ou autrement, en quelque sorte ou manière que ce puisse être; sauf, en cas que la partie juge nécessaire d'y faire ajouter quelqu'autre titre ou mémoire, de se pourvoir en la cour, ainsi qu'il appartiendra.

    Fait pareillement défenses à tous imprimeurs, établis hors de cette ville de Paris, d'imprimer aucuns arrêts, dont la cour auroit ordonné l'impression, sans avoir obtenu la permission du lieutenant général de police du lieu, sur les conclusions du substitut du procureur général du roi en ladite jurisdiction de la police, le tout sans néanmoins aucuns frais.

Ordonne que le présent arrêt sera lu et publié en la communauté des avocats et procureurs de la cour, signifié aux syndics de la communauté des libraires de Paris, et copie envoyée aux bailliages sénéchaussées, etc.[1]

Towards the end of the old regime, the theoretical justification for this practice came increasingly under attack. The *Parlement*'s own explanation was that its *arrêts de règlement* were laid down '*sous le bon plaisir du roi, jusqu'à ce qu'il y ait statué lui-même par une loi*'. Increasingly, however, this argument pleased neither the anti-Royalists, opposed to the notion that legislation was a monopoly of the Crown or its court, nor the monarch himself, who (as explained above) found his own enactments subject to registration and opposition by the very body which was claiming to legislate for him.

After the Revolution, hostility to the practice of *arrêts de règlement* is shown in two ways. In formal terms it underlies C. civ. art. 5 (given at the end of this section), whose prohibition (according to the *Procureur-Général*) extends to the *Conseil constitutionnel* and embodies a '*principe du droit public français*'. In general legal thinking it manifests itself in a deep distrust of *le gouvernement des juges*.

8. *General conclusion.*   For our limited purposes we may summarize the effects of the Revolution as follows. Its early years achieved the destruction of the old order, the removal of the powers of monarch, Church, and nobility, and the dismantling of the feudal and seignoral legal system, above all as it affected landholding. One safeguard which was urgently needed was against a 'counter-revolution' by the judiciary's assuming their old claims to control the officials of the new regime. Less urgent, but still important, was the exposition and enactment of the new legal system of private law in a form which would be coherent in content and simple in language.

The result was the modern system in which private law is sharply distinguished from public law, but only the former is codified in the sense of having its basic principles clearly stated and systematically enacted. Although the word 'code' is used in the latter branch, it applies to a different sort of legislative activity,

[1] Denisart, *Collection de décisions,* ed. Camus, Bayard, et Meunier, 1783, vol ii, p. 323.

which seeks to regulate by separate, and often detailed, rules the different branches of the public sector, while leaving to the public-law courts the task of working out the general principles of judicial control. In a loose sense, one might say that French public law looks something like a common-law system in which the basic principles are the work of the courts. This is equally true of the area of law needed to decide at the outset whether a particular problem is one of private or of public law. There is no *Code des conflits*; so the practitioner, faced with the problem of where to sue, and of which body of law to consult, must seek the answer in the case law of the *Tribunal des conflits*.

There now follow the first six articles of the *Code civil*. They express the reaction to the features described above and, although contained in a 'civil code', are treated as principles of public law. Indeed they might well be considered to be essentially constitutional, since, as their title states, they are laws about laws.

### Titre Préliminaire

**De la publication, des effets
et de l'application des lois en général**

Art. 1er. Les lois sont exécutoires dans tout le territoire français, en vertu de la promulgation qui en est faite par le Président de la République.

Elles seront exécutées, dans chaque partie de la République, du moment où la promulgation en pourra être connue.

La promulgation faite par le Président de la République sera réputée connue, dans le département où siégera le gouvernement, un jour après celui de la promulgation; et, dans chacun des autres départements, après l'expiration du même délai, augmenté d'autant de jours qu'il y aura de fois dix myriamètres (environ vingt lieues anciennes) entre la ville où la promulgation en aura été faite et le chef-lieu de chaque département.

2. La loi ne dispose que pour l'avenir; elle n'a point d'effet rétroactif.

3. Les lois de police et de sûreté obligent tous ceux qui habitent le territoire.

Les immeubles, même ceux possédés par des étrangers sont régis par la loi française.

Les lois concernant l'état et la capacité des personnes régissent les Français même résidant en pays étrangers.

4. Le juge qui refusera de juger sous prétexte du silence, de l'obscurité ou de l'insuffisance de la loi pourra être poursuivi comme coupable de déni de justice.

5. Il est défendu aux juges de prononcer par voie de disposition générale et réglementaire sur les causes qui leur sont soumises.

6. On ne peut déroger, par des conventions particulières, aux lois qui intéressent l'ordre public et les bonnes mœurs.

## Public Law and Private Law

This fundamental division of a legal system has a long history. The Roman jurist Ulpian drew the distinction (about AD 200); his statement is placed near the beginning of the Digest and is repeated on the first page of Justinian's *Institutes*: 'There are two aspects of this subject: public and private law. Public law deals with the state . . . private law with the well-being of individuals.' Since its publication in AD 533, the latter work—an elementary textbook for first-year law students—has been easily the most successful law-book ever produced, and must have gone into well over 1,000 editions. Consequently, generations of beginners have learned that their subject is so divided. A few paragraphs later they read the other great system of organization (taken from Gaius): 'All the law we use deals with persons, or things, or actions.' With this scheme it becomes easier to explain, at least in outline, the differing areas of operation of the two types of law.

Private law deals with private persons: it defines who, or what, is to count as a subject of its legal system with a capacity for legal rights and duties—human beings and trading companies being the obvious examples; and it deals with the legal relations between them. It is public law which allocates powers within a State, usually by a written constitution. It is public law which then constructs and runs—that is administers—the State machine and, to do so, sets up the bodies which provide public services—municipalities, schools, hospitals, and the like. These entities may or may not be legal persons in their own right, but it is public law which settles the question. Further, the legal position of human beings who are serving the State (for instance soldiers, civil servants) is defined by public law and not by private contract. Finally it is, in principle, public law which governs the relations between public bodies *inter se* and with private citizens.

As to the category which Gaius calls 'things', private law deals with private property and public law with those things which lie in the public domain. One important area of interrelation, and possible conflict, concerns the extent to which private property may be taken for public purposes; and, by long tradition, this is policed by private law and the ordinary courts, and not by public law and state officials (1789 Declaration art. 17, C. civ. 545).

It is in the area which Gaius called 'actions' that, in post-Revolutionary France, the division can be seen most clearly. Two separate judicial systems, or *ordres de juridiction*, have been built on a single negative: the statute of 1790 forbidding the ordinary courts to interfere in any way with the activities of *les corps administratifs* (see below, Administrative Law).

Private law is based on the assumption tht its subjects are juridical equals whose typical transaction is a contract. Public law, by contrast, assumes a hierarchy of power from the State downward. Its typical juridical act is the order, command, or decision. These differ from contract in two ways: they are unilateral, emanating from the will of the competent State organ; and they may change for the worse the legal position of their addressee—by, for instance, imposing a duty or refusing a permission. But their exercise is controlled by the fact that public powers must be exercised for the public benefit. Private powers, on the other hand (such as the power to make a contract or a will), may be exercised for the private benefit of their holder.

The control of public powers in France is confided to various bodies. The Constitution identifies the major holders of political and legal powers, distributing them among people, president, Parliament, and government. Review of the exercise of these powers depends on their source. Thus the Parliament's power to legislate may to some extent be scrutinized by the *Conseil constitutionnel*, the government's power to regulate may be controlled by the *Conseil d'Etat*, while the administrative tribunals and courts of appeal supervise a host of lesser State and public-service entities.

Whether criminal law be classified as public or private is a matter on which opinion differs. In the sense that crime prevention and prosecution are very much the State's business, it may be seen as public law. On the other hand, criminal cases are brought before the private-law courts.

As an introductory generalization, one may say that there are five different sets of 'courts' in France (though not all bear that name), each with different jurisdiction, functions, and powers. The *Conseil constitutionnel* oversees the Parliament, dealing with election cases, parliamentary 'standing orders', and checking parliamentary legislation. Although it is by far the youngest of the jurisdictions (it was created by the 1958 Constitution) and although it is called a 'council', it has virtually become a Constitutional Court, whose decisions bind the legislator and government and have a powerful influence on other judicial authorities. The *Conseil constitutionnel* controls only the legislature; and only the *Conseil constitutionnel* controls the legislature.

It is another body (also called a 'council') which controls the executive and acts as the highest public-law court: the litigation section of the *Conseil d'Etat*. Under it are administrative appeal courts and tribunals, and the whole structure reviews the regulatory powers of the government and the general and individual administrative acts of other public authorities. Disputes between private persons, and their prosecution for crimes, come before the *tribunaux d'ordre judiciaire*, whose highest authority is actually called a court: the *Cour de cassation*. Fourthly, problems of deciding which set of courts should have jurisdiction in the borderline cases are settled by the *Tribunal des conflits*. Composed of judges from the public- and private-law courts, and meeting relatively infrequently, it is a court in all but name.

The fifth (and for our purposes by far the least important) is the so-called High Court of Justice. Set up under art. 67 of the Constitution it is, despite its name, a body of members of the Parliament whose function is to try the President for high treason in office and members of the government for *crimes et délits* committed in the exercise of their functions.

From Capitant, *Introduction à l'étude de droit civil* (1929)

**Principales divisions du droit positif**

12. Une classification traditionnelle, qui remonte aux juriscon-

sultes romains, divise le domaine du Droit en deux parties: le *droit public* et le *droit privé*.

Elle correspond aux deux ordres principaux de rapports qui forment le tissu de la vie sociale: 1° rapports de l'individu avec le groupe social auquel il appartient, et rapports de ces divers groupes entre eux; 2° rapports de l'individu avec ses semblables pour la satisfaction de ses besoins personnels.

Et d'abord, les hommes nous apparaissent comme faisant partie d'une collectivité plus ou moins étendue qui s'appelle Etat.

Le droit public comprend tous les rapports de droit dans lesquels l'Etat apparaît en tant que représentant de la puissance publique, accomplissant sa mission à l'intérieur comme organe du gouvernement, maintenant l'ordre, organisant les services publics, levant l'impôt, et, à l'extérieur, entrant en relations avec les autres Etats.

Il se subdivise en plusieurs rameaux:

1° Le *droit constitutionnel* a un triple objet. Il détermine la forme de l'Etat, la forme et les organes de gouvernement, les limites des droits de l'Etat.

2° Le *droit administratif* a pour but de réglementer le fonctionnement des services publics sur le territoire, et d'organiser la surveillance des services d'utilité publique rendus par les associations de personnes privées. L'Etat se compose d'un certain nombre de personnes morales publiques: l'Etat lui-même, *stricto sensu*, les départements, les communes, les colonies, les établissements publics qui eux aussi sont des sujets de droits. Les rapports de ces personnes avec les particuliers forment l'objet principal du droit administratif.

3° Le *droit criminel* rentre également dans le droit public, car c'est une des fonctions de l'Etat de poursuivre et de punir les actes dangereux pour l'ordre social. Le droit de punir ne peut appartenir qu'à la société, c'est-à-dire à sa personnification juridique, l'Etat.

4° Enfin, le *droit international public* est encore une ramification du droit public. Il règle les relations d'Etat à Etat, relations diplomatiques, traités, conflits, etc.

13. Le droit privé comprend toutes les institutions qui régissent les rapports individuels des hommes, rapports de famille nés de la communauté du sang, rapports pécuniaires provenant des échanges incessants qui se font entre eux. Il est formé d'une branche unique et de trois rameaux secondaires qui s'en sont

détachés. La branche principale est le *droit civil*. Aussi prend-on souvent cette expression comme synonyme de la première: le droit civil, c'est, en effet, le droit privé applicable à la généralité des membres d'une nation. Il comprend deux parties: le droit de la famille et le droit des biens.

Les rameaux secondaires sont:

1° La *procédure civile*. C'est une portion du droit civil qui s'en est séparée sous notre ancien droit. Elle détermine l'ordre des juridictions instituées pour trancher les procès entre particuliers et les règles relatives à l'instruction et au jugement de ces procès.

2° Le *droit commercial*. C'est encore un rameau qui s'est détaché du droit civil. 'Le commerce a besoin de règles juridiques et d'institutions favorables à la rapidité des transactions et au développement du crédit'. En effet, par sa profession, le commerçant renouvelle incessamment une série d'opérations d'achat et de vente, opérations qui doivent être rapidement conclues, facilement prouvées, opérations qui, d'autre part, ne peuvent, à cause de leur répétition, se solder comptant, et obligent le commerçant à user du crédit.

En tant que non commerçants, c'est-à-dire pour les actes autres que ceux de leur commerce, les commerçants demeurent régis par les dispositions du droit civil.

3° Le *droit international privé* vise aussi une situation spéciale; il étudie les hypothèses dans lesquelles une situation juridique relève à la fois des lois des deux Etats, et édicte les mesures qui permettent de résoudre ce conflit.

From J.-M. Auby et R. Ducos-Ader, *Droit Public* (1966)[2]

## A. La distinction du droit public et du droit privé

LE PRINCIPE DE L'OPPOSITION DU DROIT PUBLIC ET DU DROIT PRIVE

Cette opposition est fondée sur une idée essentielle: la distinction du droit public et du droit privé est relative à l'*objet de chaque droit, aux relations auxquelles il s'applique*. Le *droit privé* fixe le statut des personnes privées. Il réglemente les relations qu'ont ces personnes entre elles.

[2] Vol. i, pp. 1–7.

*Les personnes privées* sont, d'une part, les individus (personnes physiques), d'autre part les groupements d'individus dotés de la personnalité juridique, c'est-à-dire capables, comme une personne physique, d'avoir des droits et des obligations (personnes morales; par exemple sociétés commerciales, associations).

Le droit privé réglemente le statut de ces personnes. Ainsi, pour les personnes physiques, il règle les questions de filiation, les questions matrimoniales ou successorales. Pour les personnes morales, il règle les questions de formation (par exemple constitution de sociétés) ou de fonctionnement.

Le droit privé règle encore les relations qui s'établissent entre les personnes privées, par exemple, il pose les règles applicables aux contrats conclus entre ces personnes.

Le *droit public* fixe le statut des personnes publiques et réglemente les relations qu'elles ont entre elles ou avec les personnes privées.

*Les personnes publiques* sont, d'une part, l'Etat, d'autre part, des personnes morales qui sont le plus souvent créées par l'Etat, affectées par lui à une fonction d'intérêt général et dont il surveille étroitement le fonctionnement (par exemple, les communes, les départements, les hôpitaux, les lycées, etc. . . . )

Le droit public réglemente le statut de ces personnes, c'est-à-dire la manière dont elles sont créées, dont elles sont organisées, et fonctionnent. Ainsi, la loi du 5 avril 1884, dite loi municipale, fixe le statut des communes.

Le droit public régit encore les relations des personnes publiques entre elles. Il s'applique notamment — c'est ce qu'on appelle de droit international public — aux relations entre Etats, relations qui s'établissent sur un plan d'égalité. Il concerne encore les relations de l'Etat avec les autres personnes publiques créés dans son cadre (communes, départements) relations qui sont, au contraire, normalement inégalitaires.

Le droit public réglemente enfin les relations des personnes publiques avec les personnes privées; il s'agit soit de relations de subordination (par exemple réglementation par l'administration de l'activité des particuliers) soit de relations de collaboration (par exemple, règles selon lesquelles les particuliers prêtent leur concours à l'exécution des services publics).

Cette différence fondamentale entre le droit public et le droit privé entraîne une série d'*autres différences.*

*(a) Différence concernant les règles juridiques de droit public et de droit privé*

Il en va ainsi en ce qui concerne le *caractère de ces règles de droit.* Le droit public est à base d'inégalité, de privilèges: il consacre la supériorité d'une partie sur l'autre (par exemple supériorité de l'Etat vis-à-vis des autres personnes publiques, supériorité des personnes publiques vis-à-vis des personnes privées). Ce caractère se reflète dans le fait que le procédé juridique type du droit public est l'ordre donné par une personne à d'autres (la loi, le règlement administratif) ou encore que la règle de droit peut normalement faire l'objet d'une exécution forcée.

Il ne faut du reste pas généraliser ce caractère. Certaines des branches du droit public ne comportent pas un esprit d'inégalité. Il en va ainsi du droit international public: les relations entre Etats sont, en principe, des relations égalitaires.

Le droit privé est, au contraire, à base d'égalité, d'indépendance juridique des sujets de droit. Les personnes privées, juridiquement égales, ne peuvent se donner des ordres et ne peuvent se lier que par leur accord mutuel: c'est pourquoi le contrat est le procédé type du droit privé et que l'exécution forcée de la règle de droit y est exceptionnelle.

Le droit privé connait — mais de manière limitée — des situations juridiques d'inégalité. C'est le cas notamment de l'autorité exercée par le chef de famille sur ses enfants mineurs.

La différence concerne encore *le but des règles* de droit public et privé. La règle de droit public poursuit un but d'intérêt général, d'utilité publique. La règle de droit privé est, au contraire, orientée vers des intérêts particuliers, des intérêts privés.

On a parfois—et non sans raison—critiqué cette conception qui ne doit pas être exagérée. Toute règle de droit poursuit nécessairement des fins sociales d'intérêt public et il en va ainsi des règles de droit privé. Ainsi, le Code civil (art. 1109 et suiv.) contient des dispositions permettant l'annulation des contrats lorsque la volonté des contractants a été viciée. Ces textes sont certes établis dans l'intérêt des particuliers dans le but de protéger ceux qui contractent, mais ils comportent également une fin d'intérêt général en cherchant à assurer la sécurité et la moralité des transactions.

D'une manière générale, en effet, les actes de droit public doivent être accomplis dans l'intérêt public, non dans l'intérêt de leurs auteurs.

Il en va ainsi, par exemple, des actes administratifs. Le juge administratif annule les actes d'un fonctionnaire lorsque celui-ci au lieu d'agir dans un intérêt public, a agi dans un intérêt privé (son intérêt personnel, intérêt d'un tiers, etc. . . . ). C'est ce qu'on appelle le détournement de pouvoir.

Au contraire, l'acte juridique de droit privé est passé dans l'intérêt de son auteur ou dans un autre intérêt privé. Si l'acte concerne un intérêt public, il s'agit d'un but non immédiat et qui n'est, du reste, pas recherché comme tel par son auteur.

Cette différence entraîne elle-même plusieurs *conséquences*:

1. La règle de droit public peut toujours être modifiée si l'intérêt public l'exige et personne ne peut s'opposer à cette modification. Ainsi, les fonctionnaires n'ont jamais le droit de conserver leur statut et celui-ci peut toujours être modifié. Il n'en va pas de même de la règle de droit privé. Celle-ci ne peut être modifiée que si la modification ne porte pas atteinte à des droits acquis. Ainsi, une loi modifiant le régime d'un contrat ne s'applique normalement pas aux contrats déjà conclus.

2. Lorsqu'une règle de droit public confère à une personne une fonction, cette fonction (on parle généralement de compétence) doit être exercée personnellement par celui à qui elle a été conférée. Il ne peut — sauf si la règle de droit le prévoit — charger un tiers d'exercer cette fonction, la déléguer.

Au contraire, celui qui a un droit résultant d'une règle de droit privé, peut librement disposer de ce droit, le transférer, le faire exécuter par un tiers (mandat), etc.

Les différences concernent enfin la *forme des règles* de droit public et privé.

La règle de droit public est généralement impérative: elle se présente sous forme d'un ordre ou d'une interdiction. La règle de droit privé est parfois impérative mais souvent elle se borne à autoriser une certaine activité (règle permissive) ou encore à interpréter une attitude des sujets de droit comme traduisant une certaine intention (règle interprétative).

*(b) Différences concernant les sanctions attachées aux règles de droit public et privé*

Les différences s'établissent d'abord en ci qui concerne la *nature des sanctions*.

Le droit privé, en cas de violation de la règle de droit privé par un individu ou en cas d'atteinte à un droit privé, prévoit diverses sanctions. Ces sanctions, qui sont infligées non par l'individu intéressé mais par un Tribunal, sont destinées à rétablir une situation régulière (sanctions restitutives: restitution d'un bien à celui qui en a été illégalement dépossédé) ou encore à accorder une réparation à celui qui a été lésé par l'irrégularité (sanctions réparatrices: allocation de dommages-intérêts).

En ce qui concerne les sanctions attachées à la règle de droit public, il faut distinguer deux cas.

Si la règle de droit public a été violée par un particulier, par une personne privée, des sanctions nombreuses et variées sont possibles. Les Tribunaux peuvent infliger à l'auteur de la violation de la règle non seulement des sanctions restitutives et réparatrices, comme en droit privé, mais également des sanctions punitives, des sanctions pénales (emprisonnement, amendes) qui sont sinon inconnues, du moins exceptionnelles en droit privé. D'autre part, dans de nombreux cas, l'Etat dispose d'un moyen que n'ont jamais les particuliers. Il peut utiliser la contrainte matérielle, la force, pour obliger les individus à exécuter la règle de droit.

Si la règle de droit public est violée par l'Etat ou par une autre personne publique, il existe des sanctions, mais celles-ci présentent un caractère bien plus limité que dans le cas précédent. Le juge peut sans doute infliger à la personne publique des sanctions réparatrices (l'administration peut être condamnée à verser des indemnités aux particuliers) mais les sanctions restitutives sont limitées (le juge peut annuler, en principe, les actes irréguliers des personnes publiques, il ne peut, par contre, leur donner l'ordre de faire quelque chose). Quant à l'exécution forcée, elle est exclue à l'égard de l'Etat ou des autres personnes publiques.

Les différences peuvent concerner encore les *litiges*, c'est-a-dire les *procès* auxquels donne lieu l'application des règles de droit public ou privé.

Dans le nombreux pays et notamment en France, ces litiges sont soumis à des juges différents. Ceux qui concernent les règles de droit privé, c'est-à-dire les procès entre personnes privées, relèvent des juridictions ordinaires (en France, Tribunaux civils, Cours d'appel, Cour de cassation). Ceux qui concernent les règles de droit public, notamment les procès entre l'Etat et les particuliers, sont soumis à des juridictions spéciales.

Les plus importantes de ces juridictions sont les juridictions administratives connaissant des litiges entre l'administration et les particuliers. Il existe également dans certains pays des juridictions constitutionnelles connaissant des litiges relatifs à la Constitution. C'est dans une certaine mesure le cas en France du Conseil Constitutionnel.

### B. Divisions du Droit Public

A l'intérieur du droit public, sont distingués traditionellement plusieurs groupes de matières.

#### 1° DISTINCTION DU DROIT PUBLIC INTERNE ET DU DROIT PUBLIC INTERNATIONAL

*Le droit public interne* est celui qui pour chaque Etat fixe le statut des personnes publiques, leurs relations avec les personnes privées. Il existe ainsi un droit public français, allemand, italien, etc.

*Le droit international public* concerne les relations entre les Etats. Il fixe également le statut des groupements d'Etats et de certains organismes internationaux non composés d'Etats.

#### 2° DISTINCTIONS A L'INTERIEUR DU DROIT PUBLIC INTERNE

A l'intérieur du droit public français qui sera seul étudié dans cet ouvrage, une distinction fondamentale s'établit entre *le droit constitutionnel et politique et le droit administratif*.

L'idée qui préside à cette distinction est la suivante. Dans toute société politique et notamment dans l'Etat, on rencontre une distinction des gouvernants et des gouvernés, de ceux qui commandent et de ceux qui obéissent.

Cette opposition présente à l'origine des sociétés un caractère rudimentaire. Elle se développe et se perfectionne dans les sociétés civilisées et revêt un caractère régulier: on est alors en présence d'institutions au sens large.

Or, dans ces *institutions gouvernantes* de l'Etat moderne, on peut opérer les distinctions suivantes:

— Les *institutions constitutionnelles et politiques* sont celles chargées de prendre les décisions fondamentales intéressant l'Etat, de fixer la politique de celui-ci.

— Les *institutions administratives* sont chargées, d'une part, d'exécuter les décisions politiques, d'autre part, de prendre elles-mêmes des décisions courantes, moins importantes.

Ces deux catégories d'institutions font l'objet d'études distinctes.

— Le droit constitutionnel et politique étudie les institutions constitutionnelles et politiques, leurs relations avec les particuliers.

— Le droit administratif étudie le statut des institutions administratives, leur relations avec les institutions politiques et avec les personnes privées.

# Part I. Public Law

# 1. Constitutional Law

## Sources

The key constitutional texts of 1958, 1946, and 1789 are given in the first section below. It is useful to group them together, because the current constitutional law is not confined to a single document. It is often called a *bloc de constitutionnalité* and has four sources. First, there is of course the 1958 Constitution itself; secondly, this confirms in its Preamble the French commitment to the Rights of Man and principles of national sovereignty enshrined in the 1789 Declaration; thirdly, it refers to these rights as supplemented by the Preamble to the 1946 Constitution. This latter source expressly extends equal rights to women and recognizes the right to strike, to join a trade union, and so on. But the 1946 Preamble also invokes, not merely the 1789 Declaration, but also *'les principes fondamentaux reconnus par les lois de la République'*.

Thus the fourth source of basic constitutional norms is to be found not in a text as such, but in certain fundamental principles which can be seen to underlie a law 'of the Republic'. This seems to preclude a search for such principles in the statutes of the First (1804–48) and Second (1852–70) Empires. Fortunately the *Code civil* had all been promulgated by 25 March 1804—just seven weeks before Napoleon was elevated from First Consul to Emperor—and so modern doctrine is able to see the Code as a true Republican law (F. Luchaire, 'Les fondements constitutionnels du droit civil', 1982 *Rev. Tr. Dr. Civ.* 245, 251).

The 1958 Constitution operates within the context of these other sources of constitutional law. Furthermore, it contains its own internal classification of norms. It may be helpful, therefore, to attempt an introductory outline of the hierachy of legal norms in the modern French system. Their differences in ranking may be justified by both formal and material criteria. The first answers questions as to who made and who can unmake, or amend, the norm; the second deals with the question of what the norm is about.

First come the basic constitutional norms described above: the 1958 Constitution was adopted (and can be amended) by referendum, it asserts certain constitutional values, and it allocates the main powers within the State. Next would come those laws amending the Constitution which are enacted either by Parliament and referendum or by a three-fifths majority of the votes of both Chambers sitting together. The Constitution itself then provides (art. 55) that certain international treaties when ratified '*ont . . . une autorité supérieure à celle des lois*'. It should be noted, however, that such treaties as change legislation can be ratified or approved only under a statute; thus the Parliament retains control.

Statutes themselves are divided by the Constitution into *lois organiques* and *lois ordinaires*. Both are enacted by the Parliament, but the former may be subjected to a special procedure (art. 46) and must be submitted, before promulgation, to the *Conseil constitutionnel*. Their subject-matter covers those areas which are too important to be left to ordinary statutes, but too detailed to be spelt out in the Constitution: for instance the organization of presidential elections, the composition of the chambers of the Parliament, the functioning of the *Conseil constitutionnel*, and the details of the tenure of judges. *Lois ordinaires* are enacted, in principle, by a majority of those voting. One might expect their subject-matter to be anything not covered by the higher norms. In fact articles 34–7 of the Constitution attempt to limit their coverage to the more important issues, while leaving everything else to the government.

Thus the French government has law-making power conferred directly by the Constitution; it is called '*le pouvoir réglementaire*' to distinguish it from the Parliament's '*pouvoir législatif*', and it may be exercised in any sphere not expressly reserved to the Parliament. Furthermore, even in this latter area, the government may persuade the Parliament to enact a law delegating to it the power, for a limited period, to legislate by '*ordonnances*' over matters normally reserved to the legislature.

One important consequence of the establishment of such a hierarchical structure of norms is that means must be found of keeping it intact: of preventing one institution from encroaching on the powers of another, and of ensuring that no authority infringes those basic principles to which, in the preamble to their Constitution, the people themselves proclaimed their commitment. This process is dealt with in the extracts grouped under the heading of Constitutional Control.

From J.-M. Auby, ed., *Droit Public* (1985)[1]

## 1. Définition—Les Deux Critères

La notion de constitution a deux dimensions, matérielle et formelle. Chacune a sa logique et, si les deux critères se complètent le plus souvent, ils ne recouvrent pas nécessairement des réalités en tout point identiques.

*(a) La constitution 'matérielle'*

Si l'on prend en compte le critère matériel, la constitution se définit comme *ensemble des règles qui concernent l'organisation et le fonctionnement de l'Etat*. Ainsi perçues, les règles constitution-nelles peuvent être explicitement formulées dans un ou plusieurs textes de lois (on parle alors de 'constitution écrite') ou implicite-ment reconnues dans la pratique institutionnelle (il s'agira alors de 'constitution coutumière'). Chaque formule se reconnaît tradition-nellement un territoire de prédilection: la France se signale par le recours renouvelé aux constitutions écrites (1791, 1793, an III, an VIII, an XII, 1814, 1830, 1848, 1875, 1940, 1946, 1958) alors que la Grande-Bretagne confirme son attachement aux règles coutu-mières. Mais chacune de ces formules doit être nuancée: il n'existe pas de constitutions exclusivement écrites, dans la mesure où un changement de contexte, par example, peut imposer une lecture nouvelle d'un texte ancien. Toute pratique institutionnelle privi-légie une interprétation par rapport à une autre, la lettre par rapport à l'esprit (ou l'inverse) . . . Inversement, il n'existe pas de constitutions purement coutumières. Ainsi, même en Grande-Bretagne existent des règles écrites, certes anciennes mais non caduques, qu'il s'agisse de la 'Magna Carta' de 1215, de la 'Petition of Rights' de 1628 ou du 'Bill of Rights' de 1689 . . . textes auxquels il importe d'adjoindre des conventions formant un corps de morale politique sur lequel s'appuient les coutumes . . .

*(b) La constitution 'formelle'*

Selon le critère formel, la constitution se définit comme *un ensemble de règles juridiques qui ne peuvent être élaborées ou modifiées que selon une procédure spéciale, différente des autres modes d'établissement des règles de droit*. D'usage facile, ce critère

[1] Vol. i,.pp. 30 ff.

permet d'identifier avec certitude les règles qui bénéficieront de cette qualitié — qui est en même temps une protection — 'constitutionnelle'. Le recours à la dimension formelle nourrit une distinction entre constitutions dites 'souples' et constitutions qualifiées de 'rigides'. Une constitution est souple quand lois constitutionnelles et lois ordinaires ont même valeur juridique, autrement dit quand ce critère formel n'a aucune consistance, les lois ont toutes une valeur identique et peuvent donc se modifier réciproquement sans souci d'un respect hiérarchique par définition inexistant. Telle est habituellement la nature des constitutions coutumières. En Grande-Bretagne, par example, la compétence du Parlement est générale; selon une célèbre formule 'le Parlement anglais peut tout faire, sauf changer une femme en homme, et un homme en femme'. A l'inverse, pour les constitutions 'rigides', le point de vue formel est capital car il fonde la hiérarchie des règles de droit. Est rigide toute constitution insusceptible d'être modifiée par des lois ordinaires. 'Norme fondamentale', la constitution bénéficie d'un respect que nourrit sa suprématie. Telle est généralement la nature des constitutions écrites . . .

## 2. Le Pouvoir Constituant

Le pouvoir constituant peut être 'originaire' ou 'dérivé'. Il est originaire quand il entend édifier une architecture nouvelle; il est dérivé quand il cherche à apporter des retouches à l'edifice. Celles-ci peuvent changer le style de la construction mais ce ne sont, formellement, que des modifications provoquées par la nécessité d'un 'toilettage' ou la volonté d'adapter l'ensemble à des circonstances nouvelles . . .

La Constitution du 27 octobre 1946 comportait un article 90 fixant la procédure de révision. Sa complexité était telle qu'il était apparu impossible d'y recourir en juin 1958 pour des raisons techniques et politiques . . .

L'urgence qu'il y avait en juin 1958 à adopter de nouvelles règles constitutionnelles permettant d'établir un pouvoir fort pour faire face à la crise algérienne ne permettait pas de mettre en œuvre une procédure aussi lente. Le désaccord des partis politiques sur le contenu des révisions constitutionelles à réaliser aurait conduit à l'échec d'un tel processus.

C'est pourquoi l'on a imaginé une technique originale pour donner de nouvelles institutions à la France. Une loi fut adoptée par l'Assemblée Nationale le 3 juin 1958 à la majorité des deux tiers: elle avait pour objet de fixer les conditions de forme et de fond de la révision constitutionelle, exigée par le Général de Gaulle et souhaitée depuis longtemps par certains hommes politiques . . .

La loi du 3 juin 1958 instaure un nouveau pouvoir constituant dérivé dans la mesure où elle définit une nouvelle procédure de révision constitutionnelle. Celle-ci se décompose en trois temps:

— le Gouvernement du Général de Gaulle est chargé d'élaborer un avant-projet de constitution;

—cet avant-projet doit être soumis à l'avis d'une part de l'une des plus hautes instances administratives, le Conseil d'Etat, au titre de sa compétence normale de conseiller juridique de l'Exécutif; d'autre part, d'une institution spécifique, à caractère parlementaire, le Comité consultatif constitutionnel, comprenant des représentants des partis politiques, des territoires d'outre-mer et des experts;

— une fois ces avis recueillis et le projet définitif accepté par le gouvernement, il doit être soumis, par référendum, à approbation populaire.

Cette loi du 3 juin est de nature constitutionnelle puisqu'elle modifie l'art. 90 de la Constitution de 1946 . . .

L'élaboration de la nouvelle constitution, rédigée par un petit groupe d'experts, s'est déroulée conformément à la procédure précédemment décrite.

Adopté par le gouvernement le 26 juillet, l'avant-projet de constitution, rédigé par un petit groupe d'experts, est soumis à l'examen du Comité consultatif constitutionnel du 29 juillet au 14 août. Il est repris par le gouvernement, compte tenu de cet avis. Puis il est étudié par le Conseil d'Etat du 21 au 28 août. Il revient devant le gouvernement qui adopte le projet le 3 septembre. Son contenu est présenté au peuple francais par un discours du Général de Gaulle, prononcé le 4 septembre, place de la République, à Paris.

L'approbation populaire a été effectuée par référendum le 28 septembre. Ce fut un succès: en métropole, sur 84.9% de votants par rapport aux inscrits, 80.1% ont voté oui. C'est plus de 66% des inscrits qui ont donc approuvé les nouvelles règles constitutionnelles. Dans les territoires de l'Union française, le oui obtient 94% des votants (seule la Guinée vote non), en Algérie, 96.5%.

La Constitution est promulguée le 4 octobre 1958 par le Président de la République.

La mise en place des institutions s'effectue progressivement . . .

Pendant cette période transitoire, pour favoriser la mise en place des institutions, le gouvernement du Général de Gaulle bénéficie d'une délégation constitutionnelle. L'article 92 du texte habilitait, pour une durée de quatre mois, le gouvernement en place à prendre toutes les mesures législatives nécessaires à l'application de la Constitution et au fonctionnement des pouvoirs publics et à fixer le régime électoral des assemblées. C'est ce qui explique que la plupart des lois organiques prévues par la constitution ont été prises par ordonnances.

## A. Constitution de 1958

**Constitution du 4 octobre 1958**

### Préambule

Le peuple français proclame solennellement son attachement aux Droits de l'homme et aux principes de la souveraineté nationale tels qu'ils ont été définis par la Déclaration de 1789, confirmée et complétée par le préambule de la Constitution de 1946.

En vertu de ces principes et de celui de la libre détermination des peuples, la République offre aux territoires d'outre-mer qui manifestent le volonté d'y adhérer des institutions nouvelles fondées sur l'idéal commun de liberté, d'égalité et de fraternité et conçues en vue de leur évolution démocratique.

ARTICLE PREMIER. La République et les peuples des territoires d'outre-mer qui, par un acte de libre détermination, adoptent la présente Constitution, instituent une Communauté.

La Communauté est fondée sur l'égalité et la solidarité des peuples qui la composent.

### TITRE PREMIER

### De la souveraineté

ART. 2. La France est une République indivisible, laïque, démocratique et sociale. Elle assure l'égalité devant la loi de tous les citoyens sans distinction d'origine, de race ou de religion. Elle respecte toutes les croyances.

L'emblème national est le drapeau tricolore, bleu, blanc, rouge.

L'hymne national est 'la Marseillaise'.

La devise de la République est: 'Liberté, Egalité, Fraternité.'

Son principe est: gouvernement du peuple, par le peuple et pour le peuple.

Art. 3. La souveraineté nationale appartient au peuple, qui l'exerce par ses représentants et par la voie du référendum.

Aucune section du peuple ni aucun individu ne peut s'en attribuer l'exercice.

Le suffrage peut être direct ou indirect dans les conditions prévues par la Constitution. Il est toujours universel, égal et secret.

Sont électeurs, dans les conditions déterminées par la loi, tous les nationaux français majeurs des deux sexes, jouissant de leurs drotis civils et politiques.

Art. 4. Les partis et groupements politiques concourent à l'expression du suffrage. Ils se forment et exercent leur activité librement. Ils doivent respecter les principes de la souveraineté nationale et de la démocratie.

Titre II

### Le président de la République

Art. 5. Le président de la République veille au respect de la Constitution. Il assure, par son arbitrage, le fonctionnement régulier des pouvoirs publics ainsi que la continuité de l'Etat.

Il est le garant de l'independance nationale, de l'intégrité du territoire, du respect des accords de Communauté et des traités.

Art. 6. Le président de la République est élu pour sept ans au suffrage universel direct.[2]

. . .

Art. 7. Le président de la République est élu à la majorité absolue des suffrages exprimés. Si celle-ci n'est pas obtenue au premier tour de scrutin, il est procédé le deuxième dimanche suivant, à un second tour. Seuls peuvent s'y présenter les deux candidats qui, le cas échéant après retrait de candidats plus favorisés, se trouvent alors avoir recueilli le plus grand nombre de suffrages au premier tour.

. . .

[2] As amended by the *loi constitutionnelle* of 6.11.1962.

ART. 8. Le président de la République nomme le premier ministre. Il met fin à ses fonctions sur la présentation par celui-ci de la démission du gouvernement.

Sur la proposition du premier ministre, il nomme les autres membres du gouvernement et met fin à leurs fonctions.

ART. 9. Le président de la République préside le Conseil des ministres.

ART. 10. Le président de la République promulgue les lois dans les quinze jours qui suivent la transmission au gouvernement de la loi définitivement adoptée.

Il peut, avant l'expiration de ce délai, demander au Parlement une nouvelle délibération de la loi ou de certains de ses articles. Cette nouvelle délibération ne peut être refusée.

ART. 11. Le président de la République, sur proposition du gouvernement, pendant la durée des sessions ou sur proposition conjointe des deux Assemblées, publiées au *Journal officiel*, peut soumettre au référendum tout projet de loi portant sur l'organis-ation des pouvoirs publics, comportant approbation d'un accord de Communauté ou tendant à autoriser la ratification d'un traité qui, sans être contraire à la Constitution, aurait des incidences sur le fonctionnement des institutions.

Lorsque le référendum a conclu à l'adoption du projet, le président de la République le promulgue dans le délai prévu à l'article précédent.

ART. 12. Le président de la République peut, après consultation du premier ministre et des présidents des Assemblées, prononcer la dissolution de l'Assemblée nationale.

Les élections générales ont lieu vingt jours au moins et quarante jours au plus après la dissolution.

. . .

Il ne peut être procédé à une nouvelle dissolution dans l'année qui suit ces élections.

ART. 13. Le président de la République signe les ordonnances et les décrets délibérés en Conseil des ministres.

Il nomme aux emplois civils et militaires de l'Etat.

. . .

ART. 16. Lorsque les institutions de la République, l'indépendance de la Nation, l'intégrité de son territoire ou l'exécution de ses engagements internationaux sont menacées d'une manière grave et immédiate et que le fonctionnement régulier des pouvoirs publics constitutionnels est interrompu, le président de la République prend les mesures exigées par ces circonstances, après consultation officielle du premier ministre, des présidents des Assemblées ainsi que du Conseil constitutionnel.

Il en informe la Nation par un message.

Ces mesures doivent être inspirées par la volonté d'assurer aux pouvoirs publics constitutionnels, dans les moindres délais, les moyens d'accomplir leur mission. Le Conseil constitutionnel est consulté à leur sujet.

Le Parlement se réunit de plein droit.

L'Assemblée nationale ne peut être dissoute pendant l'exercice des pouvoirs exceptionnels.

Art. 17. Le président de la République a le droit de faire grâce.

Art. 18. Le président de la République communique avec les deux Assemblées du Parlement par des messages qu'il fait lire et qui ne donnent lieu à aucun débat.

Hors session, le Parlement est réuni spécialement à cet effet.

Art. 19. Les actes du président de la République autres que ceux prévus aux art. 8 (1$^{er}$ alinéa), 11, 12, 16, 18, 54, 56 et 61 sont contresignés par le premier ministre et, le cas échéant, par les ministres responsables.

## Titre iii

### Le gouvernement

Art. 20. Le gouvernement détermine et conduit la politique de la Nation.

Il dispose de l'administration et de la force armée.

Il est responsable devant le Parlement dans les conditions et suivant les procédures prévues aux art. 49 et 50.

Art. 21. Le premier ministre dirige l'action du gouvernement. Il est responsable de la défense nationale. Il assure l'exécution des lois. Sous réserve des dispositions de l'art. 13, il exerce le pouvoir réglementaire et nomme aux emplois civils et militaires.

Il peut déléguer certains de ses pouvoirs aux ministres.

Il supplée, le cas échéant, le président de la République dans la présidence des conseils et comités prévus à l'art. 15.

Il peut, à titre exceptionnel, le suppléer pour la présidence d'un Conseil des ministres en vertu d'une délégation expresse et pour un ordre du jour déterminé.

Art. 22. Les actes du premier ministre sont contresignés, le cas échéant, par les ministres chargés de leur exécution.

Art. 23. Les fonctions de membre du gouvernement sont incompatibles avec l'exercice de tout mandat parlementaire, de toute fonction de représentation professionnelle à caractère national et de tout emploi public ou de toute activité professionnelle.

. . .

## Titre IV

### Le Parlement

Art. 24. Le Parlement comprend l'Assemblée nationale et le Sénat.

Les députés à l'Assemblée nationale sont élus au suffrage direct.

Le Sénat est élu au suffrage indirect. Il assure la représentation des collectivités territoriales de la République. Les Français établis hors de France sont représentés au Sénat.

Art. 25. Une loi organique fixe la durée des pouvoirs de chaque Assemblée, le nombre de ses membres, leur indemnité, les conditions d'éligibilité, le régime des inéligibilités et des incompatibilités.

Elle fixe également les conditions dans lesquelles sont élues les personnes appelées à assurer, en cas de vacance du siége, le remplacement des députés ou des sénateurs jusqu'au renouvellement général ou partiel de l'Assemblée à laquelle ils appartenaient.

Art. 26. Aucun membre du Parlement ne peut être poursuivi, recherché, arrêté, détenu ou jugé à l'occasion des opinions ou votes émis par lui dans l'exercice de ses fonctions.

Aucun membre du Parlement ne peut, pendant la durée des sessions, être poursuivi ou arrêté en matière criminelle ou correctionnelle qu'avec l'autorisation de l'Assemblée dont il fait partie, sauf le cas de flagrant délit.

Aucun membre du Parlement ne peut, hors session, être arrêté qu'avec l'autorisation du bureau de l'Assemblée dont il fait partie, sauf le cas de flagrant délit, de poursuites autorisées ou de condamnation définitive.

La détention ou la poursuite d'un membre du Parlement est suspendue si l'Assemblée dont il fait partie le requiert.

ART. 27. Tout mandat impératif est nul.

Le droit de vote des membres du Parlement est personnel.

La loi organique peut autoriser exceptionnellement la délégation de vote. Dans ce cas, nul ne peut recevoir délégation de plus d'un mandat.

ART. 28. Le Parlement se réunit de plein droit en deux sessions ordinaires par an.

La première session s'ouvre le 2 octobre, sa durée est de quatre-vingts jours.

La seconde session s'ouvre le 2 avril, sa durée ne peut excéder quatre-vingt-dix jours.

Si le 2 octobre ou le 2 avril est un jour férié, l'ouverture de la session a lieu le premier jour ouvrable qui suit.[3]

ART. 29. Le Parlement est réuni en session extraordinaire à la demande du premier ministre ou de la majorité des membres composant l'Assemblée nationale, sur un ordre du jour déterminé.

Lorsque la session extraordinaire est tenue à la demande des membres de l'Assemblée nationale, le décret de clôture intervient dès que le Parlement a épuisé l'ordre du jour pour lequel il a été convoqué et au plus tard douze jours à compter de sa réunion.

Le premier ministre peut seul demander une nouvelle session avant l'expiration de mois qui suit le décret de clôture.

ART. 30. Hors les cas dans lesquels le Parlement se réunit de plein droit, les sessions extraordinaires sont ouvertes et closes par décret du président de la République.

ART. 31. Les membres du gouvernement ont accès aux deux Assemblées. Ils sont entendus quand ils le demandent.

Ils peuvent se faire assister par des commissaires du gouvernement.

ART. 32. Le président de l'Assemblée nationale est élu pour la

---

[3] As amended by the *loi constitutionnelle* of 30.12.1963.

durée de la législature. Le président du Sénat est élu après chaque renouvellement partiel.

Art. 33. Les séances des deux Assemblées sont publiques. Le compte rendu intégral des débats est publié au *Journal officiel*.

Chaque Assemblée peut siéger en comité secret à la demande du premier ministre ou d'un dixième de ses membres.

Titre v

**Des rapports entre le Parlement et le gouvernement**

Art. 34. La loi est votée par le Parlement.

La loi fixe les règles concernant:
— les droits civiques et les garanties fondamentales accordées aux citoyens pour l'exercice des libertés publiques; les sujétions imposées par la défense nationale aux citoyens en leur personne et en leurs biens;
— la nationalité, l'état et la capacité des personnes, les régimes matrimoniaux, les successions et libéralités;
— la détermination des crimes et délits ainsi que les peines qui leur sont applicables; la procédure pénale; l'amnistie; la création de nouveaux ordres de juridiction et le statut des magistrats;
— l'assiete, le taux et les modalités de recouvrement des impositions de toutes natures; le régime d'émission de la monnaie.

La loi fixe également les règles concernant:
— le régime électoral des Assemblées parlementaires et des assemblées locales;
— la création de catégories d'établissements publics;
— les garanties fondamentales accordées aux fonctionnaires civils et militaires de l'Etat;
— les nationalisations d'enterprises et les transferts de propriété d'enterprises du secteur public au secteur privé.

La loi détermine les principes fondamentaux:
— de l'organisation générale de la défense nationale;
— de la libre administration des collectivités locales, de leurs compétences et de leurs ressources;
— de l'enseignement;
— du régime de la propriété, des droits réels et des obligations civiles et commerciales.
— du droit du travail, du droit syndical et de la sécurité sociale.

Les lois de finances déterminent les ressources et les charges de l'Etat dans les conditions et sous les réserves prévues par une loi organique.

Des lois de programme déterminent les objectifs de l'action économique et sociale de l'Etat.

Les dispositions du présent article pourront être précisées et complétées par une loi organique.

ART. 35. La déclaration de guerre est autorisée par le Parlement.

ART. 36. L'état de siège est décrété en Conseil des ministres.

Sa prorogation au-delà de douze jours ne peut être autorisée que par le Parlement.

ART. 37. Les matières autres que celles qui sont du domaine de la loi ont un caractère réglementaire.

Les textes de forme législative intervenus en ces matières peuvent être modifiés par décrets pris après avis du Conseil d'Etat. Ceux de ces textes qui interviendraient après l'entrée en vigueur de la présente Constitution ne pourront être modifiés par décret que si le Conseil constitutionnel a déclaré qu'ils ont un caractère réglementaire en vertu de l'alinéa précédent.

ART. 38. Le gouvernement peut, pour l'exécution de son programme, demander au Parlement l'autorisation de prendre par ordonnances, pendant un délai limité, des mesures qui sont normalement du domaine de la loi.

Les ordonnances sont prises en Conseil des ministres après avis du Conseil d'Etat. Elles entrent en vigueur dès leur publication mais deviennent caduques si le projet de loi de ratification n'est pas déposé devant le Parlement avant la date fixée par la loi d'habilitation.

A l'expiration du délai mentionné au premier alinéa du présent article, les ordonnances ne peuvent plus être modifiées que par la loi dans les matières qui sont du domaine législatif.

ART. 39. L'initiative des lois appartient concurremment au premier ministre et aux membres du Parlement.

Les projets de loi sont délibérés en Conseil des ministres après avis du Conseil d'Etat et déposés sur le bureau de l'une des deux Assemblées. Les projets de loi de finances sont soumis en premier lieu à l'Assemblée nationale.

ART. 40. Les propositions et amendements formulés par les

membres du Parlement ne sont pas recevables lorsque leur adoption aurait pour conséquence soit une diminution des ressources publiques, soit la création ou, l'aggravation d'une charge publique.

ART. 41. S'il apparaît au cours de la procédure législative qu'une proposition ou un amendement n'est pas du domaine de la loi ou est contraire á une délegation accordée en vertu de l'article 38, le gouvernement peut opposer l'irrecevabilité.

En cas de désaccord entre le gouvernement et le président de l'Assemblée intéressée le Conseil constitutionnel à la demande de l'un ou de l'autre, statue dans un délai de huit jours.

ART. 42. La discussion des projets de loi porte, devant la première Assemblée saisie, sur le texte présenté par le gouvernement.

Une Assemblée saisie d'un texte voté par l'autre Assemblée délibère sur le texte qui lui est transmis.

ART. 43. Les projets et propositions de loi sont, à la demande du gouvernement ou de l'Assemblée qui en est saisie, envoyés pour examen à des commissions spécialement désignées à cet effet.

Les projets et propositions pour lesquels une telle demande n'a pas été faite sont envoyés à l'une des commissions permanentes dont le nombre est limité à six dans chaque Assemblée.

ART. 44. Les membres du Parlement et le gouvernement ont le droit d'amendement.

Après l'ouverture du débat, le gouvernement peut s'opposer à l'examen du tout amendement qui n'a pas été antérieurement soumis à la commisssion.

Si le gouvernement le demande, l'Assemblée saisie se prononce par un seul vote sur tout ou partie du texte en discussion en ne retenant que les amendements proposées ou acceptés par le gouvernement.

ART. 45. Tout projet ou proposition de loi est examiné successivement dans les deux Assemblées du Parlement en vue de l'adoption d'un texte identique.

Lorsque, par suite d'un désaccord entre les deux Assemblées, un projet ou une proposition de loi n'a pu être adopté après deux lectures par chaque Assemblée ou si le gouvernement a déclaré l'urgence, après une seule lecture par chacune d'elles, le premier ministre a la faculté de provoquer la réunion d'une commission mixte paritaire chargée de proposer un texte sur les dispositions restant en discussion.

Le texte élaboré par la commission mixte peut être soumis par le gouvernement pour approbation aux deux Assemblées. Aucun amendement n'est recevable sauf accord du gouvernement.

Si la commission mixte ne parvient pas à l'adoption d'un texte commun ou si ce texte n'est pas adopté dans les conditions prévues à l'alinéa précédent, le gouvernement peut, après une nouvelle lecture par l'Assemblée nationale et par le Sénat, demander à l'Assemblée nationale de statuer définitivement. En ce cas, l'Assemblée nationale peut reprendre soit le texte élaboré par la commission mixte, soit le dernier texte voté par elle, modifié le cas échéant par un ou plusiers des amendements adoptés par le Sénat.

Art. 46. Les lois auxquelles la Constitution confère le caractère de lois organiques sont votées et modifiées dans les conditions suivantes.

Le projet ou la proposition n'est soumis à la délibération et au vote de la première Assemblée saisie qu'à l'expiration d'un délai de quinze jours après son dépôt.

La procédure de l'art. 45 est applicable. Toutefois, faute d'accord entre les deux Assemblées, le texte ne peut être adopté par l'Assemblée nationale en dernière lecture qu'à la majorité absolue de ses membres.

Les lois organiques relatives au Sénat doivent être votées dans les mêmes termes par les deux Assemblées.

Les lois organiques ne peuvent être promulguées qu'après déclaration par le Conseil constitutionnel de leur conformité à la Constitution.

Art. 47. Le Parlement vote les projets de loi de finances dans les conditions prévues par une loi organique.

Si l'Assemblée nationale ne s'est pas prononcée en première lecture dans le délai de quarante jours après le dépôt d'un projet, le gouvernement saisit le Sénat qui doit statuer dans un délai de quinze jours. Il est ensuite procédé dans les conditions prévues à l'art. 45.

Si le Parlement ne s'est pas prononcé dans un délai de soixante-dix jours, les dispositions du projet peuvent être mises en vigueur par ordonnance.

Si la loi de finances fixant les ressources et les charges d'un exercice n'a pas été déposée en temps utile pour être promulguée avant le début de cet exercice, le gouvernement demande d'urgence au Parlement l'autorisation de percevoir les impôts et ouvre par décret les crédits se rapportant aux services votés.

Les délais prévus au présent article sont suspendus lorsque le Parlement n'est pas en session.

La Cour des comptes assiste le Parlement et le gouvernement dans le contrôle de l'exécution des lois de finances.

ART. 48. L'ordre du jour des Assemblées comporte, par priorité et dans l'ordre que le gouvernement a fixé, la discussion des projets de loi déposés par le gouvernement et des propositions de loi acceptées par lui.

Une séance par semaine est réservé par priorité aux questions des membres du Parlement et aux réponses du gouvernement.

ART. 49. Le premier ministre, après délibération du Conseil des ministres, engage devant l'Assemblée nationale la responsabilité du gouvernement sur son programme ou éventuellement sur une déclaration de politique générale.

L'Assemblée nationale met en cause la responsabilité du gouvernement par le vote d'une motion de censure. Une telle motion n'est recevable que si elle est signée par un dixième au moins des membres de l'Assemblée nationale. Le vote ne peut avoir lieu que quarante-huit heures après son dépôt. Seuls sont recensés les votes favorables à la motion de censure qui ne peut être adoptée qu'à la majorité des membres composant l'Assemblée. Si la motion de censure est rejetée, ses signataires ne peuvent en proposer une nouvelle au cours de la même session, sauf dans le cas prévu à l'alinéa ci-dessous.

Le premier ministre peut, après délibération du Conseil des ministres, engager la responsabilité du gouvernement devant l'Assemblée nationale sur le vote d'un texte. Dans ce cas, ce texte est considéré comme adopté, sauf si une motion de censure, déposée dans les vingt-quatre heures qui suivent, est votée dans les conditions prévues à l'alinéa précédent.

Le premier ministre a la faculté de demander au Sénat l'approbation d'une déclaration de politique générale.

ART. 50. Lorsque l'Assemblée nationale adopte une motion de censure ou lorsqu'elle désapprouve le programme ou une déclaration de politique générale du gouvernement, le premier ministre doit remettre au président de la République la démission du gouvernement.

ART. 51. La clôture des sessions ordinaires ou extraordinaires est de droit retardée pour permettre, le cas échéant, l'application des dispositions de l'art. 49.

TITRE VI

**Des traités et accords internationaux**

ART. 52. Le président de la République négocie et ratifie les traités.

Il est informé de toute négociation tendant à la conclusion d'un accord international non soumis à ratification.

ART. 53. Les traités de paix, les traités de commerce, les traités ou accords relatifs à l'organisation inernationale, ceux qui engagent les finances de l'Etat, ceux qui modifient des dispositions de nature législative, ceux qui sont relatifs à l'état des personnes, ceux qui comportent cession, échange ou adjonction de territoire, ne peuvent être ratifiés ou approuvés qu'en vertu d'une loi.

Ils ne prennent effet qu'après avoir été ratifiés ou approuvés.

Nulle cession, nul échange, nulle adjonction de territoire n'est valable sans le consentement des populations intéressées.

ART. 54. Si le Conseil constitutionnel, saisi par le président de la République, par le premier ministre ou par le président de l'une ou l'autre Assemblée, a déclaré qu'un engagement international comporte une clause contraire à la Constitution, l'autorisation de le ratifier ou de l'approuver ne peut intervenir qu'après la révision de la Constitution.

ART. 55. Les traités ou accords régulièrement ratifiés ou approuvés ont, dès leur publication, une autorité supérieure à celle des lois, sous réserve, pour chaque accord ou traité, de son application par l'autre partie.

TITRE VII

**Le Conseil constitutionnel**

ART.56. Le Conseil constitutionnel comprend neuf membres, dont le mandat dure neuf ans et n'est pas renouvelable. Le Conseil constitutionnel se renouvelle par tiers tous les trois ans. Trois des membres sont nommés par le président de la République, trois par le président de l'Assemblée nationale, trois par le président du Sénat.

En sus des neuf membres prévus ci-dessus, font de droit partie à vie du Conseil constitutionnel les anciens présidents de la République.

Le président est nommé par le président de la République. Il a voix prépondérante en cas de partage.

ART. 57. Les fonctions de membre du Conseil constitutionnel sont incompatibles avec celles de ministre ou de membre du Parlement. Les autres incompatibilités sont fixées par une loi organique.

ART. 58. Le Conseil constitutionnel veille à la régularité de l'élection du président de la République.

Il examine les réclamations et proclame les résultats du scrutin.

ART. 59. Le Conseil constitutionnel statue, en cas de contestation, sur la régularité de l'élection des députés et des sénateurs.

ART. 60. Le Conseil constitutionnel veille à la régularité des opérations de référendum et en proclame les résultats.

ART. 61. Les lois organiques, avant leur promulgation, et les règlements des Assemblées parlementaires, avant leur mise en application, doivent être soumis au Conseil constitutionnel qui se prononce sur leur conformité à la Constitution.

Aux mêmes fins, les lois peuvent être déférées au Conseil constitutionnel, avant leur promulagation, par le président de la République, le premier ministre ou le président de l'une ou l'autre Assemblée *ou soixante députés ou soixante sénateurs.*[4]

Dans les cas prévus aux deux alinéas précédents, le Conseil constitutionnel doit statuer dans le délai d'un mois. Toutefois, à la demande du gouvernement, s'il y a urgence, ce délai est ramené à huit jours.

Dans ces mêmes cas, la saisine du Conseil constitutionnel suspend le délai de promulgation.

ART. 62. Une disposition déclarée inconstitutionnelle ne peut être promulguée ni mise en application.

Les décisions du Conseil constitutionnel ne sont susceptibles d'aucun recours. Elles s'imposent aux pouvoirs publics et à toutes les autorités administratives et juridictionnelles.

[4] *Loi constitutionnelle* 24.10.1974 (italics added).

ART. 63. Une loi organique détermine les règles d'organisation et de fonctionnement du Conseil constitutionnel, la procédure qui est suivie devant lui et notamment les délais ouverts pour le saisir de contestations.

## TITRE VIII

### De l'autorité judiciaire

ART. 64. Le président de la Republique est garant de l'indépendance de l'autorité judiciaire.

Il est assisté par le Conseil supérieur de la magistrature.

Une loi organique porte statut des magistrats.

Les magistrats du siège sont inamovibles.

ART. 65. Le Conseil supérieur de la magistrature est présidé par le président de la République. Le ministre de la Justice en est le vice-président de droit. Il peut suppléer le président de la République.

Le Conseil supérieur comprend en outre neuf membres désignés par le président de la République dans les conditions fixées par une loi organique.

Le Conseil supérieur de la magistrature fait des propositions pour les nominations de magistrats du siège à la Cour de cassation et pour celles de premier président de cour d'appel. Il donne son avis dans les conditions fixées par la loi organique sur les propositions du ministre de la Justice relatives aux nominations des autres magistrats du siège. Il est consulté sur les grâces dans les conditions fixées par une loi organique.

Le Conseil supérieur de la magistrature statue comme conseil de discipline des magistrats du siège. Il est alors présidé par le premier président de la Cour de cassation.

ART. 66. Nul ne peut être arbitrairement détenu.

L'autorité judiciaire, gardienne de la liberté individuelle, assure le respect de ce principe dans les conditions prévues par la loi.

## TITRE IX

### De la Haute Cour de justice

ART. 67. Il est institué une Haute Cour de justice.

Elles est composée de membres élus, en leur sein et en nombre égal, par l'Assemblée nationale et par le Sénat après chaque renouvellement général ou partiel de ces Assemblées. Elle élit son président parmi ses membres.

Une loi organique fixe la composition de la Haute Cour, les règles de son fonctionnement ainsi que la procédure applicable devant elle.

Art. 68. Le président de la République n'est responsable des actes accomplis dans l'exercise de ses fonctions qu'en cas de haute trahison. Il ne peut être mis en accusation que par les deux Assemblées statuant par un vote identique au scrutin public et à la majorité absolue des membres les composant; il est jugé par la Haute Cour de justice.

Les membres du gouvernement sont pénalement responsables des actes accomplis dans l'exercice de leurs fonctions et qualifiés crimes ou délits au moment où ils ont été commis. La procédure définie ci-dessus leur est applicable ainsi qu'à leurs complices dans le cas de complot contre la sûreté de l'Etat. Dans les cas prévus au présent alinéa, la Haute Cour est liée par la définition des crimes et délits ainsi que par la détermination des peines telles qu'elles résultent des lois pénales en vigueur au moment où les faits ont été commis.

## Titre x

### Le Conseil économique et social

Art. 69. Le Conseil économique et social, saisi par le gouvernement, donne son avis sur les projets de loi, d'ordonnance ou de décret ainsi que sur les propositions de loi qui lui sont soumis.

Un membre du Conseil économique et social peut être désigné par celui-ci pour exposer devant les Assemblées parlementaires l'avis du Conseil sur les projets ou propositions qui lui ont été soumis.
. . .

## Titre xiv

### De la révision

Art. 89. L'initiative de la révision de la Constitution appartient concurremment au président de la République sur proposition du premier ministre et aux membres du Parlement.

Le projet ou la proposition de révision doit être voté par les deux Assemblées en termes identiques. La révision est définitive après avoir été approuvée par referendum.

Toutefois, le projet de révision n'est pas présenté au référendum lorsque le président de la République décide de le soumettre au Parlement convoqué en Congrès; dans ce cas le projet de révision n'est approuvé que s'il réunit la majorité des trois cinquièmes des suffrages exprimés. Le bureau du Congrès est celui de l'Assemblée nationale.

Aucune procédure de révision ne peut être engagée ou poursuivie lorsqu'il est porté atteinte à l'intégrité du territoire.

La forme républicaine du gouvernement ne peut faire l'objet d'une révision.

. . .

## B. Constitution de 1946

**Constitution du 27 octobre 1946**

### Preambule

Au lendemain de la victoire remportée par les peuples libres sur les régimes qui ont tenté d'asservir et de dégrader la personne humaine, le peuple français proclame à nouveau que tout être humain, sans distinction de race, de religion ni de croyance, possède des droits inaliénables et sacrés. Il réaffirme solennellement les droits et les libertés de l'homme et du citoyen consacrés par la Déclaration des droits de 1789 et les principes fondamentaux reconnus par les lois de la République.

Il proclame, en outre, comme particulièrement nécessaires à notre temps, les principes politiques, économiques et sociaux ci-après:

La loi garantit à la femme, dans tous les domaines, des droits égaux à ceux de l'homme.

Tout homme persécuté en raison de son action en faveur de la liberté a droit d'asile sur les territoires de la République.

Chacun a le devoir de travailler et le droit d'obtenir un emploi. Nul ne peut être lésé, dans son travail ou son emploi, en raison de ses origines, de ses opinions ou de ses croyances.

Tout homme peut défendre ses droits et ses intérêts par l'action syndicale et adhérer au syndicat de son choix.

Le droit de grève s'exerce dans le cadre des lois qui le réglementent.

Tout travailleur participe, par l'intermédiaire de ses délégués, à la détermination collective des conditions de travail ainsi qu'à la gestion des entreprises.

Tout bien, tout entreprise, dont l'exploitation a ou acquiert les caractères d'un service public national ou d'un monopole de fait, doit devenir la propriété de la collectivité.

La Nation assure à l'individu et à la famille les conditions nécessaires à leur développement.

Elle garantit à tous notamment à l'enfant à la mère et aux vieux travailleurs, la protection de la santé, la sécurité matérielle, le repos et les loisirs. Tout être humain qui, en raison de son âge, de son état physique ou mental, de la situation économique, se trouve dans l'incapacité de travailler a le droit d'obtenir de la collectivité des moyens convenables d'existence.

La Nation proclame la solidarité et l'égalité de tous les Français devant les charges qui résultent des calamités nationales.

La Nation garantit l'égal accès de l'enfant et de l'adulte à l'instruction, à la formation professionnelle et à la culture. L'organisation de l'enseignement public gratuit et laïque à tous les degrés est un devoir de l'Etat.

La République français, fidèle à ses traditions, se conforme aux règles du droit public international. Elle n'entreprendra aucune guerre dans des vues de conquête et n'emploiera jamais ses forces contre le liberté d'aucun peuple.

Sous réserve de réciprocité, la France consent aux limitations de souveraineté nécessaires à l'organisation et à la défense de la paix.

La France forme avec les peuples d'outre-mer une Union fondée sur l'égalité des droits et des devoirs, sans distinction de race ni de religion.

L'union français est composée de nations et de peuples qui mettent en commun ou coordonnent leurs ressources et leurs efforts pour développer leurs civilisations respectives, accroître leur bien-être et assurer leur sécurité.

Fidèle à sa mission traditionnelle, la France entend conduire les peuples dont elle a pris la charge à la liberté de s'administrer eux-mêmes et de gérer dmocratiquement leurs propres affaires, écartant tout système de colonisation fondé sur l'arbitraire, elle garantit à tous l'égal accès aux fonctions publiques et l'exercice individuel ou collectif des droits et libertés proclamés ou confirmés ci-dessus.

C. Constitution de 1791

## La Constitution de 1791

### Déclaration des droits de l'Homme et du Citoyen du 26 août 1789

*(placée ensuite en tête de la Constitution de 1791)*

Les représentants du peuple français, constitués en Assemblée nationale, considérant que l'ignorance, l'oubli ou le mépris des droits de l'homme sont les seules causes des malheurs publics et de la corruption des gouvernements, ont résolu d'exposer, dans une déclaration solennelle, les droits naturels, inaliénables et sacrés de l'homme, afin que cette déclaration, constamment présente à tous les membres du corps social, leur rappelle sans cesse leurs droits et leurs devoirs; afin que les actes du pouvoir législatif et ceux du pouvoir exécutif, pouvant être à chaque instant comparés avec le but de toute institution politique, en soient plus respectés; afin que les réclamations des citoyens, fondées désormais sur des principes simples et incontestables, tournent toujours au maintien de la Constitution et au bonheur de tous. — En conséquence, l'Assemblée nationale reconnaît et déclare, en présence et sous les auspices de l'Etre suprême, les droits suivants de l'Homme et du Citoyen.

ARTICLE PREMIER. Les hommes naissent et demeurent libres et égaux en droits. Les distinctions sociales ne peuvent être fondées que sur l'utilité commune.

ART. 2. Le but de toute association politique est la conservation des droits naturels et imprescriptibles de l'homme. Ces droits sont la liberté, la propriété, la sûreté et la résistance à l'oppression.

ART. 3. Le principe de toute souveraineté réside essentiellement dans la Nation. Nul corps, nul individu ne peut exercer d'autorité qui n'en émane expressément.

ART. 4. La liberté consiste à pouvoir faire tout ce qui ne nuit pas à autrui: ainsi, l'exercice des droits naturels de chaque homme n'a de bornes que celles qui assurent aux autres membres de la société la jouissance de ces mêmes droits. Ces bornes ne peuvent être déterminées que par la loi.

ART. 5. La loi n'a le droit de défendre que les actions nuisibles à la société. Tout ce qui n'est pas défendu par la loi ne peut être empêché, et nul ne peut être contraint à faire ce qu'elle n'ordonne pas.

Art. 6. La loi est l'expression de la volonté générale. Tous les citoyens ont droit de concourir personnellement, ou par leurs représentants à sa formation. Elle doit être la même pour tous, soit qu'elle protège, soit qu'elle punisse. Tous les citoyens, étant égaux à ses yeux, sont également admissibles à toutes dignités, places et emplois publics, selon leur capcité et sans autre distinction que celle de leurs vertus et de leurs talents.

Art. 7. Nul homme ne peut être accusé, arrêté ni détenu que dans les cas déterminés par la loi et selon les formes qu'elle a prescrites, Ceux qui sollicitent, expédient, exécutent ou font exécuter des ordres arbitraires doivent être punis; mais tout citoyen appelé ou saisi en vertu de la loi doit obéir à l'instant: il se rend coupable par la résistance.

Art. 8. La loi ne doit établir que des peines strictment et évidemment nécessaires, et nul ne peut être puni qu'en vertu d'une loi établie et promulguée antérieurement au délit, et légalement appliquée.

Art. 9. Tout homme étant présumé innocent jusqu'à ce qu'il ait été déclaré coupable, s'il est jugé indispensable de l'arrêter, toute rigueur qui ne serait pas nécessaire pour s'assurer de sa personne doit être sévèrement réprimée par la loi.

Art. 10. Nul ne doit être inquiété pour ses opinions, même religieuses, pourvu que leur manifestation ne trouble pas l'ordre public établi par la loi.

Art. 11. La libre communication des pensées et des opinions est un des droits les plus précieux de l'homme; tout citoyen peut donc parler, écrire, imprimer librement, sauf à répondre de l'abus de cette liberté dans les cas déterminés par la loi.

Art. 12. La garantie des droits de l'homme et du citoyen nécessite une force publique; cette force est donc instituée pour l'avantage de tous, et non pour l'utilité particulière de ceux à qui elle est confiée.

Art. 13. Pour l'entretien de la force publique, et pour les dépenses d'administration, une contribution commune est indispensable; elle doit être également répartie entre tous les citoyens, en raison de leurs facultés.

ART. 14. Les citoyens ont le droit de constater, par eux-mêmes ou par leurs représentants, la nécessité de la contribution publique, de la consentir librement, d'en suivre l'emploi, et d'en déterminer la quotité, l'assiette, le recouvrement et la durée.

ART. 15. La société a le droit de demander compte à tout agent public de son administration.

ART. 16. Toute société dans laquelle la garantie des droits n'est pas assurée, ni la séparation des pouvoirs déterminée, n'a point de constitution.

ART. 17. La propriété étant un droit inviolable et sacré, nul ne peut en être privé, si ce n'est lorsque la nécessité publique, légalement constatée, l'exige évidemment, et sous la condition d'une juste et préalable indemnité.

**Constitution du 3 Septembre 1791**

L'Assemblée nationale voulant établir la Constitution française sur les principes qu'elle vient de reconnaître et de déclarer, abolit irrévocablement les institutions qui blessaient la liberté et l'égalité des droits. — Il n'y a plus ni noblesse, ni pairie, ni distinctions héréditaires, ni distinctions d'ordres, ne régime féodal, ni justices patrimoniales, ni aucun des titres, dénominations et prérogatives qui en dérivaient, ni aucun ordre de chevalerie, ni aucune des corporations ou décorations, pour lesquelles on exigeait des preuves de noblesse, ou qui supposaient des distinctions de naissance, ni aucune autre supériorité, que celle des fonctionnaires publics dans l'exercice de leurs fonctions. — Il n'y a plus ni vénalité, ne hérédité d'aucun office public. — Il n'y a plus, pour aucune partie de la Nation, ni pour aucun individu, aucun privilège, ni exception au droit commun de tous les Français. — Il n'y a plus ni jurandes, ni corporations de professions, arts et métiers. — La loi ne reconnaît plus ni vœux religieux, ni aucun autre engagement qui serait contraire aux droits naturels ou à la Constitution.

# Control

Const. arts. 7, 16, 37, 41, 46, 54, 56–63

**Ordonnance n° 58-1067 du 7 novembre 1958, portant loi organique
sur le Conseil constitutionnel**

Art. 1° Les membres du Conseil constitutionnel autres que les
membres de droit, sont nommes par des décisions du président de
la République, du président de l'Assemblée Nationale et du
président du Sénat.

Le président du Conseil constitutionnel est nommé par décision
du président de la Republique. Il est choisi parmi les membres du
Conseil, nommés ou de droit.

Les décisions ci-dessus sont publiées au *Journal officiel.*

Art. 2. Le premier Conseil constitutionnel comprend trois
membres désignés pour trois ans, trois membres désignés pour six
ans et trois membres désignés pour neuf ans. Le président de la
République, le président de l'Assemblée Nationale et le président
du Sénat désignent chacun un membre de chaque série.

Art. 3. Avant d'entrer en fonctions, les membres du Conseil
constitutionnel prêtent serment devant le président de la République,

Ils jurent de bien et fidèlement remplir leurs fonctions, de les
exercer en toute impartialité dans le respect de la Constitution, de
garder le secret des délibérations et des votes et de ne prendre
aucune position publique, de ne donner aucune consultation sur
les questions relevant de la compétence du conseil.

Acte est dressé de la prestation de serment.

Art. 4. Les fonctions des membres du Conseil constitutionnel sont
incompatibles avec celles de membre du gouvernement ou du
Parlement ou du Conseil économique et social.

Les membres du gouvernement, du Parlement ou du Conseil
économique et social nommés au Conseil constitutionnel sont
réputés avoir opté pour ces dernières fonctions s'ils n'ont exprimé
une volonté contraire dans les huit jours suivant la publication de
leur nomination.

Les membres du Conseil constitutionnel nommés à des fonctions gouvernementales ou élus à l'une des deux assemblées du

Parlement ou désignés comme membres du Conseil économique et social sont remplacés dans leurs fonctions.

. . .

ART. 14. Les décisions et les avis du Conseil constitutionnel sont rendus par sept conseillers au moins, sauf cas de force majeure dûment constatée au procès-verbal.

. . .

ART. 20. La déclaration du Conseil constitutionnel est motivée. Elle est publiée au *Journal officiel*.

ART. 21. La publication d'une déclaration du Conseil constitutionnel constatant qu'une disposition n'est pas contraire à la Constitution met fin à la suspension du délai de promulgation.

ART. 22. Dans le cas où le Conseil constitutionnel déclare que la loi dont il est saisi contient une disposition contraire à la Constitution et inséparable de l'ensemble de cette loi, celle-ci ne peut être promulguée.

. . .

ART. 24. Dans les cas prévus à l'art. 37 (al. 2) de la Constitution, le Conseil constitutionnel est saisi par le premier Ministre.

. . .

ART. 27. Au cas prévu par le deuxième alinéa de l'art. 41 de la Constitution, la discussion de la proposition de loi ou de l'amendement auquel le gouvernement a opposé l'irrecevabilité est immédiatement suspendue.

L'autorité qui saisit le Conseil constitutionnel en avise aussitôt l'autorité qui a également compétence à cet effet selon l'art. 41 de la Constitution.

. . .

ART. 33. L'élection d'un député ou d'un sénateur peut être contestée devant le Conseil constitutionnel durant les dix jours qui suivent la proclamation des résultants du scrutin.

Le droit de contester une élection appartient à toutes les personnes inscrites sur les listes électorales de la circonscription dans laquelle il a été procédé à l'élection ainsi qu'aux personnes qui ont fait acte de candidature.

. . .

Art. 46. Le Conseil constitutionnel est consulté par le gouvernement sur l'organisation des opérations de référendum. Il est avisé sans délai da toute mesure prise à ce sujet.

. . .

Art. 51. Le Conseil constitutionnel proclame les résultats du référendum. Mention de la proclamation est faite dans le décret portant promulgation de la loi adoptée par le peuple.

. . .

Art. 52. Lorsqu'il est consulté par le president de la République dans les cas prévus au premier alinéa de l'art. 16 de la Constitution, le Conseil constitutionnel se réunit immédiatement.

Art. 53. Il émet un avis sur la réunion des conditions exigées par le texte visé à l'article précédent. Cet avis est motivé et publié.

Art. 54. Le président de la République avise le Conseil constitutionnel des mesures qu'il se propose de prendre.
Le Conseil constitutionnel lui donne sans délai son avis.

. . .


From L. Favoreu, ed., *Le Contrôle de constitutionnalité des normes juridiques par le Conseil constitutionnel*[5]

Le Conseil constitutionnel est une création orginale de la V$^e$ République qui a subi une profonde évolution. Conçu au départ comme étant essentiellement 'une arme contre la déviation du régime parlementaire', il est devenu, progressivement, un véritable juge constitutionnel . . .

En premier lieu, le contrôle exercé sur les lois ordinaires avant leur promulgation, conçu initialement comme un moyen parmi d'autres de vérifier que le Parlement n'empiète pas sur la compétence réglementaire, a considérablement évolué.

Depuis une décision de principe n° 71-44 D.C. du 16 juillet 1971,[6] il porte sur le respect par le législateur des droits et libertés garantis par le préambule de la Constitution de 1958.

En second lieu, la loi constitutionnelle n° 74-904 du 29 octobre 1974 a accru très sensiblement les possiblités de saisine du Conseil

[5] R.F.D.A. (1987) pp. 845 ff.
[6] See below, Constitution and Parliament.

constitutionnel. Alors qu'antérieurement, le Conseil ne pouvait, en règle générale, être saisi de la constitutionnalité d'un texte qu'à l'initiative du président de la République, du premier ministre ou du président de l'une ou l'autre assemblée, il peut, depuis octobre 1974, être saisi des lois, avant leur promulgation, par soixante députés ou soixante sénateurs. C'est à ce dernier titre que le Conseil constitutionnel a été amené à se prononcer sur des questions à la fois très variées et d'une grande importance. Sa jurisprudence s'est par là même considérablement enrichie . . .

Le Conseil constitutionnel exerce à titre exclusif le contrôle de la conformité à la Constitution des actes fondamentaux de l'Etat que sont les lois organiques, les lois, les conventions internationales et les règlements des assemblées parlementaires.

Il est de moins en moins contesté que, dans ses fonctions de contrôle de la constitutionnalité, le Conseil constitutionnel, malgré sa dénomination, *statue comme une juridiction.*

. . .

Le contrôle de constitutionnalité exercé par le Conseil constitutionnel est un contrôle préventif à caractère abstrait.

S'il est obligatoire pour certains textes, il est le plus souvent facultatif et ne peut être alors mis en œuvre que des autorités politiques déterminées. La procédure applicable se trouve enserrée dans des délais très brefs.

*1. Un contrôle qui est en principe préventif*

Le contrôle exercé par le Conseil constitutionnel sur la constitutionnalité de certaines normes peut être qualifié de préventif ou de préalable, en ce sens qu'il n'est susceptible d'être mis en œuvre qu'au *stade de l'édiction de la norme contrôlée et avant toute mise en application de celle-ci.*

Cette règle joue de façon absolue, s'agissant du contrôle de constitutionnalité exercé à l'égard des lois organiques, des règlements des assemblées parlementaires et des engagements internationaux.

De la même façon, le contrôle de constitutionnalité *exercé sur la loi ordinaire joue dans sa plénitude une fois la loi votée* et *avant sa promulgation par le président de la République* . . .

Comme on le verra plus avant, le gouvernement peut néanmoins déférer au Conseil constitutionnel un texte de forme législative déjà entré en vigueur, aux fins de faire constater que ce texte est intervenu dans une matière qui relève de la compétence réglementaire.

## 2. *Un contrôle abstrait*

Préalable à toute mise en application de la norme en cause, le contrôle de constitutionnalité exercé par le Conseil constitutionnel est, par voie de conséquence, un contrôle abstrait.

Le Conseil a ainsi eu l'occasion de souligner que 'la seule éventualité d'abus contraires à la Constitution dans l'application d'une disposition législative n'entraîne pas l'inconstitutionnalité de celle-ci'.

Les abus dans l'application de la loi sont justiciables de l'intervention des autorités judiciaires et administratives et de celle des tribunaux compétents auxquels il appartient 'de censurer et de réprimer, le cas échéant, les illégalités qui seraient commises et de pourvoir éventuellement à la réparation de leurs conséquences dommageables'.

On notera que même, dans l'hypothèse où le Conseil est invité à constater le caractère réglementaire d'une disposition de forme législative antérieurment promulguée, le contrôle exercé demeure un contrôle abstrait puisqu'il porte uniquement sur le point de savoir si la disposition en cause ressortit ou non à la compétence réglementaire.

## 3. *Le contrôle est, sauf exception, facultatif*

Le contrôle de constitutionnalité ne revêt un caractère *obligatoire que pour deux séries de textes*: d'une part, pour les *règlements* des assemblées parlementaires, qui ne peuvent être mis en application qu'après examen préalable de leur constitutionnalité, d'autre part, pour les *lois organiques* dont la promulgation est subordonnée pareillement à leur soumission au Conseil.

Mis à part ces deux cas, le contrôle de constitutionnalité revêt un caractère facultatif. Le Conseil n'est appelé à statuer sur la constitutionnalité d'une loi ou celle d'un engagement international que s'il est saisi par l'une des autorités habilitées à cet effet.

## 4. *Le contrôle ne peut être mis en œuvre que par des autorités politiques déterminées*

Seules quelques autorités publiques, limitativement énumérées ont qualité pour saisir le Conseil, qui ne dispose *d'aucun pouvoir d'autosaisine*.

Les quatre plus hautes autorités de l'Etat disposent d'un pouvoir de saisine étendu: le président de la République qui veille au respect de la Constitution en vertu de l'art. 5 de celle-ci; le premier ministre qui dirige l'action du gouvernement et exerce le pouvoir réglementaire; le président de l'Assemblée nationale et le président du Sénat.

L'une ou l'autre de ces autorités peut saisir le Conseil constitutionnel de la conformité à la Constitution, soit d'un engagement international, par application de l'art. 54 du texte constitutionnel, soit d'une loi votée et non encore promulguée, conformément au deuxième alinéa de l'art. 61 de la Constitution.

En cours de procédure législative, s'il y a désaccord entre le gouvernement et le président de l'Assemblée saisie d'un amendement ou d'une proposition de loi sur la compétence du législateur, le Conseil constitutionnel peut être saisi, à la demande du premier ministre ou du président de l'assemblée intéressée (art. 41 de la Constitution).

Seul le Premier ministre peut saisir le Conseil constitutionnel de la question de savoir si un texte de forme législative déjà promulgué ne ressortit pas à la compétence du pouvoir réglementaire (art. 37, al. 2 de la Constitution).

La loi constitutionnelle du 29 octobre 1974 a permis la saisine du Conseil constitutionnel à des intervenants autres que les quatre plus hautes autorités de l'Etat. Ce texte permet en effet à *soixante députés* ou à *soixante sénateurs* de saisir le Conseil des lois votées, avant leur promulgation. Il a même été interprété comme s'appliquant aux lois qui autorisent la ratification ou l'approbation d'un engagement international.

La saisine doit être signée des autorités qualifiées. A la suite d'une saisine opérée par soixante déutés ou soixante sénateurs, des membres d'une assemblées parlementaire agissant, soit isolément, soit collectivement, mais sans atteindre le nombre de signatures exigées par l'art. 61, alinéa 2, ne sont pas recevables à contester la constitutionnalité de dispositions législatives autres que celles contestées par les auteurs de la saisine régulièrement effectuée.

En revanche, le Conseil, qui se considère en tout état *de cause saisi de l'ensemble de la loi déférée* se réserve le pouvoir de *soulever d'office la question de la constitutionnalité de dispositions non critiquées dans la saisine.*

D'ailleurs, il admet la *recevablité d'une saisine ne comportant l'énoncé d'aucun moyen particulier.*

## A. Constitution and People

### Law by referendum

According to the 1958 Constitution art. 3, national sovereignty belongs to the people and is exercised both through their representatives and by referendum. Thus art. 11 provides that the President may call a referendum on bills dealing with, *inter alia*, '*l'organisation des pouvoirs publics*' and promulgate as '*loi*' the bill so approved. Art. 89, however, provides no way in which the people, without involving both chambers of the Parliament, can amend the Constitution itself. The problem arises as to what happens if — without the stipulated consent of the Parliament — the people none the less vote such an amending '*loi*' and the President promulgates it; and, more precisely, what tribunal might have jurisdiction to decide on its validity.

The question became crucial in 1962. As originally adopted, the 1958 Constitution provided for the President to be elected indirectly, via an electoral college. After an attempt on his life, de Gaulle decided to alter this to direct elections, and to do so by submitting directly to the people a bill whose text amended arts. 6 and 7 of the Constitution and also dealt with certain electoral details by provisions '*ayant valeur organique*'. Apparently, he did not consult the *Conseil d'Etat*, and the *Conseil constitutionnel* privately advised against this course. Having failed to persuade the National Assembly to approve a bill to do this, de Gaulle dissolved the Parliament, and, between dissolution and the new elections, simply presented the project to the people for referendum. Sixty-two per cent of the votes were in favour. Five days later the President of the Senate brought the measure before the *Conseil constitutionnel*, hoping to have it annulled as having been adopted in defiance of the Constitution. The *Conseil* is said to have voted 6:4. This does not appear from the decision given below, which defines the *Conseil's* own role as being limited to keeping within constitutional limits only the acts of the Parliament; accordingly, it declines jurisdiction to question direct lawmaking by the French people.

Cons. const. 6.11.1962
D. 1963.398, note Hamon G.D.15

LE CONSEIL CONSTITUTIONNEL; — Saisi par le président du Sénat, sur la base de l'art. 61, al. 2, de la Constitution, du texte de la loi relative à l'élection du président de la République au suffrage universel direct et adoptée par le peuple dans le référendum du 28 octobre 1962, aux fins d'appréciation de la conformité de ce texte à la Constitution.

Vu la Constitution; — Vu l'ordonnance du 7 novembre 1958 portant loi organique sur le Conseil constitutionnel;

Considérant que la compétence du Conseil constitutionnel est strictement délimitée par la Constitution ainsi que par les dispositions de la loi organique du 7 novembre 1958 sur le Conseil constitutionnel prise pour l'application du titre VII de celle-ci; que le Conseil ne saurait donc être appelé à se prononcer sur d'autres cas que ceux qui sont limitativement prévus par ces textes; —

Considérant que, si l'art. 61 de la Constitution donne au Conseil constitutionnel mission d'apprécier la conformité à la Constitution des lois organiques et des lois ordinaires qui, respectivement, doivent ou peuvent être soumises à son examen, sans préciser si cette compétence s'étend à l'ensemble des textes de caractère législatif, qu'ils aient été adoptés par le peuple à la suite d'un référendum ou qu'ils aient été votés par le Parlement, ou si, au contraire, elle est limitée seulement à cette dernière catégorie, il résulte de l'esprit de la Constitution qui a fait du Conseil constitutionnel un organe régulateur de l'activité des pouvoirs publics, que les lois que la Constitution a entendu viser dans son art. 61 sont uniquement les lois votées par le Parlement et non point celles qui, adoptées par le peuple à la suite d'un référendum, constituent l'expression directe de la souveraineté nationale; —

Considérant que cette interprétation résulte également des dispositions expresses de la Constitution et notamment de son art. 60, qui détermine le rôle du Conseil constitutionnel en matière de référendum et de l'art. 11 qui ne prévoit aucune formalité entre l'adoption d'un projet de loi par le peuple et sa promulgation par le président de la République; — Considérant, enfin, que cette même interprétation est encore expressément confirmée par les dispositions de l'art. 17 de la loi organique susmentionnée du 7 novembre 1958, que ne fait état que des 'lois adoptées par le

Parlement' ainsi que par celles de l'art. 23 de ladite loi qui prévoit que 'dans le cas où le Conseil constitutionnel déclare que la loi dont il est saisi contient une disposition contraire à la Constitution sans constater en même temps qu'elle est inséparable de l'ensemble de la loi, le Président de la République peut soit promulguer la loi à l'exception de cette disposition, soit demander aux Chambres une nouvelle lecture'; — Considérant qu'il résulte de ce qui précède qu'aucune des dispositions de la Constitution ni de la loi organique précitée prise en vue de son application ne donne compétence au Conseil constitutionnel pour se prononcer sur la demande sus-visée par laquelle le président du Sénat lui a déféré aux fins d'appréciation de sa conformité à la Constitution le projet de loi adopté par le peuple français par voie de référendum le 28 octobre 1962;

ART. 1$^{er}$. Le Conseil constitutionnel n'a pas compétence pour se prononcer sur la demande sus-visée du président du Sénat.

## B. Constitution and International Law

The effect of international treaties and conventions on the French municipal law is dealt with by arts. 52–5 of the Constitution. They are negotiated and ratified by the President; if, however, they alter legislation, he may not ratify save by virtue of a statute. If this is done then, subject to reciprocity by the other parties, the international instruments are, within the French legal order, of higher authority than municipal legislation (art. 55).

The danger that a treaty or convention might clash, not merely with legislation, but with the Constitution itself, is dealt with by art. 54. This allows the President, the Prime Minister, or the head of either chamber (but not ordinary members of the Parliament) to refer an international instrument to the *Conseil constitutionnel*. If that body decides that such a clash exists, then the Constitution must be amended before authority to ratify can be given.

The cases which follow show three aspects of the matter. The first decision (on the 1974 abortion law) shows that, when seised under art. 61 of the Constitution, the *Conseil*'s task is to decide only whether a *loi* conforms to the Constitution; it will not inquire into the *loi*'s compatibility with an international agreement such as the European Convention on Human Rights. The second case concerns the reference (under art. 54) of the 1976 decision of the

European Community's council which provided for direct elections to the European Parliament. To the great relief of the French government, the *Conseil* held that this did not conflict with the French constitutional structure. The third case shows the *Conseil* acting, not as a guardian of the Constitution, but as the regular body resolving election disputes under art. 59 of the Constitution. In this context the *Conseil* may have to consider whether a statute already in force, though perfectly constitutional, is compatible with an international obligation.

### a. Under art. 61

Cons. const. 15.1.1975
[1975] R.D.C.C. 19 G.D.24

LE CONSEIL CONSTITUTIONNEL: — Saisi le 20 décembre 1974 par M. Jean Foyer, Marc Lauriol, etc., députés à l'assemblée Nationale, dans les conditions prévues à l'art. 61 de la Constitution, du texte de la loi relative à l'interruption volontaire de la grossesse, telle qu'elle a été adoptée par le Parlement; . . . —Considérant que l'art. 61 de la Constitution ne confère pas au Conseil constitutionnel un pouvoir général d'appréciation et de décision identique à celui du Parlement, mais lui donne seulement compétence pour se prononcer sur la conformité à la Constitution des lois déférées à son examen; — . . .

Considérant qu'une loi contraire à un traité ne serait pas pour autant, contraire à la Constitution; — . . .

Considérant que, dans ces conditions, il n'appartient pas au Conseil constitutionnel, lorsqu'il est saisi en application de l'art. 61 de la Constitution, d'examiner la conformité d'une loi aux stipulations d'un traité ou d'un accord international;[7] —

Considérant, en second lieu, que la loi relative à l'interruption volontaire de la grossesse respecte la liberté des personnes appelées à recourir ou à participer à une interruption de grossesse, qu'il s'agisse d'une situation de détresse ou d'un motif thérapeutique; que, dès lors, elle ne porte pas atteinte au principe de liberté posé à l'art. 2 de la Déclaration des droits de l'homme et du citoyen; — Considérant que la loi déférée au Conseil constitutionnel n'admet qu'il soit porté atteinte au principe du respect de tout être humain dès le commencement de la vie, rappelé dans son article

[7] The European Convention on Human Rights.

1<sup>er</sup>, qu'en cas de nécessité et selon les conditions et limitations qu'elle définit; — Considérant qu'aucune des dérogations prévues par cette loi n'est, en l'état, contraire à l'un des principes fondamentaux reconnus par les lois de la République, ni ne méconnaît le principe énoncé dans le Préambule de la Constitution du 27 octobre 1946, selon lequel la Nation garantit à l'enfant la protection de la santé, non plus qu'aucune des autres dispositions ayant valeur constitutionelle édictées par le même texte; — Considérant, en conséquence, que la loi . . . ne contredit pas les textes auxquels la Constitution du 4 octobre 1958 fait référence dans son Préambule non plus qu'aucun des articles de la Constitution:

ART. 1<sup>er</sup>. — Les dispositions de la loi relative à l'interruption volontaire de la grossesse . . . ne sont pas contraires à la Constitution.

### b. Under art. 54

Cons. const. 30.12.1976

[1976] R.D.C.C. 15 G.D.26

LE CONSEIL CONSTITUTIONNEL; — Saisi le 3 décembre 1976, par le président de la République, en application des dispositions de l'art. 54 de la Constitution, de la question de savoir si la décision du Conseil des communautés européenes du 20 septembre 1976, relative à l'élection de l'Assemblée au suffrage universel direct, comporte une clause contraire à la Constitution; — Vu la Constitution; . . . ; — Considérant que la décision du Conseil des communautés européenes du 20 septembre 1976 et l'acte qui y est annexé ont pour seul objet de stipuler que les représentants à l'Assemblée des peuples des Etats réunis dans la Communauté sont élus au suffrage universel direct et de fixer certaines conditions de cette élection; — Considérant que si le préambule de la Constitution de 1946, confirmé par celui de la Constitution de 1958, dispose que, sous réserve de réciprocité, la France consent aux limitations de souveraineté nécessaires à l'organisation et à la défense de la paix, aucune disposition de nature constitutionnelle n'autorise des transferts de tout ou partie de la souveraineté nationale à quelque organisation internationale que ce soit; — Considérant que l'acte soumis à l'examen du Conseil constitutionnel ne contient aucune disposition ayant pour objet de modifier les compétences et pouvoirs limitativement attribués dans le texte des traités aux communautés européennes et, en particulier, à leur Assemblée par les Etats membres ou de modifier la nature de cette Assemblée qui demeure composée de représentants de chacun des peuples de ces Etats; — Considérant que l'élection au suffrage universel direct des représentants des peuples des Etats membres à l'Assemblée des communautés européennes n'a pour effet de créer ni une souveraineté ni des institutions dont la nature serait incompatible avec le respect de la souveraineté nationale, non plus que de porter atteinte aux pouvoirs et attributions des institutions de la République et, notamment, du Parlement; que toutes transformations ou dérogations ne pourraient résulter que d'une nouvelle modification des traités, susceptible de donner lieu à l'application tant des articles figurant au titre VI que de l'art. 61 de la Constitution; — Considérant que l'engagement international du 20 septembre 1976 ne contient aucune stipulation fixant, pour l'élection des représentants français à l'Assemblée des communautés européennes, des modalités de nature à mettre en cause l'indivisibilité de la République, dont le principe est réaffirmé à l'art. 2 de la Constitution; que les termes de 'procédure électorale uniforme' dont il est fait mention à l'art. 7 de l'acte soumis au Conseil constitutionnel ne sauraient être interprétés comme pouvant permettre qu'il soit porté atteinte à ce principe; que, de façon générale, les textes d'application de cet acte devront respecter les principes énoncés ci-dessus ainsi que tous autres principes de valeur constitutionnelle; — Considérant que la souveraineté qui est définie à l'art. 3 de la Constitution de la République française, tant dans son fondement que dans son exercice, ne peut être que nationale et que seuls peuvent être regardés comme participant à l'exercice de cette souveraineté les représentants du peuple français élus dans le cadre des institutions de la République; — Considérant qu'il résulte de tout ce qui précède que l'acte du 20 septembre 1976 est relatif à l'élection des membres d'une assemblée qui n'appartient pas à l'ordre institutionnel de la République français et qui ne participe pas à l'exercice de la souveraineté nationale; que, par suite, la conformité à la Constitution de l'engagement international soumis au Conseil constitutionnel n'a pas à être appréciée au regard des art. 23 et 34 de la Constitution, qui sont relatifs à l'aménagement des compétences et des procédures concernant les institutions participant à l'exercice de la souveraineté française.

ARTICLE PREMIER. — Sous le bénéfice des considérations qui précèdent, la décision du Conseil des communautés européennes en date du 20 septembre 1976 et l'acte qui y est annexé ne comportent pas de clause contraire à la Constitution.

### c. Under art. 59

Article 59 of the Constitution makes the *Conseil* the regular tribunal in case of disputes about elections to either chamber. All major matters concerning such elections are governed by articles of the *Code électoral* which were enacted by the Parliament (and so are prefaced by the letter L). Under art. L.162 of this code, if there is no clear winner in the first ballot, then only candidates who have obtained votes amounting to at least 12.5 per cent of the registered voters may stand for the second ballot. The extracts below are taken from a case in which two candidates obtained the requisite number, one of them dropped out, and so those who had come third and fourth contested the election of the unopposed other candidate.

One of the grounds was that the statutory provision is unconstitutional. In this case, however, the *Conseil* is not seised with a *loi* before promulgation under art. 61, but is hearing an election dispute involving a statute already promulgated and in force; and so it will not consider the contention. The other ground for challenge was that this statutory procedure is incompatible with the European Convention on Human Rights which France ratified in 1974. The *Conseil* mentions particularly art. 55 of the Constitution and, in a somewhat cryptic paragraph (italicized in the text), decides that, since the French law does not breach an international obligation, it is to be applied by the *Conseil*: the petitioners therefore lose their action. But presumably they would have won and the French enactment, despite its clarity, would not have been applied had the *Conseil* decided that it infringed the Convention.

Cons. const. 21.10.1988
1989 A.J.D.A. 128

LE CONSEIL CONSTITUTIONNEL; — 1. Vu la requête n° 88-1082 et le mémoire ampliatif présentés par M. Michel Bischoff, demeurant à Argenteuil (Val-d'Oise), enregistrés au secrétariat général du Conseil constitutionnel les 22 juin et 15 septembre 1988, et tendant à l'annulation des opérations électorales auxquelles il a été procédé les 5 et 12 juin 1988 dans la cinquième circonscription du Val d'Oise pour la désignation d'un député à l'Assemblée nationale;

. . .

Vu la Constitution, notamment ses art. 55, 59 et 61;

. . .

Vu le Code électoral; — Vu le règlement applicable à la procédure suivie devant le Conseil constitutionnel pour le contentieux de l'élection des députés et des sénateurs;

Le rapporteur ayant été entendu; — Considérant que les requêtes de M. Bischoff et de M. Guyomarc'h sont dirigées contre les mêmes opérations électorales; qu'il y a lieu de les joindre pour qu'elle fassent l'objet d'une seule décision; — Considérant qu'au scrutin du 5 juin 1988, dans la cinquième circonscription du département du Val-d'Oise, deux candidats. MM. Montdargent et Kaminska, ont obtenu chacun un nombre de suffrages au moins égal à 12.5% du nombre des électeurs inscrits; que M. Kaminska n'ayant pas fait acte de candidature pour le second tour, M. Guyomarc'h et M. Bischoff, arrivés respectivement en troisième et quatrième position, soutiennent que c'est à tort qu'ils ont été écartés du second tour; que M. Guyomarc'h invoque, en outre, d'autres griefs mettant en cause la régularité de l'élection de M. Montdargent;

Sur le grief tiré de ce que l'art. L.162 du Code électoral serait contraire à la Constitution: — Considérant que le Conseil constitutionnel ne peut être appelé à statuer sur la conformité d'une loi à la Constitution que dans les cas et suivant les modalités définis par son art. 61; qu'il ne lui appartient donc pas, lorsqu'il se prononce en qualité de juge de l'élection en vertu de l'art. 59 de la Constitution, d'apprécier la constitutionnalité d'une loi; que, dès lors. M. Bischoff ne saurait utilement se prévaloir à l'appui de sa requête de la non-conformité d'une disposition législative à des règles ou principes de valeur constitutionnelle;

Sur le grief tiré de ce que le mode de scrutin serait incompatible avec le protocole n° 1 additionnel à la Convention européenne de sauvegarde des Droits de l'homme et des Libertés fondamentales: —Considérant qu'aux termes de l'art. 3 du protocol sus-visé 'les hautes parties contractantes s'engagent à organiser, à des intervalles raisonnables, des élections libres au scrutin secret, dans les conditions qui assurent la libre expression de l'opinion du peuple sur le choix du corps législatif'; —*Considérant que, prises dans leur ensemble, les dispositions de la loi n° 86-825 du 11 juillet 1986, qui déterminent le mode de scrutin pour l'élection des députes à l'Assemblée nationale, ne sont pas incompatibles avec les stipulations de l'art. 3 du protocole n° 1 additionnel à la Convention européenne de sauvegarde des Droits de l'homme et des Libertés fondamentales; qu'il appartient, par suite, au Conseil constitutionnel de faire application de la loi précitée;*

. . .

DECIDE

ART. 1er: Les requêtes de M. Michel Bischoff et de M. Yannick Guyomarc'h sont rejetées.


## C. Constitution and Parliament

There are two ways in which the Parliament may act in breach of the Constitution. Firstly, it may attempt to enact measures which infringe those basic rights and liberties guaranteed by the sources dating from 1789 discussed above. If this occurs, then, provided the measure has not been promulgated and so become a *loi*, it may be referred to the *Conseil constitutionnel*. Secondly, the Parliament may propose measures which are entirely virtuous, even benevolent; but which appear to be—relatively speaking—so trivial as to fall properly within the law making power conferred by art. 37 of the Constitution on the government. In this case the latter may intervene and, in case of dispute, the *Conseil constitutionnel* decides which organ is competent to deal with the particular matter. In 1958, this latter task was envisaged as the main function of the *Conseil*.

Since 1971, however, it is the former which has become overwhelmingly the main source of the power and influence of the *Conseil* as the guardian of a bill of rights — the first two cases given below made the front page of *Le Monde*. Its role in this field was greatly strengthened by the constitutional amendments of 1974 which allows sixty members of the Parliament to refer to it any bill; as a result, the *Conseil* has become a favourite venue for the parliamentary opposition. The cases given in the section which follows are selected to show how it strives to keep the legislator within certain bounds, and, in so doing, finds itself reflecting on, and attempting to reconcile, competing constitutional values.

### a. Freedom of association

This decision is the first in which the *Conseil constitutionnel* used the Preamble to the 1958 Constitution in order to limit the Parliament's legislative sovereignty. The 1958 Preamble refers to that of 1946, which, in turn, incorporates the fundamental principles recognized by the laws of the Republic. One such statute — of the Third Republic — is the law of 1.7.1901 on Associations. This provides that, before an association may obtain legal capacity, certain particulars must be filed at the *Préfecture*, which then issues a certificate of filing (*récépissé*). Such a document was refused Simone de Beauvoir and Michael Leiris in respect of their 'Association des Amis de la Cause du Peuple'. In early 1971 an administrative court annulled this refusal on the ground of 'excès de pouvoir'. A parliamentary bill was then introduced to amend the 1901 statute; art. 3 would have allowed the *préfet* to delay issue of the certificate until the question of the association's legality had been tested in court. The bill was passed by the *Assemblée nationale*, but the President of the *Sénat* raised the issue of compatibility with the Constitution before the *Conseil constitutionnel*. This body, for the first time, argues from the Preamble.

Cons. const. 16.7.1971
(Président du Sénat)
D.S. 1972.685    J.C.P. 1971 II 16832    G.D. 20

LE CONSEIL CONSTITUTIONNEL; — Saisi le 1$^{er}$ juillet 1971 par le Président du Sénat, conformément aux dispositions de l'art. 61 de la Constitution, du texte de la loi, délibérée par l'Assemblée nationale et le Sénat et adoptée par l'Assemblée nationale, complétant les dispositions des art. 5 et 7 de la loi du 1$^{er}$ juillet 1901 relative au contrat d'association; — Vu la Constitution, et notamment son préambule; — Vu l'ordonnance du 7 novembre 1958 portant loi organique sur le Conseil constitutionnel, notamment le chapitre II du titre II de ladite ordonnance; — Vu la loi du 1$^{er}$ juillet 1901 relative au contrat d'association, modifiée; — Vu la loi du 10 janvier 1936 relative aux groupes de combat et milices privées; — Considérant que la loi déférée à l'examen du Conseil constitutionnel a été soumise au vote des deux assemblées, dans le respect d'une des procédures prévues par la Constitution, au cours de la session du Parlement ouverte le 2 avril 1971; — Considérant qu'au nombre des principes fondamentaux reconnus par les lois de la République et solennellement réaffirmés par le préambule de la Constitution il y a lieu de ranger le principe de la liberté d'association; que ce principe est à la base des dispositions générales de la loi du 1$^{er}$ juillet 1901 relative au contrat d'association; qu'en vertu de ce principe les associations se constituent librement et peuvent être rendues publiques sous la seule réserve du dépôt d'une déclaration préalable; qu'ainsi, à l'exception des mesures susceptibles d'être prises à l'égard de catégories particulières d'associations, la constitution d'associations, alors même qu'elles paraîtraient entachées de nullité ou auraient un objet illicite, ne peut être soumise pour sa validité à l'intervention préalable de l'autorité administrative ou même de l'autorité judiciaire; — Considérant que si rien n'est changé en ce qui concerne la constitution même des associations non déclarées, les dispositions de l'art. 3 de la loi dont le texte est, avant sa promulgation, soumis au Conseil constitutionnel pour examen de sa conformité à la Constitution, ont pour objet d'instituer une procédure d'après laquelle l'acquisition de la capacité juridique des associations déclarées pourra être subordonnée à un contrôle préalable par l'autorité judiciaire de leur conformité à la loi; — Considérant, dès lors, qu'il y a lieu de déclarer non conformes à la

Constitution les dispositions de l'art. 3 de la loi soumise à l'examen du Conseil constitutionnel complétant l'art. 7 de la loi du 1<sup>er</sup> juillet 1901 ainsi, par voie de conséquence, que la disposition de la dernière phrase de l'alinéa 2 de l'art. 1<sup>er</sup> de la loi soumise au Conseil constitutionnel leur faisant référence; — Considérant qu'il ne résulte ni du texte dont il s'agit, tel qu'il a été rédigé et adopté, ne des débats auxquels la discussion du projet de loi a donné lieu devant le Parlement, que les dispositions précitées soient inséparables de l'ensemble du texte de la loi soumise au Conseil; — Considérant, enfin, que les autres dispositions de ce texte ne sont contraires à aucune disposition de la Constitution;

Art. 1<sup>er</sup>. — Sont déclarées non conformes à la Constitution les dispositions de l'art. 3 de la loi soumise à l'examen du Conseil constutionnel complétant les dispositions de l'art. 7 de la loi du 1<sup>er</sup> juillet 1901 ainsi que les dispositions de l'art. 1<sup>er</sup> de la loi soumise au Conseil leur faisant référence;

Art. 2. — Les autres dispositions dudit texte de loi sont déclarées conformes à la Constitution.

## b. Police search powers

Concerned about the use by terrorists of cars in which to transport explosives etc., the government put forward a bill giving the police extensive powers to search vehicles. It was rejected twice by the Senate but finally passed by the Assembly under art. 45 last para. of the Constitution. On the following day over 200 members of the Parliament signed the submission to the *Conseil constitutionnel*. The legislation to which they objected was brief, saying:

Les officiers de police judiciare . . . peuvent, même d'office, procéder, sur les voies ouvertes à la circulation publique, à la visite des véhicules et de leur contenu, en présence du propriétaire ou du conducteur, sauf s'il s'agit d'un véhicule manifestement abandonné . . .

Cons. const. 12.1.1977
(Pierre Joxe et autres)
D.S. 1978. 173, note Hamon et Léauté  G.D. 27

LE CONSEIL CONSTITUTIONNEL; — Saisi le 21 décembre 1976 par MM. Pierre Joxe et autres dans conditions prévues à l'art. 61 (2<sup>e</sup>

alinéa) de la Constitution, du texte de la loi autorisant la visite des véhicules en vue de la recherche et de la prévention des infractions pénales telle qu'elle a été adoptée par le Parlement;—Vu la Constitution;—Vu l'ordonnance du 7 novembre 1958 portant loi organique sur le Conseil constitutionnel, notamment le chapitre II du titre II de ladite ordonnance;—Ouï le rapporteur en son rapport;—Considérant que la liberté individuelle constitue l'un des principes fondamentaux garantis par les lois de la Republique, et proclamés par le Préambule de la Constitution de 1946, confirmé par le Préambule de la Constitution de 1958;—Considérant que l'art. 66 de la Constitution, en réaffirmant ce principe, en confie la garde à l'autorité judiciaire;—Considérant que le texte soumis à l'examen du Conseil constitutionnel a pour objet de donner aux officiers de police judiciaire ou, sur ordre de ceux-ci, aux agents de police judiciaire, le pouvoir de procéder à la visite de tout véhicule ou de son contenu aux seules conditions que ce véhicule se trouve sur une voie ouverte à la circulation publique et que cette visite ait lieu en le présence du propriétaire ou du conducteur;—Considérant que, sous réserve que soient remplies les deux conditions ci-dessus rappelées, les pouvoirs attribués par cette disposition aux officiers de police judiciaire et aux agents agissant sur l'ordre de ceux-ci pourraient s'exercer, sans restriction, dans tous les cas, en dehors de la mise en vigueur d'un régime légal de pouvoirs exceptionnels, alors même qu'aucune infraction n'aura été commise et sans que la loi subordonne ces contrôles à l'existence d'une menace d'atteinte à l'ordre public;—Considérant qu'en raison de l'entendue des pouvoirs, dont la nature n'est, par ailleurs, pas définie, conférés aux officiers de police judiciaire et à leurs agents, du caractère très général des cas dans lesquels ces pouvoirs pourraient s'exercer et de l'imprécision de la portée des contrôles auxquels ils seraient susceptibles de donner lieu, ce texte porte atteinte aux principes essentiels sur lesquels repose la protection de la liberté individuelle; que, par suite, il n'est pas conforme à la Constitution;

Art. 1ᵉʳ.—Sont déclarées non conformes à la Constitution les dispositions de l'article unique de la loi autorisant la visite des véhicules en vue de la recherche et de la prévention des infractions pénales.

## c. Nationalizations

In May 1981 François Mitterand, socialist, defeated Valéry Giscard d'Estaing in the presidential election. The subsequent parliamentary elections gave his supporters a majority in the legislature. A nationalization bill was introduced and, after much contest, finally adopted by the Assembly under the powers given it by art. 45 last para. of the Constitution. The opposition immediately referred the *loi* to the *Conseil constitutionnel*. Only extracts from the lengthy decision are given below. They are selected to show how the *Conseil* recounts French constitutional history in order to show that nationalization is not in itself unconstitutional; but then, faced with conflicting constitutional values, gives priority to the principles of equal treatment and of just compensation. Tested against these, certain clauses fail and, as they are held to be inseparable from the law as a whole, the whole law dies.

Cons. const. 16.1.1982
[1982] R.D.C.C. 18   G.D. 35

LE CONSEIL CONSTITUTIONNEL: — Vu la Constitution . . .

Sur le principe des nationalisations: — Considérant que l'art. 2 de la Déclaration des droits de l'homme et du citoyen de 1789 proclame: 'Le but de toute association politique est la conservation des droits naturels et imprescriptibles de l'homme. Ces droits sont la liberté, la propriété, la sûreté et la résistance à l'oppression'; que l'art. 17 de la même Déclaration proclame également: 'La propriété étant un droit inviolable et sacré, nul ne peut en être privé si ce n'est lorsque la nécessité publique, légalement constatée, l'exige évidemment et sous la condition d'une juste et préalable indemnité';

Considérant que le peuple français, par le référendum du 5 mai 1946, a rejeté un projet de Constitution qui faisait précéder les dispositions relatives aux institutions de la République d'une nouvelle Déclaration des droits de l'homme comportant notamment l'énoncé de principes différant de ceux proclamés en 1789 par les art. 2 et 17 précités.

Considérant qu'au contraire, par les référendums du 13 octobre

1946 et du 28 septembre 1958, le peuple français a approuvé des textes conférant valeur constitutionnelle aux principes et aux droits proclamés en 1789; qu'en effet, le Préambule de la Constitution de 1916 'réaffirme solennellement les droits et les libertés de l'homme et du citoyen consacrés par le Déclaration des droits de 1789' et tend seulement à compléter ceux-ci par la formulation des 'principes politiques, économiques et sociaux particulièrement nécessaires à notre temps'; que, aux termes du Préambule de la Constitution de 1958 'le peuple français proclame solennellement son attachement aux droits de l'homme et aux principes de la souveraineté nationale tels qu'ils ont été définis par la Déclaration de 1789, confirmée et complétée par le Préambule de la Constitution de 1946';

Considérant que, si postérieurement à 1789 et jusqu'à nos jours, les finalités et les conditions d'exercice du droit de propriété ont subi une évolution caractérisée à la fois par une notable extension de son champ d'application à des domaines individuels nouveaux et par des limitations exigées par l'intérêt général, les principes mêmes énoncés par la Déclaration des Droits de l'homme ont pleine valeur constitutionnelle tant en ce qui concerne le caractère fondamental du droit de propriété dont la conservation constitue l'un des buts de la société politique et qui est mis au même rang que la liberté, la sûreté et la résistance à l'oppression, qu'en ce qui concerne les garanties donnés aux titulaires de ce droit et les prérogatives de la puissance publique; que la liberté qui, aux termes de l'art. 4 de la Déclaration, consiste à pouvoir faire tout ce qui ne nuit pas à autrui, ne saurait elle-même être préservée si des restrictions arbitraires ou abusives étaient apportées à la liberté d'entreprendre;

Considérant que l'alinéa 9 du Préambule de la Constitution de 1946 dispose: 'Tout bien, toute entreprise dont l'exploration a ou acquiert les caractères d'un service public national ou d'un monopole de fait doit devenir la propriété de la collectivité'; que cette disposition n'a ni pour objet ni pour effet de rendre inapplicables aux opérations de nationalisation les principes sus-rappelés de la Déclaration de 1789;

Considérant que, si l'art. 34 de la Constitution place dans le domaine de la loi 'les nationalisations d'entreprises et les transferts d'entreprises du secteur public au secteur privé', cette disposition, tout comme celle qui confie à la loi la détermination des principes fondamentaux du régime de la propriété, ne saurait dispenser le législateur, dans l'exercice de sa compétence, du respect des principes et des règles de valeur constitutionnelle qui s'imposent à tous les organes de l'Etat;

Considérant qu'il ressort des travaux préparatoires de la loi soumise à l'examen du Conseil constitutionnel que le législateur a entendu fonder les nationalisations opérées par ladite loi sur le fait que ces nationalisations seraient nécessaires pour donner aux pouvoirs publics les moyens de faire face à la crise économique, de promouvoir la croissance et de combattre le chômage et procéderaient donc de la nécessité publique au sens de l'art. 17 de la Déclaration de 1789.

Considérant que l'appréciation portée par le législateur sur la nécessité des nationalisations décidées par la loi soumise à l'examen du Conseil constitutionnel ne saurait, en l'absence d'erreur manifeste, être récusée par celui-ci dès lors qu'il n'est pas établi que les transferts de biens et d'enterprises présentement opérés restreindraient le champ de la propriété privée et de la liberté d'entreprendre au point de méconnaître les dispositions précitées et de la Déclaration de 1789;

. . .

Sur la désignation des sociétés faisant l'objet des nationalisations et sur le respect du principe d'égalité:

. . .

Considérant qu'il appartenait au législateur, en fonction de la nécessité publique constatée par lui, d'exclure de la nationalisation les banques les moins importantes; que le critère retenu pour déterminer le seuil au-dessous duquel les banques échappent à la nationalisation n'est pas sans rapport avec son objet;

Considérant que, d'autre part, l'art. 13-1 de la loi exclut de la nationalisation 'les banques ayant le statut de sociétés immobilières pour le commerce et l'industrie fixé par l'ordonnance n° 67-837 du 28 septembre 1967 ou le statut de maison de réescompte fixé par le décret n° 60-439 du 12 février 1960; les banques dont la majorité du capital social appartient directement ou indirectement à des sociétés de caractère mutualiste ou coopératif; les banques dont la majorité du capital social appartient directement ou indirectement à des personnes physiques ne résidant pas en France ou à des personnes morales n'ayant pas leur siège social en France';

Considérant que le principe d'égalité n'est pas moins applicable entre les personnes morales qu'entre les personnes physiques, car, les personnes morales étant des groupements de personnes physiques, la méconnaissance du principe d'égalité entre celles-là équivaudrait nécessairement à une méconnaissance de l'égalité entre celles-ci;

Considérant que le principe d'égalité ne fait pas obstacle à ce qu'une loi établisse des règles non identiques à l'égard de catégories de personnes se trouvant dans des situations différentes, mais qu'il ne peut en être ainsi que lorsque cette non-identité est justifiée par la différence de situation et n'est pas incompatible avec la finalité de la loi;

Considérant que la dérogation visant les banques ayant le statut de sociétés immobilières pour le commerce et l'industrie ou le statut de maison de réescompte n'est pas contraire au principe d'égalité, certains des éléments des statuts de ces établissements leur étant spécifiques;

Considérant que, si les banques dont la majorité du capital social appartient directement ou indirectement à des personnes physiques ne résidant pas en France ou à des personnes morales n'ayant pas leur siège social en France ont le même statut juridique que les autres banques, le législateur a pu, sans méconnaître le principe d'égalité, les exclure de la nationalisation en prenant motif des risques de difficultés que la nationalisation de ces banques aurait pu entraîner sur le plan international et dont la réalisation aurait, à ses yeux, compromis l'intérêt général qui s'attache aux objectifs poursuivis par la loi de nationalisation;

Considérant au contraire que la dérogation portée au profit des banques dont la majorité du capital social appartient directement ou indirectement à des sociétés de caractère mutualiste ou coopératif méconnaît le principe d'égalité; qu'en effet, elle ne se justifie ni par des caractères spécifiques de leur statut ni par la nature de leur activité ni par des difficultés éventuelles dans l'application de la loi propres à contrarier les buts d'intérêt général que le législateur a entendu poursuivre;

Considérant, dès lors, qu'il y a lieu de déclarer non conformes à la Constitution les dispositions de l'art. 13-1 de la loi soumise à l'examen du Conseil constitutionnel ainsi conçues: 'Les banques dont la majorité du capital social appartient directement ou indirectement à des sociétés de caractère mutualiste ou coopératif';

. . .

Sur l'indemnisation:
Considérant qu'en vertu des dispositions de l'art. 17 de la Déclaration des droits de l'homme et du citoyen, la privation du droit de propriété pour cause de nécessité publique requiert une juste et préalable indemnité; . . .
Considérant au total qu'en ce qui concerne les actions des sociétés cotées en bourse, la méthode de calcul de leur valeur d'échange conduit à des inégalités de traitement dont l'ampleur ne saurait être justifiée par les seules considérations pratiques de rapidité et de simplicité; que ces inégalités de traitement se doublent, dans nombre de cas, d'une sous-estimation substantielle de ladite valeur d'échange; qu'enfin, le refus de reconnaître aux anciens actionnaires le bénéfice des dividendes attachés à l'exercice 1981 ou de leur accorder, sous une forme appropriée, un avantage équivalent, ampute sans justification les indemnités auxquelles ont droit les anciens actionnaires;

. . .

DECIDE

ARTICLE PREMIER. — Sont déclarées non conformes à la Constitution les dispositions des art. 4, 6, 16, 18, 30 et 32 de la loi de nationalisation, ainsi que celles énoncées, à l'art. 13-1, par les mots: 'Les banques dont la majorité du capital social appartient directement ou indirectement à des sociétés de caractère mutualiste ou coopératif.'

ART. 2. — Les dispositions des art. 5, 18 et 32 de la loi de nationalisation ne sont pas séparables de l'ensemble de cette loi.

[Shortly after this decision an amended nationalisation law was held to be constitutional: Cons. const. 11.2.1982 (1982) R.D.C.C. 31]

### d. Trade union immunity

In the early 1980s there was a considerable increase in the number of actions brought by employers and non-strikers against workers who went on strike, occupied the workplace, and the like. Defendants were being held liable under the basic 'tort' law of C. Civ. 1382: 'Tout fait quelconque de l'homme qui cause à autrui un dommage oblige celui par la faute duquel il est arrivé à le réparer.' The socialist government tried to curtail this liability by giving immunity. Art. 8 of the *loi* of 28.10.1982 laid down that no action could be brought against employees or unions for compensation for loss sustained during a collective labour dispute, save where it was caused by crimes or by quite unconnected behaviour. In a rather enigmatic decision, the *Conseil* holds this unconstitutional, relying on the tort law given above and on the principle of equality before the law and before public burdens. (For the application of this decision by the Court of Cassation see below, Constitution and Courts.)

Cons. const. 22.10. 1982
(Labbé et autres)
(1982) R.D.C.C. 61

LE CONSEIL CONSTITUTIONNEL: — vu la Constitution; — Vu l'ordonnance du 7 novembre, 1958 portant loi organique sur le Conseil constitutionnel, notamment les articles igurant au chapitre II du titre II de cette ordonnance;

Considérant que les députés auteurs de la saisine soutiennent qu'est contraire à la Constitution l'art. 8 de la loi relative au développement des institutions représentatives du personnel qui complète l'art. L. 521-1 c. trav. par un nouvel alinéa ainsi rédigé: 'Aucune action ne peut être intentée à l'encontre de salariés, de représentants du personnel élus ou désignés ou d'organisations syndicales de salariés, en réparation des dommages causés par un conflit collectif de travail ou à l'occasion de celui-ci, hormis les actions en réparation du dommage causé par une infraction pénale et du dommage causé par des faits manifestement insusceptibles de se rattacher à l'exercice du droit de grève ou du droit syndical. Ces dispositions sont applicables aux procédures en cours, y compris devant la Cour de cassation'; — Considérant qu'il résulte nécessairement de ce texte que devraient demeurer sans aucune espèce de réparation de la part de leurs auteurs ou coauteurs ni, en l'absence de toute disposition spéciale en ce sens, de la part d'autres personnes physiques ou morales, les dommages causés par des fautes, même graves, à l'occasion d'un conflit du travail, dès lors que ces dommages se rattachent, fût-ce de facon très indirecte, à l'exercice ou droit de grève ou du droit syndical et qu'ils ne procèdent pas d'une infraction pénale; — Considérant que, nul n'ayant le droit de nuire à autrui, en principe tout fait quelconque de l'homme, qui cause à autrui un dommage, oblige celui par la faute duquel il est arrivé, à le réparer; — Considérant que, sans doute, en certaines matières, le législateur a institué des régimes de réparation dérogeant partiellement à ce principe, notamment en adjoignant ou en substituant à la responsabilité de l'auteur du dommage la responsabilité ou la garantie d'une autre personne physique ou morale; — Considérant cependant que le droit français ne comporte, en aucune matiére, de régime soustrayant à toute réparation les dommages résultant de fautes civiles imputables à des personnes physiques ou morales de droit privé, quelle que soit la gravité de ces fautes; — Considérant qu'ainsi l'art. 8 de la loi déférée au Conseil constitutionnel établit une discrimination manifeste au détriment des personnes à qui il interdit, hors le cas d'infraction pénale, toute action en réparation; qu'en effet, alors qu'aucune personne, physique ou morale, publique ou privée, française ou étrangère, victime d'un dommage matériel ou moral imputable à la faute civile d'une personne de droit privé ne se heurte à une prohibition générale d'agir en justice pour obtenir réparation de ce dommage, les personnes à qui seraient opposées les dispositions de l'art. 8 de la loi présentement examinée ne pourraient demander la moindre réparation à quiconque; — Considérant, il est vrai, que, selon les travaux préparatoires, les dispositions de l'art. 8 de la loi trouveraient leur justification dans la volonté du législateur d'assurer l'exercice effectif du droit de grève et du droit syndical, l'un et l'autre constitutionellement reconnus, et qui serait entravé par la menace ou la mise en œuvre abusives à l'occasion de conflicts collectifs de travail, d'actions en justice à l'encontre des salariés, de leurs représentants ou d'organisations syndicales; — Considérant cependant que le souci du législateur d'assurer l'exercice effectif du droit de grève et du droit syndical ne saurait justifier la grave atteinte portée par les dispositions précitées au principe d'égalité; — Considérant en effet que, s'il appartient au législateur, dans le respect du droit de grève et du droit syndical ainsi que des autres droits et libertés ayant également valeur constitutionnelle, de définir les conditions d'exercice du droit de grève et du droit syndical et, ainsi, de tracer avec précision la limité séparant les actes et comportement licites des actes et comportement fautifs, de telle sorte que l'exercice de ces droits ne puisse être entravé par des

actions en justice abusives, s'il lui appartient également, le cas
échéant, d'aménager un régime spécial de réparation approprié
conciliant les intérêts en présence, il ne peut en revanche, même
pour réaliser les objectifs qui sont les siens, dénier dans son
principe même le droit des victimes d'actes fautifs, qui peuvent
d'ailleurs être des salariés, des représentants du personnel ou des
organisations syndicales, à l'égalité devant la loi et devant les
charges publiques;—Considérant, dès lors, que l'art. 8 de la loi
déférée ou Conseil constitutionnel, dont les dispositions ne sont
pas inséparables des autres dispositions de la même loi, doit être
déclaré contraire à la Constitution;—Considérant enfin, qu'en
l'espèce, il n'y a lieu pour le Conseil constitutionnel de soulever
d'office aucune question de conformité à la Constitution en ce qui
concerne les autres dispositions de la loi soumise à son examen.

ART. 1$^{er}$. L'art. 8 de la loi relative au développement des
institutions représentatives du personnel est déclaré non conforme
à la Constitution.

ART. 2. Les autres dispositions de la loi soumise à l'examen du
Conseil constitutionnel sont déclarées conformes à la Constitution.

### e. Amnesty: the Renault Ten

The final decisions in this subsection show the *Conseil* once again
brooding on the sources of constitutional law—in this case the
'Republican tradition'—and grappling with the 'precedential'
effect of its own earlier decisions.

### 1.   *The first case.*

It is the custom of a newly elected French president to introduce,
via the government, an Amnesty Bill whose aim is normally to set
free certain categories of run-of-the-mill offenders, and to wipe
clean their record. The legislation introduced to celebrate M.
Mitterand's gaining, in May 1988, a second term in office went
rather further than this. It tried to ensure that certain people got
their jobs back.

At Billancourt, to the west of Paris, stands the massive Renault
factory, which has from time to time been the scene of violent
industrial conflict; its manager George Besse was shot dead in
November 1986. He had implemented a 'rationalization' programme, which caused heavy redundancies. Protests during July

and August 1986 involved occupations by some of the workforce, destruction of property, and intimidation of staff. With the consent of the independent labour inspectorate, a number of shop stewards who had participated in the protests were dismissed for '*faute lourde*' and convicted of causing bodily harm and of theft. The Communist Party then singled out ten cases and campaigned for their reinstatement. Actions were brought in the labour court and, in addition, the amnesty law was extended to provide for the mandatory re-employment of certain workers dismissed for having committed 'lesser' offences, that is those which did not amount to '*coups et blessures*' punishable by over a year's imprisonment.

The law was at once referred by the opposition to the *Conseil constitutionnel*. Among the questions to be decided were: firstly, Amnesty Acts may, of course, remove the penal consequences of a crime; but did a fundamental principle of Republican law preclude their expunging the civil consequences? Secondly, did the *Conseil's* earlier decision annulling a law giving immunity against tort actions act as a 'precedent' preventing the legislator from ameliorating the civil-law consequences of conduct during a labour dispute? Thirdly, could the right of reinstatement be reconciled with the freedom of the employer or the feelings of the workmates who might have been the very victims of the offences?

Cons. const. 20.7.88
[1988] A.J.D.A. 752

LE CONSEIL CONSTITUTIONNEL; Vu la Constitution . . .
  Sur l'art. 15 de la loi:
  Considérant que l'art. 15 de la loi est ainsi conçu:

1. Sont amnistiés, dans les conditions fixées á l'art. 14, les faits retenus ou susceptibles d'être retenus comme motifs de sanctions prononcées par un employeur . . .

2. Tout salarié qui, depuis le 22 mai 1981, a été licencié pour une faute autre qu'une faute lourde ayant consisté en des coups et blessures sanctionnés par une condamnation non visée à l'art. 7 de la présente loi, commise à l'occasion de l'exercice de sa fonction de représentant élu du personnel, de représentant syndical au comité

d'entreprise ou de délégué syndical peut invoquer cette qualité . . .
pour obtenir, sauf cas de force majeure, sa réintegration dans son
emploi ou dans un emploi équivalent chez le même employeur ou
chez l'employeur qui lui a succédé . . .

En ce qui concerne la compétence du législateur en matière
d'amnistie:
    Considérant que les députés auteurs de la première saisine
soutiennent que l'art. 15 déborde du domaine d'une loi d'amnistie
en ce qu'il s'applique non pas seulement 'au domaine pénal et
parapénal' mais entend régir 'des faits intervenus dans le cadre
d'un contrat de travail entre deux personnes privées'; qu'il y aurait
là une violation tant de la tradition républicaine que de la volonté
du constituant;

Quant à la tradition républicaine:
    Considérant que la tradition républicaine ne saurait être
utilement invoquée pour soutenir qu'un texte législatif qui la
contredit ne serait contraire à la Constitution qu'autant que cette
tradition aurait donné naissance à une principe fondamental
reconnu par les lois de la République; — Considérant que, si dans
leur très grande majorité les textes pris en matière d'amnistie dans
la législation républicaine intervenue avant l'entrée en vigueur du
Préambule de la Constitution de 1946 ne comportent pas de
dispositions concernant, en dehors des incriminations pénales dont
ils ont pu être l'occasion, les rapports nés de contrats de travail de
droit privé, il n'en demeure pas moins que la loi d'amnistie du 12
juillet 1937 s'est écartée de cette tradition; que, dès lors, la
tradition invoquée par les auteurs de la saisine ne saurait, en tout
état de cause, être regardée comme ayant engendré un principe
fondamental reconnu par les lois de la République au sens de
l'alinéa premier du Préambule de la Constitution de 1946;

Quant à la volonté du constituant:
    Considérant qu'aux termes de l'art. 34 de la Constitution 'la loi
fixe les règles concernant: . . . la détermination des crimes et délits
ainsi que les peines qui leur sont applicables; la procédure pénale;
l'amnistie; la création de nouveaux ordres de juridiction et le
statut des magistrats';
    Considérant que l'on ne saurait déduire des termes de ces
dispositions qui ne concernent pas seulement le droit pénal et de la
place qui y est faite à l'amnistie que la Constitution aurait limité la

compétence du législateur en matière d'amnistie au domaine des crimes de délits et, plus généralement, des infractions pénalement réprimées;

Considérant ainsi que le législateur a pu, sans méconnaître aucun principe non plus qu'aucune règle de valeur constitutionnelle, étendre le champ d'application de la loi d'amnistie à des sanctions disciplinaires ou professionnelles dans un but d'apaisement politique ou social:

En ce qui concerne la méconnaissance de la chose jugée par le Conseil constitutionnel:

Considérant que, selon les sénateurs, auteurs de la seconde saisine, les dispositions de l'art. 15-II méconnaissent la décision n° 82-144 D.C. du 22 octobre 1982 par laquelle le Conseil constitutionnel a déclaré contraires à la Constitution des dispositions interdisant toute action à l'encontre de salariés, de représentants élus ou désignés ou d'organisations syndicales de salariés, en réparation des dommages causés par un conflit collectif de travail ou à l'occasion de celui-ci, hormis les actions en réparation du dommage causé par une infraction pénale et du dommage causé par des faits manifestement insusceptibles de se rattacher à l'exercice du droit de gréve ou du droit syndical;

Considérant qu'en vertu du deuxième alinéa de l'art. 62 de la Constitution les décisions du Conseil constitutionnel 's'imposent aux pouvoirs publics et à toutes les autorités administratives et juridictionnelles'; — Considérant que l'autorité de chose jugée attachée à la décision du Conseil constitutionnel du 22 octobre 1982 est limitée à la déclaration d'inconstitutionnalité visant certaines dispositions de la loi qui lui était alors soumise; qu'elle ne peut être utilement invoquée à l'encontre d'une autre loi conçue, d'ailleurs, en termes différents; . . .

Considérant que les dispositions de l'art. 15 risquent de mettre en cause la liberté d'entreprendre de l'employeur qui, responsable de l'entreprise, doit pouvoir, en conséquence, choisir ses collaborateurs; que, dans certains cas, elles peuvent également affecter la liberté personnelle de l'employeur et des salariés de l'entreprise en leur imposant la fréquentation, sur les lieux de travail, des auteurs d'actes dont ils ont été victimes;

Considérant que le respect des droits et des libertés des personnes étrangères aux faits amnistiés et, *a fortiori*, de ceux qui ont pu, sans faute de leur part, en subir des conséquences dommageables, impose des limites à l'exercice de la compétence confiée au législateur en matière d'amnistie;

Considérant que c'est dans un souci d'apaisement politique ou social que le législateur recherche, par l'exercice de la compétence que la Constitution lui reconnaît en matière d'amnistie, l'oubli de certain faits et l'effacement de leur caractère répréhensible; qu'il ne lui est pas interdit à cette fin de tenir compte des difficultés que présente l'exercice des fonctions de représentant élu du personnel ou de responsable syndical dont la protection découle d'exigences constitutionnelles; qu'ainsi des dispositions spécifiques édictées au profit de la catégorie des salariés protégés ne sont pas contraires au principe d'égalité;

Considérant dès lors, compte tenu de la conciliation nécessaire qui doit être opérée entre les droits et les libertés de chacun et les droits et les libertés d'autrui, que la loi d'amnistie peut valablement prévoir qu'un représentant du personnel ou un responsable syndical qui, à l'occasion de l'exercice de fonctions difficiles, a commis une faute n'ayant pas le caractère de faute lourde a droit, dans les conditions prévues par la loi, à être réintégré dans ses fonctions; que les contraintes découlant de cette réintégration ne dépassent pas, par leur étendue, les charges que, dans l'intérêt général, la société peut imposer à ses membres et ne sont pas manifestement disproportionées par rapport à ce but d'interet général;

Considérant, par contre, que le droit à réintégration ne saurait être étendu aux représentants du personnel ou responsables syndicaux licenciés à raison de fautes lourdes; qu'en effet, dans cette hypothèse, on est en presénce d'un abus certain de fonctions ou mandats protégés; qu'en outre la contrainte qu'une telle réintégration ferait peser sur l'employeur qui à été victime de cet abus ou qui, en tout cas, n'en est pas responsable excéderait manifestement les sacrifices d'ordre personnel ou d'ordre patrimonial qui peuvent être demandés aux individus dans l'intérêt général; qu'en particulier la réintégration doit être exclue lorsque la faute lourde ayant justifié le licenciement a eu pour victimes des membres du personnel de l'entreprise qui, d'ailleurs, peuvent être eux-mêmes des représentants du personnel ou des responsables syndicaux;

Considérant que, sous réserve des exclusions générales du bénéfice de l'amnistie et de l'exception de force majeure, les dispositions du paragraph II de l'art. 15 précité de la loi ne privent du droit à la réintegration que les représentants du personnel ou les responsables syndicaux licenciés en raison d'une faute lourde ayant consisté en des coups et blessures sanctionnés par une condamnation non visée à l'art. 7 de la loi; qu'il en résulte que la réintégration serait imposée dans des hypothèses de coups et blessures volontaires ayant pu revêtir un caractère de réelle gravité; que, de même, la réintégration serait de droit dans tous les cas où la faute lourde aurait été constituée par une infraction autre que celle de coups et blessures; que de telles dispositions dépassent manifestement les limites que le respect de la Constitution impose au législateur en matière d'amnistie;

. . .

DECIDE

ART. 1er: Sont déclarées contraires à la Constitution les dispositions suivantes de la loi portant amnistie:

. . .

—à l'article 15-II, les mots: 'ayant consisté en des coups et blessures sanctionnés par une condamnation non visée à l'art. 7 de la présente loi'

ART. 2: Les autres dispositions de la loi portant amnistie ne sont pas contraires à la Constitution.

2. *The second case*
In the previous decision, the *Conseil constitutionnel* stated that forced re-employment of someone dismissed for grave fault would impose on the employer sacrifices both personal and financial in excess of those which might fairly be asked of individuals. An Amnesty Amendment Act was then passed which picked up these words and attempted to force re-employment *except* where to do so would impose such sacrifices on the employer. Once again the law was referred to the *Conseil constitutionnel* and once again struck down. This time the *Conseil* — almost like a common-law court — is forced to explain the *ratio* of its earlier decision and to insist that, under art. 62 of the Constitution, that decision has precedential authority.

Cons. const. 8.7.1989
*Le Monde* 11.7.1989, p. 38

Considérant que, par sa décision n° 88-244 DC du 20 juillet 1988, le Conseil constitutionnel a déclaré contraires à la Constitution, dans le texte de l'article 15-II de la loi d'amnistie relatif au droit à réintégration, les mots: 'Ayant consisté en des coups et blessures sanctionnés par une condamnation non visée à l'art. 7 de la présente loi'; qu'il ressort des motifs de cette décision que le droit à réintégration ne saurait être étendu aux représentants du personnel ou responsables syndicaux licenciés à raison de fautes lourdes; qu'en effet ainsi que le relève la décision du 20 juillet 1988, dans cette hypothèse, 'on est en présence d'un abus certain de fonctions ou mandats protégés' et, de plus, 'la contrainte qu'une telle réintégration ferait peser sur l'employeur qui a été victime de cet abus ou qui en tout cas, n'en est pas responsable excéderait manifestement les sacrifices d'ordre personnel ou d'ordre patrimonial qui peuvent être demandés aux individus dans l'intérêt général'; 'qu'en particulier la réintegration doit être exclue lorsque la faute lourde ayant justifié le licenciement a eu pour victimes des membres du personnel de l'entreprise qui, d'ailleurs, peuvent être eux-mêmes des représentants du personnel ou des responsables syndicaux';

Considérant que l'art. 3 de la loi portant amnistie présentement examinée a pour objet de compléter le premier alinéa du paragraphe II de l'art. 15 de la loi n° 88-828 du 20 juillet 1988 par la phase suivante: 'Ces dispositions sont applicables en cas de faute lourde, sauf si la réintégration devait faire peser sur l'employeur des sacrifices excessifs d'ordre personnel ou patrimonial': que se trouve par suite reconnu un droit à la réintégration dans l'entreprise, distinct de l'amnistie déjà acquise, aux représentants du personnel ou reponsables syndicaux licenciés à raison de fautes lourdes;

Considérant que l'art. 3 réserve l'hypothese où la réintégration ferait 'peser sur l'employeur des sacrifices excessifs d'ordre personnel ou patrimonial;

Considérant que le tempérament ainsi apporté laisse subsister la règle générale énoncée par cet article qui reconnaît un droit à la réintégration en cas de faute lourde; qu'en particulier il ne prend pas en considération le cas où les victimes de fautes lourdes seraient des membres du personnel de l'entreprise qui peuvent être eux-mêmes des représentants du personnel ou des respons-ables syndicaux;

Considérant qu'une telle disposition méconnaît l'autorité qui s'attache, en vertu de l'art. 62 de la Constitution, à la décision du Conseil constitutionnel du 20 juillet 1988; qu'il suit de là que l'art. 3 de la loi doit être déclaré non conforme à la Constitution.

D. Constitution and Government

*a. Cohabitation*

In the elections of March 1986 the right-wing R.D.R.–U.P.F. parties secured a majority, and a socialist President (Mitterand) found himself appointing a long-time rival as 'conservative' Prime Minister (Chirac). In the USA it is common to have a President of one party (Republican) while the other controls Congress, but the experience was new to the French. They called it *'cohabitation'* and some doubted whether the 1958 constitutional structure could contain the tensions. On the one hand its art. 5 makes the President the 'guardian of the Constitution'; on the other, art. 20 states that it is the government which settles and conducts national policy. One thing was clear: that the role of the *Conseil constitutionnel* might well be decisive. For this reason, just before the elections, when the prospects of a socialist majority looked far from certain, the President appointed a new President of the *Conseil*: Robert Badinter, socialist, former Minister of Justice, and faithful ally of Mitterand. As things turned out, however, this does not seem greatly to have affected the *Conseil*'s independence.

The new government was determined to implement a broad programme of dismantling the socialist structures erected during the previous five years (and particularly the nationalizations and price controls of 1982 and earlier). Having only a slender majority, and needing to act quickly (the President could always dissolve the Parliament), the government decided not to introduce a whole series of bills on different areas but to use art. 38 of the Constitution. This allows the Parliament to delegate to the government power, by *ordonnance*, to legislate in areas normally reserved to statute. The advantages for the government were that the ordinances would not depend on a vote in the Parliament and could not be referred to the *Conseil constitutionnel*. The disadvantages were that the empowering bill itself would be subject to such scrutiny; and any ordinances would have to be signed by the President (Constitution, art. 13).

1. *The empowering law.* The law (D.S. 1986 L.391) was short but sweeping. It allowed the government to legislate by ordinance for the next six months in order to 'ensure business greater freedom of management', to define 'a new right of competition', to change labour law so as to 'adapt to variations in firms' levels of activity and to general economic conditions' and to privatize over sixty companies. A ratification bill was to be tabled by the end of the year, but the privatizations could be effected at any time in the next five years.

The *Conseil constitutionnel* in fact approved the *loi*; the extracts below illustrate its warnings both on the use of the art. 38 procedure and on the implementation (particularly as to valuation and price) of the privatization powers.

Cons. const. 25–6.6.1986
[1986] R.D.C.C. 61

LE CONSEIL CONSTITUTIONNEL; . . . Sur le fond:

13. Considérant que, s'il est spécifié à l'alinéa 1$^{er}$ de l'art. 38 de la Constitution précité que c'est pour l'exécution de son programme que le gouvernement se voit attribuer la possibilité de demander au Parlement l'autorisation de prendre, par voie d'ordonnances pendant un délai limité, des mesures qui sont normalement du domaine de la loi, ce texte doit être entendu comme faisant obligation au gouvernement d'indiquer avec précision au Parlement quelle est la finalité des mesures qu'il se propose de prendre et leurs domaines d'intervention;

14. Considérant que les dispositions d'une loi d'habilitation ne sauraient avoir ni pour objet ni pour effet de dispenser le gouvernement, dans l'exercice des pouvoirs qui lui sont conférés en application de l'art. 38 de la Constitution, du respect des règles et principes de valeur constitutionnelle;

15. Considérant qu'il appartient au Conseil constitutionnel, d'une part, de vérifier que la loi d'habilitation ne comporte aucune disposition qui permettrait de méconnaître ces règles et principes,

d'autre part, de n'admettre la conformité à la Constitution de la loi d'habilitation que sous l'expresse condition qu'elle soit interprétée et appliquée dans le strict respect de la Constitution;

. . .

Quant au principe des transferts du secteur public au secteur privé:

50. Considérant que l'art. 34 de la Constitution place dans le domaine de la loi 'les règles concernant . . . les nationalisations d'enterprises et les transferts de propriété d'enterprises du secteur public au secteur privé';

51. Considérant que, si cette disposition laisse au législateur l'appréciation de l'opportunité des transferts du secteur public au secteur privé et la détermination des biens ou des enterprises sur lesquels ces transferts doivent porter, elle ne saurait le dispenser, dans l'exercice de sa compétence, du respect des principes et des règles de valeur constitutionnelle qui s'imposent à tous les organes de l'Etat;

Quant à la détermination des enterprises visées par l'art. 4 et figurant sur la liste annexée à la loi:

52. Considérant que les députés auteurs de la première saisine soutiennent que les dispositions de l'art. 4 et les énonciations de la liste d'entreprises annexée à la loi méconnaîtraient les dispositions du neuvième alinéa du Préambule de la Constitution de 1946 aux termes duquel 'tout bien, toute entreprise dont l'exploitation a ou acquiert les caractères d'un service public national ou d'un monopole de fait, doit devenir la propriété de la collectivé'; qu'il suit de là que serait contraire à la Constitution le transfert du secteur public au secteur privé de certaines entreprises figurant sur la liste annexée à la loi et dont l'exploitation revêt les caractères d'un service public national ou d'un monopole de fait;

53. Considérant que, si la nécessité de certains services publics nationaux découle de principes ou de règles de valeur constitutionnelle, la détermination des autres activités qui doivent être érigées en service public national est laissée à l'appréciation du législateur ou de l'autorité réglementaire selon les cas; qu'il suit de là que le fait qu'une activité ait été érigée en service public par le législateur sans que la Constitution l'ait exigé ne fait pas obstacle à ce que cette activité fasse, comme l'entreprise qui en est chargée, l'objet d'un transfert au secteur privé;

54. Considérant qu'aucune des entreprises qui figurent sur la liste mentionnée à l'art. 4 de la loi ne peut être regardée comme exploitant un service public dont l'existence et le fonctionnement seraient exigés par la Constitution; qu'en particulier, à supposer que le législateur ait, comme le font valoir les députés auteurs de la première saisine, entendu créer par la nationalisation de l'ensemble des banques, un service public du crédit, cette création qui ne procédait d'aucune exigence constitutionnelle n'a pu mettre obstacle à ce que certaines activités de crédit et les banques qui s'y livrent fassent, en vertu d'une nouvelle législation, retour au secteur privé;

55. Considérant que la notion de monopole de fait visée dans le neuvième alinéa précité du Préambule de la Constitution de 1946 doit s'entendre compte tenu de l'ensemble du marché à l'intérieur duquel s'exercent les activités des entreprises ainsi que de la concurrence qu'elles affrontent dans ce marché de la part de l'ensemble des autres entreprises; qu'on ne saurait prendre en compte les positions privilégiées que telle ou telle entreprise détient momentanément ou à l'égard d'une production qui ne représente qu'une partie de ses activités; que, compte tenu de ces considérations, il n'est pas établi, en l'état, que ce soit par une erreur manifeste d'appréciation que les entreprises figurant sur la liste annexée à la loi ainsi que leurs filiales aient été regardées comme ne constituant pas des monopoles de fait;

56. Considérant, dès lors, que la détermination des entreprises auxquelles s'appliquent les dispositions de l'art. 4 de la loi conformément à la liste annexée à cette loi n'est pas contraire à la Constitution;

. . .

58. Considérant que la Constitution s'oppose à ce que des biens ou des entreprises faisant partie de patrimoines publics soient cédés à des personnes poursuivant des fins d'intérêt privé pour des prix inférieurs à leur valeur; que cette règle découle du principe d'égalité invoqué par les députés auteurs de la saisine; qu'elle ne trouve pas moins un fondement dans les dispositions de la Déclaration des Droits de l'Homme de 1789 relatives au droit de propriété et à la protection qui lui est due; que cette protection ne concerne pas seulement la propriété privée des particuliers mais aussi, à un titre égal, la propriéte de l'Etat et des autres personnes publiques;

59. Mais considérant que l'art. 4 de la loi prévoit, dans son deuxième alinéa, que les transferts seront effectués par le gouvernement conformément aux règles définies par les ordonnances mentionnées à l'art. 5; que l'art. 5 de la loi prévoit que, par voie d'ordonnance, seront fixées les règles d'évaluation des entreprises et la détermination des prix d'offre, ce qui interdit de transférer les entreprises visées à l'art. 4 de la loi lorsque le prix auquel elles pourraient être cédées serait inférieur à leur valeur réelle; qu'il résulte des travaux préparatoires que le gouvernement s'est engagé à faire procéder à des évaluations par des experts indépendants et à ne pas céder les entreprises visées à l'art. 4 de la loi à un prix inférieur à leur valeur; que les garanties qui doivent préserver l'indépendance nationale résulteront également des ordonnances prévues par l'art. 5 de la loi;

. . .

80. Considérant que les autres dispositions de la loi soumise à l'examen du Conseil constitutionnel ne sont pas contraires à la Constitution;

### DECIDE

ARTICLE PREMIER. — Sous les strictes réserves d'interprétation énoncées plus haut, la loi autorisant le gouvernement à prendre diverses mesures d'ordre économique et social n'est pas contraire à la Constitution.

2. *Amendments.* Having secured power to legislate by ordinance, the government then found a second obstacle. The president refused to sign three of their texts. It was thus obliged, despite having been empowered to act by ordinance, to introduce bills on the subjects in the Parliament. One of the ordinances gave employers greater freedom in setting working hours. The president's refusal to sign this came three days before the end of the 1986 autumn parliamentary session. A government bill devoted to just this topic could not be introduced until the next session in the following April. Consequently, the government tacked the provisions on as art. 39 of a bill on sundry social matters which had already been settled by a committee of both houses under art. 45 para. 2 of the Constitution. The *Conseil constitutionnel* held that this exceeded the powers of the government to amend bills in the Parliament.

Cons. const. 23.1.1987 (86–225)
[1987] R.D.C.C. 13

LE CONSEIL CONSTITUTIONNEL; — Vu la Constitution . . .
9. Considérant que l'amendement qui est à l'origine de l'art. 39 de la loi reprend l'intégralité des dispositions d'un texte établi par le gouvernement sur le fondement de l'art. 2 (4°) de la loi n° 86–793 du 2 juillet 1986, qui l'autorisait à prendre par ordonnances les mesures nécessaires au développement de l'emploi et, à cette fin, à 'apporter aux dispositions du code du travail relatives à la durée du travail et à l'aménagement du temps de travail les modifications permettant, compte tenu des négociations entre les partenaires sociaux, d'adapter les conditions de fonctionnement des entreprises aux variations de leur niveau d'activité et aux conditions économiques générales';

10. Considérant qu'à cet effet, les dispositions incluses dans l'art. 39 de la loi, sous la forme de vingt paragraphes qui modifient ou complètent de nombreux articles du code du travail, prévoient que la modulation des horaires de travail pourra être mise en place, non seulement par accord de branche étendu mais également par accord d'entreprise ou d'établissement; qu'elles font disparaître le lien obligatoire existant antérieurement entre aménagement du temps de travail et réduction du temps de travail et laissent aux partenaires sociaux le soin de définir conventionnellement la nature et l'importance des contreparties au bénéfice des salariés; . . . qu'en ce qui concerne le repos dominical, les dispositions incluses dans l'art. 39 ouvrent aux branches dans lesquelles un accord collectif étendu le prévoit, la possibilité d'organiser le travail en continu pour des raisons d'ordre économique et non plus seulement pour des raisons d'ordre technique; qu'enfin, des aménagements particuliers sont apportés aux dispositions du code du travail relatives au travail de nuit des femmes;

11. Considérant qu'il résulte de ce qui précède qu'à raison tant de leur ampleur que de leur importance, les dispositions qui sont à l'origine de l'art. 39 excèdent les limites inhérentes à l'exercice du droit d'amendement; que, dès lors, elles ne pouvaient être introduites dans le projet de loi portant diverses mesures d'ordre social, par voie d'amendement, sans que soit méconnue la distinction établie entre les projets et propositions de loi visés à l'art. 39 de la Constitution et les amendements dont ces derniers

peuvent faire l'objet en vertu de l'art. 44, al. 1; qu'il y a lieu, en conséquence, pour le Conseil constitutionnel de décider que l'art. 39 de la loi déférée a été adopté selon une procédure irrégulière; .
. .

DECIDE

ARTICLE PREMIER. L'art. 39 de la loi portant diverses mesures d'ordre social est déclaré non conforme à la Constitution.

## *b. Public law/private law*

The following extracts show the *Conseil* grappling with the question whether the division of the French legal system into public and private law resulting from the law of 16–24.8.1790 (below, Administrative Law) is so embedded as to be constitutionally entrenched; and, if not, to what extent the legislator may remove from the administrative jurisdictions, and confer on the civil courts the power to review decisions of public authorities. The question arose in the context of an *ordonnance* issued under the empowering Act (see above, Cohabitation).

The measure set up a Competition Council with power to forbid certain anti-competitive practices and to impose fines; 'appeals' against such decisions were to go to the public-law courts, that is, the *Conseil d'Etat*'s disputes section. The government then brought a ratification bill into the Assembly. Before this was voted on, Members of Parliament introduced a short bill amending the *ordonnance* to transfer jurisdiction to the Paris Court of Appeal, and this was successful in both chambers. The resulting *loi* was then referred to the *Conseil*, which was faced with a number of problems.

First, what was the validity of Parliamentary action on a matter which was the subject of government regulations under an earlier delegation Act, when the government had not used its blocking power under art. 41 of the Constitution; secondly, was it constitutionally permissible to assign control of the Competition Council to the ordinary courts? The third question was technical but decisive. The text of the *ordonnance* provided that an 'appeal' to the *Conseil d'Etat* should not suspend compliance with the decision under attack. This could not prevent the *Conseil d'Etat* from itself suspending execution of the decision. But the part of

the *ordonnance* forbidding suspension would have been effective
to curtail the suspending powers of the ordinary courts; and the
*Conseil constitutionnel* finds this to be fatal. In its final paragraphs
the *Conseil* confirms that it has no power to question the
constitutionality of government measures taken under a delegation Act; any challenge must await the moment when the
measures are ratified by a *loi*.

Cons. const. 23.1.1987
[1987] R.F.D.A. 299

LE CONSEIL CONSTITUTIONNEL; Vu la Constitution . . .
   Sur le transfert à la juridiction judiciaire du contrôle des
décisions du Conseil de la concurrence:

15.   Considérant que les dispositions des art. 10 et 13 de la loi des
16 et 24 août 1790 et du décret du 16 fructidor An III qui ont posé
dans sa généralité le principe de séparation des autorités administratives et judiciaires n'ont pas en elles-mêmes valeur constitutionnelle; que, néanmoins, conformément à la conception
française de la séparation des pouvoirs, figure au nombre des
'principes fondamentaux reconnus par les lois de la République'
celui selon lequel, à l'exception des matières réservées par nature
à l'autorité judiciaire, relève en dernier ressort de la compétence
de la juridiction adminstrative l'annulation ou la réformation des
décisions prises, dans l'exercise des prérogatives de puissance
publique, par les autorités exerçant le pouvoir exécutif, leurs
agents, les collectivités territoriales de la République ou les
organismes publics placés sous leur autorité ou leur contrôle;

16.   Considérant cependant que, dans la mise en œuvre de ce
principe, lorsque l'application d'une législation ou d'une réglementation spécifique pourrait engendrer des contestations contentieuses diverses qui se répartiraient, selon les règles habituelles de
compétence, entre la juridiction administrative et la juridiction
judiciaire, il est loisible au législateur, dans l'intérêt d'une bonne
administration de la justice, d'unifier les regles de compétence
juridictionnelle au sein de l'ordre juridictionnel principalement
intéressé;

17.   Considerant que, si le Conseil de la concurrence, organisme
administratif, est appelé à jouer un rôle important dans l'applic-

ation de certaines règles relatives au droit de la concurrence, il n'en demeure pas moins que le juge pénal participe également à la répression des pratiques anticoncurrentielles sans préjudice de celle d'autres infractions intéressant le droit de la concurrence; qu'à des titres divers le juge civil ou commercial est appelé à connaître d'actions en responsabilité ou en nullité fondées sur le droit de la concurrence; que la loi présentement examinée tend à unifier sous l'autorité de la Cour de cassation l'ensemble de ce contentieux spécifique et ainsi à éviter ou à supprimer des divergences qui pourraient apparaître dans l'application et dans l'interprétation du droit de la concurrence;

18. Considérant dès lors que cet aménagement précis et limité des règles de compétence juridictionnelle, justifié par les nécessités d'une bonne administration de la justice, ne méconnaît pas le principe fondamental ci-dessus analysé tel qu'il est reconnu par les lois de la République;

19. Mais considérant que la loi déférée au Conseil constitutionnel a pour effet de priver les justiciables d'une des garanties essentielles à leur défense;

20. Considérant en effet que le troisième alinéa de l'art. 15 de l'ordonnance du 1$^{er}$ décembre 1986 dispose que le recours formé contre une décision du Conseil de la concurrence 'n'est pas suspensif'; que cette disposition n'aurait pas fait obstacle à ce que, conformément à l'art. 48 de l'ordonnance n° 45-1708 du 31 juillet 1945 et au décret n° 63-766 du 30 juillet 1963, le Conseil d'Etat pût, à la demande du requérant, accorder un sursis à l'exécution de la décision attaquée si son exécution risquait d'entraîner des conséquences difficilement réparables et si les moyens énoncés dans la requête paraissaient sérieux et de nature à justifier l'annulation de la décision attaquée;

21. Considérant au contraire, que la cour d'appel de Paris, substituée par la loi présentement examinée au Conseil d'Etat, saisie d'un recours contre une décision du Conseil de la concurrence, ne pourrait prononcer aucune mesure de sursis à exécution; qu'en effet, la loi a laissé subsister dans son intégralité le troisième alinéa de l'art. 15 de l'ordonnance du 1$^{er}$ décembre 1986 et n'a pas donné à la cour d'appel le pouvoir de différer l'exécution d'une décision de caractère non juridictionnel frappée d'un recours auquel est dénié tout effet suspensif, et ceci quelle que soit la

gravité des conséquences de l'exécution de la décision et le sérieux des moyens invoqués contre celle-ci;

22.   Considérant, que, compte tenu de la nature non juridiction-nelle du Conseil de la concurrence, de l'étendue des injonctions et de la gravité des sanctions pécuniaires qu'il peut prononcer, le droit pour le justiciable formant un recours contre une décision de cet organisme de demander et d'obtenir, le cas échéant, un sursis à l'exécution de la décision attaquée constitue une garantie essen-tielle des droits de la défense;

23.   Considérant dès lors que les dispositions de l'art. 2 de la loi présentement examinée ne sont pas conformes à la Constitution; que, les dispositions de l'art. 1$^{er}$ n'en étant pas séparables, la loi doit, dans son ensemble, être regardée comme non conforme à la Constitution;

Sur les dispositions de l'ordonnance du 1$^{er}$ décembre 1986:

24.   Considérant qu'en principe il n'est pas exclu que la ratific-ation de tout ou partie des dispositions d'une des ordonnances visées à l'art. 38 de la Constitution puisse résulter d'une loi qui, sans avoir cette ratification pour objet direct, l'implique néces-sairement; que, saisi d'une loi de cette nature, il appartiendrait au Conseil constitutionnel de dire si la loi comporte effectivement ratification de tout ou partie des dispositions de l'ordonnance en cause et, dans l'affirmative, si les dispositions auxquelles la ratification confère valeur législative sont conformes à la Consti-tution;

25.   Mais, considérant en l'espèce que la déclaration de non-conformité à la Constitution qui doit, pour les raisons sus-énoncées, être prononcée à l'encontre de la loi présentement examinée prive celle-ci d'effet; que, dès lors, en tout état de cause, l'ordonnance du 1$^{er}$ décembre 1986 est et demeure dans sa totalité, jusqu'à l'intervention d'une loi la ratifiant, un texte de valeur réglementaire dont la régularité juridique ne peut être appréciée par le Conseil constitutionnel; . . .

## E. Parliament and Government

The preceding extracts showed the *Conseil constitutionnel* acting to safeguard basic constitutional values against encroachment by the Parliament, or government, and its role in relation to international law. The *Conseil*'s other main task is to protect the government against the Parliament's incursions on its autonomous rule-making power. If a bill is introduced which seems to cover matters not listed in art. 34 of the Constitution, the government may intervene and, if necessary, refer the question of law-making competence to the *Conseil* under art. 41. Similarly, if legislation already on the statute-book seems to deal with matters within the government's power then — once this fact has been confirmed by the *Conseil constitutionnel* — the Act can be amended by government decree issued after consultation with the *Conseil d'Etat*'s administrative section (Constitution, art. 37).

In the early years of the 1958 Constitution this task of drawing the boundary of power between the legislature and the executive was thought to be the main function of the *Conseil constitutionnel*. In fact, it has become of much less importance: in 1986, for instance, there were seventeen decisions on the constitutionality of *lois ordinaires* (referred by opposition members) and no references by the government under art. 41. For this reason, only a few decisions need be given by way of illustration.

### a. Under art. 41

The first extract shows that, when seised under art. 41, the *Conseil constitutionnel* will decide only whether the subject-matter of a bill is within the parliamentary or the governmental area of competence. It will not decide on the much more serious allegation that the bill's provisions are unconstitutional in any deeper sense. To mount such a challenge, one must wait until the bill has been passed and then, before promulgation, refer it under art. 61.

The case concerned amendments to an energy conservation bill seeking to set up permanent parliamentary committees on the topic with a right to require information from public authorities.

Cons. const. 26.4.1979
(Labbé et autres, Andrieux et autres)
[1979] R.D.C.C. 55

LE CONSEIL CONSTITUTIONNEL; — Vu la Constitution, notamment ses art. 34, 37, 41, 61 et 62 . . . ; — Considérant qu'il résulte du rapprochement de ces dispositions que, lorsqu'il est saisi, en application de l'art. 41 de la Constitution, d'une proposition ou d'un amendement auquel le gouvernement a opposé l'irrecevabilité prévue audit article, le Conseil constitutionnel ne peut statuer que sur la seule question de savoir si ladite proposition ou ledit amendement est du domaine de la loi ou a un caractère réglementaire; qu'il ne saurait donc, à aucun titre, se prononcer sur la conformité de ces textes à la Constitution, conformité qui ne pourrait faire l'objet de son appréciation que s'il en était saisi dans les conditions prévues à l'art. 61 de la Constitution; — Considérant que les deux amendements qui ne sont soumis au Conseil constitutionnel que sur la base de l'art. 41 de la Constitution, ont, l'un et l'autre, pour objet de modifier le régime d'information et donc les conditions de fonctionnement des assemblées parlementaires; que ces conditions de fonctionnement n'ont pas, de toute évidence, le caractère réglementaire au sens du premier alinéa de l'art. 37 de la Constitution; qu'en conséquence les amendements soumis à l'examen du Conseil constitutionnel, et dont celui-ci n'a pas, dans les limites de la saisine, à apprécier la conformité à la Constitution, concernent une matière qui ne relève pas du domaine réglementaire;

ART. 1$^{er}$. Les amendements au projet de loi . . . ne sont pas irrecevables au sens de l'art. 41 de la Constitution.

### b. Under art. 61

If a bill on relatively unimportant matters is none the less enacted and, before promulgation, the resulting *loi* is referred to the *Conseil,* may that body hold that the *loi* is unconstitutional, not because it infringes some basic human right but precisely because it trespasses on the powers of the executive? The answer is no. A 1982 prices-and-income law imposed small fines on companies who infringed certain provisions. Under art. 34 only the more serious crimes must be dealt with by legislation, so the definition and punishment of minor offences is a matter for the government. In this case, the government did not intervene at the bill stage under art. 41; instead opposition deputies unsuccessfully referred the *loi* to the *Conseil constitutionnel.*

Cons. const. 30.7.1982
[1982] R.D.C.C. 57

LE CONSEIL CONSTITUTIONNEL; — Saisi le 21 juillet 1982 . . . dans les conditions prévues à l'art. 61, al. 2, de la Constitution, du texte de la loi sur les prix et les revenus . . .
Vu la Constitution . . .
Sur l'art. 3 de la loi:
. . .
En ce qui concerne le paragraphe V:
Considérant qu'aux termes de ce paragraphe: 'Les sociétés qui contreviennent aux dispositions du présent article sont passibles d'une amende d'un montant de 20 à 50 F par titre'; que, selon les députés auteurs de la saisine, cette disposition encourt la double critique de méconnaître le principe de droit pénal d'après lequel, seules les personnes physiques seraient passibles de sanctions pénales et d'édicter une règle qui ne relève pas du domaine de la loi en instituant une amende contraventionnelle; — Considérant, sur le premier point, qu'il n'existe aucun principe de valeur constitutionnelle s'opposant à ce qu'une amende puisse être infligée à une personne morale; — Considérant, sur le second point, que, si les art. 34 et 37, al. 1ᵉʳ, de la Constitution établissent une séparation entre le domaine de la loi et celui du règlement, la portée de ces dispositions doit être appréciée en tenant compte de celles des art. 37, al. 2, et 41; que la procédure de l'art. 41 permet au gouvernement de s'opposer au cours de la procédure parlementaire et par la voie d'une irrecevabilité à l'insertion d'une disposition réglementaire dans une loi, tandis que celle de l'art. 37, al. 2, a pour effet, après la promulgation de la loi et par la voie d'un déclassement, de restituer l'exercice de son pouvoir réglementaire au gouvernement et de donner à celui-ci le droit de modifier une telle disposition par décret; que l'une et l'autre de ces procédures ont un caractère facultatif; qu'il apparaît ainsi que, par les art. 34 et 37, al. 1ᵉʳ, la Constitution n'a pas entendu frapper d'inconstitutionnalité une disposition de nature réglementaire contenue dans une loi, mais a voulu, à côté du domaine réservé à la loi, reconnaître à l'autorité réglementaire un domaine propre et conférer au gouvernement, par la mise en œuvre des procédures spécifiques des art. 37, al. 2, et 41, le pouvoir d'en assurer la protection contre d'éventuels empiétements de la loi; que, sans ces

conditions, les députés auteurs de la saisine ne sauraient se prévaloir de ce que le législateur est intervenu dans le domaine réglementaire pour soutenir que la disposition critiquée serait contraire à la Constitution;

. . .

### c. Under art. 37

The decision which follows caused consternation throughout the legal structure. It arose in an apparently uncontentious setting. The existing statute law of agricultural holdings contained a number of provisions which did not seem to cover subjects so important as to be inexorably reserved to the legislature, and so they were referred to the *Conseil constitutionnel* for its decision as to whether, while legislative in form, they fell in substance with the governmental power. Two topics in particular are dealt with in the extracts. The first concerned the procedure under which uncultivated land could be taken from its owner; as might be expected, the *Conseil* holds that this touches on a basic principle of property law, and so must be left to the legislature.

The second concerned the provisions which required farmers wishing to merge two or more holdings into one unit to obtain permission from a rural planning authority and which imposed fines for failure to do so. The decision begins in the usual way by citing the Constitution, but it goes on to cite expressly the Preamble and art. 66 (*Nul ne peut être arbitrairement détenu . . .*) and the *Conseil* decides that the definition of petty offences (*contraventions*) is for the government, as is the fixing of penalties therefor, *providing that the penalties do not involve imprisonment.* This last, entirely *obiter, dictum* (italics added below) cast serious doubt on the validity of numerous government decrees (stretching back over many years) which has used the sanction of short terms of imprisonment. Some lower courts began to throw out prosecutions under such decrees, and it was not until the decision of the criminal chamber of the *Cour de cassation* (see below, Constitutional Challenges to Conviction) that order was restored.

Cons. const. 28.11.1973
[1973] R.D.C.C. 45

LE CONSEIL CONSTITUTIONNEL; — Saisi le 19 novembre 1973 par le premier ministre, dans les conditions prévues à l'art. 37, al. 2, de la Constitution d'une demande tendant à l'appréciation de la nature juridique des dispositions ci-après . . .

Vu la Constitution, notamment son préambule et ses art. 34, 37, 62 et 66 . . .

Considérant que, si conseil supérieur de l'aménagement rural ainsi que le comité . . . qui lui a succédé, ont été créés par des actes du pouvoir réglementaire, les dispositions de l'art. 45 du code rural, soumises à l'examen du Conseil constitutionnel, font précéder de l'avis dudit organisme l'intervention du décret en Conseil d'Etat fixant 'notamment la définition des terres incultes' qui malgré l'opposition de leur propriétaire peuvent être soit vendues, soit concédées à un tiers; que lesdites dispositions doivent être considérées comme concernant les principes fondamentaux 'du régime de la propriété, des droits réels et des obligations civiles et commerciales' et qu'elles ont, en conséquence, le caractère législatif en vertu des dispositions de l'art. 34 de la Constitution . . .

En ce qui concerne les dispositions de l'art. 188–9, 1, du code rural soumises à l'examen du Conseil constitutionnel; — Considérant que les dispositions susvisées tendent à réprimer d'une peine de 500 à 2 000 F le défaut de demande d'autorisation préalable . . . en cas de cumul ou de réunion d'exploitations agricoles . . . ; — Considérant qu'il résulte des dispositions combinées du Préambule, des alin. 3 et 5 de l'art. 34 et de l'art. 66 de la Constitution, que la détermination des contraventions et des peines qui leur sont applicables est du domaine réglementaire *lorsque lesdites peines ne comportent pas de mesure privative de liberté* . . . que . . . les dispositions susvisées . . . qui ne prévoient qu'une peine d'amende ne dépassant pas 2 000 F, ressortissent à la compétence du pouvoir réglementaire . . .

## F. Constitution and Courts

This section is designed to illustrate the relationship today between the constitution sources, as interpreted by the *Conseil constitutionnel*, and the courts of the two branches of private and public law. One point should be repeated at the outset. Under the French system of control of constitutionality, statutes can be attacked on that ground only in the *Conseil constitutionnel* and only *before promulgation*. Once promulgated they cannot be challenged on this ground before any jurisdiction whatever — in this respect the French system resembles that of England (and perhaps of Scotland). So as regards any legislative provision which has entered into force, even if a court suspects that, had it been challenged in due time, the *Conseil constitutionnel* would have struck it down, that court will not listen to arguments on constitutional validity. (On the other hand, government law-making by regulation or decree, under the powers conferred by art. 37 of the Constitution, can be annulled as conflicting with either constitutional or statute law; this topic is dealt with in the section devoted to administrative law.)

This section illustrates two distinct features. The first is the way in which constitutional principles are being used by the civil-law courts. The *Conseil constitutionnel* seems to be becoming almost a precedent to be followed. The Constitution itself declares that the *Conseil*'s decisions on the constitutionality of a law submitted before promulgation bind all courts (art. 62). Strictly, of course, the binding force of the decision is limited to the particular text submitted, as the *Conseil* itself pointed out in the amnesty case of 20.7.1988 (see above, Amnesty: the Renault Ten). None the less, its reasoning often invokes such basic principles as equality before public burdens which can then be used in other contexts.

### a. Constitutional sources of civil law

1. *Liability for strikes.* The following decision of the highest civil-law court was rendered some three weeks after the *Conseil*'s refusal to permit the legislator to give a blanket tort immunity in respect of labour disputes (see above, Trade Union Immunity). The lower court had ordered a trade union (which had organized a strike and occupation of the workplace) to pay damages in respect of their lost wages to a large number of non-striking employees.

Cass. soc. 9.11.1982
(Syndicat CGT *c.* dame Abadie et autres)
J.C.P. 1982 1995

Conclusions de M. Gauthier, Avocat-général . . .

Les affaires qui vous sont soumises posent la question de la responsabilité des syndicats et des délégués au cours des conflits collectifs du travail.

Elles sont d'une grande actualité, donc importantes, et votre tâche est délicate.

Question d'actualité: puisque comme vous ne l'ignorez pas un amendement devenu l'art. 8 de la loi relative au développement des institutions représentatives du personnel tendait à instituer un régime exceptionnel soustrayant à la responsabilité de droit commun de l'art. 1382 du Code civil les représentants du personnel et les organisations syndicales pour les dommages causés par un conflit collectif du travail ou à l'occasion de celui-ci.

Vous savez qu'après avoir été adoptée par le Parlement, la loi a fait l'objet d'un recours devant le Conseil constitutionnel qui a, par décision du 22 octobre 1982, déclaré non conforme à la Constitution les dispositions de l'art. 8 en précisant que celles-ci établissaient une discrimination manifeste au détriment des personnes à qui il interdit, hors le cas d'infraction pénale, toute action en réparation. Le Conseil constitutionnel ajoute que le souci du législateur d'assurer, au travers de cet art. 8, l'exercice effectif du droit de grève et du droit syndical, l'un et l'autre constitutionnellement reconnus ne saurait justifier la grave atteinte portée par les dispositions de cet article au principe d'égalité.

. . .

LA COUR; — Sur les deux premiers moyens réunis: — Attendu qu'il est fait grief au jugement attaqué d'avoir condamné le Syndicat des Métaux C.G.T. de l'Usine Trailor de Lunéville à indemniser dame Abadie et 140 autres salariés de cette entreprise des salaires perdus par eux pendant une grève avec occupation, au motif que le syndicat avait participé aux actions des grévistes interdisant toute possibilité d'accès à l'usine, alors, d'une part, que le syndicat ne pouvait être condamné pour l'exercice abusif d'un droit qui était prérogative individuelle de chaque salarié, et en tout cas sans qu'une faute lourde eût été relevée contre lui, et alors, d'autre part, que le syndicat, par l'approbation après coup des atteintes des grévistes à la liberté du travail, ne pouvait être regardé comme ayant été à l'origine de celles-ci, et que le tribunal a dénaturé les documents de la cause en prétendant qu'ils établissaient que ces actions étaient imputables au syndicat; — Mais attendu que si la responsabilité civile d'un syndicat ne peut en principe être engagée à l'occasion de l'exercice du droit de grève constitutionnellement reconnu, notamment du fait du préjudice indirect subi par des tiers, il en est autrement lorsque le syndicat a effectivement participé à des agissements constitutifs d'infractions pénales ne pouvant se rattacher à l'exercice normal du droit de grève; que les juges du fond ont retenu, par une appréciation des éléments de fait que, en l'espèce, le syndicat avait agi de concert avec ceux qui avaient commis les faits délictueux; qu'ils ont ainsi justifié leur décision; — Sur le troisième moyen: — Attendu qu'il est encore reproché au jugement attaqué d'avoir retenu la responsabilité entière du syndicat dans le dommage des salariés non grévistes au motif que le refus de négocier de la direction n'était pas susceptible de justifier les abus commis dans l'exercice du droit de grève, alors que le syndicat avait soutenu dans des conclusions laissées sans réponse que les grévistes avaient été provoqués à commettre des abus par le refus de la direction d'accepter loyalement la négociation des revendications formulées, encourant ainsi une part de responsabilité, et que le tribunal n'a pas recherché quel avait été le comportement de celle-ci; — Mais attendu que le juge du fond a relevé, d'une part, que l'employeur n'avait pas opposé un refus de principe à la négociation, contrairement à ce qu'alléguait le syndicat et, d'autre part, que le refus opposé par la direction aux propositions qui lui étaient faites s'expliquait par des considérations économiques, exclusives de toute intention de nuire, et n'était pas de nature à justifier à l'encontre des salariés non grévistes des faits d'entrave à la liberté du travail; . . .

Par ces motifs. — Rejette les pourvois formés contre les jugements rendus le 7 mars 1980 par le Tribunal d'instance de Lunéville.

2. *Liability of the police.* The French police force is divided into two branches: the *police administrative* keep order (traffic regulation, crowd control, and the like) and are supervised by the administrative tribunals. The *police judiciaire*, who investigate

crime and arrest and charge suspects, come under the control of the ordinary courts. However, actions for damages against the latter branch are decided in these courts by applying, not the Civil code's provisions on torts, but the principles of public law governing the liability of the State. One of these principles is that in some situations there is no liability for ordinary negligence, but only for *faute lourde*. In the case which follows, innocent bystanders had been shot during the apprehension of armed criminals. The lower court dismissed their action for compensation on the ground that there had been no gross negligence by the police. The *Cour de cassation* is able to approve this and yet to overturn the decision by arguing from the constitutional principle of equality before public burdens.

Cass. civ. 10.6.1986
(Consorts Pourcel *c*. Pinier)
J.C.P. 1986 20683

From the report of M. Pierre Sargos, *juge rapporteur*:

Le 20 mai 1974, vers 17 h 30, l'exploitant d'un café d'Annemasse a remarqué que l'un de ses clients était porteur d'une arme à feu (révolver ou pistolet dont la crosse était apparente, le reste de l'arme étant dissimulé dans un morceau de tissu). Le tenancier a signalé cette situation à un brigadier de police qui, hors service, prenait une consommation dans le même café. L'agent de police s'est rendu au commissariat pour avertir un inspecteur de police, nommé Pinier, lequel, accompagné de deux stagiaires et de gardiens de la paix, s'est rendu dans le café. L'homme suspect de port d'arme y était encore attablé avec trois autres personnes, qui se sont prêtées sans difficulté à la demande de présentation de leurs papiers et à une fouille à corps, mais le suspect a brusquement frappé l'inspecteur de police, puis utilisé son arme à feu, tuant M. Pourcel Jean-Pierre (âgé de 23 ans) et blessant son père, M. Pourcel Jean (57 ans). Les deux victimes étaient deux consommateurs qui n'avaient rien à voir avec l'opération de police entreprise et se trouvaient par hasard dans le café au moment des faits.

En décembre 1977, la veuve du défunt et ses parents ont engagé une procédure, devant le Tribunal de grande instance, contre l'Etat, en invoquant les fautes commises par la police dans l'exécution de l'opération engagée (ils soutenaient, pour l'essentiel, que la police, sachant que l'homme contrôlé était armé, n'avait pas pris de précautions suffisantes). Par jugement du 22 mai 1981 le Tribunal de grande instance de Thonon-les-Bains les a déboutés au motif qu'ils ne démontraient pas que la police aurait commis une faute lourde. L'arrêt attaqué (Chambéry, 15 mai 1984) a confirmé pour le même motif. Il a été notifié à partie le 3 juillet 1984. Le 3 septembre de la même année les consorts Pourcel ont formé un pourvoi en cassation . . .

Le mémoire ampliatif développe un moyen critiquant la Cour d'appel pour avoir refusé d'admettre qu'en l'espèce il y avait faute lourde, compte tenu, en particulier, du fait que les policiers savaient que le suspect portait une arme dangereuse et que les victimes étaient des tiers à l'opération de police.

Toutefois, le moyen reste sur le terrain d'une faute lourde, admettant ainsi qu'elle est nécessaire pour que soit engagée la responsabilité de l'Etat.

Compte tenu des éléments ci-après, on peut se demander si la démonstration d'une faute lourde était nécessaire en l'espèce pour que puisse être engagée la responsabilité de la puissance publique. Mais cette remarque conduit à poser le problème de la cassation sur un moyen de pur droit soulevé d'office, après avoir recueilli les observations des conseils des parties (art. 620 et 1015, nouveau C. proc. civ.).

A titre préliminaire, on fera une brève observation sur la compétence judiciaire, qui a été admise par les juges du fond et n'a pas été contestée par l'agent judiciaire du Trésor. L'activité de la police, en effet, peut être administrative, ou judiciaire. Dans le premier cas, si un dommage est causé, le juge administratif est compétent pour se prononcer sur l'action en responsabilité engagée; dans le second cas, la compétence est judiciaire . . .

Ce point étant acquis, on en arrive à la détermination des règles de responsabilité à mettre en œuvre.

Depuis le célèbre arrêt *Giry* du 23 novembre 1956, rendu par la Cour de cassation et commenté dans 'Les grands arrêts de la jurisprudence administrative' (p. 459–67, éd. 1984) on sait que, pour se prononcer sur la responsabilité de l'Etat à raison d'un dommage causé lors de l'exécution d'une opération de police judiciaire, le juge judiciaire doit se référer *aux règles de droit public*, et non aux dispositions de droit privé relatives aux délits et quasi-délits. Comme l'indique avec pertinence le commentaire figurant dans 'Les grands arrêts—' précités, en matière de dommage causé lors d'une opération de police judiciaire, la compétence de l'autorité judiciaire ne se justifie pas par le souci de soumettre au droit privé une activité de service public, et l'Etat, mis en cause dans l'exercice d'une prérogative de puissance publique, doit être soumis au régime de la responsabilité de la puissance publique, quel que soit le juge compétent. Il serait d'ailleurs incohérent que les activités de la police, administrative ou judiciaire, soient régies par des systèmes de responsabilité différents suivant les juridictions . . .

Il convient donc de définir les règles de droit public applicables.

Le principe est évidemment connu: seule une faute lourde peut engager la responsabilité de l'Etat à raison d'un dommage causé à l'occasion d'une opération de police administrative ou judiciaire . . .

Cette exigence de la faute lourde en matière d'activité matérielle de la police administrative ou judiciaire est fondée sur des raisons indiscutables. Les opérations de police sont délicates, dangereuses, indispensables à la protection de la société et il serait irresponsable de les remettre en cause. Aussi bien d'ailleurs, en matière judiciaire, le législateur a consacré le principe de la faute lourde par la loi du 5 juillet 1972 dont l'article 11 disposait que 'l'Etat est tenu de réparer le dommage causé par le fonctionnement défectueux du service de la justice. Cette responsabilité n'est engagée que par une faute lourde ou un déni de justice (cette disposition se retrouve actuellement dans le premier alinéa de l'art. L. 781–1 du Code de l'organisation judiciaire).

On pourrait donc penser, a priori, que le Cour d'appel a eu raison de se prononcer en fonction de l'exigence d'une faute lourde.

Mais, ce faisant, la Cour d'appel a omis de s'interroger sur l'application possible d'une autre règle de droit public: celle de la responsabilité sans faute, ou pour risque, fondée sur le principe de l'égalité devant les charges publiques, qui impose de réparer les conséquences trop préjudiciables pour les particuliers de leur situation inégalitaire par rapport aux prérogatives et aux activités de la puissance publique

. . .

LA COUR; — Sur le moyen unique du pourvoi: — Attendu, selon les énonciations des juges du fond, que le 20 mai 1974, vers dix-sept heures trente, M. Hautain, exploitant d'un café, a remarqué qu'un homme faisant partie d'un group de quatre consommateurs était porteur d'une arme à feu; que M. Hautain—qui avait également reconnu parmi ces quatre personnes certaines de celles qui, quelques semaines avant, avaient provoqué du désordre dans son café—a averti un brigadier de police se trouvant au même moment dans le débit de boissons, lequel a prévenu le commissariat de police local; qu'un inspecteur, M. Pinier, accompagné d'agents de police, s'est rendu dans le café où il a procédé, sans incident, à l'interpellation et à la fouille à corps de trois des consommateurs suspects, mais que le quatrième a fait usage de l'arme à feu dont il était porteur, tuant M. Jean-Pierre Pourcel et blessant son père, M. Jean Pourcel, qui se trouvaient dans le café; que les consorts Pourcel ont engagé une action en réparation de leur préjudice contre l'Etat devant le tribunal de grande instance, mais que l'arrêt confirmatif attaqué les a déboutés au motif qu'aucune faute lourde n'avait été commise par les policiers;—Attendu que les consorts Pourcel reprochent à la Cour d'appel d'avoir ainsi statué alors qu'eu égard l'absence de précautions prises pour l'interpellation d'un malfaiteur connu et armé, notamment en ce qui concerne les autres consommateurs tiers à l'opération de police, cette absence de précautions serait constitutive d'une faute lourde, de sorte que l'arrêt serait dépourvu de base légale;—Mais attendu que la Cour d'appel—qui n'a pas dit que l'auteur des coups de feu était un malfaiteur connu— a relevé que les renseignements fournis à la police, même s'ils faisaient état de l'existence probable d'une arme, n'étaient pas de nature à faire suspecter la dangerosité particulière des hommes qui devaient être interpellés, lesquels ne faisaient l'objet d'aucun ordre de recherche et avaient un comportement apparemment normal, l'incident antérieur signalé par le patron du café n'ayant pas présenté une gravité suffisante pour faire présumer que l'un des quatre suspects était un dangereux bandit; que la juridiction du second degré a encore ajouté qu'en l'absence d'élément apparent de dangerosité, le défaut d'évacuation du café n'était pas une imprudence grave, mais s'expliquait par le désir de ne pas attirer l'attention et que rien ne permettait d'envisager raisonnablement la réaction du meurtrier; que de ces éléments la Cour d'appel a pu déduire que les agents de la force publique n'avaient pas commis de faute lourde; que le moyen n'est donc pas fondé;—Le rejette.— Mais, sur le moyen de pur droit relevé dans les conditions prévues par les art. 620 et 1015 du nouveau Code de procédure civile: — Vu l'art. L. 781–1 du Code de l'organisation judiciaire, les principes régissant la responsabilité de la puissance publique et, notamment, le principe constitutionnel de l'égalité devant les charges publiques; — Attendu qu'il résulte de la combinaison du texte et des principes précités que si la responsabilité de l'Etat à raison des dommages survenue à l'occasion de l'exécution d'une opération de police judiciaire n'est engagée qu'en cas de faute lourde des agents de la force publique, cette responsabilité se trouve engagée, même en l'absence d'une telle faute, lorsque la victime n'était pas concernée par l'opération de police judiciaire et que cette opération, du fait de l'usage d'armes par le personnel de la police ou par la personne recherchée comporte des risques et provoque des dommages excédant par leur gravité les charges qui doivent normalement être supportées par les particuliers en contrepartie des avantages résultant de l'intervention de la police judiciaire; — Attendu qu'en l'espèce il était établi que les victimes étaient étrangères à l'opération de police judiciaire engagée contre une personne suspectée d'avoir commis une infraction à la loi pénale et que leur dommage résultait de l'usage d'une arme au cours de cette operation; qu'il s'ensuit que la Cour d'appel, en statuant sur le fondement de la faute lourde, a violé le texte et les principes susvisés;

Par ces motifs: — Casse et annule en son entier l'arrêt rendu le 15 mai 1984, entre les partries, par la Cour d'appel de Chambéry et, pour être fait droit, les renvoie devant la Cour d'appel de Grenoble.

## b. Constitutional challenges to convictions

The following illustrate the confusion caused to both branches of the court system by the *Conseil constitutionnel*'s statement of 28.11.1973 that government decrees could not attach to lesser offences (*contraventions*) the penalty of imprisonment (see above, Parliament and Government). Many decrees did just that; however, a *statutory* provision in the Penal Code implicitly permitted this by laying down that imprisonment for contraventions could not exceed two months (arts. 464–5).

1. *Public* law. The following extract concerns a government decree which added to the list of offences punishable by short

periods of imprisonment that of distributing tracts, advertising material, etc. to the drivers of vehicles on the highway. The Trade Union confederation brought an action directly before the disputes section of the *Conseil d'Etat* for judicial review of the decree, arguing that, according to the case-law of the *Conseil constitutionnel*, it was *ultra vires* the government. For the *Conseil d'Etat* it is enough that a statute in force envisages such jail sentences; it declines to consider the constitutionality of such an enactment. French public-lawyers talk of the *loi* as providing a screen (*loi-écran*) between the Constitution and the decree.

C.E. 3.2.1978
(CFDT et CGT)
R.D.C.E. 1978 47

LE CONSEIL D'ETAT; . . . Considérant que les requêtes de la Confédération française démocratique du travail et de la Confédération générale du travail sont dirigées contre le même décret et présentent à juger la même question; qu'il y a lieu de les joindre pour y être statué par une seule décision;

Considérant que le décret du 8 septembre 1975 a ajouté à l'art. R. 38 du Code pénal, qui énumère les personnes passibles d'une contravention de quatrième classe, la disposition suivante: '13° ceux qui auront distribué ou fait distribuer des prospectus, tracts, écrits, images, photographies ou objets quelconques aux conducteurs ou occupants de véhicules circulant sur une voie ouverte à la circulation publique';

En ce qui concerne les sanctions prévues en cas d'infraction: — Considérant que, d'après l'art. 37, al. 1$^{er}$, de la Constitution, 'les matières autres qui celles qui sont du domaine de la loi ont un caractère réglementaire'; que, si l'art. 34 réserve à la loi le soin de fixer 'les règles concernant . . . la détermination des crimes et délits, ainsi que les peines qui leur sont applicables', cet article ne mentionne pas les règles concernant la détermination des infractions punies de peines de police; qu'il résulte des dispositions législatives des art. 464 et 465 du Code pénal, dont il n'appartient pas au Conseil d'Etat statuant au contentieux d'apprécier la constitutionnalité, que l'emprisonnement pour contravention de police peut être infligé pour une durée n'excédant pas deux mois;

que, dès lors, les confédérations requérantes ne sont pas fondées à soutenir que le gouvernement n'était pas compétent pour assortir d'une peine d'emprisonnement les huit jours l'infraction contra-ventionnelle définie par le décret attaqué;

. . .

DECIDE:

ART. 1<sup>er</sup>: Les requêtes . . . sont rejetées.

2. *Criminal law.* After a road accident a driver was found guilty of causing death and injury through breach of the highway code. Although sentenced to only a light fine and a suspended two weeks in jail, he contended before the Criminal Chamber of the *Cour de cassation* that his conviction was unlawful. Unlike its British equivalent, the French highway code has legal force. It is, however, issued by the government not enacted by the Parliament. But it provides for short periods of imprisonment as a sanction for breach. Consequently the accused argued that the decision of the *Conseil constitutionnel* of 28.11.1973 (see above, Parliament and Government) rendered the code invalid as being outside the government's law-making power. Therefore, while he might of course be civilly liable for the injuries, he could not be criminally liable.

The extracts below include fairly lengthy passages in which the *Procurer-général* grapples with this issue, offering both a dis-cussion of what a common-lawyer would call the *ratio decidendi* issue and an account of the hierarchy of law-making powers. He submits that the conviction should be upheld and offers the court a choice as to reasons: either to declare the *Conseil*'s decision a mere *obiter dictum* (which he does not recommend), or to use what he calls the screen of statute, relying on the fact that the *Code Pénal* — an Act of the Parliament whose constitutionality may not be questioned — permits such short terms of imprisonment for the lesser offences as defined by the governmental power. The court takes his advice.

Cass. crim. 26.2.1974
(Schiavon)
D.S. 1974.273, note Vouin

Conclusions de M. A. Touffait, Procureur général:

Monsieur le Premier Président, Monsieur le Président, Monsieur le Doyen, Mesdames, Messieurs,

Vous êtes saisis de deux affaires relatives à des accidents de circulation ayant entraîné des condamnations des chefs d'homicides et blessures involontaires et de contraventions au Code de la route dans lesquelles des moyens principaux et additionnels ont été soulevés.

En ce qui concerne les premiers, je m'en remets à votre sagesse, mais en ce qui concerne les moyens additionnels qui comportent une rédaction identique et s'appuient sur une décision récente du Conseil constitutionnel, en date du 28 novembre 1973, je vous dois des explications un peu longues — et je m'en excuse — motivées par la très grande importance de la question soulevée.

Vous l'avez déjà évaluée en entendant les explications de M$^e$ Lyon-Caen dont j'examinerai, au fur et à mesure de mes conclusions, l'argumentation.

Pour ma part, je voudrais partir du moyen, et rester strictement dans le moyen.

Relisons-le ensemble:

Manque de base légale en ce que l'arrêt a déclaré l'exposant coupable d'homicide et de blessures involontaires et de contraventions au Code la route, au motif qu'il n'avait pas observé les prescriptions des art. R. 10 et R. 14 c. de la route pour la première affaire, R. 10, R. 13 et R. 40. § 4, pour la deuxième affaire, *alors que* ces dispositions du code de la route, édictées par le pouvoir réglementaire et assorties d'une sanction d'emprisonnement sont illégales, le pouvoir réglementaire étant incompétent pour sanctionner par une peine d'emprisonnement des contraventions *et alors que* l'inobservation d'un règlement illégal ne peut être constitutive du délit d'homicide ou de blessures involontaires.

C'est la première fois qu'un tel moyen est soulevé devant vous, et s'il a pu l'être, c'est parce qu'il est fondé sur un motif de la décision du Conseil constitutionnel du 28 novembre 1973 intervenue après sa saisine par le premier ministre dans les conditions prévues à l'art. 37, § 2, de la Constitution pour donner son appréciation sur la nature juridique de diverses dispositions du Code rural. Il ne peut prospérer en toute logique que si le motif sur lequel il s'appuie est affecté de la force obligatoire qui s'apparente à l'autorité de la chose jugée.

Ce motif vous le connaissez, mais je voudrais encore une fois le relire avec vous: 'Considérant qu'il résulte des dispositions combinées du Préambule, des alin. 3 et 5 de l'art. 34 et de l'art. 66 de la Constitution que le détermination des contraventions et des peines qui leur sont applicables est du domaine réglementaire, *lorsque lesdites peines ne comportent pas de mesure privative de liberté*.

On voit donc très bien le raisonnement qui se trouve à la base du moyen et qui est celui-ci:

Etant donné, d'une part, qu'il est de jurisprudence constante que le juge répressif a le droit et le devoir d'apprécier la légalité d'un texte réglementaire ou la constitutionnalité ou l'illégalité d'un règlement 'autonome', et, d'autre part, que l'art. 62 de la Constitution dispose que les décisions du Conseil constitutionnel s'imposent aux autorités juridictionnelles, vous devez, vous Chambre criminelle, vous dit le moyen, déclarer illégaux — c'est le terme employé — les art. R. 10, R. 13, R. 14 et 40, § 4, insérés dans la partie réglementaire du Code de la route, en vertu du deuxième motif concernant les dispositions de l'art. 188–9 c. rur., motif *qui a force obligatoire*.

En conséquence, prétend le pourvoi, vous ne pouvez que casser les arrêts qui sont soumis à votre censure.

Ce raisonnement serait imparable, si le considérant visé faisait partie intégrante de la décision du Conseil constitutionnel — le terme 'décision' étant pris ici dans son sens technique et constitutionnel très précis — mais je vais m'efforcer de vous démontrer qu'il n'en est rien et que le sens qui lui a été donné par les demandeurs ne peut être retenu.

Quels sont, en effet, la portée et les effets d'une décision du Conseil constitutionnel saisi en vertu de l'art. 37, al. 2, de la Constitution?

D'abord, il est un principe qui est indiscutable, c'est que le Conseil constitutionnel est une institution qui reste soumise au respect des principes fondamentaux de la procédure juridiction-nelle. Il ne peut donc statuer *ultra petita*, il ne peut statuer que dans les limites de sa saisine et ce principe est inscrit dans l'art. 26

de l'ordonnance n° 58–1067 du 7 novembre 1958 portant loi organique sur le Conseil constitutionnel: 'Le Conseil constitutionnel constate, par une déclaration motivée, le caractère législatif ou réglementaire *des dispositions qui lui ont été soumises*'. Des dispositions qui lui ont été soumises et seulement des dispositions qui lui ont été soumises.

Dans notre espèce, le premier ministre lui avait demandé, *entre autres*, son appréciation de la nature juridique des dispositions de l'art. 188–9 (1°) du Code rural et c'est sur ce seul point que la décision du Conseil constitutionnel a force obligatoire.

La réponse d'ailleurs était aisée puisque l'art. 188–9 ne prévoyait qu'une peine d'amende de 200 F. Mais, le Conseil constitutionnel a accentué sa motivation en y insérant un principe général qui en l'espèce était incident pour ne pas dire surabondant.[8]

. . .

En présence de cette motivation prise dans son ensemble, la question se pose de savoir; quelle partie de la décision possède force obligatoire?

Le Conseil constitutionnel y a répondu lui-même dans une décision en date du 16 janvier 1962 en ces termes: 'La décision du Conseil constitutionnel s'impose aux pouvoirs publics et à toutes les autorités administratives et juridictionnelles avec la portée même que lui donnent les motifs qui en sont le soutien *nécessaire*'.

Toute la doctrine unanime et la jurisprudence du Conseil d'Etat ont interprété 'les motifs qui en sont le soutien nécessaire' comme ceux qui soutiennent *très directement* le dispositif et ils en ont déduit que la force obligatoire ne s'attachait qu'au dispositif de la décision et aux motifs qui faisaient corps avec lui, c'est-à-dire ceux qui concourent très directement à la solution du cas d'espèce et non à un raisonnement juridique qui ne contribue pas directement à bâtir le dispositif.

Si bien que dans notre cas, le troisième motif fait partie intégrante de la décision alors que le deuxième, qui propose un raisonnement juridique *a contrario* et pose un principe général, en est exclu.

En outre, il est évident que le Conseil constitutionnel ne peut pas prendre des arrêts de règlement, procédé qui serait contraire

---

[8] See above, Parliament and Government.

au principe du droit public français inscrit dans l'art. 5 du Code civil: 'Il est défendu aux juges de prononcer par voie de disposition générale sur les causes qui leur sont soumises.' Il ne peut donc édicter des règles qui s'imposeraient à tous les cas analogues, car *il sortirait de son rôle de contrôle des lois et règlements en conformité avec la Constitution, pour remplir un rôle de nature législative et porterait gravement atteinte à l'équilibre de pouvoirs établis par la Constituition* avec toutes les conséquences difficilement mesurables qu'une telle interférence d'un pouvoir sur l'autre peut entraîner.

D'ailleurs, pour connaître la pensée des auteurs de la Constitution sur la limite du rôle du Conseil constitutionnel, on peut citer les paroles que prononçait M. Michel Debré, garde des Sceaux, devant les Comité consultatif constitutionnel lorsque celui-ci examinait les conditions de la saisine du Conseil constitutionnel.

'Nous nous sommes attachés dans ces textes, disait-il, non à épapiller les pouvoirs, mais à bien définir les responsabilités.

A un certain stade, il y a incompatabilité entre le recours au Conseil constitutionnel et l'exercice du régime parlementaire, car ni les assemblées, ni l'opinion publique n'accepteraient que des juges participent constamment à la vie politique . . . Nous ne voulons pas de gouvernement des juges . . . C'est pourquoi nous avons limité le nombre de ceux qui pourraient le saisir et défini avec précision la compétence du Conseil'.

C'est pourquoi, et je le répète, la décision du Conseil est limitée à l'objet de sa saisine, au dispositif de la décision et aux motifs que le soutiennent d'une manière très directe.

Cette prise de position est conforme à l'équilibre des pouvoirs, garantie essentielle des libertés publiques et individuelles *telle que l'ont voulu les auteurs du projet de Constitution soumis au vote des Français et approuvé par eux.*

. . .

Donc, si vous estimiez, comme moi, que la thèse que j'ai l'honneur de soutenir devant vous s'impose juridiquement, il en résulterait que les art. R. 10, R. 13, R. 14 et R. 40, § 4, ne sont ni inconstitutionnels, ni illégaux comme je l'expliquerai par la suite et que, contrairement à ce que soutient le pourvoi, le deuxième motif n'a pas une valeur générale et absolue et dans tous les cas n'a pas de force obligatoire; en conséquence, les arrêts de cours d'appel critiqués ne manqueraient pas de base légale et le moyen qui s'appuie sur '*la petite phrase*', s'effondrerait et votre décision dépasserait le cas d'espèce qui vous est soumis et s'appliquerait même à un pourvoi formé contre un arrêt comportant une peine d'emprisonnement, si vous croyiez pouvoir motiver votre décision en déclarant que le deuxième motif sur lequel s'appuie le moyen n'a pas une valeur générale et absolue et force obligatoire. Je conclus au rejet des moyens et du pourvoi.

Je vous propose Messieurs, de vous arrêter ici, sans examiner au fond la 'doctrine' énoncée par le Conseil constitutionnel, car ainsi vous résolvez le problème qui vous est soumis en vous en tenant à votre technique stricte sans vous mettre en opposition avec la doctrine du Conseil constitutionnel exprimée dans le deuxième motif.

Cependant, cela pourrait laisser les esprits dans l'incertitude, car chacun pourrait se demander quelle est ma pensée sur la doctrine non contraignante du Conseil constitutionnel.

Certains pourront dire: vous contournez la difficulté et d'autres même: vous manquez de courage.

Ce n'est pas ainsi que j'ai envisagé le problème et je vais essayer de m'expliquer sur ce point.

Quand on a affaire à des problèmes aussi délicats que l'examen du fonctionnement et du rôle des plus hautes instances de l'Etat appelées en outre à résoudre des questions touchant directement aux libertés individuelles, il faut se montrer particulièrement prudent et se maintenir strictement dans ses compétences telles qu'elles ont été fixées par la Constitution ou les lois organiques ou ordinaires.

Il suffit, en effet, vous le voyez, d'une petite phrase sans force exécutoire, émanant d'une institution qui est l'interprète qualifié pour donner son sens authentique à la Constitution et dont les décisions—dans la limite de sa saisine—s'imposent au Parlement, au gouvernement, aux juridictions administratives et judiciaires et aux autorités administratives, pour causer un bouillonnement d'avis, de décisions juridictionnelles contradictoires, de réflexions dans tous les sens.

Si l'on va au-delà de la solution que j'ai l'honneur de vous suggérer, les conséquences de votre décision, quelle qu'elle soit, seront très importantes:

C'est ainsi que si vous décidiez que le deuxième motif a valeur générale et absolue et force obligatoire ou si, par un autre raisonnement, vous adoptiez la doctrine du Conseil constitutionnel, du jour au lendemain, la répression des infractions contraventionnelles au Code de la route, à la salubrité, à la protection du travail, relatives aux chèques sans provision inférieurs à 1 000 F des 4ᵉ et 5ᵉ classes serait gravement perturbée, des milliers de recours seraient déposés, les agents de répression seraient plongés dans l'incertitude, un trouble de conscience naîtrait dans nos juridictions en raison d'un doute sur la légalité ou la constitutionnalité de la pratique suivie.[9] Une véritable anarchie juridique résulterait de cet immense vide juridique qu'il faudrait combler à chaud sous peine de graves désordres.

. . .

Mais, M. le Premier Président, Messieurs, un trouble se manifesterait aussi d'une autre manière si vous preniez une position directement contraire sur le fond de la doctrine du Conseil constitutionnel avec toute l'autorité qui s'attache à vos décisions, car si vous vous opposiez directement à cette doctrine que penseraient nos concitoyens? Quelle confiance pourraient-ils nous réserver en constatant que les plus hautes instances de l'Etat, *saisies sur le plan contentieux*, se heurtent et se contredisent sur l'interprétation de la Constitution sur des questions aussi graves que celles qui concernent les libertés individuelles dont l'autorité judiciaire est constitutionnellement la gardienne?

Mais, ces réflexions étant faites, voici, M. le Premier Président, M. le Président, Messieurs, comme je vous l'avais promis, ma pensée sur le fond du problème.

Pour vous l'exprimer clairement, j'estime qu'il est nécessaire de faire un retour en arrière pour voir par quel cheminement d'événements et de pensées l'art. 34 fixant le domaine d'attribution de la loi et l'art. 37 donnant le caractère de droit commun au domaine réglementaire, ont été insérés dans la Constitution de 1958.

. . .

En droit public français, depuis la Révolution, la loi, dans la hiérarchie des normes juridiques, est l'acte suprême. 'Rien contre la loi, tout pour elle'. Cette formule de Carré de Malberg traduit bien l'idéologie qui va imprégner tout le XIXᵉ siècle et le début de XXᵉ.

---

[9] See *Trib. gr. inst. d'Orléans* 14.1.1974. D. 1974 Somm. 33.

Et Gény portait un diagnostic exact quand il écrivait: 'le trait distinctif de notre système est le fétichisme de la loi'.

Il n'y a point d'autorité supérieure à celle de la loi, proclamait la Constitution du 3 septembre 1791.

Constitution et loi sont au même degré les expressions *de la volonté générale*. La loi exerce une primauté incontestée dans le domaine de toutes les autres règles juridiques et le règlement, en particulier, est étroitement subordonné à la loi.

Cependant, après la guerre de 1914–18, en raison des graves difficultés financières du moment, une loi du 26 mars 1924 accorda au gouvernement la faculté de procéder par décrets-lois afin de réaliser des économies.

Cette procédure sera renouvelée à plusieurs reprises sous la III$^e$ et IV$^e$ République et les magistrats de notre génération ont eu à appliquer à de nombreuses reprises les centaines de décrets-lois de 1935, 1937, 1953 et 1955.

Elle était incontestablement contraire à la lettre de la Constitution de 1875, mais était devenue coutume constitutionnelle créée d'un commun accord entre pouvoir exécutif et législatif, nécessaire pour réaliser les réformes indispensables pour lesquelles aucune majorité parlementaire n'était disposée à prendre les risques politiques qui leur étaient inhérents.

La Constitution de 1946 essaya de réagir contre cette pratique en disposant dans son art. 13 'l'Assemblée nationale vote seule la loi. Elle ne peut déléguer ce droit.'

Mais la pression des faits fut encore plus puissante que la volonté des constituants et la loi du 17 août 1948 autorisa le gouvernement à prendre par décrets des mesures tendant au redressement économique et financier dans des matières limitativement énumérées dans un art. 7 . . .

[La] technique de délégation de pouvoirs en matière pénale est très caractéristique de la IV$^e$ République qui tenait à ce qu'il ne puisse être appliqué que des peines déterminées par la loi, que ce soit l'emprisonnement ou même l'amende.

C'est dans cet état de droit et ce climat qu'est intervenue la Constitution du 4 octobre 1958 qui a entendu réagir vigoureusement contre cette politique de délégation de pouvoirs intervenue malgré leur interdiction par les Constitutions antérieures.

D'abord la nouvelle Constitution, à l'instar de celle de 1946, abandonne la théorie de la souveraineté du Parlement; la

souveraineté désormais appartient au peuple français: les conséquences pratiques de ce changement sont importantes.

Désormais le Parlement n'est plus à lui seul l'incarnation de la
Nation. La Constitution reconnaît virtuellement au Chef de l'Etat
et au gouvernement, concurremment avec le Parlement, le
pouvoir d'exprimer 'la volonté générale'.

Et, dans la Constitution de 1958, le gouvernement est devenu le
législateur de droit commun et le Parlement un législateur
d'attribution.

L'art. 34 énumère limitativement le domaine réservé à la loi;
toutes les matières autres ont un caractère réglementaire. C'est le
principe posé par l'art. 37.

Il faut nécessairement mesurer la transformation profonde que
ces dispositions nouvelles ont entraînée dans notre droit public.

La compétence de la loi parlementaire qui, depuis la Révolution
était universelle, est désormais limitée par la Constitution elle-
même et le gouvernement a toujours veillé à ce que la séparation
*rigide* des compétences respectives de la loi et du règlement ne soit
entamée d'aucune manière . . .

Il n'est, je crois, pas besoin d'insister davantage pour montrer
que les art. 34 et 37 doivent être considérés comme l'un des points
d'appui essentiels des institutions nouvelles dont le Conseil
constitutionnel est un des pièces maîtresses puisqu'il est juge de la
réparation des matières entre loi et règlement suivant certaines
procédures prévues par les art. 37, al. 2, 41 et 61 de la
Constitution.

Eclairés sur l'origine et l'importance respective de la place
réservée à la loi et au règlement dans la Constitution, examinons la
doctrine nouvelle du Conseil constitutionnel telle qu'elle résulte
du deuxième motif . . .

Ce n'est pas la décision du Conseil constitutionnel qui peut nous
éclairer, car le motif établissant la nouvelle doctrine se présente
'nu' en quatre lignes.

Les décisions du Conseil constitutionnel ressemblent, en effet,
trait pour trait aux arrêts du Conseil d'Etat; cette ressemblance
s'explique sans doute par la présence successive, en son sein, de
membres éminents de la Haute assemblée.

Ils ont fait prévaloir la technique de la motivation brève par
formules concises, ramassées, mais elle n'est pas éclairée par les
conclusions d'un commissaire du gouvernement ou les conclusions

du ministère public, ou un développement dans un rapport annuel tel que celui de la Cour de cassation.

Alors, nous sommes dans l'obligation de nous livrer au jeu toujours hasardeux de l'interprétation de la pensée des auteurs d'une décision.

Or, que se passe-t-il en pratique?

Le pouvoir réglementaire étant maître des incriminations et de la détermination des peines en matière de contravention dans la limite des art. 465 et 466, C. pén., sans qu'il soit nécessaire qu'elles soient rattachées à une loi, le service législatif de la Chancellerie a été saisi d'un très grand nombre de textes qu'il ne pouvait que vérifier au point de vue de leur légalité, mais dont il lui était difficile de discuter l'opportunité et, pour faire respecter leur réglementation, les bureaux des Administrations publiques, dans un souci qu'elles estiment, j'en suis persuadé, de bonne administration, n'hésitant pas à les assortir de peines d'emprisonnement inférieures le plus souvent à un mois.

Profitant et sans doute quelquefois abusant de leurs nouveaux pouvoirs fondés sur l'art. 37, ces textes ont proliféré à un moment où la politique criminelle générale sur les plans national et européen se pose la question de l'efficacité des courtes peines d'emprisonnement. Si bien que la situation à laquelle avaient voulu remédier les constituants de 1958 en raison des difficultés pour le Parlement de régler rapidement tous les problèmes posés par la complexité mouvante de la vie moderne s'est renversée et la prolifération des textes réglementaires répressifs a donné naissance à une situation qui doit être examinée. Il est possible, pour ne pas dire probable, que le Conseil constitutionnel ait voulu attirer l'attention du gouvernment sur cet état de fait.

. . .

Mais a-t-il voulu aller plus loin?

Je ferai à cet égard plusieurs remarques.

Le Conseil constitutionnel savait fort bien que sa 'petite phrase' n'était pas contraignante et ne s'imposait pas aux autorités juridictionnelles; or n'oublions pas qu'il est composé d'hommes de très grande expérience, réalistes, et qu'ils n'ont certainement pas voulu créer du jour au lendemain une situation anarchique telle que je vous l'ai décrite.

D'autre part, ce considérant mettrait en place un système juridique qui n'irait pas sans demander des explications et des éclaircissements, car quel est ce principe tel que l'énonce le Conseil constitutionnel?

Si je comprends bien, par un raisonnement *a contrario*, si les peines d'amende restent du domaine réglementaire, les peines d'emprisonnement appartiennent au domaine législatif.

. . .

Opérer une scission entre les peines d'emprisonnement et les peines d'amende ne repose sur aucun fondement d'aucune sorte et j'aurais aimé que, sur ce point, il soit procédé à une démonstration et pas seulement à une affirmation.

Faire une telle distinction, c'est trop ou c'est trop peu.

L'interprétation de l'art. 34 peut être maintenue ou condamnée, mais en bloc.

L'atteinte au droit de propriété est, dans la Déclaration de 1789 (art. 2, 4, 17) du domaine de la loi tout autant que l'atteinte à la liberté individuelle.

Et, à cet égard, aucune distinction n'est faite entre les peines: 'Nul homme, ne peut être *accusé*' (art. 7) ou 'puni' (art. 8) qu'en vertu de la loi. Il n'est donc pas exact qu'on puisse traiter différemment, quant à la compétence, l'amende, atteinte au patrimoine, et l'emprisonnement, atteinte à la liberté.

. . .

La détermination des peines et des incriminations appartiennent donc, soit au domaine législatif, soit au domaine réglementaire. C'est l'un ou l'autre, mais sans répartition entre l'un et l'autre.

. . .

[E]n ce qui concerne la détermination des peines, la logique du système a consisté à appliquer les art. 1$^{er}$ et 4, C. pén.

ART. 1$^{er}$: 'L'infraction que les lois punissent de peines de police est une contravention.'

ART. 4: 'Nulle contravention, nul délit, nul crime ne peuvent être punis de peines qui n'étaient pas prononcées *par la loi*, avant qu'ils fussent commis', et donc à promulguer une loi fixant le minimum et le maximum de la peine d'emprisonnement et de la peine d'amende dans les limites entre lesquelles doit se mouvoir, mais sans pouvoir en dépasser les bornes, le pouvoir réglementaire et en faisant remarquer que le législateur reste maître des limites dans lesquelles s'exerce la compétence réglementaire; c'est-à-dire qu'à tout moment le législateur—s'il le souhaite—peut diminuer

*le taux de l'amende, la durée de l'emprisonnement et même le
supprimer.* La Constitution de 1958 a eu pour conséquence de faire passer
l'incrimination d'une contravention dans le domaine réglementaire pour toutes les raisons que nous nous sommes efforcés de
dégager de l'évolution, de l'importance de la loi et l'élément légal
a été l'objet de l'art. 7 de l'ordonnance n° 58–1297 du 23 décembre
1958 qui est devenu les art. 465 et 466, C. pén., ordonnance prise
dans le cadre de l'art. 92 de la Constitution, dont le caractère
législatif a été reconnu par votre Cour de cassation et par le
Conseil d'Etat. Donc, dans le champ fixé par le législateur,
l'autorité réglementaire peut tout à la fois définir l'infraction et
fixer la peine qui y est attachée.

Une exception d'illégalité soulevée contre les art. R. 10, R. 13,
R. 14 et R. 40, § 4, se heurte donc aux art. 465 et 466 du Code
pénal.[10]

. . .

Je fais cependant remarquer que les art. 465 et 466, C. pén.
faisant écran entre la Constitution et les règlements, il ne s'agit
plus, alors, d'une exception d'illégalité, mais d'une exception
d'inconstitutionnalité que nous ne sommes pas compétents pour
apprécier puisque nous ne sommes pas juges de la constitutionnalité de la loi, compétence réservée au Conseil constitutionnel,
avant la promulgation de la loi.

. . .

Il n'en reste pas moins qu'en l'état actuel des choses la
satisfaction, que l'on peut éprouver à voir le Conseil constitutionnel motiver sa décision par un considérant d'inspiration
libérale dans un domaine qui touche à la liberté individuelle, se
teinte malgré tout de beaucoup de réserve et se heurte à des
objections constitutionnelles et juridiques.

Mais, si vous décidez un rejet, votre décision doit-elle impliquer
une opposition de principe à la doctrine du Conseil constitutionnel?

Personnellement, cela ne me paraîtrait pas souhaitable pour les
raisons que je vous ai exposées, car il est toujours regrettable
qu'an sein de l'Etat des institutions entrent en conflit, comme il le
serait — *mutatis mutandis* — d'une contrariété de jurisprudence

---

[10] C. pén. 465: L'emprisonnement pour contravention de police ne pourra être
moindre d'un jour ni excéder deux mois [author's note].

entre les chambres de la Cour de cassation, et ce, d'autant plus que votre technique vous permet, par votre motivation s'appuyant soit sur le fait que le deuxième motif du Conseil constitutionnel n'a pas valeur générale et absolue, ni force obligatoire, soit sur l'écran des art. 465 et 466, C. pén. entre le règlement et la Constitution, de démontrer que le moyen auquel vous avez à répondre est dépourvu de base légale et votre arrêt dépassera le cas d'espèce qui vous est soumis pour s'appliquer à tous les moyens s'appuyant sur le deuxième motif de la décision de 1973 du Conseil constitutionnel.

Ainsi, en appliquant les règles habituelles de votre compétence, vous ne toucherez pas aux mécanismes extrêmement délicats de la Constitution qui a établi l'équilibre difficile des pouvoirs sur lequel est fondé le fonctionnement harmonieux de nos institutions, car on voit bien que, dès qu'on y touche un tant soit peu, il est causé un grand trouble dans les esprits.

C'est pour toutes ces raisons que je vous suggère de retenir la solution que j'ai l'honneur de vous proposer et de motiver votre arrêt de telle manière qu'il ne soit pas nécessaire de recourir aux art. 34, 37 et 66 de la Constitution, ce qui accuserait une situation d'opposition entre deux hautes instances de l'Etat dans une matière telle que la liberté individuelle où on est en droit d'être particulièrement sensibilisé et ce, d'autant plus que dans un temps plus ou moins limité, nous serons peut-être dans l'obligation d'abandonner notre thèse au profit de celle du Conseil constitutionnel, en vertu de la prédominance qu'ont ses décisions sur toutes les autres, en application de l'art. 62 de la Constitution.

Je conclus au rejet du moyen additionnel.


ARRET

LA COUR; — Statuant sur le pourvoi de Schiavon Claude contre un arrêt de la cour d'appel de Toulouse du 8 novembre 1972, qui l'a condamné, pour délits d'homicide et blessures involontaires et contravention au code de la route, à quinze jours d'emprisonnement avec sursis, 500 F et 100 F d'amende, à la suspension pendant deux mois de son permis de conduire, ainsi qu'à des réparations civiles; — Vu les mémoires produits en demande et en défense;

Sur le moyen additionnel de cassation, pris de la violation des art. 4 et 319, C. pén., de la loi des 16 et 24 août 1790, des art. 34 et

37 de la Constitution du 4 oct. 1958, de l'art. 593, C. pr. pén.
, défaut de motifs, manque de base légale en ce que l'arrêt attaqué a
déclaré le demandeur coupable d'homicide et de blessures
involontaires et de contraventions au Code de la route, au motif
qu'il n'avait pas observé les prescriptions des art. R. 10 et R. 14,
C. de la route et que cette inobservation des règlements était en
relation certaine et directe de causalité avec l'accident, alors que
les dispositions ainsi visées du Code de la route, édictées par le
pouvoir réglementaire et assorties d'une sanction d'emprisonnement, sont illégales, le pouvoir réglementaire étant incompétent
pour sanctionner par une peine d'emprisonnement des contraventions, et alors que l'inobservation d'un règlement illégal ne saurait
être constitutive de blessures ou homicides involontaires; — Attendu que les art. R. 10 et R. 14, C. de la route constituent un
règlement de police légalement pris pas l'autorité compétente; que
l'art. R. 232 du même code, qui en sanctionne l'inobservation,
édicte des peines d'emprisonnement et d'amende entrant dans les
prévisions des art. 464, 465, 466, C. pén. et 521, C. pr. pén.,
lesquels déterminent les pénalités applicables aux contraventions
de police; que ces derniers textes, ayant valeur législative,
s'imposent aux juridictions de l'ordre judiciaire qui ne sont pas
juges de leur constitutionnalité; d'où il suit que le moyen doit être
rejeté;

Sur les deux moyens de cassation réunis: (*sans intérêt* );

Par ces motifs, rejette.

# 2. Administrative Law

The extracts which follow largely speak for themselves. They are designed to explain why, in France, the branch of public law known as *droit administratif* is entirely separate from private law, with its own sources, its own principles, its own courts and procedure entailing different powers, and with its own functions and area of activity. English lawyers tend to treat 'administrative law' as if it dealt mainly, or even wholly, with the judicial review of administrative action. For the French, *droit administratif* covers the whole structure of central and local administration, the general theory of administrative acts and functions, public property and public works, and such topics as compulsory purchase. They have a separate term — and even separate textbooks — for litigation, under the heading *'le contentieux administratif'*. And this covers two broad categories: that of judicial review (for which the general term is *'recours pour excès de pouvoir'*) and that concerned with the contractual or delictual obligations of the public power (*'le plein contentieux'*).

At the borders, of course, it may not be easy to see whether an issue involves matters of public or of private law. A similar question may arise in England, but it is only in fairly recent years that the answer has acquired acute importance, and then, typically enough, at the level of remedies. The effect of the House of Lords decision of 1983 in the case of *O'Reilly* v. *Mackman* ([1983] 2 A.C. 237) is described by a leading treatise in the following terms: 'Now, however, it is ordained that public and private law procedures are mutually exclusive; and since the dividing line between them is impossible to draw with certainty, a great deal of fruitless litigation has resulted and will probably continue . . . It has produced great uncertainty, which seems likely to continue, as to the boundary between public and private law, since these terms have no clear or settled meaning.'[1]

---

[1] H. W. R. Wade, *Administrative Law*, Oxford, 1988, pp. 677–8. See Carol Harlow, '"Public" and "Private" Law: Definition without Distinction?' 43 MLR 241 (1980); Geoffrey Samuel, 'Public and Private Law: A Private Lawyer's Response', 46 MLR 588 (1983).

France, by contrast, has had some 200 years of experience with this boundary as a matter of crucial importance, since its delimitation settles what law will apply and which of the two distinct court systems is to have jurisdiction; and on this depends what procedure will be followed, what orders may be made, and so on. Consequently the power, in case of genuine doubt, to answer the question as to which system has jurisdiction is confinded to a third body (*Tribunal des conflits*), in which sit both public- and private-law judges.

The final section in this part focuses on one topic — the Post Office — in order to illustrate how questions of jurisdiction are resolved, how judicial control is exercised, and how liability is imposed. It may incidentally suggest to the reader that the French system is not quite as clear, rational, and well ordered as its expositors assume.

# Autonomy

## A. 1641, 1790, *an* III

### Edit de St Germain-en-Laye, février 1641[2]

Louis XIII: Il n'y a rien qui conserve et qui maintienne davantage les empires que la puissance du souverain également reconnu par les sujets: elle rallie et réunit si heureusement toutes les parties de l'état, qu'il naît de cette union une force qui assure sa grandeur et sa félicité . . .

Mais parce qu'il ne suffit pas d'avoir élevé cet état en un si haut degré de puissance, si nous ne l'affermissons en la personne même de nos successeurs; nous désirons d'établir par de si bonnes lois, que la lignée dont il a plu à Dieu d'honorer notre couche, ait un règne si heureux et un trône si assuré, que rien ne puisse apporter aucun changement . . .

Nous avons estimé nécessaire de faire connoître à nos parlemens l'usage légitime de l'authorité que nos rois nos prédécesseurs et nous leur avons déposée, afin qu'une chose qui est établie pour le bien de peuples ne produise des effets contraires, comme il arriveroit, si les officiers, au lieu de se contenter de cette puissance qui les rend juges de la vie de l'homme et des fortunes de nos

[2] Jourdan, Decrusy, Isambert, *Rec. gén.. des anciennes lois*, vol. xvi, p. 529.

sujets, vouloient entreprendre sur le gouvernement de l'état qui n'appartient qu'au prince . . .

1. Nous avons de notre certaine science, pleine puissance et autorité royale, dit et déclaré, disons et déclarons que notredite cour de parlement de Paris et toutes nos autres cours, n'ont été établis que pour rendre la justice à nos sujets; leur faisons très expresses inhibitions et défenses de prendre cognoissance d'aucunes affaires . . . qui peuvent concerner l'état, administration et gouvernement d'icelui . . .

2. Déclarons, dès à présent, toutes déliberations et arrêts qui pourront être faits à l'advenir contre l'ordre de la présente déclaration nulles et de nul effet, comme faites par personnes qui n'ont aucun pouvoir de nous de s'entremettre du gouvernement de notre royaume.

**Loi des 16 et 24 août 1790, sur l'organisation judiciaire**

TITRE II

ART. 10. Les tribunaux ne pourront prendre directement ou indirectement aucune part à l'exercice du pouvoir législatif, ni empêcher ou suspendre l'exécution des décrets du corps législatif, sanctionnés par le roi, à peine de forfaiture.

. . .

ART. 12. Ils ne pourront faire de règlements, mais ils s'adresseront au corps législatif toutes les fois qu'ils croiront nécessaire, soit d'interpréter une loi, soit d'en faire une nouvelle.

ART. 13. Les fonctions judiciaires sont distinctes et demeureront toujours séparées des fonctions administratives. Les juges ne pourront, à peine de forfaiture, troubler, de quelque manière que ce soit, les opérations des corps administratifs, ni citer devant eux les administrateurs pour raison de leurs fonctions.

. . .

Décret du 16 fructidor an III, qui défend aux tribunaux de connaître des actes d'administration et annule toute procédure et jugement intervenus à cet égard

. . .

Défenses itératives sont faites aux tribunaux de connaître des actes d'administration, de quelqu'espèce qu'ils soient, aux peines de droit . . .

## B. Texts

From A. de Laubadère, *Traité de Droit Administratif*[3]

### Les bases du droit administratif français

24. *L'Etat de droit.* Tous les Etats n'adoptent pas la même conception générale du droit administratif. Une des principales données qui les différencient concerne l'aménagement de la *légalité administrative* et de la *justice administrative*, c'est-à-dire les modalités selon lesquelles l'administration est assujettie au respect du droit et au contrôle des tribunaux.

Dans les Etats modernes, l'activité de l'administration est, en effet, soumise au droit et au contrôle juridictionnel. L'administration moderne ne dispose pas d'un pouvoir arbitraire; comme les particuliers, elle doit observer des règles de droit et, si elle les enfreint, les personnes intéressées peuvent s'adresser à des tribunaux pour faire redresser ces manquements; c'est là le système de l'*Etat de droit*.

Le système de l'Etat de droit est d'essence *libérale*. Il vise, en effet, à garantir les administrés contre l'Etat, donc à protéger leur liberté; il constitue la forme élémentaire du libéralisme appliqué à l'administration. Un système administratif sera d'autant plus libéral que le droit auquel l'administration doit se plier sera plus précis et plus développé et que sera plus large et facile l'accès des administrés aux tribunaux chargés de contrôler l'administration.

La France pratique le système de l'Etat de droit, mais elle le pratique sous une forme particulière qui constitue son originalité.

Si, en effet, dans l'Etat moderne, l'administration est soumise au droit et au juge, il reste à savoir de quel droit il s'agit et de quel juge.

Car cette question comporte deux réponses possibles. On peut — ou bien soumettre l'administration au même droit et aux mêmes juges que les particuliers, c'est-à-dire à un '*droit commun*' et un ordre unique de tribunaux judiciaires — ou bien créer pour

[3] 9th edn., ed. J.-C. Venezia, Y. Gaudement, 1944, vol. i, pp. 27–35.

l'administration et ses litiges avec les administrés un droit spécial et des tribunaux spéciaux. A ces deux solutions correspondent, par leurs orientations de principe, les deux grands types de systèmes administratifs occidentaux, le type anglo-saxon et le type français.

25. — 1° *Le type anglo-saxon.* L'Angleterre, les Etats-Unis n'ont pas, dit-on couramment, de droit administratif. Cela veut-il dire que l'administration n'y est pas soumise au droit? Nullement, c'est au contraire par un souci extrême de libéralisme, un parti pris de méfiance à l'égard du pouvoir administratif considéré comme susceptible en lui-même de menacer les libertés des individus que les Anglo-Saxons répugnent à accepter l'idée du droit administratif. Ils entendent que les agents publics soient soumis au droit *dans les mêmes conditions que les autres citoyens.* C'est le 'règne de la loi', la même pour tous et également au-dessus de tous, le refus d'un système de 'privilège' au sens étymologique du terme (*privata lex*: loi particulière).

26. — 2° *Le type français.* La conception dont le système français constitue 'le type le plus achevé' (Hauriou) est au contraire basée sur l'existence d'un droit spécial applicable aux rapports dans lesquels l'administration est engagée et d'une juridiction spéciale pour juger les litiges nés de ces rapports. C'est là que réside l'originalité du système français.

La France connaît ainsi un véritable *droit administratif* au sens d'un droit spécial, autonome, indépendant du droit civil.

Elle connaît, d'autre part, la *dualité de juridictions* du fait de l'existence d'une *juridiction administrative* tout à fait séparée de la hiérarchie des tribunaux judiciaires. Cette juridiction constitue un corps de tribunaux ayant à son sommet un tribunal suprême qui est le *Conseil d'Etat*, comme la Cour de cassation est le tribunal suprême de l'ordre judiciaire.

La réunion des deux éléments (droit administratif et juridiction administrative) étroitement solidaires l'un de l'autre, forme la notion du régime administratif qu'Hauriou a opposée à celle de '*l'administration judiciaire*' qui caractérise selon lui la conception anglo-saxonne.

Mais le système français actuel qu'on peut présenter comme étant pour l'essentiel un 'état de droit administratif' ne s'est substitué que progressivement à la situation d'arbitraire qu'impliquait la loi des 16–24 août 1790; ce texte . . . fait interdiction au juge de connaître des opérations de l'administration et par là affranchit celle-ci du droit. Progressivement, à partir de l'An VIII, et tout au long du XIX$^e$ siècle, l'administration va se doter, à partir d'une spécialisation de certains de ses services, d'un juge et de mécanismes juridictionnels qui sont à l'origine de l'actuelle juridiction administrative; ce juge va lui-même créer un 'droit administratif', largement distinct — et d'abord par ses sources — de celui qui s'applique aux rapports de droit privé. L'*Etat de droit administratif* succède à l'*arbitraire*.

Cette histoire a profondément marqué le régime administratif qui, par plusieurs traits, conserve la marque de ses origines.

## § I. LES SOURCES DU DROIT ADMINISTRATIF

33. — Le droit administratif est issu des trois sources que l'on trouve dans toutes les branches du droit: la *loi écrite*, la *coutume* et la *jurisprudence*. Mais le débit respectif de ces sources comporte en droit administratif français une particularité qui est le *rôle prédominant de la source jurisprudentielle*; il en résulte d'importantes conséquences.

34. — 1° *La coutume*. La coutume n'est pas étrangère à la formation de certaines règles et à la construction de certaines théories du droit administratif. On peut notamment signaler le rôle qu'elle a joué dans le passé en matière de formation du *pouvoir réglementaire du gouvernement* ou encore à l'égard de l'*inaliénabilité du domaine public*. Toutefois, si la coutume est incontestablement une source matérielle du droit, elle est beaucoup plus exceptionnellement une source formelle: elle utilisera en général le canal de la règle écrite ou jurisprudentielle.

35. — 2° *La loi écrite*. La loi écrite constitue une source importante du droit administratif.

D'une part, il existe divers *grands textes* parfois anciens régissant des domaines importants de l'organisation et de l'activité administratives: organisation des collectivités locales (lois du 10 août 1871 pour les départements, 5 avril 1884 pour les communes, aujourd'hui codifiée au code des communes et profondément modifiée par la loi du 2 mars 1982 relative aux libertés des communes, des départements et des régions) procédures d'acquisition (ordonnances du 23 octobre 1958 sur l'expropriation, du 6 janvier 1959 sur les réquisitions).

D'autre part, il existe aussi une multitude de textes législatifs et réglementaires qui régissent ce que l'on appelle les diverses *matières administratives spéciales,* c'est-à-dire l'organisation et le fonctionnement de tel ou tel service public (armée, assistance, enseignement, etc.), le régime de telle ou telle intervention de l'Etat (interventions économiques, surveillance des libertés publiques, etc.).

Mais si la législation et la réglementation relatives au droit administratif sont ainsi tout aussi abondantes que celles qui concernent les différentes branches du droit privé, il subsiste entre elles une différence capitale: elle consiste en ce que les *théories générales du droit administratif* (théories de l'acte administratif, des contrats administratifs, de la responsabilité administrative, etc.) n'ont pas leur source dans des textes écrits, à la différence du droit civil, où les théories correspondantes figurent dans le Code civil. C'est en ce sens que, comme on le répète souvent, le droit administratif français *n'est pas codifié*, en dépit de l'illusion que pourrait créer sur ce point le développement récent des 'codifications administratives'.

36.— *Les codifications administratives.* Ces codifications (Code des communes, Code minier, Code de l'urbanisme, Code des P. et T., etc.) ont été entreprises au cours de ces dernières années et continuent d'être réalisées en vue de regrouper, dans une préoccupation de clarté, les textes législatifs et réglementaires (chaque codification comprend une partie législative et une partie réglementaire) existant déjà mais dispersés. Ces codes ne font donc que réunir des textes antérieurs et ils portent sur des matières spéciales, non sur les théories générales du droit administratif. Ils ne sont pas faits pour développer mais pour clarifier les sources écrites du droit administratif.

37.— 3° *La jurisprudence.* La jurisprudence administrative a, en France, une place exceptionnelle. C'est elle qui a élaboré et élabore quotidiennement ce droit spécial qu'est le droit administratif.

L'élaboration jurisprudentielle porte d'abord sur la *théorie générale* du droit administratif; les constructions juridiques les plus importantes ont été édifiées grâce à elle: théories de la responsabilité de l'administration, des contrats administratifs, du domaine public, des recours contentieux, etc.

Elle porte aussi sur les domaines où existent des *textes particuliers*: sur ceux-ci vient se broder une *interprétation jurisprudentielle* souvent hardie; la théorie de l'expropriation est, par exemple, la résultat d'une jurisprudence qui, greffée sur les textes, les a considérablement développés. Il en va de même pour certains aspects du droit de la fonction publique.

C'est la jurisprudence du Conseil d'Etat qui, au premier chef, joue ce rôle, ce tribunal étant, on le verra, non seulement juge administratif de premier et dernier ressort en certaines matières, mais encore juge d'appel ou de cassation et assurant ainsi, comme la Cour de cassation à l'égard du droit privé, l'*unite de jurisprudence*.

38. — *Conséquences du développement du droit administratif jurisprudentiel. Caractères du droit administratif.* Du rôle de la jurisprudence administrative résultent d'importantes conséquences en ce qui concerne les *caractères* du droit administratif: à cela s'ajoute que la jurisprudence du Conseil d'Etat revêt elle-même des caractères assez particuliers:

En premier lieu, la jurisprudence du Conseil d'Etat est marquée d'un caractère fortement *prétorien*, c'est-à-dire que le Conseil d'Etat, pour des raisons qui se relient à son origine historique, se reconnaît une grande liberté dans l'élaboration du droit; sa jurisprudence administrative est incontestablement créatrice de droit; elle fournit une illustration typique de l'idée — contestée par certaines doctrines mais habituellement admise — selon laquelle jurisprudence doit être d'une manière générale regardée comme une véritable source de droit.

Un autre trait de la jurisprudence administrative est sa très grande *souplesse*. Le Conseil d'Etat rend des décisions marquées par l'empirisme et le réalisme; ceci est directement lié à son origine et aux liens qu'il conserve avec l'administration active. Déterminant et modifiant ses positions par touches et retouches successives, bornant ses affirmations aux nécessités de la solution de chaque litige, le Conseil d'Etat construit ses théories jurisprudentielles de manière très progressive: on a dit qui, comme la nature, il procédait rarement par bonds. La jurisprudence administrative se présente ainsi comme une jurisprudence souple, nuancée, évolutive, adaptant constamment et avec une particulière sensibilité le droit administratif aux exigences mouvantes de la via administrative.

Cette souplesse et cette faculté d'adaptation de la règle jurisprudentielle ont pour contrepartie une certaine difficulté de détermination de son contenu qui, combinée avec son caractère nécessairement rétroactif, est parfois un facteur d'insécurité juridique.

## § 2. L'AUTONOMIE DU DROIT ADMINISTRATIF

39. — *Signification exacte de l'autonomie du droit administratif.* En quoi le droit administratif est-il autonome? En quoi cette autonomie est-elle un élément d'originalité dans les systèmes de dualité de juridiction tels que le système français. Quelle est, à cet égard, la véritable différence entre les conceptions française et anglo-saxonne?

Ces points doivent être précisés car, d'une part, les systèmes du type anglo-saxon appliquent, eux aussi, à l'administration, certaines règles de droit originales et, à l'inverse, en France, le droit appliqué à l'administration est, pour partie, celui-là même qui s'applique aux personnes privées.

La différence entre les deux systèmes n'est cependant pas une simple *différence de degré d'autonomie* mais une *différence de principe.*

Si les Anglo-Saxons prétendent 'n'avoir pas de droit administratif' cela ne signifie pas qu'il n'y ait point chez eux d'institutions et de régimes juridiques particuliers à l'activité de l'Etat (expropriation, réquisition, etc.); en ce sens, il n'y a point de pays où n'existe un droit administratif. Seulement ces règles et institutions constituent dans les pays 'sans droit administratif' des *dérogations à un droit commun* applicable en principe à l'Etat comme aux particuliers: c'est en ce sens qu'il y a unité de droit comme il y a unité de juridiction.

Au contraire, la conception française est basée sur l'autonomie du droit administratif parce que *les règles spéciales de celui-ci ne font pas figure de dérogations à un droit commun.* Lorsque le juge administratif notamment est amené à dégager la règle applicable à une matière donnée, en l'absence même de solutions spéciales énoncées par le législateur, il se trouve libre vis-à-vis du droit privé et dégage la règle de droit administratif selon les besoins propres de la vie administrative.

From M. Waline, *Droit administratif* (1963)

**Introduction générale**

CHAPITRE II: PARTICULARITÉ DE DROIT ADMINISTRATIF EN FRANCE

**21.** Le *'régime administratif'*. Dans tous les pays civilisés, il existe un droit administratif, même s'il est réduit à sa partie descriptive. Mais il a pris un développement et des caractères particuliers en France, pour former ce qu'Hauriou a appelé le 'régime administratif'. Il peut se ramener à trois propositions.

1° Les autorités administratives y disposent de grands pouvoirs.

2° Mais elles ne les exercent que sous la menace d'un contrôle toujours possible d'un juge, sur simple requête de tout citoyen intéressé par la mesure qu'il prétend arbitraire, ou excédant les pouvoirs de son auteur.

3° Seulement, ce n'est pas toujours, ce n'est même pas en principe, le juge habituel.

**22.** Le *pouvoir d'action d'office de l'administration*. L'administration s'est vu reconnaître en France de très grands pouvoirs. C'est une conséquence de l'effort centralisateur de la monarchie capétienne.

Cette monarchie a été doublement centralisatrice: d'une part en réunissant des territoires un peu à la manière du propriétaire rural qui agrandit ses domaines; d'autre part, en luttant contre les puissances féodales et ecclésiastiques jusqu'à les annihiler.

Or, cet effort centralisateur n'a pu se faire qu'à coups de procédés autoritaires, et a donné l'habitude de voir les agents du Roi agir autoritairement. Il s'est ainsi formé en France une tradition donnant de très forts pouvoirs aux agents du Roi.

La Révolution s'est bien gardée de prendre, au moins durablement, sur ce point, le contrepied de la monarchie. Elle a plutôt transferé à la Nation les pouvoirs qui appartenaient au Roi, et aux agents de la Nation, c'est-à-dire aux fonctionnaires de l'Etat, les pouvoirs des anciens agents du Roi.

Ceci est surtout vrai si l'on ne considère pas seulement le début de la Révolution, mais la période de la Convention, puis du Consulat et de l'Empire.

Ainsi, les agents de l'Etat ont traditionnellement en France de très grands pouvoirs. C'est essentiellement la prérogative, le privilège de prendre des décisions obligatoires, et même parfois exécutoires par elles-mêmes . . .

. . . On peut donc poser cette première proposition pour caractériser le régime administratif français: les autorités administratives qualifiées, ou, pour employer l'expression juridique, compétentes ('compétentes' ne veut pas dire autre chose que 'qualifiées juridiquement') peuvent prendre des décisions créant par elles-mêmes des obligations aux administrés, et dont elles peuvent assurer l'obéissance par des procédés de coercition pouvant aller exceptionnellement jusqu'à l'emploi de la force.

Mais si cette proposition n'était pas contrebalancée par une autre, la France serait un 'Polizeistaat'. Or, c'est inconcevable du pays de la Déclaration des droits de l'homme, très individualiste, sinon autant que les pays anglo-saxons.

23. *La possibilité du contrôle juridictionnel, garantie essentielle de l'administré.* D'où une deuxième proposition: les pouvoirs de prendre des décisions exécutoires et de les exécuter d'office ne s'exercent que dans le cadre des lois qui protègent les libertés contre l'arbitraire administratif . . .

. . . Par conséquent, l'administration a sans doute en France de très grands pouvoirs, puisqu'elle a celui de prendre des décisions exécutoires, mais elle ne les exerce jamais que sous le contrôle toujours possible d'un juge. C'est là un fait extrêmement important pour caractériser le régime administratif de la France, et l'opposer, par exemple, au 'Polizeistaat' . . .

24. *L'existence de juridictions administratives spécialisées.* Toutefois (et c'est ici la troisième proposition qui achève de caractériser le système français), ce juge n'est pas le juge ordinaire, le tribunal civil par exemple. Les recours formés contre les actes de l'administration, si efficaces soient-ils (puisqu'ils peuvent aboutir à l'annulation, c'est-à-dire à l'anéantissement rétroactif, de l'acte administratif illégal, ainsi que de tous ses effets juridiques) ne sont pas portés devant le juge ordinaire, mais devant des juridictions spécialisées appelées juridictions administratives.

Ce dernier point est d'une importance capitale, et mérite qu'on s'y arrête longuement. Car ce qui a déterminé le développement pris en France par le droit administratif, spécialement en ce qui concerne la responsabilité et le droit contractuel, c'est la conjonction de ces deux circonstances:

1° que ce droit est en France de formation jurisprudentielle;

2° que cette jurisprudence est l'œuvre de tribunaux spécialisés, distincts des tribunaux civils.

25. *Importance de la jurisprudence parmi les sources du droit administratif.* Les sources des règles d'une branche quelconque du Droit, en effet, sont la loi, la coutume et la jurisprudence. Nous pouvons négliger la coutume, qui n'a une réelle importance de fait, en droit administratif, que dans la mesure où elle a reçu une consécration jurisprudentielle.

Examinons donc successivement le rôle joué par la loi et par la jurisprudence dans la formation des règles du droit civil et du droit administratif.

1° *La loi.* En droit civil il y a un Code qui pose en chaque matière des principes plus ou moins développés. Sans doute, on peut s'étonner qu'à côté des huit articles (1156 à 1164) consacrés à l'interprétation des conventions, et sur lesquels il n'y a pratiquement aucune jurisprudence (ce qui tend à faire penser que ces articles sont d'une faible utilisation pratique) ou des quinze articles relatifs au contrat de rente viagère (de moins en moins pratiqué), il n'y en ait que cinq sur toute la matière, si fondamentale, de la responsabilité. Mais, dans ces cinq articles, étaient posés tous les principes applicables en la matière, la jurisprudence n'avait plus qu'à les développer. Ces textes sont courts, mais très denses.

En droit administratif, au contraire, il n'y a pas de Code posant des principes généraux; il y a une législation extrêmement touffue, mais faite de pièces et de morceaux, sans idée directrice. Nous n'y trouvons pas de principes généraux applicables, par exemple, à l'ensemble de la matière de la responsabilité.

Ainsi, en droit civil, la jurisprudence est guidée par le Code; son rôle est d'interpréter la loi, de développer les conséquences des intentions du législateur. En droit administratif, au contraire, les tribunaux sont livrés à leur seul sens de la justice, d'une part, des exigences de l'intérêt général, d'autre part, sans guide, la plupart du temps, dans la loi.

26. *Existence d'une juridiction et d'une jurisprudence administratives autonomes.*

2° *La jurisprudence* a donc une importance capitale dans la formation des règles du droit administratif. Or, elle n'émane pas des mêmes tribunaux que la jurisprudence en matière de droit civil. C'est un fait d'une importance capitale, sans la connaissance duquel le développement et l'état actuel du droit administratif seraient absolument incompréhensibles.

[In no. 27 the author discusses various possible systems of judicial organization, including those which like the federal court system in the United States and that of the United Kingdom culminate in a single supreme court which exercises control over all lower courts. He continues:]

28. *Le système français.* Mais le système français est différent. Il y a en France des tribunaux différents à tous les échelons, jusqu'à la Cour suprême incluse. En d'autres termes, il y a en France deux Cours suprêmes, deux juridictions dont chacune n'en a aucune au-dessus d'elle. D'où la possibilité des deux jurisprudences radicalement distinctes, appliquant des principes absolument différents voire peut-être contradictoires, sans qu'il existe aucune possibilité de ramener ces deux jurisprudences à l'unité, aucun moyen de faire fléchir l'une de ces deux jurisprudences au profit de l'autre.

29. *La notion d' 'ordre de juridictions'.* Nous avons donc en France deux ordres de juridictions. On dit de deux tribunaux qu'ils appartiennent au même ordre de juridictions lorsque, par le jeu des voies de recours, la doctrine juridique de leurs décisions, c'est-à-dire l'interprétation de la règle de droit telle qu'ils l'ont comprise, sera soumise finalement à la même Cour suprême. Par exemple, le tribunal de commerce, le tribunal de grande instance, le conseil des prud'hommes, le tribunal d'instance appartiennent à un même ordre de juridictions, parce que, si l'on épuise toutes les voies de recours contre leurs décisions, c'est finalement la Cour de cassation qui a à apprécier leur jurisprudence.

Les tribunaux administratifs et les tribunaux d'instance, au contraire, n'appartiennent pas au même ordre de juridictions parce que les jugements des tribunaux administratifs peuvent être déférés au Conseil d'Etat tandis que les jugements des tribunaux d'instance peuvent être déférés à la Cour de cassation.

En somme, les deux ordres de juridictions forment deux systèmes de tribunaux absolument distincts l'un de l'autre, séparés par une cloison absolument étanche qui s'élève jusqu'au niveau des Cours suprêmes: il y a des juridictions judiciaires et des juridictions administratives. Les tribunaux judiciaires sont ceux dont les décisions peuvent être déférées directement ou indirectement au contrôle suprême de la Cour de cassation; les juridictions administratives sont celles dont les décisions peuvent être déférées, directement ou indirectement, au contrôle suprême du Conseil d'Etat. L'expression de 'tribunaux judiciaires' peut paraître un pléonasme; elle se justifie pour permettre de qualifier certains tribunaux par opposition aux juridictions administratives. Mais les uns et les autres sont des tribunaux, des juridictions. Lorsque le Conseil d'Etat statue au contentieux, il est tout autant un tribunal que le tribunal de grande instance ou la Cour d'appel; seulement, c'est un tribunal d'un autre ordre de juridictions. Nous allons voir pourquoi il en est ainsi en France, puis les conséquences de cette division des tribunaux en deux ordres pour l'évolution des deux branches du Droit sur lesquelles sont respectivement compétents les tribunaux de ces deux ordres.

*Section I: Pourquoi il y a en France deux ordres de juridictions*

[In nos. 30–2 the author traces the history of administrative tribunals under the *Ancien Régime* and concludes that, whilst there were certain courts dealing with 'administrative' matters (e.g. certain matters of taxation), there was no system of administrative courts (*ordre de juridiction administrative*) because there was no separate highest court controlling the legality of their action, and establishing a unified set of principles of administrative law.]

32. . . . Dans la mesure où l'Ancien Régime a connu une procédure où l'on puisse voir une ébauche de notre actuel pourvoi en cassation, c'est-à-dire ce que l'on appelait la *proposition d'erreur*, ce pourvoi était jugé par l'une ou l'autre des conseils dont l'ensemble formait le Conseil du Roi, et cela sans distinction, semble-t-il, entre les causes jugées par les tribunaux civils ou les tribunaux statuant en matière administrative; par conséquent, la juridiction de cassation, dans la mesure où elle existait, était constituée dans tous les cas par le Conseil du Roi . . .

Il y avait seulement des juridictions statuant en matière de droit privé, et d'autres statuant en différentes matières administratives; mais l'unification de la jurisprudence des unes et des autres se faisait toujours par le Conseil du Roi.

33. *Causes de l'hostilité des Constituants de 1789 pour les tribunaux judiciaires.* La répartition des tribunaux entre deux ordres de juridictions, tels que nous les connaissons aujourd'hui, ne remonte donc pas à l'Ancien Régime; elle est le résultat d'une série de faits historiques qui sont survenus au XVIIIᵉ et au XIXᵉ siècles.

Les parlements, sous l'Ancien Régime, n'avaient pas vu sans un très grand déplaisir, la création et la multiplication des juridictions spécialisées en matière administrative; et tout spécialement, l'attribution de pouvoirs de juridiction aux intendants leur avait été extrêmement désagréable. Les Parlements perdaient, en effet, par la multiplication des attributions contentieuses des Intendants, un gros contentieux; or, sous l'Ancien Régime les magistrats n'étaient pas rémunérés, comme aujourd'hui, par un traitement fixe, mais par le procédé des 'épices', c'est-à-dire que leur revenu professionnel était fonction du nombre et de l'importance des affaires qu'ils avaient à juger; exactement comme aujourd'hui, les revenus professionnels des officiers ministériels, des avoués, par exemple, sont proportionnels au nombre et à l'importance des affaires pour lesquelles ils ont eu à représenter des plaideurs devant le tribunal.

Par conséquent, chaque fois que le Roi attribuait à un Intendant la connaissance d'une nouvelle catégorie de procès, les parlementaires avaient le sentiment qu'on venait tarir une source de leurs revenues professionnels.

Or, les parlements étaient recrutés tous, par le procédé de la vénalité et de l'hérédité des offices, dans la même classe sociale, on pourrait même dire dans la même caste, la noblesse de robe; et les membres de cette caste étaient étroitement solidaires entre eux. Les parlements et les autres Cours, dites souveraines, représentaient donc une véritable puissance sociale, assez forte pour entamer une lutte contre le pouvoir royal. On sait que celle-ci se poursuivit pendant les règnes de Louis XV et de Louis XVI . . .

Cette lutte se manifesta notamment par des conflits perpétuels de compétence entre les juridictions statuant en matière administrative, et particulièrement les Intendants, d'une part, et les parlements, d'autre part. On se disputait les procès; les règles de compétence n'étant pas toujours très précises, il y avait souvent matière à discussion, d'où possibilité de jugements contradictoires rendus sur une même affaire par un parlement et un Intendant. Le Roi, pour défendre la juridiction de son Intendant, évoquait l'affaire en son Conseil. Les parlements, et d'une façon générale les tribunaux statuant en matière civile, livraient à l'administration une véritable petite guerre, et essayaient par tous les procédés à leur disposition de gêner l'administration, de la brimer. En voici un exemple minime en soi mais qui s'est renouvelé à un nombre considérable d'exemplaires pendant le dernier siècle de la monarchie.

Le Conseil du Roi doit casser, le 20 février 1781, un jugement des officiers de la sénéchaussée de la Rochelle (juridiction que nous classerions aujourd'hui dans l'ordre judiciaire) qui avait condamné un conducteur des Ponts et Chaussées pour avoir comblé un fossé, fait constituant prétendûment une atteinte inadmissible à la propriéte privée, alors que ce conducteur n'avait fait que mettre fin à l'usurpation du sol de la route, et que d'ailleurs il n'avait agi que sur les ordres de ses supérieurs; le demandeur est renvoyé à se pourvoir devant l'Intendant, c'est-à-dire devant le juge administratif.

Les parlements ont donc mené contre l'administration une guerre sournoise mais acharnée; or, en 1789, ils étaient très impopulaires, pour de tout autres raisons d'ailleurs: parce que, bien que s'étant donné l'apparence d'avoir réclamé eux-mêmes la convocation des Etats généraux, personne ne se faisait d'illusions sur la sincérité de leurs sentiments révolutionnaires. Tout le monde savait, en 1789, que les parlements s'étaient toujours opposés de toutes leurs forces, et pour défendre leurs privilèges nobiliaires, à toute réforme proposée par le pouvoir royal pour abaisser ou supprimer les privilèges fiscaux.

34. *La loi des 16–24 août 1790.* Aussi l'un des premiers actes de l'Assemblée constituante est-il de supprimer les parlements. Mais, en même temps, pour éviter que les nouvelles juridictions qui les remplaceront ne continuent cette petite guerre contre l'administration (on se rendait compte qu'elle était contraire à l'intérêt public), la Constituante, dans la grande loi d'organisation judiciaire qui porte la date des 16–24 août 1790, insère, au titre IX de cette loi, un article 13 extrêmement important encore aujourd'hui en vigueur, et qui demeure la base juridique de la compétence de nos juridictions administratives.

Cet article est ainsi rédigé: 'Les fonctions judiciaires sont distinctes et demeureront toujours séparées des fonctions administratives: les juges ne pourront à peine de forfaiture troubler de quelque manière que ce soit les opérations des corps administratifs.'

C'est le principe connu sous le nom de séparation des autorités administrative et judiciaire, qui est évidemment un corollaire de la fameuse séparation des pouvoirs qui, précisément, venait d'être mise à la mode par l'Esprit des lois de Montesquieu.

Par conséquent, en votant cette disposition, la Constituante faisait d'une pierre deux coups: elle prévenait le retour d'abus particulièrement sensibles à la fin de l'ancienne monarchie, ceux des anciens Parlementaires; en même temps, elle appliquait la théorie de Montesquieu.

Cette interdiction aux juges de se mêler des affaires de l'administration a été renouvelée notamment par une loi du 16 fructidor an III: 'Les juges, dit cette loi, ne peuvent entreprendre sur les fonctions administratives, ni citer devant eux les administrateurs pour raison de leurs fonctions. Défenses itératives (c'est-à-dire renouvelées) sont faites aux tribunaux de connaître des actes d'administration de quelque espèce qu'ils soient.'

Ces deux textes de base sont encore visés par les décisions judiciaires ou de juridictions administratives qui refuseraient la connaissance d'un procès aux tribunaux civils.

35. *Portée et interprétation de ce texte.* En apparence, ce principe avait une portée bilatérale. Si les juges ne devaient pas se mêler d'administration, les administrateurs, de leur côté, ne devaient pas non plus juger; il était interdit aux administrateurs de s'immiscer dans les fonctions judiciaires, c'est-à-dire de juger des procès. Mais, très évidemment, la loi de 1790 et celle de l'an III ont, comme on dit, une 'pointe' dirigée contre les tribunaux; si le texte se contente de rappeler brièvement que le principe est bilatéral, on insiste surtout sur les prohibitions faites aux juges.

Ceux-ci ne doivent naturellement pas entreprendre sur les fonctions administratives, c'est-à-dire d'abord faire eux-mêmes d'actes administratifs, par exemple, des règlements; cela va de soi. Mais le principe, tel qu'il a été entendu en France, va beaucoup plus loin; il est même interdit aux tribunaux de donner des ordres à l'administration ou à ses fonctionnaires, de leur adresser des injonctions; et ici déjà nous trouvons une particularité du système français qui l'oppose au système britannique ou américain: en Grande-Bretagne ou aux Etats-Unis, les juges peuvent donner des ordres aux agents publics, c'est ce qu'on appelle des 'writs'.

Il faut aller encore plus loin: les tribunaux ne doivent pas non plus prononcer de condamnations contre l'administration, car la condamnation comporte nécessairement une injonction; et même —on a toujours interprété du moins ces lois dans ce sens en France—il est interdit aux tribunaux de juger aucun procès dès l'instant que ce jugement comporterait nécessairement une appréciation de la conduite de l'administration. Si, par exemple, on reproche une faute à l'administration, le juge étant ainsi exposé à reconnaître que l'administration a commis une faute, on considère que ce serait déjà 'troubler les opérations des corps administratifs'.

Les tribunaux judiciaires doivent encore refuser de porter une appréciation sur la légalité d'un acte administratif, car le juge pourrait être amené à déclarer que l'administration a commis une illégalité, et cela encore 'troublerait les opérations des corps administratifs'.

Reste alors à se demander ce que l'on entend par acte administratif. On entend par là un acte juridique accompli par un fonctionnaire dans l'exercice de ses fonctions.

Ainsi, dès que, dans un procès, la conduite d'une administration, ou celle d'un administrateur agissant dans l'exercice de ses fonctions publiques, ou la légalité d'un acte administratif peuvent être mises en cause ou discutées, le juge doit refuser de juger par crainte de violer la loi des 16–24 août 1790.

Mais alors une question pratique va se poser: si les tribunaux judiciaires doivent refuser de juger tout procès contre l'administration, que va pouvoir faire l'administré qui s'estimera victime d'une illégalité ou d'une faute commise par l'administration?

36. *Situation des administrés après cette loi.* A cela l'Assemblée constituante répond: les administrés qui croiront qu'une administration a excédé ses pouvoirs s'adresseront à l'administration elle-même, et précisément à ces administrations collégiales qui, sous le nom de 'directoires', sont créées dans chaque district (circonscription un peu plus petite que l'arrondissement actuel) et dans chaque département; ou bien, en vertu d'une loi des 7–14 octobre 1790, on s'adressera, quand on croira qu'une autorité administrative a dépassé sa compétence, au roi lui-même pris en sa qualité de chef de l'administration du royaume.

Ce système, pour mettre fin à un abus incontestable des anciens parlements, créait une situation extrêmement regrettable pour les administrés. Car s'adresser à l'auteur même de l'acte illégal, ou à son supérieur hiérarchique qui est lui-même un administrateur, c'est une bien faible garantie: il est à prévoir que l'administration n'aura pas pour les règles juridiques le même respect qu'aurait eu un tribunal. Il est donc à craindre que ce recours purement administratif et non contentieux, donné au citoyen, ne soit pas une arme suffisante pour le défendre. Un administrateur auquel un administré reproche un abus de pouvoir ne reconnaît pas volontiers sa faute.

Telle fut cependant la situation qui se prolongea de 1790 à 1800, c'est-à-dire pendant toute la période de la Révolution et du Directoire.

[The author then discusses certain reforms introduced by Bonaparte and continues:]

39. *Création du Conseil d'Etat*. La réforme vraiment capitale de Bonaparte en matière administrative, c'est la création, par la Constitution du 22 frimaire an VIII, du Conseil d'Etat.

Bonaparte assignait au Conseil d'Etat un double rôle: il devait être d'une part le conseiller juridique du gouvernement; c'est, à ce titre, le Conseil d'Etat qui élabora les grands Codes, et notamment le Code civil. Le Conseil d'Etat préparait le texte de toutes les lois; le Corps législatif ne pouvait ensuite que le voter, sans droit d'amendement. Le Conseil d'Etat était aussi le conseil juridique de l'administration, qui, très souvent, était obligée de recueillir son avis avant de prendre certaines décisions.

Mais en même temps (et c'est par ce côté qu'il nous intéresse en ce moment) dans l'esprit de la Constitution de l'an VIII, dans l'esprit de Bonaparte par conséquent, le Conseil d'Etat devait jouer un rôle qu'on ne peut mieux comparer qu'à celui, dans une grande firme, du service du contentieux. Toute firme un peu importante a un service chargé de recevoir les réclamations des clients ou des fournisseurs qui discutent un prix ou qui n'ont pas été satisfaits de la commande livrée, etc., et de décider s'il y a lieu de donner satisfaction à ce client ou au contraire de s'exposer à un procès; et, si le procès éclate, c'est ce service du contentieux qui va être chargé de le soutenir pour la firme, de se mettre en relations avec les avoués, les avocats, etc. Le Conseil d'Etat était donc un peu le service du contentieux de L'Etat à cette époque, c'est-à-dire que tous les administrés, qui sur une partie quelconque du territoire, croyaient avoir à se plaindre d'une décision administrative qu'ils estimaient arbitraire, devaient adresser leur réclamation au chef de l'Etat, c'est-à-dire, dans la Constitution de l'an VIII, au Premier Consul; et celui-ci transmettait la réclamation pour étude, à ses conseillers juridiques, c'est-à-dire au Conseil d'Etat. Celui-ci étudierait l'affaire et verrait s'il y avait lieu ou non de donner satisfaction à cette réclamation; il adresserait ensuite au Premier Consul une proposition de réponse, soit donnant tort à l'administré et rejetant sa réclamation, soit lui donnant raison en tout ou en partie et lui accordant, par exemple, une indemnité, ou proposant d'annuler la décision administrative illégale; sur le vu de cette proposition, le Premier Consul déciderait . . .

. . . Qu'est-ce-qui manquait donc au Conseil d'Etat, à cette époque, pour être un véritable juge?

1° Il ne prenait pas lui-même la décision; car, juridiquement, il ne faisait que des propositions au Premier Consul, qui, seul, décidait; il n'était donc que son conseiller juridique.

2° Il n'était pas tenu de suivre les règles de procédure qui sont nécessaires pour garantir au justiciable une instruction impartiale de sa requête.

3° Enfin, le Conseil d'Etat, qui examinait ces requêtes, avait aussi des fonctions purement administratives, il n'était pas spécialisé exclusivement dans l'examen des requêtes contentieuses.

Or, ces trois obstacles, qui empêchaient, en l'an VIII, de considérer le nouveau Conseil d'Etat comme un véritable juge, allaient peu à peu tomber.

40. *Comment le Conseil d'Etat est devenu une juridiction.* 1° Tout d'abord, il est exact que juridiquement, le Conseil d'Etat faisait de simples propositions et que c'est le chef de l'Etat, qui seul prenait la décision. Mais le Premier Consul (plus tard l'Empereur) était trop occupé pour se noyer dans la paperasse procédurière. D'ailleurs, Napoléon n'avait pas la sottise de se croire meilleur juriste que ses conseillers d'Etat, et il s'en remettait aveuglément à leurs propositions; et plus tard l'autorité qui, sous des noms divers, le Roi, par exemple, ou de nouveau l'Empereur sous le Second Empire, homologuera les propositions du Conseil d'Etat en matière contentieuse, se gardera bien d'y changer jamais quoi que ce soit. La signature du chef de l'Etat est devenue une simple formalité.

Dans ce régime, dit de la justice retenue, la justice est censée appartenir au chef de l'Etat; il l'a déléguée aux tribunaux judiciaires; mais, à l'égard du Conseil d'Etat, il la retient, c'est-à-dire qu'il se réserve de juger lui-même, le Conseil d'Etat ne faisant que de simples propositions. Mais très vite cela devient une pure fiction. Y a-t-il jamais eu un seul cas où, entre l'an VIII et 1871, le chef de l'Etat n'ait pas homologué les propositions de son Conseil d'Etat en matière contentieuse?

. . .

2° L'objection tirée de ce que le Conseil d'Etat n'était pas spécialisé dans la fonction jurisdictionnelle a très vite disparu, car, dès un décret du 22 juillet 1806, il était créé à l'intérieur du Conseil d'Etat une commission du contentieux spécialisée dans l'examen des requêtes contentieuses; on ne pouvait donc plus dire que cet examen ne fût pas le fait d'un organisme spécialisé.

3° Le même décrét édictait les premières règles de procédure donnant aux citoyens des garanties d'instruction impartiale de la requête. Ces règles de procédure devaient être perfectionnées dès le début de la monarchie de Juillet par différentes ordonnances royales de 1831, et confirmées par une loi du 18 juillet 1845.

Donc, à la fin de la monarchie de Juillet, le Conseil d'Etat décide pratiquement seul de la suite à donner aux requêtes des administrés contre l'administration. C'est, á l'intérieur du Conseil d'Etat, un petit groupe d'hommes spécialisés dans cette tâche qui l'accomplit, et les règles de l'instruction sont fixées par la loi de façon à donner les garanties qu'un justiciable est en droit d'attendre d'une juridiction.

41. *La reconnaissance législative de son caractère juridictionnel.* Il ne restait plus qu'à lui reconnaître officiellement ce caractère; c'est ce que fit, sous la Seconde République, la loi du 3 mars 1849. Cette loi, il est vrai, n'eut qu'une existence éphémère. Après le coup d'Etat du 2 décembre, Napoléon III, qui essayait d'imiter en tout Napoléon 1er, rétablit la justice retenue par un décret du 25 janvier 1852. Mais le Conseil d'Etat fut de nouveau, et, cette fois, définitivement, reconnu officiellement comme une juridiction, dès la chute du Second Empire, par une loi du 24 mai 1872. La juridiction administrative était alors officiellement créée.

Ainsi, depuis cette loi, le Conseil d'Etat a reçu ce qu'on appelle la justice déléguée. Cela signifie que, désormais, le Conseil d'Etat, lorsqu'il examine ou tranche des réclamations formées contre l'Etat, est un véritable juge; il ne propose plus au chef de l'Etat des projets de décisions, il prend lui-même la décision, et c'est une décision de justice, elle acquiert l'autorité de la chose jugée. Les arrêts rendus par le Conseil d'Etat sont précédés de la formule 'Au nom du peuple français'; le dispositif de l'arrêt, c'est-à-dire la partie qui suit les considérants et qui exprime la décision prise en conséquence de ceux-ci, est rédigé et une forme impérative: 'L'Etat paiera au requérant la somme de . . .' ou: 'Telle décision est annulée avec toutes ses conséquences de droit'. Enfin, ces décisions sont revêtues de la formule exécutoire.

Le Conseil d'Etat est donc devenu une juridiction, exactement au même titre que n'importe quel tribunal civil ou Cour d'appel, ou que la Cour de cassation. Le chef de l'Etat n'intervient plus dans l'exercice de la fonction juridictionnelle, pas plus en matière administrative qu'en matière civile ou commerciale.

*Section II: Conséquences, sur l'évolution des règles de fond du droit, de l'existence d'une juridiction administrative.*

45. *Les tribunaux judiciaires n'auraient pas créé un droit administratif autonome.* Supposons qu'il n'y ait eu, en France, ni la loi des 16–24 août 1790, ni le Conseil d'Etat. Supposons donc que les tribunaux judiciaires, comme dans certains pays étrangers, aient eu à juger ce que l'on appelle le contentieux administratif, c'est-à-dire l'ensemble des procès provoqués par les actes de l'administration. Que se serait-il passé?

Il est sans doute aventuré de faire l'histoire conjecturale, d'imaginer ce qui se serait passé si certains événements historiques ne s'étaient pas produits et s'il s'en était produit d'autres à leur place; mais on peut dire tout de même que les tribunaux judiciaires n'auraient sans doute pas appliqué au jugement des procès intéressant l'administration, des règles sensiblement différentes de celles qu'ils appliquent au jugement des procès civils.

46. *L'autonomie d'une branche du Droit suppose des tribunaux spécialisés.* D'une façon plus générale, on peut poser la règle suivante: une branche quelconque du droit ne se développe de façon distincte, n'acquiert une véritable autonomie par rapport aux branches de droit voisines, que s'il lui correspond, à défaut de Code distinct, une juridiction distincte.

49. *Lien entre les règles de compétence et les règles de fond.* Aujourd'hui, les deux phénomènes se combinent: théoriquement, on refuse compétence aux tribunaux judiciaires pour juger certains

procès (qui, dès lors, passent dans la compétence des juridictions administratives) par application de la vieille loi de 1790, soi-disant pour empêcher les tribunaux de 'troubler les opérations des corps administratifs', comme disait cette loi; mais c'est devenu une fiction. On attribue en réalité compétence à la juridiction administrative (et on la dénie aux tribunaux judiciaires) lorsqu'on veut qu'un procès ne soit pas jugé sur la base des règles du droit civil. C'est, au moins la plupart du temps, la considération des règles qui seront applicables au jugement du fond du procès qui détermine l'attribution de compétence soit aux tribunaux judiciaires, soit aux juridictions administratives.

Donc, théoriquement, on choisit la compétence, et le changement des règles de fond qui seront appliquées s'ensuit; mais en réalité, on choisit, au contraire, les règles de fond qu'on veut voir appliquer au procès, et la compétence s'ensuit. La rédaction de l'arrêt Blanco précité le montre bien. Ramené à son schéma, il tient, en somme, en deux propositions:

1° la responsabilité de l'Etat ne doit pas être appréciée selon les règles du Code civil;

2° par suite, les tribunaux judiciaires ne sont pas compétents.

Ainsi, la ligne frontière entre ce que régit le droit civil et ce que régit le droit administratif est, pratiquement, sensiblement la même que celle de la compétence des juridictions administratives; étudier l'une, c'est étudier l'autre.

NOTES

1. The reason why one cannot understand the structure of French substantive law without understanding the coexistence of *deux ordres de juridictions* (no. 29) is clearly stated by Waline in the concluding paragraphs (nos. 45–9) of the extract given here. The most characteristic trait of the structure of French substantive law is the dichotomy of private and public law. Although there are situations in which civil or criminal courts may have to apply public law (for example, when a criminal court has to decide whether or not a regulation under which someone is prosecuted is valid) and the administrative courts may also have to refer to private law, the general rule is that private law is applied by the civil, and public law by the administrative, courts.

2. Waline takes the view (no. 45) that there would have been no separate body of administrative law if the ordinary courts had obtained or retained jurisdiction in matters concerning administrative authorities. This is the

case in England where the ultimate jurisdiction in matters concerning the validity of administrative acts and redress against breach of contract or the consequences of unlawful acts done by public servants in the courts of their duties vests in the ordinary courts.

3. As Professor S. A. de Smith says: 'There can be no doubt that the absence in the common law systems of a distinct body of public law, whereby proceedings against public authorities are instituted only before special administrative courts and are governed by a special body of rules, is directly traceable to the extensive use of prerogative writs by the Court of King's Bench.'[4] And one may add that the jurisdiction of the ordinary courts over breaches of contract and torts committed by public servants in their official capacity is equally important. Conversely the refusal of the French people to allow the ordinary courts to interfere with the administration accounts for the coexistence of the two jurisdictions and consequently of the two interlinked but separate bodies of substantive law.

4. To get the full flavour of the contrast compare the following texts:
(*a*) Art. 13 of the law 16–24.8.1790 (which is still in force):

'Les fonctions judiciaires sont distinctes et demeureront toujours séparées des fonctions administratives. Les juges ne pourront, à peine de forfaiture, troubler de quelque manière que se soit, les opérations des corps administratifs, ni citer devant eux les administrateurs par raison de leur fonction.'

(*b*) Atkin L. J. in *R*. v. *Electricity Commissioners*:[5]

[The writs of prohibition and *certiorari*] are of great antiquity, forming part of the process by which the King's Court restrained courts of inferior jurisdiction from exceeding their powers. . . . Both writs deal with questions of excessive jurisdiction, and doubtless in their origin dealt almost exclusively with the jurisdiction of what is described in ordinary parlance as a Court of Justice. But the operation of the writs has extended to control the proceedings of bodies which do not claim to be, and would not be recognized as, Courts of Justice. Whenever any body of persons having legal authority to determine questions affecting the rights of the subjects, and having the duty to act judicially, act in excess of their legal authority, they are subject to the controlling jurisdiction of the King's Bench Division exercised in these writs.]

This is widely agreed to be a classical statement of a fundamental rule of English law, and we must remember that (in both countries) very many administrative acts are performed by authorities which, in the sense in

---

[4] *Judicial Review of Administrative Action*, 1973, p. 376.
[5] [1924] 1 K.B. 171 at pp. 204 f.

which Atkin L. J. used the word, have to act 'judicially', and 'authorities' is widely defined.[6]

5. The original jurisdiction of the French administrative courts is of a dual character:

(*a*) On the one hand it corresponds to that exercised by the English courts in proceedings for prohibition, *certiorari*, or *mandamus*, that is, the ultimate control over the legality of administrative action or inaction, and the power to annul administrative acts (*jurisdiction d'annulation*).

(*b*) On the other hand it gives redress to those who have suffered injury or damage as a result of a wrongful act on the part of a public servant acting in the courts of his service, whether the wrong be a breach of contract or what in civil law would be called a delict or tort (*pleine juridiction*).

6. The administrative courts have, especially through the *pleine juridiction*, built up a body of public-law principles of contract and of delict. These exist side by side with the corresponding rules of private law.[7] In many respects they are similar and, what is more, there has been a constant 'give and take', that is influence and counter-influence between the *jurisprudence* of the ordinary and that of the administrative courts. There remain, however, very important differences, for example, in the law of contract as applied by the *Cour de cassation* and by the *Conseil d'Etat*, that is the principles governing contracts between citizens and those between a citizen and an administrative authority.[8]

7. Problems of the delimitation of jurisdiction as between the civil and the administrative courts are bound to arise, both in situations in which both claim jurisdiction (*conflit positif*) and in situations in which both disclaim it (*conflit négatif*). To decide such cases of conflict is the function of the *Tribunal des conflits*. It is not its function to reconcile the substantive principles applied by the two *jurisdictions*.

8. The contrast between English and French law can be further explained by analysing, in the light of English law, the three characteristics of French administrative law listed by Waline (no. 21).

(*a*) The first is fundamental (no. 22). Waline emphasizes the principle of French law that the State, that is the government, has the inherent power to govern and to administer without any need for a detailed statutory grant of power in each case. This was the tradition inherited by the Revolution from the Monarchy, and in this (as in other respects, for example, the law of 16–24.8.1790) French legal history illustrates Alexis

---

[6] *R. v. Takeover Panel, ex p. Guinness plc* [1989] 1 All E.R. 509.

[7] See the article by Brèthe de la Gressaye below, Part II, Revision.

[8] For the most famous example, the doctrine of *imprévision* developed by the *Conseil d'Etat*, see below, Part II, Revision.

de Tocqueville's thesis that the Revolution was the executor of the will of the defunct Monarchy. By contrast, English law has inherited the notion of inherent powers of the judiciary, including not only that of control of the administration, but also for example, the power to punish for contempt of court, an idea alien to French law. The significance of this important point is further explained in the article by Brèthe de la Gressaye. It is there pointed out that the power of the administration to act unilaterally, and, in so doing, to impose obligations on a citizen, is *une manifestation de puissance publique*, but can also be exercised where the administration performs acts of management (*gestion*), for example, in connection with publicly owned property, because the existence and exercise of such untilateral powers is in the public interest. The issue becomes especially important in handling contractual relations between administrative authorities and citizens, as is explained in the article.

(*b*) As regards Waline's second point (no. 23) we see not a contrast, but a parallel between the two systems. The denial of judicial control of administrative action would be what Waline calls the *Polizeistaat*, a German term (literally 'police state') which is generally used to signify the antithesis of the 'rule of law' and which is synonymous with the unfettered rule of the executive. The need for protecting the citizen against administrative abuse is particularly great in a country in which the administration has the inherent powers referred to by Waline. This may be one of the reasons why France became the classical country of administrative law. It was and is the outcome of a combination of wide governmental power with an intense desire to protect the freedom of the citizen.

(*c*) The principal contrast emerges with the third point (no. 24). Exactly the opposite is true of England. The parallel between England and France as regards Waline's second point, and the contrast as regards his third, mark the distinction between the rule of law and the rule of the ordinary courts. *France shares with England the rule of law — it does not share the rule of the courts*.

9. The structure of French administrative law is, for reasons set out by Waline (nos. 25–6), more like that of the English common law than of French civil law. The general principles are not codified; they have been developed by the *Conseil d'Etat*, and what there is of legislation — a vast body of it — is a laborious patchwork which (like so much of English statute law) can be understood only within the framework of principles not to be found in any enactment at all. By contrast, the principles, for example, of the French law of civil delict, have all been distilled out of the short five articles 1382–6 of the *Code civil*.

10. The *juridiction administrative* comprises the *tribunaux administratifs, cours administratives d'appel*, and the *Conseil d'Etat* (*statuant au contentieux*, that is in its judicial capacity). The *Tribunal des conflits* merely adjudicates on conflicts of jurisdiction, not on substantive law. This is why there are two *ordres de juridiction* (no. 29). There is no *forum commune* for the *juridiction judiciaire* and the *juridiction administrative*. Thus, in the French sense, England, Scotland, and Northern Ireland have the same *ordre de juridiction* (because the ultimate appeal from the three counties goes to the House of Lords), but England and the Channel Islands have different *ordres de juridiction* because from the courts of the latter the ultimate appeal goes to the Judicial Committee of the Privy Council.

11. The historic struggle between *parlements* and the *Intendants* should be compared with the struggle between the common law courts and the prerogative courts, and between the common law and equity in England.

12. One may also compare the evolution of the *justice déléguée* out of the *juridiction retenue* as described by Waline (nos. 40–1) with the growth of the English Courts out of the *curia regis* at a much earlier stage of the development, or the subsequent, but similar, birth of the Chancellor's equitable jurisdiction.


From J. Brèthe de la Gressaye, 'Droit Administratif et Droit Privé' (1950)[9]

. . . Le principe de la distinction entre Droit administratif et Droit privé doit être recherché, semble-t-il, dans leur objet et dans leur but.

L'objet du Droit administratif est l'activité de l'Administration, et celle-ci tantôt se comporte comme un particulier, en ce qui concerne par exemple la gestion du domaine privé, tantôt remplit une fonction propre consistant à assurer l'ordre (pouvoir de police), à conserver et à utiliser le domaine public, à organiser les services publics.

Le but du Droit administratif est d'assurer la suprématie de l'intérêt public. Il s'ensuit que l'Administration est dotée de

---

[9] Pp. 304 ff.

prérogatives qui manifestent sa supériorité sur les simples particuliers, non seulement quand elle exerce des pouvoirs de puissance publique (pouvoir réglementaire, pouvoir de police, recouvrement des impôts), mais même quand elle gère le domaine public ou des services publics. Elle a le droit d'expropriation et de réquisition, elle bénéficie du privilège du préalable et de l'exécution d'office, elle décerne des contraintes contre ses débiteurs, et en revanche ses biens ne peuvent être saisis par ses créanciers. Enfin, quand l'Administration agit ainsi pour le bien public, elle a encore un privilège, celui d'être jugée par des juridictions administratives, et non par les tribunaux de l'ordre judiciaire.

Pour expliquer ces prérogatives exorbitantes du droit commun, la doctrine avait d'abord invoqué la notion de puissance publique. Mais la jurisprudence du Conseil d'Etat ayant étendu le régime particulier du Droit administratif à la gestion des services publics, ce critérium a été abandonné, et l'effort de la doctrine, avec MM. Jèze et Bonnard notamment, a tendu à construire tout le Droit administratif sur la notion de service public, assez difficile d'ailleurs à caractériser avec netteté, mais évoquant tout de même l'idée d'intérêt public. Maurice Hauriou, suivi par M. Waline, a mis au centre du Droit administratif, ce qu'il a appelé la décision exécutoire, acte unilatéral, émané d'un administrateur qualifié, susceptible de produire par lui-même des effets de droit. C'est une manifestation de puissance publique, un acte d'autorité, mais qui a une large portée et s'applique même aux actes de gestion, parce que l'intérêt public exige que l'Administration jouisse de cette prérogative. Que l'on conserve ou non l'idée d'autorité, l'idée de souveraineté de l'Etat, la notion d'intérêt public suffit à justifier les pouvoirs de l'Administration.

Pour expliquer ce particularisme du Droit administratif, l'idée de but va d'ailleurs rejoindre celle d'objet. C'est parce que l'Administration est au service du bien public qu'elle a une fonction propre et une activité différente de celle des particuliers.

Cependant les deux idées ne se confondent pas complètement. D'une part, les prérogatives de l'Administration ne sont-elles pas poussées trop loin lorsque sa responsabilité délictuelle n'est retenue, dans les circonstances les plus voisines de celle d'un particulier, que suivant les règles élaborées par le Conseil d'Etat, et son privilège d'échapper aux voies d'exécution forcée étendu à ses dettes privées, bref lorsque ni l'objet de son activité ni un but d'intérêt général ne justifient ces dérogations au droit commun? D'autre part, dans des cas de plus en plus nombreux aujourd'hui, où cependant l'Administration remplit sa fonction propre, en vue de servir le bien public, la jurisprudence du Conseil d'Etat estime que les règles du Droit privé sont applicables, soit en totalité (recours à un contrat de droit privé pour assurer le fonctionnement d'un service public), soit du moins en partie (concession de service public, gestion direct d'un service public à caractère industriel ou commercial, entreprises nationalisées).

En sens inverse, le Droit administratif étend son domaine à des institutions privées qui sont placées sous le contrôle de l'Administration, telles que la mutualité et la coopération; et comme le fait social du corporatisme se manifeste aujourd'hui par la reconnaissance par l'Etat à des corps professionnels ou autres, comme les Ordres des professions libérales, d'un pouvoir de discipline sur tous leurs ressortissants et du droit de représenter leurs intérêts communs, qui confèrent à ces corps un certain caractère public, on se demande s'ils ne seraient pas des institutions administratives.

Il nous semble dès lors que le Droit administratif n'a pas une unité parfaite. Il comporte un dosage varié de Droit spécial et de Droit commun, suivant l'objet des activités de l'Administration et les procédés qu'elle emploie . . .

[The author deals with situations in which the administration acts unilaterally and continues:]

2. Si l'Administration procède souvent par décisions unilatérales elle est obligée, en temps normal, pour se procurer ce dont elle a besoin, de recourir plutôt qu'à la réquisition à des accords contractuels avec des fournisseurs ou entrepreneurs.

On appelle 'contrats administratifs' les contrats destinés à fournir à l'Administration des prestations, et non ceux par lesquels elle ne fournit aux usagers des services publics. Les principaux sont: le marché de travaux publics, le marché de fournitures, la concession de service public.

Ces contrats administratifs se distinguent des contrats de Droit privé, que l'Administration peut aussi conclure suivant le droit commun, par des règles particulières de forme (l'adjudication, par exemple) et surtout par des règles de fond qui dérogent gravement aux principes du droit contractuel.

En Droit privé, il y a égalité entre les parties contractantes.

Elles sont liées l'une et l'autre par le contrat, aucune d'elles ne peut y apporter de modifications unilatéralement en cours d'exécution, et si l'une a à se plaindre de l'inexécution par l'autre de ses engagements, elle ne peut obtenir la résolution du contrat et des dommages-intérêts qu'en s'adressant à la justice.

Dans les contrats administratifs, il n'y a pas égalité entre le fournisseur ou entrepreneur et l'Administration, celle-ci jouit de certaines prérogatives. Elle a le droit de modifier unilatéralement les conditions du marché ou de la concession, si les besoins du service l'exigent, sauf à indemniser le co-contractant du préjudice qui lui serait ainsi causé en rompant l'équilibre financier du contrat (théorie de l'imprévision). Et si le fournisseur, l'entrepreneur ou le concessionnaire du service public ne remplit pas exactement ses engagements, l'Administration a le pouvoir de lui infliger elle-même des sanctions: amendes, résiliation, mise en régie ou sous séquestre. Ici encore joue le privilège du préalable: l'Administration se fait justice à elle-même, sans recourir à une juridiction.

La raison de ces privilèges est que le contrat administratif met en jeu d'un côté l'intérêt du service public, et de l'autre un intérêt privé. C'est ce qui justifie l'inégalité entre les parties, la supériorité de l'Administration.

Il n'en est que plus frappant que, dans un acte juridique comme le contrat qui repose sur l'accord des volontés, l'Administration puisse, une fois le contrat conclu, agir unilatéralement et sans action en justice préalable, comme lorsqu'elle agit par voie de décision exécutoire.

Il s'ensuit, ici aussi, que le contentieux des contrats administratifs ne connaît pas d'actions intentées par l'Administration, mais seulement des actions dirigées contre elle par ses co-contractants pour obtenir le paiement du prix ou de l'indemnité qui leur est dû (recours de pleine juridiction).

3. L'Administration peut causer un préjudice injuste soit à un administré soit à un fonctionnaire, par un acte juridique, spécialement une décision unilatérale émanant d'une autorité administrative, ou encore par une opération matérielle effectuée au cours de l'exécution de travaux publics ou du fonctionnement d'un service public. La responsabilité de l'Administration est soumise, comme aussi celle de l'agent auteur de l'acte, à des règles particulières dérogeant au droit commun des art. 1382 et suivants du Code civil . . .

. . . C'est l'Administration seule qui répond des fautes de service de ses agents, devant les tribunaux administratifs. Mais sa responsabilité n'est pas réglée par les principes du Droit civil.

La doctrine hésite sur le fondement de cette responsabilité: l'Administration est-elle responsable en tant que commettant, comme un chef d'industrie, ou en tant que personne morale agissant par l'intermédiaire de ses organes? Mais comment expliquer que ses agents n'encourent pas de responsabilité personnelle, à la différence des préposés et des organes des personnes morales du Droit privé? La responsabilité exclusive de l'Administration n'a-t-elle pas un fondement particulier dans la complexité de son organisation où des agents subalternes obéissent à des ordres d'autorités hiérarchiques supérieures, et où tous doivent faire application de règlements établis à l'avance, de sorte qu'il est bien difficile de retenir la responsabilité personnelle de l'agent qui a appliqué le règlement, suivant les instructions du service.

La jurisprudence du Conseil d'Etat, sans s'arrêter à cette difficulté, affirme la responsabilité générale de l'Administration à raison des fautes de service, mais pour apprécier l'existence et la gravité de la faute de service, elle ne se sert pas du même critérium que la Cour de cassation pour les particuliers, elle tient compte des circonstances concrètes dans lesquelles l'activité administrative a causé le préjudice.

A une époque récente, le Conseil d'Etat a élargi, en un sens qui la rapproche de celle des particuliers, la responsabilité de l'Administration. Elle doit répondre même des fautes personnelles de ses agents, du moins lorsqu'elles ont été commises à l'occasion du service. Le cumul des responsabilités est admis depuis 1918, afin de mieux garantir les tiers lésés, et lorsque ceux-ci ont été indemnisés par l'Administration, elle peut exercer un recours en remboursement contre l'agent coupable d'une faute personnelle. C'est à peu près ce que décide la jurisprudence civile à propos des délits civils des préposés.

Le Conseil d'Etat, enfin, déclare l'Administration responsable des risques qu'elle a créés, pour les dommages résultant soit de l'execution de travaux publics, soit plus récemment de l'emploi de machines et de véhicules dangereux. Mais si cette responsabilité se rapproche de celle du gardien d'une chose inanimée, qui a été dégagée pour la Cour de cassation de l'art. 1384, al. 1, du Code civil, elle est fondée directement sur l'idée de risque, et non sur celle d'une faute présumée.

Tout en demeurant différentes de la responsabilité des particuliers, la responsabilité de l'Administration et celle de ses agents, se sont profondément transformées depuis 1870, afin de mieux protéger l'intérêt des tiers lésés. Ceux-ci ont toujours un recours contre l'Administration devant la juridiction administrative, et en outre, exceptionnellement, contre l'agent coupable devant les tribunaux civils. L'Administration est la première responsable et souvent la seule, à la différence du commettant en Droit privé. Cette lourde responsabilité est la contre-partie équitable de ses pouvoirs exceptionnels et de l'étendue grandissante de ses interventions. Les prérogatives exorbitantes de l'Administration sont supportables parce qu'elles sont rachetées par sa responsabilité. Elle peut tout, mais si elle fait mal, elle paie.

NOTES

1. The object of the article is to analyse the difference between private and public law. This is done by:

   (*a*) explaining the principle of inequality of powers as between the administration and the citizen;

   (*b*) discussing the effect of this on

     (i) the power of the administration to impose obligations by unilateral administrative act;

     (ii) the operation of contracts between the administration and an individual;

   (*c*) demonstrating how the power to act unilaterally is balanced by far-reaching liabilities to compensate the individual for the injurious effect of such action or for the creation of risks.

2. Note the distinction between *exercice de puissance publique* (acts of authority, for example, a tax demand, a requisition, or an order of the police forbidding a demonstration) and *actes de gestion* (acts of management, for example, a contract with a builder for the erection of a police station, purchase of army stores, etc.). This is a distinction which we need not pursue here, except to point out that the principles of administrative law (as Brèthe de la Gressaye shows) have been applied by the *Conseil d'Etat* to those *actes de gestion* which, according to the *jurisprudence*, fall within the orbit of public law. This does not involve all contracts made by the administration. Those which do not exhibit special characteristics, which do not contain terms that only the public administration would impose (*clauses exorbitantes*), are the private law contracts

made by the administration and fall within the jurisdiction of the ordinary courts and within the scope of private law.

3. In relation to contracts which fall within the scope of public law and under the jurisdiction of the administrative courts, the administration has the *prérogatives exorbitantes* mentioned in Brèthe de la Gressaye, for example, the power of unilateral modification of the contractual terms in the public interest at the price of indemnifying the other party. The doctrine of *imprévision* must be seen in this context,[10] which explains why it was developed by the *Conseil d'Etat*, but has always been rejected by the *Cour de cassation*.

4. Moreover, in relation to public-law contracts (e.g. contractual concessions, building contracts, purchase of stores) the administration has powers of unilateral enforcement through penalties, execution, etc. The administration need not invoke the jurisdiction of any court to enforce its contracts, but, whatever it does, it does so at risk of having to indemnify the other party. Hence in cases before the administrative courts falling within their power to give redress to the citizen (*recours de pleine juridiction*)[11] he is always plaintiff.

5. However, as is also pointed out in the Article, the number of cases in which the *administration* is regarded as having acted under private law is growing steadily, especially in connection with industrial and commercial activities. On the other hand, professional bodies, if they exercise public functions, may be regarded as falling under administrative law. The author concludes that 'le droit administratif n'a pas une unité parfaite'. He also doubts whether, for example, in relation to delictual liability and to the exemption from execution of private-law contracts, the prerogatives of the administration do not go too far.

6. In the concluding passages he discusses what corresponds to delictual liability in civil law, and points out that the *Conseil d'Etat* has taken the view that, where the administration is liable for wrongful exercise of their power by its servants in the course of their service (*faute de service*), the victim can make only the administration and not the servant responsible, which is quite different in the corresponding situation of vicarious liability under art. 1384 of the *Code civil*, and is justified by the public-law obligation of a servant to obey superior orders. In those cases, however, in which the administration is liable for *fautes personnelles* of its servants (for example, negligence in delaying a postal package, as distinct from faulty organization of the postal service), it can take its recourse against the servant.

---

[10] See below, Part II, Revision.
[11] See below, Post Office.

7. The general principles of delictual liability differ from those of the civil law, but the principle of risk liability imposed by the *Conseil d'Etat* often produces results similar to the presumption of liability imposed by the ordinary courts under art. 1384 of the code. In this connection it is important that liability for motor accidents has been taken entirely out of the hands of the administrative courts and subjected to the principles of private law and the jurisdiction of the civil courts.[12]

8. When we get down to details of practical importance it will be seen that the distinction between the public- and private-law spheres begins to look very arbitrary. It cannot in fact be understood except in terms of positive law, partly contained in the relevant legislation (such as the law of 1957 on motor accidents) and partly in the *jurisprudence* of the *Conseil d'Etat* (such as the distinction between private-law and administrative-law contracts).

9. It will also be seen that the great difficulties of delimitation may lead to potential hardship for the individual, for example, if the victim of the accident (not a motor accident) seeks to get redress from the allegedly guilty public servant and, taking the view that his fault was a *faute personnelle*, sues him in the civil courts, and the courts take the view that it was a *faute de service* for which only the administration can be made responsible and only in the administrative courts. If the latter take the opposite view, a denial of justice arises. For the legislation passed to remedy this situation see below, Tribunal des conflits.

From Dany Cohen, *La Cour de cassation et la séparation des autorités administrative et judiciaire* (1987)[13]

Il y avait dans l'Ancien droit, une règle qui commandait aux juges de ne point juger l'Administration. C'était le principe de séparation des autorités administrative et judiciaire. Ce n'était pas son ancêtre; c'était bien lui. Car s'il résulte aujourd'hui de lois révolutionnaires, il est parvenu jusqu'à nous tel qu'il fut énoncé sous Louis XIII, ou peu s'en faut.

La force de l'habitude fait qu'il n'évoque plus au 'privatiste' que d'obscures questions de compétence juridictionnelle. Nous le connaissons si mal que nous le confondons peu ou prou avec le principe de séparation des pouvoirs, c'est-à-dire avec son contraire . . . Le principe de séparation des pouvoirs nous est familier. Il

---

[12] Law of 31.12.1957.
[13] Pp. 1–2.

tend à éviter les empiètements d'un pouvoir sur les autres. C'est ainsi qu'il interdit aux pouvoirs exécutif et législatif de juger, et au pouvoir judiciaire de légiférer ou d'exercer le pouvoir exécutif. C'est une règle de séparation de fonctions et, par voie de conséquence, des organes.

Au contraire, le principe de séparation des autorités administrative et judiciaire interdit au juge de juger, autrement dit d'exercer tout le pouvoir judiciaire. Démembrant la fonction juridictionnelle, il en confisque un pan, pour le remettre à l'Administration, c'est-à-dire à un rouage du pouvoir exécutif. Il tend ainsi à une confusion des pouvoirs. C'est bien un legs de l'Ancien Régime.

De la nécessité de compenser cet accroc dans l'état de droit est progressivement issue une juridiction administrative, ni tout à fait juridiction, ni vraiment Administration. On peut croire le mal réparé, avec pour seules séquelles quelques distinctions byzantines. L'Administration n'est plus hors du droit. Simplement, elle avait son propre juge. Vielli, politiquement neutralisé, le principe de séparation des autorités administrative et judiciaire semblait réduit au rôle d'instrument de répartition des tâches juridictionnelles, d'aiguillage malcommode entre les deux ordres de juridiction. La perception que nous avons du principe de séparation des autorités est donc un hybride de principe constitutionnel et de simple règle technique, purement fonctionnelle.

# Courts

Until 1953 the *Conseil d'Etat*'s litigation section was the general administrative law court of first and last instance. It also heard appeals from the strictly defined jurisdiction of the *Conseils de Préfecture*, and motions to quash decisions of other specialist administrative tribunals (such as the medical profession's disciplinary organ). The litigation section became grievously overburdened (26,000 cases in 1953) and, to combat this, the *Conseils de Préfecture* were renamed *Tribunaux Administratifs* and given general jurisdiction. The *Conseil d'Etat* served as a higher court of appeal or cassation but its original jurisdiction was thenceforth reserved to a few particularly important issues, such as applications for the judicial review of government regulations.

The new structure worked for a while, but in 1987 there were over 25,000 cases awaiting decision in the *Conseil d'Etat*—and this despite the fact that it disposes of some 8,000 disputes a year. In 1981 and 1985 parliamentary bills attempted to solve the problem by increasing the number of judges in the litigation section; they failed for various reasons, among which was the fear of diluting the quality of what is a deservedly much admired institution. Finally, an Act of 31.12.1987 provides for the gradual introduction of a middle tier of *Cours administratives d'appel* and, in consequence, the curtailing of recourse to the *Conseil d'Etat*. The new bodies will hear appeals in the heavy factual disputes concerning tax, procurement contracts, liability of public authorities for injury, and civil-service staff matters. On matters of law, their decisions may still be attacked before the *Conseil d'Etat* by a motion to quash, but this will have to pass a filtering procedure and may be rejected out of hand if not based on a serious ground.

The *Conseil d'Etat* retains its original power of judicial review over the legality of government regulations and is also given a new task. Any lower administrative court, faced with a novel question of law which is contested in numerous cases, may send it the file in order to obtain an *avis*. This, although not formally binding on the referring court, will presumably be followed. In this way, it is hoped, the *Conseil d'Etat* will be spared being faced with strings of cases on a similar point (say in planning law) referred by the parties after lengthy deliberations in the lower courts.

Whether the reforms will have the desired effect remains to be seen. In the meantime it is interesting to note that, for such a well-ordered system, the nomenclature of the public-law jurisdictions is curiously diverse: at first instance, a tribunal; above it, a court; at the summit, a council.

A. Tribunaux administratifs

From R. Perrot, *Institutions judiciaires* (1989)

253. *Juridiction de droit commun.*—Le tribunal administratif est, au premier degré, la juridiction de droit commun en matière administrative.

Il a donc une *compétence de principe*: il connaît, en règle générale, de tous les litiges administratifs, sauf lorsqu'un texte contraire lui en a ôté la connaisance pour l'attribuer à une autre juridiction. Sans doute, ces textes contraires sont-ils assez nombreux.

Il n'en reste pas moins vrai qu'il est saisi d'un important contentieux: par exemple, en matière fiscale (décharge ou réduction en matière de contributions directes, opposition à contrainte), en matière électorale (élection municipale, élection aux chambres de commerce, élection au sein de l'Université), et aussi en matière de travaux publics, pour ne prendre que ces quelques exemples, choisis parmi bien d'autres.

254. *Juridiction régionale.* — Le tribunal administratif est une juridiction locale dont le ressort territorial s'étend à un nombre de départements qui varie entre un et cinq.

Il existe 33 tribunaux administratifs (26 pour la France métropolitaine et 5 pour les départements et 2 pour les territoires d'outre-mer). Leur siège est fixé au chef-lieu de l'un des départements de leur ressort.

258. *Composition: les 'conseillers'.* — Les tribunaux administratifs sont composés de juges que l'on appelle traditionnellement des 'conseillers', bien qu'ils exercent leurs fonctions au premier degré de juridiction. La parenté spirituelle avec le Conseil d'Etat n'est peut-être pas étrangers à cette dénomination prestigieuse qui, dans l'ordre judiciaire, est réservée aux juges qui siègent dans les cours.

Dans chaque tribunal, le nombre des conseillers varie selon l'importance de ce tribunal.

En 1986, le nombre total des conseillers de tribunaux administratifs était de 375. Ils sont recrutés en principe parmi les élèves de l'Ecole nationale d'administration. Mais depuis quelques années, d'autres filières de recrutement ont été organisées parallèlement pour faire face aux besoins en personnel . . .

259. *Président du tribunal administratif.* — Chaque tribunal administratif est placé sous l'autorité d'un président qui, dans chaque région, est une personnalité importante comparable au président du tribunal de grande instance . . .

Il est en outre investi (comme le président du tribunal de grande instance) d'attributions juridictionnelles qui lui sont propres: en sa qualité de président, il est *juge des référés administratifs*. En cas d'urgence, il est donc possible d'obtenir rapidement une décision, en saisissant directement le président du tribunal administratif . . .

260. *Formations juridictionnelles: chambres et formation plénière.*
— L'organisation de chaque tribunal administratif varie selon son importance.

(*a*) Les petits tribunaux administratifs ne comportent qu'une seule formation de jugement, composée du président et de deux conseillers. Aucun jugement ne peut en effet être rendu sans un minimum de trois juges: la collégialité est une règle impérative.

(*b*) Le plus souvent, les tribunaux administratifs comportent plusieurs chambres dont le nombre varie entre 2 et 5 selon l'importance de chaque tribunal. Le jugement est rendu par la chambre saisie composée d'un président et de deux conseillers. Mais dans certains cas exceptionnels et pour donner une plus grande autorité à la décision rendue, le tribunal peut statuer en formation plénière, toutes les chambres étant réunies.

(*c*) Le *Tribunal administratif de Paris* est soumis à un régime très particulier qui s'explique par l'abondance des affaires dont il est saisi, cette situation étant liée elle-même à l'excessive concentration administrative sur la capitale.

Ce tribunal comprend actuellement 7 sections, divisées à leur tour en deux chambres composées chacune de trois juges. De telle sorte qu'il y a pratiquement 14 formations de jugement. Mais, s'il est vrai que chacune des chambres constitue une formation de jugement, il peut sembler opportun, dans certains cas, de soumettre l'affaire à une formation plus étendue afin d'accroître l'autorité du jugement. Et c'est ainsi que la décision peut également être rendue: soit par une section (un président et 4 conseillers), soit même dans certains cas exceptionnels, par le 'tribunal en formation plénière' (le président du tribunal, les 7 présidents de section et le rapporteur qui a instruit l'affaire). . .

261. *Conseiller délégué.* — S'il est vrai que la collégialité est la règle et que tout jugement doit être rendu par au moins trois juges, ce principe est parfois exceptionnellement écarté: il arrive en effet que certaines décisions soient rendues par un juge unique que l'on appelle le 'conseiller délégué' . . .

L'institution du conseiller délégué a survécu à la disparition des conseils de préfecture. Encore de nos jours, certaines affaires (notamment en matière fiscale et de contravention de grande voirie) peuvent exceptionnellement être jugées, au nom du tribunal, par le conseiller délégué, statuant seul. On dit même que, pour accélérer le cours de la justice administrative, il serait question d'étendre ses attributions.

262. *Conclusion.* — Avec le recul du temps, l'expérience prouve que la réforme de 1953 a été bénéfique pour le bon fonctionnement de la justice administrative en général, mais aussi et surtout pour le justiciable lui-même qui trouve localement une juridiction administrative à sa disposition. Et une juridiction conçue à la manière d'un véritable tribunal: on découvre une illustration symbolique de ce changement dans le fait que les décisions rendues par les tribunaux administratifs s'appellent désormais des '*jugements*', et non plus des 'arrêtés' (comme autrefois, au temps des conseils de préfecture). On soulignera en outre que, depuis la loi n° 87-1127 du 31 décembre 1987, les conseillers des tribunaux administratifs (et des cours administratives d'appel) forment un corps qui est géré, non plus par le Ministère de l'Intérieur (ce qui était une survivance anachronique du temps où les conseils de préfecture végétaient à l'ombre de l'administration préfectorale), mais par le Secrétaire général du Conseil d'Etat. En un mot, les tribunaux administratifs se dégagent progressivement de leurs origines premières et gagnent leur indépendance sous la vigilance tutélaire du Conseil d'Etat.

## B. Cours administratives d'appel

Loi no. 87-1127 du 31 décembre 1987[14]

CHAPITRE I^{ER}

### Compétence et organisation des cours administratives d'appel

ART. 1^{er}. Il est créé des cours administratives d'appel compétentes pour statuer sur les appels formés contre les jugements des tribunaux administratifs, à l'exception de ceux portant sur les recours en appréciation de légalité, sur les litiges relatifs aux élections municipales et cantonales et sur les recours pour excès de pouvoir formés contre les actes réglementaires.

Toutefois, les cours administratives d'appel exerceront leur

[14] D.S. 1988 L. 68.

compétence sur les recours pour excès de pouvoir autres que ceux visés à l'alinéa précédent et sur les conclusions à fin d'indemnités connexes à ces recours selon des modalités fixées par décrets en Conseil d'Etat.

Art. 2. Les cours administratives d'appel comportent des chambres. Le nombre et le ressort des cours ainsi que le nombre des chambres sont fixés par décret en Conseil d'Etat.

CHAPITRE II

### Composition

Art. 4. Les membres du corps des tribunaux administratifs et des cours administratives d'appel peuvent être affectés dans une cour administrative d'appel s'ils ont atteint au moins le grade de conseiller de $1^{re}$ classe et s'ils justifient au $1^{er}$ janvier de leur année de nomination d'au moins six ans de services effectifs, dont quatre ans d'exercice de fonctions juridictionnelles.

Art. 5. Chaque cour administrative d'appel est présidée par un conseiller d'Etat en service ordinaire.

CHAPITRE III

### Procédure

Art. 10. Les arrêts rendus par les cours administratives d'appel peuvent être déférés au Conseil d'Etat par voie du recours en cassation.

Art. 11. Le pourvoi en cassation devant le Conseil d'Etat fait l'objet d'une procédure préalable d'admission. L'admission est refusée par décision juridictionnelle si le pourvoi est irrecevable ou n'est fondé sur aucun moyen sérieux.

S'il prononce l'annulation d'une décision d'une juridiction administrative statuant en dernier ressort, le Conseil d'Etat peut, soit renvoyer l'affaire devant la même juridiction statuant, sauf impossibilité tenant à la nature de la juridiction, dans une autre formation, soit renvoyer l'affaire devant une autre juridiction de même nature, soit régler l'affaire au fond si l'intérêt d'une bonne administration de la justice le justifie.

Lorsque l'affaire fait l'objet d'un deuxième pourvoi en cassation, le Conseil d'État statue définitivement sur cette affaire.

ART. 12. Avant de statuer sur une requête soulevant une question de droit nouvelle, présentant une difficulté sérieuse et se posant dans de nombreux litiges, le tribunal administratif ou la cour administrative d'appel peut, par un jugement qui n'est susceptible d'aucun recours, transmettre le dossier de l'affaire au Conseil d'Etat, qui examine dans un délai de trois mois la question soulevée. Il est sursis à toute décision sur le fond de l'affaire jusqu'à un avis du Conseil d'Etat ou, à défaut, jusqu'à l'expiration de ce délai.

ART. 13. Des décrets en Conseil d'Etat determinent dans quelles conditions les litiges contractuels concernant l'Etat, les collectivités territoriales et leurs établissements publics, ainsi que les actions mettant en jeu leur responsabilité extra-contractuelle sont soumis, avant toute instance arbitrale où contentieuse, à une procédure préalable soit de recours administratif, soit de conciliation.

From Massot et Marimbert, *Le Conseil d'Etat* (1988)[15]

. . . Les Cours administratives d'appel deviennent immédiatement juge d'appel des litiges de plein contentieux. Le choix de ce critère fondé sur la nature du contentieux n'était pas fortuit. En effet, si les litiges de plein contentieux soulèvent parfois des problèmes juridiques délicats et nouveaux, ils n'en posent pas moins surtout des questions de fait pour lesquelles l'intervention du Conseil d'Etat en qualité de juge du fond ne paraît pas indispensable: apprécier les fautes, peser les responsabilités, évaluer les prejudices. Pour tous les litiges de plein contentieux attribués aux Cours, le Conseil d'Etat pourra donc se concentrer sur la mission qui incombe traditionnellement à une cour suprême, celle de veiller au respect de la règle de droit et de la faire évoluer le cas échéant.

Mais les débats qui se sont déroulés au Parlement ont abouti à donner également aux Cours administratives d'appel vocation à devenir juges d'appel des recours pour excès de pouvoir autres que

[15] Pp. 254–5.

ceux qui sont dirigés contre les actes réglementaires.

Le maintien de la compétence d'appel du Conseil d'Etat pour les recours contre les actes réglementaires se justifie par la nature même de ces litiges, qui posent des questions de pure légalité susceptibles d'avoir des répercussions sur de nombreux actes individuels. Pour le reste, le principe du transfert est acquis, mais le souci de ne pas surcharger les nouvelles Cours a conduit le législateur à opter pour la progressivité, en s'en remettant au pouvoir réglementaire du soin d'attribuer le contentieux de l'excès de pouvoir aux cours par étapes et en fonction des résultats de l'application de la réforme, notamment de la capacité de jugement des cours.

## C. Conseil d'Etat

From A. de Laubadère, *Traité de Droit Administratif* 1984[16]

901. Le Conseil d'Etat a toujours eu un double rôle: juge et conseil; mais l'importance respective de ces deux rôles a varié: alors que le rôle juridictionnel s'est renforcé par l'acquisition de la *justice déléguée*, le rôle consultatif est moins étendu qu'il ne l'était à l'origine.

*(a) Attributions consultatives*

902. Le Conseil d'Etat est l'organe consultatif du gouvernement; à ce titre il lui fournit des avis dans le domaine *législatif* et dans le domaine *administratif*.

1° dans le *domaine législatif* le rôle du Conseil d'Etat a pratiquement diminué; à l'origine, sous le Consulat et l'Empire, il était associé à la procédure d'élaboration des lois; c'est lui en effet qui préparait et rédigeait les projets de lois dont l'Exécutif avait seul l'initiative et qui passaient ensuite devant le Tribunat et le Corps législatif.

Aujourd'hui, le Conseil d'Etat est obligatoirement consulté par le gouvernement sur ses projets de lois (Const. 1958, art. 39), mais il n'est pas consulté sur les propositions de lois d'origine parlementaire.

---

[16] 9th edn., ed. J.-C. Venezia, Y. Gaudemet, 1984, vol. i, pp. 451–5, 544–6.

2° dans le *domaine administratif*, le rôle du Conseil d'Etat est demeuré très important.

En matière *réglementaire*, le Conseil est appelé *obligatoirement* à fournir son avis sur les *ordonnances* (Const. art. 38), facultativement sur les autres règlements.

A l'occasion des *décisions individuelles* du gouvernement, le Conseil d'Etat peut également être appelé à fournir son avis tantôt facultativement, mais tantôt aussi obligatoirement (reconnaissance d'utilité publique d'associations, de travaux, d'expropriations, etc.). Enfin, l'avis du Conseil d'Etat peut encore être sollicité par le gouvernement sur un *point de droit*; le Conseil d'Etat joue alors le rôle d'un conseil juridique fournissant une consultation.

*(b) Attributions contentieuses*

903. Les attributions contentieuses du Conseil d'Etat sont considérables; à l'intérieur de la juridiction administrative le Conseil d'Etat joue un rôle capital et multiple. Il n'est pas seulement, en effet, comme la Cour de cassation pour l'ordre judiciaire, le tribunal suprême chargé d'assurer l'unité de jurisprudence; il est également juge de premier et dernier ressort . . .

1° En *premier et dernier ressort* le Conseil d'Etat, après avoir été pendant longtemps juge administratif de droit commun, a perdu cette qualité au profit des tribunaux administratifs depuis la réforme de 1953. Il n'est plus aujourd'hui, en premier ressort, que juge d'attribution pour certaines matières.

. . .

3° Le Conseil d'Etat est *juge de cassation* à l'égard de tous les tribunaux administratifs 'statuant en dernier ressort', c'est-à-dire de tous les tribunaux administratifs qui ne rèlevent pas déjà de lui par la voie de l'appel. C'est, en effet, un principe absolu que *tous les jugements administratifs sont susceptibles de recours devant le Conseil d'Etat*; lorsque ce recours n'est pas un appel prévu par la loi, il est constitué par un recours en cassation, lequel existe d'office, même si la loi ne l'a pas expressément prévu et même si elle qualifie le jugement du premier degré de décision 'définitive' ou 'sans aucun recours'.

904. — *Vue générale et évolution*. Pour son fonctionnement, le Conseil d'Etat est divisé en un certain nombre de formations

internes. *Cette division a pour résultat de rétablir assez largement la séparation de l'administration consultative et de la juridiction*; en effet, ce sont des formations différentes qui exercent ces deux catégories d'attributions.

Le Conseil d'Etat est divisé en cinq sections: finances, travaux publics, intérieur, section sociale, contentieux. Les quatre premières sont des *sections administratives* . . . la cinquième est, comme son nom l'indique, spécialisée dans le *contentieux*.

905. — 1° *Formations administratives*. Pour l'exercice de ses attributions consultatives le Conseil d'Etat délibère soit en *section* (à l'exclusion naturellement de la section du contentieux), soit en *sections réunies*, soit en *commission* où les différentes sections sont représentées, soit en *assemblée générale*. En outre, une *commission permanente* est chargée de l'examen des projets de texte dans les cas exceptionnels d'urgence.

906 — 2° *Formations contentieuses*. La *section du contentieux* est divisée en dix sous-sections. En principe, les affaires sont instruites par une sous-section et jugées soit par cette sous-section soit par deux ou trois sous-sections réunies, mais les affaires considérées comme étant d'une importance particulière ou comme posant des questions de principe délicates peuvent être renvoyées soit à la 'section du contentieux en formation de jugement', soit à l'assemblée du contentieux et donner ainsi lieu à des 'arrêts de section' ou à des 'arrêts d'assemblée'.

La '*section du contentieux en formation de jugement*' ne doit pas être confondue avec la section du contentieux qui constitue l'une des cinq sections formant le Conseil d'Etat. Elle est l'un des organes de jugement institués au sein de la section du contentieux. Elle se compose du président de la section du contentieux, des trois présidents adjoints, des présidents de sous-sections, du rapporteur et de deux conseillers d'Etat principlement affectés aux sections administratives.

L'*assemblée du contentieux* comprend, sous la présidence du vice-président du Conseil d'Etat, le président de la section du contentieux, les présidents des quatre sections administratives, le président de la sous-section d'instruction et le rapporteur.

1074. — *Généralités*. Les recours contentieux qui peuvent être intentés devant les tribunaux administratifs sont de natures diverses. La procédure civile connaît aussi des catégories distinctes d'actions en justice mais outre que ces catégories ne sont pas les mêmes que celles du contentieux administratif, ces dernières sont souvent séparées les unes des autres par des différences particulières d'organisation et de régime juridique qui donnent une portée concrète et attachent des conséquences pratiques aux différences de nature.

Au sein de ces recours contentieux du droit administratif la doctrine opère des classifications et groupements à propos desquels, du reste, existent des divergences et dont il conviendra de rendre compte après avoir énuméré et défini les divers recours.

ENUMERATION ET DEFINITION DES RECOURS CONTENTIEUX

*Recours pour excès de pouvoir et recours de pleine juridiction*

1075.—*Importance et critère de la distinction.* Le recours pour excès de pouvoir et le recours de pleine juridiction sont de loin des deux recours les plus importants du contentieux administratif; et de même la distinction classique qui les oppose est la plus importante de celles que l'on recontre dans ce contentieux.

Les deux recours se distinguent à la fois par les caractères de la *question posée au juge*, c'est-à-dire l'objet du litige, et par le *rôle du juge* et les *caractères de sa décision.*

1° Du point de vue de *l'objet du litige*, dans le *recours pour excès de pouvoir*, la question soulevée devant le juge par le requérant est celle de la *légalité d'un acte administratif* et de la *violation par cet acte d'une règle de droit générale et impersonnelle.* Le requérant prétend qu'un acte administratif quelconque, réglementaire ou individuel, a enfreint la légalité et demande au juge de *l'annuler.* On exprime parfois cette idée en disant que le recours pour excès de pouvoir n'est pas, comme les procès ordinaires, un procès entre parties, mais un *procès fait à un acte.*

Dans le recours de *pleine juridiction* (on dit encore '*de plein contentieux*') la question posée par le requérant porte sur l'existence ou l'étendue d'une *situation juridique individuelle subjective* à laquelle le requérant prétend; le requérant prétend avoir droit à quelque chose de la part de l'administration, prestation, somme d'argent. Le recours de pleine juridiction se présente ainsi comme un *procès entre parties*, administration et requérant. Les deux applications typiques du contentieux de

pleine juridiction sont: (*a*) le contentieux des contrats; le requérant prétend avoir droit, à la suite d'un contrat qu'il a conclu avec
l'administration, à une situation individuelle telle qu'une créance
d'argent dont l'administration conteste le montant, les modalités
ou l'existence même; (*b*) le contentieux de la responsabilité; le
requérant, victime d'un dommage dont il attribue la responsabilité
à l'administration, réclame à celle-ci une indemnité.

2° Du point de vue du *rôle du juge*, dans le recours pour excès de
pouvoir, la *constation* faite par le tribunal consiste uniquement à
dire si l'acte administratif critiqué a ou non violé la règle de droit,
si, par suite, il est ou non illégal. En conséquence, la *décision* du
juge consiste à *annuler* l'acte administratif s'il est illégal ou à
débouter la requérant au cas contraire. Le recours pour excès de
pouvoir se rattache par là au *contentieux de l'annulation*.

Dans le contentieux de pleine juridiction le rôle du juge est plus
complexe à cause des caractères que présente la prétention du
requérant. Il consiste d'abord à *constater* la situation juridique de
l'administré, son étendue exacte, c'est-à-dire l'existence et la
portée des droits qu'il prétend avoir contre l'administration. De
cette nature de la constatation il résulte que la *décision* du juge a
une portée particulière; elle consiste à fixer les droits du requérant
et à condamner l'administration à rétablir et réaliser ces droits; il
n'y a plus simple annulation d'un acte mais *condamnation d'une
partie*; et à l'occasion de cette condamnation le juge pourra non
seulement annuler les décisions administratives contraires aux
prétentions du requérant mais les réformer, les remplacer; c'est
cette étendue des pouvoirs du juge qui vaut à ce type de recours
son nom de pleine juridiction. Enfin un autre caractère du
contentieux de pleine juridiction procède de la règle déjà indiquée
selon laquelle le juge administratif ne peut prononcer contre
l'administration que des condamnations pécuniaires; il en résulte
que le recours de pleine juridiction se rattache pratiquement au
contentieux de l'indemnité; on oppose ainsi couramment les
'*réclamations aux fins d'indemnité*' (pleine juridiction) aux '*re-
clamations aux fins d'annulation*' (excès de pouvoir).

1076. — *Intérêts de la distinction.* — La distinction des contentieux
de l'excès de pouvoir et de pleine juridiction n'a pas seulement un
intérêt intellectuel et scientifique; en droit administratif elle
présente un intérêt pratique et par suite une importance qu'elle n'a
pas en procédure civile. Dans le contentieux judiciaire civil on

rencontre aussi en effet des demandes d'annulation d'actes juridiques (actions en nullité) mais ces demandes n'ont pas une organisation contentieuse autonome; elles sont présentées sous la forme d'*actions dirigées contre une partie adverse* à l'occasion desquelles des demandes pécuniaires peuvent être jointes. Dans le contentieux administratif, au contraire, le recours pour excès de pouvoir est soumis à un régime et à une organisation juridiques autonomes. C'est un recours comportant des règles de procédure très particulières conçues, on le verra, en vue d'en faire un recours commode et peu coûteux. Or le requérant ne peut pas employer la procédure du recours pour excès de pouvoir lorsque la nature de sa réclamation classe celle-ci dans le contentieux de pleine juridiction; il ne peut pas davantage joindre à un recours pour excès de pouvoir des conclusions à fin d'indemnité.

## D. Enforcement Against the Public Power

### From Loi n° 80–539 du 16 juillet 1980

Relative aux astreintes prononcées en matière administrative et à l'exécution des jugements par les personnes morales de droit public.

Art. 1ᵉʳ. — (1) Lorsqu'une décision juridictionnelle passée en force de chose jugée a condamné l'Etat au paiement d'une somme d'argent dont le montant est fixé par la décision elle-même, cette somme doit être ordonnancée dans un délai de quatre mois à compter de la notification de la décision de justice.

(2) Lorsqu'une décision juridictionnelle passée en force de chose jugée a condamné une collectivité locale ou un établissement public au paiement d'une somme d'argent dont le montant est fixé par la décision elle-même, cette somme doit être mandatée ou ordonnancée dans un délai de quatre mois à compter de la notification de la décision de justice.

Art. 2. En cas d'inexécution d'une décision rendue par une juridiction administrative le Conseil d'Etat peut, même d'office, prononcer une astreinte contre les personnes morales de droit public ou les organismes de droit privé chargés de la gestion d'un service public pour assurer l'exécution de cette décision.

Art. 3. L'astreinte est provisoire ou définitive. Elle doit être considérée comme provisoire à moins que le Conseil d'Etat n'ait précisé son caractère définitif. Elle est indépendante des dommages et intérêts.

Art. 4. En cas d'inexécution totale ou partielle ou d'exécution tardive, le Conseil d'Etat procède à la liquidation de l'astreinte qu'il avait prononcée.

Sauf s'il est établi que l'inexécution de la décision provient d'un cas fortuit ou de force majeure, le taux de l'astreinte définitive ne peut être modifié par le Conseil d'Etat lors de sa liquidation. Le Conseil d'Etat peut modérer ou supprimer l'astreinte provisoire, même en cas d'inexécution constatée.

Art. 5. Le Conseil d'Etat peut décider qu'une part de l'astreinte ne sera pas versée au requérant.

Cette part profite au fonds d'équipement des collectivités locales.

Art. 6. Les pouvoirs attribués au Conseil d'Etat par la présente loi peuvent être exercés par le président de la section du contentieux.

Art. 8. Les modalités d'application de la présente loi seront fixées par un décret en Conseil d'Etat.

From Massot et Marimbert, *Le Conseil d'Etat* (1988)[17]

*L'astreinte*

L'astreinte est une condamnation pécuniaire accessoire, généralement fixée par jour de retard, que le juge prononce en vue de garantir la bonne exécution de sa décision ou même d'une mesure d'instruction.

Avant l'intervention de la loi du 16 juillet 1980, la place de l'astreinte en contentieux administratif restait limitée par le principe selon lequel le juge administratif ne peut adresser des injonctions à l'administration . . . Le juge administratif se reconnaissait le pouvoir de prononcer des astreintes contre des personnes privées pour autant qu'elles n'étaient pas chargées d'un service public . . . En revanche, le juge administratif ne pouvait recourir à l'astreinte contre le service public, qu'il soit géré par une personne morale de droit public ou par une personne privée . . .

[17] Pp. 281–2.

La loi du 16 juillet 1980 a ouvert une brèche dans cet édifice jurisprudentiel en autorisant le Conseil d'Etat à prononcer, même d'office, une astreinte contre les personnes morales de droit public.

Cette faculté est également ouverte contre les organismes de droit privé gestionnaires d'un service public . . .

Il s'agit là d'une innovation majeure, même si l'astreinte n'est encourue par l'administration qu'en cas d'inexécution d'une décision de la juridiction administrative. En d'autres termes, l'astreinte vient sanctionner la violation par l'administration de la chose jugée. Elle ne peut être prononcée directement par le juge administratif pour assortir une condamnation principale, comme il le fait lorsqu'il condamne une personne privée non-gestionnaire d'un service public.

. . .

De façon générale, la loi laisse au Conseil d'Etat un large pouvoir d'appréciation sur l'opportunité de prononcer l'astreinte et l'on pourrait notamment concevoir que le Conseil d'Etat s'en abstienne si l'exécution de la décision de justice était susceptible de causer à l'ordre public un trouble supérieur à celui que représente la violation de la chose jugée.

. . .

Si l'efficacité de la procédure ne se mesure pas au nombre de décisions positives d'astreinte, compte tenu du pouvoir dissuasif de la seule menace d'astreinte, il est heureux que le Conseil d'Etat n'ait pas laissé se prescrire la faculté que lui a offerte le législateur. Le prononcé d'astreintes dans des cas flagrants d'inertie ou de mauvais vouloir est en effet de nature à renforcer la confiance des justiciables dans l'effectivité des décisions du juge administratif.

From J. Tercinet, 'Vers la fin de l'inexécution des décisions juridictionnelles par l'Administration?' (1981)[18]

La loi a donc pour but de lutter contre le scandale, souvent dénoncé par la doctrine et les membres des juridictions administratives, résultant de l'inexécution ou de l'exécution tardive des décisions de justice par l'administration . . .

L'astreinte peut être définie comme une condamnation, pro-

---

[18] A.J.D.A. 1981 3ff.

noncée par le juge, à payer une certaine somme d'argent par jour de retard apporté à l'exécution de la chose jugée. Touchant la procédure administrative contentieuse, la matière relève largement du pouvoir réglementaire. C'est pourquoi la loi est brève (huit articles) et renvoie à un décret en Conseil d'Etat pour les modalités d'application. Toutefois la réforme appelait une intervention du Parlement car elle intéresse 'les garanties fondamentales accordées aux citoyens pour l'exercice des libertés publiques' visées par l'article 34 de la Constitution (le respect de l'autorité de la chose jugée constitue l'une de ces garanties) . . .

En matière administrative, le respect de la chose jugée s'est souvent heurté au principe de l'absence de voies d'exécution à l'encontre des personnes publiques et au principe de séparation entre l'administration active et le juge.

La force du principe selon lequel il n'y a pas de voies d'exécution contre les personnes publiques est en droit français incontestable. Il signifie que les voies d'exécution de droit commun que constituent les saisies-arrêt, les saisies mobilières ou immobilières ou le recours direct à la force publique ne peuvent être employées contre les personnes publiques, que la décision émane du juge judiciaire ou du juge administratif. Cette prohibition qui découle, *a contrario*, de la formule exécutoire des décisions des juridictions administratives vaut même à l'égard des services publics industriels et commerciaux, et l'ordre judiciaire s'y conforme comme l'ordre administratif. Elle reçoit des fondements variés: outre l'existence de divers textes, elle est justifiée soit par l'appel à l'idée d'affectation des biens des personnes publiques à l'intérêt général, soit par l'idée selon laquelle les collectivités publiques, étant détentrices de la force publique, sont censées exécuter les décisions de justice de bonne foi, car il paraît difficile que leur monopole de la force publique se retourne contre elles.

Plus rarement cette interdiction est rattachée au principe de séparation entre l'administration et le juge, entraînant l'impossibilité pour le juge de recourir à la contrainte contre les personnes publiques. En effet le principe selon lequel il y a indépendance, séparation entre l'administration active et le juge, même administratif, principe d'origine jurisprudentielle, emporte d'après le juge administratif deux conséquences: l'interdiction faite au juge de se substituer à l'administration, de faire acte d'administrateur, et l'impossibilité pour le juge d'adresser des injonctions à l'administration. A cette prohibition de l'injonction est liée celle de l'astreinte car, découlant de l'*imperium* du juge, de son pouvoir de commandement, celle-ci vient renforcer l'ordre contenu dans la décision de justice . . .

A vrai dire, l'astreinte est inséparable de l'injonction. L'injonction, certes, est indépendante de l'astreinte. Elle peut être sanctionnée par d'autres procédés. En revanche l'astreinte ne se conçoit pas en dehors de l'injonction: elle est la sanction de l'ordre donné à une personne d'exécuter une décision de justice.

L'introduction de l'astreinte en matière administrative revient donc à reconnaître au juge administratif le pouvoir d'ordonner, d'enjoindre l'administration d'exécuter ses jugements . . .

L'injonction semble bien devoir faire partie des attributions normales du juge administratif. Par suite, la technique de l'astreinte, en tant qu'elle se rattache au pouvoir d'injonction du juge, ne bouleverse pas les fondements du droit administratif. Le mécanisme de l'astreinte donne au débiteur le choix entre l'exécution rapide d'une obligation et le paiement d'une forte somme d'argent, hors de proportion avec le préjudice résultant de l'inexécution: le débiteur garde une certaine marge d'appréciation, même si elle est coûteuse. Condamner l'administration à une astreinte ne reviendra pas à 'ligoter' son pouvoir, mais simplement à l'inciter fortement à agir dans un certain sens.

C.E. 17.5.1985 (Menneret)
R.D.C.E. 1985 149, concl. Pauti

LE CONSEIL D'ETAT; . . . Considérant qu'aux termes des dispositions de l'art. 2 de la loi susvisée du 16 juillet 1980: 'En cas d'inexécution d'une décision rendue par une juridiction administrative, le Conseil d'Etat peut, même d'office, prononcer une astreinte contre les personnes morales de droit public pour assurer l'exécution de cette décision;

Considérant que, par un jugement du 1$^{er}$ février 1977, le tribunal administratif de Limoges a annulé la délibération du conseil municipal de Maisonnais-sur-Tardoire en date du 17 september 1971 autorisant le maire à ne pas faire procéder à l'inscription du nom de M. Saumon, 'mort pour la France', sur le monument aux morts de la commune, par le motif que cette délibération avait illégalement retiré la délibération, en date du 10 juillet 1971, qui avait décidé ladite inscription et était ainsi créatrice de droits;

Considérant qu'à la date de la présente décision, le conseil municipal n'a pas pris les mesures propres à assurer l'exécution du jugement du 1$^{er}$ février 1977; qu'il y a lieu, compte tenu de toutes les circonstances de l'affaire, de prononcer contre la commune, à défaut pour elle de justifier de cette exécution dans un délai de deux mois à compter de la notification de la présente décision, une astreinte de 200 F par jour jusqu'à la date à laquelle le jugement précité aura reçu exécution; . . . (astreinte prononcée à l'encontre de la commune de Maisonnais-sur-Tardoire, si elle ne justifie pas avoir, dans les deux mois suivant la notification de la présente décision, exécuté le jugement du tribunal administratif de Limoges en date du 1$^{er}$ février 1977, et jusqu'à la date de cette exécution. Le taux de cette astreinte est fixé à 200 F par jour, à compter de l'expiration du délai de deux mois suivant la notification de la présente décision; la commune de Maisonnais-sur-Tardoire communiquera au secrétariat du contentieux du Conseil d'Etat copie des actes justifiant des mesures prises pour exécuter le jugement susvisé du tribunal administratif de Limoges du 1$^{er}$ février 1977).

# The Boundaries of Public and Private Law

## Tribunal des conflits

### From J. Rivero, *Droit Administratif* (1973)[19]

136. *Vue générale.* L'existence de deux ordres de juridictions pose le problème de l'exacte délimitation de leurs compétences respectives. A ce problème, le législateur n'a jamais apporté une réponse d'ensemble, en dehors de celle, purement négative et très vague, qui résultait des textes révolutionnaires interdisant aux tribunaux judiciaires la connaissance des litiges administratifs. Cette incertitude entraîne nécessairement des difficultés. Le plaideur peut se

[19] Pp. 134–44.

tromper sur le juge dont relève son litige; et le juge lui-même peut commettre une erreur, en se déclarant à tort, compétent ou incompétent. Ces erreurs peuvent être redressées grâce aux voies de recours ouvertes au sein de l'ordre dont relève la juridiction qui les a commises: une Cour d'appel peut censurer la décision rendue sur la compétence par le tribunal de grande instance; mais si chacun des deux ordres de juridictions restait maître de fixer souverainement la frontière de sa compétence, les solutions adoptées pourraient fort bien se révéler contradictoires; il en résulterait un grave désordre dans l'exercice de la justice. La nécessité de résoudre ces contradictions, qui constituent les conflits de compétence, est donc évidente; mais le législateur n'a pas retenu l'hypothèse dans laquelle la juridiction administrative se déclarerait compétente dans une affaire relevant de la compétence judiciaire; sa préoccupation essentielle a été d'empêcher le juge judiciaire d'empiéter sur la compétence administrative, selon l'interprétation révolutionnaire du principe de séparation, conçu comme un moyen de préserver l'indépendance de l'administration vis-à-vis du juge judiciaire.

Cette préoccupation explique que le jugement des conflits ait été initialement confié au chef de l'Etat statuant en son Conseil, c'est-à-dire en pratique au Conseil d'Etat; le juge administratif suprême était ainsi en mesure d'imposer à l'ordre judiciaire le respect des limites qu'il entendait assigner à sa propre compétence.

La solution qui a prévalu respecte au contraire l'égalité des deux ordres de juridictions: elle confie le jugement des conflits à un organisme paritaire composé de représentants de l'un et de l'autre: c'est le Tribunal des Conflits, dont la création définitive, après un essai tenté par la seconde République, date de la loi du 24 mai 1872.

### §1. Le Tribunal des Conflits

137. *(a) Composition.* La loi du 24 mai 1872 a fait du Tribunal des Conflits une juridiction paritaire où les deux ordres sont représentés à égalité: La Cour de cassation et le Conseil d'Etat désignent trois de leurs membres pour siéger au tribunal; les six juges ainsi nommés en choisissent deux autres, et deux suppléants; l'usage veut que ce soient également deux conseillers d'Etat et deux conseillers à la Cour de cassation. Les huit titulaires et les

deux suppléants sont nommés pour trois ans. Le risque de cette composition paritaire serait que le tribunal se partageât, chaque groupe défendant la compétence de son ordre, et ne pût aboutir. Pour y parer, la présidence a été attribuée au Garde des Sceaux, ministre de la Justice. . . . [Il] n'intervient que lorsqu'il y a partage des voix; or, le cas est très rare; le plus souvent, une majorité se dégage d'elle-même . . .

En pratique, hormis ces cas exceptionnels, la présidence est exercée par un vice président élu par ses collègues parmi eux, et choisi alternativement dans l'un et l'autre ordre. Le principe paritaire s'applique également au choix des commissaires du gouvernement appelés à présenter des conclusions dans chaque affaire . . .

*§2. Les divers chefs de compétence du Tribunal des Conflits*

139. *Vue d'ensemble.* On appelle conflits d'attribution, ou de compétence, les oppositions qui s'élèvent entre l'ordre judiciaire et l'ordre administratif touchant la compétence respective des deux juridictions. Les conflits d'attribution que le Tribunal des Conflits est appelé à trancher sont de deux sortes: conflits positifs, conflits négatifs; il faut se garder de croire, malgré l'opposition que suggére[nt] entre eux les adjectifs choisis pour les désigner, que chacun de ces deux types peut se définir comme le contraire de l'autre: il sont différents, mais non inverses.

Le jugement des conflits d'attribution fut longtemps la seule compétence du Tribunal des Conflits; il reste sa mission essentielle; mais sur le terrain de la compétence, cette mission vient d'être modifiée et complétée par le décret du 25 juillet 1960: en matière de conflits négatifs, le rôle essentiel du Tribunal n'est plus de trancher, mais de prévenir; en outre le même texte permet de lui donner à juger, non des conflits, mais de simples difficultés de compétence. De plus, depuis la loi du 20 avril 1932, il est également appelé à statuer dans des cas où les deux ordres de juridiction s'opposent, non sur la compétence, mais sur le fond.

140. — A. *Le conflit positif.* Iº Définition. Il s'agit d'un conflit qui s'élève, non pas, comme on est parfois tenté de le croire, entre une juridiction judiciaire et une juridiction administrative qui se disputeraient le jugement d'une affaire, mais entre une juridiction judiciaire qui, saisie par le demandeur, se déclare compétente, et l'administration, qui conteste cette compétence . . .

On remarquera:

*(a)* le caractère *constitutionnel* du conflit: deux pouvoirs s'opposent, autour de l'interprétation du principe de la séparation; le demandeur qui a saisi le tribunal est relégué au second plan; sur le litige qu'il entendait faire juger, un nouveau litige se greffe, entre exécutif et judiciaire.

*(b)* son caractère *unilatéral* . . . l'administration peut contester la compétence judiciaire; l'ordre judiciaire, s'il estime qu'un tribunal administratif s'est à tort déclaré compétent, ne peut défendre sa compétence devant le juge des conflits.

*(c)* son caractère *réglementé*. L'administration n'est pas libre d'utiliser arbitrairement l'arme qui lui est confiée. Cette liberté, tant qu'elle lui fut laissée, suscita de graves abus, l'administration utilisant le conflit pour soustraire à leurs juges des causes suspectes ou des amis du pouvoir. L'ordonnance du 1$^{er}$ juin 1828, toujours en vigueur, vint mettre fin à ces pratiques; elle organise la procédure en deux stades: l'élévation du conflit, son jugement.

141 — 2° Elévation du conflit. C'est une procédure qui a pour but de rendre certaine l'opposition du pouvoir judiciaire et de l'administration, et d'en saisir le Tribunal des conflits.

*(a)* Qui peut élever le conflit? Seul, le préfet du département dans lequel le litige a pris naissance, en tant que représentant de l'exécutif, a qualité pour agir.

*(b)* Devant quelles juridictions peut-il être élevé: Pour des raisons qui tiennent, soit au fond, soit à la procédure, l'élévation du conflit n'est pas possible devant toutes les juridictions.

Les raisons de fond l'ont fait exclure de façon absolue en matière criminelle . . . En pratique, c'est devant les tribunaux de grande instance au civil, et exceptionnellement au correctionnel, et devant les Cours d'appel dans les mêmes cas, que le conflit intervient . . .

*(c)* A quel moment de l'instance le conflit peut-il être élevé? Tant que n'est pas intervenu, dans un litige, un jugement définitif sur le fond. Dès lors, l'appel ouvre à l'administration la possibilité d'élever le conflit s'il ne l'a pas été en première instance. La solution contraire s'applique au pourvoi en cassation, qui ne constitue pas un troisième degré de juridiction: il n'y a donc jamais élévation du conflit devant la Cour de cassation.

*(d)* Comment le conflit est-il élevé? La procédure affecte

l'aspect d'un dialogue entre l'administration et le juge. Le préfet, ayant appris que le tribunal est saisi, et l'estimant incompétent, lui adresse, par l'intermédiaire du parquet, un mémoire par lequel il l'invite à *décliner* sa compétence, et à se dessaisir: c'est le *déclinatoire de compétence*.

Le tribunal répond en statuant sur le déclinatoire: s'il est d'accord avec le préfet, il rend le jugement d'incompétence qui lui est demandé, et l'affaire est close; au cas contraire, il rejette le déclinatoire et s'affirme compétent.

L'affaire peut encore s'arrêter si le préfet se laisse convaincre par l'argumentation du tribunal; au cas contraire, il doit prendre, dans les quinze jours suivant la notification du jugement, un *arrêté de conflit*, motivé, dont l'effet est triple:

— il rend patent l'existence du conflit;

— transmis au tribunal, il oblige celui-ci à surseoir à statuer dans le litige initial jusqu'à la décision du Tribunal des Conflits;

— transmis au Tribunal des Conflits, il le saisit, et ouvre la procédure de jugement.

142. — 3° *Jugement du conflit.* *(a)* Au terme d'une procédure au cours de laquelle les parties au litige initial, intéressées à connaître leur juge, sont autorisées à présenter leurs observations sur la compétence, le Tribunal des Conflits statue. La décision doit intervenir dans les trois mois suivant l'arrêté de conflit; un mois après l'expiration de ce délai, le sursis à statuer qui arrêtait la procédure devant le tribunal judiciaire tombe, et celui-ci est autorisé à reprendre l'examen de l'affaire.

*(b)* La décision du tribunal peut, soit confirmer, soit annuler l'arrêté de conflit . . .

143. — B. *Le conflit négatif.* — 1° Définition. Un plaideur porte son litige devant un tribunal judiciaire, qui se déclare incompétent parce qu'il estime que le litige relève du juge administratif. Le plaideur saisit alors ce dernier, qui, de même, se déclare incompétent, estimant que c'était au juge judiciaire de statuer. Il en résulte une situation illogique — deux décisions contradictoires, dont l'une est certainement erronée, vont coexister—et surtout injuste: le plaideur ne trouve pas de juge; il est victime d'un *déni de justice*.

144. — 2° *La solution du conflit négatif.* Le régime antérieur à la réforme réalisée par le décret du 25 juillet 1960 faisait intervenir le Tribunal des Conflits une fois que, les deux décisions d'incompétence ayant été rendues, le conflit négatif était acquis. Le

Tribunal, saisi par le plaideur, annulait celui des deux jugements qu'il estimait entaché d'erreur, affirmant ainsi la compétence de la juridiction dont émanait la décision annulée.

L'inconvénient de cette procédure était son extrême longuer: des années pouvaient s'écouler avant qu'un plaideur, normalement tenté d'utiliser d'abord les voies de recours propres à chacun des deux ordres, se vît réduit à saisir le Tribunal des Conflits. C'est pourquoi le décret précité, sans supprimer la procédure de jugement qu'on vient de rappeler, aboutit, par la nouvelle rédaction qu'il donne à l'art. 34 du décret du 26 octobre 1849, à la rendre pratiquement inutile, sauf cas exceptionnels, par la *procédure de renvoi* qu'il institue. En présence d'un jugement d'incompétence qui n'est plus susceptible d'appel, le plaideur porte l'affaire devant un tribunal de l'autre ordre; si celui-ci considère que le premier jugement est erroné, et que c'est lui, non l'ordre saisi en premier, qui est incompétent, il ne doit plus désormais prendre le jugement d'incompétence qui aurait rendu patent le conflit négatif: il est tenu de renvoyer au Tribunal des Conflits, par un jugement motivé, la décision sur la compétence, et de surseoir à toute procédure jusqu'à cette décision.

Il faut remarquer:

— que dans le nouveau régime, c'est le tribunal, non le plaideur, qui saisit le Tribunal des Conflits;

— que le renvoi est obligatoire pour lui, dès lors qu'il ne se reconnaît pas compétent;

— que la décision de renvoi est insusceptible de tout recours, même en cassation: en imposant de saisir directement le Tribunal des Conflits, le décret permet de hâter la solution définitive.

Le Tribunal des Conflits, après une instruction conduite dans les formes habituelles, statue: il renvoie l'examen de l'affaire à la juridiction qu'il estime compétente, et annule, par voie de conséquence, celles des décisions rendues antérieurement qui vont à l'encontre de l'attribution de compétence ainsi effectuée.

La décision tranche définitivement la question de compétence: elle s'impose aux deux ordres, et à l'administration, qui ne peut plus, si la juridiction judiciaire a été désignée pour statuer au fond, élever le conflit positif.

145. — C. *Les 'difficultés sérieuses' portant sur la compétence devant les juridictions suprêmes.*

. . .

La procédure de renvoi qu'on vient d'étudier ne s'applique pas seulement à la solution accélérée des conflits négatifs pris à l'état latent; le décret de 1960 l'utilise également dans une autre hypothèse, entièrement noeuvelle, et qui constitue, pour le Tribunal des Conflits, un chef de compétence supplémentaire.

Lorsque l'une des juridictions suprêmes — essentiellement le Conseil d'Etat ou la Cour de Cassation — se trouve saisie d'un litige qui pose 'une question de compétence soulevant une difficulté sérieuse et mettant en jeu la séparation des autorités administratives et judiciaires', elle peut transférer au Tribunal des Conflits, par une décision de renvoi, le soin de statuer sur cette question.

146. — D. *Le conflit de décisions au fond.* 1° *Position de la question.* — Le Tribunal des Conflits est, traditionnellement, le régulateur suprême des compétences; mais là se borne son rôle; il indique, de façon directe ou indirecte, le juge compétent; il ne donne, en principe, aucune indication sur le fond de l'affaire.

Toutefois, ces remarques appellent deux réserves:

*(a)* L'exercice de sa mission de juge des compétences oblige parfois le Tribunal des Conflits à trancher une question de fond . . . Souvent, la décision sur la compétence découle d'un examen des faits, ou de la qualification juridique de la situation litigieuse, qui touchent au fond.

*(b)* De façon directe, la loi du 20 avril 1932 a retenu l'un des cas dans lesquels la contradiction sur le fond entre un tribunal judiciaire et un tribunal administratif apparaissait particulièrement choquante, et a donné compétence au Tribunal des Conflits pour trancher le litige au fond.

147. — 2° *Les éléments du conflit de décision.*

*(a)* Il faut, pour comprendre l'hypothèse, partir du cas concret qui a provoqué le vote de la loi du 20 avril 1932, et sa première application (T.C., 8 mai 1933, *Rosay, S.*, 1933 III 117). Un particulier est blessé dans une collision entre une voiture privée et une voiture de l'Etat; il demande réparation, devant le tribunal civil, au propriétaire de la voiture privée, qu'il pense responsable de l'accident. Le tribunal, compétent pour trancher ce litige entre deux particuliers, le déboute, en laissant entendre que l'accident incombe à la voiture de l'administration. La victime dirige alors son action en indemnité contre l'Etat, devant le juge administratif; celui-ci rejette la demande, en estimant qu'aucune faute n'a été commise par le chauffeur de l'administration. Les deux jugements

sont d'accord pour admettre que la victime à un droit à indemnité; mais ils portent, sur les circonstances de l'accident, des appréciations contradictoires, qui rendent cette indemnisation impossible. La victime de l'accident est donc victime, en plus, d'une iniquité, liée à une absurdité: car il faut bien, puisque la collision a eu lieu, qu'elle ait été provoquée par l'un ou l'autre des deux chauffeurs, ou par les deux, contrairement à ce qui résulte du rapprochement des arrêts.

La loi du 20 avril 1932 a été votée pour permettre de porter remède à cette situation; mais ce n'est pas qu'une loi d'espèce, et elle a trouvé plusieurs applications depuis lors.

*(b)* De façon générale, pour que le Tribunal des Conflits puisse être saisi, il faut:

— qu'un justiciable ait pu, à partir des *mêmes faits* (l'accident), en vue du *même objet* (l'indemnisation), former *deux actions distinctes* (à raison de la dualité des défendeurs), l'une devant le juge administratif, l'autre devant le juge judiciaire;

— que les deux tribunaux aient rendu, sur le *fond*, deux décisions devenues *définitives*;

— que les deux décisions soient *contradictoires*, c'est-à-dire que chacune se fonde sur un élément de fait ou de droit que l'autre refuse d'admettre.

— qu'il résulte, de cette contrariété, un *déni de justice*, c'est-à-dire, en l'espèce, une injustice grave: l'impossibilité, pour le plaideur, de faire triompher un droit dont le principe n'est pas contesté . . .

148. — 3° *La solution du conflit.* Dans les deux mois du jour où la dernière décision est devenue définitive, le particulier saisit le Tribunal des Conflits par l'intermédiaire d'un avocat au Conseil d'Etat. Le Tribunal juge l'affaire *au fond*: dans l'affaire *Rosay* il a décidé, par exemple, que la responsabilité de l'accident se partageait par moitié entre l'Etat et le particulier. Le jugement met définitivement fin au litige, entre toutes les parties, et sans recours.

# Case Study: the Post Office

In order to illustrate many of the general observations of the preceding pages, one topic has been selected. The following extracts show: firstly, the statutory provisions which give structure to the Post Office, free it from liability for loss etc., and, in the case of registered mail only, confer jurisdiction on the ordinary courts. The legislation says nothing about who has jurisdiction over other areas of activity, and so the second set of extracts deals with the resolution of this problem by the *Tribunal des Conflits*. The third part contains cases from both public and private law. It illustrates the *Conseil d'Etat*'s powers of judicial review over both government decrees and individual administrative acts, and also its role in deciding claims for damages against the Post Office. This last topic throws into striking relief the differing approaches to statutory exclusion clauses of the two *ordres de juridiction*.

A. Legislation

### Code des postes et telecommunications

ARTICLE L. PREMIER.    Le transport des lettres ainsi que des paquets et papiers n'excédant pas le poids de 1 kilogramme est exclusivement confié à l'administration des postes et télécommunications.

Il est en conséquence interdit à tout entrepreneur de transports, ainsi qu'à toute personne étrangère à cette administration, de s'immiscer dans ce transport.

. . .

ART. L. 7.    L'administration des postes et télécommunications n'est tenue à aucune indemnité pour perte d'objet de correspondance ordinaire.

. . .

ARTICLE L. 8.    Elle n'est tenue à aucune indemnité soit pour détérioration, soit pour spoliation des objets recommandés. La perte, sauf le cas de force majeure, donne seule le droit, soit au profit de l'expéditeur, soit à défaut ou sur la demande de celui-ci, au profit du destinataire, à une indemnité dont le montant est fixé par décret.

. . .

ART. L. 10.    Elle est responsable, jusqu'à concurrence d'une somme qui est fixée par décret et sauf le cas de perte par force majeure, des valeurs insérées dans les lettres et régulièrement déclarées.

Elle est déchargée de cette responsabilité par la remise des lettres dont le destinataire ou son fondé de pouvoir a donné reçu. En cas de contestations, l'action en responsabilité est portée devant les tribunaux civils.

. . .

ART. L. 12. L'administration des postes et télécommunications, lorsqu'elle a remboursé le montant des valeurs déclarées non parvenues à destination, est subrogée à tous les droits du propriétaire.

. . .

ART. L. 13. Elle n'encourt aucune responsabilité en cas de retard dans la distribution ou de non-remise par exprès; dans ce dernier cas, le remboursement du droit spécial est obligatoire.

. . .

ART. L. 33. Aucune installation de télécommunications ne peut être établie ou employée à la transmission de correspondances que par le ministre des postes et télécommunications ou avec son autorisation.

Les dispositions du présent article sont applicables à l'émission et à la réception des signaux radioélectriques de toute nature.

. . .

ART. L. 98. Le service des chèques postaux est placé sous l'autorité du ministre des postes et télécommunications.

. . .

ARTICLE L. 99. Peuvent se faire ouvrir des comptes courants postaux, sous réserve de l'agrément de l'administration des postes et télécommunications, les personnes physiques et les personnes morales administratives ou privées, ainsi que tous services publics et groupements d'intérêts de caractère public ou privé.

. . .

ART. L. 108. Le titulaire d'un compte courant postal est seul responsable des conséquences résultant de l'emploi abusif, de la perte ou de la disparition des formules de chèques qui lui ont été remises par l'administration des postes et télécommunications.

La responsabilité d'un faux payement ou d'un faux virement résultant d'indications d'assignation ou de virement inexactes ou incomplètes incombe au tireur du chèque.

La seule possession par l'administration des postes et télécommunications d'un chèque au porteur suffit pour valoir libération au regard du titulaire du compte.

B. Jurisdiction

T.C. 20.11.1961
(Les Gueules Cassées)
R.D.C.E. 1961 881

LE TRIBUNAL DES CONFlITS; — Vu les lois des 16–24 août 1790 et 16 fructidor an III . . . le Code des postes . . .

Considérant que l'Union des blessés de la face 'Gueules cassées' a assigné l'Etat français (Administration des Postes, Télégraphes et Téléphones) devant le Tribunal d'instance de la Seine pour s'entendre condamner à verser avec intérêts de droit, la somme de 4 498,360 francs à ladite association, en raison du préjudice que lui auraient causé des irrégularités commises par les préposés de l'administration; que les irrégularités alléguées auraient consisté dans le fait de renvoyer à l'expéditeur avec des retards considérables, les fonds correspondant à des envois grevés de remboursement, de faire les retours de remboursements dans un ordre inversé, systématiquement différent de celui des envois auxquels ils devaient correspondre, de scinder en plusieurs opérations les paiements afférents aux expéditions d'un même jour tandis que les paiements des envois tout récents prenaient le pas sur de plus anciens restés en souffrance, d'adjoindre aux paiements des déclarations établies d'office par l'administration et dans lesquelles n'apparaissait pas la date des expéditions correspondantes, au lieu d'accompagner lesdits paiements des déclarations d'expédition rédigées par l'expéditeur, de telle sorte que l'affectation des sommes recues était rendue impossible;

Considérant que tous les faits allégués concernent le transport par la poste d'envois recommandés de valeur déclarée grevés de remboursement; qu'en vertu de l'art. 2 de la loi du 12 juillet 1905, dont les termes ont été repris par l'art. 6, 5e al. du décret no. 58-1284 du 22 décembre 1958, les tribunaux judiciaires sont seuls compétents pour connaître des contestations relatives aux correspondances et objets recommandés et aux envois de valeur déclarée, grevés ou non de remboursement;

Considérant dès lors que c'est à l'autorité judiciaire qu'il appartient de connaître, dans son ensemble, de l'action en responsabilité intentée par l'Union des blessés de la face contre l'administration des Postes; . . . (Arrêté de conflit annulé).

T.C. 24.6.1968
(Ursot)
R.D.C.E. 1968 798

LE TRIBUNAL DES CONFLITS;—Vu la loi des 16–24 août 1790; le décret du 16 fructidor an III; . . . le Code des Postes . . .

Considérant que pour réclamer à l'Etat réparation du dommage que lui aurait causé l'omission du numéro d'appel de la ligne téléphonique établie à son domicile personnel dans l'annuaire des abonnés du département du Doubs (édition 1966), le sieur Ursot se fonde sur la méconnaissance des droits qu'il tire du contrat d'abonnement téléphonique souscrit avec l'Administration des Postes et Télécommunications;

Considérant que les services dépendant de cette administration présentent, à raison de leur mode d'organisation et des conditions de leur fonctionnement, le caractère de services publics administratifs de l'Etat; que les contrats d'abonnement téléphonique conclus par le service du téléphone, en vue de la prestation de services au titulaire de l'abonnement en contrepartie de redevances, ne sauraient, eu égard aux clauses qu'ils contiennent, être assimilés à des contrats de fournitures soumis aux règles du droit privé; qu'ils constituent des contrats administratifs dont le contentieux relève, sauf disposition législative contraire, de la compétence des juridictions administratives;

. . . (Arrêté de conflit confirmé; sont déclarés nuls et non avenus: le jugement du Tribunal d'instance de Besançon du 5 avril 1967 et l'arrêt de la Cour d'appel de Besançon du 28 novembre 1967, ensemble l'assignation délivrée devant le Tribunal d'instance par le sieur Ursot).

T.C. 2.3.1970
(Scté, Duvoir *c.* S.N.C.F.)
R.D.C.E. 1970 885

From the *conclusions* of the Commissaire du Gouvernement:

Dans cette affaire, M. Braibant, commissaire du gouvernement, a prononcé les conclusions suivantes:

1.   En mai 1964, la Société Duvoir a confié à la S.N.C.F. une série de colis-postaux pour l'Algérie. Le 10 juin, ces colis ont été

détruits par une explosion dans le local où ils avaient été entreposés, à Alger. La société a demandé une indemnité de 67 258,44 F à l'Etat et à la S.N.C.F.; et elle a déféré au Conseil d'Etat le rejet implicite de ses demandes. Dans une décision du 4 juillet dernier, la section du contentieux a admis implicitement la compétence de la juridiction administrative pour statuer sur les conclusions formées contre l'Etat; elle vous a d'autre part renvoyé la question de savoir quelle est la juridiction compétente pour connaître des conclusions formées contre la S.N.C.F.

2. Au premier examen, cette question paraît simple.

Le décret n°. 58-1284 du 22 décembre 1958, qui règle la compétence des tribunaux d'instance et de grande instance et des Cours d'appel pour l'application de la réforme judiciaire, dispose dans son art. 6: 'Le Tribunal d'instance connaît . . . (4) Des actions entre les administrations du chemin de fer ou autres transporteurs et les expéditeurs ou les destinataires, relatives aux indemnités pour perte, avarie, détournement des colis et bagages, y compris les colis postaux, ou pour retard dans les livraisons'. Selon les termes de ce texte, les tribunaux d'instance sont ainsi compétents pour toutes les affaires de colis postaux entre le transporteur et le destinataire ou l'expéditeur.

Cette solution paraît d'autant plus normale que ce contentieux relève par nature de la compétence judiciaire. Certes, le service postal a, dans son ensemble, un caractère administratif, comme vous l'avez jugé de la manière la plus nette dans votre décision *Ursot* du 24 juin 1968. Mais d'autre part, les contrats passés entre deux personnes de droit privé sont en principe des contrats privés, sauf si l'un des cocontractants a agi en qualité de mandataire d'une personne publique. Or, les compagnies ferroviaires, maritimes ou aériennes qui assurent le transport de colis postaux sont des concessionnaires du service, mais non des mandataires de l'Administration. Le Conseil d'Etat et la Cour de cassation ont jugé à maintes reprises qu'elles agissent 'sous leur propre responsabilité'; leurs relations contractuelles avec les usagers du service sont donc des relations de droit privé bien que le service ait lui-même un caractère administratif.

Malheureusement, si le contentieux est judiciaire par nature, il était partiellement administratif par détermination de la loi, avant l'intervention du décret de 1958. C'est l'origine de la question que pose la présente affaire. Si la S.N.C.F. conclut à la compétence judiciaire par application du décret, le ministre des Postes et Télécommunications soutient que la compétence est administrative parce que le décret de 1958 n'a pu légalement modifier le système de répartition qui résultait de la législation antérieure. . .

3.—(a) Le service des colis postaux a été organisé par une convention internationale signée à Paris le 3 novembre 1880, à la suite d'un vœu émis par le congrès de l'Union postale universelle au sujet du 'transport des menus objets sans déclaration de valeur'. La veille de la signature de cet acte international, le 2 novembre, le ministre des Postes a passé une convention avec les compagnies de chemin de fer, et certaines compagnies de transports maritimes. Ces compagnies s'engageaient, moyennant redevances, à effectuer le transport des colis postaux d'un poids inférieur à 3 kilogrammes, dans les conditions prévues par la convention internationale qui était sur le point d'être signée; 'elles consentaient — nous citons — à être substituées, pour tout ce qui concerne le transport au moyen de leurs services, aux avantages et aux obligations résultant pour le gouvernement français, des stipulations' de conventions internationales; enfin l'art. 10 disposait que 'toutes les contestations auxquelles pourraient donner lieu, entre l'administration, les compagnies et les tiers, l'exécution et l'interprétation de la présente convention, ainsi que de la convention internationale et du règlement d'exécution auquel elle se réfère, seront jugées par les tribunaux administratifs'.

Cette convention d'ordre interne a été approuvée par une loi du 3 mars 1881. Les juridictions des deux ordres ont immédiatement déduit de son art. 10 que les litiges relatifs aux colis postaux, y compris ceux qui opposaient les transporteurs et les tiers, relevaient de la compétence administrative. Ce régime juridique a été confirmé par une nouvelle convention passée avec les compagnies de chemin de fer le 15 janvier 1892, approuvée par une loi du 12 avril suivant, et dont l'art. 17 reproduisait mot pour mot les dispositions de l'art. 10 de la convention de 1880 . . .

Si la situation était ainsi un peu plus complexe, elle demeurait claire: à la juridiction judiciaire, le service intérieur; à la juridiction administrative, le service international

. . .

(c) Tel est le système qui a été modifié par le décret du 22 décembre 1958.

Ce texte, en effet, nous l'avons vu, donne compétence aux Tribunaux d'instance pour des colis postaux en général, sans faire de distinction entre service intérieur et service international . . .

Le décret de 1958 a donc eu pour objet d'achever l'évolution amorcée en 1905, en donnant compétence aux tribunaux judiciaires pour tous les litiges relatifs aux colis posteaux, ceux du service international comme ceux du service intérieur. Il a ainsi modifié, sur ce point particulier, la répartition des compétences entre les deux ordres de juridictions. Avait-il le droit de le faire?

4. — (a) Dans la tradition républicaine, la répartition des compétences entre les juridictions administratives et judiciaires appartenait au domaine de la loi, . . .

Après l'intervention de la Constitution de 1958, qui a cantonné le législateur dans le domaine défini par son art. 34, l'on a pu penser que cette répartition relèverait désormais, au moins sur les points mineurs, de la compétence réglementaire; cette solution s'inscrivait dans la tendance, à l'extension des pouvoirs de l'executif, qui a dominé au début de l'application de la nouvelle constitution et qui explique sans doute certaines dispositions du décret du 22 décembre 1958, comme celle qui nous occupe aujourd'hui.

C'est donc bien par des dispositions de caractère législatif qu'était fixée la répartition des compétences en matière de colis postaux; seule une loi pouvait les modifier ou autoriser leur modification; or, l'ordonnance du 22 décembre 1958 portant réforme judiciaire a seulement renvoyé à des décrets en Conseil d'Etat le soin d'organiser la compétence interne des juridictions judiciaires; elle n'a en aucune façon habilité le pouvoir réglementaire à intervenir, par la même occasion, dans la répartition des compétences entre les deux ordres de juridiction; dans la mesure où il modifie cette répartition pour les colis postaux, le décret du 22 décembre 1958 doit être tenu pour illégal, et vous ne pouvez pas vous dépenser de constater cette illégalité, car toutes les questions relatives à la compétence respective des juridictions administratives et judiciaires sont d'ordre public; elle est, d'ailleurs, expressément invoquée par le ministre des Postes et Télécommunications

. . .

5. Nous ne nous dissimulons pas les inconvénients, sur le plan de l'opportunité de la solution que nous vous proposerons d'adopter.

Il est évidemment fâcheux de constater, plus de dix ans après sa promulgation, l'illégalité d'un décret en Conseil d'Etat. Il se trouve d'autre part que les tribunaux judiciaires, devant lesquels la légalité de ce décret ne paraît pas avoir été contestée, l'ont appliquée purement et simplement; ils ont notamment admis leur compétence, dans des litiges nés du même accident que celui qui est à l'origine de la demande du sieur Duvoir . . .

Mais nous ne voyons pas le moyen, en droit, d'admettre la légalité de cette mesure. La solution ne peut être jurisprudentielle; elle doit être législative . . .

LE TRIBUNAL DES CONFlITS; — Considérant que la Société Duvoir ayant expédié en Algérie, dans le courant du mois de mai 1964, plusieurs colis postaux qui ont été détruits par une explosion survenue à Alger dans le local où ils étaient entreposés, à réclamé une indemnité à la Société nationale des chemins de fer français en réparation du préjudice qu'elle prétendait avoir subi, puis a saisi, aux mêmes fins, le Conseil d'Etat d'un recours contre la décision implicite de rejet résultant du silence gardé pendant plus de quatre mois par ce transporteur; que, par décision du 4 juillet 1969, le Conseil d'Etat statuant au Contentieux a, en application des dispositions de l'art. 35 ajouté au décret du 26 octobre 1849 par celui du 25 juillet 1960, renvoyé au Tribunal des Conflits le soin de déterminer l'ordre de juridictions compétent pour connaître de ladite demande; — Considérant qu'aux termes de l'art. 17 de la convention conclue le 15 janvier 1892 entre l'Administration des postes et les Compagnies de chemin de fer pour l'exécution du service des colis postaux, et approuvée par la loi du 12 avril 1892, en vigueur au moment de l'introduction de la présente instance, 'toutes les contestations auxquelles pourraient donner lieu entre l'administration, les Compagnies et les tiers l'exécution et l'interprétation de la présente convention . . . seront jugées par les Tribunaux administratifs'; que si l'art. 6-5. de la loi du 12 juillet 1905, a attribué aux juges de paix la connaissance desdites contestations en cas de perte, avarie, détournement ou retard de livraison d'un colis postal du service 'continental intérieur', les relations entre la France et l'Algérie relèvent du régime international, qui leur a été appliqué, d'ailleurs, depuis les conventions du 28 octobre 1938 et du 5 novembre 1945, approuvées par le décret du 12 november 1938 et par la loi du 17 mai 1946;

Considérant, sans doute, que le décret n° 58-1284 du 22

décembre 1958, qui a pour objet de définir les compétences territoriales et d'attribution en matiére civile des tribunaux d'instance, des tribunaux de grande instance et des Cours d'appel, dispose dans son art. 6 que le tribunal d'instance connaît . . . 4. des actions 'entre les administrations de chemins de fer et autres transporteurs et les expéditeurs ou les destinataires, relatives aux indemnités pour perte, avarie, détournement de colis et bagages, y compris les colis postaux, ou pour retard dans les livraisons'; — Mais considérant que, par application des dispositions de l'art. 34 de la Constitution, en vertu desquelles la loi fixe les règles concernant les garanties fondamentales accordées aux citoyens pour l'exercice des libertés publiques, c'est au législateur seul qu'il appartient de fixer les limites de la compétence des juridictions administratives et judiciaires; que, dès lors, les auteurs du décret susmentionné n'ont pu modifier les règles de répartition de ces compétences en matière de colis postaux, telles qu'elles résultaient des dispositions législatives susmentionnées; que, par suite, les juridictions administratives sont demeurées compétentes pour connaître des litiges nés entre la Société nationale des chemins de fer français et les expéditeurs ou destinataires de colis postaux du service international; — Considérant qu'il résulte de ce qui précède que les conclusions formées par la Société Duvoir contre la Société nationale des chemins de fer français relèvent de la compétence des juridictions de l'ordre administratif; . . . (Compétence des juridictions de l'ordre administratif pour se prononcer sur l'action formée par la Société Duvoir contre la Société nationale des chemins de fer français; dépens réservés).

## C. Litigation

### *a. Public law*

#### *1. Excès de pouvoir*

C.E. 8.4.1987
(Ministre de l'Intérieur *c.* Peltier)
R.D.C.E. 1987 128

LE CONSEIL D'ETAT; — Sur requête de l'association 'Etudes et consommation' C.F.D.T. tendant à l'annulation pour excès de

pouvoir du décret n°. 85-811 du 31 juillet 1985 portant modification des tarifs . . . en tant qu'il concerne la tarification du service
du réveil par téléphone; — Vu le Code des postes . . . Considérant qu'il n'existe entre les usagers du service des télécommunications reliés à un central manuel et ceux qui sont reliés à un
central automatique aucune différence de situation de nature à
justifier l'établissement de tarifs différents pour le service du réveil
par téléphone; que la tarification particulière du service du réveil
par téléphone assuré à partir d'un central manuel qu'institue le
décret attaqué ne répond, dans les circonstances de l'affaire, à
aucune nécessité d'intérêt général en rapport avec les conditions
d'exploitation du service des télécommunications; que l'association 'Etudes et consommations — C.F.D.T.' est par suite fondée
à soutenir qu'en tant qu'il fixe le tarif du réveil par téléphone à huit
taxes de base quand l'usager est relié à un central manuel et trois
taxes de base quand il est relié à un central automatique, l'art. 4 du
décret n°. 85-811 du 31 juillet 1985 a méconnu le principe de
l'égalité des usagers devant le service public et est dès lors entaché
d'excès de pouvoir; qu'il doit, par suite, être annulé; . . .
(annulation de l'art. 4 du décret attaqué en tant qu'il fixe le tarif du
service du réveil par appel manuel et automatique).


C.E. 29.12.1911
(Chomel)
S. 1914 3 102


M. Chomel a été prévenu par le directeur des postes de l'Isère que
les télégrammes à lui adressés ne lui seraient plus remis à l'avenir
qu'au bureau du télégraphe ou par le service postal, s'il n'installait
pas une boîte ou une sonnette à la porte de sa propriété. Cette
décision était motivée sur ce que, d'après la receveuse du bureau
de poste, la présence d'un chien circulant dans la propriété de M.
Chomel aurait constitué un danger. M. Chomel a adressé au
ministre une réclamation qui a été rejetée. Il a alors formé devant
le Conseil d'Etat un pourvoi, en exposant que son chien n'avait
jamais menacé personne d'un danger quelconque, et que le refus
de la receveuse du bureau de poste de lui faire remettre les
télégrammes à domicile n'avait d'autre motif que des dissenti-
ments d'ordre privé.

LE CONSEIL D'ÉTAT;—Vu la loi du 24 mai 1872 et le décret du 12 janv. 1894; — Considérant qu'en vertu du décret susvisé du 12 janv. 1894, et de l'instruction réglementaire concernant le service des facteurs distributeurs, la remise des télégrammes doit être effectuée au domicile du destinataire, et à lui-même ou à son représentant; — Considérant qu'il ne résulte pas des pièces du dossier que l'Administration se soit trouvée dans l'obligation de placer le requérant en dehors de l'application de la règle générale ci-dessus rappelée; que, dès lors, le sieur Chomel est fondé à soutenir que les décisions attaquées sont entachées d'excès de pouvoir; . . .

ART. 1er. La décision du sous-secrétaire d'Etat des postes et des télégraphes, ensemble la décision du directeur des postes de l'Isère, sont annulées.

## 2. *Responsabilité*

C.E. 24.4.1981
(Doublet)
R.D.C.E. 1981 192

LE CONSEIL D'ETAT; Vu le Code des postes . . . Considérant qu'aux termes de l'art. 7 du Codes des Postes et Télécommunications, 'l'administration . . . n'est tenue à aucune indemnité pour perte d'objet de correspondance ordinaire'; que cette disposition a pour effet d'exonérer l'Etat de toute responsabilité en raison des conditions irrégulières ou défectueuses dans lesquelles peuvent être acheminés ou distribués des objets de correspondance ordinaire; qu'il ne peut en être autrement qu'au cas où une faute lourde a été commise dans la délivrance du courrier; — Considérant que Mme Doublet avait déposé le 15 décembre 1976 un ordre au bureau de poste desservant l'immeuble sis 9 rue Saint Romain à Paris afin que son courrier fût réexpédié à Vihiers (Maine et Loire) et régulièrement versé la redevance afférente à cet ordre; qu'en avril 1977, une lettre à l'entête du ministère de l'éducation, division des examens et concours, adressée à son ancien domicile et portant convocation aux épreuves d'un brevet professionnel a été retournée à l'envoyeur avec la mention 'n'habite plus à l'adresse indiquée'; que l'intéressée n'a pu de ce fait se présenter auxdites épreuves; — Considérant qu'il est constant que le préposé de l'administration des postes n'a pas correctement consulté le fichier des ordres de réexpéditions avant sa tournée; qu'ayant été présentée à l'ancienne adresse, la lettre a été purement et simplement retournée à l'envoyeur, sans que l'administration postale, qui n'allègue en l'espèce aucune circonstance particulière, procède à une nouvelle vérification du fichier des ordres de réexpédition; — Considérant que cette défaillance a été constitutive d'une faute lourde de nature à engager la responsabilité du service postal; qu'il suit de là que le secrétaire d'Etat aux postes et télécommunications n'est pas fondé à soutenir que c'est à tort que, par le jugement attaqué, le tribunal administratif de Nantes, a condamné l'Etat à verser à Mme Doublet, une indemnité de 5 000 F; . . . (rejet).

C.E. 22.1.1986
(Grellier)
A.J.D.A. 1986 719

LE CONSEIL D'ETAT; — . . . Sur la responsabilité: — Considérant qu'aux termes de l'art. L. 7 du Code des Postes et Télécommunications 'l'administration n'est tenue à aucune indemnité pour perte d'objet de correspondance ordinaire'; que cette disposition a pour effet d'exonérer l'Etat de toute responsabilité en raison des conditions irrégulières ou défectueuses dans lesquelles peuvent être acheminés des objets de correspondance ordinaire; qu'il ne peut en être autrement qu'au cas où une faute lourde a été commise dans la délivrance du courrier; — Considérant qu'il résulte de l'instruction que les parents de Mlle Béatrice Grellier avaient déposé le 4 juillet 1980 un ordre au bureau de poste desservant leur résidence habituelle à Angers, afin que leur courrier fût réexpédié au camping club de France à Noirmoutier; que, le 4 juillet 1980, la direction de l'action sanitaire et sociale de Maine-et-Loire a adressé à Mlle Béatrice Grellier, qui habite avec ses parents, une lettre portant la mention 'urgent, convocation-examen'; que cette lettre n'a pas été présentée au domicile de l'intéressée mais a été réexpédiée par erreur, d'ailleurs le 9 juillet seulement, par un préposé des P.T.T. à l'adresse temporaire de ses parents et distribuée le 10 juillet, lendemain des épreuves orales pour lesquelles Mlle Grellier était convoquée; qu'elle n'a pu, de ce fait, malgré des démarches auprès de la direction de l'action sanitaire et sociale de Maine-et-Loire, se présenter auxdites épreuves; — Considérant qu'il est constant que l'ordre de réexpédition du courrier ne concernait que M. Claude Grellier et Mme Jacqueline Grellier, parents de l'intéressée; que le courrier de cette dernière, notamment la lettre de convocation précitée qui lui était nommément adressée, aurait dû être distribué à son domicile permanent à Angers, qu'elle n'avait pas quitté dans l'attente d'une convocation éventuelle aux épreuves précitées; — Considérant que l'administration postale a fait preuve, dans le cas d'espèce, d'une négligence constitutive d'une faute lourde de nature à engager sa responsabilité; qu'elle n'établit l'existence d'aucune circonstance propre à l'exonérer en tout ou en partie de cette responsabilité;

Sur le préjudice: Considérant que Mlle Grellier, qui avait subi avec succès en 1980 les épreuves écrites de l'examen d'élève-infirmière en psychiatrie a été privée d'une chance sérieuse d'admission définitive à cet examen; qu'elle a ainsi subi un préjudice certain; que ce préjudice peut être fixé à la somme de 5 000 francs augmentée des intérêts à compter du 14 octobre 1980, jour de l'enregistrement de la demande de Mlle Grellier au tribunal administratif de Nantes;

Sur les intérêts des intérêts: Considérant que Mlle Grellier a demandé, le 30 mars 1984, la capitalisation des intérêts; qu'à cette date il était dû au moins une année d'intérêts; que, dès lors, conformément aux dispositions de l'art. 1154 du Code civil, il y a lieu de faire droit à cette demande; — Considérant qu'il résulte de ce qui précède que le recours du ministre délégué auprès du ministre de l'Industrie et de la Recherche, chargé des P.T.T., ne peut qu'être rejeté et que le recours incident de Mlle Grellier doit être accueilli en tant que, par le jugement attaqué, le tribunal administratif de Nantes a fait une insuffisante évaluation du préjudice en condamnant l'Etat au paiement d'une somme de 5 000 francs y compris tous intérêts au jour de sa décision;

### DECIDE

ART. 1er: La somme de 5 000 francs que l'Etat a été condamné à verser à Mlle Grellier par le jugement du tribunal administratif de Nantes en date du 24 mars 1983 portera intérêts au taux légal à compter du 14 octobre 1980. Les intérêts échus le 30 mars 1984 seront capitalisés à cette date pour produire eux-mêmes intérêts.

ART. 2.: Le jugement précité est réformé en ce qu'il a de contraire à la présente décision.

ART. 3.: Le recours du ministre délégué auprès du ministre de l'Industrie et de la Recherche, chargé des P.T.T., ainsi que le surplus des conclusions du recours incident de Mlle Grellier sont rejetés.

C.E. 17.10.1986
(Erhardt)
A.J.D.A. 1986 721

LE CONSEIL D'ETAT; . . . — Considérant que M. Erhardt met en cause la responsabilité de l'administration des postes et télécommunications pour avoir interrompu en 1982 la desserte postale de son domicile au hameau de Bondou, commune de Mons-la-Trivalle (Hérault), en raison de l'impraticabilité de la route d'accès à ce hameau; que ce litige porte sur l'organisation du service public postal et ne concerne ni une perte d'objet de correspondance ordinaire, ni une faute assimilable dans l'acheminement ou la distribution de ces objets, pour lesquelles l'Etat est exonéré de toute responsabilité, sauf en cas de faute lourde, par l'art. L. 7 du Code des Postes et Télécommunications; qu'en l'espèce la responsabilité de l'Etat est donc susceptible d'être engagée sur le terrain de la faute simple; —Considérant qu'il ne résulte pas de l'instruction qu'en suspendant pendant quelques mois la desserte du domicile de M. Erhardt, en raison des graves difficultés d'accès des véhicules postaux au hameau de Bondou, dont l'intéressé est, avec sa famille, le seul habitant permanent et qui était desservi par une route en particulièrement mauvais état, et en invitant l'intéressé, faute qu'il ait accepté la pose d'une boîte à lettres à l'extrémité de la partie carrossable de la route d'accès au hameau, à venir retirer ses correspondances au bureau de poste, l'administration des P.T.T. ait commis une faute de nature à engager la responsabilité de l'Etat;

Considérant, dès lors, que le ministre délégué auprès du ministre du Redéploiement industriel et du Commerce extérieur, chargé des P.T.T., est fondé à soutenir que c'est à tort que, par le jugement attaqué, le tribunal administratif de Montpellier l'a condamné à verser à M. Erhardt une indemnité de 2 000 francs en réparation du préjudice subi par celui-ci;

DECIDE

ART. 1$^{er}$: Le jugement du tribunal administratif de Montpellier en date du 24 septembre 1984 est annulé.

ART. 2: La demande présentée par M. Erhardt devant le tribunal administratif de Montpellier est rejetée.

C.E. 21.11.1986
(Top Service)
A.J.D.A. 1986 720

LE CONSEIL D'ETAT; . . . — Au fond: Considérant que si, aux termes de l'art. L. 108 du Code des P.T.T., auquel renvoie l'engagement contractuel signé par tout émetteur de lettres-chèques, 'le titulaire d'un compte courant postal est seul responsable des conséquences résultant de l'emploi abusif, de la perte, de la disparition des formules de chèques qui lui ont été remises par l'administration des postes et télécommunications', et s'il résulte du contrat 'l'impossibilité de faire opposition au paiement des lettres-chèques pour quelque motif que ce soit', ces dispositions ne peuvent exonérer totalement le service des P.T.T., dont la responsabilité est engagée à l'égard du titulaire d'un comptecourant postal, autorisé par l'administration des postes et télécommunications à utiliser des formules de lettres-chéques, dans le cas où il est établi que ledit service a commis une faute lourde;

Considérant qu'il résulte de l'instruction que l'administration des postes et télécommunications a été avertie le 4 septembre 1981 du vol de lettres-chèques qui avait eu lieu la veille à Paris au détriment de la société 'Top Service'; qu'elle devait informer immédiatement les agents payeurs des guichets des postes des caractéristiques des formulaires volés et les mettre en mesure de surseoir à leur paiement; qu'en diffusant cette information le 15 septembre seulement aux guichets de Marseille et des Bouches-du-Rhône, et en s'abstenant d'avertir l'ensemble de ses services dès le

4 septembre 1981, l'administration des P.T.T. a commis une faute lourde de nature à engager la responsabilité de l'Etat; qu'aucune faute n'est invoquée à l'encontre de la société requérante qui est dès lors fondée à réclamer à l'Etat une somme égale à celles qui ont été indûment payées à compter du 5 septembre 1981;

Sur les intérêts et les intérêts des intérêts: Considérant que la société 'Top Service' a droit aux intérêts des sommes sus-visées à compter du 7 janvier 1982, date à laquelle la demande préalable est parvenue au service; qu'elle a demandé le 27 avril 1984 la capitalisation des intérêts; qu'à cette date il était dû au moins une année d'intérêts; que, dès lors, conformément aux dispositions de l'art. 1154 du Code civil, il y a lieu de faire droit à cette demande;

DECIDE

ART. 1<sup>er</sup>: L'Etat est condamné à payer à la société 'Top Service' une somme égale à celles qui ont été indûment payées à compter du 5 septembre 1981.

ART. 2: Cette somme portera intérêts au taux légal à compter du 7 janvier 1982. Les intérêts échus le 27 avril 1984 seront capitalisés à cette date pour produire eux-mêmes intèrêts.

ART. 3: Le jugement du tribunal administratif de Paris, en date du 29 février 1984, est réformé en ce qu'il a de contraire à la présente décision.

ART. 4: Les conclusions présentées par le ministre délégué chargé des P.T.T. sont rejetées.

*b.* Private law

Cass. civ. 16.12.1968
(Soc. anon. Compagnies d'Assurances générales Accidents *c.*
Agent judiciare du Trésor public)
D.S. 1969 158

ARRÊT

LA COUR; — Sur le moyen unique, pris en ses deux branches: — Attendu qu'il résulte des énonciations de l'arrêt infirmatif attaqué (Paris, 2 mars 1965) qu'à la suite des vols, commis dans l'exercice de ses fonctions par un préposé de l'Administration des Postes et Télécommunications, de plusieurs paquets recommandés, expédiés par la Confédération des Chambres syndicales des débitants de tabac et contenant des dixièmes de billet de la Loterie nationale, ladite Administration, faisant application des dispositions de l'art. L. 8, C. des Postes et Télécommunications, a offert à l'expéditrice une somme forfaitaire de 400 F; que la Compagnie d'Assurances Générales Accidents subrogée dans les droits de la Confédération susindiquée, son assuré, a estimé cette offre insuffisante, a engagé contre le Trésor public une action pour obtenir le paiement d'une somme complémentaire de 47 197, 50 F avec intérêts de droit, représentant la réparation intégrale du préjudice par elle subi, mais que la cour d'appel a déclaré l'action mal fondée; — Attendu qu'il est fait grief aux juges du second degré d'avoir ainsi statué alors, selon le moyen, d'une part, qu'en raison de la dévolution aux tribunaux de l'ordre judiciaire de la compétence concernant les actions en indemnités pour pertes d'envois recommandés avec ou sans valeur déclarée, les contrats de transport postal seraient en cette matière des contrats de droit privé, et d'autre part, que si les rédacteurs du code des postes et télécommunications avaient eu l'intention d'apporter une dérogation aux principes du droit civil, ils auraient expressément déclaré que les clauses exonératoires ou limitatives de responsabilité s'appliquaient et toute hypothèse en même en cas de faute lourde ou intentionnelle; — Mais attendu que l'arrêt attaqué, après avoir rappelé les termes précis et impératifs de l'art. L. 8 susmentionné, lequel dispose que, sauf le cas de force majeure la perte d'un objet recommandé donne 'seule le droit . . . à une indemnité dont le montant est fixé par décret', et avoir précisé que ce montant est 'actuellement' arrêté à la somme de 40 F par objet, énonce justement que 'le caractère de réparation forfaitaire en cas de perte d'objets recommandés confiés à l'Administration des postes et télécommunications, procède non du contrat de transport postal . . . mais de la seule loi . . .'; que par ce seul motif, abstraction faite des motifs concernant la nature du contrat, que critique le pourvoi mais qui sont surabondants, la cour d'appel a légalement justifié sa décision; d'où il suit que le moyen unique n'est fondé dans aucune de ses branches;

Par ces motifs, rejette.

Cass. civ. 12.10.1971
(Agent judiciaire du Trésor *c.* Pottier)
D.S. 1972 43

LA COUR; — Sur le moyen unique: — Vu les art. L. 8 et L. 13 du Code des Postes et Télécommunications; — Attendu qu'il résulte de ces textes que l'Administration des Postes et Télécommunications n'est tenue à aucune indemnité soit pour détérioration, soit pour spoliation des objects recommandés, soit en cas de retard dans la distribution ou de non-remise par exprès, la perte, sauf le cas de force majeure, donnant seule droit à une indemnité dont le montant est fixé par décret; — Attendu que, retenant une faute à la charge du préposé de ladite administration qui, au lieu de remettre à Pottier une lettre recommandée qui lui était destinée et sans laisser à l'adresse un avis d'instance, a porté sur le pli la mention erronée que le 'destinataire' n'habitait pas à l'adresse indiquée ce qui a entraîné le retour de la lettre à l'expéditeur, le tribunal d'instance a condamné l'agent judiciaire du Trésor à réparer l'entier préjudice subi par Pottier et qu'il a évalué à la somme de 250 F; — Attendu qu'en statuant ainsi, alors que l'exonération de l'administration de la responsabilité pouvant résulter d'une faute dans l'exécution du contrat de transport postal et, le cas échéant, la fixation du montant de la réparation mise à la charge de l'administration sont déterminées par la loi, le tribunal d'instance (de Paris, 11ᵉ arrond., 30 avr. 1969) a violé les textes susvisés;
Par ces motifs, casse . . . renvoie devant le tribunal d'instance de Montreuil-sous-Bois.

Cass. civ. (ch. mixte) 23.3.1973
(Cie. d'assur. maritimes, aériennes et terrestres *c.* Ministre des
P.T.T.)
D.S. 1973 305, note anon

From the *conclusions* of M. Schmelck, Advocate-General:

M. le Premier président, MM. les présidents, Messieurs,
Le système des 'plis chargés', autrement dit des 'envois avec valeur déclarée', n'est pas à ce point familier qu'il soit inutile, au

terme de ce débat, et en guise d'introduction à mes propres explications, de rappeler les caractéristiques de ce contrat postal spécial, qui se distingue, par bien des traits non négligeables dans leurs conséquences, des autres contrats postaux.

Qu'est-ce qu'un 'pli chargé'? C'est une lettre ou un paquet recommandé dans lequel l'expéditeur insère des billets de banque ou d'autres valeurs, ou simplement encore des documents, dont il déclare la valeur qu'il leur attribue, afin d'être assuré d'être remboursé de cette même valeur en cas de perte . . .

Le système du 'pli chargé' est le plus souvent utilisé par des établissements de crédit, qui font parvenir de cette manière à leurs succursales éloignées les billets de banque dont celles-ci ont besoin.

Bien que commode, le procédé n'est cependant pas sans présenter des inconvénients quand il s'agit d'expédier des sommes importantes. La limitation, par pli, du montant de la valeur déclarée, oblige alors à multiplier les envois et augmente les frais. Aussi bien, par souci d'économie, certains usagers insèrent-ils dans le pli chargé des sommes d'une valeur supérieure à celle qu'ils déclarent.

Est-ce là un procédé illégal? . . .

Quoi qu'il en soit, à défaut de sanction pénale, le fait de minimiser, dans la déclaration, la valeur de l'envoi par rapport à sa valeur réelle, ou le fait de dépasser clandestinement le plafond prévu, expose l'expéditeur à une autre sanction: en cas de perte du pli, il perd, du même coup, le droit au remboursement des sommes non déclarées. De cette conséquence, l'expéditeur a parfaitement conscience, à telle enseigne qu'il se couvre bien souvent du risque qu'il court par une assurance distincte, ainsi qu'il l'a fait en notre espèce.

Quelles conclusions pouvons-nous déjà tirer de cette brève analyse?

En premier lieu, nous constatons que le contrat passé entre l'expéditeur d'un pli chargé et l'Administration des postes est un contrat d'un type très particulier. Son originalité ne tient pas seulement à ce que l'un des contractants est une administration publique. Elle tient aussi, et avant tout, au fait qu'il s'agit d'un *contract d'adhésion* dont les conditions ne sont pas laissées à la discrétion des parties mais leur sont *dictées par la loi*. C'est là, dans mon opinion, un élément essentiel de notre débat, et qui ne doit pas être perdu de vue.

Nous observerons, en second lieu, que le contrat en question tient à la fois d'un *contrat de transport* et d'un *contrat d'assurance*. L'Administration s'engage á faire parvenir à destination le pli qui lui est confié. C'est là son obligation de transporteur. Si le pli n'arrive pas à destination, elle doit indemniser l'expéditeur. Mais l'indemniser de quoi? C'est là que son obligation s'apparente à celle d'un assureur. Elle *garantit* à l'expéditeur, en tous cas, sauf le cas de force majeure, le paiement d'une somme égale au montant de la valeur déclarée.

Une dernière singularité, qui est spéciale à notre affaire, mérite d'être signalée. Elle réside dans les conditions particulières dans lesquelles le pli chargé a été perdu. Il l'a été en notre espéce par la faute d'un préposé de l'entreprise privée que l'administration s'était substituée pour le transport postal.

Que l'on soit en présence d'une faute lourde, c'est là un point qui n'est pas discuté. Ce qui est discuté, et qui reste le fond du débat, c'est de savoir:

Quelle est, en matière de plis chargés, l'étendue de la responsabilité de l'administration? Autrement dit, l'administration peut-elle être tenue au-delà de la valeur déclarée, dans le cas où une faute lourde a été commise par elle ou par la personne qui assure l'exécution du contrat postal pour son compte?

. . .

*La responsabilité de l'Etat*

Elle avait été admise par le juge d'instance, en dépit de l'art. L. 10 du Code des P. et T. Au contraire, elle a été écartée par la cour d'appel au motif que cet article s'applique, même en cas de faute lourde.

Ce serait là son erreur, soutient le pourvoi, car 'les clauses limitant la responsabilité de l'administration, tout comme les dispositions exonérant cette dernière de toute responsabilité, ne sont légalement applicables qu'en dehors de toute faute lourde'. Cette pétition de principe est-elle exacte?

(*a*) Elle le serait si nous nous trouvions en matière de droit commun des transports. Il est en effet dans la ligne générale de votre jurisprudence de considérer que *les clauses contractuelles* limitant la réparation du préjudice résultant de l'inexécution du contrat ne s'appliquent pas en cas de faute lourde du débiteur, laquelle est assimilable au dol. Et nombreux sont les arrêts qui en décident ainsi en matière de transport, dès lors que la limitation de la responsabilité découle de la seule volonté des parties . . .

Mais, ainsi qu'il a déjà été dit, le contrat qui est à l'origine du litige, n'est pas un contrat de transport comme les autres. Nous avons déjà vu qu'il présente cette originalité de tenir à la fois d'un contrat de transport, et d'un contrat d'assurance. Il présente, en outre, cette particularité que la responsabilité de l'un des contractants, l'Administration des postes, est déterminée par la loi.

Ne retenons pour l'instant que ce dernier aspect et posons-nous la question de savoir quelle est votre jurisprudence lorsqu'une disposition légale stipule une irresponsabilité partielle ou une indemnisation forfaitaire? Il ressort de différents arrêts qu'en pareil cas vous n'autorisez pas la victime à réclamer la totalité de son préjudice, en cas de faute lourde de son cocontractant; seuls la faute intentionnelle ou le dol pourraient faire échec à la limitation légale de la responsabilité. En dehors de cette hypothèse, cette limitation s'impose dans toute la mesure où la loi ne prévoit pas elle-même d'exception à l'irresponsabilité qu'elle édicte ou au forfait qu'elle impose . . .

En revanche, un récent arrêt de votre 1$^{re}$ Chambre civile est allé plus loin. Il se prononce précisément sur la responsabilité de l'Administration des P. et T., mais dans le cas de perte d'un pli recommandé. En pareil cas, l'art. 8 du Code des P. et T. prévoit une indemnisation forfaitaire limitée à 400 F. En l'occurrence, le pli avait été volé par un préposé des P. et T. La cour d'appel avait rejeté la demande de l'usager tendant à un dédommagement complémentaire justifié à ses yeux par une faute lourde de l'administration. Cette décision a été approuvée au motif, déjà retenu par les juges d'appel, que 'le caractère de réparation forfaitaire en cas de perte d'objets recommandés confiés à l'administration procède non du contrat de transport postal, mais de la loi' (Civ. 1$^{re}$, 16 déc. 1968, D. 1969. 158).

Au regard de ce dernier arrêt, l'on doit admettre, à tout le moins, une tendance de la Cour de cassation à considérer que la faute lourde non intentionnelle est sans incidence sur la responsabilité contractuelle, dès lors que celle-ci fait l'objet d'une limitation légale.

Cette tendance, vous le savez, n'est pas celle du Conseil d'Etat. L'on n'a pas manqué de souligner à la barre que la Haute juridiction administrative s'éloigne de la Court de cassation en ce qu'elle estime que les textes limitatifs de responsabilité ne mettent pas le contractant, serait-il une administration, à l'abri des conséquences de 'sa faute lourde ou d'une particulière gravité' . . .

Aussi bien, peut-on être sensible à l'argument souligné par le demandeur au pourvoi, selon lequel il n'y a pas de raison de permettre à une administration de se soustraire aux conséquences de sa faute lourde dès lors que l'on ne le permet pas à un simple particulier.

A se placer au point de vue des principes généraux, l'on pourrait donc éprouver quelque hésitation à suivre la cour de Rouen lorsqu'elle affirme que c'est à bon droit que l'Etat a pu opposer à la victime (ou à la personne qui lui est subrogée) la limitation de responsabilité instaurée par l'art. L. 10 du Code des P. et T. alors que la faute lourde de l'administration était établie.

(*b*) Je ne pense pas cependant que pareil scrupule soit justifié en notre espéce.

Je ne le pense pas pour la raison que ce n'est pas seulement la loi qui, dans le cas particulier des plis chargés, entend limiter la garantie fournie par l'administration. Telle est aussi la commune intention des parties. Il est bien clair qu'en acheminant le pli chargé dans lequel l'expéditeur a pu placer, sans aucun contrôle, des valeurs bien supérieures à celles qu'il déclare, l'administration accepte seulement de rembourser ce qui est déclaré. Il est bien clair également que l'expéditeur est d'accord avec cette fixation de la garantie à la valeur déclarée. Il sait qu'il s'il insère dans le pli une somme supérieure au montant de sa déclaration, il le fait à ses risques et périls. Il sait ce qui l'attend en cas de perte; il le sait si bien qu'il se garantit contre les risques qu'il court en contractant une assurance privée pour les valeurs qu'il omet de déclarer. En fait, il renonce à toute réclamation pour ce qu'il dissimule. Aussi bien, apparaît-il normal qu'en pareil cas il ne puisse (ni lui, ni son assureur, subrogé dans ses droits) réclamer davantage à l'administration que ce à quoi elle s'est engagée, et cela quelle que soit l'importance de la faute qu'elle a commise.

Même si elle a suivi un autre raisonnement, c'est, en fin de compte, ce qu'a décidé la cour d'appel, et c'est pourquoi j'estime que l'on ne doit pas censurer sa décision.

Mais on peut aller au rejet du pourvoi de deux manières:

On peut raisonner comme a raisonné la cour d'appel, c'est-à-dire s'inspirer de l'arrêt du 16 déc. 1968. Cela suppose que l'on voit dans l'art. L. 10 *une limitation* de la responsabilité des P. et T. analogue à celle qui existe en matière de plis simplement recommandés, où la loi prévoit une indemnité forfaitaire en cas de perte. Il suffirait alors de motiver le rejet en disant que l'on est en présence d'une limitation de responsabilité, non plus contractuelle mais légale et que, par conséquent, cette limitation s'impose même en cas de faute lourde.

Mais on peut aussi raisonner différemment, en partant d'une analyse du régime des 'plis chargés' qui tient meilleur compte des particularités de ce régime postal. Au lieu de voir dans les dispositions des art. D. 53 et L. 10 du Code des P. et T. une limitation de la responsabilité, on peut y voir *la détermination des conditions du contrat* et des obligations des parties. Lorsque ces dispositions fixent à la valeur déclarée par l'expéditeur la somme due en cas de perte du pli, elles ne prévoient pas une indemnisation forfaitaire ou une réduction de l'indemnité qui serait due à raison du préjudice réellement subi; elles préciseent en réalité *les termes mêmes du contrat*, c'est-à-dire ce sur quoi il porte ainsi que les obligations respectives des contractants, notamment celles des P. et T.

L'objet du contrat? Ce ne sont pas les valeurs réellement insérées dans le pli, ce sont les valeurs *déclarées*.

L'obligation de l'administration? C'est d'une part acheminer le pli, d'autre part *garantir* à l'expéditeur, si le pli n'arrive pas à destination, et sauf le cas de force majeure, *le remboursement de la valeur déclarée*. Pour ce qui est des valeurs non déclarées, le fait qu'elles se perdent, ou soient spoliées, ne constitue pas une inexécution du contrat, puisque l'administration n'a pris aucun engagement à leur égard. Le contrat est exécuté par le paiement de la valeur déclarée; il ne va pas plus loin.

C'est ce qu'exprimait déjà le commentateur d'un arrêt de 1893 (qui avait décidé que l'administration n'est responsable des valeurs insérées dans les lettres que dans les limites de la déclaration prescrite) lorsqu'il disait que 'les valeurs excédant la déclaration sont réputées légalement inexistantes dans les rapports entre l'administration et l'expéditeur'. L'on pourrait compléter sa pensée en disant que les valeurs non déclarées ne sont pas seulement 'réputées légalement inexistantes', elles sont réellement inexistantes dans la convention passée entre les parties car l'expéditeur accepte que la garantie de l'administration soit cantonnée à ce qu'il déclare, puisqu'il a la possibilité d'étendre cette garantie à ce qu'il envoie réellement, en multipliant le nombre de ses plis. L'expéditeur reste libre d'utiliser ou de ne pas utiliser le système des plis chargés. Mais s'il l'utilise, ce ne peut être que dans les conditions déterminées par la loi et la *loi place les valeurs non déclarées hors du champ du contrat.*

En interprétant ainsi les dispositions légales et le contrat, on aboutit également à rejeter le pourvoi mais par des motifs qui, sans plus se référer aux effets des limitations légales de responsabilité, comme l'a fait la cour d'appel, diraient, en substance, que l'administration ne peut être responsable des valeurs non déclarées parce que, en vertu de la loi, celles-ci ne sont pas comprises dans le contrat.

Cette position, qui me paraît juridiquement solide, présenterait en outre l'avantage d'éviter toute dissonance avec la jurisprudence administrative et de laisser le champ libre à une autre solution en d'autres espèces où il pourrait paraître plus judicieux et plus équitable de ne pas dégager le débiteur des conséquences de sa faute lourde.

C'est donc en ce sens que j'ai l'honneur de conclure sur le premier pourvoi . . .

LA COUR; . . . Sur le moyen unique du pourvoi: — Attendu, selon les énonciations de l'arrêt attaqué (Rouen, 21 mai 1969), que six plis recommandés d'une valeur déclarée de 1 500 F chacun, mais d'une valeur réelle de 530 000 F en tout, expédiés par voie postale par une agence de banque, furent volés au cours de leur transport dans une véhicule de Grasset, adjudicataire d'une liaison postale routière; que l'Administration des Postes paya à la banque le montant des valeurs déclarées; que la Compagnie d'assurances maritimes, aériennes et terrestres, assureur de la banque pour le surplus des valeurs, agissant par subrogation, et imputant à un préposé de Grasset des négligences graves, a demandé à l'Etat français et à Grasset paiement d'une somme de 510 000 F; — Attendu qu'il est fait grief à l'arrêt, infirmatif de ce chef, d'avoir rejeté la demande dirigée contre l'Etat français par application de l'art. L. 10 du Code des Postes et Télécommunications, alors que les clauses limitant la responsabilité de l'Administration, tout comme les dispositions exonérant celle-ci de toute responsabilité, ne seraient légalement applicables qu'en dehors de toute faute lourde;

Mais attendu que l'arrêt attaqué, après avoir rappelé les termes précis et impératifs de l'art. L. 10 susmentionné disposant que, sauf le cas de perte par force majeure, l'Administration est responsable, jusqu'à concurrence d'une somme fixée par décret, des valeurs insérées dans les lettres et régulièrement déclarées, énonce justement que cette disposition légale s'impose même en cas de faute lourde; d'où il suit que le moyen n'est pas fondé; . . .

Par ces motifs, et sans qu'il y ait lieu de statuer sur la première branche du moyen, rejette . . .

NOTE

En vue d'approvisionner en billets de banque une de ses succursales, un établissement de crédit avait expédié par voie postale six 'plis chargés' contenant ces billets.

La valeur déclarée pour chacun des plis était de 1 500 F soit 9 000 F au total. En réalité, le contenu des plis s'élevait à 530 000 F. Transportés dans le véhicule d'un entrepreneur, adjudicataire d'une liaison postale routière, les plis furent volés à la suite d'une grave négligence du conducteur du véhicule. La banque fut remboursée par l'Administration des Postes et Télécommunications du montant des sommes déclarées. Comme elle s'était assurée pour le surplus auprès d'une compagnie d'assurances, celle-ci lui paya, de son côté, la différence entre les valeurs déclarées et les valeurs effectivement expédiées.

Agissant par subrogation, la compagnie d'assurances demanda la condamnation *in solidum* de l'Etat et de l'entreprise de transports à lui rembourser les sommes par elle versées.

Le juge d'instance fit droit à cette demande. Il estimait que 'les négligences relevées à l'encontre du préposé du transporteur étaient constitutives de faute lourde, que l'administration devait répondre du fait de son transporteur, et que la limitation de responsabilité à la somme déclarée (limitation prévue à l'art. L. 10 du Code postal) n'était pas valable en cas de faute lourde assimilable au dol'.

Sur appel, aussi bien de l'Etat que du transporteur, la cour de Rouen confirma le jugement en tant qu'il avait condamné le transporteur à rembourser la compagnie d'assurances, mais, établissant d'office une distinction entre la responsabilité du transporteur et celle des postes, rejeta la demande de la compagnie d'assurances en tant qu'elle était dirigée contre l'Etat. Cet arrêt a été frappé de pourvoi par la compagnie d'assurances et le transporteur (aux droits duquel se trouvent à l'heure actuelle ses héritiers).

Saisie de chacun des pourvois la 1$^{re}$ Chambre civile de la Cour de cassation s'est partagée et l'affaire a été renvoyée devant la Chambre mixte qui, joignant les deux pourvois, a rendu l'arrêt ci-dessus reproduit.

From M. Azibert et M. de Boisdeffre, Chronique in A.J.D.A.[20]

Le régime de la mise en jeu de la responsabilité du service des postes et du service des télécommunications est apparu depuis longtemps aux commentateurs comme une bizarrerie juridique . . .

D'abord, alors que la nature de service public administratif a été, après de longues années d'hésitations jurisprudentielles, reconnue au service des P.T.T. (Trib. confl. 24 juin 1968, *Ursot.*) . . . et que, dès lors, le juge administratif est devenu le juge naturel du fonctionnement de ce service, il demeure, dans le contentieux relatif audit fonctionnement, des îlots de compétence judiciaire, en vertu de dispositions législatives particulières. Cette 'cohabitation' des juges ne répond à aucune logique et entraîne des difficultés réelles pour les justiciables, ainsi que des risques d'inégalité de traitements: ainsi, en vertu de l'art. 2 de la loi du 22 juillet 1905, les litiges relatifs à l'acheminement des lettres et des objets recommandés relèvent de la compétence judiciaire, alors que ceux qui sont relatifs à l'acheminement des lettres et des objets de correspondance ordinaire relèvent, en l'absence de texte spécial, de la compétence du juge administratif . . .

Enfin, de manière plus surprenante encore, le Code des P.T.T. pose le principe de l'*irresponsabilité* de la puissance publique dans un grand nombre d'hypothèses qui concernent les services les plus courants rendus par cette administration. L'art. L. 7 dispose que 'l'administration des postes et télécommunications n'est tenue à aucune indemnité pour perte d'objet de correspondance

[20] A.J.D.A. 1986 694-5

ordinaire'. L'art. L. 8 prévoit la même exonération de responsabilité 'soit pour détérioration, soit pour spoliation des objets recommandés'. L'irresponsabilité est également la règle posée par le législateur en ce qui concerne le fonctionnement des services financiers, puisque notamment 'l'administration n'est pas responsable des retards qui peuvent se produire dans l'exécution du service' des chèques postaux (art. L. 107), comme des mandats postaux (art. L. 113), ou des valeurs à recouvrer et des envois contre remboursement (art. L. 122); de même, 'le titulaire d'un compte courant postal est seul responsable des conséquences résultant de l'emploi abusif, de la perte ou de la disparition des formules de chèques qui lui ont été remises par l'administration des P. et T.' (art. L. 108).

Néanmoins, dans toutes les hypothèses où le législateur a posé en principe l'irresponsabilité de l'administration, le Conseil d'Etat, de manière à vrai dire un peu curieuse, juge que le code n'exonère pas le service des conséquences de celles de ses fautes qui . . . sont aujourd'hui plus simplement qualifiées de fautes lourdes . . .

Cette jurisprudence, que de nombreux commentateurs estime opportune mais contestable en droit dans la mesure où elle interviendrait, selon eux, *contra legem* . . . a d'ailleurs finalement inspiré le législateur lui-même.

En effet, sour l'empire de l'art. L. 37 ancien du code, qui exonérait l'Etat de toute responsabilité 'à raison de la correspondance privée sur le réseau des télécommunications', le Conseil d'Etat jugeait, conformément à sa jurisprudence générale, qu'une telle disposition n'excluait pas la responsabilité de l'administration en cas de faute lourde.

Le législateur a sans doute entendu s'aligner sur cette jurisprudence lorsque, par l'art. 2 de la loi du 23 octobre 1984 relative au service public des télécommunications, il a modifié l'art. L. 37, lequel prévoit désormais que 'la responsabilité de l'Etat peut être engagée à raison des services de communication sur le réseau des télécommunications en cas de faute lourde'. Cette modification législative demeure très partielle au regard de la longue liste des irresponsabilités édictées par le Code et a en outre l'inconvénient de priver le juge de toute liberté d'appréciation sur le degré de gravité de la faute de nature à engager la responsabilité de l'Etat. Mais elle constitue un premier pas dans la voie du rajeunissement de textes obsolètes et constitutifs d'une immunité sans justification.

# Part II. Private Law

# 3. Structure

## Categories

A. Institutional Categories

*a. Civil and criminal law*

1. There is no need to explain the difference between civil and criminal law: as in England, a sharp distinction is made between civil and criminal jurisdiction (*juridiction répressive* or *pénale*, and *juridiction civile*).[1]

2. It is, however, a characteristic feature of French law that the victim of a crime can seek to get compensation in the criminal proceedings instituted either by the public prosecutor or by himself. This is known as *action civile* and the party who takes advantage of this principle is known as the *partie civile*. *Action civile* is distinguished from *action publique* (that is, criminal prosecution) and means civil action in the criminal court.[2]

3. The victim of a crime can of course also proceed in the civil court, but there are great advantages (especially with regard to evidence and proof) in making use of the *action civile* in the criminal courts, as the victim can utilize the evidence collected by the public prosecutor or the *juge d'instruction*.

4. From the alternative possibilities of proceeding in the civil or in the criminal courts there arise difficult problems of detail, for example, of the need for staying actions or *res iudicata* etc.

5. It follows that the student of French law will often find very important decisions on questions of the civil law (of delict, for example, on motor accidents) in the *jurisprudence* of the *Chambre criminelle* of the *Cour de cassation*. It has happened, for example in the law of damages, that the *Chambre civile* and the *Chambre criminelle* were at variance on important issues.

---

[1] For the various criminal and civil courts see below.
[2] For an example see Cass. crim. 7.6.1945, below, *Cause illicite*.

6. In common-law jurisdictions, although most crimes are also torts, there is no generalized power for the victim to sue for tort damages in the criminal prosecution. Instead, in England and Wales statute permits any criminal court to require a convicted person to 'pay compensation for any personal injury, loss or damage resulting from' the offence. The court must have regard to the offender's means (Powers of Criminal Courts Act 1973 s. 35 as amended.)

### Code de Procédure Pénale

TITRE PRELIMINAIRE: DE L'ACTION PUBLIQUE ET DE L'ACTION CIVILE

ART. 1<sup>er</sup>. L'action publique pour l'application des peines est mise en mouvement et exercée par les magistrats ou par les fonctionnaires auxquels elle est confiée par la loi.

Cette action peut aussi être mise en mouvement par la partie lésée, dans les conditions déterminées par le présent code.

ART. 2. L'action civile en réparation du dommage causé par un crime, un délit ou une contravention appartient à tous ceux qui ont personnellement souffert du dommage directement causé par l'infraction.

. . .

ART. 3. L'action civile peut être aussi exercée en même temps que l'action publique et devant la même juridiction.

Elle sera recevable pour tous les chefs de dommages, aussi bien matériels que corporels ou moraux, qui découleront des faits objets de la poursuite.

ART. 4. L'action civile peut aussi être exercée séparément de l'action publique.

Toutefois il est sursis au jugement de cette action exercée devant la juridiction civile tant qu'il n'a pas été prononcé définitivement sur l'action publique lorsque celle-ci a été mise en mouvement.

ART. 5. La partie qui a exercé son action devant la juridiction civile compétente ne peut la porter devant la juridiction répressive.

ART. 10. (L. no. 80-1042 du 23 decémbre 1980): L'action civile se prescrit selon les règles du Code civil. Toutefois, cette action ne peut plus être engagée devant la juridiction répressive après l'expiration du délai de prescription de l'action publique.

From Jean Pradel, *Droit pénal*, vol. ii, *Procédure pénale* (1987)

191. — L'attribution d'une compétence civile au juge pénal permet à la victime d'espérer que son indemnisation sera plus certaine, plus économique et plus rapide.

En premier lieu, l'indemnisation est *plus certaine*. Malgré les réformes de procédure civile . . . le procès civil reste de type accusatoire de sorte que la victime doit compter avec le défendeur. Au contraire, le caractère inquisitoire du procès pénal fait que la partie lésée n'a plus rien à redouter des manœuvres de son adversaire puisque le juge dispose de pouvoirs considérables: la victime profite des preuves recueillies par le juge répressif. C'est d'ailleurs en raison de l'importance de ces pouvoirs que, si la victime ignore l'identité du délinquant, seule la voie pénale est utilisable: la victime peut en effet se constituer partie civile contre X devant le juge d'instruction, alors qu'au 'civil' (et aussi en cas de citation directe) elle doit viser nommément la partie adverse. A ce tableau favorable, une seule ombre subsiste toutefois pour la victime: parfois la preuve lui est plus malaisée au 'pénal' . . . qu'au 'civil' . . .

L'indemnisation de la victime est en second lieu obtenue de manière *plus économique* devant le juge pénal que devant le juge civil. Bien qu'une consignation soit exigée de la partie lésée qui déclenche le procès pénal, la procédure pénale est d'une coût réduit. Même lorsque les frais peuvent lui incomber, la victime bénéficie des tarifs établis par les articles . . . du Code de procédure pénale. Et ces textes s'appliquent aussi bien aux frais engagés après décision sur l'action publique qu'aux dépenses occasionnées avant . . . En outre, le procès civil suppose le plus souvent l'appel à un avocat que la victime devra rémunérer en principe, alors que le procès pénal ne suppose pas le ministère d'un tel auxiliaire.

Enfin, en troisième lieu, le procès pénal est pour la victime *plus rapide* que le procès civil. Parce que l'action publique requiert une solution aussi rapide que possible, notamment en raison de la prééminence de l'intérêt général sur les intérêts particuliers et de la détention provisoire que peut comporter le procès pénal, l'indemnisation de la victime sera par contrecoup obtenue dans des délais relativement brefs. Si le juge pénal ne pouvait connaître de l'action civile, la partie lésée se trouverait obligée d'attendre l'achèvement du procès pénal, puis de saisir le juge civil en diligentant une seconde procédure.

En définitive, la compétence civile du juge pénal se justifie davantage par l'intérêt privé de la victime que par l'intérêt général. Dans l'ensemble, cependant, c'est, selon nous, sans hésitation qu'il faut conserver la faculté pour la victime d'une infraction de saisir le juge pénal, sauf à réserver le pouvoir exceptionnel de celui-ci de renvoyer à son collègue civil les affaires trop complexes.

## b. Civil and commercial law

1. In England the term 'commercial law' signifies those branches of the law which, in many universities, are taught under this designation, or are called 'mercantile law'. It comprises the most important commercial contracts, such as sale of goods, agency, carriage by land, sea, and air, negotiable instruments, suretyship, insurance, and also the law of commercial associations, that is, partnerships and companies. The link between these topics is that they are, or are supposed to be, of special importance to business. With few exceptions, however, there is no distinction between the principles of the law applicable to transactions entered into in the course of business between two businessmen (one firm sells 100 sacks of sugar to another firm) or between a business- and a non-businessman (a grocer sells a pound of sugar to a housewife) and those not entered into in the course of business (one housewife sells a pound of sugar to her neighbour). English private law has no separate body of rules for commercial transactions, and in this sense no 'commercial law'.

2. The term 'commercial law' also has a procedural meaning. It may be said to comprise the 'commercial actions', that is, the causes of action which may be entered into the commercial list in the charge of one of the judges of the Queen's Bench Division. Special rules of procedure apply to it in accordance with Order 72 of the Rules of the Supreme Court, 1965.

3. There is, however, no body of special legal principles to govern such actions, and the judge who takes the Commercial List applies the same rules of substantive law which he would if he were exercising his judicial function outside the 'commercial court'. The 'courts merchant' which played an important role in medieval England were absorbed by the common law courts, and in the seventeenth and eighteenth centuries, at the time of Lord Holt and Lord Mansfield, the customs of merchants were absorbed by the common law. In England the *lex mercatoria* became the law of the land.[3]

4. For obvious reasons in many countries, and especially in France, the need for unifying the law was felt particularly keenly where business transactions were concerned. Hence the codification of commercial law preceded that of civil law by decades, or even — as in France — by centuries. There it was the work of the two great commercial *Ordonnances* associated with Colbert, the *Ordonnance sur le commerce de terre* of 1673 (Code Savary) and the *Ordonnance sur le commerce de mer* of 1681. The two *Ordonnances* were incorporated in Napoleon's *Code de commerce* of 1807. Most of it deals with partnerships and companies, negotiable instruments, maritime law, bankruptcy, and the special commercial courts, but it also contains a number of special provisions on commercial agents, transport by land, and limitation of actions. Many of these matters have been codified in England: for example, partnership, negotiable instruments, sale of goods, marine insurance.

5. French writers on civil law do not normally deal with the typical contracts of business life: commercial sales, banking and stock exchange transactions, negotiable instruments, contracts of carriage (for example, charter-parties), marine insurance, etc. Learning contract in England involves the study of decisions on just these matters, but French students of civil (as distinct from commercial) law are told about cases which occur in a more homely and workaday atmosphere.

6. In traditional French doctrine there are two methods of marking commercial law off from civil law. The 'objective' method distinguishes between types of transactions (*actes de commerce*) of

---

[3] See Holdsworth, *History of English Law*, vol. i, pp. 535 ff.; v. 102–54; vi. 519 ff.; xii. 524 ff.

a business nature and other transactions, without regard to the parties; the 'subjective method' distinguishes between persons, i.e. between *commerçants* and others, without regard to the type of transaction. The *Code de commerce* is a compromise between the two methods. It defines the *acte de commerce* and defines a *commerçant* as a person who makes it his habitual occupation to conclude *des actes de commerce*, and its provisions generally apply to an *acte de commerce* irrespective of who is the party. Thus the Code adopts the 'objective' system, but tempers it by the principle that *actes accessoires* entered into by a *commerçant* (for example, a contract of employment) are also *actes de commerce*, and tempers it further by defining certain *actes de commerce* as those concluded in the course of an *entreprise*, for example, manufacture, transport, etc., and the letting and hiring of chattels. If a man hires a car from a friend, he does not enter into an *acte de commerce*; if he hires it from a car-renting firm, he does. Certain transactions, for example, negotiable instruments, are always *actes de commerce* — *par leur forme*.

7. R.S.C. Order 72 Rule 1 is also an amalgam of 'objective' and 'subjective' elements. It reads:

> This Order applies to commercial actions in the Queen's Bench Division, and the other provisions of these rules apply to those actions subject to the provisions of this Order. In this Order 'commercial action' includes any cause arising out of the ordinary transactions of merchants and traders and, without prejudice to the generality of the foregoing words, any cause relating to the construction of a mercantile document, the export or import of merchandise, affreightment, insurance, banking, mercantile agency and mercantile usage.

The judges rigorously exclude from the Commercial List all cases not properly 'commercial'. The 1986 Guide (Order 72/A1) explains the criteria for inclusion in terms of a list of what the French would call *actes de commerce* — shipping, insurance, banking, commodity dealings, and the like.

On the other hand section 14 of the Sale of Goods Acts 1893 and 1979 is an example of the 'subjective' approach; it implies terms as to fitness and quality where 'the seller sells goods in the course of a business'. Similarly the most important provisions of the Unfair Contract Terms Act 1977 apply only to 'things done . . . in the course of a business' (s.1(3)).

8.  There are still major differences between the two categories. For instance the law of partnership between non-merchants (professionals for example) is governed in principle by the contract of *société* in arts. 1832 ff. of the Civil Code, as amended in 1985. Commercial partnerships, on the other hand, together with the various types of companies form part of *droit commercial*. Other substantive distinctions concern matters such as joint and several liability for debts (*solidarité*), rates of interest, the realization of securities (*gages*), and limitation of actions. There are also important procedural differences:

(*a*)   The admission of oral evidence (art. 109 *Code de commerce*) in many situations in which the *Code civil* requires written evidence (art. 1341 ff.).

(*b*)   The application of the law of bankruptcy to *commerçants* but not to others.

(*c*)   The jurisdiction and simplified procedure of the *Tribunaux de commerce*.

It will be observed that the object of the creation of the Commercial List in the Queen's Bench Division was 'to create a simplified procedure, more suited to the needs of the mercantile community, with briefer pleadings, more expeditious trials before judges of special experience in such cases, and reduced expense'. It will also be remembered that, until the passing of the Bankruptcy Act, 1861, only a 'trader' could be made bankrupt — a trader being defined by a casuistic enumeration of trades, including, *inter alia*, 'all persons who either for themselves or as agents or factors for others, seek their living by buying and selling, or by buying and letting for hire or by the workmanship of goods or commodities' (s.65).

### Code de Commerce

Art. 1. Sont commerçants ceux qui exercent des actes de commerce et en font leur profession habituelle.

. . .

Art. 632. La loi répute actes de commerce:
Tout achat de biens meubles pour les revendre, soit en nature, soit après les avoir travaillés et mis en œuvre; . . .
Tout achat de biens immeubles aux fins de les revendre; . . .
Toutes opérations d'intermédiaire pour l'achat, la souscription ou

la vente d'immeubles, de fonds de commerce, d'actions ou parts de sociétés immobilières;
Toute entreprise de location de meubles;
Toute entreprise de manufactures, de commission, de transport, par terre ou par eau;
Toute entreprise de fournitures, d'agence, bureaux d'affaires, établissements de ventes à l'encan, des spectacles publics;
Toute opération de change, banque et courtage;
Toutes les opérations des banques publiques;
Toutes obligations entre négociants, marchands et banquiers;

ART. 633. La loi répute pareillement actes de commerce:
Toute entreprise de construction, et tous achats, ventes et reventes de bâtiments pour la navigation intérieure et extérieure;
Toutes expéditions maritimes;
Tout achat et vente d'agrès, apparaux et avitaillements;
Tout affrètement ou nolissement, emprunt ou prêt à la grosse;
Toutes assurances et autres contrats concernant le commerce de mer;
Tous accords et conventions pour salaires et loyers d'équipages;
Tous engagements de gens de mer, pour le service de bâtiments de commerce.

**Tribunaux de commerce**

Code de l'organisation judiciaire (Loi no. 87-550 du 16 juillet 1987)

L. 411-1. Les tribunaux de commerce sont des juridictions du premier degré, composées de juges élus et d'un greffier. Leur compétence est déterminée par le code de commerce et par les lois particulières.
L'appel des jugements rendus par les tribunaux de commerce est porté devant la cour d'appel.
L. 413-1. Les juges des tribunaux de commerce sont élus dans le ressort de chacune de ces juridictions par un collège composé 1° des délégués consulaires; 2° des membres en exercice des tribunaux de commerce et des chambres de commerce et d'industrie; 3° des anciens membres des tribunaux de commerce et des chambres de commerce et d'industrie ayant demandé à être inscrits sur la liste électorale . . .

From Ripert, éd. Roblot, *Droit commercial* (1986)[4]

1. *Définition.* Le droit commercial est la partie du droit privé relative aux *opérations juridiques faites par les commerçants*, soit entre eux soit avec leurs clients. Ces opérations se rapportent à l'exercice du commerce, et sont dites pour cette raison *actes de commerce*. Comme un de ces actes peut être accompli accidentellement par une personne non commerçante, le droit commercial régit aussi les actes de commerce sans considération de la personne de leur auteur.

2. *Sens du mot commerce.* . . . Le droit commercial *s'applique à la fois à l'industrie et au commerce* proprement dits: l'industriel au sens juridique du mot est un commerçant.

Ce n'est pas à dire que le droit commercial régisse toute l'économie: il reste une partie de l'activité économique qui n'est pas commerciale. Nous verrons quelle est en pareille matière l'importance de l'usage. Signalons dès maintenant que l'agriculture, les industries extractives, les professions libérales, par nature, ne sont pas régies par le droit commercial, et que les artisans ne sont pas des commerçants.

3. *Division du droit privé.* Le droit commercial *fait partie du droit privé*. Il ne faut pas considérer, comme on le fait souvent à tort, que le droit privé se divise en deux branches: droit civil et droit commercial. Cette division bipartite supposerait une égalité qui n'existe pas. Le *droit civil constitue le droit commun*; le *droit commercial* comprend les *règles particulières* établies dans l'intérêt du commerce.

Pendant longtemps ces règles n'ont pas eu assez d'importance pour être groupées dans une discipline spéciale. Bien qu'il y ait eu, par exemple à Rome, des règles destinées exclusivement au commerce maritime, les jurisconsultes romains n'ont jamais reconnu l'existence d'un droit commercial . . . Ce fut seulement au Moyen Age, sous la double influence d'un mouvement commercial intense et d'une organisation corporative des marchands, que naquirent des institutions et des règles propres au commerce. Le droit commercial s'est créé par l'usage et il a été appliqué par des juridictions spéciales. Il a été ensuite codifié. Il l'a été avant le droit civil et cette priorité de rédaction a aidé à la conservation de son autonomie.

Il reste que le droit commercial est un *droit dépendant du droit civil*. Pour en comprendre les règles, il faut se référer aux principes généraux de ce droit et particulièrement des obligations et contrats. Trop de praticiens croient pouvoir disserter sur les matières commerciales sans se soucier des règles applicables aux actes juridiques. C'est se condamner à ne voir que l'aspect réglementaire des règles. En revanche, trop de juristes sont tentés de ramener les institutions du droit commercial à celles du droit civil. Ils ont parfois utilisé une série complexe de catégories juridiques pour expliquer des institutions qui ont été imposées par la pratique pour les besoins du commerce sans aucun souci de telles constructions. Il est nécessaire d'affirmer l'originalité du droit commercial et de ne pas affaiblir sa technique propre dans un désir d'unification des conceptions juridiques.

. . .

5. *Détermination du domaine du droit commercial.* Étant un droit exceptionnel, le droit commercial devrait avoir un domaine nettement délimité. Malheureusement cette délimitation, créée par l'usage, n'a jamais été formulée d'une manière précise et on peut douter qu'elle puisse l'être. Si on prend en considération les *sujets de droit*, on appliquera le droit commercial aux seules personnes qui ont la *qualité de commerçants*: la conception de ce droit est dite *subjective*. Si on prend en considération les *actes juridiques*, on s'attachera aux actes qui sont *nécessaires à la vie commerciale*: la conception est dite *objective*. Ainsi présentée, l'opposition des deux conceptions paraît très nette et il n'y aurait qu'à prendre parti. Mais pour qu'elle soit bien accusée, il faudrait pouvoir proposer une notion précise du commerçant, dans la première, ou de l'acte de commerce, dans la seconde. Or nous verrons que le commerçant se reconnaît à la nature des actes qu'il fait et que la nature des actes dépend de la qualité de celui qui les fait. On tourne ainsi dans un cercle vicieux. Il faut donc aller plus au fond des choses et préciser le sens de chacune de ces conceptions.

. . .

338. La détermination de la compétence soulève une assez grave difficulté dans le cas où le contrat est passé entre un commerçant et

un non-commerçant . . . La jurisprudence . . . décide que le non-commerçant peut *à son choix* citer le commerçant soit devant le tribunal de commerce, soit devant le tribunal civil . . . Au contraire, le commerçant ne peut citer le non-commerçant que devant le tribunal civil.

From A. Pirovano, 'Introduction critique au droit commercial contemporain' (1985)[5]

Dès l'origine, le droit commercial produit par les codifications napoléoniennes se trouve entaché de plusieurs ambiguïtés: ambiguïté quant au contenu — droit des commerçants ou droit des actes de commerce . . . C'est la fameuse querelle entre la conception subjective et la conception objective du droit commercial. En fait, le mot querelle est sans doute excessif car la controverse ne semble plus susciter, aujourd'hui, une grande passion.

D'après la conception subjective, le droit commercial apparaît, avant tout, comme 'un droit professionnel réservé aux personnes qui exercent les professions dites commerciales'. Seuls les commerçants, c'est-à-dire les personnes inscrites sur un registre particulier, pourraient effectuer des opérations commerciales, ces dernières n'étant d'ailleurs définies que 'de façon subsidiaire' . . .

La deuxième conception a pour elle, semble-t-il, la logique car il paraît rationnel de définir le commerce avant de définir le commerçant. Si le commerçant est soumis à des règles spécifiques, c'est parce qu'il effectue une catégorie bien déterminée d'opérations. Mais il faut partir de la 'définition de l'acte de commerce, caractérisé par ses éléments intrinsèques, indépendamment de la personne qui le fait'. Tout acte répondant à cette définition sera soumis au droit commercial, qu'il soit fait par un commerçant ou par un non-commerçant.

D'un point de vue purement 'logique' ces remarques sont exactes. Mais d'autres facteurs entrent en ligne de compte dans le domaine des sciences sociales. La question ne peut être résolue qu'en ayant en vue le contexte économique et politique. L'étude des texte montre, en effet, que le législateur, en 1807, ayant à choisir entre ces deux conceptions, n'a franchement opté ni pour l'une, ni pour l'autre ou plus précisément semble avoir privilégié la

---

[5]   1985 *Rev. Trim. Dr. Com.* 219.

conception objective par une lourde énumération 'd'actes de commerce'.
. . .

Or, il est aisé de constater, par exemple;
—qu'un grand nombre de groupements restent dans le domaine civil alors qu'ils ont pour but la réalisation de bénéfices: ainsi les sociétés civiles:
—que les professions libérales tiennent toujours à se démarquer des activités commerciales considérées comme moins 'nobles'. Jésus avait chassé les marchands du Temple. Saint Thomas d'Aquin condamne le commerçant qui achète pour revendre plus cher. Cela a laissé des traces dans l'idéologie dominante. Pourtant plus personne ne croit au caractère désintéressé de ces professions. Certains médecins ou avocats réalisent des profits infiniment plus élevés que ceux des petits commerçants. Il est des études de notaire qui font penser à des usines . . . qu'il est de grandes entreprises agricoles réalisant d'importants profits et qui échappent toujours au droit commercial.
. . .

Les jugements portés sur le code de 1807 sont en général très sévères . . . Il s'est souvent borné à reproduire les ordonnances de Colbert et n'a pas tiré toutes les conséquences de la liberté de commerce et de l'industrie consacrée par les révolutionnaires . . . D'où la réputation de 'législation de boutiquiers' attachée de manière indélébile au code de commerce dont il ne reste plus grand-chose aujourd'hui. En effet, la plupart des matières régies par le code ont été par la suite abrogées et ont fait l'objet de lois speciales extérieures au code lui-même.
. . .

On remarquera tout d'abord que le droit commercial, plus que tout autre, s'est trouvé affecté par la répartition des compétences opérée, en 1958, par la Constitution de la V$^e$ République. En vertu de l'art. 34, la loi parlementaire est devenue l'exception, la 'loi gouvernementale' (décrets et arrêtés) la règle. Le Parlement a compétence uniquement en ce qui concerne les principes fondamentaux concernant les obligations civiles et commerciales, ce qui laisse un champ immense à l'action du pouvoir exécutif.
    Des pans entiers du droit commercial classique se trouvent ainsi soustraits à la compétence du Parlement. Une grande partie du

droit des sociétés commerciales et de la faillite est régie par décrets. Le registre du commerce, les baux commerciaux, les agents commerciaux sont réglementés par décrets.

### B. Normative Categories

#### a. *Ius cogens, ius dispositivum*

**Code Civil**

ART. 6. On ne peut déroger par des conventions particulières aux lois qui intéressent l'ordre public et les bonnes mœurs.

1. This section deals with the difference between rules which do not and those which do yield to a contrary intention. The French use the phrases *lois impératives* and *lois supplétives* although, even in their system, not all the rules are statutory.

2. There is no easy two-fold distinction but, simplifying somewhat, we can discern the following categories:

(*a*)  At one extreme are rules which yield to no exercise of the human will (save, of course, that of the legislator). A prime example is the prohibition against murder (statutory in France, though not in England) which those who favour euthanasia would like to see capable of being set aside by the will of the victim and his medical advisers. Other instances are the Rule in *Shelley*'s case, the Rule against Perpetuities, and the Rule against contractual penalties; they are often signalled by the phrase 'It is a rule of law that . . .'

(*b*)  At the other extreme we find rules, no matter how august their source, which have no normative effect whatever unless invoked — the Statute of Frauds is the great example.

Within these extremes we may distinguish:

(*c*)  Rules which operate unless set aside by one human will — such as the intestacy regimes of both systems;

(*d*)  Rules which need the consent of two wills to be set aside — the standard French matrimonial regime for instance, or (in principle) the rule in *Donoghue* v. *Stevenson*;

(*e*)  Rules which can be set aside by the judicial will either

(i) with the consent of the parties (usually expressed in their contract) as in various provisions of the Unfair Contract Terms Act 1977; or

(ii) against the will of one of the parties. Thus the Code civil art. 1152 enacts:

> 'Lorsque la convention porte que celui qui manquera de l'exécuter paiera une certaine somme à titre de dommages-intérêts, il ne peut être alloué à l'autre une somme plus forte ni moindre.'

In 1975, however, there was added an *alinéa* which runs:

> 'Néanmoins le juge peut modérer ou augmenter la peine qui avait été convenue si elle est manifestement excessive ou dérisoire. Toute stipulation contraire sera réputée non écrite'.

3. The idea that certain rules are so important as to be *ius cogens* is not new. Recent years, however, have seen both systems making use of mandatory legislation in the fields of social law and of consumer protection. Examples of the former would be the Rent Acts and minimum-wage legislation of both countries. The second type is found in the Unfair Contract Terms Act 1977, many of whose provisions protect consumers dealing with businessmen but not the latter, or private citizens, dealing *inter se*. Similar distinctions are found in a French statute of 1978 which relates (*inter alia*) to 'les contrats conclus entre professionnels et non-professionnels ou consommateurs' and avoids 'clauses imposées . . . par un abus de la puissance économique . . .'[6]

4. As Julliot de la Morandière points out, there are three kinds of enactment. Some statutes say, in so many words, that they yield to the contrary intention of the parties. Some expressly say that they do not so yield — as in the new addition to C. civ. 1152 above. But many statutes say neither — for instance the basic 'tort' provision of art. 1382: 'Tout fait quelconque de l'homme qui cause à autrui un dommage, oblige celui par la faute duquel il est arrivé, à le réparer.'

5. In this third situation it is the task of *la jurisprudence* and *la doctrine* to decide the issue. It is rightly emphasized by Julliot de la Morandière that this gives great power to the courts. Thus the

---

[6] *Loi du* 10.1.1978 *sur la protection . . . des consommateurs*. D.S. 1978. L. 86. (see below, Consumer Protection.)

*jurisprudence* of the *Cour de cassation* that art. 1382–6, which deal with delictual liability, are *des lois impératives*, was an act of creative judicial law-making to cope with the problem of exemption clauses. The English courts never arrived at the simple proposition that the rule against careless infliction of bodily harm was *ius cogens*; but — at least as to 'business liability' — Parliament achieved this by UCTA 1977 s. 2(1). As to other types of harm the common law is still in a state of flux. Indeed the great debate about whether it is a rule of law that one cannot exclude liability for fundamental breach or a principle of construction that one is not likely to have done so — amounts to asking whether such liability should be *ius cogens* or *ius (difficiliter) dispositivum*.[7]

6. For the topic in general, see Denis Lloyd, *Public Policy, a Comparative Study in French and English Law* (1953); Bernard Rudden, 'Ius Cogens, Ius Dispositivum', [1980] Cambrian L.R. 87; William Howarth, 'Construction of Exclusion Clauses', [1985] N.I.L.Q. 101.

### From J. Carbonnier, *Droit civil*, vol. i (1988)

126. . . . Un très grand nombre de lois civiles sont susceptibles de *dérogations* par conventions privées. L'art. 6 montre clairement que les lois n'ont pas toutes la même force obligatoire. De ce texte se déduit une distinction capitale entre les *lois impératives* ou *d'ordre public*, d'une part, et d'autre part, les lois simplement *interprétatives ou supplétives de volonté*.

Il est des lois qui ne s'appliquent aux individus qu'autant que ceux-ci n'ont pas manifesté de volonté différente. Ainsi, quand deux époux se sont mariés sans faire de contrat de mariage, leurs biens sont soumis à un régime que l'on appelle le régime de la communauté (art. 1400). Mais il n'en est ainsi que parce qu'ils n'ont pas manifesté de volonté à cet égard. En faisant un contrat de mariage pour stipuler par ex. qu'ils seraient séparés de biens, ils auraient écarté les art. 1400 s., C. C. Ces textes suppléent simplement au contrat de mariage que les conjoints n'ont pas fait; ils sont purement supplétifs de volonté. De même, un propriétaire

---

[7] *Suisse Atlantique etc. S.A.* [1966] 2 All E.R. 61 esp. per Lord Reid at 76; *Photo Production Ltd.*, v. *Securicor Transport Ltd.* [1980] 1 All E.R. 556 per Lord Wilberforce at 560.

qui a donné à bail sa maison est tenu, en vertu de l'art. 1720, de
faire faire à ses frais les réparations autres que celles de menu
entretien. C'est en ce sens qu'il faut interpréter le contrat s'il n'a
rien dit à ce sujet: l'art. 1720 est interprétatif de la volonté des
parties; c'est un modèle qui leur est proposé et qu'elles sont
censées avoir pris tacitement à leur compte dès lors qu'elles ne
l'ont pas écarté.

A l'opposé, il ne serait pas permis aux futurs époux de convenir
dans le contrat de mariage que le mari exercera seul l'autorité
parentale (art. 1388), ni au bailleur, dans le bail à ferme, de
stipuler que les grosses réparations ne seront pas à sa charge (art.
854, 860, C. Ru.). Ce sont là des dispositions impératives, d'ordre
public. Elles-mêmes le précisent, d'ailleurs, expressément. Mais,
dans d'autres hypothèses où les textes ne précisent rien, on ne peut
déterminer si une loi est ou non d'ordre public qu'en recherchant
si elle a pour objectif principal la protection d'un intérêt public ou
d'un intérêt privé. Ainsi, il est interdit de renoncer au bénéfice des
lois qui établissent entre proches parents une obligation alimentaire (art. 203 s.); c'est que, si les indigents n'étaient pas secourus
par leurs familles, quand elles le peuvent, ils tomberaient
immédiatement à la charge de la collectivité; donc, l'Etat est
intéressé à l'exécution des lois instituant l'obligation alimentaire;
ces lois sont d'ordre public. Mais il arrive que le critère de l'ordre
public soit difficile à dégager. L'idée générale — et vague — est
celle d'un intérêt social essentiel, incomparablement supérieur aux
intérêts privés en jeu.

From L. Julliot de la Morandière, 'L'Ordre public en Droit privé
interne' (n.d.)

. . . Ce qui frappe en effet, lorsque l'on rassemble les décisions
judiciaires qui font appel à la notion d'ordre public, c'est leur
diversité . . .

Mais sous cette diversité, on peut facilement découvrir l'unité de
la notion d'ordre public. Je ne voudrais pas me hasarder à donner
une définition scientifique et précise de l'ordre public: un des
caractères même de cette notion est son imprécision. Il est facile
cependant, en dehors de tout système préconçu, en prenant les
mots 'ordre public' dans leur sens courant, ordinaire, d'en dégager
l'idée essentielle . . .

Pour avoir une idée approximative du rôle que joue la notion d'ordre public dans le droit privé, c'est-à-dire dans les relations juridiques entre individus, il faut remarquer qu'au sein d'un Etat les sources de Droit pour ces relations peuvent être diverses. Il y a des sources suprêmes, donnant naissance aux règles qui s'appliquent à tous: ce sera la loi au sens large du mot, coutume aussi bien que loi écrite et promulguée; ces sources sont générales, nationales, réglant l'ordre dans l'Etat. Mais il y a des sources secondaires, la loi ne pouvant pas du fait de son caractère général prévoir toutes les situations, et s'adapter à toutes. Ces sources ont le pouvoir de régler certaines situations juridiques spéciales. Et précisément la notion d'ordre public suppose un conflit entre la source générale et la source secondaire: la règle générale posée par la première ne cadre pas avec la règle spéciale posée par la seconde. La notion d'ordre public sert alors à trancher le conflit et permet de décider dans quels cas la règle spéciale doit s'incliner devant la règle générale. Il n'en est pas toujours ainsi.

Parfois, souvent même, c'est la règle émanant de la source secondaire qui est la plus forte. Il s'agit d'apprécier la valeur respective des motifs qui ont fait admettre la valeur de la source spéciale de droit et des raisons d'ordre qui sont à la base de la règle émanant de la source générale. C'est seulement lorsque ces dernières l'emportent que l'on parle d'ordre public. Cette notion traduit donc la supériorité des raisons d'ordre général, d'ordre national, sur les motifs qui justifient l'existence d'une source particulière de droit. Et ceci s'éclaire si on considère les principales applications faites en droit privé de l'ordre public. Elles peuvent se ramener à deux idées.

A côté de la loi, de la règle générale du droit national, notre Droit français admet deux sources particulières de droit pour les rapports entre individus, la volonté individuelle, les lois étrangères.

La volonté individuelle d'abord; c'est à son propos que dès le début du Code nous lisons dans l'art. 6: 'On ne peut déroger par des conventions particulières aux lois qui intéressent l'ordre public et les bonnes mœurs.' Ce texte est la justification de ce que nous disions tout à l'heure. A côté de la loi, source générale de droit, notre Droit reconnaît la valeur de l'acte juridique, individuel, plus spécialement de la convention, comme source de règles juridiques particulières, liant les individus (Cf. également l'art. 1134). Or l'acte juridique peut entrer en conflit avec la règle générale: l'art. 6

nous dit que la convention doit s'incliner devant la loi lorsque celle-ci intéresse l'ordre public. La notion d'ordre public suppose ici le conflit entre la loi et la volonté individuelle considérée comme source de droit et est la mesure de la supériorité de la loi
. . .
. . . Ceci nous montre toute l'importance du problème. Dans son premier aspect, il n'est autre que le problème de la lutte sur le terrain du droit privé entre l'idée sociale et l'individualisme . . .
. . . L'aspect principal est celui que nous avons déjà signalé et que révèlent les art. 1131 et 1133 du Code civil. La volonté individuelle est source de droit lorsqu'elle se traduit en actes juridiques; or ces actes juridiques seront nuls, dénués d'efficacité, lorsqu'ils seront contraires à l'ordre public . . .

I. *L'Ordre public et l'acte juridique*

Le principe est certain, l'acte juridique qui se heurte à l'ordre public est nul . . .
1° . . . Qui va alors préciser les cas dans lesquels un acte juridique sera considéré comme contraire à l'ordre public? Il faut souligner ici le rôle très important dévolu au juge. C'est lui qui, saisi d'une demande en exécution ou en annulation d'un acte juridique aura à dire si cet acte peut produire ses effets ou est dépourvu de validité, comme se heurtant à l'ordre public. Ce rôle est contraire aux tendances manifestées par la plupart des auteurs de Droit civil français au cours du XIX$^e$ siècle, auteurs qui se rattachaient à l'école libérale. Pour ceux-ci, en effet, le dogme juridique suprême était la liberté de l'individu et la source essentielle des obligations devait être cherchée dans la volonté individuelle. Sans doute il doit exister des règles sociales, car la liberté des uns doit avoir pour limite le respect de la liberté des autres. Mais les barrières mises à la liberté doivent être aussi précises que possible et résulter avant tout de textes légaux. La notion d'ordre public, qui s'oppose à la toute-puissance de l'acte juridique, doit être avant tout une notion légale. Et cette doctrine semblait trouver son fondement dans l'art. 6 du Code civil: 'On ne peut déroger par des conventions particulières aux lois qui intéressent l'ordre public et les bonnes mœurs.' Pour qu'un acte juridique tombe sous le coup de l'art. 6, il faudra qu'il soit contraire à un texte de loi, auquel le législateur lui-même aura accordé le caractère d'ordre public.
Mais une pareille doctrine n'a jamais été celle qui a inspiré la

jurisprudence française. En apparence, celle-ci dans ses arrêts emploie souvent la terminologie des auteurs libéraux classiques, elle parle souvent de lois d'ordre public. Mais dans ses solutions réelles, elle s'inspire d'un état d'esprit tout différent. Le point de vue classique en effet ne trouve guère d'appui solide dans les textes. Le Code civil a certes été influencé par les idées libérales de la fin du XVIII$^e$ siècle, mais il ne faut pas oublier qu'il a été rédigé par des magistrats, hommes de pratique formés à l'école des faits et tout imprégnés de la technique juridique de l'ancien régime. Ceux-ci savaient que tout ne peut être prévu, réglementé de façon précise par les textes et qu'une large part d'adaptation doit être laissée à l'interprète, au juge. Et précisément en admettant même que la notion d'ordre public doive être une notion légale, qu'une convention ne puisse être considérée comme contraire à l'ordre public que si elle est contraire à un texte, il reste encore à distinguer quels sont les textes qui sont d'ordre public, de ceux qui ne le sont pas. Les textes d'ordre public, dit la doctrine classique, sont l'exception: comme toute exception, ils doivent être strictement limités et il faut un critérium précis pour les reconnaître. Or, dans quelques textes sans doute, la loi a pris la peine d'indiquer clairement son idée à ce point de vue, affirmant tantôt le caractère purement interprétatif du texte, en disant par exemple 'sous réserve des conventions contraires', tantôt au contraire le caractère impératif par d'autres formules 'à peine de nullité de toute convention contraire . . .' notamment. Mais il est loin d'en être toujours ainsi et tous les auteurs s'accordent pour constater que la loi garde souvent le silence, que même lorsqu'elle parle de nullité, il peut s'agir d'une nullité qui n'est pas d'ordre public. Ce sera donc le juge qui sera appelé à déterminer quel est, à notre point de vue, le caractère des textes de loi et innombrables sont les arrêts jugeant que tel ou tel texte intéresse ou non l'ordre public.

Pour éviter l'arbitraire du juge, que la doctrine classique craint pardessus tout, celle-ci a essayé de dégager un critérium, de donner une définition de l'ordre public. Mais ses efforts sont demeurés vains . . .

Mais il faut aller plus loin et admettre avec nos arrêts que la notion d'ordre public n'est pas une notion essentiellement légale. L'art. 6 du Code civil ne nous dit pas: il est interdit de déroger aux textes d'ordre public, mais aux textes qui intéressent l'ordre public, et l'art. 1133: qu'une convention peut être annulée quand elle est prohibitée par la loi ou contraire à l'ordre public ou aux bonnes mœurs. L'ordre public est donc une notion indépendante des textes positifs de loi. Et nos arrêts admettent, cela a été jugé à plusieurs reprises, qu'une convention peut être contraire à l'ordre public sans se heurter à aucun texte précis.[8] Et ce sera alors le juge qui aura à estimer s'il faut ou s'il ne faut pas annuler la convention . . .

Il est impossible de ne pas lui reconnaître ce pouvoir. La base individualiste de la doctrine classique est en effet trop étroite . . .

. . . Les activités individuelles sont innombrables; leurs formes, leurs buts peuvent varier à l'infini: il est impossible de leur donner pour seule barrière des textes de loi. En dehors des cas où la loi a parlé, il est nécessaire de reconnaître au juge, placé en face des faits de chaque classe, le pouvoir d'estimer si les nécessités sociales ne doivent pas s'opposer à ce qu'ont voulu les individus. Ces nécessités sont elles-mêmes mouvantes et multiples, il est impossible de les préciser d'une façon nette et rigide. Sans doute on court le danger d'arbitraire mais ce danger est inévitable. On y parera d'abord par le soin avec lequel seront recrutés les magistrats et organisées les différentes juridictions. On devra d'ailleurs faire ici une application des principes qui dominent l'interprétation jurisprudentielle de façon générale. Le juge ne peut pas être libre à sa fantaisie d'appliquer ou non la notion d'ordre public; il ne doit pas avoir une conception personnelle, purement subjective, de l'ordre public. En réalité notre jurisprudence trouve la base de ses arrêts en ces matières dans des éléments objectifs, soit les textes en vigueur, soit l'esprit qui résulte de l'ensemble de la législation, soit les tendances générales de l'opinion et l'observation des faits économiques et sociaux . . .

. . . 2° Il serait impossible et vain d'essayer d'énumérer les cas dans lesquels on fait appel pour annuler des actes juridiques à la notion d'ordre public. Ce qu'il faut souligner c'est l'évolution qui en de nombreuses matières s'est produite sur ce point. La notion d'ordre public comporte en pratique des applications de plus en plus fréquentes. Cela tient d'abord au développement considérable des 'affaires': plus l'activité des individus est grande, plus le

---

[8] V. notamment l'arrêt de la Cour de cassation du 4 déc. 1929. S. 1931.1.49 avec la note de M. Esmein. [Author's footnote. See below *Vices du consentement, Erreur.*

législateur ou le juge auront l'occasion d'intervenir pour la refréner. Cela tient aussi au changement qui se manifeste dans la conception des rapports entre l'individu et l'Etat.

Pendant presque tout le cours du XIX$^e$ siècle, le libéralisme règne, le laisser faire est le principe, le rôle de l'Etat est réduit à son minimum. Celui-ci doit être uniquement le gardien de l'ordre au sens strict du mot, de la liberté des citoyens et de la morale. On fera appel à l'idée d'ordre public pour annuler les conventions contraires à l'organisation générale de l'Etat ou des services publics; aux règles concernant l'état des personnes et plus spécialement l'organisation de la famille; aux libertés indivi-duelles, à la liberté de conscience, à la liberté du commerce et de l'industrie; à l'organisation de la propriété individuelle et à la libre circulation des biens; aux bonnes mœurs enfin.[9]

A l'heure actuelle, la structure apparente de notre organisation civile n'a pas changé, nous avons conservé notre vieux Code et ses principes; rien d'étonnant par suite que sur certains domaines l'application de l'idée d'ordre public paraisse demeurée la même.

On fait toujours appel à cette idée pour annuler les conventions contraires à l'organisation de l'Etat ou à la bonne marche des services publics. Mais, pour nous borner à quelques indications, nous rappellerons d'une part que la fiscalité étant devenue beaucoup plus complexe et plus lourde, il a fallu se servir sur ce terrain beaucoup plus fréquemment de l'idée d'ordre public pour rendre inefficaces les conventions ayant pour but d'y échapper, d'autre part que les crises monétaires ont amené des interventions analogues contre les clauses tendant à se protéger contre la dévaluation du franc.

[9] L'art. 6 du Code civil, ainsi que l'art. 1133, vise à la fois l'ordre public et les bonnes mœurs. La notion de bonnes mœurs est assez vague et peut prêter à controverse. On la retrouve en droit pénal (V. sect. IV, chap. I, titre II, livre III, C. pén.: des attentats aux mœurs; l'art. 28 de la loi de 1881 sur la presse, la loi du 2 août 1882 sur l'outrage aux bonnes mœurs par les publications obscènes): là, elle a un sens restreint de conformité à la morale sexuelle. En droit civil, sa signification est beaucoup plus générale, elle sert à atteindre nombre de conventions non conformes à la morale ou à l'honnêteté traditionnelles. Elle ne se distingue pas essentiellement, à notre avis, de l'ordre public; notre organisation sociale ne repose pas seulement sur des règles à caractère politique ou économique, mais sur des règles morales, qui n'ont pas été expressément intégrées dans les lois, mais qui imprègnent notre civilisation et font partie de l'ordre qu'elle inspire. Les arrêts font souvent d'ailleurs, avec raison, appel aux deux notions. Les applications de l'idée de bonnes mœurs en vue de l'annulation des contrats étaient fréquentes au XIX$^e$ siècle: contrats relatifs aux maisons de tolérance, au jeu, donations entre concubins, contrat de claque, cession de clientèle médicale. [Author's footnote.]

La jurisprudence se montre toujours protectrice de l'organisation familiale; toutefois, l'admission du divorce, la reconnaissance de droits de plus en plus grands aux enfants naturels montrent un certain relâchement dans l'organisation légale de la famille et conduit nos arrêts à admettre plus facilement qu'autrefois la validité de certaines conventions touchant à cette organisation.

Les tribunaux se font toujours les défenseurs de la morale traditionnelle; il est indiscutable cependant que leur sévérité sur bien des points est moindre qu'autrefois.

La déclaration des droits de l'homme est toujours la base théorique de nos libertés. Qui méconnaîtra cependant que cette base ne se trouve aujourd'hui singulièrement ébranlée. On n'a plus le même fétichisme pour certaines des libertés tout au moins. Autrefois, le respect de la liberté individuelle était tel que, au nom de la liberté, on refusait la liberté d'association: sur presque tous les terrains, on se méfiait des groupements. A l'heure actuelle, on les encourage, on tend à les rendre obligatoires. Au lieu d'annuler les conventions enchaînant les individus aux autres, on annule celles qui portent atteinte au développement des groupes, des syndicats. Il est banal de relever également que l'Etat intervient de plus en plus dans les rapports économiques entre individus, qu'il réglemente étroitement les rapports d'employeurs et d'employés, de bailleurs et de locataires, d'assureurs et d'assurés, qu'il a tendance à fixer impérativement les prix. Tout ceci donne naissance à de multiples règles impératives qui élargissent le champ de l'ordre public. La jurisprudence complète son œuvre et a souvent à statuer sur la validité de conventions ou de clauses portant atteinte à l'égalité entre les contractants, traduisant une exploitation du public et des épargnants . . . etc. Le contrôle des activités individuelles se fait, sur le terrain économique, de jour en jour plus étroit.

3° Il resterait à montrer comment est sanctionnée la contravention à l'ordre public. L'acte contraire à l'ordre public est nul, d'une nullité dite précisément d'ordre public et, selon les termes de l'art. 1131, il ne peut avoir aucun effet. Ceci ne veut pas dire qu'il ne s'exécutera pas en fait. Il est certain que si tous les intéressés sont d'accord pour tenir leur engagements, l'acte aura pratiquement effet: mais il ne s'agit pas d'un effet juridique, sanctionné par le Droit. Tout intéressé pourra se prévaloir de la nullité, soit pour refuser d'exécuter ses engagements, soit pour répéter ce qu'il aura payé, soit pour faire cesser toute exécution de l'acte contraire à ses intérêts. Cependant, malgré la formule absolue de l'art. 1131, la notion d'ordre public présente là encore une certaine souplesse. Tantôt (voir art. 900) la contravention à l'ordre public n'entraîne pas l'inefficacité de l'acte tout entier, tantôt il s'agira d'un contrat successif et l'annulation prononcée ne permettra pas de revenir entièrement sur les effets déjà réalisés, tantôt par application de la règle *nemo auditur propriam turpitudinem allegans*, l'action en répétition sera rejetée, lorsque les tribunaux estiment qu'il est préférable pour l'ordre public lui-même de refuser cette action au cocontractant coupable d'avoir participé à l'acte illicite ou immoral . . .

Cass. Civ. 4.12.1929
(Croizé *c.* Veaux)
s. 1931.1.49, note Esmein D.H. 1930.50    Gaz. Pal. 1930.1.74
G.A. 5

LA COUR; — Attendu que par contrat en date du 16 octobre 1923, Croizé publiciste, a cédé à Veaux, docteur en médecine, la licence exclusive d'exploitation des marques 'Faid' et 'Biorane' pour produits pharmaceutiques et méthode thérapeutique, ainsi que de la clinique Faid, sise à Lille, moyennant le versement d'un somme de 240 000 fr. par an, Veaux s'engageant en outre à faire dans les journaux de Lille et de la région au moins 6 000 fr. de publicité par mois; — Attendu que l'arrêt attaqué déclare que l'un des buts du contrat est de faire prescrire par Veaux, docteur en médecine, les produits dénommés 'Faid' et 'Biorane'; qu'il a pour objet principal l'exploitation par Veaux de la méthode 'Biorane'; que, d'après les prospectus répandus à foison dans le public, cette méthode a pour effet de guérir toutes sortes de maladies; qu'elle a été imaginée par des personnes qui ne sont munies d'aucun diplôme médical et qu'elle paraît n'avoir aucune valeur scientifique; qu'il en est de même de la méthode 'Faid' qui n'en est que l'accessoire et qui a été imaginée par Croizé qui n'est pas docteur en médecine; — Attendu que l'arrêt attaqué constate, d'autre part, qu'avant de gagner pour lui la moindre somme, Veaux doit se faire remettre par ses clients des honoraires d'au moins 26 000 fr. par mois pour

lui permettre de tenir ses engagements vis-à-vis de Croizé; —
Attendu qu'en l'état de ces constatations souveraines, la Cour
d'appel a pu décider, par une interprétation de la convention, dont
elle n'a point dénaturé les termes, que le contrat litigieux avait
pour objet l'exploitation des malades au moyen d'une publicité
intense et par l'emploi de qualificatifs destinés à impressionner le
public; — Attendu qu'en décidant qu'une convention ayant un tel
objet était nulle comme contraire à l'ordre public, la Cour d'appel
a appliqué aux faits constatés les conséquences légales qu'ils
comportaient; — Attendu qu'il résulte des termes de l'art. 1133, C.
civ., que la cause est illicite quand elle est contraire à l'ordre
public, sans qu'il soit nécessaire qu'elle soit prohibée par la loi;
que, par suite, la nullité du contrat litigieux pouvait être
prononcée sans qu'il eût été passé en violation de l'art. 16, s. 3 de
la loi du 30 novembre 1892; qu'il est dès lors sans intérêt de
rechercher si la Cour d'appel a pu, dans un motif surabondant,
invoquer une violation de ce texte de loi; —
Rejette le pourvoi formé contre l'arrêt de la Cour de Douai du 17
février 1926.

### b. Status categories

From Malaurie et Aynès, *Droit civil: Les obligations* (1985)

219. *Information et protection.* Depuis une quinzaine d'années, des
réformes législatives successives font apparaître une nouvelle
classification, qui s'attache à la qualité des contractants pour
distinguer les contrats conclus entre professionnels et consommateurs des autres contrats, ceux qui sont conclus entre les
professionnels ou entre les consommateurs.

Selon un mot du président Kennedy, la loi contemporaine doit
conférer au consommateur, l'information, la sécurité et la participation. Elle s'est faite au coup par coup; une commission de
refonte du droit de la consommation dite commission Calais-
Auloy, voudrait élargir ces règles et leur conférer une cohérence
dont elles sont dépourvues. Elle essaye de donner une nouvelle
morale à la société de consommation; en acquérant la 'liberté' de
choix le consommateur cesserait de consommer pour consommer
et s'intéresserait davantage à la qualité qu'à la quantité; cette

morale — à supposer qu'il s'agisse de morale — n'a été, jusqu'ici, guère suivie. Avec un peu d'arbitraire on peut classer ce droit touffu en trois catégories, selon son inspiration.

Le *droit de choisir* entraîne une discipline de la publicité, une information spécialisée par des mentions informatives, une obligation de renseignements, un délai de réflexion et de rétractation dans la conclusion de certains contrats; dans certains contrats, également, il interdit au consommateur de remettre de l'argent avant l'écoulement d'un délai; cette législation infléchit les règles habituelles de l'acceptation et de l'interprétation.

Afin d'assurer la *sécurité* des consommateurs, la loi organise le contrôle — préventif et répressif — des produits qui leur sont destinés (L. 1$^{er}$ août 1905 sur les fraudes alimentaires et 21 juillet 1983 relative à la sécurité des consommateurs); elle prohibe certaines clauses abusives et établit une interdépendance entre certains contrats.

Enfin, le consommateur *participe* à la vie économique par l'intermédiaire d'assocations de consommateurs, qui organisent parfois des accords collectifs. On se demande actuellement si ces associations peuvent assurer la défense en justice des consommateurs, ce qu'on appelle l'action collective, dite encore action de groupe.

220. *Appréciation*. Cet ensemble de règles présente des avantages et des inconvénients.

1° Des avantages: il rétablit l'équilibre entre le professionnel et le profane qu'avait particulièrement faussé le développement de la technique contemporaine. Les choses qui sont aujourd'hui fabriquées sont en effet particulièrement complexes, et il est, en général, opportun, que celui qui sait informe celui qui ignore; en outre, cette évolution se rattache au mouvement contemporain qui tend à assurer à chacun une sécurité — si possible absolue. Ce qui est aussi conforme à une tradition constante du droit civil des contrats: protéger le faible contre le fort.

2° A côté de ces avantages, cette législation présente des inconvénients, techniques et politiques.

Techniques, car elle perturbe, sans être toujours cohérente avec elles, de nombreuses règles traditionnelles des contrats — surtout celles qui sont relatives à leur formation (vices du consentement, offre, acceptation, consensualisme, relations entre formation et exécution). Sa langue est difficile, notamment dans l'abus qu'elle fait de la condition; en outre, elle est un droit paperassier, formaliste et rigide.

Ses vices sont surtout politiques. Tout d'abord, dans sa mesure. Le rôle de la consommation dans la vie économique ne devrait pas être exagéré: plus de trois quarts des rapports juridiques lui sont étrangers et ont pour objet les relations entre professionnels. Or, certaines règles, dites protectrices des cosommateurs, profitent parfois à des professionnels—par exemple, les vices cachés—ce qui gêne abusivement le commerce et l'industrie.

On peut, en outre lui faire trois griefs principaux: 1° toute protection coûte cher, obère les fabricants et entraîne donc une augmentation des prix; 2° selon une pente fatale, toute protection excessive se retourne contre celui qu'elle veut protéger; 3° enfin et surtout, ces informations et protections tendent à faire du consommateur un incapable majeur; la tutelle généralisée, l'esprit de sécurité et le refus du risque sont la maladie mortelle des sociétés industrielles contemporaines: la vie n'existe et ne se développe que là où il y a aventure.

*Consumer protection*

Décret 78-464 du 24 mars 1978 (*pris en application de l'art. 35 de la loi du 10 janvier* 1978 sur la protection et l'information des consommateurs)

ART. 2. Dans les contrats de vente . . . est interdite comme abusive . . . la clause ayant pour objet ou pour effet de supprimer ou de réduire le droit à réparation du non-professionnel ou consommateur en cas de manquement par le professional à l'une quelconque de ses obligations.

Cass. civ. 25.1.1989
(S.A. Kodak Pathé *c.* Robin et autres)
D.S. 1989 253, note Malaurie

LA COUR; — Attendu, selon les énonciations du jugement attaqué (tribunal d'instance de Mulhouse, 23 janvier 1987), que M. Robin a acheté deux films pour diapositives couleur, dénommés 'Kodachrome 64', sur l'emballage desquels figurait la mention suivante: 'Le prix de ce film comprend le traitement et le montage des vues 24 × 36 par Kodak. Kodak garantit conformément à la loi tout défaut de fabrication ou vice caché dûment constaté. Tout film accepté pour traitement est réputé avoir une valeur qui n'excède pas son prix de tarif. La responsabilité de Kodak est donc limitée au remplacement du film perdu ou détérioré. Les colorants peuvent se modifier à la longue'; que la Soc. Kodak Pathé n'ayant pas restitué à M. Robin les films qu'il lui avait renvoyés aux fins de traitement et de montage, ce dernier a refusé les deux films vierges qui lui furent proposés à titre de réparation; que le jugement attaqué, faisant application de l'art. 2 du décret n° 78-464 du 24 mars 1978, a estimé que la clause limitative de responsabilité était abusive et a condamné la Soc. Kodak Pathé à payer la somme de 600 F à titre de dommages-intérêts à M. Robin;

Sur le premier moyen, pris en ses deux branches: — Attendu que la Soc. Kodak Pathé fait grief au tribunal d'instance d'avoir ainsi statué, alors que, d'une part, le contrat conclu entre elle-même et M. Robin s'analyserait, non comme un contrat de vente, mais comme un contrat d'entreprise, et alors que, d'autre part, les clauses limitatives de responsabilité ne sont pas prohibées dans un tel contrat, de sorte que l'art. 2 du décret du 24 mars 1978, qui ne concerne que la vente, ne serait pas applicable;

Mais attendu que le tribunal d'instance a relevé que l'offre faite par la Soc. Kodak Pathé de traiter le film a été connue et acceptée de M. Robin, non pas au moment du dépôt du film pour son développement, mais au moment de l'achat du film et que le prix global ne distinguait pas entre le coût de la pellicule et le coût de son traitement; que la juridiction a ensuite énoncé, par une appréciation souveraine, que, par la volonté des parties, l'acte juridique passé par M. Robin était indivisible; que, dès lors, le caractère de vente qu'il présentait, fût-ce de manière partielle, entraînait l'application de l'art. 2 du décret du 24 mars 1978; qu'en aucune de ses deux branches le moyen ne peut donc être accueilli;

Par ces motifs, rejette.

[Compare *Interfoto Picture Library Ltd.* v. *Stiletto Visual Programmes* [1988] All 1 E.R. 348 (C.A.).]

# Sources

## A. The Civil Code

From Portalis, *Discours préliminaire, prononcé le 24 thermidor an VIII* (1799), lors de la présentation du projet arrêté par la Commission du Gouvernement

Mais quelle tâche que la rédaction d'une législation civile pour un grand peuple! L'ouvrage serait au-dessus des forces humaines, s'il s'agissait de donner à ce peuple une institution absolument nouvelle, et si, oubliant qu'il occupe le premier rang parmi les nations policées, on dédaignait de profiter de l'expérience du passé, et de cette tradition de bon sens, de règles et de maximes, qui est parvenue jusqu'à nous, et qui forme l'esprit des siècles.

Les lois ne sont pas de purs actes de puissance; ce sont des actes de sagesse, de justice et de raison. Le législateur exerce moins une autorité qu'un sacerdoce. Il ne doit point perdre de vue que les lois sont faites pour les hommes, et non les hommes pour les lois; qu'elles doivent être adaptées au caractère, aux habitudes, à la situation du peuple pour lequel elles sont faites; qu'il faut être sobre de nouveautés en matière de législation, parce que s'il est possible, dans une institution nouvelle, de calculer les avantages que la théorie nous offre, il ne l'est pas de connaître tous les inconvéniens que la pratique seule peut découvrir; qu'il faut laisser le bien, si on est en doute du mieux; qu'en corrigeant un abus, il faut encore voir les dangers de la correction même; qu'il serait absurde de se livrer à des idées absolues de perfection, dans des choses qui ne sont susceptibles que d'une bonté relative; qu'au lieu de changer les lois, il est presque toujours plus utile de présenter aux citoyens de nouveaux motifs de les aimer; que l'histoire nous offre à peine la promulgation de deux ou trois bonnes lois dans l'espace de plusieurs siècles; qu'enfin, *il n'appartient de proposer des changements, qu'à ceux qui sont assez heureusement nés pour pénétrer, d'un coup de génie, et par une sorte d'illumination soudaine, toute la constitution d'un état.*

. . .

A l'ouverture de nos conférences, nous avons été frappés de l'opinion, si généralement répandue, que, dans la rédaction d'un

Code civil, quelques textes bien précis sur chaque matière peuvent suffire, et que le grand art est de tout simplifier en prévoyant tout. *Tout simplifier*, est une opération sur laquelle on a besoin de s'entendre. *Tout prévoir*, est un but qu'il est impossible d'atteindre.

Il ne faut point de lois inutiles; elles affaibliraient les lois nécessaires; elles compromettraient la certitude et la majesté de la législation. Mais un grand Etat comme la France, qui est à la fois agricole et commerçant, qui renferme tant de professions différentes, et qui offre tant de genres divers d'industrie, ne saurait comporter des lois aussi simples que celles d'une société pauvre ou plus réduite.

Nous n'avons donc pas cru devoir simplifier les lois, au point de laisser les citoyens sans règle et sans garantie sur leurs plus grands intérêts.

Nous nous sommes également préservés de la dangereuse ambition de vouloir tout régler et tout prévoir. Qui pourrait penser que ce sont ceux même auxquels un code paraît toujours trop volumineux, qui osent precrire impérieusement au législateur, la terrible tâche de ne rien abandonner à la décision du juge?

Quoique l'on fasse, les lois positives ne sauraient jamais entièrement remplacer l'usage de la raison naturelle dans les affaires de la vie. Les besoins de la société sont si variés, la communication des hommes est si active, leurs intérêts sont si multipliés, et leurs rapports si étendus, qu'il est impossible au législateur de pourvoir à tout.

Dans les matières mêmes qui fixent particulièrement son attention, il est une foule de détails qui lui échappent, ou qui sont trop contentieux et trop mobiles pour pouvoir devenir l'objet d'un texte de loi.

D'ailleurs, comment enchaîner l'action du temps? comment s'opposer au cours des événemens, ou à la pente insensible des mœurs? comment connaître et calculer d'avance ce que l'expérience seule peut nous révéler? La prévoyance peut-elle jamais s'étendre à des objets que la pensée ne peut atteindre?

Un code, quelque complet qu'il puisse paraître, n'est pas plutôt achevé, que mille questions inattendues viennent s'offrir au magistrat. Car les lois, une fois rédigées, demeurent telles qu'elles ont été écrites. Les hommes, au contraire, ne se reposent jamais; ils agissent toujours: et ce mouvement, qui ne s'arrête pas, et dont les effets sont diversement modifiés par les circonstances, produit, à chaque instant, quelque combinaison nouvelle, quelque nouveau fait, quelque résultat nouveau.

Une foule de choses sont donc nécessairement abandonnées à l'empire de l'usage, à la discussion des hommes instruits, à l'arbitrage des juges.

L'office de la loi est de fixer, par de grandes vues, les maximes générales du droit; d'établir des principes féconds en conséquences, et non de descendre dans le détail des questions qui peuvent naître sur chaque matière.

C'est au magistrat et au jurisconsulte, pénétrés de l'esprit général des lois, à en diriger l'application.

De là, chez toutes les nations policées, on voit toujours se former, à côté du sanctuaire des lois, et sous la surveillance du législateur, un dépôt de maximes, de décisions et de doctrine qui s'épure journellement par la pratique et par le choc des débats judiciaires, qui s'accroît sans cesse de toutes les connaissances acquises, et qui a constamment été regardé comme le vrai supplément de la législation.

. . .

Il serait, sans doute, désirable que toutes les matières pussent être réglées par des lois.

Mais à défaut de texte précis sur chaque matière, un usage ancien, constant et bien établi, une suite non interrompue de décisions semblables, une opinion ou une maxime reçue, tiennent lieu de loi. Quand on n'est dirigé par rien de ce qui est établi ou connu, quand il s'agit d'un fait absolument nouveau, on remonte aux principes du droit naturel. Car si la prévoyance des législateurs est limitée, la nature est infinie; elle s'applique à tout ce qui peut intéresser les hommes.

Tout cela suppose des compilations, des recueils, des traités, de nombreux volumes de recherches et de dissertations.

Le peuple, dit-on, ne peut, dans ce dédale, démêler ce qu'il doit éviter ou ce qu'il doit faire pour avoir la sûreté de ses possessions et de ses droits.

Mais le code, même le plus simple, serait-il à la portée de toutes les classes de la société? Les passions ne seraient-elles pas perpétuellement occupées à en détourner le vrai sens? Ne faut-il pas une certaine expérience pour faire une sage application des lois? Quelle est d'ailleurs la nation à laquelle des lois simples et en petit nombre aient longtemps suffi?

Ce serait donc une erreur de penser qu'il pût exister un corps de lois qui eût d'avance pourvu à tous les cas possibles, et qui cependant fût à la portée du moindre citoyen.

Dans l'état de nos sociétés, il est trop heureux que la jurisprudence forme une science qui puisse fixer le talent, flatter l'amour-propre et réveiller l'émulation. Une classe entière d'hommes se voue dès-lors à cette science, et cette classe, consacrée à l'étude des lois, offre des conseils et des défenseurs aux citoyens qui ne pourraient se diriger et se défendre eux-mêmes, et devient comme le séminaire de la magistrature.

Il est trop heureux qu'il y ait des recueils, et une tradition suivie d'usages, de maximes et de règles, pour que l'on soit, en quelque sorte, nécessité à juger aujourd'hui, comme on a jugé hier, et qu'il n'y ait d'autres variations dans les jugements publics, que celles qui sont amenées par le progrès des lumières et par la force des circonstances.

Il est trop heureux que la nécessité où est le juge, de s'instruire, de faire des recherches, d'approfondir les questions qui s'offrent à lui, ne lui permette jamais d'oublier que, s'il est des choses qui sont arbitraires à sa raison, il n'en est point qui le soient purement à son caprice ou à sa volonté.

. . .

Pour combattre l'autorité que nous reconnaissons dans les juges, de statuer sur les choses qui ne sont pas déterminées par les lois, on invoque le droit qu'a tout citoyen de n'être jugé que d'après une loi antérieure et constante.

Ce droit ne peut être méconnu. Mais, pour son application, il faut distinguer les matières criminelles d'avec les matières civiles.

Les matières criminelles, qui ne roulent que sur certaines actions, sont circonscrites: les matières civiles ne le sont pas. Elles embrassent indéfiniment toutes les actions et tous les intérêts compliqués et variables qui peuvent devenir un objet de litige entre des hommes vivant en société. Conséquemment, les matières criminelles peuvent devenir l'objet d'une prévoyance dont les matières civiles ne sont pas susceptibles.

En second lieu, dans les matières civiles, le débat existe toujours entre deux ou plusieurs citoyens. Une question de propriété, ou toute autre question semblable, ne peut rester indécise entre eux. On est forcé de prononcer; de quelque manière que ce soit, il faut terminer le litige. Si les parties ne peuvent pas s'accorder elles-mêmes, que fait alors l'Etat? dans l'impossibilité de leur donner des lois sur tous les objets, il leur offre, dans le magistrat public, un arbitre éclairé et impartial dont la décision les empêche d'en venir aux mains, et leur est certainement plus profitable qu'un litige prolongé, dont elles ne pourraient prévoir ni les suites ni le terme. L'arbitraire apparent de l'équité vaut encore mieux que le tumulte des passions.

Mais, dans les matières criminelles, le débat est entre le citoyen et le public. La volonté du public ne peut être représentée que par celle de la loi. Le citoyen dont les actions ne violent point la loi, ne saurait donc être inquiété ni accusé au nom du public. Non-seulement alors on n'est pas forcé de juger, mais il n'y a pas même matière à jugement.

La loi qui sert de titre à l'accusation, doit être antérieure à l'action pour laquelle on accuse. Le législateur ne doit point frapper sans avertir: s'il en était autrement, la loi, contre son objet essentiel, ne se proposerait donc pas de rendre les hommes meilleurs, mais seulement de les rendre plus malheureux; ce qui serait contraire à l'essence même des choses.

Ainsi, en matière criminelle, où il n'y a qu'un texte formel et préexistant qui puisse fonder l'action du juge, il faut des lois précises et point de jurisprudence. Il en est autrement en matière civile; là, il faut une jurisprudence parce qu'il est impossible de régler tous les objets civils par des lois, et qu'il est nécessaire de terminer, entre particuliers, des contestations qu'on ne pourrait laisser indécises, sans forcer chaque citoyen à devenir juge dans sa propre cause, et sans oublier que la justice est la première dette de la souveraineté.

Sur le fondement de la maxime que les juges doivent obéir aux lois et qu'il leur est défendu de les interpréter, les tribunaux, dans ces dernières années, renvoyaient par des référés les justiciables au pouvoir législatif, toutes les fois qu'ils manquaient de loi, ou que la loi existante leur paraissait obscure. Le tribunal de cassation a constamment réprimé cet abus, comme un déni de justice.

Il est deux sortes d'interprétations: l'une par voie de doctrine, et l'autre par voie d'autorité.

L'interprétation par voie de doctrine, consiste à saisir le vrai sens des lois, à les appliquer avec discernement, et à les suppléer dans les cas qu'elles n'ont pas réglés. Sans cette espèce d'interprétation pourrait-on concevoir la possibilité de remplir l'office de juge?

L'interprétation par voie d'autorité, consiste à résoudre les questions et les doutes, par voie de règlements ou de dispositions générales. Ce mode d'interprétation est le seul qui soit interdit au juge.

Quand la loi est claire, il faut la suivre; quand elle est obscure, il faut en approfondir les dispositions. Si l'on manque de loi, il faut consulter l'usage ou l'équité. L'équité est le retour à la loi naturelle, dans le silence, l'opposition ou l'obscurité des lois positives.

Forcer le magistrat de recourir au législateur, ce serait admettre le plus funeste des principes; ce serait renouveler parmi nous, la désastreuse législation des rescrits. Car, lorsque le législateur intervient pour prononcer sur des affaires nées et vivement agitées entre particuliers, il n'est pas plus à l'abri des surprises que les tribunaux. On a moins à redouter l'arbitraire réglé, timide et circonspect d'un magistrat qui peut être réformé, et qui est soumis à l'action en forfaiture, que l'arbitraire absolu d'un pouvoir indépendant qui n'est jamais responsable.

Les parties qui traitent entre elles sur une matière que la loi positive n'a pas définie, se soumettent aux usages reçus, ou à l'équité universelle, à défaut de tout usage. Or, constater un point d'usage et l'appliquer à une contestation privée, c'est faire un acte judiciaire, et non un acte législatif. L'application même de cette équité ou de cette justice distributive, qui suit et qui doit suivre, dans chaque cas particulier, tous les petits fils par lesquels une des parties litigentes tient à l'autre, ne peut jamais appartenir au législateur, uniquement ministre de cette justice ou de cette équité générale, qui, sans égard à aucune circonstance particulière, embrasse l'universalité des choses et des personnes. Des lois intervenues sur des affaires privées, seraient donc souvent suspectes de partialités et toujours elles seraient rétroactives et injustes pour ceux dont le litige aurait précédé l'intervention de ces lois.

De plus, le recours au législateur entraînerait des longueurs fatales au justiciable; et, ce qui est pire, il compromettrait la sagesse e la sainteté des lois.

En effet, la loi statue sur tous: elle considère les hommes en masse, jamais comme particuliers; elle ne doit point se mêler des faits individuels ni des litiges qui divisent les citoyens. S'il en était autrement, il faudrait journellement faire de nouvelles lois: leur multitude étoufferait leur dignité et nuirait à leur observation. Le jurisconsulte serait sans fonctions, et le législateur, entrainé par les détails, ne serait bientôt plus que jurisconsulte. Les intérêts particuliers assiégeraient la puissance législative; ils la détourneraient, à chaque instant, de l'intérêt général de la société.

Il y a une science pour les législateurs, comme il y en a une pour les magistrats; et l'une ne ressemble pas à l'autre. La science du législateur consiste à trouver dans chaque matière, les principes les plus favorables au bien commun: la science du magistrat est de mettre ces principes en action, de les ramifier, de les étendre, par une application sage et raisonnée, aux hypothèses privées; d'étudier l'esprit de la loi quand la lettre tue; et de ne pas s'exposer au risque d'être tour-à-tour, esclave et rebelle, et de désobéir par esprit de servitude.

Il faut que le législateur veille sur la jurisprudence; il peut être éclairé par elle, et il peut, de son côté, la corriger; mais il faut qu'il y en ait une. Dans cette immensité d'objets divers, qui composent les matières civiles, et dont le jugement, dans le plus grand nombre des cas, est moins l'application d'un texte précis, que la combinaison de plusieurs textes qui conduisent à la décision bien plus qu'ils ne la renferment, on ne peut pas plus se passer de jurisprudence que de lois. Or, c'est à la jurisprudence que nous abandonnons les cas rares et extraordinaires qui ne sauraient entrer dans le plan d'une législation raisonnable, les détails trop variables et trop contentieux qui ne doivent point occuper le législateur, et tous les objets que l'on s'efforcerait inutilement de prévoir, ou qu'une prévoyance précipitée ne pourrait définir sans danger. C'est à l'expérience à combler successivement les vides que nous laissons. Les codes des peuples *se font avec le temps*; mais, à proprement parler, *on ne les fait pas*.

## B. Principes généraux du droit

1. The role of general principles in constitutional and administrative law is illustrated above, in Part I. In private law, general principles may appear as part of a Code and thus become 'general clauses', as in arts. 6, 1131, and 1134.

2. Even in the absence of such codified clauses, however, French courts make use of 'general principles'. The first extract below is from a book written by a judge for judges: it tells them how to cite

such principles, and gives a handy list, describing them as 'unwritten but more stable than statute itself'. But the author warns his fellow judges to use them without attempting to justify them.[10]

From Mimin, *Le style des jugements* (1970)

17. *Maximes et locutions latines.* Nous laisserons droit de cité à quelques adages de langue latine qui cristallisent une doctrine importante, qu'une longue tradition éclaire et qui n'ont pas trouvé d'équivalent en français. Comment, en effet, exprimer avec plus de convenance, alors qu'ils sont à la base d'un raisonnement, le principe *electa una via non datur recursus ad alteram?* la règle *non bis in idem?* la règle *locus regit actum?* les maximes:

Nemo liberalis nisi liberatus;
Resoluto jure dantis, resolvitur jus accipientis;
Contra non valentem agere non currit præscriptio;
Quæ temporalia sunt ad agendum, perpetua sunt ad
    excipiendum;
Tantum devolutum quantum appellatum;
Tantum judicatum quantum conclusum;
In pari causa turpitudinis, melior causa possidentis[11]
. . .

30. C'est pour leur notoire signification qu'on énonce de même dans la forme traditionnelle quelques principes de fond:

En fait de meubles possession vaut titre;
Donner et retenir ne vaut;
Le mort saisit le vif;
Aliments n'arréragent point;
Le criminel tient le civil en état;
Nul en France ne plaide par procureur;
Le juge de l'action est juge de l'exception;
. . .

On citerait dans les mêmes formes ces présomptions que nous

[10] For the wealth of modern developments see, in general: J. P. Dawson, *Unjust Enrichment: A Comparative Analysis*, 1951; P. Birks, *Introduction to the Law of Restitution*, Oxford University Press, 1985; Goff and Jones, *Law of Restitution*[3], 1986.
[11] See P. Stein, *Regulae Iuris: From Juristic Rules to Legal Maxims*, Edinburgh University Press, 1966.

avons appelées 'quasi-légales' parce que, non écrites dans la loi, elles ont pratiquement force de loi. La Cour de cassation brise les arrêts qui les traitent comme simples présomptions de fait et qui croient pouvoir les écarter sans preuve contraire. . . . On dira donc: 'Attendu que la propriété est présumée libre de toute servitude', ou: 'Attendu qu'il est de règle que les codébiteurs commerçants soient engagés solidairement', etc.

. . .

113. Bien que nous soyons en pays de droit écrit, nous usons couramment de principes qu'on a jugé inutile de mettre dans les Codes, soit que, de portée morale autant que juridique, ils paraissent tenir du consentement universel des peuples ('Nul ne peut s'enrichir sans cause aux dépens d'autrui'), soit que, de logique générale autant que judiciaire, ils paraissent constituer l'esprit lui-même ('On ne peut transférer à d'autres plus de droits qu'on n'en a soi-même').

Il faut les citer sobrement, ne pas s'attarder à les justifier, tout au plus les amorcer par un: 'Attendu qu'il est de principe que . . .' (et non: *de jurisprudence que*, formule inopérante).

. . .

Beaucoup de ces principes s'énoncent sous forme de brocards en latin ou en vieux français . . . Voici d'autres principes non écrits, plus solides que la loi elle-même:

La loi spéciale déroge à la loi générale.
Ce qui n'est pas défendu par la loi est permis.
Nul ne peut se prévaloir de sa propre faute.
La faute lourde équivaut au dol.
Nul ne peut être condamné sans avoir été entendu ou appelé.
Pas d'intérêt, pas d'action.
Le juge de l'action est juge de l'exception.
Tout tribunal est juge de sa competence.
Le jugement dessaisit le juge.

## C. Jurisprudence

### Code Pénal, chap. III: Crimes contre la Constitution

ART. 127. Seront coupables de forfaiture, et punis de la dégradation civique:

(1) Les juges, les procureurs généraux ou de la République, ou

leurs substituts, les officiers de police, qui se seront immiscés dans l'exercice du pouvoir législatif, soit par des règlements contenant des dispositions législatives, soit en arrêtant ou en suspendant l'exécution d'une ou de plusieurs lois, soit en délibérant sur le point de savoir si les lois seront publiées ou exécutées;

(2) Les juges, les procureurs généraux ou de la République, ou leurs substituts, les officiers de police judiciaire, qui auraient excédé leur pouvoir, en s'immisçant dans les matières attribuées aux autorités administratives, soit en faisant des règlements sur ces matières, soit en défendant d'exécuter les ordres émanés de l'administration, ou qui, ayant permis ou ordonné de citer des administrateurs pour raison de l'exercice de leurs fonctions, auraient persisté dans l'exécution de leurs jugements ou ordonnances, nonobstant l'annulation qui en aurait été prononcée ou le conflit qui leur aurait été notifié.

## Code Civil

. . .

4. Le juge qui refusera de juger, sous prétexte du silence, de l'obscurité ou de l'insuffisance de la loi, pourra être poursuivi comme coupable de déni de justice.

5. Il est défendu aux juges de prononcer par voie de disposition générale et réglementaire sur les causes qui leur sont soumises.

. . .

1351. L'autorité de la chose jugée n'a lieu qu'à l'égard de ce qui a fait l'objet du jugement. Il faut que la chose demandée soit la même; que la demande soit fondée sur la même cause; que la demande soit entre les mêmes parties, et formée par elles et contre elles en la même qualité.

## From J. Carbonnier, *Droit civil*, vol. i (1988)

144. *Force juridique de la jurisprudence*. La jurisprudence n'est *pas une véritable source du droit civil*, comparable à la loi ou même à la coutume. Mais elle est une *autorité*, et une autorité considérable en droit civil.

(*a*) *La jurisprudence n'est pas une source du droit civil*. Si l'on considère le *jugement*, cellule élémentaire de la jurisprudence, on constate qu'il est enfermé dans un *statut constitutionnel destiné à l'empêcher de devenir règle de droit*. Tel est l'objet direct de l'art. 5, C.C., qui interdit formellement au juge de rendre, comme le faisaient les Parlements de l'Ancien Régime, des *arrêts de règlement*: c'est un corollaire du principe de la séparation des pouvoirs (cf. art. 127, al. 1, C.P.). Le principe de l'*autorité relative de la chose jugée* (art. 1351) tend aux mêmes fins: le jugement n'a d'autorité, de force juridique, qu'entre les personnes qui ont été parties au procès, il n'est pas opposable aux tiers. Par là, il apparaît comme tout le contraire d'une règle, disposition générale, applicable, opposable à tout le monde. On aura beau, dans une jurisprudence, entasser les jugements couche sur couche, on n'aura jamais que des solutions particulières, sans rayonnement au-dehors, des accommodements, des arrangements de conflits individuels. Même les arrêts solennels de l'*Assemblée plénière* sont des jugements à autorité relative, et ne peuvent avoir, en dehors du cas précis de l'art. L. 131-4, al. 2, C.O.J., qu'une autorité de fait, une supériorité purement morale, auprès des juridictions inférieures ou des chambres isolées de la Cour de cassation.

(*b*) La jurisprudence n'est pas davantage une règle de droit à titre de *coutume*, car elle n'a rien de ce que suppose la formation du droit coutumier: ni l'origine *populaire* (c'est un droit de techniciens), ni le substratum de *durée* (un seul arrêt peut faire jurisprudence). D'autre part, et c'est essentiel, le *caractère obligatoire* lui manque, en ce sens qu'une juridiction donnée n'est jamais liée par sa propre jurisprudence. Les revirements de jurisprudence sont toujours possibles (et ils ne sont pas rares). Or, il y a là quelque chose de très différent d'un changement de législation. Le revirement jurisprudentiel est rétroactif par nature: la jurisprudence nouvelle s'appliquera de plein droit à tout ce que les particuliers avaient pu faire sur la base et sur la foi de la jurisprudence ancienne.

(*c*) *La jurisprudence est une autorité en droit civil*. Dans la décision d'un juriste, ou d'un juge, qui a à choisir entre plusieurs opinions, la jurisprudence est une donnée, un mobile psychologique parmi d'autres. Nous pouvons dire qu'elle est une *autorité*: elle influe plus ou moins fortement sur la décision, sans jamais l'imposer en droit.

Parce qu'elle n'est qu'une autorité de fait et non pas une règle juridiquement obligatoire, son autorité peut être dosée. Il est bien connu que tous les précédents n'ont pas la même valeur, et qu'il y a des degrés à observer entre eux suivant divers critères. Un critère de *hiérarchie*, d'abord, correspondant à la hiérarchie des tribunaux: le maximum de crédit se trouvera au sommet dans les arrêts de l'Assemblée plénière (autrefois des Chambres réunies) de la Cour de cassation. Un critère interne ensuite: spécialement parmi les arrêts de la Cour de cassation, on distingue *arrêts d'espèce* et *arrêts de principe* . . . les premiers déterminés par les circonstances de fait et s'abstenant d'aborder en termes généraux la question de droit, les seconds consacrant à la question de droit un examen plus approfondi et donnant de la solution une formule générale; les arrêts de principe ont évidemment une autorité que n'ont pas les arrêts d'espèce. Un critère de *lieu*, à d'autres égards: par ex. les cours d'appel, mais aussi les tribunaux de commerce, ont souvent des traditions et attachent plus d'importance à leur propre jurisprudence qu'à celle des cours ou des tribunaux voisins. Un critère de *date*, enfin: d'être anciens (par ex. du début du xixe s.) n'est pas, pour les arrêts, une qualité; ce que cherche le praticien, c'est à avoir pour sa thèse la *dernière jurisprudence*, et entre deux arrêts contraires émanant de la même juridiction, c'est le plus récent qui l'emporte.

Si la jurisprudence n'est qu'une autorité, elle est une *autorité privilégiée*, car la thèse qu'elle appuie a, par définition, dans le litige pour la solution duquel on cherche à se faire une opinion, plus de chances d'être accueillie par le tribunal saisi, donc plus de chances de devenir du droit effectif. C'est pourquoi, quand on parle du droit d'un pays, il ne faut pas seulement entendre ses lois, mais ses lois et sa jurisprudence; et ceux qui, par profession (ex. notaires), sont tenus de connaître le droit, doivent connaître la jurisprudence aussi bien que la loi et commettraient, à n'en pas tenir compte, une négligence dont ils pourraient être responsables envers leurs clients.

ART. 4. of the *Code civil* is very far from being a dead letter.

Cass. civ. 16.4.1970
(Epoux Giordano *c.* Epoux Corniglion)
D.S. 1940.454, note Mme Contamine-Raynaud    J.C.P. 1970 II
16459

LA COUR; — Sur le moyen unique, pris en sa troisième branche: — Vu l'art. 4 du Code civil; — Attendu que lorsque deux personnes revendiquent, l'une contre l'autre, la propriété d'un immeuble, le juge, qui reconnaît que ce bien appartient nécessairement à l'un ou à l'autre de ces deux revendiquants, ne peut rejeter les deux revendications sous prétexte qu'aucune des parties n'a prouvé la supériorité de son droit et que les données de l'expertise ne permettent pas d'appliquer les titres sur le terrain; . . . Attendu que, pour débouter 'purement et simplement les parties chacune' de sa revendication, au motif que ni l'une ni l'autre n'avait fait la preuve de son droit de propriété sur le bien revendiqué, l'arrêt attaqué énonce que rien n'a permis à l'expert Kovache, commis par les premiers juges le 6 avril 1965, 'de situer exactement sur place la parcelle, désignée uniquement par ses confronts et sa valeur', dans un acte de donation du 11 février 1828, 'notamment à raison de la complexité des désignations, de confusions dans les directions et lieux dits', et que l'analyse dudit rapport d'expertise démontre 'l'incertitude des titres et l'impossibilité d'en faire une application sur le terrain'; — Attendu qu'en statuant de la sorte, tout en admettant que l'immeuble en litige, ayant appartenu à Jean-Louis Serraire, était devenu, en vertu de l'acte de donation précité et d'une donation-partage du 27 mars 1953, la propriété, soit d'André Serraire, soit de Marie-Thérèse Serraire, auteurs respectifs de Giordano et de Corniglion, la Cour d'appel, qui a refusé d'user de son pouvoir de décider lequel de ces deux derniers était propriétaire, n'a pas satisfait aux exigences du texte susvisé.

Par ces motifs, et sans qu'il soit besoin de statuer sur les deux premières branches du moyen: Casse . . .

Cass. crim. 3.11.1955
(Cornet)
s. 1956.89 D. 1956.I.557, note R. Savatier

LA COUR; — Statuant sur le pourvoi en cassation de Cornet, partie civile, contre un arrêt rendu le 10 décembre 1953 par la cour d'appel de Poitiers, qui a condamné Fouchereau, prévenu de blessures involontaires, à des réparations civiles;

Sur le moyen unique de cassation, pris de la violation des art. 5 et 1382, C. civ., 7 de la loi du 20 avril 1810, défaut et contradiction de motifs, manque de base légale, en ce que l'arrêt attaqué, 'sans contester la baisse invoquée du chiffre d'affaires du sieur Cornet après l'accident, ni sous-estimer l'importance personnelle de son activité productrice et l'incidence de l'incapacité permanente partielle sur celle-ci', a réduit à 2 500 000 fr. l'indemnité afférente à l'incapacité permanente partielle de 50 p. 100 résultant pour ledit sieur Cornet de l'accident dont le sieur Fouchereau a été reconnu responsable dans la proportion des deux tiers, au seul motif que 'la cour ne croit pas pouvoir aller au delà de son appréciation maxima habituelle en cette matière', alors que, les juges ne pouvant prononcer par voie de disposition générale et réglementaire sur les causes qui leur sont soumises et le propre des dommages-intérêts étant de réparer intégralement le préjudice, la cour, statuant dans la plénitude de sa souveraineté, ne pouvait limiter l'indemnisation d'un préjudice dont elle reconnaissait l'importance, en se prétendant liée par 'son appréciation maxima habituelle en la matière', et alors, à tout le moins, qu'en statuant ainsi, par référence à 'son appréciation maxima habituelle en la matière', l'arrêt attaqué, qui n'est pas motivé, n'a pas donné de base légale à sa décision: Vu lesdits articles; — Attendu que l'arrêt attaqué, statuant sur les réparations civiles dues à Cornet à la suite d'un accident dont celui-ci a été victime et dont Fouchereau a été reconnu partiellement responsable, après avoir fixé les indemnités afférentes au *pretium doloris* et aux frais médicaux et pharmaceutiques, déclare, en ce qui concerne l'incapacité permanente partielle, 'que sans contester la baisse invoquée du chiffre d'affaires de Cornet après l'accident ni sous-estimer l'importance personnelle de son activité productrice et l'incidence de l'incapacité permanente partielle sur celle-ci, la cour ne croit pas pouvoir aller au delà de son appréciation maxima habituelle en cette matière et qu'il y a lieu

d'évaluer à 2 500 000 fr. l'indemnité afférente à cette incapacité';
—Mais attendu qu'il est défendu aux juges de prononcer par voie
de disposition générale et réglementaire sur les causes qui leur
sont soumises; que si, en matière de dommages provenant d'un
crime ou d'un délit, les juges de répression apprécient souverainement, dans les limites des conclusions de la partie civile,
l'indemnité due à celle-ci, ils ne sauraient se référer, dans une
espèce déterminée, à des règles établies à l'avance, pour justifier
leur décision; qu'il y a eu, dès lors, violation des textes visés au
moyen; Par ces motifs, casse . . . renvoie devant la cour d'appel de
Bourges.

From the note

Qu'il y ait, pour chaque juridiction, une sorte de barème usuel
de la détermination des dommages-intérêts, et cela spécialement
quand il s'agit de l'évaluation, toujours difficile et quelque peu
élastique, des conséquences d'une infirmité, c'est une constatation
bien connue. Non seulement cette pratique est générale, mais
bienfaisante. C'est une limite d'expérience que le juge donne à son
arbitraire. C'est une garantie de fait pour les plaideurs qui,
connaissant les habitudes du juge, savent à peu près sur quelle
base ils seront jugés, et, par là même, sont détournés de procès
inutiles. Enfin, c'est un apaisement à l'esprit public, enclin à
confondre une bonne justice avec la similitude des sentences, et à
s'indigner quand il compare les indemnités manifestement inégales
que deux invalidités apparemment semblables pourraient valoir à
deux victimes différentes, si le juge ne s'en tenait à son barème
. . .
On s'explique donc bien, dans l'intimité du juge, le scrupule
qu'avait exprimé l'arrêt cassé, et qui, cependant, lui a valu la
censure de la Cour suprême . . .
Mais on comprend parfaitement aussi le blâme de la Cour de
cassation en présence de cette révélation publique, par le juge, de
la méthode systématique par laquelle il avait triomphé de ses
scrupules.
C'est que cette méthode, officialisée en quelque sorte par l'arrêt
d'appel, et présentée comme le motif de justification déterminant
de la sentence, se conciliait mal avec l'art. 5, C. civ.: 'Il est

défendu aux juges de prononcer par voie de disposition générale et réglementaire sur les causes qui leur sont soumises.'

En ce point, affleure la différence qui subsiste toujours entre les deux grandes sources de notre droit, la loi et la jurisprudence. La loi seule a pouvoir d'être réglementaire; en ce sens que, seule, elle peut trancher un problème d'équité par l'adoption d'une règle à la fois générale, forfaitaire, rigide et obligatoire, qui supprimera, pour le juge, toute recherche sur le point qu'elle tranche.

La jurisprudence peut simplement se donner des 'directives'; et il est souhaitable qu'elle le fasse.

Mais, d'une part, celles-ci ne devront jamais être considérées comme définitivement sclérosées. Et c'est même en quoi la jurisprudence française, dont le rôle tend à rejoindre aujourd'hui en importance la *Common Law* anglaise, reste heureusement plus souple et plus adaptable.

Cass. crim. 12.3.1984
(Baesens et autres)
D.S. 1985 1, note Warembourg-Auque

[A 1972 law penalizes doorstep trading. A prosecution was brought against estate agents who had called at the would-be vendors' home and been instructed to act; the vendors filed suit as civil plaintiff in the prosecution. Both lower criminal courts found for the defendant on the ground that it was not clear whether the 1972 statute covered house-selling. The civil plaintiffs brought a *pourvoi en cassation*.]

LA COUR; — Sur les trois moyens de cassation réunis et pris de la violation de l'art . . . 4 C. civ; Vu lesdits articles; — Attendu que le juge pénal ne peut accorder au prévenu le bénéfice du doute, au motif que la loi visée par la prévention est obscure ou que son interprétation est incertaine, sans méconnaître ses obligations et violer l'art. 4, C. civ.; — Attendu que le démarchage au domicile du propriétaire, pour lui proposer un mandat exclusif de vente de son immeuble, constitue un démarchage en vue d'une prestation de service qui ne fait l'objet d'aucune réglementation par un texte législatif particulier, au sens de l'art. 8 de la loi du 22 décembre 1972, et qui, dès lors, tombe sous le coup des dispositions de cette loi; — Attendu qu'il appert de l'arrêt attaqué que les époux Baesens-Vandenbossche, désirant vendre leur maison d'habit-

ation, ont reçu la visite de Vigne et Huyghe, négociateurs d'une
agence immobilière dirigée par Lamblin, et que, sur leur proposition, ils ont accordé à cette agence un mandat exclusif de
vente, pour une durée de deux mois, renouvelable par tacite
reconduction; que sur plainte des vendeurs, à la suite d'un
contentieux les opposant à Lamblin, celui-ci, ainsi que Vigne et
Huyghe, ont été renvoyés devant la juridiction correctionnelle,
par la chambre d'accusation, pour infraction à la loi du 22
décembre 1972 sur le démarchage à domicile; — Attendu que,
pour prononcer la relaxe des prévenus et débouter les parties
civiles de leurs demandes, la cour d'appel, adoptant en outre les
motifs des premiers juges, énonce que la loi susvisée, base de la
poursuite, 'ne mentionne pas les opérations de démarchage ayant
pour objet la vente d'immeubles, ni pour les intégrer expressément dans son champ d'application ni pour les en exclure' et que,
dès lors, l'infraction poursuivie n'étant 'ni évidente ni indiscutable', il en résulte un 'doute sérieux' dont les prévenus doivent
bénéficier; — Mais attendu qu'en prononçant ainsi la cour d'appel
a méconnu le sens et là portée des textes visés au moyen et des
principes sus-énoncés; que la cassation est ainsi encourue;
Par ces motifs, casse . . .

From A. Tunc, 'La Méthode du Droit civil: analyse des
conceptions françaises' (1975)[12]

Si nous explicitons la mission de la jurisprudence telle que la
concevait Portalis, elle apparaît triple: (1) préciser la portée des
règles dans les circonstances variées qui sont présentées au juge; à
cet égard, Portalis et, un siècle plus tard, Planiol, ont pu dire que
le juge était le législateur des cas particuliers: (2) clarifier les
obscurités de la loi et combler ses lacunes: 'C'est à l'expérience,
écrit Portalis, à combler sucessivement les vides que nous laissons.
Les codes des peuples se font avec le temps. Mais, à proprement
parler, on ne les fait pas'; (3) adapter le droit à l'évolution de la
société et, dans la mesure où le juge le peut en prenant appui sur
les textes existants, parer à l'insuffisance de la loi devant les
problèmes contemporains.
Portalis avait fort bien vu que les décisions ainsi rendues ne

[12] 1975 *Rev. Int. Dr. Comp.* 817, 82.

devaient pas rester isolées les unes des autres, mais s'intégrer les unes aux autres pour former un corps de droit, ce que nous appelons la jurisprudence. 'De là, écrivait-il, chez toutes les nations policées on voit toujours se former, à côté du sanctuaire des lois, et sous la surveillance du législateur, un dépôt de maximes, de décisions et de doctrine qui s'épure journellement par la pratique et par le choc des débats judiciaires, qui s'accroît sans cesse de toutes les connaissances acquises, et qui a constamment été regardé comme le vrai supplément de la législation.'

La pratique a montré combien était exacte la conception que Portalis se faisait du rôle du juge. Celui-ci a rempli la triple mission qui lui était assignée.

Il faut d'abord constater que le juge a pu depuis 1804, appliquer les règles du Code civil aux millions de cas particuliers qui lui ont été soumis, sans grande difficulté dès lors que les faits étaient établis. Quel que soit le respect que mérite Justice Holmes, il faut donc constater que l'expérience dément sa phrase célèbre: *'General propositions do not decide concrete cases'*, une phrase qui semble avoir la force d'une évidence, mais que les faits ne justifient en rien et qui malheureusement inspire à des milliers de juristes de *common law* une défiance dénuée de tout fondement à l'égard de la codification.

Assez souvent, pourtant, la généralité relative de la règle donnée par le code laissait aux tribunaux à résoudre un certain nombre de questions. Les juges ont eu à prendre leurs responsabilités, et ils les ont prises. Il est frappant de consulter le Code civil Dalloz sur les articles qui n'ont pas été amendés par des lois nouvelles (ou de consulter des éditions antérieures aux amendements). Lisant les sommaires de jurisprudence qui les accompagnent, on constate couramment que le texte laissait au juge quatre ou cinq questions à résoudre, mais que ces questions ont été tranchées, le plus souvent au xix siècle et parfois au milieu de celui-ci, une fois pour toutes. A cet égard, je voudrais m'opposer à une idée très répandue à l'étranger et en France, mais qui me semble erronée: celle de la jurisprudence constante. Il est bien possible, certes, qu'une solution ait été plusieurs fois affirmée par la Cour de cassation. Mais, dans l'immense majorité des cas, lorsqu'une question de droit est clairement posée à la Cour de cassation, la solution qu'elle lui donne dans un premier arrêt peut être regardée comme définitivement acquise. La jurisprudence, certes, se forme graduellement, sur le fondement de l'expérience, dans 'le choc des débats judiciaires'. Mais c'est au niveau des juridictions de première instance et d'appel que l'on peut voir des décisions contraires. Quand la Cour de cassation a parlé, elle sera normalement obéie. On peut se demander si, pratiquement, dans la plupart des domaines de droit, l'autorité de précédent d'une décision de la Cour de cassation, sans être aussi importante que celle d'une décision anglaise, n'est pas supérieure à celle d'une décision américaine.

Lorsqu'ils l'ont pu sur le fondement des textes, les juges ont également accompli leur tâche de modernisation du droit, souvent d'une manière très remarquable. Ils ont su innover et, au besoin, toujours sur le fondement de l'expérience, revenir partiellement en arrière et corriger les premiers excès qu'ils avaient pu commettre. Ils ont développé un droit de l'enrichissement sans cause et une théorie de l'abus de droit. Au mépris d'une disposition expresse du Code civil (art. 1165), ils ont permis la stipulation pour autrui et élaboré les règles qui doivent la gouverner. Dès 1911, ils ont imposé au transporteur de personnes une obligation de sécurité. Puis, ils ont étendu celle-ci à la charge de diverses personnes ou entreprises, selon des régimes adaptés aux situations.

From P. Jestaz, 'La Jurisprudence, ombre portée du contentieux' (1989)[13]

Toute décision particulière recèle une certaine vocation à se généraliser sous forme de règle: l'imagination travaille, de la même façon qu'elle reconstitue le temple grec à partir de quelques fûts de colonnes. Le travail successif des plaideurs, du juge et des commentateurs aboutit donc à la fabrication de règles normatives, d'ailleurs insérées dans une dogmatique d'ensemble. On s'interrogera successivement sur la structure (1°) et sur l'autorité (2°) de ces normes.

1° *Structure de la règle.* Parfois la Cour de cassation émet une proposition normative en tout point semblable, par son contenu, à celle qu'on pourrait trouver dans une loi: c'est le grand arrêt de

[13] D.S. 1989 Chron. 149 at 152–3.

principe. La norme comporte alors, comme d'habitude, un présupposé et l'imputation d'une conséquence. Et elle existe dès avant toute intervention d'un quelconque commentateur, lequel ne joue à son égard qu'un rôle de porte-voix et d'exégète, tout comme il ferait pour un article de loi.

Mais le plus souvent la norme jurisprudentielle a un caractère plus ou moins implicite. Le rôle du commentateur devient alors primordial: il dégage cette norme, il la fait monter jusqu'à la conscience juridique et, le cas échéant, il l'induit de façon divinatoire. Bref, il donne un sérieux coup de pouce.

Dans certains cas, la Cour de cassation récuse ce coup de pouce. Mais il arrive aussi qu'elle l'accepte. La fiction l'emporte alors sur la réalité. Il entre, dans notre attitude à l'égard de la jurisprudence, un élément de croyance. Combien d'arrêts mal cités ont fini par faire jurisprudence dans le sens opposé au discours qu'ils enfermaient? Selon la formule consacrée, les auteurs se sont tous recopiés et le premier n'avait rien compris. Nos droits sont des croyances, écrivait plus académiquement Emmanuel Lévy. Notre droit aussi, dans une certaine mesure. Cet élément de croyance participe peut-être à l'autorité de la règle jurisprudentielle.

*2° Autorité de la règle.* Cette autorité est avant tout un fait: la règle jurisprudentielle pourrait se définir comme celle que — précisément — tout le monde reconnaît comme telle, au point qu'aucun avocat n'oserait plus plaider qu'elle n'existe pas. Au regard de cette constatation devenue banale, la question de savoir si la jurisprudence est ou non une source du droit devient une querelle de théologiens. Cette question ne progresse guère du fait que les idéologies de droite et de gauche convergent paradoxalement dans le sens d'une réponse négative. Car il faut, à tout prix, que la loi soit obéie au doigt et à l'œil. Il le faut, à droite, parce que toute velléité d'indépendance est un désordre intolérable. Il le faut, à gauche, parce que la loi seule exprime la volonté du peuple souverain. Jacobinisme et caporalisme s'accordent donc pour nier la réalité lorsqu'elle contredit ce dogme. En d'autres termes et selon une autre formule célèbre, la jurisprudence est une source du droit, mais il ne faut surtout pas le dire.

La vraie question, c'est de savoir d'où la jurisprudence tient son autorité. Encore une fois, la prééminence hiérarchique de la juridiction ne l'explique qu'en partie. La notion d'habitude, présente dans la plupart des définitions, me semble largement surévaluée: il est fréquent qu'un seul arrêt fasse jurisprudence. Dans une chronique, j'ai hasardé l'idée d'une sorte de ratification spontanée par la communauté des juristes. La règle jurispruden- tielle, pas plus que celle qui nous oblige à nous dire bonjour le matin, ne porte la griffe du pouvoir officiel: elle existe parce que nous le croyons, phénomène qu'on trouverait miraculeux s'il n'était fortement répétitif. Or, le juge, par un mélange de pouvoir hiérarchique et de *catharsis*, a au plus haut point le don de nous faire croire à l'existence des règles . . . J'ai su plus tard que d'autres y avaient pensé avant moi: le fait que j'aie redécouvert leur thèse prouve que celle-ci n'avait pas fait mouche. S'agit- il d'ailleurs d'une explication psychosociologique ou d'une justi- fication dogmatique? Sur ce point aussi, le débat reste ouvert. Peut-être faudrait-il encore méditer sur l'autorité de la chose im- primée — . . .

From Jean Bel (Président de chambre honoraire à la Cour de cassation). 'Le Bicentenaire de la Révolution: retour aux sources pour la Cour de cassation' (1989)[14]

Chaque année l'audience de rentrée de la Cour de cassation est l'occasion de déplorer son insurmontable surcharge de travail. La fermeté du récent discours de son Premier président m'incite à exposer ce que je pense depuis longtemps sur la déviation du rôle de la Haute juridiction, cause de l'embarras dans lequel elle se trouve.

1. Comme il a été opportunément rappelé dans ce discours, le justiciable dispose de deux degrés de juridiction, et non de trois. Le pourvoi en cassation, non suspensif, ne devrait pas être un obstacle à l'exécution d'une décision rendue en dernier ressort. Et cependant il est bien acquis qu'il n'en est rien, qu'on 'rappelle en cassation' et que l'adversaire hésitera à exécuter. On sait aussi que la Cour de cassation, se croyant obligée de répondre minutieuse- ment à un moyen qui aura plus ou moins habilement habillé le fait avec un manteau de droit, permettra de différer longtemps l'exécution de l'arrêt attaqué. Une masse de pourvois sans aucun intérêt juridique encombre ainsi les chambres civiles de la Haute

[14] D.S. 1989 Chron. 105.

juridiction. Une étude faite à ce sujet, il y a quelques années, a révélé que la proportion de ces pourvois 'parasites' et dilatoires etait de 70%, ce qui correspondait d'ailleurs au taux de 30% de la publication très libérale au *Bulletin des arrêts de la Cour de cassation* des arrêts présentant le moindre intérêt juridique.

2. On est loin de la pureté originaire de la mission confiée par le législateur révolutionnaire à la Juridiction suprême. Devant l'Assemblée constituante appelée à voter la loi du 27 novembre–1$^{er}$ décembre 1790, Clermont-Tonnerre la définissait ainsi: 'la constance dans la doctrine, la profonde connaissance de la loi, l'éloignement parfait des intérêts des justiciables . . .'. Pour Prieur de la Marne, 'le tribunal de cassation est une sentinelle établie pour le maintien des lois', et Troplong voyait dans la Juridiction suprême 'la source de toutes les lumières et le point d'appui de tous les progrès raisonnables de la jurisprudence'.
. . .

Y parviendrait-on que le nombre des arrêts rendus serait en rapport inverse avec la valeur de la doctrine de la Cour de cassation. Cette avalanche de décisions n'entraîne que confusion. J'entends encore le président de l'Ordre des avocats aux conseils déclarant à la commission de réforme préalable à loi du 3 juillet 1967 que l'insécurité de la doctrine de la Cour de cassation était telle qu'il ne pouvait moralement déconseiller aucun pourvoi car il estimait que son client avait toujours sa petite chance, ce qui malheureusement est de plus en plus vrai.

La véritable réforme serait que la Cour de cassation ne rende que des arrêts 'de principe', une centaine par an et non une dizaine de mille (16 482 en matière civile, en 1988). L'application de ces principes aux pourvois serait faite par de petites formations de conseillers référendaires présidées par un conseiller expérimenté, avec pour seule motivation la référence à l'arrêt de principe.

On reviendra ainsi à la pureté première du rôle de la Juridiction suprême par l'éloignement parfait des intérêts des justiciables et par la constance dans la doctrine souhaités en 1790. Il restera à abroger l'art. 5, C. civ., si on pense que ce texte désuet interdit à la Cour de cassation de rendre des arrêts de principe, ce que ne pensait sans doute pas Troplong.

Ce serait sans doute une révolution; l'époque s'y prête. L'obstacle principal est la tradition, devenue depuis long temps une invincible routine.

## D. *Doctrine*

From Meynial, 'Les recueils d'arrêts et les arrêtistes' (1904)

[NOTE: the author traces the history of law reporting and annotating in France since the Revolution, and distinguishes three periods: to 1830, from 1830 to the 1850s, and since then. About this third period he writes:]

Ce qui caractérise la dernière période de la vie de nos recueils d'arrêts, c'est le développement et l'importance prépondérante qu'y prend de plus en plus la note d'arrêts et l'apparition d'une véritable école de juristes qui se consacrent à ce genre nouveau, dont les uns sont comme d'origine praticienne et les autres d'origine doctrinale, et dont la rencontre dans les mêmes recherches et dans les mêmes recueils constitue la plus heureuse occasion et le meilleur exemple de la fusion de la pratique et de la doctrine à cette époque. C'est la note d'arrêts qui a permis de tirer de la jurisprudence tout l'enseignement qu'elle contient en y amalgamant, pour lui donner la consistance nécessaire, une parcelle de cet esprit doctrinal sans lequel elle resterait éparse. La note d'arrêts constitue dans la littérature juridique contemporaine le genre le plus souple qui existe, susceptible de devenir ou plus dogmatique ou plus pratique suivant son rédacteur, tout en conservant un intérêt capital pour les deux catégories de lecteurs. Elle a pour avantage considérable de présenter le droit vivant, c'est-à-dire dans toute la complication et l'enchevêtrement des intérêts opposés qu'il a mission de concilier; de permettre, à cette occasion, au juriste, de consulter, tout au fond de sa conscience, son propre sens de l'équité sur un point particulier, d'une application immédiate, sur lequel il y a chance que des hommes de tendances diverses, mais d'égale bonne foi et d'égale finesse, se rencontrent quand ils appartiennent à une même société et à une même époque; de se prêter par conséquent à une détermination, avec les moindres chances d'erreur, de la solution qui répond le plus exactement à la conscience générale et par conséquent de la direction dans laquelle il est souhaitable de s'engager; et aussi de donner libre et utile carrière aux aspirations constructives ou exégétiques du juriste qui l'entraîneront à ordonner et à organiser toutes les décisions d'espèce en un appareil assez résistant pour que l'arbitraire ou le privilège ne puissent rien contre lui. Et tout cela prend dans la note un caractère si actuel, si vivant et parfois si émouvant, que peu d'esprits résistent à la séduction qu'elle exerce, moins abstraite, moins raide et moins froide que la pure spéculation dogmatique, plus désintéressée, plus générale et d'une plus sereine impartialité que la consultation ou que la plaidoirie ou même que le rapport judiciaire. Peu de genres conviennent mieux à la souplesse et à la finesse de bons sens du tempérament français, et c'est peut-être pour cela qu'elle a si bien réussi chez nous et qu'un des maîtres actuels de la science juridique pouvait dire, il n'y a pas bien longtemps, avoir entendu à l'étranger compter tel de nos grands recueils d'arrêts parmi les meilleures de nos revues juridiques et les plus appréciées.

. . .

L'influence de la jurisprudence et des notes d'arrêts, dans cette dernière période, a été considérable sur la doctrine et sur la pratique. Sur la doctrine, elle a donné à la jurisprudence une autorité de laquelle aucune autre ne peut être rapprochée aujourd'hui, sinon celle du droit comparé. Il est facile de constater les progrès de cette autorité dans les grands traités de droit civil écrits en France depuis 1855, en commençant par ceux d'Aubry et Rau et de Demolombe, pour finir par les plus récents, comme ceux de M. Baudry-Lacantinerie ou de M. Planiol. Les plus anciens, le second surtout, s'attachent encore à la jurisprudence sous son aspect fragmentaire, aux espèces, aux solutions individuelles; chez les plus récents, c'est la jurisprudence dans son système, dans son esprit ou dans ses tendances qu'on retrouve, celle que les arrêtistes ont contribué à nous construire, et qu'ils continuent de nous organiser chaque jour. Dans l'enseignement, le progrès a été le même.

. . .

La plupart de nos civilistes actuels sont en même temps de précieux arrêtistes. Et on sent bien la faveur dont jouit le juge à l'Ecole, rien que par l'éclosion de toutes les théories récentes sur l'interprétation, dont la plupart aboutissent à faire du juge une sorte d'arbitre entre les contractants, sur le tact juridique duquel on fait assez fond pour lui permettre de prendre conseil de son sentiment intime autant que du texte de la loi. La note d'arrêts et l'examen doctrinal, dans cette sorte de communion quotidienne qu'il faudrait établir alors entre l'interprète doctrinal et le praticien, seraient sûrement les deux instruments les plus indispensables et les plus puissants pour régulariser toute notre vie juridique. Que diraient nos vieux juristes dogmatiques du début du xixᵉ siècle, si hautains vis-à-vis de la pratique, si pénétrés de la vertu absolue de la formule de la loi? Ne penseraient-ils pas, en constatant, dans le regret de leur âme, cette intimité flagrante, que c'en est fini du Code qu'ils avaient édifié, et que le monument est si bien recouvert par ces végétations parasites qui s'attachent aux vieilles choses, qu'il y disparait presque tout entier? Et leur sérénité ne serait-elle pas tristement altérée par cet amas de volumes d'arrêts qui ont pris dans nos bibliothèques la place où siégeaient autrefois si dignement, plus discrets, les travaux préparatoires du Code civil?

NOTE

In this article the author assigns to the elaborate case annotation— perhaps the most characteristic and original element of French legal writing—a major historic role in bridging the gap between academic theory (*l'Ecole*) and judicial and advocatorial practice (*le Palais*). This has two aspects: the growing attention paid to academic writing by practitioners, and the growing role played by case law in academic writing and teaching. In this connection the last sentences of this extract are especially interesting: the case annotation and the activity of academics as *arrêtistes* have helped to dispel the 'arrogance' of the academics towards the practitioners (whether judicial or advocatorial) and also the excessive attention paid to *travaux préparatoires* by academic writers of the 'exegetic school' during most of the nineteenth century.

From A. Tunc, *'La Méthode du Droit civil: analyse des conceptions françaises'* (1975)[15]

On dit couramment que la doctrine bénéficie en France d'une autorité sans équivalent à l'étranger. La comparaison, à vrai dire, est bien difficile. La doctrine me semble, par exemple, bénéficier d'une incontestable attention de la part du juge aux Etats-Unis et en Angleterre. En France, l'influence de certains auteurs sur la Cour de cassation a été frappante. Le traité d'Aubry et Rau a été pendant des décennies la bible de la Cour. Des auteurs comme

[15] 1975 *Rev. Int. Dr. Comp.* 817, 829.

Ripert et, plus encore, Capitant, ont été très souvent suivis par la Cour. Les juges, écrasés d'affaires, ont-ils aujourd'hui le temps de prêter la même attention que jadis aux écrits doctrinaux? Ne regardent-ils pas avec un certain sourire (évitons de dire: un certain mépris) ce que produisent les 'faiseurs de systèmes'? Ne sont-ils point parfois agacés (écartons le ressentiment) par ceux qui, en commentant leurs décisions, ne peuvent pas toujours les approuver sans réserve? Certainement, la doctrine exerce une certaine influence, ne serait-ce que par le canal des avocats à la Cour de cassation qui consultent les auteurs pour y trouver des arguments à l'appui de leurs thèses et ne manquent pas éventuellement de s'appuyer expressément sur ces auteurs. On peut craindre, pourtant, que les relations entre les juges et les auteurs ne soient pas aussi fécondes qu'elles pourraient être: les juges, on l'a dit, sont peut-être trop pris par le flot des affaires; les auteurs se trouvent devant des décisions très brèves, lors du moins qu'elles émanent de la Cour de cassation, et dont il leur appartient de deviner la justification et la portée, ce qui ne facilite pas la collaboration qu'ils souhaiteraient apporter à l'élaboration du droit.

# Courts

1. The public-law courts have been described in Part I, and the commercial court at pp. 214 above. The section which follows deals with the main *tribunaux d'ordre judiciaire*, and outlines both their civil and criminal functions. It does not cover those with limited jurisdiction for employment cases, children, and the like. The similarity of the structure of the English and the French courts is deceptive. It is tempting to compare the *tribunal d'instance* with the County Court, the *tribunal de grande instance* with the High Court, the *Cour d'appel* with the Court of Appeal, and the *Cour de cassation* with the House of Lords. This comparison would be wrong as it would fail to take account of the fundamental differences of organization.

2. The most important of these lies in the decentralization of the administration of justice in France, both at first instance and at the appellate stage. It is as if there were a high court in each county in England and a number of courts of appeal in various parts of the

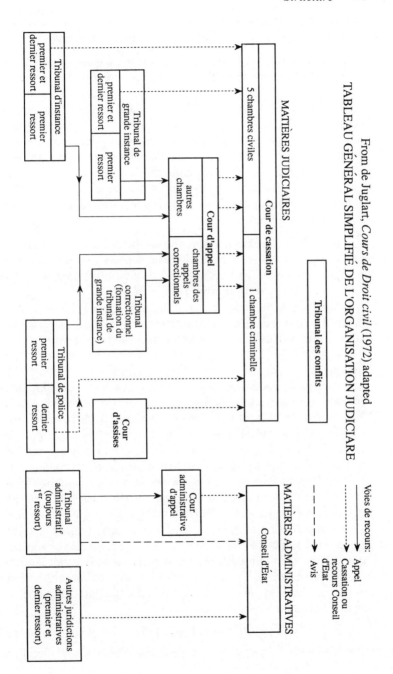

From de Juglart, *Cours de Droit civil* (1972) adapted

TABLEAU GÉNÉRAL SIMPLIFIÉ DE L'ORGANISATION JUDICIARE

**MATIÈRES JUDICIAIRES**

Tribunal d'instance — premier et dernier ressort / premier ressort

Tribunal de grande instance — premier et dernier ressort / premier ressort

Cour d'appel — autres chambres / chambres des appels correctionnels

Tribunal correctionnel (formation du tribunal de grande instance)

Cour de cassation — 5 chambres civiles / 1 chambre criminelle

Tribunal de police — premier ressort / dernier ressort

Cour d'assises

Tribunal des conflits

**MATIÈRES ADMINISTRATIVES**

Tribunal administratif (toujours 1er ressort)

Cour administrative d'appel

Conseil d'État

Autres juridictions administratives (premier et dernier ressort)

Voies de recours:
Appel
Cassation ou recours Conseil d'État
Avis

country. This makes it necessary to have rules on territorial (geographical) jurisdiction. There are no 'itinerant' judges.

3. A second difference stems from the collegiate principle in France, which means that all major matters are heard by a bench of at least three judges. The one-judge court exists only for minor cases — the *tribunal d'instance*. The collegiate nature of the courts is not of course necessarily, but is in fact, linked with the 'anonymity' of the individual judge referred to. This anonymity is compatible with the one-judge system, just as its opposite, the personal character of the judgment, may, as every decision of our Court of Appeal shows, flourish within a bench of three. The French attitude cannot be understood unless one remembers that the civil jury is unknown.

4. A third difference results from the position of the highest court, the *Cour de cassation*, which, with one solitary exception, never decides a case on merits. It is not a court of ultimate appeal, and is thus quite different from the House of Lords. The *Cour de cassation* reviews the judgment, not the case. Its sole function is to ensure that the judgments of the lower courts are in accordance with the law. Virtually every *pourvoi en cassation* alleges a breach of art. 7 of the 1810 statute given immediately below. The Supreme Court can reject the *pourvoi*, thus leaving intact the lower court's decision. Alternatively it can quash that decision and remit the case for rehearing by another court of the same level. That court is free as to its finding of fact, and is furthermore not bound to follow the view of the law expressed by the *Cour de cassation*. Only decisions of the Full Bench bind the court of remitter (*renvoi*) as to the law; and then only in that very lawsuit. The Full Bench hears cases in two ways: first, where the motion is to quash the decision of a court of remitter which has followed the law of the first court whose decision was quashed; secondly (since 1979) a case coming to the *Cour de cassation* may be sent straight to the Full Bench where questions of principle are involved, especially where there have been divergent views in other courts. To save time, the *Cour de cassation* is now empowered, if it quashes a decision on a civil matter and the facts are not in dispute, to render a final decision itself.

5. The nearest English equivalent to the role of the *Cour de cassation* — and it is not an exact likeness — occurs in criminal law

after an acquittal. Since 1973 the Attorney-General may seek the opinion of the Court of Appeal (Criminal Division) on a point of law; that court may, in turn, refer the legal issue to the House of Lords. Whatever the outcome, it provides merely an abstract ruling on a legal question. The acquittal stands and the person involved is guaranteed anonymity (Criminal Justice Act 1972 s. 36).

6. The difference between *tribunaux de droit commun* and *tribunaux d'exception* must not be considered as equivalent to the English distinction between 'superior' and 'inferior' courts. The French distinction refers to the technique of formulating the range of a court's jurisdiction, whether by statutory tabulation (*tribunaux d'exception*) or by a grant of residuary power (*tribunaux de droit commun*).

### Loi sur l'organisation de l'ordre judiciaire et l'administration de la justice, 20 avril 1810

ART. 7. La justice est rendue souverainement par les cours impériales; leurs arrêts, quand ils sont revêtus des formes prescrites à peine de nullité, ne peuvent être cassés que pour une contravention expresse à la loi. Les arrêts qui ne sont pas rendus par le nombre de juges prescrit, ou qui ont été rendus par des juges qui n'ont pas assisté à toutes les audiences de la cause, ou qui n'ont pas été rendus publiquement, ou qui ne contiennent pas les motifs, sont déclarés nuls.

La connaissance du fond est toujours renvoyée à une autre cour impériale.

### From R. Perrot, *Institutions judiciaires* (1989)

86. . . . L'ensemble des juridictions de l'ordre judiciaire se présente à la manière d'une pyramide qui aurait a son sommet la Cour de cassation, laquelle est la juridiction suprême dont la mission fondamentale est d'uniformiser l'interprétation de la règle de droit.

Parmi les juridictions ainsi soumises au contrôle de la Cour de cassation, on peut établir une nouvelle distinction entre: d'une part, les juridictions civiles, commerciales et sociales dont la mission est de statuer sur des litiges d'intérêt privé; d'autre part, les juridictions répressives, encore appelées juridictions pénales, qui ont pour rôle de réprimer les infractions au moyen d'une peine . . .

A. CIVIL JURISDICTIONS: THE MAIN STRUCTURE

*a. First instance*

From R. Perrot, *Institutions judiciaires* (1989)

§ *1. Tribunaux de grande instance*

89. *Importance.* Les tribunaux de grande instance — qui sont au nombre de 175 en métropole et de 6 dans les départements d'outre-mer, soit au total 181 — occupent dans notre organisation judiciaire une place de premier plan.

La situation particulière de cette juridiction tient au fait que le tribunal de grande instance est *juridiction de droit commun*; ce qui signifie qu'il a une compétence de principe pour connaître, en première instance, de tous les litiges de nature privée, dès lors qu'une disposition particulière de la loi ne lui en a pas expressément retiré la connaissance pour l'attribuer à une juridiction spécialisée. Le caractère de juridiction de droit commun qui appartient aux tribunaux de grande instance n'exclut pas, en effet, certaines limitations de compétence.

— en raison de la *nature de l'affaire*: par exemple, la loi attribue la connaissance des affaires commerciales aux tribunaux de commerce; et de même, les litiges relatifs au contrat de travail doivent être portés devant les conseils de prud'hommes; ce qui réduit d'autant les attributions des tribunaux de grande instance dont la compétence se limite pratiquement aux affaires de nature civile;

— en raison du *montant de la demande*. En principe, les tribunaux de grande instance ne connaissent que des demandes de nature civile dont le montant excède la somme de 30 000 francs; au-dessous de cette somme, la compétence appartient aux tribunaux d'instance; il n'en est autrement que dans les hypothèses exceptionnelles où le tribunal de grande instance a reçu compétence exclusive pour connaître de certaines matières, quel que soit le montant de la demande (en matière immobilière, par exemple).

En tout cas, quelles que soient les limitations apportées à la compétence des tribunaux de grande instance, le plaideur, grâce à ce système, trouve toujours un juge pour statuer sur sa demande puisque, à défaut d'un texte spécial attribuant compétence à une autre juridiction, le tribunal de grande instance, en tant que juridiction de droit commun, a une vocation de principe pour en connaître. On comprend dès lors l'importance de cette juridiction chargée d'un important contentieux.

95. *Personnel du tribunal.* En principe, tout jugement est rendu collégialement par des magistrats délibérant en *nombre impair* et par trois juges au moins, sauf disposition contraire.

Il s'ensuit que tout tribunal de grande instance comporte au moins trois juges dont un président; à quoi il faut ajouter un procureur de la République (dont il sera question ultérieurement) et un greffier qui tient la plume.

Cela dit, l'effectif de chaque tribunal varie selon son importance et le volume des affaires dont il est habituellement saisi: certains tribunaux de grande instance (comme Paris, Lyon, Toulouse ou Bordeaux par exemple) comprennent un nombre de juges fort important.

§ 2. *Tribunaux d'instance*

99. *Le tribunal d'instance, juge des 'petites affaires civiles'.* A la différence du tribunal de grande instance qui est appelé à statuer sur des affaires civiles d'un montant souvent considérable, la compétence d'attribution du tribunal d'instance se limite, en principe tout au moins, aux *affaires civiles dont le montant de la demande est inférieur à 30 000 francs.*

Le tribunal d'instance a pour trait original d'être une juridiction à *juge unique*; ce qui constitue une dérogation notable au principe traditionnel de la collégialité. L'idée directrice est claire: pour les affaires de cette nature dont l'enjeu est souvent modique, il est indispensable d'offrir aux plaideurs une juridiction d'accès facile, devant laquelle la procédure est simple, rapide et peu onéreuse.

A vrai dire, cette juridiction a une longue histoire. S'inspirant d'une institution qui existait déjà au xviii^e siècle en Angleterre et aux Pays-Bas, la loi des 16 et 24 août 1790 avait institué dans chaque canton une juridiction particulière que l'on appelait alors la justice de paix. Cette création correspondait à l'idéologie du temps: favoriser la fraternité et les bons rapports entre les citoyens, en leur offrant un juge facilement accessible qui, à l'époque, était élu. Cette juridiction traversa le xix^e siècle et la première moitié du xx^e siècle sans changement notable, sinon que le juge de paix cessa d'être un juge élu, pour devenir un juge nommé, selon la règle à partir du Consulat.

### b. Courts of appeal

#### Code de l'Organisation judiciaire

L.211-1. Les cours d'appel statuent souverainement sur le fond des affaires.

L.212-1. La cour d'appel comprend, outre le premier président, des présidents de chambre et des conseillers . . .

L.212-2. En toutes matières, les arrêts sont rendus par trois magistrats au moins, président compris. Pour le jugement des affaires qui doivent être portées en audience solennelle, les arrêts sont rendus par cinq magistrats au moins, président compris.

Le tout à peine de nullité.

From R. Perrot, *Institutions judiciaires* (1989)

151.

*Généralités* On sait que tout plaideur qui a succombé en première instance peut obtenir, sous certaines conditions, que le litige soit jugé une seconde fois par une juridiction hiérarchiquement supérieure, dans le ressort de laquelle se trouve situé le tribunal qui a statué et dont la décision est critiquée: cette juridiction supérieure est précisément la cour d'appel que l'on peut définir comme étant la juridiction de droit commun du second degré appelée à statuer sur les affaires déjà jugées en premier ressort par les tribunaux de première instance.

On remarquera tout de suite l'expression 'Cour', utilisée généralement dans la terminologie judiciaire pour désigner les juridictions hiérarchiquement supériéures.

Il existe trente cours d'appel en France métropolitaine, plus trois cours d'appel dans les départements d'outre-mer.

(*a*) Le ressort territorial de chaque cour d'appel s'étend généralement sur plusieurs départements: de deux à quatre en principe.

(*b*) Chaque cour d'appel a son siège dans une grande métropole régionale qui d'ailleurs n'est pas nécessairement la plus grande ville de la région. Il faut en effet tenir compte de la tradition historique.

B. Criminal Jurisdictions: the Main Structure

From Jean Pradel, *Droit Pénal*, vol. ii, *Procédure Pénale* (1987)

16. . . . . La distinction fondamentale de notre organisation judiciaire pénale est celle des jurisdictions d'instruction et de jugement.
. . .

*a. Les juridictions d'instruction*

23. Beaucoup d'affaires ne peuvent être portées directement devant la juridiction de jugement à raison de leur complexité . . . Un travail de préparation, un 'avant-procès', une mise en état s'avèrent donc indispensables. Tel est l'objet de la procédure d'instruction (à dessein souvent appelée préparatoire) ou d'information, les deux expressions étant synonymes.
. . .

24. Le juge d'instruction . . . constitue à lui seul la juridiction d'instruction du premier degré pour les affaires pénales de droit commun.
. . .

27. Le magistrat instructeur a classiquement un double rôle.

Il est d'abord un *enquêteur*, un agent d'information, chargé de la recherche et du rassemblement des preuves, à la manière des membres de la police judiciaire. A cet effet, il peut procéder à toutes investigations (interrogatoires de l'inculpé, auditions de la partie civile et des témoins, confrontations, perquisitions, saisies . . .). A l'occasion de ceux de ces actes qui portent sur les personnes, il peut délivrer des mandats de justice (de comparution, d'amener, de dépôt ou d'arrêt). Il peut encore désigner des experts et donner commission rogatoire à un collègue ou à la police judiciaire. On n'oubliera pas que l'enquête porte également sur la personnalité de l'inculpé.

Il constitue ensuite une *juridiction*. A ce titre, il rend des ordonnances au début de l'information (par ex., refus d'informer), au cours de son déroulement (par ex., refus de mise en liberté de l'inculpé) et lors de sa clôture en appréciant les charges relevées afin de se prononcer sur le renvoi en jugement.

Considérable est donc le rôle du juge d'instruction, alors que ce magistrat statue seul, face à un Ministère public nécessairement hiérarchisé et à un siège le plus souvent collégial.

Mais aujourd'hui ce schéma classique dualiste subit une double altération. D'un côté, la fonction d'enquête est en recul: le nombre et la complexité des affaires contraignent de plus en plus le juge d'instruction à saisir des experts et des policiers, et à se cantonner à la fonction juridictionnelle. D'un autre côté, de nouvelles fonctions apparaissent. Le juge d'instruction *modern style* préjuge (le prononcé de la peine sera si lointain que la détention provisoire joue le rôle d'une peine par anticipation), soigne, rééduque et même indemnise.

. . .

28. La chambre d'accusation . . . est la juridiction d'instruction du second degré, pour les affaires de droit commun, et joue à ce titre une double fonction. D'une part, en matière de crimes où l'instruction est nécessairement à deux degrés, elle procède à un second examen de l'affaire après le juge d'instruction . . . et elle décide de la mise en accusation de l'inculpé (d'où son nom) devant la cour d'assises. D'autre part, en toutes matières, elle est juge des appels interjetés contre les ordonnances juridictionnelles du juge d'instruction.

### b. Les juridictions de jugement

32. Les juridictions de droit commun sont réparties suivant une classification tripartite, calquée sur la distinction des infractions en crimes, délits et contraventions: le *tribunal de police* connaît des contraventions, le *tribunal correctionnel* des délits, la *cour d'assises*, des crimes.

33. Le tribunal de police, appelé de simple police jusqu'en 1959, juge les contraventions. Il est constitué par un juge unique, le juge d'instance qui siège alternativement comme juge civil et comme juge pénal; dans ce dernier cas, il prend le nom de juge de police.

34. Le tribunal correctionnel est une formation particulière du

tribunal de grande instance. Celui-ci est compétent à la fois en matière civile et répressive (on parle alors de tribunal correctionnel) pour les délits. Si le tribunal de grande instance est peu important, il ne comporte qu'une seule chambre, qui connaît alternativement des affaires pénales et des affaires civiles. S'il est important, il comprend plusieurs chambres dont l'une est spécialement compétente en matière pénale.

35. Compétente pour juger les crimes, la cour d'assises est à plusieurs égards une juridiction originale par rapport aux autres.

Elle est d'abord *départementale*, prenant le nom du département où elle siège et se tenant en principe à son chef-lieu, exceptionnellement dans une autre ville. Si le besoin s'en fait sentir, la cour d'appel peut ordonner qu'il soit formé plusieurs sections d'assises: ainsi la cour d'assises de la Seine comporte deux sections.

Elle est ensuite *non permanente*. La cour tient ses assises à raison d'une par trimestre, sauf à remarquer qu'en cas de nécessité des sessions plus fréquentes peuvent être décidées par le premier président de la cour d'appel après avis du procureur général. Ce caractère non permanent de la cour d'assises s'explique parce qu'elle fait appel à de simples particuliers, les jurés, qu'on ne peut distraire trop longtemps de leurs occupations professionnelles.

C'est qu'en effet la cour d'assises comporte deux éléments distincts: l'un professionnel ou *cour proprement dite* et l'autre populaire ou *jury*, dont il conviendra d'examiner les *fonctions respectives*.

(*a*) La cour proprement dite

36. La cour proprement dite comprend trois magistrats: le président et deux assesseurs. Le président est soit le premier président, soit plus fréquemment un président de chambre ou même un conseiller à la cour désigné pour la session par le premier président de la cour d'appel. Le *assesseurs*, également choisis par le premier président, sont des conseillers à la cour d'appel ou des magistrats du tribunal de grande instance du lieu où siègent les assises à la condition qu'ils n'aient pas participé à la poursuite ou à l'instruction.

(*b*) Le jury

37. Le jury a été introduit en France, par imitation déformée du droit anglais, sous la Révolution: la loi des 16–21 septembre 1791 avait institué à la fois un jury d'accusation chargé de l'instruction

et un jury de jugement chargé de participer à la décision définitive. Le jury d'accusation a été supprimé par le Code d'instruction criminelle. Mais le jury de jugement a toujours survécu. Toutefois son organisation a fait l'objet de nombreuses réformes et le problème de son opportunité se pose toujours.

**38. *Le nombre des jurés.*** Composé de 12 citoyens en 1808, le jury était réduit à 6 par la loi du 25 novembre 1941, mais porté à 7 par l'ordonnance du 20 avril 1945 et à 9 en 1959. Du reste, aux 9 jurés, dits titulaires, la cour peut, par arrêt, ajouter un ou plusieurs jurés supplémentaires, avant le tirage au sort de la liste des jurés, lorsque le procès paraît devoir comporter de longs débats. Ces jurés supplémentaires suivront les débats afin de pouvoir remplacer un ou plusieurs jurés titulaires défaillants pendant l'audience.

. . .

**42.** . . . Le Code de 1808 avait conçu une *séparation absolue* entre les deux éléments de la cour d'assises. Le jury statuait d'abord sur le fait (matérialité et culpabilité). En cas de verdict affirmatif de sa part, la cour jugeait ensuite le droit en prononçant la peine. Apparemment, ce système paraissait séduisant puisqu'il évitait au jury, assemblée de profanes, de juger les questions de droit. Il s'avéra cependant peu réaliste, la distinction du fait et du droit n'étant pas toujours simple (par ex. poursuite pour parricide: l'accusé est-il le fils de la victime?) et les jurés étant souvent conduits à voter la non-culpabilité dans la crainte de voir les magistrats prononcer une peine excessive. Aussi imagina-t-on des correctifs à ce système. Notamment, une loi du 28 avril 1832 donna au jury le droit d'accorder les circonstances atténuantes. Mais ce texte ne changea pas grand-chose car il n'obligeait alors à descendre que d'un seul degré dans l'échelle des peines.

Aussi, une loi du 5 mars 1932 décida que le jury, après avoir statué sur le fait, se joindrait à la cour pour délibérer avec elle sur la fixation de la peine: le système de la *collaboration limitée* se substituait à celui de la séparation absolue. La loi de 1932 donnait ainsi aux jurés un rôle considérable qui faisait d'eux les 'maîtres de la peine'. Mais ils restaient seuls pour trancher les questions de fait en sorte que l'audience et ses incidents continuaient à exercer une influence très grande: l'inégalité de la justice persistait.

C'est pourquoi une réforme plus profonde fut réalisée par la loi du 25 novembre 1941 (validée par l'ord. du 20 avril 1945) associant le jury et la cour pour décider d'abord de la culpabilité, puis de la peine. C'est le système de la *collaboration généralisée*, dit de *l'échevinage* ou encore de *l'assessorat* qui avait été suggéré par la doctrine, qu'a conservé le Code de 1959 . . . Cet échevinage, que proposait déjà la commission P. Matter (projet de 1938) et qu'approuvait la doctrine, supprime évidemment le grief tiré de l'incompétence juridique des jurés. En outre, il donne aux arrêts d'assises plus d'harmonie et de cohérence: le nombre d'acquittements est passé de 25% avant 1941 à environ 8% après. Enfin, il n'est pas à redouter qu'au sein de cette assemblée unique les magistrats n'influencent trop les jurés puisque ceux-ci sont au nombre de 9 et que toute décision défavorable à l'accusé ne peut être acquise que par 8 voix au moins, contre 4, donc nécessairement par 5 voix de jurés au moins.

43. En vertu du principe du double degré de juridiction, les affaires jugées au premier degré par les tribunaux de police ou correctionnels peuvent être déférées, par la voie d'un appel, devant la *chambre des appels correctionnels*.

Cette juridiction est composée d'un président de chambre et de deux conseillers. Elle constitue soit l'une des chambres de la cour d'appel si celle-ci en comporte plusieurs, soit l'une de ses formations si celle-ci n'en a qu'une seule siégeant alternativement au pénal et au civil (par ex. Bastia). Il existe 29 cours d'appel en France depuis la création de celle de Metz en 1973, et 3 outre-mer . . .

Les affaires portées devant la cour d'assises échappent au double degré de juridiction et elles ne peuvent en conséquence être déférées qu'à la Cour de cassation en vue d'un contrôle de leur légalité. Cette règle a été parfois critiquée . . .

c. THE COURT OF CASSATION

From *Rapport de la Cour de cassation* (1987)[16]

En dépit de ses origines anciennes, la Cour de cassation participe, en effet, activement à la vie sociale et économique, à travers sa jurisprudence, dont la portée pratique est souvent décisive. Il n'en

[16] Pp. 7–8. 283.

demeure pas moins que les missions de la Cour et sa procédure sont mal connues; c'est pourquoi il a paru utile d'en rappeler l'essentiel au début de ce rapport.

La Cour de cassation, juridiction supérieure de l'ordre judiciaire, a pour rôle de veiller à l'application des règles de droit par l'ensemble des juridictions judiciaires. Elle ne statue que sur des décisions rendues en dernier ressort et n'examine plus les faits du litige, souverainement appréciés par ces juridictions. Toutefois, en matière pénale, la Cour, saisie d'une demande de révision, doit examiner les faits, avant de décider si l'affaire sera ou non jugée de nouveau.

La Cour est saisie par le *pourvoi en cassation*, voie de recours extraordinaire, recevable sur le fondement d'un (ou plusieurs) moyens de droit. Ces moyens doivent invoquer une violation de la loi ou un vice dans la motivation ou la forme de la décision attaquée.

La Cour rejette le pourvoi s'il n'est pas recevable ou s'il est mal fondé, ou 'casse' la décision contestée, si le pourvoi est recevable et repose sur un moyen fondé.

Dans cette dernière hypothèse, l'affaire est renvoyée, pour être à nouveau jugée, devant une juridiction de même nature et de même degré que celle qui a rendu la décision attaquée.

Cette juridiction dispose du même pouvoir d'appréciation que celle qui a statué antérieurement à la cassation. Le renvoi est justifié par le fait que la Cour de cassation est une cour régulatrice de droit et non un troisième degré de juridiction. La Cour peut également, dans certaines hypothèses, casser une décision et ne pas renvoyer devant une juridiction; elle dit alors le droit et tranche définitivement le litige. Si la juridiction de renvoi persiste dans une interprétation de la loi non conforme à celle de la Cour de cassation, et qu'un nouveau pourvoi est formé, l'affaire est alors soumise à l'assemblée plénière de la Cour, présidée par le premier président. L'arrêt rendu se prononce, alors, de manière définitive.

La Cour de cassation peut aussi juger certains pourvois en formation dite 'chambre mixte', lorsque le pourvoi est de la compétence de plusieurs chambres de la Cour.

La Cour de cassation est compétente pour connaître de l'ensemble des branche du droit privé. Sous réserve de quelques exceptions, elle ne connaît pas du droit administratif, en raison du principe de la séparation des pouvoirs.

La division de la Cour en six chambres correspond à une répartition fonctionnelle des diverses matières relevant du droit privé. Il a semblé toutefois préférable, dans le présent rapport, de ne pas se conformer à cette répartition fonctionnelle, pour présenter les décisions les plus significatives de la jurisprudence à travers un certain nombre de rubriques correspondant à des domaines d'activités communs.

. . .

Tous contentieux confondus, la Cour de cassation a reçu en 1987 26 178 affaires nouvelles . . . alors que dans le même temps 25 407 procédures étaient cloturées . . . Au 1ᵉʳ janvier 1988, le nombre des affaires non jugées s'élevait à 32 079 . . .

### Code de l'Organisation judiciaire

ART. L. 111-1. Il y a, pour toute la République, une Cour de cassation.

ART. L. 111-2. La Cour de cassation statue sur les pourvois en cassation formés contre les jugements en dernier ressort rendus par les juridictions de l'ordre judiciaire.

La Cour de cassation ne connaît pas du fond des affaires, sauf disposition législative contraire.

ART. L. 121-3. La Cour de cassation comprend des chambres civiles et au moins une chambre criminelle.

ART. L. 121-4. Les arrêts de la Cour de cassation sont rendus soit par l'une des chambres, soit par une chambre mixte, soit par l'assemblée plénière.

En outre, les chambres de la cour se réunissent en audience solennelle ou en assemblée générale dans les cas prévus par les lois et règlements.

ART. L. 121-5. Lorsqu'une chambre mixte doit être constituée par application des articles L. 131-2 et L. 131-3, elle est composée de magistrats appartenant à trois chambres au moins de la cour.

La chambre mixte est présidée par le premier président ou, en cas d'empêchement de celui-ci, par le plus ancien des présidents de chambre de la cour.

Elle comprend, en outre, les présidents et doyens des chambres qui la composent ainsi que deux conseillers de chacune de ces chambres.

ART. L. 121-6. L'assemblée plénière est présidée par le premier président ou, en cas d'empêchement de celui-ci, par le plus ancien des présidents de chambre.

Elle comprend, en outre, les présidents et les doyens des chambres ainsi que deux conseillers de chaque chambre.

ART. L. 131-2. Le renvoi devant une chambre mixte peut être ordonné lorsqu'une affaire pose une question relevant normalement des attributions de plusieurs chambres ou si la question a reçu ou est susceptible de recevoir devant les chambres des solutions divergentes; il doit l'être en cas de partage égal des voix.

Le renvoi devant l'assemblée plénière peut être ordonné lorsque l'affaire pose une question de principe, notamment s'il existe des solutions divergentes soit entre des juges du fond, soit entre les juges du fond et la Cour de cassation; il doit l'être lorsque, après cassation d'un premier arrêt ou jugement, la décision rendue par la juridiction de renvoi est attaquée par les mêmes moyens.

La chambre mixte et l'assemblée plénière doivent se prononcer sur le pourvoi même si les conditions de leur saisine n'étaient pas réunies.

ART. L. 131-3. Le renvoi devant une chambre mixte ou devant l'assemblée plénière est décidé:

Soit avant l'ouverture des débats, par ordonnance non motivée du premier président;

Soit par arrêt non motivé de la chambre saisie.

Le renvoi est de droit lorsque le procureur général le requiert avant l'ouverture des débats.

Un membre de la chambre mixte ou de l'assemblée plénière, selon le cas, est chargé du rapport par le premier président.

ART. L. 131-4. En cas de cassation, l'affaire est renvoyée, sauf disposition contraire, devant une autre juridiction de même nature que celle dont émane l'arrêt ou le jugement cassé ou devant la même juridiction composée d'autres magistrats.

Lorsque le renvoi est ordonné par l'assemblée plénière, la juridiction de renvoi doit se conformer à la décision de cette assemblée sur les points de droit jugés par celle-ci.

ART. L. 131-5. La Cour de cassation peut casser sans renvoi lorsque la cassation n'implique pas qu'il soit à nouveau statué sur le fond.

Elle peut, aussi, en cassant sans renvoi, mettre fin au litige lorsque les faits, tels qu'ils ont été souverainement constatés et appréciés par les juges du fond, lui permettent d'appliquer la règle de droit appropriée.

En ces cas, elle se prononce sur la charge des dépens afférents aux instances devant les juges du fond.

L'arrêt emporte exécution forcée.

ART. L. 131-6. Les chambres ne rendent les arrêts que si cinq membres au moins ayant voix délibérative sont présents.

Lorsque la solution du pourvoi lui paraît s'imposer, le premier président ou le président de la chambre concernée peut décider de faire juger l'affaire par une formation restreinte de trois magistrats. Cette formation peut renvoyer l'examen du pourvoi à l'audience de la chambre, à la demande de l'une des parties; le renvoi est de droit si l'un des magistrats composant la formation restreinte le demande.

Les chambres mixtes et l'assemblée plénière ne peuvent siéger que si tous les membres qui doivent les composer sont présents. En cas d'empêchement de l'un de ces membres, il est remplacé par un conseiller désigné par le premier président ou, à défaut de celui-ci, par le président de chambre qui le remplace.

From R. Perrot, *Institutions judiciaires* (1989)

207. *Principe.* La Cour de cassation qui se trouve être la juridiction la plus élevée dans la hiérarchie judiciaire, se trouve être en même temps celle dont les pouvoirs juridictionnels sont les plus limités. Son rôle, en effet, n'est pas de procéder à un nouvel examen des faits; sa fonction consiste uniquement à vérifier si, dans le cas d'espèce, la règle de droit a été correctement interprétée et appliquée par la juridiction dont émane la décision attaquée (et que l'on appelle souvent le 'juge du fond', ou encore, le 'juge du fait', par opposition à la Cour de cassation qui est uniquement 'juge du droit').

Pour comprendre le rôle très particulier de la Cour de cassation, il faut partir de cette idée que toute décision de justice est la conclusion d'un syllogisme que l'on appelle volontiers le '*syllogisme judiciaire*': la majeure est la règle de droit, la mineure comprend l'ensemble des faits qui conditionnent l'application de cette règle: la conclusion qui en découle est alors le jugement.

Prenons un exemple qui illustrera cette démarche intellectuelle: il existe dans le Code civil un article 1109 aux termes duquel 'il n'y a pas de consentement valable s'il a été donné par erreur . . . '; ce qui revient à dire qu'un contrat peut être déclaré nul s'il est démontré que le consentement de l'une des parties a été entaché d'erreur. La majeure du syllogisme est l'art. 1109, C. civ.; la mineure, c'est l'existence d'une erreur, laquelle, conditionne l'application de l'art. 1109, C. civ. et donc la nullité du contrat; et la conclusion sera le jugement qui déclarera le contrat nul s'il est établi que l'une des parties a été victime d'une erreur, mais qui le déclarera valable dans le cas contraire.

Cela dit, la *Cour de cassation n'a pas à examiner les faits*, c'est-à-dire, la mineure du syllogisme: l'appréciation des faits relève de la souveraineté des juridictions dites du fond, c'est-à-dire, en principe des cours d'appel qui statuent 'en dernier ressort'. Dans l'exemple précédent: si le juge d'appel a décidé d'annuler un contrat de vente, au motif que l'acheteur a été victime d'une erreur, il n'appartient pas à la Cour de cassation de rechercher une nouvelle fois s'il y a eu erreur ou non: l'existence de ce fait doit être tenue pour définitivement et souverainement établie. Selon l'expression dont se sert fréquemment la Cour de cassation, les faits doivent être tenus 'pour constants'.

En dernière analyse, *l'examen de la Cour de cassation se limite à la majeure du syllogisme et à l'exactitude de la conclusion que le juge du fond en a tirée.* Pour reprendre toujours le même exemple: la Cour de cassation vérifiera si le juge du fond a correctement interprété l'art. 1109, C. civ., s'il en a bien compris le sens, s'il lui a donné son exacte portée, s'il n'a pas été au-delà de la pensée du législateur exprimée dans ce texte; et, en fonction des faits 'tenus pour constants', la Cour de cassation contrôlera si la conclusion qu'en a tirée le juge du fond est exacte.

On comprend alors toute la différence qui existe entre un appel, qui ouvre la voie à un second degré de juridiction où tout le débat peut être repris en fait et en droit, et un pourvoi en cassation qui ne débouche pas sur un troisième degré pour la raison très simple que l'auteur d'un pourvoi ne peut pas demander à la Cour de cassation d'examiner les faits une troisième fois: il ne peut attaquer la décision qu'il critique que dans la stricte limite d'une éventuelle violation de la loi.

**208.** *Notion de violation de la loi.* Pour la raison qui vient d'être indiquée, l'auteur d'un pourvoi doit nécessairement invoquer une ou plusieurs violations de la loi: chacune des violations alléguées constitue un *'moyen de cassation'* . . . Et quand on parle de la violation de la loi, *il faut entendre le mot 'loi' dans son sens le plus large, comme étant synonyme de 'règle de droit'* (cf. l'art. 604, nouv. C. pr. civ. qui définit le pourvoi en cassation comme étant le recours qui tend à faire censurer la non conformité du jugement 'aux règles de droit'). Par conséquent, un pourvoi en cassation peut être formé pour violation: d'une loi bien entendu, mais aussi d'un décret, d'un arrêté, d'une coutume, voire même d'un principe général du droit. En un mot, toute violation d'une règle de droit constitue une violation de la loi, au sens large du terme.

**209.** *Notion de cassation.* Si la Cour de cassation n'est pas un troisième degré de juridiction, ce n'est pas seulement parce qu'elle ne connaît que des moyens de droit: c'est aussi parce que son rôle n'est pas de rejuger l'affaire comme le ferait une cour d'appel, en substituant son propre arrêt à la décision qui lui est déférée. En réalité, lorsqu'elle est saisie d'un pourvoi, la Cour de cassation n'a le choix qu'entre deux solutions:
— ou bien, elle estime que le juge dont la décision est attaquée a correctement appliqué la règle de droit: dans ce cas, elle rejette le pourvoi et la décision attaquée devient irrévocable;
— ou bien, elle estime au contraire que la décision attaquée est entachée d'une violation de la loi; et, dans ce cas, il lui appartient alors de *'casser'* la décision, c'est-à-dire, de l'anéantir. C'est. en cela que la Cour suprême est une juridiction de cassation.

On exprime parfois cette idée en disant que la Cour de cassation 'juge les jugements et non pas les affaires'. Sans prendre cette formule au pied de la lettre, elle est tout de même assez évocatrice, dans la mesure où elle tend à souligner que le rôle de la Cour de cassation n'est pas de statuer sur les prétentions des parties pour les départager: son seul rôle est de rechercher si le juge a correctement appliqué la règle de droit et d'*annuler son jugement (de le 'casser') s'il apparaît que la loi n'a pas été respectée.* C'est tout.

Mais cette situation pose alors un nouveau problème: s'il n'appartient pas à la Cour de cassation de substituer son propre arrêt à la décision attaquée et si cette dernière est annulée, le *litige reste en suspens*: les parties ne savent toujours pas qui a tort et qui a raison. Il est donc nécessaire de faire juger l'affaire une nouvelle fois par une juridiction—que l'on appelle la *'juridiction de renvoi'*—laquelle, pour échapper à tout préjugé, sera différente de celle dont la décision a été cassée. Cette juridiction de renvoi sera désignée par la Cour de cassation elle-même qui devra fixer son choix sur 'une autre juridiction de même nature que celle dont émane l'arrêt ou le jugement casé . . . ', en principe tout au moins.

210. *Pouvoirs de la juridiction de renvoi.* Cette juridiction a exactement les mêmes pouvoirs que ceux de la juridiction dont la décision a été cassée. Ce point est important: cela signifie en effet que la juridiction de renvoi (à la différence de la Cour de cassation) doit reprendre l'examen de l'affaire dans son ensemble, aussi bien en fait qu'en droit:

(*a*) en *fait*: elle peut très bien relever l'existence de certains faits que la première juridiction dont la décision a été cassée n'avait pas cru devoir retenir, ou encore les apprécier différemment;

(*b*) en *droit*: la juridiction de renvoi n'est pas liée par l'interprétation de la Cour de cassation et rien ne lui interdit d'interpréter ou d'appliquer la règle de droit autrement que ne l'a fait la juridiction suprême.

Ainsi donc, en tant que 'juge du fond', la *juridiction de renvoi a la plus entière liberté sur tous les plans.* Et il lui arrive parfois d'en user.

211. *Second pourvoi.* Si la juridiction de renvoi ne se conforme pas à l'interprétation consacrée par la Cour suprême, il est vraisemblable qu'un second pourvoi sera formé par le plaideur qui, après avoir obtenu gain de cause devant la Cour de cassation, a de nouveau perdu devant la juridiction de renvoi.

Mais le problème s'aggrave: cette résistance de la juridiction de renvoi fait apparaître l'existence d'une sérieuse difficulté d'interprétation et d'un *conflit latent entre la Cour de cassation et les juridictions du fond.* Pour cette raison, la Cour de cassation devra statuer dans des conditions plus solennelles: avant 1967, l'affaire était jugée par la Cour de cassation 'toutes chambres réunies'; désormais, depuis la loi du 3 juillet 1967, elle est débattue en *'Assemblée plénière'.*

La Cour de cassation, en Assemblée plénière, ne cesse pas d'être exclusivement juge du droit: en aucun cas, elle ne peut se prononcer sur les faits. Et, par ailleurs, dans les mêmes conditions que si l'affaire avait été portée devant une chambre, deux solutions s'offrent au choix de la Cour de cassation:

(*a*) Ou bien, se déjugeant par rapport à sa première interprétation, *la Cour de cassation se range en définitive à celle des juridictions du fond*: dans ce cas, elle rejettera le second pourvoi et l'arrêt attaqué (rendu par la juridiction de renvoi) deviendra irrévocable. Cette situation est assez curieuse. Elle témoigne du fait qu'il n'y a aucune hiérarchie dans l'interprétation des textes puisque, finalement, la résistance des cours d'appel parvient à faire fléchir la juridiction suprême. Voilà un bel exemple d'humilité judiciaire dont la jurisprudence offre parfois des illustrations.

(*b*) Ou bien, *la Cour de cassation maintient sa première interprétation* et condamne la résistance des juridictions du fond; dans ce cas, elle casse l'arrêt déféré à sa censure (qui avait été rendu par la première juridiction de renvoi) et désigne une seconde juridiction de renvoi pour statuer sur cette affaire.

212. *Pouvoirs de la seconde juridiction de renvoi.* Relativement au *faits*, cette juridiction dispose des mêmes pouvoirs que les juridictions précédentes dont les décisions ont été successivement cassées; ce qui revient à dire que la seconde juridiction de renvoi a toute liberté pour apprécier les faits comme elle l'entend.

En revanche, *la juridiction de renvoi doit se conformer à la décision de l'Assemblée plénière sur les points de droit jugés par celle-ci.* La solution ne date pas d'aujourd'hui: introduite pour la première fois par une loi du 1$^{er}$ avril 1837, elle a été constamment reprise par les textes ultérieurs. Il est en effet indispensable de penser aux plaideurs et de mettre un point final à cette difficulté d'interprétation. Si donc, en Assemblée plénière, la Cour de cassation a décidé, par exemple, que tel texte était applicable au litige et qu'il devait produire tel ou tel effet, la seconde juridiction de renvoi ne peut plus prétendre le contraire et doit se borner à en tirer les conséquences.

213. *Conclusion sur le rôle spécifique de la Cour de cassation.* La dissociation du fait et du droit et la fonction de cassation qui sont les deux traits caractéristiques de la Cour de cassation française, ne sont pas le propre de toutes les juridictions suprêmes . . .

Le système français présente un avantage indéniable sur le plan doctrinal, dans la mesure où l'ignorance théorique des faits par la Cour de cassation, permet de mieux déceler les orientations jurisprudentielles. Lorsque, devant une juridiction suprême, le droit et le fait sont confondus, on se demande parfois ce qui a pu dicter la décision et si ce n'est pas l'existence d'une particularité de fait propre à la cause qui a pu l'entraîner à statuer dans un sens plutôt que dans un autre; de là, une certaine incertitude sur la portée des arrêts. Grâce à la dissociation du fait et du droit, on évite (ou tout au moins, on devait éviter) les interférences de cette nature. C'est d'ailleurs ce qui explique l'autorité considérable de certains arrêts de principe brefs, clairs et incisifs qui fixent de façon précise la règle de droit jurisprudentielle.

Mais il est juste de reconnaître que cet avantage académique est acquis au prix de complications, de frais et de lenteurs que les plaideurs comprennent mal. De là, une certaine évolution qui, sans remettre en cause les principes fondamentaux qui gouvernent la Cour de cassation, tend à en limiter les inconvénients les plus sérieux. Ainsi:

(a) Le législateur moderne s'efforce de favoriser les 'cassations sans renvoi', toutes le fois que la cassation n'implique pas qu'il soit à nouveau statué sur le fond.

(b) . . . Depuis 1979, l'Assemblée plénière de la Cour de cassation peut désormais être saisie directement, dès le premier pourvoi, s'il apparaît qu'il y a intérêt à fixer rapidement la jurisprudence sur une question de principe.

D. THE STYLE OF JUDGMENT

From R. Perrot, Institutions judiciaires (1989)

581. Vue d'ensemble. Après la clôture des débats, vient le moment de la décision. A cette fin, l'affaire est 'mise en délibéré': les juges composant la formation de jugement délibèrent entre eux sur les mérites respectifs des prétentions qui leur sont soumises et, après un vote, élaborent la décision. Mais, pour que cette décision soit définitivement acquise, elle doit encore être 'prononcée' à l'audience. Ici encore, on constatera une alternance entre le secret et la publicité.

582. Secret du délibéré. Le délibéré entre les juges est couvert par le secret le plus absolu. Il en est ainsi devant toutes les juridictions:

aussi bien devant les juridictions de l'ordre judiciaire (art. 448, nouv. C. pr. civ.) que devant les juridictions de l'ordre administratif où le secret du délibéré est considéré comme un 'principe général du droit public français'.

583. *Justification du secret.* L'histoire révèle la nécessité d'un tel principe. Le secret du délibéré fut supprimé au moment de la Révolution française, à une époque où les juges étant élus, on considérait que le justiciable devait être en mesure de vérifier si son juge était digne de la confiance dont il l'avait investi. Cette pratique entraîna de tels désordres que, très vite, il fallut rétablir la règle du secret.

La justification la plus évidente est la nécessité de *soustraire le juge à toute pression extérieure* qui pourrait altérer sa sérénité au moment de la décision: il ne doit redouter ni la rancune vindicative du plaideur condamné, ni les abus d'influence de nature politique ou amicale.

A cette première raison, s'en ajoute une seconde: on n'a peut-être pas suffisamment remarqué que le secret du délibéré est *inhérent à la notion de collégialité.* Dès lors que le jugement est l'œuvre du collège que constitue le tribunal, il est normal que l'opinion de chacun des juges qui le composent ne transparaisse pas. Si chaque juge pouvait exprimer son opinion, comme il est d'usage dans le procédures d'inspiration anglaise, le jugement serait l'œuvre d'une 'pluralité de juges uniques' et non pas celle d'un véritable collège formant une entité autonome. De ce point de vue, il n'est pas excessif de dire que la notion de collégialité implique nécessairement le secret du délibéré.

584. *Lecture en audience publique.* Pour acquérir une existence juridique, toute décision contentieuse doit être prononcée oralement en audience publique. Il en est ainsi alors même que les débats auraient eu lieu à huis-clos ou en chambre du conseil. Devant les juridictions de l'ordre judiciaire, cette règle fondamentale est rappellée par différents textes . . .

En fait, le prononcé du jugement ne consiste pas à lire intégralement le document dans son entier: la lecture se limite simplement au 'dispositif', c'est-à-dire à ce qui fait l'objet de la décision elle-même, à l'exclusion de motifs.

From P. Mimin. *Le Style des Jugements* (1970)

77. En France, les décisions judiciaires son coulées dans un moule connu:

> Le Tribunal, après en avoir délibéré.
> Attendu que . . . ; que . . . ;
> Attendu que . . . : que . . . ;
> Par ces motifs,
> Déclare . . . ;
> Rejette . . . ;
> Condamne . . .
> Et condamne . . .

Cette manière, qui fond le jugement en un seul bloc, ne manque pas d'allure. La comparaison avec les formes de juridictions étrangères et avec les tentatives ratées de quelques novateurs, nous a convaincu qu'il est sage de s'en tenir à la primitive observance. Par elle on peut sauver les plus humbles détails. Si on l'abandonne, on s'expose à des résultats sans prestige.

77 bis. *Structure du jugement.* Distinguons le point de vue procédural, le point de vue logique et le point de vue grammatical:

> (*a*) Le Tribunal,
>     Attendu que . . . ; que . . . ;
>     Attendu que . . . ; que . . . ;
>     Par ces motifs,
> (*b*) Rejette . . . ;
>     Condamne . . . ;
>     Et condamne . . .

Du point de vue procédural, la partie (*b*) s'appelle *dispositif*, et la partie (*a*) s'appelle *motifs*.

Du point de vue logique, la partie (*b*) constitue la décision, et la partie (*a*) constitue les raisons de la décision.

Du point de vue grammatical, (*a*) et (*b*) se trouvent compris dans une phrase unique: en (*b*) sont les verbes des propositions principales, et en (*a*) sont les propositions complétives de ces verbes. Il faut insister sur une structure grammaticale qui entraîne des conséquences nécessaires.

78. *Un seule phrase, un seul sujet.* Dans sa forme traditionnelle, le jugement français ne comprend strictement qu'une seule phrase

avec un seul sujet ('Le Tribunal') et un ou plusieurs verbes ('dit
que', 'condamne', 'donne acte', 'renvoie' . . . ') constituant au
dispositif une ou plusieurs propositions principales juxtaposées.
Cette phrase unique reçoit, sous le nom de 'motifs', une multitude
de propositions subordonnées (propositions complétives circon-
stancielles des verbes du dispositif), introduites nécessairement
par des locutions conjonctives (*attendu que; mais attendu que;
considérant que* . . . ); ou par la conjonction *que* (celle-ci employée
pour éviter la répétition des *attendu que*). Cette phrase unique
peut recevoir aussi, au dispositif, des propositions subordonnées
mises au gérondif ('en donnant défaut . . . '; 'infirmant . . . ';
'rejetant . . . '; . . . ).

From A. Touffait and A. Tunc, 'Pour une motivation plus
explicite des décisions de justice notamment de celles de la Cour
de cassation' (1974)[17]

1. On entend souvent dire par des juristes anglais ou américains
que les décisions françaises ne sont pas motivées.[18]

Il est aisé de s'indigner, de dénoncer l'erreur grossière.

Déjà, les légistes de la monarchie capétienne avaient compris
qu'il était de leur devoir de motiver leurs décisions. La Révolution
française a repris le principe de la motivation et lui a donné une
place de premier plan. La loi du 20 avril 1810 exige que toutes les
décisions judiciaires soient motivées, et la simple insuffisance de
motifs justifie une impitoyable cassation. Dès 1818 et 1834, le
Conseil d'Etat a estimé que la motivation s'imposait, même en
l'absence d'un texte exprès, à toutes les juridictions, et il n'a
jamais renié cette règle. On a pu écrire de l'obligation de motiver
qu'elle constitue 'un de ces grands principes dont on dit volontiers
qu'ils dominent le droit'.

L'obligation de motiver est en effet une garantie contre
l'arbitraire du juge en même temps qu'elle met le juge à l'abri du
soupçon d'arbitraire. Sur un plan plus psychologique, elle répond
à une exigence essentielle de justice: celui qui perd son procès ou
qui encourt une condamnation peut légitimement exiger d'en
connaître les raisons. C'est d'ailleurs parce que la justice est faite

[17] 1974 *Rev. Tr. Dr. Civ.* 487.
[18] See B. Rudden, 'Courts and Codes in England, France and Soviet Russia',
(1974) 48 Tulane L. R. 1010.

pour le justiciable qu'on s'efforce de rapprocher le style judiciaire du langage courant. La motivation présente un intérêt plus large encore: elle est indispensable à la clarté du droit et à son progrès. . . .

Pourtant, l'affirmation que les décisions françaises ne sont pas motivées est commune dans la bouche de juristes anglais ou américains, de la part même de ceux qui ont étudié le droit français. Et si l'erreur commune ne fait pas la vérité plus qu'elle ne fait toujours le droit, elle oblige du moins à s'interroger, à se demander si les choses ne sont pas plus complexes qu'on avait pensé.

. . .

2. Il est certain que la France, d'une part, et d'autre part l'Angleterre, les Etats-Unis et, plus généralement, les pays de *common law* vivent sous des traditions très différentes en ce qui concerne le style des jugements.

La décision française se veut aussi brève que possible. A la Cour de cassation, notamment, le modèle de la décision est le syllogisme le plus simple. Une affirmation de principe forme la majeure, une constatation de fait, la mineure: une conclusion en résulte, incontestable en apparence.

Pourquoi cette tradition? S'agit-il d'une *imperatoria brevitas*? La Cour pense-t-elle que la concision est une condition de la précision? Quoi qu'il en soit, nos amis anglais ou américains ne comprennent pas qu'une décision de justice puisse être rédigée de la sorte. Ils nous demandent sur quoi s'appuie le principe qui fonde la décision. Et si parfois nous pouvons leur montrer un texte législatif formel, souvent nous devons répondre que ce principe a été énoncé d'elle-même par la Cour de cassation. Ce principe, bien sûr, n'a pas été arbitrairement posé par la Cour. Il s'inscrit dans tout un cadre juridique. Mais pourquoi la Cour l'a-t-elle choisi, plutôt que d'autres également possibles? Quels éléments la Cour de cassation a-t-elle pris en considération? Le juriste français ne peut répondre que par une hypothèse, simple opinion personnelle . . .

La Cour de cassation procède par affirmation de principes dont elle ne fait même rien pour éclairer la portée.

. . .

Ainsi le juge français, surtout à la Cour de cassation, ne motive en général sa décision que très formellement. Il refuse de l'argumenter: s'il doit répondre à tous les moyens, il n'a pas à répondre à tous les arguments. Il ne doit surtout pas recourir à des arguments d'ordre extra juridique, fussent-ils aussi pertinents que des considérations d'assurance dans une affaire d'accident, et encore moins à des 'niaiseries humanitaires'.

. . .

6. Une décision peut se fonder sur un texte législatif formel ou un principe de droit dont la signification, la portée et l'application à l'espèce sont peu douteuses (et pourtant on a plaidé . . . ). Mais il n'en est pas toujours ainsi. En différents domaines, la Cour de cassation, confrontée à des problèmes nouveaux ou voulant adapter le droit aux nouvelles conditions de vie, ce qui est une de ses missions, a posé un certain nombre de principes juridiques qui forment l'armature du droit. Ces principes, la Cour de cassation les a posés pour des raisons qu'elle n'explicite pas, ce qui est contraire aux idées qui fondent l'obligation de motiver, et sans même en préciser la portée, ce qui est plus grave encore.

. . .

7. Il est en soi regrettable que la justice ne s'explique pas plus complètement devant les justiciables et les justiciables éventuels que nous sommes tous, notamment à une époque qui est moins que jamais placée sous le signe de la résignation. La nécessité morale et politique de l'explication avait été ressentie et comprise depuis des siècles: il est fâcheux qu'on l'ait peu à peu oubliée.

Un exemple récent illustre la défectuosité à cet égard du système actuel. Le Conseil constitutionnel décide, le 28 novembre 1973[19] que 'la détermination des contraventions et des peines qui leur sont applicables est du domaine réglementaire lorsque lesdites peines ne comportent pas de mesure privative de liberté'. Cette réserve finale, d'une portée pratique considérable et qui a eu un certain retentissement dans la presse et dans l'opinion publique, est exprimée en onze mots sans aucune justification. Saisie à son tour du problème, la Cour de cassation écoute les conclusions du Ministère Public (celui-ci constate la 'perplexité' de l'interprète, que la décision n'éclaire nullement). Ces conclusions couvrent six pages en caractères fins dans le *Recueil Dalloz*. La Cour de

---

[19] Above, Part I, Parliament and Government.

cassation, le 26 février 1974,[20] se prononce contre la réserve
énoncée par le Conseil constitutionnel. Mais, tenant compte du
système actuel de motivation, elle le fait en esquivant entièrement
la difficulté et en paraissant ignorer la décision du Conseil
Constitutionnel.

9. Le style des décisions judiciaires laisse place à un second
danger.

La Cour de cassation procède par voie d'affirmation. Le souci
de la sécurité juridique, à laquelle elle attache légitimement une
très grande importance, la conduit à reprendre les mêmes
principes dans les mêmes termes, quelles que soient les discussions
qu'ils ont pu susciter. Tout se passe donc comme si la Cour se
considérait infaillible. On peut discuter la portée du dogme, non
son existence. De là résulte un certain immobilisme, une constance excessive, une 'force d'inertie'—certains ont dit: une
certaine sclérose.

. . .

10. Le dernier inconvénient du style judiciaire français que l'on
relèvera ici, avant de proposer une conclusion plus générale, est
qu'il permet de présenter comme constatations de fait des
propositions qui cachent des problèmes juridiques fort délicats.

. . .

11. Les critiques qui viennent d'être formulées à l'encontre du
style des décisions judiciaires en France se résument sans doute
dans une critique plus fondamentale et plus grave: ce style, le plus
souvent, coupe la justice de la vie.

N'est-il pas exceptionnel de voir un jugement examiner les
conséquences économiques, sociologiques ou, plus largement, les
conséquences pratiques des différentes solutions possibles du
problème présenté au tribunal? Et pourtant, le problème de la
responsabilité des vendeurs et fabricants ne présente-t-il pas un
enjeu économique écrasant? Le droit de la responsabilité nuc-
léaire ne s'est-il pas élaboré essentiellement sur un fondement
économique? Le droit de la responsabilité civile (extra-contractuelle
et contractuelle même) ne fonctionne-t-il pas entre deux institutions qui se mesurent chacune en dizaines de milliards de francs
lourds de redistribution annuelle et qui faussent complètement sa
mise en œuvre: l'assurance et la sécurité sociale? Il est aujourd'hui

---

[20] Above, Part I, Constitutional challenges to convictions.

normalement faux que l'on doive réparer le dommage que l'on cause à autrui: on s'est assuré pour n'avoir pas à en répondre.

. . .

12. On peut concevoir de deux manières une réforme qui remédierait aux maux que l'on a cru résulter de la pratique judiciaire française actuelle.

La première n'a vraiment rien de révolutionnaire. Elle consisterait, dans un temps, à libérer partiellement la décision du carcan des 'attendus'. Elle a été préconisée dès 1968, après avoir été mise à l'essai. Si la suggestion s'est en France heurtée à des résistances, elle a en revanche été adoptée par la Cour de Justice des Communautés Européennes. Un arrêt de celle-ci expose d'abord sans forme particulière les points du fait et de droit soulevés par le litige, la procédure et les observations présentées devant la cour.

13. On peut se demander pourtant si, dans l'explicitation des motifs, il ne conviendrait pas d'aller plus loin encore: de permettre et même demander au juge de livrer le fond de sa pensée, d'expliquer vraiment pourquoi il statue dans un certain sens, sans rien cacher des éléments qu'il prend en considération.

La décision serait souvent, comme aujourd'hui, une simple référence à une règle législative ou jurisprudentielle suffisamment claire et peu contestée. Encore serait-il bon que cette référence soit explicite, c'est-à-dire que la décision cite l'arrêt qu'elle 'suit', ou qu'éventuellement elle se situe parmi celles qui l'ont précédée, en renvoyant expressément aux plus importantes et plus récentes. Mais certaines décisions pourraient constituer un apport plus approfondi à l'étude d'une question. Cela serait souhaitable notamment quand se pose une question nouvelle, ou quand la jurisprudence antérieure n'est pas claire, ou que cette jurisprudence a été contestée ou se heurte à la résistance des juges du fond.

. . .

20. . . . La Cour de cassation rend tous les ans six mille cinq cents arrêts en matière civile, plus quatre mille en matière criminelle (deux mille cinq cents si l'on néglige les affaires de forme). C'est une fécondité qui laisserait sans doute Malthus déconcerté et qui déconcerte, en tout cas, les juristes de *common law*. Mais cette énorme production est très largement gaspillée, car la plupart de

ces arrêts n'accèdent jamais à la vie juridique externe et font au mieux l'objet d'un sommaire de quelques lignes. Or — qu'on relise le *Discours préliminaire*[21] — la fonction essentielle d'une juridiction suprême n'est pas de constituer au profit de plaideurs individuels un troisième degré de juridiction limité aux points de droit. Il est de clarifier le droit et de l'adapter aux besoins de la société contemporaine.

. . .

En fait, un arrêt de la juridiction suprême française a normalement moins d'importance, pour les juristes même, qu'en Angleterre une décision d'un juge de première instance de droit commun. N'est-ce pas là une situation qui mérite qu'on la médite pour en tirer des conséquences pratiques?

On a dit comment les choses pourraient graduellement changer, et il faut répéter que la clarté du droit tarirait une large partie de la litigation. A la rigueur, on pourrait envisager aussi de permettre à la Cour de cassation de n'examiner que les affaires qui lui donnent l'occasion de clarifier out moderniser la règle de droit: *mutatis mutandis*, c'est la pratique normale de la Chambre des Lords ou de la Cour suprême des Etats-Unis. L'objectif lointain pourrait être une Cour de cassation où chaque Chambre rendrait un arrêt par semaine, mais un arrêt mûrement réfléchi et situé par ses rédacteurs eux-mêmes dans le cadre des décisions antérieures et des commentaires par elles suscités: après tout, tel est le rythme de travail du tribunal anglais de première instance pour des affaires d'importance moyenne.

21. Arrivé à ce point, on peut se poser une question qui étonnera, ou même paraîtra insensée, tellement elle s'éloigne de nos traditions: on peut se demander si le style judiciaire ici considéré ne devrait pas logiquement ouvrir la possibilité pour chacun des membres d'une juridiction collégiale d'exprimer son sentiment personnel à la suite de la décision du tribunal ou de la cour, que ce soit pour dire 'oui, mais . . . ', 'oui, et de plus . . . ', ou 'non, parce que', éventuellement: 'non' tout court.

. . .

22. On a dit que le juge ne pouvait dégager une règle de droit parce que des considérations d'équité propres à l'espèce risquaient de troubler son jugement. Sans être négligeable, l'argument n'est

---

[21] Above, Part II, the Civil Code.

pas décisif. Est-il plus choquant que le juge parfois méconnaisse secrètement le droit ou que, le méconnaissant, il le dise et explique pourquoi? Au surplus, les cas où l'équité demande qu'on s'écarte de la règle de droit ne peuvent-ils s'ordonner en règles qui seraient demain des règles de droit? C'est ainsi, on le sait, qu'est née en Angleterre *l'equity*.

23. On a fait valoir aussi que les juges ne peuvent se prononcer 'par voie générale et réglementaire'. Mais n'y a-t-il pas là un malentendu? Il est bien certain que ni la Cour de cassation, ni les juridictions de première instance et d'appel ne peuvent imposer elles-mêmes de règles de décision. Mais on attend bien d'elles que leurs décisions fassent autorité: que les principes juridiques sur lesquels elles se fondent soient dans l'avenir suivis s'il n'y a pas de raison de s'en écarter ou de les renverser. Il n'y aurait pas, autrement, de jurisprudence des tribunaux. Et l'on peut penser que cette jurisprudence serait plus claire si elle était moins implicite.

24. Il y a donc, semble-t-il, des raisons puissantes de souhaiter que la motivation des décisions judiciaires, notamment de la Cour de cassation, soit beaucoup plus explicite, et les aspects négatifs d'une réforme sont sans doute plus apparents que réels. Et s'il est vrai que l'administration de la justice n'est parfaite ni en Angleterre, ni aux Etats-Unis, il semble qu'en Angleterre ce soit largement à cause du trop grand respect accordé à chaque décision, respect qui gêne les remises en ordre, alors que la jurisprudence fédérale des Etats-Unis peut paraître, dans l'ensemble, plus claire que la jurisprudence française lorsque celle-ci ne s'appuie pas sur un texte formel, et toujours plus vivante.

25. S'il est permis, à la fin d'une étude qui conduit à exprimer le vœu que les décisions de justice soient imprégnées de considérations diverses, de conclure par une comparaison avec la liturgie, on peut dire que le style actuel des décisions, notamment de la Cour de cassation, est un peu la messe en latin. C'est le prolongement d'une tradition infiniment respectable. Mais c'est aussi la répétition de formules que beaucoup ne comprennent pas et qui permettent à l'esprit de s'orienter où il veut.

C'est une garantie contre toute manifestation d'hérésie, mais un piétinement qui ralentit le progrès collectif. La motivation explicite, c'est la possibilité d'erreurs et de maladresses, mais aussi celle de cérémonies qui transforment les 'cœurs de pierre' en 'cœurs de chair'. C'est l'autorité qui ne résulte plus de l'emploi d'une langue ésotérique et d'un refus de toute discussion, mais qui s'appuie sur la force d'idées, de sentiments sur la vie elle-même.

# Legal Personnel

A. Judicial Personnel and *ministère public*

*a. The judges: recruitment and independence*

From R. Perrot, *Institutions judiciaires* (1989)

331. ... En règle générale, les juges et les magistrats sont des fonctionnaires recrutés jeunes et qui sont appelés à faire carriére dans la magistrature . . .

333. Partant de ce principe, que la justice est un service public dont l'Etat a la responsabilité, il est normal que les juges de carrière soient des fonctionnaires, nommés comme tous les fonctionnaires de l'Etat par le gouvernement lui-même et plus spécialement, s'agissant des magistrats, par le Président de la République.

334. La voie normale d'accès aux fonctions judiciaires est celle du concours ouvert à de jeunes candidats qui sortent des Universités et qui, en principe, feront toute leur carrière dans la magistrature, depuis les emplois modestes jusqu'aux plus hautes fonctions. Mais, à côté de cette filière normale, il en est un autre qui prend une certaine importance et qui consiste à intégrer dans le corps de la magistrature, judiciaire ou administrative, des personnes plus âgées ayant déjà exercé des activités professionnelles plus ou moins importantes dans divers secteurs de la vie juridique, économique ou sociale . . . Par exemple: des avocats inscrits au barreau depuis plusieurs années, des fonctionnaires de l'administration active . . . voire même des personnalités du secteur privé. C'est que l'on a pris l'habitude d'appeler le 'recrutement latéral'.

341-4. Avant l'importante réforme réalisée en 1958, le recrutement et surtout la formation des futurs magistrats laissaient très sérieusement à désirer . . . Il devenait urgent de remédier à une telle situation et c'est ce que fit le législateur de 1958 en créant ce qui devait devenir l'Ecole nationale de la magistrature (E.N.M) . . . L'objet premier de l'E.N.M. . . . est d'assurer la formation professionnelle des futurs magistrats que l'on appelle des 'auditeurs de justice'. L'auditeur de justice faisant partie du corps judiciaire, il est normal que, pour être admis à se présenter à l'Ecole, le candidat remplisse toutes les conditions requises pour être magistrat. Notamment, il faut être de nationalité française, jouir de ses droits civiques et être de bonne moralité . . .

348. Les auditeurs de justice reçoivent une formation professionnelle qui dure 27 mois. Une première phase, dite de 'scolarité' se déroule dans des locaux de l'E.N.M. à Bordeaux (6 mois). Ensuite, l'auditeur fait un stage en juridiction (12 mois). Durant cette période, il participe à l'activité juridictionnelle du tribunal 'sous la responsabilité des magistrats'. A la suite de ce stage, la promotion se retrouve à Paris et à Bordeaux pour la mise en commun des expériences respectives de chacun (2 mois). Un examen de classement sanctionne les études: il est destiné à vérifier les aptitudes aux fonctions judiciaires, les connaissances acquises et à fixer un ordre de classement pour le choix des postes. Enfin, a lieu un stage de préaffectation (3 mois en juridiction) suivi d'une formation continue obligatoire organisée par l'E.N.M., laquelle s'échelonne sur 8 ans, à raison de 15 jours par an.

353. Les nouveaux magistrats sont nommés par décret du President de la République sur proposition du Garde des sceaux. . . . En fonction des postes disponibles, ils sont affectés indifféremment au 'siège' ou au 'parquet'.

364. En ce qui concerne les magistrats du siège de l'ordre judiciaire, le principe de l'inamovibilité est proclamé à deux reprises differentes: une première fois dans la Constitution elle-même à l'art. 64 al. 4 ('Les magistrats du siège sont inamovibles') et, une seconde fois, dans l'art. 4 de l'ordonnance no. 58-1270 du 22 décembre 1958 qui répète la même formule et en tire la conséquence pratique ' . . . le magistrat du siège ne peut recevoir, sans son consentement, une affectation nouvelle, même en avancement'.

## b. Ministère public

From R, Perrot, *Institutions judiciaires* (1989)

294. Les juridictions ne sont pas composées exclusivement de magistrats chargés de juger les affaires soumises au tribunal. A côté de juges proprement dits, il existe d'autres magistrats dont la fonction est, non pas de juger, mais de veiller à la bonne application de la loi et au respect de l'ordre public, en présentant des observations à la formation de jugement et, au besoin . . . en saisissant eux-mêmes le tribunal. Par opposition aux magistrats qui jugent — et que l'on appelle les 'magistrats du siège' parce qu'ils exercent leurs fonctions en restant assis — les magistrats chargés de veiller au respect de la loi forment ce que l'on a coutume d'appeler le 'ministère public' parce qu'ils ont pour mission de défendre, non pas les intérêts particuliers de tel ou tel plaideur, mais ceux de la collectivité toute entière et de la loi qui en est l'expression.

297. Devant les juridictions de l'ordre judiciaire, le ministère public est organisé de façon structurée et hiérarchisée. Cette organisation, qui comporte parfois de nombreux services à la tête desquels se trouve placé un 'Procureur', est communément appelé le 'Parquet'.

298. Seuls sont pourvus d'un parquet, les tribunaux de grande instance, les cours d'appel et la Cour de cassation . . . Il existe un parquet auprès de la Cour de cassation que l'on appelle le 'Parquet général'. Il est dirigé par un très haut magistrat qui porte le titre de 'procureur-général près la Cour de cassation'. Il est assisté par des avocats généraux (actuellement au nombre de 22) qui sont ses subordonnés et dont le rôle consiste à prendre la parole aux audience de chacune des chambres de la Cour de cassation. . . .

300. Sans doute, les fonctions du ministère public sont-elles exercées par des magistrats, recrutés comme les autres magistrats et qui appartiennent au corps unique de la magistrature, au point d'ailleurs que, durant sa carrière, un magistrat initialement affecté au parquet peut toujours demander à être affecté 'au siège' ou inversement. Mais cela étant dit, le parquet présente cette double particularité d'être une organisation hiérarchisée et indivisible.

Cette subordination hiérarchique se manifeste à plusieurs points de vue . . . D'une part, chaque membre du parquet est dans la dépendance du Garde des sceaux qui peut lui donner des ordres ou des défenses d'agir . . . D'autre part, cette hiérarchie se retrouve à l'intérieur même du parquet, en ce sens que chacun des magistrats du parquet est subordonné à son supérieur hiérarchique.

Ce principe de hiérarchie . . . est tempéré néanmoins par deux règles importantes . . . D'une part les procureurs généraux sont investis d'un *pouvoir propre* que ne détient pas le Garde des sceaux . . . Il en résulte alors cette double conséquence que le Garde des sceaux ne peut pas se substituer à un chef de parquet pour prendre la décision à sa place et que, en sens inverse, la décision prise par ce dernier produit tous ses effets de droit, même si le Garde des sceaux lui a intimé l'ordre de ne pas le prendre. Sans doute commet-il une faute sur le plan disciplinaire; mais c'est là un autre problème.

D'autre part, tout membre du parquet conserve sa liberté de parole. C'est ce que l'on exprime sous la forme d'un adage: 'la plume est serve, mais la parole est libre'; ce qui signifie qui si le magistrat du parquet est tenu de conclure dans le sens qui lui est indiqué, à l'audience il lui est loisible, en revanche, d'exprimer librement sa pensée. Cette réserve s'explique par le fait que les membres du parquet sont des magistrats et qu'il est impossible de faire abstraction de leurs scrupules de conscience.

Les membres d'un même parquet forment un ensemble indivisible, en ce sens que chacun d'eux représente le parquet tout entier. La conséquence pratique est qu'ils peuvent se remplacer mutuellement; ils sont en quelque sorte 'interchangeables'.

301. . . . Devant les juridictions répressives, le ministère public a pour fonction d'exercer l'action publique . . .

(*a*) D'une part, il lui appartient de mettre en mouvement l'action publique, c'est-à-dire, de déclencher les poursuites en saisissant la juridiction compétente et, au besoin, le juge d'instruction au moyen d'un réquisitoire introductif . . . Le ministère public n'a pas le monopole de la mise en mouvement de l'action publique: la victime lésée par l'infraction peut prendre elle-même l'iniative de déclencher les poursuites pénales et de saisir les tribunaux répressifs en se constituant partie civile.

(*b*) D'autre part, lorsque l'action publique a été mise en mouvement . . . il entre dans les attributions du parquet d'exercer l'action publique: en tant que partie au procès pénal, il lui appartient d'accomplir les actes de procédure nécessaires, de prendre les réquisitions qui s'imposent et, au jour de l'audience, de soutenir l'accusation comme pourrait le faire l'avocat d'un demandeur. Cette prérogative lui appartient à titre de monopole . . . la victime ne peut jamais exercer l'action publique, même lorsque c'est elle qui l'a mise en mouvement.

## B. Legal Profession and Auxiliary Personnel

1. As in most countries, the French legal framework is encrusted with a number of people who provide services either to clients or to the judicial system as a whole. In France they are known generally as *auxiliaires de la justice* and are divided into distinct branches. The *avocat* acts as counsel, giving general legal advice, as the attorney whose intervention is necessary at the formal stages of judicial procedure, and as the advocate at the hearing. Formerly the second of these functions was reserved to the *avoué*, but a statute of 31 December 1971 largely fused the two professions, leaving the old *avoué* only in the Courts of Appeal.

2. The effects of the old distinction are, however, preserved in two rules which, though nowadays subject to many exceptions, may be unfamilar to the British lawyer:

(*a*) *Mandatory representation*: a citizen may not generally act for himself in the formal stages of a lawsuit but must be represented by a member of the profession;

(*b*) *Territorialité de la postulation*: while an *avocat* may plead anywhere (though, as explained below, there is a separate bar for the two supreme courts) the power of filing official documents in a lawsuit is, in principle, reserved to the bar within the area of jurisdiction of the particular court.

3. The *notaire* is a key figure in French law. The work he does is done in England partly by solicitors and partly by the Chancery bar; he is often the confidential adviser of families and firms. The legal significance of his office stems partly from its age and partly from the much stronger force which notarized documents (*actes authentiques*) have compared with private documents (*actes sous seing privé*): compare C. civ. 1319 with 1324. Each statement made by a *notaire* of what was said and done before him in his official capacity is presumed true until disproved in a formal procedure which is hardly ever used. Moreover certain transactions (for

example, promises of donations, marriage contracts, mortgages and, in some cases, wills) can be entered into only by *acte authentique*.

4. Legal advice is also given by professionals who are not called to the bar but practise as *conseils juridiques*. Recently, however, the problems and opportunities offered by developments within the EEC have provoked proposals to unify this profession with that of the *avocat*.

## a. Avocats

From R. Perrot, *Institutions judiciaires* (1989)

421. Depuis la réforme de 1972, l'avocat exerce une double fonction: une fonction d'assistance (*a*) et une fonction de représentation (*b*).

### (a) Fonction d'assistance

422. *Consultation.* Pour l'avocat, la manière la plus simple d'assister son client est de lui donner des conseils sur les problèmes de droit . . . Très souvent, les avocats donnent des consultations en dehors de tout contentieux; ils peuvent rédiger des contrats, élaborer des statuts de société, donner leur avis sur des négociations en cours, etc. Mais dans l'exercice de cette fonction, l'avocat ne jouit d'aucun monopole. N'importe qui peut donner une consultation de droit: cette prérogative n'est pas spécialement réservée à l'avocat . . .

423. *Assistance aux mesures d'instruction et plaidoirie.* Si un procès survient, l'avocat est appelé à assister son client de différentes manières. On pense tout de suite à la plaidoirie, le jour de l'audience. Mais il faut se garder de croire que c'est la seule forme d'assistance. Avant que l'affaire ne vienne à l'audience, elle doit être instruite; des témoins sont entendus, l'inculpé est interrogé par le juge d'instruction, un expert réunit les parties pour un rendez-vois d'expertise etc. Dans tous ces cas, l'avocat peut assister son client et même, en matière pénale, celui-ci peut refuser de répondre hors la présence de son avocat.
(i) Cela dit, les avocats ont le droit de plaider devant toutes les juridictions . . . et sans la moindre limitation territoriale (L. 31 décembre 1971, art. 5). Ces mêmes textes ajoutent parfois 'sous

réserve des dispositions régissant les avocats au Conseil d'Etat et à la Cour de cassation'; ces derniers, en effet, ont le monopole de la plaidoirie devant ces deux juridictions suprêmes.

(ii) Dans cette mesure, les avocats ont *le monopole de la plaidoirie*, en ce sens que nulle autre personne n'est admise à plaider devant les juridictions de droit commun.

### (b) Fonction de représentation

424. *'Mandat ad litem'*. Toute procédure implique une succession d'actes qui obéissent à des règles précises. Les parties, à raison même de la technicité de ces actes, sont souvent incapables de les accomplir elles-mêmes. Il appartient à l'avocat de les remplir au nom et pour le compte de son client, en sa qualité de mandataire. . . Pour exprimer cette fonction, on dit aussi parfois que l'avocat a la charge de 'postuler'.

A ce titre, le plaideur se trouve engagé par tous les actes de son avocat. Et, inversement, l'avocat a toutes les responsabilités d'un mandataire: il doit rendre compte de son mandat; notamment si un acte a été mal fait ou fait hors délai et si, pour cette raison, le procès est perdu, l'avocat engage sa propre responsabilité. C'est pourquoi, d'ailleurs, la loi du 31 décembre 1971 exige que la responsabilité civile des avocats soit garantie par une assurance professionnelle (art. 27).

Dans certain cas, le mandat *ad litem* est *obligatoire*, en ce sens que le plaideur ne peut accomplir personnellement aucun des actes de la procédure et qu'il doit nécessairement se faire représenter. Ainsi en est-il devant les tribunaux de grande instance; sauf cas très exceptionnels, la loi exige que les parties fassent choix d'un mandataire *ad litem* qui ne peut être qu'un avocat.

432. Pour être admis à exercer la profession d'avocat il faut d'abord réunir certaines conditions légales d'accès . . . il faut en outre appartenir à un barreau.

### b. Officiers ministériels

448. *Définition*. Sous ce terme très général, on designe les personnes qui sont titulaires d'un office acquis avec l'agrément du gouvernement et qui exercent certaines fonction à titre de monopole. Par exemple . . . les avocats au Conseil d'Etat et à la Cour de cassation, les huissiers de justice, les notaires . . .

**449.** *Patrimonialité des offices.* Les officiers ministériels ne sont pas des fonctionnaires: ce sont de simples particuliers qui ont acquis une 'charge' a leur prédécesseur (moyennant finance ou à titre gratuit, selon le cas) laquelle peut etre transmise ultérieurement à un successeur dans les mêmes conditions. Le gouvernement ne reste pas indifférent à ce genre d'opération. En raison de la participation de l'officier ministériel à une fonction publique, c'est le gouvernement qui investit l'officier ministériel des pouvoirs nécessaires pour exercer sa fonction. Il reste que si le titre est conféré par le gouvernement, l'office réprésente une valeur patrimoniale souvent fort importante . . . Seul l'histoire permet de comprendre la survivance d'un système pour le moins curieux en cette fin du xx$^e$ siecle.

**459.** *Les avocats au Conseil d'Etat et à la Cour de cassation* sont des auxiliaires de justice, titulaires d'un office ministériel qui, devant les deux juridictions indifféremment, exercent tout à la fois les fonction de l'avoué et celles de l'avocat . . . Toutes ces fonctions sont exercées à titre de monopole: aucun autre auxiliaire de justice ne pourrait les exercer devant ces juridictions, pas même un avocat ou un avoué à la cour. Ce monopole trouve sa justification dans le fait que les procédures devant les deux juridictions suprêmes sont d'une technicité très particulière hautement spécialisée. En revanche (c'est là, la contrepartie de leur monopole) ils sont tenus de prêter leur ministère lorsque'ils en sont requis.

**461.** *Statut professionnel.* Bien qu'ils soient juridiquement des officiers ministériels, les avocats au Conseil d'Etat et à la Cour de cassation bénéficient d'un statut très particulier, fixé par l'ordonnance du 10 septembre 1817 (toujours en vigueur), qui par certains aspects s'apparente à celui des avocats.

Ils forment une compagnie relativement restreinte: le nombre des charges est limité à soixante.

(*a*) Pour accéder à cette fonction, il faut: avoir au moins 25 ans, avoir fait un stage de trois ans comme avocat auprès des cours et tribunaux et avoir subi un examen professionnel spécial.

(*b*) A la différence des autres officiers ministériels, ils forment un 'ordre' . . .

**462.** *Les huissiers de justice* sont des officiers ministériels investis d'attributions nombreuses et variées . . .

(*a*) A titre de *monopole*, les huissiers de justice ont la charge de signifier les actes de procédure (qu'ils ont parfois rédigés eux-mêmes), de procéder à l'exécution forcée des titres exécutoires et, notamment, aux opérations de saisie . . .

(*b*) *En dehors de tout monopole* . . . il entre dans les attributions des huissiers de justice de procéder au recouvrement des créances (de façon amiable ou par voie d'injonction de payer) ainsi qu'à la prisée et aux ventes publiques de meubles et effets mobiliers . . . En outre, le ministère de l'huissier de justice est fréquemment sollicité pour procéder à des *constats*, soit sur la demande des particuliers, soit sur commission du tribunal: l'huissier procède alors à des constatations purement matérielles, exclusives de tout avis de fait ou de droit, qui peuvent ensuite être invoquées à titre de preuve devant les tribunaux.

466. *Le notaire* est un officier public titulaire d'un office minist-ériel. Il exerce une des fonctions les plus anciennes qui a traversé les siècles de façon à peu près permanente.

(i) la fonction essentielle du notaire est de *dresser des actes* qui présentent cette double particularite d'avoir force authentique et force exécutoire: parce que ce sont des actes authentiques, leur contenu ne peut être contesté que par une procédure extrêmement grave que l'on appelle la 'procédure d'inscription de faux'; et parce qu'ils ont force exécutoire (comme les jugements), ils peuvent donner lieu à l'exécution forcée sans autre formalité.

Ces actes sont conservés par le notaire qui les a dressés; à tout moment les parties à l'acte peuvent demander que leur soit délivrée soit une copie exécutoire . . . soit simplement une copie certifiée conforme.

(ii) Mais à cette fonction s'ajoute une autre qui n'est pas moins importante et qui est une *fonction de conseil*. Le notaire ne se borne pas à tenir la plume . . . A tous ces points de vue, l'activité des notaires est considérable: elle s'étend non seulement à la vie des affaires (constitution et fusion de sociétés, opérations de crédit, achats et ventes d'immeubles, etc.), mais aussi à des actes concernant la vie privée (testaments, contrats de mariage, don-ations, etc.)

En principe, le ministère du notaire est facultatif. Il n'en est autrement que dans certains cas. D'abord lorsque, à titre exceptionnel, la loi exige que l'acte soit dressé par devant notaire: il en est ainsi pour certains actes graves que l'on appelle des 'actes solennels' (donation, contrat de mariage, constitution d'hypo-

thèque). Ensuite, il peut arriver que le notaire soit commis par
l'autorité de justice pour procéder à l'élaboration d'actes qui
seront ultérieurement homologués par le tribunal: par exemple à
la suite d'un divorce ou d'une succession litigieuse, un notaire est
souvent désigné pour procéder aux opérations de liquidation et de
partage. C'est d'ailleurs par cet aspect que les notaires peuvent
être occasionnellement des auxiliaires de justice . . . Il va sans dire
que dans toutes ces activités, les notaires engagent leur responsabilité personnelle laquelle est couverte par des 'caisses de
garantie'.

# Contract

## The Essentials of Contract

## Code Civil

## Des Contrats ou des Obligations Conventionnelles en Général

CHAPITRE PREMIER

*Dispositions Préliminaires*

1101. Le contrat est une convention par laquelle une ou plusieurs personnes s'obligent, envers une ou plusieurs autres, à donner, à faire ou à ne pas faire quelque chose.

1102. Le contrat est *synallagmatique* ou *bilatéral* lorsque les contractants s'obligent réciproquement les uns envers les autres.

1103. Il est *unilatéral* lorsqu'une ou plusieurs personnes sont obligées enverse une ou plusieurs autres, sans que de la part de ces dernières, il y ait d'engagement.

1104. Il est *commutatif* lorsque chacune des parties s'engage à donner ou à faire une chose qui est regardée comme l'équivalent de ce qu'on lui donne, ou de ce qu'on fait pour elle.

Lorsque l'équivalent consiste dans la chance de gain ou de perte pour chacune des parties, d'après un événement incertain, le contrat est *aléatoire*.

1105. Le contrat de *bienfaisance* est celui dans lequel l'une des parties procure à l'autre un avantage purement gratuit.

1106. Le contrat à *titre onéreux* est celui qui assujettit chacune des parties à donner ou à faire quelque chose.

1107. Les contrats, soit qu'ils aient une dénomination propre, soit qu'ils n'en aient pas, sont soumis à des règles générales, qui sont l'objet du présent titre.

Les règles particulières à certains contrats sont établies sous les titres relatifs à chacun d'eux; et les règles particulières aux transactions commerciales sont établies par les lois relatives au commerce.

## CHAPITRE II

*Des conditions essentielles pour la validité des conventions*

1108. Quatre conditions sont essentielles pour la validité d'une convention;
Le consentement de la partie qui s'oblige;
Sa capacité de contracter;
Un objet certain qui forme la matière de l'engagement;
Une cause licite dans l'obligation.

A. *Consentement*

a. *The need for consent: the example of sale*

**Code Civil**

1582. La vente est une convention par laquelle l'un s'oblige à livrer une chose, et l'autre à la payer . . .

1583. Elle est parfaite entre les parties, et la propriété est acquise de droit à l'acheteur à l'égard du vendeur, dès qu'on est convenu de la chose et du prix, quoique la chose n'ait pas encore été livrée ni le prix payé.

1589. La promesse de vente vaut vente lorsqu'il y à consentement réciproque des deux parties sur la chose et sur les prix . . .

1651. S'il n'a rien été réglé à cet égard lors de la vente, l'acheteur doit payer au lieu et dans le temps où doit se faire la délivrance.

Cass. civ. 16.4.1883
(Domont *c.* Pourchet)
D.1884 I.75

Le 27 mai 1882, la cour de Besançon a rendu l'arrêt suivant:

Considérant que la convention verbale du 30 novembre 1881 comprend à la fois le fonds de café appartenant à Domont, et le droit au bail consenti à ce dernier par la veuve Lebault;— Considérant qu'en fixant à 31,000 fr. le prix de la cession de ces deux objets, les parties se sont bornées à dire que Pourchet payerait une partie du prix en prenant possession, et n'ont ni déterminé le montant de la somme qui serait ainsi payée

comptant, ni fixé les époques de payement du surplus du prix; qu'il
n'existe sur ce point aucun usage commercial auquel les parties
pourraient 'être censées avoir voulu se référer; qu'il n'appartient à
personne de suppléer à l'omission ou au silence des parties à cet
égard; que ce silence, le défaut d'inventaire des objets devant
composer le fonds de café et l'accord des parties pour passer acte
en l'étude d'un notaire, démontrent qu'elles ont voulu subordonner à la passation de cet acte la perfection du contrat;
qu'eussent-elles eu d'ailleurs l'intention de se lier irrévocablement, les époques du payement font partie intégrante du prix, et le
contrat ne serait pas parfait à raison du défaut d'accord sur cette
partie essentielle du contrat de vente;

Considérant, d'autre part, . . . que les faits admis en preuve par
les premiers juges, fussent-ils constants, ne justifieraient ni la
demande principale ni la demande accessoire en dommages-
intérèts, la seule qui subsiste après la renonciation que l'appelant
et l'intimé ont faite devant les premiers juges à l'exécution du
prétendu marché;

Par ces motifs, infirme, et, statuant à nouveau, déclare Domont
mal fondé dans ses fins et conclusions tant principales que
subsidiaires, l'en déboute.

Pourvoi en cassation par le sieur Domont:—(1) Violation des
art. 1583, 1589, 1651 C. civ. et des principes en matière de vente,
en ce que l'arrêt attaqué a déclaré qu'une vente était nulle faute de
fixation de l'époque de payment du prix, alors que les parties
étaient d'accord sur la chose et le prix.

(2) Violation des art. 1134, 1135, 1315 et 1348 c. civ. et des
principes en matière de preuve.

ARRÊT

LA COUR;—Sur les deux moyens du pourvoi, tirés, l'un de la
violation des art. 1583, 1589 et 1651 C. civ., l'autre, de la violation
des art. 1134, 1135, 1315 et 1348 du même code, et des principes
en matière de preuve:—Attendu que, dans le dernier état de la
procédure, la cour de Bresançon n'était saisie que de la demande
de Domont contre Pourchet, à fin de dommages-intérêts pour
inexécution du traité verbal intervenu entre les parties, le 30
novembre 1881, et qui était relatif à la vente d'un fonds de café, et du
droit au bail;—Attendu que pour rejeter cette demande, l'arrêt
attaqué s'est fondé sur le silence gardé par les parties dans ce traité
quant à la somme qui serait payée le jour de l'entrée en possession et

quant aux époques de payement du surplus; sur le défaut d'inventaire des objets dont se composait le fonds de café, et enfin sur l'accord des parties de passer acte en l'étude d'un notaire, pour induire de ces circonstances la preuve que Domont et Pourchet avaient voulu subordonner à la passation de cet acte la perfection du contrat; — Attendu, d'autre part, que pour écarter la demande en preuve des faits articulés et admise par les premiers juges, la cour de Besançon a déclaré que ces faits, fussent-ils constants, ne justifieraient pas la demande, — Qu'en se livrant ainsi, soit à l'interprétation de l'intention des parties, soit à l'appréciation des circonstances de la cause, et de la pertinence des faits articulés en preuve, l'arrêt ataqué n'a contrevenu à aucun des articles visés par le pourvoi;

Par ces motifs, rejette.

Cass. civ. 26.11.1962
(Caunègre *c*. Cons. Boisson.)
D.1963 61

LA COUR; — Sur le moyen unique; — Vu l'art. 1583 C. civ.; — Attendu que la vente est parfaite entre les parties dès qu'on est convenu de la chose et du prix; que lorsque le contrat a été conclu purement et simplement, il n'est pas possible à l'une des parties d'invoquer un défaut d'accord sur les modalités de la vente pour se soustraire à son exécution; — Attendu que sans méconnaître que Caunègre et Boisson s'étaient mis d'accord le premier pour acheter et le second pour vendre un domaine immobilier, sis à Hyères, moyennant le prix de 3 000 000 de F, l'arrêt attaqué (Aix, 24 novembre 1959) s'est néanmoins refusé à faire produire effet au contrat, au motif que la détermination de ses modalités revêtait une importance essentielle; qu'en statuant ainsi, sans relever que les parties avaient entendu retarder la formation du contrat jusque la fixation de ces modalités, la cour n'a pas légalement justifié sa décision;

Par ces motifs, casse . . .

From the note

(1 et 2) Suivant l'art. 1583 C. civ.: 'Elle (la vente) est parfaite entre les parties, et la propriété est acquise de droit à l'acheteur à l'égard du vendeur, dès qu'on est convenu de la chose et du prix, quoique la chose n'ait pas encore été livrée ni le prix payé.' Il n'est donc pas nécessaire, et l'arrêt ci-dessus rapporté le précise, que les parties s'expliquent sur les conditions accessoires de la vente, tel que le lieu ou le moment de la livraison et l'époque de payement du prix. On doit présumer que les parties se rapportent sur ces points aux règles du droit commun. Toutefois, suivant une partie de la doctrine . . . la vente ne peut pas être considérée comme conclue lorsque les parties ont fait des conditions accessoires des éléments constitutifs de leur consentement et qu'elles ne sont point parvenues à se mettre d'accord. Les juges ont alors un pouvoir souverain pour apprécier si les parties ont fait des conditions qui sont normalement accessoires, un élément essentiel de leur accord.

Cass. civ. 2.5.1978
(Epoux Boitier *c.* Dame Bardin)
D.S. 1979 317, note Schmidt-Szalewski

LA COUR; — Sur le moyen unique: — Attendu qu'il résulte des énonciations des juges du fond, que le 2 septembre 1972 un projet de vente sous seing privé, non signé, a été établi mentionnant que dame Bardin vendait aux époux Boitier un studio pour le prix de 41,000 F à acquitter en deux versements de 2 000 F qui ont été tous deux effectués et qui devaient être complétés par un troisième versement de 20,000 F 'dans les six mois suivants'; que les époux Boitier ayant assigné dame Bardin en réitération de la vente par acte authentique, l'arrêt, après avoir relevé que des difficultés entraînant une abondante correspondance étaient nées sur le calcul du délai dans lequel devaient être versés les 20,000 F, sur l'existence d'intérêts dus par l'acheteur durant ce délai et sur la date de la mise en jouissance des acquéreurs, a décidé que la vente ne s'était pas formée et a débouté les époux Boitier de leur demande; — Attendu qu'il est fait grief à l'arrêt infirmatif attaqué (Chambéry, 29 juin 1976) d'en avoir décidé ainsi, alors, selon le moyen, que, d'une part, l'arrêt qui constate qu'en exécution du projet de vente non signé prévoyant le versement de 2 000 F le 1<sup>er</sup> septembre 1972, de 19 000 F à la signature et de 20 000 F dans les six mois suivants, la somme de 2 000 F avait été effectivement versée à la date prévue et que celle de 19 000 F avait également été versée le 25 janvier 1973 en vue de la signature de l'acte authentique, ne pouvait écarter l'existence d'un accord des parties sur la date du paiement du solde du prix sans rechercher si, comme l'avait retenu le jugement dont il était demandé confirmation, l'execution des deux premiers versements dans les conditions prévues au projet n'emportait pas ratification par la venderesse de toutes les modalités de paiement qui y étaient stipulées et qu'il lui était interdit de remettre ultérieurement en cause, et sans non plus s'expliquer sur les autres éléments de preuve retenus par le jugement qui avait constaté que le notaire de la venderesse avait, le 16 novembre 1972, adressé une lettre aux acheteurs pour leur confirmer les conditions de la vente et que, dans une lettre adressée à son notaire, la venderesse précisait elle-même qu'elle avait 'consenti la vente' par l'intermédiaire d'une agence; qu'il est d'autre part reproché à l'arrêt d'avoir écarté l'existence de la vente au motif que l'acheteur n'établissait pas non plus l'accord du vendeur sur la date d'entrée en jouissance du premier, cette date étant sans aucune incidence sur la réalité et la validité de la vente;

Mais attendu qu'ayant, en vertu de son pouvoir souverain d'appréciation, estimé d'une part que certaines modalités ordinairement accessoires, telles que la date du paiement du solde du prix ou la date de prise de possession des lieux, avaient en l'espèce été tenues, par la venderesse, comme des éléments constitutifs de son consentement, et qu'il ne résultait pas, d'autre part, de l'ensemble des éléments de la cause la preuve qu'un accord fut intervenu ni sur la date du paiement du solde, ni sur la date d'entrée en jouissance des lieux, la cour d'appel a pu en déduire que le contrat de vente ne s'était pas formé; qu'ayant ainsi constaté l'absence d'accord, ce qui exclut nécessairement toute ratification, la cour d'appel, par ce seul motif, a justifié sa décision; que le moyen ne peut être accueilli;

### From the note

Dame B . . . propriétaire d'un studio, participale 2 septembre 1972 à l'élaboration d'un 'projet de vente sous seing privé', non signé, prévoyant qu'elle vendrait son immeuble aux époux B . . . Le prix de vente et certaines modalités de paiement y étaient fixées et avaient, effectivement, été respectées par les acheteurs. La venderesse refusa, cependant, de se prêter à l'accomplissement des formalités d'acte authentique. Assignée en 'réitération' à la vente, dame B . . . triomphe définitivement devant la Cour de cassation, qui, par la présente décision, rejette le pourvoi contre l'arrêt infirmatif attaqué.

L'exécution du contrat, exigée par les acheteurs, était refusée par le venderesse au motif que celui-ci ne s'était pas formé, faute d'accord sur les dates de paiement du solde du prix et de prise de possession des lieux, éléments qu'elle prétendait tenir pour constitutifs de son consentement. Ces prétentions posaient le problème de la détermination du moment de la formation du contrat. Juridiquement, cette formation se réalise dans l'instant même où l'acceptation saisit l'offre. Mais cet instant unique est parfois difficile à discerner parmi les manifestations de volonté provisoires ou partielles jalonnant les pourparlers pré-contractuels. Il peut être délicat de distinguer, *a posteriori*, une simple étape dans la discussion, de l'accord définitif scellant le contrat.

### b. The mechanism of offer and acceptance

Paris 5.2.1910
(Welter *c*. Michelin)
D. 1913.2.1, note Valéry

LA COUR; Considérant que le 14 janvier 1908, Michelin, demeurant à Poitiers a fait paraître dans le journal 'La Bibliographie de la France' une annonce dans laquelle il était toujours acheteur de la 'Revue des Deux-Mondes', année 1832, à 180 F;

Considérant que le 14 janvier, Welter, libraire à Paris, a écrit à Michelin qu'il lui offrait ladite 'Revue' au prix de 180 F;

Considérant que le lendemain, 15 janvier, Michelin a, par lettre recommandée, accusé réception à Welter de sa lettre, lui faisant connaître qu'il acceptait le prix proposé et lui envoyait la somme de 180 F, plus 0 F 95 cent, pour prix du colis postal recommandé;

Considérant qu'il résulte des documents produits que la lettre recommandée a été présentée chez Welter à huit heures, le 16

janvier, et que son magasin n'étant pas ouvert, elle lui a été
présentée de nouveau et délivrée le même jour vers dix heures et
demie;

Considérant que Welter soutient que le contrat de vente n'aurait
pu se former que le 16 janvier au moment où il a reçu la lettre
recommandée de Michelin, et qu'à ce moment il avait déjà vendu
à un tiers les exemplaires de la 'Revue des Deux-Mondes' en litige;

Mais considérant que le contrat s'est trouvé formé par l'offre
faite le 10 janvier par Michelin dans 'La Bibliographie de la
France', et par l'acceptation contenue dans la lettre écrite le 14
janvier par Welter à Michelin; qu'à partir de cette dernière date, il
y avait accord entre les parties sur la chose et sur le prix, que, par
suite, il y avait vente; que le terme 'd'offre', employé par Welter
dans sa lettre, est sans importance, alors qu'il résulte sans
contestation de cette lettre, qu'il acceptait la proposition d'achat
qui lui était faite par Michelin et le prix qui lui était offert;

Considérant au surplus qu'en fût-il autrement, la prétention de
Welter n'en serait pas plus fondée, en premier lieu parce qu'ayant
écrit à Michelin une lettre personnelle pour lui offrir une certaine
année de la 'Revue' à un prix déterminé, il devait lui laisser le
temps matériel de répondre, en second lieu parce que, s'il résulte
de ses livres qu'il aurait vendu ladite 'Revue' le 16 janvier, il
n'établit en aucune manière l'avoir vendue avant dix heures du
matin, heure à laquelle il est constant qu'il a reçu la lettre
recommandée qui lui a été adressée par Michelin, qu'à défaut par
lui de faire cette preuve, son contrat avec Michelin doit être réputé
définitivement conclu;

Sur l'astreinte: — Considérant qu'il échet de réduire à 5 F par
jour de retard l'astreinte prononcée;

Par ces motifs, confirme le jugement dont est appel, dit qu'il
sortira son plein et entier effet, réduit néanmoins à 5 F par jour de
retard l'astreinte prononcée, laquelle commencera à courir à partir
de la signification du présent arrêt; dit que passé ledit délai il sera
fait droit, et condamme Welter à l'amende et aux dépens.

NOTES

1. On what article of the Code is this decision based?

2. The Court gives three different grounds for its decision; what are they?

3. Which rule for posted acceptances does the Court adopt in the first of

its grounds? In the third? Can you reconcile the apparent self-contradiction?

4. How would the following question be answered in French law? 'If a man makes an offer to sell a . . . horse . . . and the next day goes and sells the horse to somebody else . . . can the person to whom the offer was originally made then come and say 'I accept' so as to make a binding contract . . . ?[1]

5. What would be the likely result of a *pourvoi en cassation*? (See the next two cases.)

6. See generally, Barry Nicholas, *The French Law of Contract* (London, 1982).

Cass. req. 20.2.1905
(Guili *c*. Ferrando)
S. 1905.1.508

Par lettre du 10 juin 1902, M. Guili a offert à M. Ferrando de lui acheter, pour le prix de 7 500 fr., une propriété que ce dernier possédait à Mila (Algérie). Cette lettre porte: 'Je vous offre 7 500 fr., payable comptant, c'est-à-dire au moment de la réalisation, qui ne pourra se faire pour moi que dans le courant d'octobre prochain. Si vous acceptez mes propositions, veuillez considérer ma lettre comme tenant lieu d'engagement, et je vous prie de vouloir bien me répondre le plus tôt possible, ayant une autre affaire en vue; dans l'affirmative, votre lettre me servira d'engagement de votre part. Il est entendu que, si l'affaire se traite, la jouissance devra partir du 1er octobre 1902.' M. Ferrando a répondu à M. Guili, par lettre du 11 juin 1902, qu'il ne pouvait lui céder sa propriété à moins de 8 000 fr., payable comme l'acquéreur le désirait. Le 14 juin 1902, M. Guili a maintenu son offre de 7 500 fr., et, le 25 du même mois, M. Ferrando lui a adressé la lettre suivante: 'J'ai en son temps reçu votre honorée lettre. Pour en finir et vous montrer mon bon vouloir, je vous laisse à 7 750 fr.; nous partagerons la différence. Vous n'hésiterez pas cette fois à me confirmer la vente par lettre recommandée pour l'époque que vous me fixerez, et je vous répondrai également mon acceptation par lettre recommandée. Nous passerons l'acte à la

---

[1] *Dickinson* v. *Dodds* (1876) 2 Ch.D. 463 per Mellish L.J. at 474, 475.

date que nous aurons fixée.' M. Guili a accepté cette dernière offre, d'abord par un télégramme du 28 juin 1902, puis, par une lettre recommandée du même jour, ainsi conçue: 'Par la présente, je vous confirme mon télégramme de ce matin, vous disant que j'accepte d'acheter votre concession de Bou-Fouah, moyennant 7 750 fr., avec entrée en jouissance au 1$^{er}$ octobre prochain. Le prix sera payé comptant; mais, dans le cas où je serais gêné pour verser le tout, je vous verserais 4 500 ou 5 000 fr.; le surplus serait payable l'année prochaine. L'acte de vente pourra être passé dans le courant du mois de novembre 1902, car ce n'est qu'à cette époque que je pourrais avoir les fonds disponibles.' M. Ferrando n'a pas accusé réception de cette lettre, et a loué sa propriété à des indigènes.

M. Guili a assigné M. Ferrando devant le tribunal de Constantine, pour 'voir déclarer bonne et valable, parfaite et définitive la vente verbale dont il s'agit'. M. Ferrando a répondu à cette demande en soutenant que l'échange de lettres entre M. Guili et lui n'avait pu former un contrat par correspondance, à défaut d'une dernière lettre recommandée par laquelle il aurait accepté la conclusion de la vente, conformément aux prévisions de sa lettre du 25 juin 1902. — Le tribunal de Constantine a rejeté ce moyen, et a décidé qu'après la lettre du 28 juin 1902, par laquelle M. Guili avait accepté le prix de 7 750 fr., proposé par M. Ferrando, 'l'accord étant fait entre les parties et sur l'objet et sur le prix, la vente était parfaite; que la stipulation d'échange de lettres recommandées n'était que de pure forme'.

Sur l'appel de M. Ferrando, la Cour d'Alger a réformé cette décision, par un arrêt du 6 juin 1904, dont extrait suit: 'La Cour; — Attendu que Guili a bien confirmé la vente dans les conditions stipulées dans la lettre de Ferrando du 25 juin 1902, mais que cette confirmation de la vente ne suffisait pas, aux termes de la lettre de Ferrando, pour rendre la vente définitive; que l'acceptation par Ferrando par lettre recommandée était encore, aux termes de la même lettre, absolument nécessaire; — Attendu que Ferrando, qui n'était pas encore lié, ne sanctionna pas, — pour un motif qu'il importe d'ailleurs peu de rechercher, mais qui semble cependant ne devoir être autre que la restriction opposée, après l'abaissement du prix à 7 750 fr., par Guili dans le paiement de son prix, — son acceptation du projet de contrat par l'envoi de sa lettre recommandée devant contenir une acceptation définitive; que tel était son droit; qu'il se l'était formellement réservé par sa lettre du 25 juin 1902; — Attendu que, Ferrando n'ayant pas envoyé cette lettre, ainsi que le reconnaît Guili, il n'y a eu entre les parties que pourparlers, et non contrat définitif'.

POURVOI en cassation par M. Guili.

LA COUR; — Sur le moyen unique du pourvoi, pris de la violation des art. 1101, 1108, 1174, 1582 et 1583, C. civ., et 7 de la loi du 20 avril 1810[2]; — Attendu que, par une interprétation qui n'a nullement dénaturé le sens clair et précis des lettres échangées, aux dates des 25 et 28 juin, entre Ferrando et Guili, relativement à la vente de l'immeuble appartenant au premier, la Cour d'Alger déclare qu'il n'y avait eu entre eux que des pourparlers et non un contrat définitif; qu'en l'état de ces constatations et appréciations de la commune intention des parties, qui sont souveraines et échappent au contrôle de la Cour de cassation, le pourvoi est mal venu à soutenir, en premier lieu, que la vente était parfaite à la suite de l'acceptation de Guili, et, subsidiairement, que la réserve d'y adhérer constituait une condition purement potestative de la part de Ferrando, du moment où il est reconnu par les juges du fond que celui-ci ne s'était pas encore définitivement lié par sa lettre précitée du 25 juin; — D'où il suit qu'en repoussant la demande de Guili, qui tendait à faire déclarer bonne, valable, parfaite et définitive la vente verbale dont s'agit, et ordonner qu'il en serait passé acte authentique, l'arrêt attaqué n'a violé aucun des articles de loi visés au moyen; — Rejette, etc.

## NOTES

1. Note the *Cour de cassation*'s insistence that the lower court's findings 'sont souveraines et échappent au contrôle de la Cour de cassation' and compare the next case.

2. Was the telegram of 28 June 1902 a means of communication within the terms of Ferrando's letter of 25 June?

3. Was Guili's letter of 28 June a simple acceptance of what he claimed was an offer?

---

[2] Printed above, Part II, Courts.

Cass. civ. 28.11.1968
(Maltzkorn *c.* Braquet)
J.C.P. 1969 II 15797 Gaz. Pal. 1969.1.95

LA COUR; — Sur le moyen unique: — Vu l'art. 1589 C. civ.; — Attendu que l'offre faite au public lie le pollicitant à l'égard du premier acceptant dans les mêmes conditions que l'offre faite à personne déterminée; — Attendu qu'il résulte des énonciations de l'arrêt partiellement confirmatif que Maltzkorn, ayant pris connaissance d'une annonce parue dans le journal L'Ardennais du 23 mai 1961, proposant la vente d'un terrain déterminé au prix de 25 000 F, fit connaître à Braquet, propriétaire, qu'il acceptait son offre; que cependant Braquet prétendit n'être pas engagé par cette offre; — Attendu que pour écarter la demande de Maltzkorn, tendant à la régularisation de la vente, l'arrêt relève que 'l'offre faite par voie de la presse, d'un bien ne pouvant être acquis que par une seule personne, ne saurait être assimilée à l'offre faite à une personne déterminée; qu'elle constitue seulement un appel à des amateurs éventuels et ne peut, en conséquence, lier son auteur à l'égard d'un acceptant'; qu'en statuant par ce motif d'ordre général, alors qu'elle constatait que Braquet avait déclaré que 'la ferme n'était toujours pas vendue' lorsqu'il avait reçu notification de l'acceptation, et sans relever aucune circonstance d'où elle ait pu déduire que l'annonce constituait seulement une invitation à engager des pourparlers ou que l'offre de Braquet comportait des réserves, la Cour d'appel n'a pas donné de base légale à sa décision;

Par ces motifs: — Casse et annule l'arrêt rendu entre les parties par la Cour d'appel de Nancy le 24.11.1966, et renvoie devant la Cour d'appel de Reims.

## NOTES

1. This seems to be the first reported case in which the *Cour de cassation* has quashed a lower court's finding on whether a statement was an offer or an invitation to treat. What happened to the *pouvoir souverain du juge du fond*?

2. The decision is based on C. civ. 1589 ('La promesse de vente vaut vente, lorsqu'il y a consentement réciproque des deux parties sur la chose et sur le prix . . . '). What has that got to do with it?

3. Would C. civ. 5 be appropriate? ('Il est défendu aux juges de prononcer par voie de disposition générale et réglementaire sur les causes qui leur sont soumises.')

4. The lack of legal basis is said to be the enunciation of a general rule coupled with a finding of fact that Braquet had not sold the farm. If he had sold the farm, would this change the advertisement from being an offer to being an invitation to treat? Or would it be a revocation?

Paris 14.12.1961
(Scté. des Eaux de Vittel *c*. Dehen Soc. Supermag-Rennes)
Gaz. Pal. 1962.1.135 J.C.P. 1962 II 12547, note R. Savatier

LA COUR; — Considérant que . . . dame Dehen ayant effectué quelques achats parmi lesquels une bouteille de bière et une bouteille de 'Vittel-Délices' dans un magasin type libre-service de la Scté. Supermag-Rennes, se présenta à la caisse pour les payer; qu'une préposée retira du panier fourni par l'établissement les marchandises que dame Dehen y avait placées; que celle-ci, en attendant que son débit fut enregistré, les transféra dans son propre sac à provisions; que c'est alors que la bouteille de 'Vittel-Délices' ayant heurté légèrement la bouteille de bière qui s'y trouvait déjà, fit explosion et que l'un de ses éclats ou sa capsule, atteignit dame Dehen à l'œil droit; . . .

Considérant que . . . dame Dehen a assigné la Scte. Supermag et la Scté. des Eaux de Vittel . . . sur le fondement tant des art. 1382, 1383 et 1384, C. civ., que des art. 1641 et suiv., C. civ.; . . .

Considérant en revanche que dame Dehen est parfaitement recevable à agir contre la Scte. Supermag-Rennes mais que la responsabilité de celle-ci ne peut être envisagée que sous l'angle de la responsabilité contractuelle;

Considérant en effet que lorsqu'il est procédé à un achat dans un magasin fonctionnant sous le régime du libre-service, la vente se trouve réalisée, si même le prix n'en doit être acquitté qu'à la sortie de l'établissement, dès l'instant où le client, ayant choisi sur un rayon un article offert à la vente moyennant un prix affiché qu'il accepte, l'a placé dans le panier ou le sac mis à sa disposition et qu'il doit obligatoirement utiliser jusqu'au contrôle des préposés à la caisse . . .

Cass. civ. 20.10.1964
(Scté. Supermag-Rennes *c*. Dame Dehen et Scté. des Eaux de
Vittel)
D.S. 1965.62

LA COUR; . . . Mais attendu qu'après avoir exactement observé que
la responsabilité de la Société Supermag à l'égard de la victime ne
pouvait être que contractuelle, l'arrêt énonce qu'au moment où la
dame Dehen transférait dans son sac à provisions une bouteille de
limonade qu'elle avait prise dans un rayon et soumise au contrôle,
cette bouteille, après avoir légèrement heurté une bouteille de
bière qui s'y trouvait déjà, avait explosé; qu'il précise que la
bouteille était 'anormalement chaude' et que la sociéte vendeuse
n'avait 'pas prévu comme elle le devait, que des liquides gazeux
laissés par manque de précaution à promimité d'une source de
chaleur, pouvaient constituer un danger'; qu'à l'encontre de la
Sociéte des Eaux de Vittel, la cour d'appel relève que 'le processus
de l'explosion . . . s'explique suffisamment par les conditions dans
lesquelles la Société Supermag l'a exposée à la vente', excluant
ainsi implicitement mais nécessairement le caractère dangereux de
la marchandise et l'hypothèse de l'existence d'un vice à la
fourniture de la bouteille; qu'en l'état de ces constatations
souveraines la cour d'appel a pu faire droit à la demande
principale et rejeter l'appel en garantie; qu'ainsi le moyen unique
du pourvoi est mal fondé en ses deux branches;
Par ces motifs, rejette.

NOTES

1. From Tunc (1962):[3]
'. . . nous pensons que, dans un magasin à libre service, le client
n'acquiert la propriété des marchandises qu'il emporte qu'au moment
où il les paie. N'est-il pas courant qu'ayant choisi un certain produit et
l'ayant placé dans le panier que le magasin met à sa disposition, il
change d'avis et le remette sur le rayon, parfois pour le remplacer par
quelque autre? Faut-il alors dire qu'une vente avait été conclue, mais
qu'elle a été résolue et qu'une autre vente s'est formée? Il nous paraît
plus exact de reconnaître que le client met dans le panier des produits

---

[3] 'Jurisprudence en matière de droit civil', *Rev. Trim. Dr. Civ.* 1962, pp. 305 s.
(no. 1), at p. 306.

qu'il se propose d'acheter, mais qu'il n'achète vraiment qu'au moment où il les paie.'

2. Can you think of any policy reason why the Court would prefer to found liability in contract rather than in tort?

3. Compare from the point of view of judicial technique, *Pharmaceutical Society of Great Britain* v. *Boots*.[4]

1.   Acceptance by silence:

Cass. civ. 25.5.1870

(Guilloux *c*. Soc. des raffineries nantaises et syndic. Robin)

S.1870.1.341      D.1870.1.257      G.A.95

LA COUR; — Vu les art. 1101 et 1108, C. Nap.; — Attendu que l'arrêt attaqué, en condamnant le demandeur comme obligé par la souscription de vingt actions prises en son nom dans la société des raffineries nantaises, s'est uniquement fondé sur ce fait que ledit demandeur avait laissé sans réponse la lettre par laquelle Robin et comp., chargés du placement des actions, lui avaient donné avis qu'il avait été porté sur la liste des souscripteurs, et qu'ils avaient versé pour lui la somme exigée pour le premier versement sur le montant des actions; . . . Attendu, en droit, que le silence de celui qu'on prétend obligé ne peut suffire, en l'absence de toute autre circonstance, pour faire preuve contre lui de l'obligation alléguée; — Attendu qu'en jugeant le contraire, l'arrêt attaqué a violé les dispositions ci-dessus visées du Code Napoléon; — Casse, etc.

Cass. req. 29.3.1938

(Bert *c*. Nicoleau et Calvo)

S. 1938.1.380      D.P. 1939.1.5, note Voirin

Gaz. Pal. 1938.2.32, note anon.

LA COUR; . . . — Attendu que si, en principe, le silence gardé par le destinataire d'une offre ne vaut pas acceptation, il est permis, cependant, aux juges du fait, dans leur appréciation souveraine des faits et de l'intention des parties, et lorsque l'offre a été faite

---

[4] [1953] 1 QB 401 (C.A.).

dans l'intérêt exclusif de celui à qui elle est adressée, de décider que son silence emporte acceptation; — Or attendu qu'il résulte des constatations du jugement attaqué que Bert a fait remise à ses locataires, sur loyers échus, d'une somme de 1 750 fr., ce qui ramenait sa créance contre eux à la somme de 2840 fr., que, par la suite, il a à plusieurs reprises, exercé des poursuites en paiement de cette somme de 2 840 fr.; que, sur l'une d'elles, les locataires ont versé un acompte de 400 fr., ce qui réduisait leur dette à 2 440 fr.; — Attendu qu'en l'état de ces constatations, le tribunal, en décidant que les locataires avaient accepté tacitement la remise de dette que leur avait consentie Bert, leur bailleur, et que, dès lors, celui-ci ne pouvait plus la révoquer, a justifié légalement sa décision, sans dénaturer la convention des parties, ni violer les textes visés au moyen; — Rejette le pourvoi formé contre le jugement du tribunal civil de Lourdes du 8 mars 1934, etc.

## NOTES

1. Note this is a case of *pourvoi en cassation* against a decision of a court of first instance.

2. Does this provide an explanation of the duty to keep an offer open? '. . . toute offre de contrat est . . . assortie d'une offre accessorie, celle de maintenir l'offre principale . . . pendant le délai moral indispensable pour permettre au destinataire de prendre parti et de répondre. Or, cette offre accessoire, qui n'impose ni charge, ni obligation au destinataire, est réputée acceptée par le silence . . .'[5]

3. How can it be reconciled with the basic theory of *volonté*? 'Le silence . . . rend impénétrable la volonté de celui qui le garde et permet même de douter que celui-ci ait eu, dans le for intérieur, la volonté de prendre une décision.'[6] And compare the English insistence on *le for extérieur*: 'It is clear . . . that the nephew in his own mind intended his uncle to have the horse at the price . . . but he had not communicated such his intention to his uncle, or done anything to bind himself.[7]

4. For waiver of a debt see C. civ. 1282 et seq. How does such a waiver differ from a gift which, by C. civ. 932, requires formal acceptance?

[5] Voirin, p. 7.
[6] Voirin, p. 5.
[7] *Felthouse* v. *Bindley* (1862) 11 C.B. (N.S.) 869 (C.P.) per Willes J. at 876.

Cass. civ. 1.12.1969
(Martin *c*. Sandrock et autres)
D.S. 1970.422 note Puech
J.C.P. 1970 II 16445, note J.-L. Aubert

LA COUR; — Sur le moyen unique: — Attendu qu'il résulte des énonciations de l'arrêt attaqué que Sandrock, se trouvant près des lieux d'une collision entre la voiture de Veidt et le vélomoteur de Martin, au cours de laquelle cet engin avait pris feu, tenta d'éteindre les flammes avec un extincteur, mais fut blessé par l'explosion du réservoir; — Attendu qu'il est fait grief à la cour d'appel d'avoir condamné Martin à réparer le dommage causé à Sandrock, au motif qu'une convention d'assistance s'était formée entre les parties, alors qu'il ne saurait y avoir de convention sans accord de volontés et que l'arrêt n'a pas relevé le consentement de l'assisté; — Mais attendu que la cour d'appel n'avait pas à relever le consentement exprès de l'assisté, dès lors que, lorsque l'offre est faite dans son intérêt exclusif son destinataire est présumé l'avoir acceptée; qu'ayant souverainement estimé qu'une convention d'assistance avait été formée entre Sandrock et Martin, c'est à bon droit que les juges d'appel ont retenu que l'assisté avait obligation de réparer les dommages subis par celui qui avait prêté bénévolement assistance; qu'ainsi le motif ne saurait être accueilli;

Par ces motifs, rejette.

## From the note by Puech

Il n'y a point de contrat là où il n'est point constaté que 'deux ont voulu' . . . l'acte de dévouement intervient le plus souvent dans les circonstances qui excluent le libre arbitre de la personne assistée. Voici un individu qui gît grièvement blessé et sans connaissance sur la route; tel autre, dont la voiture a quitté la chaussée et heurté un arbre, se trouve sous l'effet d'une commotion cérébrale. Un sauveteur bénévole leur porte secours. Dira-t-on qu'une convention d'assistance s'est formée? Pareille affirmation se heurte à une impossibilité d'ordre juridique. Il y a absence de consentement . . .

Sans doute, dans l'espèce qui nous occupe, on pouvait admettre que la volonté interne des parties à la prétendue convention d'assistance avait existé. Mais l'existence de la volonté interne ne suffit pas à produire des effets de droit. Elle doit pour jouer un rôle sur le plan juridique être déclarée. . . . On pourrait . . . rechercher si le comportement du garagiste constituait bien une 'offre'. Exécuter une obligation légale de porter secours, autrement dit, agir pour ne pas tomber sous le coup de l'art. 63 al. 2, C. pén. constitue-t-il une offre de contrat? Nous ne le pensons pas.

En tout cas, nous l'avons vu, le cyclomotoriste n'avait fait, lui, aucun geste ni prononcé aucune parole impliquant directement ou indirectement sa volonté de contracter. . . . C'est cette solution [the immediately preceding case of 29.3.1938] vieille de 31 ans, que l'arrêt de rejet a tiré des oubliettes du droit pour ne pas avoir à censurer la cour d'appel.

[The *arrêtiste* then compares the two judgments and says:]

Cette différence de rédaction marque le passage d'une solution d'espèce à un principe général. . . . L'équité, il est vrai, veut que celui qui porte secours à une personne en danger soit indemnisé du dommage qu'il pourra subir. Faut-il, pour satisfaire un sentiment si louable, continuer à découvrir des 'conventions d'assistance' dans des circonstances où, pour y parvenir, il faudra torturer les notions d'offre et d'acceptation, voire même nier le rôle primordial de la volonté dans la genèse de l'acte juridique? . . .

NOTES

1. Do you agree with the *arrêtiste*'s objections as expressed in the last quoted paragraph?

2. Is his handling of the earlier case so different from common-law techniques for dealing with precedent?

3. Can you think of any policy reason for founding the defendant's liability in contract?

4. On what article of the Code is the decision based?

2.  Contracts *inter absentes*

From Marty et Raynaud (1988)

121. . . . Logiquement les questions du lieu et celle du moment de la formation du contrat doivent recevoir la même réponse: l'événement qui marque le moment de la conclusion du contrat

détermine en même temps le lieu de la formation qui est celui où cet événement se produit. Les auteurs ont donc généralement essayé de résoudre ce double problème à l'aide des mêmes principes.

Cette recherche a été orientée dans deux directions différentes. Les uns considèrent le contrat formé dès l'instant que les deux parties ont déclaré leurs volontés et se contentent donc de *la coexistence* des deux déclarations, le contrat est formé dès l'acceptation de l'offre et au lieu de cette acceptation; d'autres exigent, au contraire une véritable *rencontre* de volontés et pensent que les volontés ne se sont vraiment rencontrées qu'au moment où l'acceptation a été portée à la connaissance de l'offrant. Ainsi s'opposent le système de l'émission et le système de la réception. Chacun des deux est d'ailleurs susceptible de variantes.

1. *Le système de l'émission* considère le contrat comme formé au moment et au lieu de l'acceptation, puisque c'est l'acceptation de l'offre qui réalise la convention.

Les moins exigeants se contentent de la manifestation par l'acceptant de son intention d'accepter, de la déclaration de sa volonté. Ainsi le contrat par correpondance est conclu au moment où l'acceptant signe sa lettre d'acceptation. C'est le système dit de *la déclaration*, qui a pu invoquer des arguments de texte, comme celui de l'art. 1985, al. 2 du Code civil, qui déclare que l'acceptation du mandat peut résulter de son exécution par le mandataire, sans exiger qu'elle ait été portée à la connaissance du mandant.

Mais une telle analyse a l'inconvénient pratique de laisser la formation du contrat à la merci du destinataire de l'offre qui pourra à son gré expédier sa lettre d'acceptation, en retarder l'envoi ou la détruire; une acceptation susceptible d'être aussi facilement reprise se ramène à une acceptation purement mentale, la volonté n'est pas vraiment extériorisée. Cette remarque qui conduit certains auteurs à proposer le système opposé de la réception, a amené certains partisans de la théorie de l'émission à amender celle-ci, en fixant le moment de la formation du contrat à celui où l'acceptant se dessaisit de son acceptation et ne peut plus revenir sur elle, par exemple en mettant une lettre à la poste ou en expédiant un télégramme pour l'adresser à l'offrant: c'est le système de *l'expédition*.

Mais on a pu remarquer que l'expédition de l'acceptation n'empêche pas nécessairement son auteur de revenir sur elle; un procédé plus rapide pourra peut-être permettre d'atteindre l'offrant avant la lettre ou le télégramme d'acceptation pour en paralyser l'effet. Le seul moment où l'acceptation est irrévocable est celui où elle est arrivée à la connaissance de l'offrant, de là le deuxième groupe de théories qui s'attache à la réception.

2. *Le système de la réception* considère que le contrat n'est véritablement formé qu'au moment et au lieu où l'offrant a eu connaissance de l'acceptation de son offre. Ce moment ne peut être que celui où l'offrant a pris effectivement connaissance de l'acceptation, par exemple en lisant la lettre ou le télégramme qui la lui apporte. On invoque l'art. 932 du Code civil d'après lequel l'acceptation d'une donation par acte séparé n'a d'effet que du jour de sa notification au donateur. C'est le système le plus exigeant: celui de *l'information*.

Mais cette solution ne peut guère s'appliquer sans poser de graves questions de preuve: comment savoir que l'offrant a effectivement lu la lettre d'acceptation et le moment précis où il l'a fait? C'est pourquoi le système de la réception a été présenté avec un correctif qui en facilite la mise en œuvre: le contrat est formé dès l'instant que l'acceptation arrive chez l'offrant, celui-ci est présumé en avoir eu connaissance aussitôt et d'ailleurs il est désormais impossible à l'acceptant de retirer ou de modifier sa décision: c'est le système de la *réception* proprement dite.

3. Une troisième position doctrinale est celle qui considère que la solution ne peut être recherchée que dans *l'intention des parties*. Il est bien certain, en effet, que celles-ci peuvent avoir expressément convenu, au cours de leurs pourparlers, de la date et du lieu de la formation du contrat; si elles ne l'ont pas fait, cette fixation pourra être tirée d'une interprétation de leurs intentions et spécialement de celle de l'offrant.

From Gaudemet (1937)[8]

Une personne, qui a l'intention de s'engager par un mode volontaire, n'entend pas l'être sans le savoir. . . . Cela est présumé contraire à son intention au moment de l'offre. Donc, le contrat ne sera parfait qu'au moment où l'offrant sera informé de l'acceptation.

---

[8] pp. 44–5.

From Mazeaud et Mazeaud (1969)[9]

Le contrat se forme par le consentement des parties; or, ce consentement existe dès qu'il y a accord des volontés, c'est-à-dire dès qu'il y a offre et acceptation. *Exiger la connaissance de l'acceptation (connaissance prouvée ou présumée par la réception) c'est ajouter une condition de formation des contrats que la loi n'exige pas.*

From Gaudemet (1937)[10]

. . . ce n'est pas le concours métaphysique de deux volontés dont l'une ignore l'autre; c'est le concours conscient de deux volontés qui, réciproquement, se connaissent.

From Valéry (1910)[11]

Comme la Haute Cour d'Angleterre l'a jugé . . . si les partisans de la théorie de l'information la suivaient jusque dans ses dernières conséquences, ils seraient condamnés à s'enfermer dans un cercle vicieux. Effectivement, si l'on décide que le sort du contrat reste en suspens jusqu'à ce que le proposant ait été avisé de l'acceptation de son offre, on est forcé d'admettre que l'acceptant ne sera lié définitivement que s'il apprend que son acceptation est parvenue . . .

From Gaudemet (1937)[12]

Mais cela est inexact. Il n'y a qu'une information nécessaire dans notre système: l'information de l'acceptation reçue par le pollicitant. Quant à l'acceptant, il est inutile qu'il reçoive la nouvelle de cette première information. Dès qu'il a émis son acceptation, il sait à quoi s'en tenir; il sait ce qu'on lui a offert et qu'il l'a accepté;

[9] para. 146.
[10] p. 48.
[11] Note to Paris 5.2.1910, above; D. 1913.2.1 at p. 2.
[12] p. 48.

il sait aussi quand son acceptation parviendra, quand l'offrant sera présumé la connaître; il sait donc le contenu du contrat et le moment où il se formera. Sa situation est toute différente de celle de l'offrant qui, avant la réception de l'acceptation, ne sait ni si le contrat sera accepté, ni quand il le sera.

Cass. com. 6.8.1867
(Gillain et Dethain *c*. Fourrier)
D. 1868 I. 34    S.1867 I. 400

LA COUR; . . . Attendu, relativement au lieu où la promesse a été faite, que ce lieu est fixé par le moment où le contrat est devenu parfait entre les parties; que, dans les conventions qui se lient par correpondance entre négociants, la fixation de ce moment est une question de fait plus que de droit, en ce sens que la solution de cette question peut varier selon les circonstances de chaque espèce, de telle sorte que les juges du fond sont nécessairement investis, en cette matière, d'un pouvoir très étendu d'appréciation; Attendu qu'il est constaté, en fait, dans l'arrêt attaqué, que par des lettres échangées entre les parties . . . les banquiers Fourrier avaient subordonné le crédit qui leur était demandé à diverses conditions et notamment à la garantie des frères Dethan, laquelle n'est arrivée . . . que le 22 janvier; Attendu que, dans ces circonstances, les juges du fond ont pu décider . . . que la convention entre les négociants de Paris et les banquiers de Clamecy ne s'était complétée que dans ce dernier lieu par l'adhésion définitive émanée de ces banquiers, après qu'ils avaient été en possession de la lettre de garantie . . . Rejette.

Cass. civ. 21.12.1960
(Cons. de Chomel *c*. Roqueta)
D. 1961.417, note Malaurie

LA COUR; — Sur le moyen unique: — Attendu que le pourvoi fait grief à la cour d'appel (Aix, 5 juin 1958) d'avoir rejeté la prétention de Chomel à se prévaloir d'un règlement par corre-spondance entre Roqueta et lui au motif qu'il n'était pas prouvé que Roqueta qui avait proposé ce règlement avait reçu sa lettre d'acceptation avant de rétracter son offre, alors que l'acceptation rendait le contrat parfait dès l'instant où elle a eu lieu et qu'un pollicitant ne peut revenir sur son offre après qu'elle a été acceptée; — Mais attendu que les juges du fond n'ont fait qu'user de leur pouvoir souverain d'interpréter la volonté des parties en décidant que Roqueta était en droit de retirer son offre jusqu'à la réception de l'acceptation; d'où il suit que le moyen n'est pas fondé;

Par ces motifs, rejette.

## From the note

Les illustres devanciers de l'ancienne époque aimaient controverser en théories catégoriques sur la date de la formation du contrat par correspondance; la doctrine contemporaine paraît avoir abdiqué, se refuse maintenant d'indiquer toute solution de principe, et casuistique, se réfugie derrière les intentions des parties et les circonstances de fait.

La jurisprudence a évité ces positions extrêmes; ni elle n'énonce un unique principe de solution à tout ce problème, ni ne dilue la règle de droit dans des circonstances de fait aussi variées que le sont les contrats. Mue sans doute par des considérations d'équité, elle distingue selon la question pratique qui est en cause et fournit alors des réponses qui ont une remarquable constance de fait. Sans doute, la Cour de cassation ne prétend-elle pas généralement qu'il y a une règle de droit applicable à la matière.

Mais, au moins à titre d'habitude de fait, la jurisprudence applique deux règles opposées et complémentaires, selon l'intérêt pratique qui est en cause. Lorsqu'il s'agit d'apprécier la validité d'une révocation de l'acceptation ou de l'offre — ce qui était le cas de l'espèce —, *la réception de l'acceptation* est en fait (sinon en droit) l'élément unique et décisif de la détermination du moment de la formation du contrat (I); au contraire, lorsqu'il s'agit de fixer la compétence territoriale d'un tribunal, *l'émission de l'acceptation* redevient l'élément unique et décisif de la détermination du lieu de la formation du contrat (II).

## I. *Révocation de l'acceptation ou de l'offre*

En permettant de valablement rétracter l'offre jusqu'à ce que la lettre d'acceptation ait été reçue, l'arrêt rapporté donne une solution conforme à une jurisprudence classique, reculant jusqu'à la réception de l'acceptation le moment à partir duquel une acceptation ou une offre deviennent irrévocables.

La question n'est pas douteuse pour l'acceptation: cette dernière peut être révoquée tant qu'elle n'est pas parvenue à la connaissance du pollicitant; ainsi, la jurisprudence admet qu'un télégramme peut révoquer l'acceptation pourvu qu'il soit arrivé à destination avant la lettre. M. Carbonnier en donne l'explication juridique élégante: la lettre est un mandataire muet et peut, comme telle, être révoquée.

La solution est identique pour le retrait de l'offre: tant que le pollicitant ne sait pas qu'elle a été acceptée, il peut la rétracter. L'arrêt rapporté a des précédents connus; ainsi, il a été jugé qu'un bailleur était en droit de rétracter l'offre, qu'il avait faite à son locataire, s'il n'avait pas encore connu l'acceptation de ce dernier. M. Carbonnier en donne aussi la justification d'équité: le commerçant qui a lancé des offres ne peut être obligé avant d'avoir été informé de leur acceptation.

La jurisprudence est constante en ce sens. Sans doute, on soutient parfois qu'un arrêt récent de la Cour de cassation aurait épousé une doctrine contraire, et aurait, en cette matière, consacré la théorie de l'émission. La Cour de cassation, en cette espèce, a censuré une décision qui avait validé un retrait de pollicitation intervenu entre l'émission et la réception de l'acceptation; mais en réalité, cet arrêt est étranger à la question des contrats entre absents car si la Cour de cassation a estimé que le contrat était conclu avant le retrait de l'offre, c'est qu'elle a pensé qu'il s'agissait, non d'un contrat par correspondance, mais d'un contrat conclu verbalement; l'analyse est de pur fait, et la juridiction de renvoi a estimé que ce contrat n'avait jamais été verbalement conclu et que par conséquent le retrait de l'offre était valable.

C'est presque une loi juridique que plus une institution produit d'effets, plus sévères sont ses conditions d'existence. L'irrévocabilité d'une volonté est un effet trop grave pour admettre la hâte ou la précipitation, et on a le droit d'hésiter ou de se reprendre tant que le consentement n'est pas complètement échangé: il n'y a de véritable concordance entre les deux oui que lorsque chacun sait que l'autre l'a dit. Ainsi lorsqu'une correspondance crée un trait de temps entre l'offre et l'acceptation, elle n'établit de consentement irrévocable que lorsque le consentement se connaît complètement et mutuellement, que lorsque la correspondance correspond totalement.

## II. *Compétence territoriale d'un tribunal*

Ces considérations ne jouent plus lorsqu'il s'agit simplement de déterminer la compétence du tribunal appelé à connaître des difficultés relatives à un contrat, et où la loi rend compétent le juge du lieu où la convention a été contractée. Il ne s'agit plus ici de retarder la formation d'un contrat, jusqu'à ce qu'il soit devenu irrévocable, mais de déterminer le tribunal le mieux placé pour connaître de ces litiges.

### Nouveau Code de Procédure Civile

Art. 46. Le demander peut saisir à son choix, outre la juridiction du lieu où demeure le défendeur: — en matière contractuelle, la juridiction du lieu de la livraison effective de la chose ou du lieu de l'exécution de la prestation de service . . .

## c. Vices du consentement

### Code Civil

1109. Il n'y a point de consentement valable, si le consentement n'a été donné que par erreur ou s'il a été extorqué par violence ou surpris par dol.

1117. La convention contractée par erreur, violence ou dol, n'est point nulle de plein droit: elle donne seulement lieu à une action en nullité ou en rescision, dans les cas et de la manière expliqués à la section VII du chapitre V du présent titre.

### 1. Erreur

### Code Civil

1110. L'erreur n'est une cause de nullité de la convention que lorsqu'elle tombe sur la substance même de la chose qui en est l'objet.

Elle n'est point une cause de nullité, lorsqu'elle ne tombe que sur la personne avec laquelle on a intention de contracter, à moins que la considération de cette personne ne soit la cause principale de la convention.

From Pothier, *Traité des obligations* (1761)

17. L'erreur est le plus grand vice des conventions; car les conventions sont formées par le consentement des parties, et il ne peut pas y avoir de consentement, lorsque les parties ont erré sur l'objet de leur convention, *non videntur qui errant consentire*.

C'est pourquoi si quelqu'un entend me vendre une chose, et que j'entende la recevoir à titre de prêt ou par présent, il n'y a, en ce cas, ni vente, ni prêt, ni donation. Si quelqu'un entend me vendre ou me donner une certaine chose, et que j'entende acheter de lui une autre chose, ou accepter la donation d'une autre chose, il n'y a ni vente ni donation. Si quelqu'un entend me vendre une chose pour un certain prix, et que j'entende l'acheter pour un moindre prix, il n'y a pas de vente; car dans tous ces cas il n'y a pas de consentement . . .

18. L'erreur annule la convention, non seulement lorsqu'elle tombe sur la chose même, mais lorsqu'elle tombe sur la qualité de la chose que les contractants ont eu principalement en vue, et qui fait la substance de cette chose . . .

19. . . . l'erreur sur la personne annule la convention, toutes les fois que la considération de la personne entre dans la convention. Au contraire, lorsque . . . le contrat [est un contrat] que j'aurais également voulu faire . . . avec quelque personne que ce fût, comme avec celui avec qui j'ai cru contracter, le contrat doit être valable.

From Mazeaud et Mazeaud (1969)[13]

Les tribunaux, mus par le désir de moraliser le contrat, ont très vite malmené les textes du Code civil, s'arrogeant un grand pouvoir de contrôle et prononçant la nullité de contrat pour vice du consentement hors des limites étroites tracées par le législateur.

---

[13] Para. 159.

Cass. civ. 23.11.1931
(Beltinissin *c*. Cons. Crozillac)
D.P. 1932.1.129, note Josserand    Gaz. Pal. 1932.1.96

LA COUR; — Sur le moyen unique: Attendu que le 13 juin 1924 Beltinissin a vendu aux époux Crozillac, par acte sous seings privés une propriéte dénommée 'Villa Jacqueline', sans indication de contenance, pour le prix de 36 000 fr., payable fin juillet suivant dernier délai, sous la condition que la vente serait résolue et une automobile, donnée en gage, acquise au vendeur, si à la date indiquée la vente n'avait pas été confirmée par acte authentique, et le prix intégralement payé; que le pourvoi fait grief à l'arrêt attaqué (Bordeaux, 24 juin 1926) d'avoir prononcé, à la demande des acquéreurs, la nullité de ce contrat pour cause d'erreur sur la contenance, considérée comme qualité substantielle de la chose vendue; — Attendu que si le défaut de contenance d'un immeuble ne peut donner lieu par application de l'art. 1619, C. civ., qu'à une diminution du prix lorsque la différence en moins excède un vingtième, il en est autrement lorsque le défaut de contenance rendrait cet immeuble impropre à la destination, connue des parties, en vue de laquelle il a été acquis: qu'en ce cas la contenance devient en fait une qualité substantielle de l'objet du contrat, et l'erreur sur cette qualité rend applicable l'art. 1110, C.civ.: — Attendu que des motifs de l'arrêt il résulte que les indications données par Beltinissin aux agences chargées de la vente de la villa ou figurant dans les annonces des journaux attribuaient au terrain vendu une superficie de 7 800 mètres carrés, alors qu'il n'en avait que 5 119 au plus, et que pour les époux Crozillac, qui acqueraient la propriété dans le but unique, connu du vendeur, de la revendre après l'avoir morcelée, la contenance annoncée était une condition essentielle du contrat; que l'arrêt relève en outre que le vendeur a, volontairement, de mauvaise foi, induit en erreur les acquéreurs et ainsi vicié leur consentement; — Attendu que, dans ces circonstances de fait, l'arrêt, interprétant, sans la dénaturer, la convention selon l'intention des parties contractantes, a pu, sans violer les articles de loi visés au moyen, décider que l'erreur portait sur la substance même de la chose, objet du contrat, et en prononcer la nullité; — Par ces motifs, rejette.

From the note; italics added

En l'occurence, la contenance annoncée était devenue, à raison du but que se proposait l'acheteur, au su du vendeur, une qualité substantielle de l'objet du contrat; dès lors, l'erreur sur une telle qualité déterminait l'application de l'art. 1110: le contrat devait être annulé, sur la demande de l'acheteur, pour erreur sur la substance. Par ce moyen, la Cour de cassation tourne l'obstacle que représentaient les art. 1617 et suiv.: non seulement elle accorde à l'acheteur la plus complète satisfaction à laquelle il puisse prétendre, puisqu'elle rétablit la situation antérieure au contrat en taillant dans le vif, mais encore elle serait à même d'obtenir ce résultat dans l'éventualité d'une déficience minime, ne fût-elle que d'une centaine de mètres carrés ou moins encore, pourvu que la superficie réelle ne cadrât plus avec les intentions de l'acheteur: le problème est ainsi transposé sur un plan différent et le régime restrictif institué dans les art. 1617 et suiv. devient sans emploi et parfaitement inoffensif.

Par ailleurs, la Cour de cassation demeure parfaitement dans la ligne de la théorie de l'erreur sur la substance; sa décision évoque, plus ou moins explicitement, deux conclusions qu'il n'est pas sans intérêt de mettre en lumière à cette place.

1. L'erreur entraîne la nullité du contrat, non seulement lors-qu'elle porte sur la substance, au sens strict du mot, sur la matière même dont la chose est composée, mais, beaucoup plus générale-ment, lorsqu'elle a trait aux qualités substantielles, c'est-à-dire, aux qualités essentielles, en considération desquelles les parties ont dû traiter; c'est parce que les ressorts de la volonté ont été faussés que la loi permet de faire tomber le contrat; la théorie de l'erreur rejoint ainsi . . . le concept des mobiles; du moment qu'il y a discordance entre l'aménagement de l'opération d'une part, les mobiles des parties et le but qu'elles poursuivent d'autre part, le contrat est vicié dans sa genèse et doit pouvoir tomber; malen-tendu ne fait pas droit.

Il faut d'ailleurs noter que les qualités ainsi dénommées substantielles sont très largement comprises par les auteurs et par la jurisprudence, car elles peuvent elles-mêmes être soit objec-tives, soit subjectives.

Les qualités objectives son celles qui, sans avoir nécessairement

un caractère matériel, sans être substantielles au sens étymologique du mot, font cependant corps avec l'objet de l'obligation
et s'identifient avec lui; elles présentent un caractère intrinsèque et
valent pour quiconque, par exemple pour tout acheteur: au
premier rang, il faut citer, dans cette catégorie, la personnalité de
l'auteur d'un tableau ou de toute œuvre d'art; celui qui, croyant
acheter un Corot, paye très cher une simple copie, est victime
d'une erreur sur la substance; et l'erreur est également sérieuse
lorsqu'elle porte sur l'antiquité de la chose, ou sur sa provenance
exotique. Sur ce point, la cause est entendue depuis longtemps, et
la thèse restrictive qui prétendait ne retenir que l'erreur affectant
la matière même dont la chose était composée et qui a compté des
défenseurs de grande autorité, est aujourd'hui et depuis longtemps
tout à fait délaissée; on s'accorde à traduire 'erreur sur la
substance' par 'erreur sur les qualités substantielles'.

Mais on va plus loin encore, en faisant état de ce que nous
appelons l'erreur sur les qualités substantielles subjectives. Nous
entendons par là celles qui, susceptibles de varier à l'infini, sont
prêtées à la chose par le contractant qui l'envisage sous tel ou tel
angle déterminé, au gré de ses désirs; s'il achète une maison, c'est
peut-être pour la revendre aussitôt, avec bénéfice, ou pour
l'habiter lui-même, ou pour la donner à bail, ou pour procéder à
un lotissement; or, ces différentes velléités sont susceptibles de
réagir sur la nature ou même sur la validité de l'opération: si elles
sont l'occasion d'une erreur, on dira peut-être que celle-ci porte
sur une qualité substantielle de la chose; suivant la formule d'un
arrêt, la nullité de l'art. 1110 frappe non seulement les ventes dans
lesquelles les éléments matériels de l'objet font défaut, mais aussi
celles 'dans lesquelles la chose vendue est dépourvue des pro-
priétés un vue desquelles l'acquisition a été faite'.

C'est à cette conception libérale que se rattache l'arrêt de la
chambre civile ci-dessus rapporté; la Cour de cassation y relève
cette circonstance que le défaut de contenance rendait l'immeuble
'impropre à la destination, connue des parties, en vue de laquelle il
a été acquis . . . ', car l'acquisition avait été faite 'dans le but
unique' de revendre le domaine après l'avoir morcelé. C'est une
conception très subjective et, pourtant, très compréhensive, que la
Cour de cassation se fait aussi de la théorie de l'erreur sur la
substance, qui devient comme un chapitre, une dépendance de la
théorie plus ample de l'erreur sur les mobiles.

2. Toutefois, pour que l'erreur détermine la nullité du contrat, la jurisprudence exige une condition supplémentaire: elle veut que l'autre partie contractante, aujourd'hui défenderesse au procès, ait été lors de la vente, au courant de l'état d'esprit, de la croyance de la victime; elle savait, par exemple, que celle-ci pensait acheter une toile de Corot ou de Rembrandt, ou un meuble Louis XV datant de l'époque; dans l'espèce à l'occasion de laquelle la chambre civile a eu à statuer, le vendeur connaissait l'usage auquel l'acquéreur destinait le terrain; c'est un point sur lequel l'arrêt insiste à deux reprises: la destination était 'connue des deux parties'; le but de l'acheteur était 'connu du vendeur'. C'est à cette particularité et à cette exigence de la jurisprudence que l'on fait allusion en disant que l'erreur sur la substance ne vicie le contrat qu'autant qu'elle a été partagée, qu'elle est 'convenue', qu'elle constitue une erreur *ex pacto*. La formule n'est pas rigoureusement exacte, ou du moins, elle appelle une précision: *la jurisprudence n'exige pas que le vendeur soit lui-même tombé dans l'erreur dont l'acheteur est la victime; il lui suffit qu'il ait eu connaissance des conditions dans lesquelles cet acheteur pensait traiter, de la croyance par laquelle il a été abusé; cette preuve faite, — et c'est évidemment à l'acheteur, demandeur en nullité, qu'il incombe de l'administrer — le vendeur se trouve acculé à un dilemme: ou bien il a été lui-même de bonne foi, il croyait que le tableau était un Corot, que le meuble était de l'époque, que le terrain avait la superficie annoncée, et alors il y a erreur commune, partagée, erreur ex pacto; le contrat doit donc tomber en vertu de l'art. 1110; ou bien le vendeur était au courant de la situation véritable, et en ce cas, il a commis, par son silence, ses réticences, ses déclarations inexactes, un véritable dol qui justifie l'intervention de l'art. 1116.* Précisément, l'arrêt de la chambre civile, après celui de la cour de Bordeaux, relève que le vendeur avait 'volontairement, de mauvaise foi, induit en erreur les acquéreurs et ainsi vicié leur consentement'. Dans des cas semblables, l'acheteur peut donc, du moment qu'il a prouvé que le vendeur était au courant de son opinion erronée, lui donner le choix entre deux attitudes, celle de l'homme qui se serait lui-même trompé ou celle de l'auteur d'un dol, par commission ou par omission: de toute façon, la nullité sera prononcée au moins si l'erreur de la victime a été déterminante; et bien justement, puisqu'en toute occurrence, il y a eu, suivant la formule de Saleilles, 'défaut de concordance entre la

volonté vraie, donc la volonté interne, et la volonté déclarée; il y a eu maldonne, et l'erreur, spontanée ou déterminée par le dol, ne doit pas faire compte; le contrat conclu sous son empire se trouve comme désaxé; il est en état d'équilibre instable, et il suffira de l'action en nullité, basée sur l'art. 1110 ou sur l'art. 1116, pour le faire tomber.

On voit combien important est le rôle joué, en pareille matière, par les mobiles et par le but; selon que l'acheteur se proposait d'atteindre tel ou tel objectif, la vente restera debout ou encourra l'annulation pour cause d'erreur ou de dol . . .

NOTES

1. The land was advertised as having the larger area. Was this a misrepresentation inducing the contract? Was it innocent or fraudulent? Was it a term of the contract?

2. C. civ. art. 1617 provides:

Si la vente d'un immeuble a été faite avec indication de la contenance, à raison de tant la mesure, le vendeur est obligé de délivrer à l'acquéreur, s'il l'exige, la quantité indiquée au contrat.

Et si la chose ne lui est pas possible, ou si l'acquéreur ne l'exige pas, le vendeur est obligé de souffrir une diminution proportionnelle du prix.

Would this remedy have been (*a*) available; (*b*) adequate?

3. Contrast the passage italicized with the following:

'And I agree that even if the vendor was aware that the purchaser thought that the article possessed that quality, and would not have entered into the contract unless he had so thought, still the purchaser is bound . . . there is no legal obligation on the vendor to inform the purchaser that he is under a mistake, not induced by the vendor.[14]

'I will take the proposition laid down by Sir Edward Fry . . . as a good exposition of the law. . . . "Mere silence as regards a material fact cannot be a ground for rescission." '[15]

'The other cases to which we were referred relate to a duty to disclose all material facts on formation of a contract, and form exceptions to the general rule, which does not impose such a duty. . . . In the present case, there being no obligation to disclose, the appellants, if they had had their misconduct in mind, would have been entitled to say nothing about it and the respondents . . . would have been bound by the contracts, even though, if they had known, they would not have entered into the

[14] *Smith* v. *Hughes* (1871) L.R. 6 Q.B. 597 per Blackburn J. at 607.
[15] *Turner* v. *Green* [1895] 2 Ch.D. 205 per Chitty J. at 208.

contracts. . . . *I have difficulty in seeing how the fact that the appellants did
not remember at the time is to put the respondents in a better position.*[16]
In English law a party who does not make a mistake is generally under
no duty to disclose, and the contract stands; so if he does make a mistake
he can hardly be worse off legally when he is in a better position morally.
Is this the French law?

Cass. civ. 29.11.1968
(Berthon *c.* Vanden-Borre et Scté. Caliqua)
Gaz. Pal. 1969 II 63

LA COUR; — Sur le 1<sup>er</sup> moyen pris en ses diverses branches:
Attendu qu'il est fait grief à l'arrêt confirmatif attaqué d'avoir
décidé que le contrat de location d'une villa sur la Côte d'Azur
pour le mois de juillet, souscrit par Vanden-Borre et Berthon, ce
dernier propriétaire de cette habitation, était entaché d'un vice de
consentement, provenant d'une erreur du locataire, susceptible
d'entraîner la nullité de la convention et de nature à justifier la
restitution de l'acompte versé sur le prix de la location, ainsi que
l'allocation de dommages-intérêts, au motif que le propriétaire ou
son mandataire avait donné au preneur une représentation
inexacte de la vérité, l'induisant en erreur et ne lui permettant pas
d'apprécier souverainement les qualités substantielles de la chose
louée, sans lesquelles il n'aurait pas contracté, alors que l'erreur
sur l'objet du contrat, pour vicier le consentement, doit porter non
sur la qualité accidentelle de la chose mais sur son utilité normale,
que la cour d'appel n'a pas répondu aux conclusions de Berthon
qui faisaient valoir que le prix élevé de la location était justifié par
son emplacement au bord de la mer avec un petit port privé; que
l'erreur sur la valeur n'est pas une erreur sur la substance
entraînant à ce titre la nullité de la convention, et, enfin, que les
motifs vagues de l'arrêt relèvent un dol sans caractériser les
manœuvres pratiquées;
Mais, attendu que l'arrêt attaqué énonce que la location
consentie pour le seul mois de juillet 1964, au prix de 6 000 F,
charges en sus 'pouvait laisser présumer à Vanden-Borre qu'elle
présentait un standing en rapport, étant donné, surtout, que
l'agence, mandataire de Berthon, lui avait spécifié qu'il s'agissait

---

[16] *Bell* v. *Lever Bros.* [1932] A.C. 161 per Lord Thankerton at 231, 232, 235;
italics added.

d'une villa équipée confortablement que, cependant, l'aspect tant
intérieur qu'extérieur de cette villa donnait incontestablement
l'impression d'un manque général d'entretien; que la literie, les
portes et les murs se trouvaient dans un état de saleté manifeste;
que le mobilier meublant était notoirement insuffisant et qu'un
important chantier de construction entrepris au voisinage immédiat de la villa, par la Soc. Caliqua, était de nature à troubler le
repos et l'indépendance de l'occupant; qu'en l'état de ces
constatations, appréciant souverainement les qualités qui doivent,
dans un contrat, être considérées comme substantielles, la cour
d'appel qui a répondu implicitement mais nécessairement aux
conclusions de Berthon en spécifiant que le prix élevé de la
location laissait présumer un standing en rapport et qui n'a retenu
que l'erreur sur les qualites substantielles de la chose louée dont le
prix constituait un des éléments révélateurs, a estimé que le
contrat vicié par l'erreur, et non par le dol, ainsi que le prétend le
pourvoi, devait être annulé; qu'ainsi le moyen ne peut être retenu;
   Sur le 2ᵉ moyen:
   Attendu qu'il est encore reproché à l'arrêt attaqué d'avoir
condamné Berthon à verser des dommages-intérêts à Vanden-
Borre en réparation du préjudice que ce dernier aurait subi du fait
de la dissimulation, par le propriétaire, de l'état réel de la villa,
que le locataire ne connaissait pas, ainsi que de l'existence d'un
chantier de construction voisin, alors qu'aucun lien de causalité
n'existait entre la prétendue faute de Berthon et le dommage subi
par Vanden-Borre qui aurait agi avec une légèreté blamable en
s'abstenant de venir visiter les lieux;
   Mais attendu que les juges du fond ont constaté que Berthon et
son mandataire, qui ne pouvaient ignorer le mauvais état de la
villa, non plus que l'existence du chantier voisin de construction,
et se sont bien gardés de les signaler à Vanden-Borre, lui ont
donné une représentation inexacte de la vérité et l'ont ainsi induit
en erreur; que, prononçant, en conséquence, pour vice du
consentement, l'annulation de la location aux torts et griefs de
Berthon, la cour d'appel a, à bon droit, estimé qu'il existait un lien
de causalité entre le préjudice subi par Vanden-Borre, du fait de
cette annulation, et les fautes ainsi relevées à l'encontre du
bailleur; d'où il suit que le 2ᵉ moyen n'est pas fonde; . . .
   Par ces motifs, — Rejette.
   NOTE: — S'il visait incidemment l'art. 1116, C. civ., l'arrêt

frappé de pourvoi . . . n'en était pas moins essentiellement fondé sur la constatation d'une erreur ayant porté sur les qualités substantielles de la chose louée, qui suffisait à justifier l'annulation du contrat en vertu de l'art. 1110, indépendamment du point de savoir si l'altération de la vérité reprochée au propriétaire de la villa et à l'agence mandatée par lui pouvait être considérée comme constitutive d'un dol

. . .

Bien qu'il attribue un caractère souverain à l'appréciation, par les juges du fond, des qualités qui doivent, dans un contrat, être considérees comme substantielles, l'intérèt de l'arrêt rapporté dépasse le cas d'espèce en ce qu'il admet que le prix demandé pour la location a pu être envisagé comme l'un des éléments à retenir pour cette appréciation. Le pourvoi avait fait valoir que cela revenait à admettre, comme cause d'annulation, une simple erreur sur la valeur mais en réalité, le prix n'avait été retenu, en l'espèce, que pour caractériser objectivement le confort qu'un locataire éventuel pouvait légitimement s'attendre à trouver eu égard à son chiffre élevé. Il est, en effet, certain que dans l'opinion commune, à laquelle il y a lieu en principe de se référer pour déterminer les qualités qui, dans une chose, sont normalement 'substantielles' . . . un prix tel que celui demandé en l'espèce implique un standing très élevé. Or le constat effectué établissait que la villa était mal entretenue, meublée très sommairement et de surcroît bruyante.

Le pourvoi contestait également l'allocation de dommages-intérêts mais dès l'instant qu'il était établi que le demandeur en annulation avait été trompé par la faute de son cocontractant, ce dernier devait réparation du préjudice causé. Réciproquement, la partie qui a obtenu l'annulation peut être condamnée à réparer le préjudice causé à l'autre partie, lorsqu'elle s'est trompée par sa propre faute.

### *The Poussin story*[17]

The Saint-Arroman family owned a painting and were advised that it was the work of a minor school and worth little. At an art auction in 1968 they sold it to a dealer for F 2,200. The national

[17] For references to the full litigation, see J.-P. Couturier, 'La résistible ascension du doute', D.S. 1989 Chron. 23.

museums exercised their legal right of pre-emption and the Louvre soon exhibited it as a work of the master, Nicholas Poussin. The family then sued the original purchaser to have the sale set aside for mistake, and succeeded at first instance.

That was in 1972; the litigation continued for the next fifteen years. The Paris Court of Appeal reversed the original judgment only to have its own decision quashed. The case was remitted to the Amiens Court of Appeal, which also found against the sellers and also saw its decision quashed. In 1987 the Versailles Court of Appeal upheld the decision of the first-instance court of 1972, and annulled the sale. The Louvre returned the picture and Mme Saint-Arroman (by now a widow) paid back the F 2,200. On 14 December 1988 she once again sold the painting by auction. It was bought by a Swiss gallery for F 7,400,000.

The passages below are extracts from the last two stages in the litigation.

Cass. civ. 13.12.1983

(Epoux St Arroman *c*. Réunion des Musées nationaux et autres)

J.C.P. 1984 II 20186

From the conclusions of M. Gulphe, Avocat-Général:

Vous êtes appelés à vous prononcer sur l'arrêt de la Cour d'appel d'Amiens rendu le 1er février 1982, dans l'affaire fameuse dite du 'Poussin', sur renvoi après cassation par votre arrêt du 22 février 1978.

Les élements de fait de cette affaire de tableau sont trop connus car pour reprendre la boutade rapportée par le Professeur Malinvaud 'il aurait fait couler plus d'encre que de peinture' (D. 77, 478).

On se bornera à les rappeler brièvement.

Le époux Saint-Arroman ont décidé de vendre un tableau appartenant à leur famille depuis de nombreuses générations et représentant 2 personnages de l'Antiquité Olympos et Marsyas.

Ils s'adressent aux commissaires-priseurs bien connus les frères Rheims et Laurin qui le font expertiser par M. Lebel, lequel conclut que l'œuvre était une toile de l'Ecole des Carrache valant 1 500 francs.

La vente est réalisée à l'Hôtel Drouot au profit du marchand François Heim pour le prix de 2 200 francs en février 1968 mais, séance tenante, la Réunion des musées nationaux exerce son droit de préemption.

Dans les semaines qui suivent, divers articles de presse, notamment dans la revue Connaissance des Arts, présentent ce tableau comme une œuvre de Poussin, heureusement découverte par le Musée du Louvre. La toile y est exposée en 1969 et dans la revue du Louvre et des Musées de France, M. Rosenberg, conservateur, confirmait cette attribution à Poussin énonçant les raisons de celle-ci et l'avis unanime des experts sur cette paternité.

Les époux Saint-Arroman, ayant acquis la conviction qu'ils étaient victimes d'une erreur, ont assigné en nullité de la vente pour erreur sur la substance et subsidiairement les commissaires-priseurs en paiement de dommages-intérêts en tant que solidairement responsables des indications portées au catalogue.

Ils obtiennent satisfaction devant le Tribunal de grande instance de Paris qui, par jugement du 13 décembre 1972 prononce la nullité de la vente au motif qu'il n'y avait pas eu accord des contractants sur la chose vendue, les vendeurs croyant céder un tableau de l'Ecole des Carrache tandis que le préempteur estimait avoir acquis une œuvre de Poussin de telle sorte que l'erreur des premiers parfaitement connue du second, avait vicié leur consentement (D. 1973, 410, note J. Ghestin et Ph. Malinvaud).

Cette décision est remarquable dans la mesure où, sur le plan juridique, elle faisait application de l'art. 1110 en faveur d'un vendeur, alors qu'en matière d'œuvres d'art ce texte jusqu'alors avait permis d'assurer la protection d'acheteurs qui, persuadés d'acquérir un original, avaient payé au prix fort une pièce dépourvue d'authenticité.

Peu après une autre instance de même nature est venu confirmer cette jurisprudence. Elle mérite que l'on fasse une parenthèse afin de mieux cerner les contours de l'affaire du Poussin.

Il s'agit de la vente du tableau, intitulé 'Le verrou' par un particulier, pour 55 000 francs au même marchand de tableaux, M. Heim.

Le vendeur avait été débouté de son action en nullité pour erreur bien que par la suite il ait été revendu par l'acquéreur pour 5 150 000 francs après qu'il ait été identifié comme une œuvre de Fragonard puis préempté par le Louvre. Le Tribunal de grande

instance de Paris, dans un jugement du 21 janvier 1976, a estimé
en effet que les volontés des parties s'étaient rejointes sur le
terrain de l'incertitude: le tableau ayant été, lors de la vente,
présenté comme attribué à Fragonard ce qui impliquait un doute
sur l'authenticité de l'œuvre chez le vendeur, lequel, par ailleurs,
ne rapportait pas la preuve que l'acquéreur ait eu de son côte la
certitude d'acquérir un authentique Fragonard. De telle sorte
qu'en bref le tribunal a pu estimer qu'il s'agissait d'un contrat
aléatoire (D. 1977, 478, note Malinvaud).

L'indication de ce jugement est intéressante dans la mesure où,
le mois suivant, la Cour d'appel de Paris statuant en appel du
jugement sur le Poussin par arrêt infirmatif du 2 février 1976, s'est
ralliée à cette manière de voir en déclarant qu'il n'était pas prouvé
que le tableau litigieux fut de la main de ce peintre et qu'ainsi
l'erreur alléguée n'était pas établie (D. 1976, 325, conclusions
Cabannes; J.C.P. 1976, II, 18358, note Lindon).

Il faut dire que la presse spécialisée avait entre-temps exprimé
de très sérieuses réserves sur l'authenticité du tableau et même sur
ses possibilités de restauration (cf. notamment Germain Bazin:
*Gazette des Beaux Arts*, 1974) et la lettre de Mme Wild, spécialiste
de Poussin, particulièrement nette sur l'absence d'authenticité.

Sur pourvoi des époux Saint-Arroman et au rapport du
Conseiller Ancel, vous avez cassé cet arrêt pour défaut de base
légale en relevant que la Cour n'avait pas recherché, comme elle
aurait dû le faire, si, au moment de la vente, le consentement des
vendeurs n'avait pas été vicié par leur conviction erronée que le
tableau ne pouvait pas être une œuvre de Nicholas Poussin (Cass.
civ. 1$^{re}$, 22 février 1978: *Bull. civ. I*, n° 74, p. 62; D. 1978, p. 601,
note Ph. Malinvaud).

L'affaire a été renvoyée devant la Cour d'appel d'Amiens qui,
par arrêt du 1$^{er}$ février 1982, sur conclusions du Substitut général
Houpert (J.C.P. 1982, II, 19916, note J.-M. Trigeaud; *Defrénois*
1982, art. 32885, note J. Chatelain) a refusé de prononcer la nullité
de la vente litigieuse, infirmant ainsi pour la seconde fois la
décision des premiers juges, au motif que lors de la vente
l'attribution à Poussin de la toile litigieuse était douteuse.

Plus précisément, la Cour d'appel a relevé que la croyance des
époux Saint-Arroman à la possession d'un Poussin était fondée
exclusivement sur une simple tradition familiale et qu'après
l'expertise Lebel ils avaient un doute sérieux sur la possibilité de

l'attribution de leur tableau à Poussin, qu'avait confirmé la mention sur le catalogue portée par les commissaires-priseurs.

Toutefois, la Cour d'appel affirme de façon catégorique que ceux-ci ont bien eu, au moment de la vente, la conviction sinon personnelle du moins par l'intermédiaire de leurs mandataires, les commissaires-priseurs, que le tableau litigieux ne pouvait pas être une œuvre de Nicholas Poussin (p. 7, al. 3).

Ils se trouvaient ainsi dans une situation totalement différente de celle du vendeur du 'Verrou' qui, on l'a vu, du seul fait que la toile était 'attribuée' à Fragonard n'avait aucune certitude sur l'authenticité de l'œuvre. Dans la présente espèce, au contraire, les vendeurs qui avaient mis aux enchères une toile de l'Ecole des Carrache étaient certains de ne pas vendre un Poussin.

Cette précision mérite d'être mentionnée et justifie l'ouverture d'une parenthèse. En effet, on s'accorde en général, en matière d'œuvres d'art pour considérer, que leur qualité substantielle au regard de l'art. 1110 est présumée être l'authenticité (cf. J. *Chatelain, Objets d'art et objets de collection en droit français*, 1982, p. 202).

Cette fois, la cause déterminante de la vente du tableau litigieux, la qualité substantielle, en ce qui concerne le vendeur, avait un caractère négatif. La nullité pour erreur était demandée parce que le Poussin avait été vendu par son propriétaire, animé de la certitude qu'il ne s'agissait pas d'une œuvre de ce peintre.

C'est une situation nouvelle, qui doit être soulignée, car jusqu'alors la qualité substantielle, dans ce genre de ventes, était au contraire l'authenticité. La victime de l'erreur prétendait avoir été trompée en découvrant que son acquisition ne portait pas sur un original.

Quoi qu'il en soit, la Cour d'Amiens après avoir décidé, que les époux Saint-Arroman avaient eu, au moment de la vente, la conviction que le tableau litigieux n'était pas de Poussin, s'est attachée à rechercher si, au même moment, cette conviction pouvait être erronée et justifier l'application de l'art. 1110.

Elle a conclu à la négative pour les considérations suivantes:
— d'une part, l'affectation du tableau au Louvre (20 mars 1968) comme œuvre de Poussin, son exposition sous ce nom ou l'article du conservateur M, Rosenberg (1969) sont postérieurs à l'adjudication, ils n'impliquent et ne contiennent en fait aucun élément d'appréciation de l'origine de l'œuvre qui eut été susceptible

d'influer sur le consentement des vendeurs s'il avait été connu d'eux ou de leurs mandataires dès ce moment,
—d'autre part, les références données par M. Rosenberg, notamment à un catalogue établi en 1844, n'étaient pas de nature à conférer un caractère de certitude à son opinion fondée essentiellement sur sa propre impression et à l'avis, à sa connaissance unanime (à l'époque) des érudits,
—enfin, qu'il importait peu que la Réunion des musées nationaux ait maintenu—ou par la suite corrigé—son opinion sur l'attribution du tableau à Poussin, l'erreur devant être appréciée au jour de la vente.

La Cour d'appel en a déduit que les premiers juges avaient à tort retenu qu'il n'y avait pas eu accord des contractants sur la chose vendue en considération de la croyance de la Réunion des musées nationaux d'acquérir une œuvre de Poussin et non de l'Ecole des Carrache.

Le mémoire ampliatif fait grief à l'arrêt attaqué d'avoir violé l'art. 1110 en déduisant de ce texte l'interdiction pour les époux Saint-Arroman de faire la preuve du caractère erroné de leur conviction au moment de la vente, qu'il ne s'agissait pas d'un Poussin par des éléments survenus après cette vente et révélant cette erreur.

Avant de se prononcer sur les mérites de ce moyen; on observera que l'arrêt d'Amiens se rattache au courant doctrinal suivant lequel un vendeur ne pouvait faire annuler une vente à raison de l'erreur qu'il a commise, hormis le cas de dol de l'acquéreur (cf. M. Malaurie, Droit civil, 1982–83, p. 307 et s.).

Cette opinion repose sur les idées suivantes:
—l'inopportunité d'une telle annulation sur le plan de la sécurité du commerce, au regard de l'acheteur dont l'acquisition pourrait être remise en cause si des qualités cachées de l'objet vendu étaient découvertes,
—l'erreur sur la substance porterait, dans un contrat synallagmatique comme la vente, sur la prestation de l'autre de telle sorte que les époux Saint-Arroman, décidés à vendre leur tableau, ne pouvaient se plaindre que d'une erreur sur la valeur, erreur indifférente, la lésion ne jouant que dans les ventes d'immeubles,
—l'exclusion de l'erreur par l'existence d'un doute 'In dubio, semper error nocet erranti' à moins que la certitude de l'authenticité ait été une condition essentielle de l'achat (cf. Cass. civ. 1re,

26 février 1980: *Bull. civ. I*, n° 66, p. 54, rapport Jouhaud, concl. Gulphe) sinon le contrat est aléatoire ce qui excluerait la nullité. Cette opinion est au demeurant très discutable. L'argument tiré de l'inopportunité, peut être concevable s'agissant de l'acheteur. Il se heurte à des considérations de moralité lorsqu'il s'agit comme en l'espèce d'une opération désastreuse pour le vendeur. D'autre part, l'erreur sur les qualités convenues se situe en dehors du cadre des vices du consentement et plus exactement dans le domaine de l'inexécution des contrats.

D'une façon plus générale, il apparaît bien que l'erreur ne se conçoit que s'il y a ambiguité et 'qu'elle suppose un certain flou dans la définition contractuelle de l'objet' (cf. Ph. Malinvaud, *De l'erreur sur la substance*: D. 1972, chr. 217, n⁰ 11).

En l'occurrence, si l'on rapproche les circonstances de l'espèce avec celles du Fragonard, on constate que le tribunal était fondé pour ce dernier à considérer que les deux parties s'étaient rencontrées dans le doute, l'authenticité de l'œuvre n'ayant été établie que 6 ans plus tard alors que pour l'autre, il est difficile de ne pas considérer que la Réunion des musées nationaux savait qu'elle préemptait un Poussin dès lors qu'elle s'est empressée dès le mois suivant de l'affecter comme tel (arrêté du 20 mars 1968) au Musée du Louvre.

Dans ces conditions, la Cour d'Amiens ne pouvait pas, me semble-t-il, décider que les premiers juges avaient, à tort, retenu qu'il n'y avait pas eu accord des contractants sur la chose vendue en considération de la croyance de la Réunion des musées nationaux d'acquérir une œuvre de Poussin et non de l'Ecole des Carrache, alors que plus haut, elle avait relevé que les époux Saint-Arroman avaient la certitude contraire.

En réalité, il est permis de considérer que la Cour d'Amiens a écarté l'annulation de la vente en dépit de la certitude subjective chez les vendeurs de l'absence d'authenticité de la toile qu'elle avait constatée sans équivoque. Pour ce faire, elle a estimé que le caractère erroné de cette certitude ne pouvait pas être établi par des éléments d'appréciation immédiatement postérieurs à la vente, alors que, par ailleurs, elle relevait le caractère douteux de l'authenticité, envisagée sous son aspect objectif, en se fondant sur des éléments d'appréciations de beaucoup postérieurs aux précédents.

Cette position est difficilement conciliable avec l'art. 1304 al. 2

du Code civil qui fait courir la prescription de la découverte de l'erreur. On ne peut exclure dès lors l'admissibilité de preuves postérieures à la conclusion du contrat, dès lors qu'elles établissent la réalité de l'erreur commise à ce moment-là.

C'est la raison pour laquelle, j'estime que le moyen présenté mérite d'être accueilli et, par voie de conséquence, qu'il y a lieu d'affirmer que les vendeurs pouvaient prouver l'existence d'une erreur dans les conditions où ils l'ont fait.

En conséquence, j'ai l'honneur de conclure à la cassation pour violation de l'art. 1110 du Code civil.

ARRET

LA COUR; — Sur le moyen unique: Vu l'art. 1110 du Code civil; — Attendu que les époux Saint-Arroman ont fait vendre aux enchères publiques, par le ministère de MM. Maurice Rheims, Philippe Rheims et René Laurin, un tableau que leur tradition familiale donnait comme étant dû au pinceau de Nicolas Poussin mais qui venait d'être attribué à l'Ecole des Carrache par l'expert Robert Lebel auquel les commissaires-priseurs s'étaient adressés, de telle sorte qu'il a été inscrit comme tel au catalogue de la vente avec l'assentiment de ses propriétaires et qu'il a été adjugé pour 2 200 F le 21 février 1968; que la Réunion de musées nationaux a exercé son droit de préemption, puis a exposé la tableau comme une œuvre originale de Nicolas Poussin; — Que, les époux Saint-Arroman ayant demandé la nullité de la vente pour erreur sur la qualité substantielle de la chose vendue, la Cour d'appel, statuant sur renvoi après cassation d'un précédent arrêt, a rejeté cette demande aux motifs que, si les époux Saint-Arroman 'ont bien eu, au moment de la vente, la conviction ( . . . ) que le tableau litigieux ne pouvait pas être une œuvre de Nicolas Poussin', ni l'affectation de ce tableau au Louvre comme étant de Poussin, par arrête du 20 mars 1968, ni l'article de M. Rosenberg dans la Revue du Louvre, paru en 1969, ni l'exposition de l'œuvre au Louvre sous le nom de Poussin 'n'impliquent et ne contiennent en fait aucun élément d'appréciation de l'origine de l'œuvre qui soit antérieur à la vente, ou concomitant, et susceptible comme tel d'influer sur le consentement des vendeurs s'il avait été connu d'eux ou de leurs mandataires dès ce moment'; que, de même, la Réunion des musées nationaux ayant fait observer pour sa défense qu'en définitive, et malgré son propre comportement après l'acquisition du tableau, il n'y a pas de certitude absolue sur l'origine de l'œuvre, la Cour d'appel a déclaré 'qu'il n'importe (. . . ) que la Réunion des musées nationaux ait maintenu—ou par la suite corrigé—son opinion sur l'attribution du tableau à Poussin, l'erreur devant être appréciée au jour de la vente';—Attendu qu'en statuant ainsi, et en déniant aux époux Saint-Arroman le droit de se servir d'élements d'appréciation postérieurs à la vente pour prouver l'existence d'une erreur de leur part au moment de la vente, la Cour d'appel a violé le texte susvisé;—Et attendu que la dépendance nécessaire existant entre la question de la validité de la vente et celle de la responsabilité des commissaires-priseurs et de l'expert entraîne par voie de conséquence, en appréciation de l'art. 624 du nouveau Code de procédure civile, la cassation de la disposition de l'arrêt attaqué concernant la responsabilité de ceux-ci;

Par ces motifs:—Casse et annule l'arrêt rendu, le 1$^{er}$ février 1982, entre les parties, par la Cour d'appel d'Amiens les renvoie devant la Cour d'appel de Versailles.

Versailles 7.1.1987
(Réunion des Musées nationaux *c.* Suzanne Prébois, veuve
Saint-Arroman)
Gaz. Pal. 1987 34

LA COUR;—Considérant qu'en matière de ventes publiques d'œuvres d'art sur catalogue contenant certification d'expert, l'attribution de l'œuvre constitue tant pour le vendeur que pour l'acheteur une qualité substantielle de la chose vendue; que la conviction du vendeur quant à cette attribution s'apprécie en fonction des indications mentionnées sur le catalogue de la vente où figure la définition qu'il donne des caractéristiques substantielles et de la nature véritable de l'objet qu'il aliène; qu'en l'espèce, le tableau vendu le 21 février 1968 était décrit dans le catalogue: 'Carrache (Ecole des), Bacchanale. Toile agrandie; haut. 1.03 m. larg. 0.87 m.'; que dans cette description qui fixe ainsi la nature de la chose, objet du contrat, ne figure aucune allusion à l'existence d'une possible attribution de l'œuvre à Nicholas Poussin, voire même à son école, à son style ou à sa manière, alors qu'il est pourtant d'usage, lorsqu'une incertitude subsiste sur la paternité d'une œuvre d'art, d'employer des formules telles que 'signé de . . . attribué à . . . école de . . . style . . . genre . . . manière . . . '; qu'en l'absence de telles mentions, la seule indication 'Ecole des Carrache' à laquelle il n'est pas contesté que Nicolas Poussin n'a jamais appartenu, est exclusive d'une attribution à ce dernier et ne laisse subsister aucun aléa; qu'ainsi la preuve est administrée que les vendeurs, lorsqu'ils ont contracté, avaient la conviction que le tableau n'était pas de Nicolas Poussin et l'unique certitude qu'il devait être attribué à l'Ecole des Carrache:

Considérant qu'il importe peu que les époux Saint-Arroman aient reconnu dans leurs écritures qu'une tradition familiale ancienne attribuait l'œuvre litigieuse à Nicolas Poussin, dès lors que, d'une part, seule leur conviction au moment de la vente doit être prise en considération; que d'autre part, il ne peut être imputé à faute aux profanes qu'ils étaient de s'être rangés à l'opinion péremptoire émise par M. Lebel, expert réputé, et entérinée par Me Rheims, commissaire-priseur de grand renom, et de s'être laissés convaincre que leur tradition familiale était erronée et que l'œuvre ne pouvait être de Nicolas Poussin;

Considérant que l'affirmation du commissaire-priseur et de l'expert selon laquelle les époux Saint-Arroman leur auraient tu cette tradition familiale ne saurait être tenue pour vraie comme prouvée; qu'émanant de parties intéressées à la solution du litige, elle est purement gratuite et n'est étayée par aucun élément, que de plus, il est sans vraisemblance que les époux Saint-Arroman, vendeurs au meilleur prix de leur tableau n'aient pas fait connaître à leurs mandataires l'attribution qu'en faisait leur tradition familiale comme il est tout à fait improbable que les professionnels avisés qu'étaient ceux-ci ne les aient pas interrogés sur la connaissance qu'ils pouvaient avoir de l'auteur de l'œuvre qu'ils leur présentaient à la vente; que le moyen tiré de la faute inexcusable commise par les époux Saint-Arroman pour n'avoir pas révélé à Me Rheims et M. Lebel ce qu'ils savaient de l'auteur de leur tableau manque en fait;

Considérant que si l'incertitude demeure sur l'authenticité de l'attribution du tableau au peintre Nicholas Poussin, en l'état d'avis aussi péremptoires que contradictoires d'experts éminents, et si la Cour, en l'absence de preuves décisives, ne peut trancher sur ce point, ce partage des experts ne saurait cependant conduire à admettre, comme le soutient le ministre de la Culture, que l'erreur des époux Saint-Arroman ne serait pas admissible comme portant sur l'opinion que certains font de l'attribution et non point sur l'attribution elle-même; qu'en effet, ce partage, en ne permettant pas, précisément, d'exclure que l'œuvre soit 'un authentique Poussin', justifie la prétention de Mme Saint-Arroman excipant de l'erreur ayant consisté pour elle et son mari à vendre le tableau dans la conviction erronée qu'il ne pouvait absolument pas s'agir d'une œuvre de ce peintre, d'autant que dans le même temps, selon ce que révèlent les éléments de la cause, la Réunion des Musées nationaux, lorsqu'elle a exercé son droit de préemption sur l'œuvre, avait, sinon la certitude qu'il s'agissait d'un tableau de Nicolas Poussin, du moins la conviction que son origine était différente de celle mentionnée au catalogue; qu'on ne s'expliquerait pas, s'il en avait été autrement pourquoi elle avait, selon ses propres écritures, été autorisée à préempter dans la limite de 40 000 F somme de plus de 25 fois supérieure à l'estimation de 1 500 F faite par l'expert M. Lebel: qu'en outre, 15 jours après la vente un article de Jacques Thuillier, spécialiste de Poussin, présentait le tableau comme une œuvre de Poussin découverte par la jeune équipe de la Conservation du Louvre, opinion que la Réunion des Musées nationaux avait partagée en première instance puis abandonnée en cause d'àppel pour les besoins de sa propre cause;

Considérant que, vainement, pour s'opposer à l'action de Mme Saint-Arroman, le ministre de la Culture objecte que l'erreur invoquée par celle-ci serait en fait une erreur sur la valeur et qu'elle ne saurait dès lors entraîner la nullité de la vente, la lésion n'étant pas une cause de rescision en matière de vente mobilière; qu'il convient, en effet, de distinguer entre l'erreur monétaire, qui procèdure d'une appréciation économique erronée effectuée à partir de données exactes, et l'erreur sur la valeur qualitative de la chose, qui n'est, comme en l'espèce, que la conséquence d'une erreur sur une qualité substantielle, l'erreur devant en ce cas être retenue en tant qu'erreur sur la substance;

Considérant que sans qu'il soit nécessaire de suivre autrement les parties dans le détail de leur argumentation, il convient de retenir que les époux Saint-Arroman, en croyant qu'ils vendaient une toile de l'Ecole des Carrache, de médiocre notoriété, soit dans la conviction erronée qu'il ne pouvait s'agir d'une œuvre de

Nicolas Poussin, alors qu'il n'est pas exclu qu'elle ait pour auteur
ce peintre, ont fait une erreur portant sur la qualité substantielle
de la chose aliénée et déterminante de leur consentement qu'ils
n'auraient pas donné s'ils avaient connu la réalité; qu'il y a lieu en
conséquence, de confirmer le jugement entrepris en ce qu'il a
prononcé la nullité de la vente du 21 février 1968 sur le fondement
de l'art. 1110 C. civ. et, y ajoutant, d'ordonner la restitution du
tableau à Mme Saint-Arroman et de donner acte à celle-ci de son
engagement de restituer le prix perçu soit la somme de 2 200 F;

Considérant qu'en raison de son caractère subsidiaire, il n'y a
point lieu de statuer sur la demande de Mme Saint-Arroman
dirigée contre MM. Rheims et Laurin et les héritiers Lebel;

Par ces motifs, vu l'arrêt de la Cour de cassation du 13 décembre
1983; statuant publiquement en audience solennelle et contra-
dictoirement, — Confirme en toutes ses dispositions le jugement
entrepris; y ajoutant, en étend les effets au ministre de la Culture,
ordonne la restitution du tableau litigieux à Mme Saint-Arroman;
donne acte à Mme Saint-Arroman de son engagement de restituer
le prix de vente perçu, soit la somme de 2 200 F; dit n'y avoir lieu
de statuer sur la demande subsidiaire dirigée par Mme Saint-
Arroman à l'encontre de MM. Rheims et Laurin et des héritiers de
M. Lebel;

Condamne la Réunion des Musées nationaux et le ministre de la
Culture aux dépens d'appel exposés tant devant les Cours d'appel
de Paris et d'Amiens que devant la Cour d'appel de Versailles, en
ce compris les frais des arrêts cassés, à l'exclusion toutefois des
dépens afférents à l'action dirigée contre MM. Rheims et Laurin et
les héritiers Lebel lesquels resteront à la charge de Mme Saint-
Arroman.

## 2. *Dol*

### Code Civil

1116. Le dol est une cause de nullité de la convention lorsque les
manœuvres pratiquées par l'une des parties sont telles, qu'il est
évident que, sans ces manœuvres, l'autre partie n'aurait pas
contracte.

Il ne se présume pas, et doit être prouvé.

Cass. civ. 30.5.1927
(Hillairet *c.* Dme Bouvier)
S. 1928.1.105, note A. Breton     Gaz. Pal. 1927.2.338

LA COUR; — Sur le premier moyen: — Vu l'art. 1116, C. civ., lequel est ainsi conçu: 'Le dol est une cause de nullité de la convention lorsque les manœuvres pratiquées par l'une des parties sont telles, qu'il est évident que, sans ces manœuvres, l'autre partie n'aurait pas contracté',

Attendu que, si les juges du fond sont souverains pour apprécier la pertinence et la gravité des faits allégués comme constitutifs du dol et, en particulier, pour dire s'ils ont été la cause déterminante du contrat, il appartient à la Cour de cassation d'exercer son contrôle sur le caractère légal de ces faits, c'est-à-dire sur la question de savoir si les moyens employés par l'une des parties doivent ou non être qualifiés de manœuvres illicites; —

Attendu que, par acte notarié du 24 avril 1923, la dame Bouvier, femme divorcée de Hillairet, a cédé à celui-ci, au prix de 55 000 fr. et moyennant divers avantages qui élèvent la valeur totale de la cession à 74 500 fr., tous ses droits dans la communauté ayant existé entre eux, et notamment sa part de propriété sur divers immeubles sis à Hanoi; que, le 27 juin 1923, Hillairet a vendu ces immeubles pour la somme de 36 000 piastres, soit 298 800 fr. au cours du change à cette date; —

Attendu que, sur l'action de la dame Bouvier, l'arrêt attaqué a prononcé, pour cause de dol, l'annulation du contrat; qu'il déclare que Hillairet savait qu'il lui serait facile de revendre les immeubles à un prix inférieur à leur valeur réelle, mais en réalisant un profit considérable par suite de la prime dont bénéficiait la piastre; qu'en dissimulant, non pas, il est vrai, le cours de cette monnaie qui était connu de tous, mais l'imminence de la vente qu'il préparait en secret, il a déterminé le consentement de la dame Bouvier à une opération qu'elle aurait jugée désavantageuse si elle avait connu la véritable situation; que l'arrêt en déduit qu'une réticence aussi grave constitue une manœuvre suffisante pour faire annuler le contrat; —

Mais attendu que le seul fait de n'avoir pas fait connaître à la dame Bouvier qu'il se proposait de revendre les immeubles, qu'il était même en pourparlers avec des acheteurs éventuels, et qu'il espérait, à raison du change, tirer un bénéfice de cette opération, ne suffit pas, sans autre circonstance, à établir à la charge de Hillairet une manœuvre illicite, constitutive de dol; —

D'où il suit que l'arrêt attaqué n'a pas légalement justifié sa décision, et a violé, par voie de conséquence, le texte susvisé; —

Sans qu'il y ait lieu de statuer sur le second moyen; — Casse . . .

## From the note

Le fait même de la cassation suffit à rendre cette décision remarquable. C'est chose tout à fait exceptionnelle que le succès d'un pourvoi fondé sur une violation ou fausse application de l'art. 1116, en tant que ce texte détermine la notion du dol . . .

L'une des parties avait gardé le silence sur un fait ignoré de sa contre-partie et tel que celle-ci n'eût pas contracté, si elle l'avait connu. Il y avait donc réticence. Mais pourquoi la Cour suprême a-t-elle cassé?

Est-ce parce qu'il lui semblait qu'en l'hypothèse la réticence n'était pas illicite? Si ce point de vue est exact, la Cour suprême n'a fait qu'user d'un droit de contrôle que nous lui reconnaissons et sur l'exercice duquel nous n'insisterons pas.

Mais nous croyons qu'une autre interprétation du motif . . . a bien plus de chances de correspondre à la pensée de ceux qui l'ont rédigée: la Cour de cassation a entendu proclamer qu'une simple réticence ne peut être, à elle seule, une manœuvre illicite constitutive de dol.

Examinons donc, comme étant celle de la Cour de cassation, l'opinion qui refuse de voir dans la réticence un fait suffisant à lui seul à constituer le dol . . .

Pour le faire en connaissance de cause, envisageons successivement les éléments constitutifs du dol et recherchons si, dans le cas de la réticence, chacun d'eux peut se trouver réalisé.

Constituant l'un des moyens techniques qui servent à sanctionner le vice psychologique d'erreur dans la mesure où le permettent les nécessités du commerce juridique, le dol suppose, de l'aveu unanime, la réunion de trois éléments:

(1) Une volonté a été déterminée par une erreur à la passation d'un acte juridique;

(2) Cette erreur a été provoquée intentionnellement par les

manœuvres d'un individu; si l'acte critiqué est une convention, cet individu doit être nécessairement l'une des parties; (3) Les manœuvres auxquelles cet individu a eu recours pour provoquer l'erreur, sont des manœuvres illicites ou immorales.

La réalisation de l'une quelconque de ces conditions est-elle incompatible avec l'existence d'une réticence?

Il n'en est certainement pas ainsi de la première d'entre elles, qui ne fait que constater la nécessité du vice psychologique d'erreur. La seule personne envisagée est la prétendue victime du dol; l'attitude de l'auteur prétendu n'est pas encore en question.

En ce qui touche le troisième élément du dol, il est pareillement certain qu'il ne peut fournir la justification de la thèse de la Cour suprême.

Il la fournirait s'il était vrai que seul un fait positif peut être illicite et que celui de garder le silence ne peut jamais avoir aucune couleur morale.

Mais cette proposition est inexacte. Il est fréquent, sans doute, qu'une abstention, telle qu'une réticence, soit un fait moralement indifférent. Il n'en est pas toujours ainsi. Comme le dit très justement M. Ripert 'ce qui est vrai, c'est que, dans la plupart des contrats, il y a opposition d'intérêts entre les contractants. Chacun est le gardien de ses propres intérêts et doit par conséquent se renseigner lui-même. Il n'y a donc rien de coupable à ne pas donner à l'autre partie des indications qu'elle aurait pu se procurer elle-même. Mais la solution change et la réticence devient coupable si l'une des parties a l'obligation de conscience de parler sous peine d'abuser de l'ignorance de l'autre.'[18]

La seule qui suppose une difficulté sérieuse est donc la seconde condition du dol: le dol suppose une erreur provoquée intentionnellement par les manœuvres d'un individu.

Pourquoi la réticence serait-elle insuffisante quant à cet élément du dol? Ce serait ou bien parce qu'une réticence est insusceptible de provoquer une erreur, ou bien parce qu'une réticence ne peut constituer une manœuvre. Examinons l'une et l'autre proposition.

On soutiendra sans peine qu'une réticence, c'est-à-dire une abstention, est insusceptible de provoquer une erreur. Un fait négatif ne saurait être la cause d'un événement quelconque. L'idée

---

[18] Ripert, La Règle morale dans les obligations civiles[4], L.G.D.J., 1949.

de cause est celle d'efficacité et ce qui n'existe pas, l'absence d'action, est nécessairement dépourvu de toute efficacité.

Il nous paraît que c'est abuser de l'abstraction. Le fait négatif n'existe jamais indépendamment de tout autre fait. L'abstention dont il s'agit n'est pas une abstraction: c'est l'abstention d'un individu qui se trouve dans certaines circonstances données. S'il ne s'était pas abstenu, les choses se fussent passées autrement qu'elles ne se sont passées. Cet individu le savait: n'en est-ce pas assez pour qu'on puisse parler de causalité, lorsque la conséquence n'est qu'un fait psychologique, la naissance d'une erreur dans l'esprit d'un individu? . . .

Faut-il alors décider que la réticence ne peut suffire à constituer une manœuvre et qu'à cause de cela, de droit commun, elle ne peut servir de base au dol? Tel est le dernier point qui nous reste à examiner.

Pour statuer sur ce point, il faut prendre parti sur ce qu'est la manœuvre dans la notion de dol. Le législateur a-t-il entendu, dans l'art. 1116, donner au terme 'manœuvre' un sens défini, a-t-il mentionné ce terme en vue d'exiger un fait positif d'une certaine gravité? Ne l'a-t-il pas employé, au contraire, à cause de la largeur et de l'imprécision de sa signification pour désigner tout moyen quelconque de déterminer une erreur dans l'esprit d'une personne? Ce qui compterait alors ici, ce seraient l'intention dolosive et l'excitation de l'erreur, et non la nature du procédé de tromperie utilisé.

Nous croyons que cette seconde façon de voir est la seule exacte . . .

C'est done à tort que la Cour suprême a décidé que la simple réticence ne peut servir de base au dol: la réticence peut constituer à elle seule un dol, lorsqu'elle est immorale et intentionnelle et qu'elle a déterminé une personne à passer un acte juridique, en excitant une erreur dans l'esprit de cette personne.

NOTE

Both case-law and *doctrine* agree that the *Cour de cassation* can control the classification of *manœuvres* as illicit or not. Does the Code require the manœuvres to be illicit?

Cass. civ. 17.2.1874
(Walter *c.* Dubois)
S. 1874.1.248

Le 19 février 1869, le sieur Dubois a acheté une jument du sieur Walter, marchand de chevaux, au prix de 6 500 fr.

Le 6 avril suivant, il a assigné son vendeur en résiliation de la vente, prétendant que l'animal avait l'habitude de ruer et que ce vice lui avait été frauduleusement dissimulé.

Un jugement du tribunal civil de la Seine du 11 août 1871 a prononcé la nullité de la vente.

APPEL; mais, le 16 décembre 1872, arrêt de la Cour de Paris qui confirme dans les termes suivants: 'Considérant qu'il est établi au procès que la jument dont il s'agit avait un défaut nettement caractérisé et des instincts dangereux; —

Considérant que Walter ne pouvait pas l'ignorer, et ne l'ignorait pas; — Considérant qu'au lieu de révéler cet état de choses à Dubois, son acheteur, il l'a dissimulé avec soin; — Considérant qu'en pareil cas, la dissimulation constitue à elle seule un dol positif et direct qui vicie le contrat et doit en entraîner la nullité; — Adoptant, au surplus, les motifs des premiers juges, etc.'

Pourvoi en cassation par le sieur Walter.

Moyen unique. Violation des art. 1116, 1642, C. civ. et 1$^{er}$ de la loi du 20 mai 1838. — L'art. 1116, a-t-on dit, exige pour reconnaître le dol des manœuvres pratiquées par l'une des parties; il faut donc un fait actif; et la dissimulation, c'est-à-dire, une abstention pure et simple, ne saurait être considérée comme une manœuvre dolosive sans violation du texte de la loi aussi bien que de son esprit. L'acheteur a pu être dans l'erreur, mais cette erreur, n'étant pas le résultat d'un dol, ne pourrait entraîner la nullité du contrat, aux termes de l'art. 1110, C. civ., que si elle portait sur la substance de la chose; or, l'erreur de M. Dubois ne porte que sur les qualités de la chose.

LA COUR; — Sur le moyen unique du pourvoi: — Attendu que l'arrêt attaqué ne se borne pas à établir à la charge de Walter une simple réticence qui serait par elle-même insuffisante pour constituer un dol; — mais qu'appréciant les divers éléments et circonstances de la cause, il constate d'abord qu'il a vu dans les écuries à différentes reprises la jument vendue par lui à Dubois, que, l'ayant déjà vendue deux fois, il ne pouvait pas ignorer et n'ignorait pas, en effet, le vice dont elle était atteinte, qu'il qualifie enfin de manœuvres dolosives le fait par Walter d'avoir, dans ces circonstances, dissimulé avec soin à son acheteur l'existence de ce vice; — Qu'en prononçant, en conséquence, la nullité du marché pour cause de dol, ledit arrêt n'a point violé l'art. 1116, C. civ; — Rejette, etc.

NOTE

The *pourvoi* raises precisely the question whether silence can constitute dol. Does the *Cour de cassation* decide it?

Colmar 30.1.1970

(Lang *c.* Dame veuve Blum)

D.S. 1970.297, note Alfandari       Gaz. Pal. 1970.1.174

LA COUR; — Vu l'art. 1116, C. civ. . . . Attendu que le code n'a pas défini le dol, mais seulement ses effets; qu'il vise 'des manœuvres' sans spécifier leur consistance; que tous les agissements malhonnêtes tendant à surprendre une personne en vue de lui faire souscrire un engagement, qu'elle n'aurait pas pris si on n'avait pas usé de la sorte envers elle, peuvent être qualifiés de manœuvres dolosives; — Attendu que le droit romain 'tenait pour dol toute manœuvre malhonnête destinée à circonvenir une personne pour obtenir d'elle un consentement' (*Digeste* iv. 3, De dolo, 1. 2).

Attendu que Gaudemet qui cite ce texte (Théorie générale des obligations, p. 70) fait connaître implicitement que cette définition est encore valable; que, selon l'analyse que fait cet auteur de la jurisprudence, le critérium du dol est la malhonnêteté qui inspire les manœuvres et non la tromperie; qu'il en ressort que la personne victime d'un dol n'est pas nécessairement trompée, la notion de dol 'débordant l'erreur et la violence'; — Attendu que 'les juges tiennent compte, comme pour la violence, de la situation personnelle de chacune des parties' et spécialement de celle qui se prétend victime d'un dol (C. civil annoté de Fuzier-Hermann sous l'art. 1116, n° 17); que l'incapacité de cette personne à défendre ses intérêts en raison de son âge doit être considérée (ibid.); que le fait de 'chambrer' une personne âgée peut être regardé comme une manœuvre dolosive; que la longueur exceptionnelle de la discussion qui s'est déroulée avant la passation de l'acte est, s'il s'agit d'un acte simple, une circonstance à retenir parce qu'elle laisse supposer une résistance qui a fini par fléchir en raison de la lassitude; — Attendu que les manœuvres dolosives doivent être prouvées mais que le dol fait exception à toutes les règles sur la preuve: Cass. 21 février 1872 (S. 1872.1.367) et note magistrale du Premier Président Mimin sous Civ. 14 février 1938 (D.P. 1938.1.84).

Attendu que la preuve du dol peut être rapportée 'outre et contre les termes d'un écrit, s'agirait-il d'un acte authentique'; que si le dol doit être prouvé par celui qui l'invoque, cette preuve peut être faite par tous moyens, même par présomptions: Req. 21 oct. 1885, S. 1886.1.173; Demogue. *Traité des obligations*, t. 1$^{er}$, n$^{o}$ 372, nombreuses références.

Attendu qu'il ressort du dossier; que l'acte de donation a été passé dans les conditions les plus suspectes; que dame Blum avait été manifestement 'chambrée'; que la longueur des discussions, alors que l'acte était simple, trahit un grave conflit entre les parties; que l'heure tardive à laquelle l'acte fut passé, heure tout à fait inhabituelle, fait présumer que dame Blum a fini par céder par lassitude; que le refus de M$^{e}$ Maurer de passer l'acte souligne la nature suspecte de l'opération; que l'intervention *in extremis* d'un notaire résidant hors de Colmar et qui ignorait tout de l'affaire est également suspecte; — Attendu que des nombreuses offres de preuve présentées par les appelants, aucune n'est pertinente parce qu'elles se rapportent toutes aux démêlées survenus entre Claude Keller et Jacques Lang avant l'acte du 25 janvier ou à l'éviction dont Jacques Lang a été l'objet par la suite; que ces faits, seraient-ils prouvés, ne prévaudraient pas contre la preuve rapportée des manœuvres dolosives qui ont été employées, et qui justifient l'annulation de l'acte; qu'il y a donc lieu de rejeter l'appel en ce qui concerne la partie du jugement statuant sur la demande de veuve Blum; . . .

Par ces motifs, et ceux non contraires des premiers juges, la cour déclare l'appel régulier en la forme et recevable; au fond: le rejette; confirme purement et simplement le jugement querellé; condamne les appelants en tous les dépens de l'instance d'appel.

3. Violence

## Code Civil

1111. La violence exercée contre celui qui a contracté l'obligation est une cause de nullite, encore qu'elle ait été exercée par un tiers autre que celui au profit duquel la convention a été faite.

1112. Il y a violence, lorsqu'elle est de nature à faire impression sur une personne raisonnable, et qu'elle peut lui inspirer la crainte d'exposer sa personne ou sa fortune à un mal considérable et présent.
On a égard, en cette matière, à l'âge, au sexe et à la condition des personnes.

1113. La violence est une cause de nullité du contrat, non seulement lorsqu'elle a été exercée sur la partie contractante, mais encore lorsqu'elle l'a été sur son époux ou sur son épouse, sur ses descendants ou ses ascendants.

1114. La seule crainte révérentielle envers le père, la mère, ou autre ascendant, sans qu'il y ait eu de violence exercée, ne suffit point pour annuler le contrat.

1115. Un contrat ne peut plus être attaqué pour cause de violence, si, depuis que la violence a cessé, ce contrat a été approuvé, soit expressément, soit tacitement, soit en laissant passer le temps de la restitution fixé par la loi.

Cass. req. 27.4.1887
(Lebret *c.* Fleischer)
S. 1887.1.372      D.188.1.263

Le 22 septembre 1886, le sieur Fleischer, capitaine du vapeur Rolf, voyant son navire engagé dans les sables de la baie de Seine, et sur le point de se perdre avec sa cargaison, dut accepter le prix de 18 000 fr., auquel le capitaine d'un remorqueur fixait la valeur du sauvetage, et n'échappa à une perte totale qu'en promettant de lui payer cette somme en échange de ses services. Mais, poursuivi plus tard en payement de ce prix, Fleischer argua de la nullité de la convention viciée, selon lui, par le défaut de liberté de son consentement. Le 13 octobre 1886, le tribunal de commerce de

Rouen accueillit ce système et condamna Fleischer à payer à Lebret armateur, une somme de 4 190 fr. seulement pour indemnité de remorquage.

Sur l'appel du sieur Lebret, la cour de Rouen a, le 10 décembre 1886, confirmé ce jugement dans les termes suivants:

Attendu que, lorsqu'a été conclue la convention objet du procès, Fleischer, capitaine du Rolf, ne pouvait douter qu'à la marée suivante, son navire engagé dans les sables allait être, à moins d'un prompt secours, fatalement submergé et perdu, que son unique chance de salut était d'être renfloué par Delamer commandant du remorqueur l'Abeille, n. 9, qui, seul, avait répondu à ses signaux et lui offrait ses services; — Attendu qu'en réclamant à l'avance comme prix de sauvetage et de remorquage le vingtième de la valeur du navire et de son chargement, soit 18 000 fr. environ. Delamer a abusé de la situation désespérée dans laquelle se trouvait le capitaine du Rolf: — Attendu qu'après avoir vainement essayé d'obtenir de lui des conditions moins rigoureuses Fleischer s'est vu contraint et forcé de subir comme une nécessité la convention qui était imposée: que son consentement n'ayant pas été libre, la convention viciée dans son principe n'est pas seulement rescindable mais est annulable pour le tout; qu'elle doit être déclarée nulle et de nul effet: . . .

Attendu que s'il importe d'encourager les sauvetages comme une bonne action, en rémunérant largement, eu égard aux circonstances, ceux qui les ont opérés, il importe néanmoins qu'ils ne puissent devenir un moyen de spéculer sur le péril ou le malheur d'autrui; — Attendu que la somme allouée à Lebret par les premiers juges est suffisante, même en tenant compte de la stipulation aléatoire de non-payement en cas d'insuccès, etc.

Pourvoi en cassation par le sieur Lebret.

LA COUR; — Sur le moyen unique, pris d'un excès de pouvoir, de la violation de l'art. 1134, C. civ., et de la fausse application des art. 1109, 1111 et suiv. du même code: — Attendu qu'aux termes de l'art. 1108, C. civ. le consentement de celui qui s'oblige est une condition essentielle de la validité d'une convention; que lorsque le consentement n'est pas libre, qu'il n'est donné que sous l'empire de la crainte inspirée par un mal considérable et présent, auquel la personne ou la fortune est exposée, le contrat intervenu dans ces circonstances est entaché d'un vice qui le rend annulable; — Attendu que l'arrêt attaqué constate que le capitaine du Rolf n'a souscrit l'engagement litigieux que pour sauver son navire, qui, sans cela, aurait été prochainement et fatalement submergé et perdu, que ce n'est que contraint et forcé, qu'après s'être vainement débattu pour obtenir des conditions moins rigoureuses, il a dû subir comme une nécessité la convention que le capitaine de l'Abeille, n. 9, abusant de sa situation désespérée lui a imposée; qu'en annulant, par suite, cette convention, la cour d'appel n'a ni commis un excès de pouvoir, ni violé, ni faussement appliqué aucun des articles susvisés:

Par ces motifs, rejette.

NOTES

1. This matter is now regulated by statute:
'Loi du 29 avril 1916; Sur l'assistance et le sauvetage maritimes', D.P. 1919.4.285.

2. The French court applies the general principle of '*vice du consentement*'. In England it is part of the special rules of Admiralty.

3. C. civ. 1109 vitiates consent '*extorqué par violence*'. Gaudemet argues from this that 'il faut . . . que l'acte de violence ait eu pour but d'imposer la conclusion du contrat'. Does the Court accept this?

4. In certain situations the common law may reach a similar result by denying that performance of a public duty by the promisee is consideration for the promise.

Cass. req. 27.1.1919
(Vigneron *c*. Dme Glaugetas)
S. 1920.1.198

LA COUR; — Sur le moyen unique du pourvoi, tiré de la violation ou fausse application des art. 1109, 1112, 1116, C. civ., et de la violation de l'art. 7 de la loi du 20 avril 1810: —

Attendu que les libéralités entre vifs ou testamentaires doivent être l'expression libre de la volonté propre et indépendante de leurs auteurs; qu'il appartient aux tribunaux de les annuler, quand le consentement du donateur a été extorqué par violence; —

Attendu qu'il est déclaré en fait par l'arrêt attaqué qu'Antoine Duvoisin, vieillard paralysé, affaibli par la maladie, obligé de garder le lit, abandonné par les membres de sa famille, était à la merci des époux Vigneron, ses métayers, et que la menace faite par ceux-ci de ne pas lui continuer leurs soins, s'il ne consentait pas à leur donner ses biens, était de nature à lui inspirer une telle crainte qu'il lui était impossible d'y résister; que la preuve de la contrainte résulte encore, d'après l'arrêt attaqué, de ce fait qu'Antoine Duvoisin a répondu au notaire rédacteur de l'acte, lui demandant s'il consentait à la donation: 'Il le faut bien'; qu'il est encore déclaré par ledit arrêt que la pression exercée par les époux Vigneron sur la volonté chancelante de leur maître est rendue plus manifeste par la série des actes successifs par lesquels Antoine Duvoisin, pour s'assurer les bons soins de ses métayers, leur a fait des libéralités; —

Attendu qu'en tirant de ces faits souverainement constatés la conséquence que la donation faite par Duvoisin aux époux Vigneron devait être annulée, comme étant le produit, non de la volonté libre du donateur, mais de la violence, la Cour d'appel de Bordeaux n'a nullement violé les articles invoqués par le pourvoi, mais en a fait à la cause une juste application; —
— Rejette, etc.

NOTES

1. Compare ' . . . where a gift is immoderate . . . and the giver is a weak man, liable to be imposed on, this Court will look upon such a gift with a very jealous eye.[19]

2. Were the Vignerons under a duty to look after Duvoisin?

Cass. req. 17.11.1925
(Leroy *c.* Bonaventure)
S. 1926.1.121, note Breton

LA COUR; — Sur le deuxième moyen, pris de la violation des art. 1109, 1111 et 1112, C. civ., 7 de la loi du 20 avril, 1810, par défaut de motifs, contradiction de motifs entre eux et le dispositif, défaut de base légale: —

Attendu que le 24 mars, 1921, un accident a été occasionné au camion automobile de Bonaventure par le patin de frein tombé de

---

[19] *Huguenin* v. *Baseley* (1807) 14 Ves. 273 per Sir Samuel Romilly at 287 in an argument based largely on Pothier.

la voiture fourragère de Leroy; que ce dernier s'est engagé par
écrit à payer le coût des réparations que nécessiterait l'état du
camion; —

Attendu que l'arrêt ayant, en exécution de cet engagement,
condamné Leroy au paiement des réparations effectuées, il lui est
fait grief par le pourvoi d'avoir validé l'engagement de Leroy tout
en constatant des procédés qui constituaient une violence illégitime
de nature à vicier son consentement; —

Mais attendu que, si l'arrêt reconnaît que pour obtenir cet
engagement, Bonaventure, assisté d'un huissier, s'est livré à une
obsession à l'égard de Leroy, menaçant de lui réclamer un chiffre
élevé de dommages-intérêts, il déclare, d'autre part, que Leroy a
résisté à ces pressantes instances, et qu'il n'a cédé que parce qu'il a
reconnu, au vu des résultats de l'enquête de la gendarmerie, à
laquelle il avait a assisté, que sa responsabilité était effectivement
engagée; que l'arrêt ajoute que la menace d'un procès n'était pas
de nature à effrayer un homme habitué aux affaires comme Leroy,
au point de lui faire perdre son libre arbitre, et que, dès lors, il a
signé en pleine connaissance de cause la transaction invoquée par
Bonaventure; —

Attendu, en l'état de ces déclarations et constatations souveraines, que l'arrêt, qui n'est entaché d'aucune contradiction, n'a
pas violé les textes de loi visés au moyen; —

Sur le premier moyen: . . . (sans intérêt); Rejette etc.


From the note

. . .

En droit romain classique, selon une formule célèbre de Gaius, la
seule crainte qui permette d'obtenir l'application de l'édit est la
crainte 'non vani hominis, sed qui merito et in homine constan-
tissimo cadat'. En un mot, il importe peu que l'auteur de l'acte
juridique attaqué ait cédé à la violence qui s'est exercée sur lui;
toute la question est de savoir si un individu très courageux y eût
résisté. Cette abstraction, l'homme très courageux, est l'étalon qui
sert de mesure aux diverses menaces possibles et l'on peut dire,
par exemple, classant ces diverses menaces: la menace de la mort
est suffisante, à supposer qu'elle soit inéluctable: celle de l'*infamia*
ne suffira jamais. Le critère de la distinction est un critère objectif,
puisqu'il est pris en dehors de la victime de la violence.

Cette conception objective a dû faire place aujourd'hui à de tout autres idées. Le critère dont on s'inspire est un critère subjectif: peu importe l'*homo constantissimus*: la personne sur qui la violence s'est exercée, avec son caractère, ses qualités et ses faiblesses, a-t-elle cédé à la pression qui s'exerçait sur elle?

Sans doute, le 1$^{er}$ alinéa de l'art. 1112 pourrait bien faire douter de l'exactitude de cette solution, car sa formule ne marque pas un progrès notable sur celle qu'employait Gaius. Mais l'art. 1112 comporte deux alinéas, et le second contredit formellement le premier: — 'On a égard, dit-il, en cette matière à l'âge, au sexe et à la condition des personnes.' Les auteurs s'ingénièrent, au cours du xix$^e$ siècle, à trouver le moyen de concilier les deux règles. Deux conciliations eurent cours, celle de Marcadé (Explic. du C. civ., 5$^e$ éd., t. 4, n. 411), selon laquelle 'il n'est pas nécessaire . . . que le moyen ait pu faire impression sur une personne raisonnable; il suffit que, d'après les circonstances d'âge, de sexe, d'éducation, de caractère, d'habitudes, etc., de la personne dont il s'agit, ce moyen ait dû raisonnablement faire impression sur elle', et celle, plus ingénieuse, de Colmet de Santerre (Cours anal. de C. civ., t. 5, n. 22 bis), pour lequel le second alinéa énonce le droit commun, appréciation subjective, tandis que le premier contient un maximum: si l'on prétend que j'ai une force d'âme extraordinaire et que je n'ai pas cédé à la violence, je répondrai avec succès qu'une personne raisonnable en eût été émue.

L'une ou l'autre conciliation ne pouvait définitivement triompher; l'opposition des deux alinéas est trop absolue pour n'être pas irréductible. Une option s'impose: elle doit être exercée en faveur du second alinéa et de l'interprétation subjective . . .

. . . Si les diverses juridictions n'ont jamais eu à trancher directement le conflit qui oppose les deux alinéas de l'art. 1112, il n'est pas douteux qu'elles se soient prononcées presque unanimement en faveur de l'appréciation subjective. En effet, lorsque la violence est invoquée devant elles, elles se bornent à rechercher si la personne qui a passé l'acte critiqué a vu ou non sa volonté déterminée par la crainte, sans jamais se préoccuper de ce qu'eût fait en pareilles circonstances une personne raisonnable. C'est ainsi que procèdent les arrêts de la Cour de cassation eux-mêmes dans les cas où ils ne s'en sont pas remis à la souveraineté des juges du fond. Ils relatent une argumentation de cet ordre présentée par les juges du fond, puis la disent bon droit.

Mais cette façon d'agir est plus nette encore dans les décisions des juges du fond . . .

Lorsqu'un tribunal est parvenu à établir que c'est la crainte d'un mal qui a déterminé l'une des parties à passer l'acte dont elle conteste la validité, ce tribunal estime souvent que sa tâche est accomplie et qu'il est en droit de prononcer la nullité pour cause de violence.

Dans certaines matières, cependant, les tribunaux ont senti que l'existence de cette détermination de la volonté ne doit pas suffire, à elle seule, à entraîner la nullité. Ils exigent donc qu'un autre élément s'adjoigne à cette détermination. Cette exigence spéciale apparaît surtout dans deux matières, celle de l'assistance maritime, celle de la menace des voies de droit . . .

. . . L'étude des espèces où la violence se manifeste sous la forme de l'exercice ou de la menace d'exercice des voies de droit conduit à des conclusions analogues, bien qu'un peu plus complexes. Il est fréquent qu'une personne menace une autre personne d'user des voies de droit dont elle peut disposer, soit le plus souvent d'une plainte correctionnelle, soit, comme dans notre espèce, d'un procès civil.

La jurisprudence est d'ailleurs fixée par d'assez nombreux arrêts de la Cour de cassation. . . . Partant de ces arrêts, à la doctrine desquels les juridictions inférieures se soumettent, on peut dire: en principe, les voies de droit ne constituent pas 'une violence illégitime'; il en va pourtant autrement dans deux cas:

1. Si, par des manœuvres artificieuses, l'adversaire a fait des voies de droit de véritables voies de fait;
2. Si l'adversaire a obtenu des avantages exagérés dans une disproportion choquante avec le préjudice par lui subi ou avec les avantages recueillis par l'autre partie . . .

A quoi correspond donc cette exigence supplémentaire? Il est facile de le dire: cet élément, que certains arrêts nomment en parlant de violence illégitime, c'est l'injustice ou immoralité de la violence.

NOTE

X, who is extremely susceptible, is constrained to enter into a contract by a trivial threat. If one applies the objective standard of C. civ. art. 1112 al. 1, X will be bound by an obligation to which he did not freely consent. Y, a man of great fortitude, enters into a contract after threats which did not affect him but would have coerced an ordinary person. If, following the opinion quoted above of Colmet de Santerre, one sets the contract aside, Y escapes an obligation to which he gave free consent. In these situations what attention would the Court give to the contract itself—suppose it were for the sale of a motor car at the market price?

## Lésion

### Code Civil

Art. 1118. La lésion ne vicie les conventions que dans certains contrats ou à l'égard de certaines personnes, ainsi qu'il sera expliqué en la même section.

From Malaurie et Aynès, *Droit civil: les obligations* (1985)

277. *Mauvaise affaire.* —La lésion n'est pas un vice du consentement. Elle est un vice spécial de certains contrats, ainsi que l'énonce l'art. 1118. '*La lésion ne vicie les conventions que dans certains contrats ou à l'égard de certaines personnes . . .* ' Elle consiste en un préjudice pécuniaire que l'exécution du contrat fait subir à une partie. Le seul fait qu'un contrat se soit révélé désavantageux ne permet pas, en principe, à la victime de ce contrat de se dégager: Elle a fait une mauvaise affaire, tandis que son cocontractant a fait une bonne affaire: ce n'est pas une raison acceptable pour obtenir la nullité de son contrat. Généralement, la lésion n'est pas une cause de nullité du contrat.

Elle ne l'est que dans quelques cas exceptionnels où la loi a jugé que certains intérêts étaient particulièrement dignes de protection: les contrats conclus par les incapables, les ventes d'immeubles et les partages.

### Code Civil

1674. Si le vendeur a été lésé de plus de sept douzièmes dans le prix d'un immeuble, il a le droit de demander la rescision de la vente, quand même il aurait expressément renoncé dans le contrat à la faculté de demander cette rescision, et qu'il aurait déclaré donner la plus-value.

1675. Pour savoir s'il y a lésion de plus de sept douzièmes, il faut estimer l'immeuble suivant son état et sa valeur au moment de la vente. (*L. 28 novembre 1949.*) En cas de promesse de vente unilatérale, la lésion s'apprécie au jour de la réalisation.

1676. La demande n'est plus recevable après l'expiration de deux années, à compter du jour de la vente.

Ce délai court contre les femmes mariés, et contre les absents, les majeurs en tutelle, et les mineurs venant du chef d'un majeur qui a vendu.

Ce délai court aussi et n'est pas suspendu pendant la durée du temps stipulé pour le pacte de rachat.

1677. La preuve de la lésion ne pourra être admise que par jugement, et dans le cas seulement où les faits articulés seraient assez vraisemblables et assez graves pour faire présumer la lésion.

1678. Cette preuve ne pourra se faire que par un rapport de trois experts, qui seront tenus de dresser un seul procès-verbal commun, et de ne former qu'un seul avis à la pluralité des voix.

1679. S'il y a des avis différents, le procès-verbal en contiendra les motifs, sans qu'il soit permis de faire connaître de quel avis chaque expert a été.

1680. Les trois experts seront nommés d'office, à moins que les parties ne se soient accordées pour les nommer tous les trois conjointement.

1681. Dans le cas où l'action en rescision est admise, l'acquéreur a le choix, ou de rendre la chose en retirant le prix qu'il en a payé, ou de garder le fonds en payant le supplément du juste prix, sous la déduction du dixième du prix total.

Le tiers possesseur a le même droit, sauf sa garantie contre son vendeur.

1682. Si l'acquéreur préfère garder la chose en fournissant le supplément réglé par l'article précédent, il doit l'intérêt du supplément du jour de la demande en rescision.

S'il préfère la rendre et recevoir le prix, il rend les fruits du jour de la demande.

L'intérêt du prix qu'il a payé lui est aussi compté du jour de la même demande, ou du jour du paiement, s'il n'a touché aucuns fruits.

1683. La rescision pour lésion n'a pas lieu en faveur de l'acheteur.

Cass. req. 28.12.1932
(Scté. économique de Rennes *c*. Picard)
S. 1933.1.377, note Tortat      D.1933.1.87 rapport Dumas
Gaz. Pal. 1933.1.287      G.A. 170

LA COUR; — Sur le premier moyen, pris de la violation des art. 1677, C. civ., et 7 de la loi du 20 avril 1810, défaut de motifs et manque de base légale: — Attendu que l'arrêt attaqué aurait à tort, d'après le pourvoi, déclaré recevable l'action en rescision pour lésion de plus des sept douzièmes d'une promesse de vente de divers immeubles consentie par Pacard à la Société économique de Rennes et acceptée par celle-ci après le décès du promettant, alors que diverses circonstances alléguées par la défenderesse seraient de nature à prouver que Picard avait consenti ladite promesse librement et sans subir la contrainte morale, qui, seule, dans l'esprit de la loi, conférerait à la lésion le caractère d'un vice du consentement: — Mais attendu qu'aux termes de l'art. 1674, C. civ., 'si le vendeur a été lésé de plus des sept douzièmes dans le prix d'un immeuble, il a le droit de demander la rescision de la vente'; qu'il suit de là que la lésion légalement constatée est, par elle-même et à elle seule, une cause de rescision, indépendamment des circonstances qui ont pu l'accompagner ou lui donner naissance; — Attendu, en conséquence, qu'en statuant comme il l'a fait, après avoir constaté, d'après les documents de la cause et conformément à l'art. 1677, C. civ., la vraisemblance et la gravité des faits articulés par les demandeurs, l'arrêt attaqué, qui est motivé, loin de violer les textes visés au moyen, en a fait, au contraire, une exacte application; . . .

From the note by Tortat

Notre arrêt et deux autres, de la même chambre de requêtes, des 15 mars 1933 et 21 mars 1933, vont mettre fin à une controverse déjà ancienne, puisqu'elle a son origine dans les discussions préalables à l'adoption des art. 1674 à 1685, C. civ. On sait que la rescision de la vente pour cause de lésion, introduite par un rescrit des empereurs Dioclétien et Maximin (Cod. lib. IV, tit. XLIV, 1. 2), adoptée par notre ancien droit, à la mesure d'outre-moitié, fixée par les empereurs, et appliquée alors aux ventes d'immeubles ainsi qu'aux ventes de certains meubles importants, abolie par une loi du 14 fruct. an 3, n'est passée dans notre droit actuel qu'après de longs débats et sur l'intervention personnelle du Premier Consul au Conseil d'Etat. Deux conceptions différentes de la lésion étaient proposées, tour à tour, pour justifier la sanction de rescision: l'une subjective et fondée sur la contrainte morale qu'est présumé subir un vendeur pressé d'argent qui se contentera d'un prix vil offert et payé comptant; l'autre objective et tirée de l'interêt public qui s'attache au maintien d'un juste prix dans les transactions immobilières. La première de ces thèses, empruntée à Pothier, était surtout développée par Tronchet; la seconde, plus propre à émouvoir le Premier Consul, était principalement soutenue par Portalis. C'est en méconnaissant la thèse de Portalis et en s'attachant exclusivement à l'opinion de Pothier et Tronchet, qu'on a pu enseigner que, dans le système du Code civil, 'la lésion est un vice du consentement', qu'on a pu juger, suite logique de cette doctrine, que l'admission de l'action en rescision était subordonnée à la preuve d'une contrainte morale ou d'un autre vice de consentement du vendeur. Et tel était le principal moyen des pourvois rejetés par les trois arrêts conformes de la chambre des requêtes. L'argument de texte invoqué·par ces pourvois était assez faible: c'est dans la section 'Du consentement' que figure au Code civil, un art. 1118, ainsi conçu: 'La lésion ne vicie les conventions que dans certains contrats ou à l'égard de certaines personnes, ainsi qu'il sera expliqué· en la même section', et cette même section contient les règles de la stipulation pour autrui, qui n'ont rien à voir avec les vices du consentement.

Un argument de texte autrement fort militait pour le rejet des pourvois. Le Code civil a consacré douze articles et une section tout entière à la rescision de la vente pour cause de lésion. Cette monographie législative contient tous les éléments de décision sur la matière. Or, aucun de ces articles ne propose, comme condition d'exercice de l'action en rescision, la preuve d'une contrainte morale éprouvée par le vendeur d'immeubles demandeur en rescision. Une seule justification est exigée de lui: c'est que le juste prix de l'immeuble, à déterminer par une expertise, ait été méconnu, au jour de la vente, dans la proportion indiquée par la loi. Cette proportion: au delà des sept douzièmes, ne se conçoit pas dans le système de la contrainte morale viciant le consentement et annulant, en principe, la convention tout entière, sans égard à la mesure du préjudice éprouvé. Une autre disposition cadre mal avec l'annulation du contrat pour vice du consentement: c'est celle qui permet au défendeur à l'action en rescision de rester en possession de l'immeuble 'en payant le supplément du juste prix, sous la déduction du dixième du prix total' (art. 1681, C. civ.). Cette faculté laissée à l'acquéreur, comme la fixation du taux de la lésion au delà des sept douzièmes, se conçoit fort bien, au contraire, dans le système du législateur intervenant pour régler équitablement, entre parties, la question d'un prix raisonnable et normal dont il croit devoir assurer le maintien dans les ventes immobilières et ce, dans un intérêt supérieur d'économie sociale et d'ordre public. Et c'est la thèse de Portalis sur le juste prix qui donne, seule, la clé du système édicté par le Code.

NOTE

The vendor's predecessor in title contracted to sell before the First World War; the purchaser called for completion of the sale in 1925. As the *rapporteur* puts it: '[U]n propriétaire consent une promesse de vente à un prix déterminé, qui, loin de lui être imposé, lui paraît avantageux; mais voici que les fluctuations économiques déçoivent l'espoir qu'il avait conçu. . . . En pareil cas—et ce pourrait bien être celui de l'espèce—il y a eu erreur, imprévision de la part du vendeur, mais non pas . . . contrainte, abdication de la volonté. Pouvez-vous cependant écarter . . . l'action en rescision?

Vous vous y refuserez sans aucun doute, et pour une raison très simple.

Au-dessus des travaux préparatoires . . . *il y a les textes*, qu'il est interdit de déformer . . . [20]

Cass. civ. 27.12.1938
(Epoux Luciani *c*. Maurel)
D. H. 1939.82      D. 1939.1.81, note Savatier

LA COUR; — Sur le moyen unique: Attendu que le sieur Sauze, aujourd'hui décédé, ayant demandé la rescision pour lésion, de la vente immobilière qu'il avait consentie, mais en nue-propriété seulement, au sieur Maurel, celui-ci lui opposait une exception d'irrecevabilité fondée sur la règle de droit qui soustrait les ventes

[20] D.1933.1.87, at 88; italics added.

aléatoires à l'application de .l'art. 1674, C. civ.; que, pour repousser cette exception, les premiers juges ont considéré que la valeur de l'usufruit conservé par un vendeur, et par conséquent, la valeur de la nue-propriété transmise à l'acheteur, peuvent être déterminées exactement au moyen d'un calcul de probabilités basé sur les données des statistiques et que, dès lors, le contrat litigieux, comme tous les contrats de la même sort, n'avait qu l'apparence d'une vente aléatoire;

Mais attendu qu'à la thèse de principe ainsi admise par le tribunal, la cour d'appel a répondu à bon droit et en termes également généraux, que les résultats des statistiques, certains quand il s'agit de la détermination de la durée moyenne d'un grand nombre de personnes, ne sauraient faire disparaître le caractère aléatoire d'un contrat isolé au termes duquel l'importance des prestations stipulées dépend de la longueur, toujours incertaine, de la survie d'un seul individu désigné;

Attendu, à la vérité, qu'il est des cas où l'événement ordinairement incertain qui pourrait se traduire par un gain pour telle partie, apparaît pratiquement irréalisable, à raison de certaines circonstances spéciales, et où le contrat, n'ayant ainsi que l'aspect extérieur d'un contrat aléatoire, retombe sous l'empire de l'art. 1674;

Mais attendu que les juges du fond n'ont ni le devoir, ni même la possibilité matérielle, de rechercher, dans une espèce déterminée, les particularités non apparentes et non révélées à eux par les conclusions des parties, qui seraient susceptibles de tenir exceptionnellement en échec la règle selon laquelle les ventes avec réserve d'usufruit constituent des contrats aléatoires et échappent, comme telles, à la rescision pour cause de lésion;

Attendu qu'il résulte des qualités de l'arrêt attaqué que Sauze, auteur des époux Luciani, s'était borné en appel à demander la confirmation du jugement de première instance, par adoption de ses motifs d'ordre exclusivement général; d'où il suit que le moyen n'est pas fondé;

Par ces motifs, rejette.


From the note


. . . une solution traditionnelle admet que la rescision pour lésion cesse d'être recevable lorsque la convention a été aléatoire. Et cela est très logique, car l'échange des prestations, au lieu de concerner alors les biens définis, porte sur les chances d'acquérir ou de perdre des biens. Un élément de jeu intervient donc volontairement et librement dans la convention, une chance ne pouvant s'acquérir ou se céder qu'à un prix arbitraire, sujet aux surprises de l'avenir. Chaque parieur, selon la conception qu'il fait de sa chance, est donc libre d'en apprécier le prix; il pourra, par la suite, perdre ou gagner; mais on ne saurait dire, pour cela, que le contrat a été lésionnaire; on constate alors, tout simplement, que la chance a tourné pour l'une ou l'autre des parties.

Cette règle concerne, en particulier, les aléas inhérents à la durée de la vie d'une personne déterminée. . . . Il peut d'abord arriver qu'un bien viager, tel qu'un usufruit ou une rente viagère, soit échangée contre un bien ou une somme constitués en pleine propriété. . . . Il peut se faire aussi que l'aliénation d'un bien soit consentie sous réserve d'un droit viager . . .

Cass. civ. 28.2.1951
(Belli et Hertog *c.* Vannier)
D. 1951.1.309      Gaz. Pal. 1951.1.247

LA COUR; . . . Sur le second moyen: — Attendu que le pourvoi reproche à l'arrêt confirmatif attaqué d'avoir déclaré admissible l'action en rescision pour lésion de plus de 7/12es dans la vente d'un immeuble consentie par Vannier à Hertog et Belli moyennant une rente viagère de 20 000 fr., au motif que, la valeur d'une prestation dépassant sûrement celle de l'autre, le contrat n'était pas aléatoire, alors qu'à supposer qu'il en ait été ainsi, le contrat n'aurait pu être rescindé pour lésion, parce que la prestation d'Hertog et Belli était, elle, en tout cas, aléatoire, et qu'il était, en conséquence, impossible de calculer s'il y avait ou non lésion des 7/12es; — Mais attendu que pour être à l'abri de l'action en rescision, il ne suffit pas qu'une vente ait l'apparence aléatoire ou contienne un élément aléatoire; que, dans ce cas, la rescision est possible lorsque des circonstances spéciales donnent aux juges le moyen de déterminer la valeur des obligations soumises à l'aléa . . . que les juges d'appel précisent notamment que 'vu l'âge du vendeur et surtout le loyer que rapportait l'immeuble, 12 500 fr. au jour de l'acte, mais devant être porté à 27 500 fr. au 1$^{er}$ sept. 1949 . . . une telle rente ne comportait aucun aléa pour les acquéreurs, qui, après trois ans, étaient sûrs de percevoir un loyer égal et supérieur même aux arrérages de la rente'; d'où il suit que . . . la cour . . . a souverainement apprecié les faits de la cause et fait de l'art. 1675 une saine et juste application . . .

Par ces motifs, rejette.

B. *Objet*

## Code Civil

1126. Tout contrat a pour objet une chose qu'une partie s'oblige à donner, ou qu'une partie s'oblige à faire ou à ne pas faire.

1127. Le simple usage ou la simple possession d'une chose peut être, comme la chose même, l'objet du contrat.

1128. Il n'y a que les choses qui sont dans le commerce qui puissent être l'objet des conventions.

1129. Il faut que l'obligation ait pour objet une chose au moins déterminée quant à son espèce.

La quotité de la chose peut être incertaine, pourvu qu'elle puisse être déterminée.

1130. Les choses futures peuvent être l'objet d'une obligation.

On ne peut cependant renoncer à une succession non ouverte, ni faire aucune stipulation sur une pareille succession, même avec le consentement de celui de la succession duquel il s'agit.

From Malaurie et Aynès, *Droit civil: les obligations* (1985)

312. *Objet de l'obligation ou du contrat.* La théorie de l'objet est, en droit français assez rigide et paisible, surtout lorsqu'on la compare à celle de la cause, beaucoup plus souple et tourmentée.

Le Code civil se réfère, tantôt à *'l'objet de l'obligation'* (art. 1129) — qui paraît être la seule expression exacte —, tantôt à *'l'objet du contrat'* (art. 1110 al. 1, 1128); . . . Ce qui, selon la doctrine dominante, est incorrect car ce qui a un objet est, non le contrat, mais l'obligation. Ainsi, un contrat synallagmatique a deux objets, ou plus exactement, deux obligations, qui ont chacune un objet; par exemple, dans la vente, l'objet de l'obligation du vendeur est de livrer la chose, l'objet de l'obligation de l'acheteur est de payer le prix.

Cependant, plusieurs auteurs contemporains estiment que l'objet d'un contrat est l'objectif juridique des parties, l'opération qu'elles cherchent à réaliser, c'est-à-dire l'objet de l'obligation principale et caractéristique, qui dans un contrat synallagmatique n'est jamais l'obligation monétaire. Par exemple, l' 'objet' de la vente d'un immeuble serait le transfert de propriété de l'immeuble.

L'objet de l'obligation doit respecter trois conditions: existence (art. 1130), détermination (art. 1129) et licéité (art. 1128).

Cass. comm. 28.2.1983 (Pourvoi 81–14,921; Lexis)
(Scté. Calberson International *c*. Scté. Manufacture de Givonne)

Sur le pourvoi formé par la Société Calberson International . . . en cassation d'un jugement rendu le 6 avril 1981 par le tribunal de Commerce de Sedan au profit de la Société Manufacture de Giovonne . . .

La demanderesse invoque à l'appui de son pourvoi le moyen unique de cassation suivant: il est fait grief à l'arrêt attaqué d'avoir décidé que la somme dont la défenderesse se reconnaissait débitrice et que celle-ci a été condamnée à consigner au greffe ne serait déconsignée au profit de l'exposante qu'après que celle-ci aura, à la satisfaction de la dite défenderesse, satisfait à l'obligation par elle souscrite de faire un geste au profit d'un tiers qui avait rendu service aux parties: au motif que les conventions librement formées font la loi des parties et que l'exposante devait exécuter l'obligation à laquelle elle s'était engagée avant de pouvoir prétendre au paiement de ce qui lui restait dû; alors qu'il résulte des propres énonciations du jugement attaqué que l'obligation prétendument souscrite par l'exposante avait un objet indéterminé et non déterminable . . .

LA COUR: Sur le moyen unique: Vu l'art. 1129 al. 1er du Code civil; Attendu qu'en vertu de ce texte il faut, pour la validité d'un contrat, que l'obligation ait pour objet une chose au moins déterminée quant à son espèce; Attendu que, pour condamner la société Manufacture de Vivonne à payer à la société Calberson International une somme dont elle se reconnaissait débitrice, le jugement attaqué a décidé que cette somme serait déposée au greffe et n'en serait déconsignée qu'après que le créancier eût satisfait à une obligation qu'il aurait souscrite de 'faire un geste' au

profit d'un tiers qui avait rendu service aux parties; Attendu qu'en
donnant effet à une obligation dont l'objet n'est ni déterminé ni
déterminable, le tribunal a violé le texte susvisé;
Par ces motifs, casse . . .

T.G.I. Créteil 1.8.1984
(Consorts P. *c.* Le Centre d'Etude et de Conservation du Sperme
(C.E.C.O.S.) et autre)
J.C.P. 1984 II 20321, note Corone

LE TRIBUNAL; — Faits et circonstances de la cause: Il est acquis aux
débats que: Alain P. étant en communauté de vie avec Corinne R.
fut atteint d'un cancer des testicules. Averti par son médecin
traitant du risque de stérilité que le traitement qu'il allait subir
entraînerait, il remit au C.E.C.O.S., le 7 décembre 1981, le
produit d'un prélèvement de son sperme; Au cours des années
1982 et 1983, il subit différents traitements et décéda le 25
décembre 1983, après avoir contracté mariage avec Corinne R. le
23 décembre précédent. Sa veuve et ses parents demandent au
C.E.C.O.S., qui s'y refuse, la remise du sperme en vue de
procéder à l'insémination de Corinne P. — Sur l'étendue du
problème soumis au tribunal: Il importe de fixer les limites de la
question que le tribunal a à résoudre. Elle porte seulement sur la
remise à la veuve des paillettes contenant le sperme conservées par
le C.E.C.O.S. La question de l'insémination elle-même dépend-
rait, au cas où la demande serait accueillie, du seul domaine de la
conscience de la veuve et de celle de son médecin, lui-même
soumis aux règles de la déontologie de sa profession. De même, la
question de la filiation de l'enfant, au cas où il naîtrait, n'est pas
actuellement soumise à l'appréciation de la présente juridiction. —
Sur l'interprétation des volontés d'Alain P. et du C.E.C.O.S.: Les
différentes attestations versées aux débats et notamment celles de
Pierre et Danielle R., parents de Corinne P., l'attitude d'Alain P.
qui au cours de sa maladie et avec l'accord de son amie a voulu
préserver ses chances de procréer, attitude solennellement confirmée deux jours avant sa mort par un mariage religieux et civil, la
prise de position dans cette procédure des parents d'Alain P. qui
ont été à même de connaître les intentions profondes de leur fils,
constituent un ensemble de témoignages et de présomptions qui

établissent, sans équivoque, la volonté formelle du mari de
Corinne P. de rendre son épouse mère d'un enfant commun, que
la conception de cet enfant survienne de son vivant ou après sa
mort. Il apparaît, d'autre part, que le C.E.C.O.S., dès lors qu'il ne
prouve ni n'allègue avoir prévenu Alain P. de son opposition à une
remise de son sperme après sa mort, a accepté tacitement la
volonté de celui-ci. A ce sujet est caractéristique le changement
d'attitude de cette association qui n'a commencé à avertir les
'donneurs' de sa doctrine sur ce point que deux années environ
après l'acceptation du sperme d'Alain P. — Sur la nature juridique
des dispositions prises le 7 décembre 1981: Les règles du contrat de
dépôt telles qu'elles sont définies par les art. 1915 et suivants du
Code civil ne peuvent s'appliquer à la présente espèce qui
concerne non pas une chose tombant dans le 'commerce' mais une
sécrétion contenant le germe de la vie et destinée à la procréation
d'un être humain. De même, l'accord passé entre Alain P. et le
C.E.C.O.S., ne saurait entrer dans le cadre du don d'organe prévu
par la loi du 22 décembre 1976 en raison de la différence de nature
entre le sperme et les organes du corps humain. Il apparaît que la
convention du 7 décembre 1981 constituait un contrat spécifique
comportant pour le C.E.C.O.S. obligation de conservation et de
restitution au donneur, ou de remise à celle à qui le sperme était
destiné. — Sur la licéité de ce contrat: Ni les conditions de
conservation ou de remise du sperme d'un mari décédé, ni
l'insémination de sa veuve ne sont interdites ou même organisées
par un texte législatif ou réglementaire. D'autre part, elles ne
heurtent pas le droit naturel, l'une des fins du mariage étant la
procréation. — L'ensemble de ces considérations conduit le Tribunal à accueillir la demande. — Par ces motifs, le Tribunal . . . dit
qu'à compter du jour où le présent jugement sera définitif, le
C.E.C.O.S. sera tenu de remettre au médecin choisi par Corinne
P., à la première demande, et à la date fixée par ce dernier à
l'intérieur d'un délai d'un mois, l'intégralité du prélèvement du
sperme d'Alain P.; — dit qu'à défaut d'une demande exprimée
dans ces mêmes conditions dans un délai de six mois à compter du
même jour, le C.E.C.O.S. sera tenu de détruire le sperme qu'il
conserve; — dit qu'à défaut de remise dans les conditions fixées ce-
dessus, le C.E.C.O.S. devra prayer à Corinne P . . . le montant
d'une astreinte de 1 000 francs par jour de retard, qui courra à
l'expiration d'un délai d'une semaine à compter du jour fixé pour
la remise . . .

From the note

Le tribunal de Créteil s'interroge sur la nature de la convention qui liait le C.E.C.O.S. à Alain P. et rejette la qualification de contrat de dépôt.

Les règles du contrat de dépôt telles qu'elles sont définies par les art. 1915 et suivants du Code civil, ne peuvent s'appliquer à la présente espèce qui concerne, non pas une chose tombant dans le 'commerce', mais une sécrétion contenant le germe de la vie et destinée à la procréation d'un être humain.

La rédaction de l'attendu renvoie directement à l'art. 1128 du Code civil qui stipule: 'Il n'y a que les choses qui sont dans le commerce qui puissent être l'objet des conventions'.

L'analyse du tribunal est conforme au texte et à l'esprit de la loi.

Il n'est, pour s'en convaincre tout à fait, que de citer l'art. 1918 du Code civil, qui concerne plus particulièrement le contrat de dépôt: 'Il (le dépôt) ne peut avoir pour objet que des choses mobilières'. Or, l'on ne peut considérer le sperme humain comme une chose mobilière qui tombe dans le commerce.

Le sperme humain, en tant que matériel génétique, est porteur de vie. Il est directement lié à une liberté fondamentale: celle de donner la vie. En cette qualité, il ne peut et ne doit être considéré comme un bien pouvant faire l'objet de conventions. Il pourrait, en revanche, faire l'objet d'un don . . .

c. *Cause*

**Code Civil**

1131. L'obligation sans cause, ou sur une fausse cause, ou sur une cause illicite, ne peut avoir aucun effet.

1132. La convention n'est pas moins valable, quoique la cause n'en soit pas exprimée.

1133. La cause est illicite, quand elle est prohibée par la loi, quand elle est contraire aux bonnes mœurs ou à l'ordre public.

From Pothier, *Traité des Obligations* (1761)

42. Tout engagement doit avoir une cause honnête. Dans les contrats *intéressés*, la cause de l'engagement, que contracte l'une

des parties, est ce que l'autre partie lui donne ou s'engage de lui donner, ou le risque dont elle se charge. Dans les contrats de *bienfaisance*, la libéralité, que l'une des parties veut exercer envers l'autre, est une cause suffisante de l'engagement . . . Mais lorsqu'un engagement n'a aucune cause, ou, ce qui est la même chose, lorsque la cause . . . est une cause fausse, l'engagement est nul, et le contrat qui le renferme est nul . . .

46. Une promesse a-t-elle une cause licite, lorsqu'elle est faite à quelqu'un pour qu'il donne ou fasse une chose qu'il était déjà obligé de donner ou de faire? . . . [L]a promesse, que je fais à mon débiteur de lui donner quelque chose pour qu'il fasse ce qu'il était obligé de faire, est une promesse nulle . . . lorsque c'est lui qui a exigé de moi que je lui fisse cette promesse . . . Mais . . . si la promesse . . . est . . . faite volontairement sans qu'il l'ait exigée, la promesse est valable et a une cause licite et honnête; la cause n'étant autre chose, en ce cas, qu'une libéralité que j'ai voulu exercer envers lui.

## NOTE

Compare *Stilk* v. *Myrick*,[21] *Foakes* v. *Beer*.[22]

### From Marty et Raynaud (1988)

*La théorie classique de la cause*

194. Les premiers interprètes du Code civil ont repris la tradition de l'Ancien droit tel qu'il s'était plus particulièrement exprimé dans les idées de Jean Domat.

La théorie classique voit dans la cause le but poursuivi par les parties au contrat, mais elle s'efforce de distinguer ce but des motifs. Les motifs sont individuels et donc propres à chaque contrat et à chaque contractant tandis que la cause est toujours la même pour un type donné de contrat.

(1) *La cause est toujours la même dans les contrats de même espèce.* —

(*a*) Dans les *contrats à titre onéreux*, l'obligation de chaque

[21] (1809) 2 Camp. 317 (K.B.).
[22] (1884) 9 App. Cas. 605 (H.L.). See B. S. Markesinis, 'Cause and Consideration' [1978] C.L.J. 53.

partie a pour cause l'obligation de l'autre ou, d'une façon générale, l'avantage qu'elle espère obtenir du contrat.

La cause apparaît nettement ainsi dans les *contrats synallagmatiques*: les obligations des deux parties se servent mutuellement de cause, 'l'engagement de l'un est le fondement de celui de l'autre' disait Domat.

Si le contrat est *unilatéral*, si une seule des parties s'oblige, c'est parce qu'elle a reçu déjà quelque chose; visant plus particulièrement les contrats réels et prenant l'exemple du prêt, Domat remarquait que la remise de la chose prêtée justifie l'obligation de restituer: 'l'obligation de celui qui emprunte a été précédée de la part de l'autre de ce qu'il devait donner pour former la convention'.

(*b*) Dans les *contrats à titre gratuit*, il faut rechercher la cause ailleurs que dans la poursuite d'un avantage corrélatif. Domat avait bien remarqué qu'elle pouvait être dans 'quelque motif raisonnable et juste, comme un service rendu ou quelqu'autre mérite du donataire', mais comme il avait ajouté que ce motif pouvait être 'le seul plaisir de faire du bien', la théorie classique affirme que la cause du contrat à titre gratuit est l'intention libérale, l'*animus donandi* dont Domat disait: 'ce motif tient lieu de cause'.

(2) *Les motifs*, qui ne doivent pas être confondus avec la cause et dont le juge n'a pas à s'occuper, sont *variables avec chaque contrat*. Ainsi les motifs que peut avoir une personne d'emprunter peuvent être les plus divers, elle peut vouloir financer l'achat d'un commerce ou d'une maison d'habitation, rembourser une autre dette, etc., la cause de son obligation est, au contraire, toujours la même: obtenir la remise des deniers.

D'autre part, les motifs constituent les mobiles lointains, indirects de l'obligation (la *causa remota*), tandis que la cause est le mobile immédiat direct (la *causa proxima*). Toujours dans l'exemple du prêt, on dira que la *causa remota* du prêt c'est la dépense que l'emprunteur envisage, tandis que sa *causa proxima* c'est l'obtention de la somme d'argent qui permettra cette dépense. Dans la théorie classique seule cette cause prochaine mérite le nom de cause et peut jouer un rôle juridique.

*La théorie anti-causaliste*

195. Les critiques adressées à la théorie classique.—De vives

critiques devaient être formulées contre la théorie classique et conduire leurs auteurs à contester l'existence même de la cause . . .

*La théorie de la cause est illogique.* . . . Ses adversaires lui ont reproché de ne pas être arrivée à donner une notion unique de la cause et d'employer ce mot dans trois sens différents et tous trois contestables.

Dans les contrats synallagmatiques, la théorie classique voit la cause des obligations d'une partie dans les obligations de l'autre, mais on ne peut pas concevoir que la cause et l'effet puissent être contemporains, or les diverses obligations découlant d'un contrat synallagmatique naissent simultanément.[23]

Dans les contrats réels, la théorie classique affirme que la cause est la remise de la chose, mais alors elle joue sur les deux sens du mot cause, la remise de la chose qui est antérieure à la naissance de l'obligation en est la cause efficiente et non la cause finale.

Enfin si dans les libéralités la cause n'est autre que l'*animus donandi*, elle est vide de sens et se confond avec le consentement. Pour lui en donner un il est nécessaire d'introduire les motifs et d'abondonner le principe même de la théorie classique.

*La théorie de la cause est inutile.* Les anti-causalistes ont surtout contesté l'utilité de la cause en affirmant qu'elle n'ajoute rien aux éléments du contrat car elle se confond soit avec l'objet soit avec le consentement. Ainsi, dans le contrat synallagmatique, il est inutile d'exiger que l'obligation d'une partie ait une cause, il suffit d'exiger que l'obligation de l'autre ait un objet. Ainsi si la chose vendue n'existe pas, il suffit de constater que l'obligation du vendeur est sans objet, il est inutile d'ajouter que celle de l'acheteur est sans cause: la cause se confond avec l'objet.

Quand elle s'en distingue, c'est-à-dire dans les contrats à titre gratuit où elle est définie comme l'intention libérale, c'est pour se confondre avec le consentement et elle est tout aussi inutile.

196. . . . La théorie de la cause a pourtant survécu aux critiques anti-causalistes. La jurisprudence fait un usage constant de la notion de cause et celle-ci est admise aujourd'hui par la quasi-unanimité des civilistes . . .

---

[23] Compare Williston, 'Successive Promises of the Same Performance', 8 H.L.R. (1894), at p. 35: ' . . . unless a promise imposes an obligation, no promise whatever can be considered a detriment. It is, therefore, assuming the point in issue to say that a promise is a detriment because it is binding.'

La doctrine contemporaine paraît s'orienter vers une conception dualiste de la cause qui ferait sa part aux deux aspects objectif et subjectif de celle-ci

From J. Maury, 'Cause' (1951)

5. L'obligation contractuelle . . . est une obligation voulue. La question première est, dès lors, de savoir si la volonté, ou l'accord des volontés, extérieurement manifestées, suffit ou non, à créer l'obligation: l'affirmative aboutirait à la consécration de l'acte abstrait; c'est la négative qui prévaut. Un élément justificatif de la force obligatoire attaché à l'accord des volontés est nécessaire et cet élément c'est justement la cause. Mais, de ce point de départ, deux directions sont possibles. On peut vouloir empêcher qu'une personne ne soit, par une manifestation de volonté, injustement obligée: l'existence de la cause comme condition de la naissance de l'obligation est un système de protection individuelle dans une pensée d'équité. On peut refuser tous effets de droit à une ou à des volontés dirigées contre l'ordre social *lato sensu*: l'exigence d'une cause qui ne soit contraire ni à l'ordre public ni aux bonnes mœurs, pose des bornes, dans l'interêt de la sociéte, à l'autonomie de la volonté.

7. Il s'agit de déterminer ce qu'est la cause de l'obligation conventionnelle. Or, le mot cause a des significations nombreuses. On oppose assez généralement la *cause efficiente*, ici, la convention qui engendre l'effet, l'obligation, et la *cause finale* qui est la raison d'être, l'explication de la justification de l'engagement. La cause dont il est question dans le droit des obligations contractuelles est, toujours, en droit français, la cause finale. Un nouveau problème surgit alors, celui de savoir si cette cause finale doit être celle du contrat ou celle de l'obligation . . .

8. Le code civil français impose l'option pour la cause de l'obligation. Cela résulte de la combinaison des art. 1108 et 1131 . . . Il faut . . . que l'obligation ait une cause licite (art. 1131) pour que soit valable la convention qui donne naissance à cette obligation. . . . La vente, par exemple, contient deux conventions-principe, l'une créant au profit de l'acheteur l'obligation pour le

vendeur de transférer la propriété de la chose, l'autre créant, au profit du vendeur, l'obligation, pour l'acheteur, de payer le prix . . .

13. . . . Chacune des parties s'y oblige pour avoir quelque chose en retour, pour obtenir un équivalent; la considération de cet équivalent est le mobile principal, essentiel, qui fonde et explique sa volonté de s'obliger. La cause de l'obligation consentie est *l'équivalent voulu* . . .

14. La cause de l'engagement contracté peut consister dans une *obligation antérieure* . . .

15. Une *obligation naturelle* peut constituer l'équivalent . . .

56. Si l'existence d'une contre-partie, d'un équivalent voulu caractérise les contrats à titre onéreux, il est évident que les contrats à titre gratuit et, en particulier, les donations auront, comme trait distinctif, *l'absence voulue d'équivalent*.

59. C'est affirmer la nécessité de deux éléments dans la donation, l'absence d'équivalent, élément matériel, et l'intention libérale, élément psychologique, le premier portant sur le second. La cause est la conscience et la volonté de n'avoir pas d'équivalent.

*Cause et catégorisation des contrats*

27. Si la cause est ce qui explique la naissance de l'obligation, ce qui justifie l'existence de cette dernière, il est normal que le caractère du contrat qui engendre l'obligation dépende de la cause de celle-ci. La notion de cause est un instrument de classement, de 'catégorisation'. C'est elle qui sert, au moins dans une large mesure et peut-être même de façon complète, à distinguer les contrats à titre onéreux des contrats à titre gratuit, qui permet de définir la libéralité et spécialement la donation. C'est elle qui, dans les contrats à titre onéreux, fournit le critère d'une division nouvelle, en contrats commutatifs et aléatoires, rend possible la compréhension, l'individualisation des différents types: vente, louage, rente viagère, assurance, transaction . . .

a. *Cause in the creation of obligations*

1.   Unilateral obligations

Douai 2.7.1847
(Guidez *c*. Thuet)
D. 1849 II 239

Le sieur Guidez avait souscrit, le 2 juin 1846, au profit de la demoiselle Thuet, alors sa demoiselle de magasin, une reconnaissance sous seing privé, dont voici les termes: 'Je m'engage à payer à la demoiselle Clémence Thuet la somme de 2 000 fr. pour récompense des soins donnés pendant la maladie de ma femme, pour accomplir la volonté de la défunte.' Le moment venu de remplir son engagement, il s'y refusa, prétendant que l'acte en question était nul comme n'ayant pas été revêtu des formes de la donation entre-vifs, puis encore que la demoiselle Thuet n'avait point donné ses soins à sa femme, et que l'obligation était sans cause réelle. — 12 novembre 1846, jugement du tribunal de Cambrai qui condamne Guidez à acquitter la dette par lui souscrite. — Appel.

LA COUR; — Attendu que l'acte souscrit par l'appelant, le 2 janvier 1846, ne contient autre chose que l'engagement pris par ledit appelant d'acquitter une obligation naturelle, ayant pour cause les soins donnés à sa femme malade, par l'intimée, alors qu'elle était au service de celui-ci comme demoiselle de magasin; — Attendu qu'un tel engagement est valable et obligatoire en lui-même, et que l'acte qui le constate n'est pas soumis aux formalités des donations entre-vifs; que celui dont il s'agit est dès lors régulier, quoique fait sous seing prive; — Attendu que le fait des soins et services rendus par l'intimée est dès à present constant au procès, et que cette cause d'obligation étant exprimée dans l'acte du 2 janvier 1846, la preuve testimoniale offerte par l'appelant ne peut être admise en l'absence de tout commencement de preuve par écrit; — Attendu, au surplus, que la somme au payement de laquelle l'appelant s'est obligé, n'est pas exagerée; — Met l'appel au néant.

Cass. civ. 8.12.1959
(Epoux D. *c.* F.)
D. 1960 241, note Savatier

LA COUR; — Sur le moyen unique: — Vu l'art. 1131, C. civ.; — Attendu que l'engagement d'entretien que, dans la croyance de sa paternité, son auteur a souscrit au profit de l'enfant né d'une femme mariée et qui a sa cause dans cette croyance, est valable alors même que ledit enfant conserve la qualité d'enfant légitime en l'absence de désaveu par le mari, et que celui-ci reste tenu à son égard des obligations que lui impose l'art. 203, C. civ.; — Attendu qu'il résulte des constatations de l'arrêt attaqué que dame P., épouse de D., a mis au monde le 23 janvier 1948, une fille, prénommée Hélène, que son mari n'a pas désavouée et a déclarée à l'état civil comme née de lui; que F. . . . , dans la conviction d'être le père de l'enfant, a pris le 15 février 1948, et a tenu jusqu'en 1953, l'engagement écrit de verser à dame D. pendant quinze ans une pension mensuelle destinée à élever la fillette; — Attendu que, pour rejeter la demande introduite contre F. par dame D. assistée et autorisée de son mari, et tendant au payement de la pension à compter du mois d'août 1953, l'arrêt attaqué énonce 'que la jeune Hélène D. n'ayant pas été désavouée, est irréfragablement réputée être la fille de D. et que, sur le seul fondement de cet état qui met à la charge des époux D. l'obligation alimentaire, l'engagement souscrit par F. dans sa croyance d'être le père de l'enfant est, aux termes de l'art. 1131, C. civ., privé de toute efficacité, parce que dépourvu de toute cause exprimable, la qualité d'enfant légitime de la fillette n'étant désormais susceptible d'aucune contradiction légale'; — Attendu qu'en jugeant aux termes de tels motifs, que l'engagement écrit d'entretien pris par son auteur, se trouvait, du seul fait qu'une obligation alimentaire légale demeurait à la charge du mari, dénué de cause et par suite de validité, la cour d'appel a violé par fausse application le texte susvisé;

Par ces motifs, casse . . . renvoie devant la cour d'appel de Rennes.

Cass. civ. 19.1.1977

(Humery *c*. Epoux Gonzalès)

D.S. 1977 593, note Schmidt-Szalewski

LA COUR; — Sur le moyen unique: — Vu l'art. 1131, C. civ.; — Attendu qu'à la suite de rupture de pourparlers engagés entre Humery et le époux Gonzalès au sujet de la vente d'un immeuble, ces derniers ont signé au profit d'Humery une reconnaissance de dette 'à titre de dédommagement pour la perte de temps occasionnée'; qu'Humery les a assignés en paiement; que pour déclarer sans cause la reconnaissance de dette et rejeter cette demande, la cour d'appel (Paris, 21 mars 1975) s'est bornée à énoncer qu'Humery n'avait subi aucun préjudice du fait de la renonciation des époux Gonzalès à leur projet d'achat, ne leur ayant pas consenti une promesse de vente, qui aurait immobilisé son bien à leur profit, mais ayant formulé une simple offre assortie d'un délai d'acceptation; — Attendu qu'en statuant ainsi sans rechercher si Humery ne s'était pas cru lié par cette offre et n'avait pas en fait immobilisé son immeuble pendant le délai ainsi consenti, la cour d'appel n'a pas donné de base légale à sa décision;

Par ces motifs, casse . . . renvoie devant la cour d'appel de Reims.

From the note

Un sieur Humery désire vendre l'immeuble dont il est propriétaire. Les époux Gonzalès se présentent comme candidats acheteurs. Ils se déclarent décidés à contracter avec le sieur Humery, mais lui demandent de prolonger les délais d'acceptation afin d'organiser le financement de l'acquisition. Trois mois plus tard, ils font savoir à l'offrant qu'ils renoncent à leur projet d'achat. Estimant avoir subi un préjudice du fait de cette rupture tardive de la négociation, le sieur Humery leur fait alors signer une reconnaissance de dette 'à titre de dédommagement pour la perte de temps occasionnée'. Ultérieurement, le sieur Humery assigne en paiement les époux Gonzalès qui refusent d'acquitter la somme promise. Saisie en appel du premier jugement, la cour de Paris rejette la demande en paiement, au motif que la reconnaissance de dette litigieuse était nulle pour défaut de cause, car le préjudice dont se plaignait l'offrant était inexistant; auteur d'une simple offre, le sieur Humery demeurait libre de contracter avec d'autres que les époux Gonzalès et ne pouvait, dès lors, se plaindre de leur refus d'accepter.

Cass. civ. 6.10.1959
(Venutolo *c.* Dlle Berdolt)
D. 1960.515, note Malaurie

LA COUR; — Sur le moyen unique: — Attendu que sur l'appel de la demoiselle Berdolt l'arrêt infirmatif attaqué (Basse-terre, 25 février 1957) a écarté le moyen pris de la nullité pour cause immorale de l'obligation souscrite à son profit par Venutolo, sous forme d'une reconnaissance de dette de 2 000 000 F et a condamné ce dernier au payement de ladite somme; — Attendu qu'il est fait grief à cet arrêt d'avoir ainsi statué, alors que, selon ses propres constatations, il n'existait en la cause aucun élément constitutif de faute à la charge de Venutolo, ni aucun préjudice subi par la demoiselle Berdolt, de sorte qu'en assignant comme cause à la libéralité litigieuse une prétendue intention de réparer, la cour d'appel a, par là même, constaté l'absence de cause et, par suite, la nullité de cette libéralité;

Mais attendu que la cause d'une libéralité réside dans le motif déterminant qui l'a inspirée; que le concubinage n'entraîne pas à lui seul, entre les concubins, une incapacité de donner ou de recevoir; qu'en l'espèce la cour d'appel a relevé que Venutolo et la demoiselle Berdolt s'étaient mutuellement témoignés, au cours d'une liaison de douze années, amour, confiance et estime; que la seconde avait constamment fait preuve envers le premier de dévouement et d'un complet désintéressement, que la libéralité litigieuse apparaissait comme l'exécution d'un devoir de conscience, d'une obligation naturelle, et qu'elle tendait à garantir l'avenir d'une femme qui avait donné à son amant la meilleure partie de sa jeunesse et que celui-ci s'apprêtait à délaisser; que par ces constatations souveraines, la cour d'appel a, sans violer les textes visés au moyen, donné une base légale à sa décision;

Par ces motifs, rejette.

From the note

En énonçant que les donations entre les concubins sont licites, sauf lorsqu'elles ont une cause immorale, l'arrêt rapporté ne fait qu'appliquer une règle constante. . . . Mais si cette libéralité peut échapper au reproche de la cause illicite ne peut-elle être critiquée pour absence de cause? L'arrêt Venutolo découvre cette cause dans l'obligation naturelle qui pèse sur un amant en volonté de rupture.

Justifier par l'obligation naturelle une libéralité entre concubins n'est pas nouveau, mais jusqu'alors la découverte de cette cause était liée avec la question de la cause illicite: il arrivait souvent, pour établir qu'une libéralité n'avait pas une cause immorale, de dire en même temps que le disposant avait été poussé par une pensée désintéressée, et qu'il avait accompli ce qu'il croyait être son devoir de conscience.

L'intérêt de l'arrêt rapporté réside surtout dans la netteté avec laquelle il décide que la cause de la donation du concubin consiste dans l'obligation naturelle qui pèse sur lui; le problème n'est plus posé sur un plan classique de la cause illicite, mais sur celui de l'absence de cause. . . . Il peut paraître ainsi bien formel de justifier un acte par une obligation naturelle, car son sens ne peut apparaître que par l'analyse de sa volonté réelle; voir dans l'obligation naturelle la cause de l'engagement du concubin est aussi verbal que de faire de l'*animus donandi* la cause d'une liberalité. Seule, la connaissance de son mobile concret permet de découvrir si son engagement est immoral, gratuit ou le prix de l'oubli.

NOTE

Observe that, because of the way the *pourvoi* was formulated, it is treated as a case on absence of cause, not *cause illicite*. Compare *Beaumont* v. *Reeve*.[24]

[24] (1846) 8 Q.B. 483.

## 2. Bilateral obligations

Cass. com. 23.6.1958
(Fisch *c.* Bellanger)
D. 1958.581, note Malaurie    J.C.P. 1958 II 10857, note P.E.

LA COUR; — Sur le moyen unique: — Vu l'art. 1131, C. civ.; —
Attendu que, selon les qualités et les motifs de l'arrêt attaqué
(Orléans, 2 décembre 1953), Fisch a, par un acte sous seing privé
en date du 11 mars 1952, promis de vendre à Bellanger qui se
réservait la faculté d'acquérir, son fonds de commerce de
boulangerie-pâtisserie pour le prix de 3 550 000 F, cette promesse
étant valable jusqu'au 1$^{er}$ mai 1952, jour fixé pour la prise de
possession; qu'il était stipulé qu'au cas où Bellanger ne se rendrait
pas acquéreur dans ledit délai, il serait tenu de verser au vendeur,
à titre de dédit forfaitaire, et irréductible, la somme de 400 000 F;
que, le 20 mars 1952, Bellanger a informé Fisch que, pour des
raisons personnelles, il ne se rendrait pas acquéreur du fonds de
commerce; que Fisch a demandé à Bellanger le payement du dédit
fixé et que l'arrêt infirmatif attaqué a rejeté cette action; —
Attendu que la décision entreprise s'est fondée sur ce que
'Bellanger, bénéficiaire de la promesse, ne pouvait être condamné
à verser une somme quelconque au promettant Fisch, puisque,
n'ayant pas promis lui-même d'acquérir, mais s'étant réservé une
simple option, il restait libre de sa décision; qu'en conséquence,
l'insertion dans une promesse unilatérale de vente d'une clause
prévoyant le payement d'une somme déterminée à titre de dédit
doit être réputée non écrite, puisqu'elle est sans cause'; — Attendu
qu'en statuant ainsi, alors que la cause de l'engagement pris par
l'acquéreur éventuel de verser un dédit résidait dans l'avantage
que lui procurait le promettant en s'interdisant de céder son fonds
de commerce à une autre personne pendant un délai déterminé, la
cour d'appel a faussement appliqué et, par suite, violé le texte de
loi ci-dessus visé: — Par ces motifs, casse. . .

Cass. req. 19.1.1863
(Cohen-Scali *c*. Roubieu)
S. 1863.1.185

LA COUR; — Sur le premier moyen: — Attendu qu'un contrat ne peut légalement exister s'il ne renferme les obligations qui sont de son essence, et s'il n'en résulte un lien de droit pour contraindre les contractants à les exécuter; — Attendu qu'il est de l'essence du contrat de louage que le bailleur s'oblige à faire jouir le locataire de la chose louée, et à l'entretenir, pendant toute la durée du bail, en état de servir à l'usage auquel elle est destinée (art. 1709 et 1719. n. 2, C. Nap.) — Attendu que les engagements impliquent pour le locataire le droit d'actionner en justice le bailleur, s'il se refuse à les remplir volontairement; — Attendu que, par l'art. 4 de la convention du 2 octobre 1859, il a été stipulé que 'le locataire renonce à former, pendant tout le cours de bail, aucune réclamation en dommages-intérêts envers Cohen-Scali, bailleur, et à intenter contre lui aucune action quelconque . . . pour quelque cause que ce puisse être'; — Attendu que cette clause insolite n'est pas seulement modificative ou restrictive des obligations imposées par la loi au locateur, mais qu'elle l'affranchit de tout engagement, de toute responsabilité . . . Qu'une semblable stipulation étant en oppositon manifeste avec les règles essentielles du contrat de louage et même avec le principe de tout contrat, c'est avec juste raison que l'arrêt attaqué en a prononcé la nullité . . .

Rejette, etc.

## NOTES

1. The *Cour de cassation* upholds the deletion of the total exemption clause. Would not the notion of *cause* involve the nullity of the lease itself? This is what the *pourvoi* argued:

Et cette clause est nulle selon l'arrêt attaqué' . . . Mais si cela était vrai, la conséquence légale serait que le bail était radicalement nul *ab initio*, et non pas seulement la clause en question; car du moment où il est admis qu'elle atteint l'essence du contrat, ce contrat ne saurait exister, puisqu'il s'agit d'une convention synallagmatique où toutes les stipulations sont corrélatives.

2. Compare *Rajbenback* v. *Mamon*[25] and the doctrinal difficulty: 'Is the

[25] [1955] 1 Q.B. 283.

doctrine of "promise for promise" satisfied by "promise for unenforceable promise"? Surely . . . not . . . '[26]

3. Is this an *ordre public* decision in disguise?

Cass. civ. 20.2.1973
(Caillet *c.* Dame Nivesse)
D.S. 1974.37, note Malaurie

LA COUR; — Sur le moyen unique, pris en ses deux branches: — Attendu que, selon les énonciations de l'arrêt attaqué (Paris, 27 avril 1971), la dame Nivesse, désireuse de succéder à Caillet comme gardienne d'immeuble, a signé à son bénéfice une reconnaissance de dette dont la cause n'était pas exprimée, que le montant de cette reconnaissance correspondait, selon Caillet, au prix du mobilier cédé à la dame Nivesse et selon cette dernière pour partie au prix dudit mobilier et pour l'essentiel à la rémunération de Caillet pour la présentation de dame Nivesse au propriétaire de l'immeuble comme successeur au poste de gardien: que la cour d'appel, statuant sur la demande en paiement de Caillet et en validation de la saisie pratiquée par lui, a déclaré sans cause la reconnaissance en ce qu'elle rémunérait l'exercice par Cailet d'un droit qu'il ne possédait pas: — Attendu qu'il est fait grief à la cour d'appel d'avoir ainsi statué alors que, selon les conclusions de la dame Nivesse et les constatations de l'arrêt attaqué, la contrepartie de la reconnaissance consistait non dans la cession d'un droit au poste de gardien, mais dans l'engagement du gardien démissionnaire de présenter son successeur; qu'il s'agissait d'un contrat aléatoire, dûment causé; qu'un tel engagement de bons offices, que l'arrêt aurait dénaturé, était valable ainsi que l'avaient décidé les premiers juges en des motifs auxquels la cour d'appel aurait dû répondre dès lors que les époux Caillet avaient demandé la confirmation du jugement; Mais attendu que les juges du second degré, en énonçant que la reconnaissance de dette était pour une partie importante 'causée par le prix de l'intervention de Caillet représentée comme déterminante et susceptible de fonder un droit au profit de dame Nivesse à occuper le poste que Caillet quittait' et que ce dernier ne détenait aucun droit qu'il puisse céder à l'obtention dudit poste, ont souverainement apprécié les

[26] [1955] L.Q.R. per R.E.M. at 329.

éléments de fait établissant la cause véritable de l'acte et ainsi, sans dénaturer celui-ci, répondu implicitement mais nécessairement aux motifs que les premiers juges avaient retenus dans le jugement infirmé; que le moyen n'est pas fondé;
Par ces motifs, rejette.

## From the note

En réalité, la pure technique juridique est impuissante à justifier la solution. Le salarié ne peut, nous dit la Cour de cassation, rémunérer sa succession parce que l'employeur est libre dans son choix. C'est cette solution qui doit être justifiée directement, sous peine de tomber dans un cercle vicieux; la présentation est faite sans droit, parce que le propriétaire n'a pas à la respecter: c'est précisément ce qu'il faut démontrer, par une politique juridique.
— Du point de vue de la politique juridique, une autre solution eût été inopportune: il eût été consternant qu'un salarié, tel le concierge ou le gardien d'un immeuble, pût monnayer sa succession et ainsi accroître le capitalisme de rentiers qui pullule dans notre société.

NOTE

The plaintiff could not ensure that the defendant would be appointed her successor; but she could—and did—promise to try. Why was this not cause for the *reconnaissance de dette*? Cf. *White* v. *Bluett* (1853) 23 L.J. Ex. 36.

Cass. req. 30.7.1873
(Michel *c*. Ronet)
S. 1873.1.448    D.1873.1.330

LA COUR; — Sur le moyen unique, pris de la fausse application des art. 1108, 1109, 1110, 1131, 1172 et 1179, C. civ. et de la violation des art. 1104 et 1964 du même code: — Attendu qu'il résulte, en fait, des déclarations de l'arrêt attaqué: 1. que Ronet, lorsque Michel a pris par la convention du 13 septembre 1871, l'obligation de le remplacer au service, avait déjà cessé légalement de faire partie de l'armée active, comme appartenant à la classe de 1870, dont la loi du 5 septembre 1871 venait de réduire le contingent à 120 000 hommes et comme ayant tiré, l'année précédente, un numéro qui le plaçait en dehors de ce contingent; 2. que si, à la date de la convention, les parties pouvaient connaître la loi modificative du contingent de 1870, elles ignoraient certainement l'une et l'autre la libération de Ronet; qu'elles le croyaient encore soumis au service, et que c'est l'erreur où elles étaient à cet égard qui a été l'unique cause de leur traité; — qu'il suit de là que l'engagement de Michel étant sans objet et celui de Ronet n'ayant point de cause ou n'ayant qu'une fausse cause, le contrat ne pouvait produire aucun effet, et que la cour de Besançon, en le décidant ainsi, n'a fait qu'une juste application des principes écrits dans les art. 1128 et 1131, C. civ.; — Rejette.

NOTE

— Would an English court have decided the same way? Compare *Bell* v. *Lever Bros*[27]

### b. Cause in the performance of obligations

From Capitant, *De la Cause des Obligations* (1923) p. 311.

Ce que veut le contractant, c'est obtenir la prestation qui lui a été promise. Du moment où cette prestation n'est pas effectuée volontairement, il est fort à craindre que le but visé lui soit manqué . . . le plaignant est fondé à demander la résolution du contrat et à dire: 'Le but en vue duquel je me suis obligé ne peut plus être atteint, par conséquent, mon obligation est sans cause, je demande à en être déchargé.'

From Maury, 'Cause' (1951)[28]

26. Mais la résolution, partielle ou totale, doit-elle être fondée sur la cause? Il ne le semble pas. Certes, à la base d'une telle thèse, il y a une analyse psychologique exacte: le vendeur, par exemple,

---

[27] [1932] A.C. 161.
[28] Para. 26.

vend pour avoir le prix; non la créance du prix: l'acheteur achète pour avoir la chose, non la créance de cette chose. Mais s'en tenir là, c'est ne pas tenir compte du moyen juridique d'arriver au résultat cherché qui est la création d'obligations par le contrat. Sans doute, l'idée d'équivalence, fondement de la théorie de la cause, peut être transportée dans le domaine de l'exécution; la résolution pour inexécution, fautive ou non, et de façon plus lointaine, l'*exceptio non adimpleti contractus* en sont des applications, non d'ailleurs sans intervention d'éléments accessoires. Mais il y a intérêt à distinguer les deux moments de la vie du contrat, formation et exécution, où cette notion intervient et les sanctions sont, d'ailleurs différentes, nullité ou résolution. La cause est élément de formation de la convention, condition d'existence de l'obligation. Elle est la prestation promise, non la prestation exécutée, la contrepartie convenue, non la contrepartie réalisée. C'est donc au moment de la formation du contrat qu'il faut se placer pour savoir si elle existe, et sa disparition ultérieure n'empêche pas que la convention ne soit valable.

NOTES

In the light of these opposing views consider the following:

1. 'Dans un contrat synallagmatique l'obligation de l'une des parties a pour cause l'obligation de l'autre et réciproquement . . .'[29]

2. 'Dans une convention synallagmatique, l'obligation de chacune des deux parties a pour cause l'exécution de l'obligation de l'autre partie.'[30]

3. 'Dans les contrats synallagmatiques, l'obligation de chaque contractant trouve sa cause dans l'obligation envisagée par lui comme devant être effectivement exécutée de l'autre . . .'[31]

4. '. . . in the law relating to the formation of contract, the promise to do a thing may often be the consideration, but when one is considering the law of failure of consideration . . . it is, generally speaking, not the promise which is referred to as the consideration, but the performance of the promise.'[32]

[29]  Cass. civ. 14.4.1891, below.
[30]  Cass. civ. 22.11.1922 S. 1923.1.81.
[31]  Cass. civ. 30.12.1941; D.A. 1942.98.
[32]  *Fibrosa* [1943] A.C. 32 per Viscount Simon L.C. at 48.

Trib. civ. de Pontoise 26.5.1948
D. 1949. Somm. 7

L'obligation de chacune des parties trouvant sa cause dans l'obligation de l'autre, l'employeur est fondé, en cas de grève, à ne pas payer le salaire et, en cas de grève perlée, à mettre le salaire en rapport avec le travail effectivement fourni, alors surtout qu'il a averti le personnel de la réduction du salaire qui serait opérée si le ralentisement du travail se poursuivait.

Trib. de simple police de Saint-Amand-les-Eaux 4 mars 1948[33]

[The employer was acquitted of failing to pay the minimum wage.] [E]n effet l'obligation de chacune des parties ayant sa cause dans l'exécution de l'obligation de l'autre, il en résulte que l'employeur n'est plus tenu de payer un salaire à l'employé qui a cessé d'en fournir la contrepartie sous forme de travail.

Cass. civ. 8.5.1974
(Vve Fleureau *c*. Dame Vaquier de La Baume)
D.S. 1975.306, note Larroumet

LA COUR; — Sur le moyen unique: — Attendu qu'il résulte des énonciations de l'arrêt confirmatif attaqué . . . que, par acte sous seing privé du 30 juillet 1955, les époux de La Baume ont reconnu à Fleureau, en faveur de ses parcelles enclavées 101 et 111 B, un droit de passage gratuit sur la parcelle 109, permettant de rejoindre la parcelle 112, droit 'qui s'exercera de tous temps' . . . ; qu'en échange de ces avantages, Fleureau a concéde aux époux de La Baume, pour une durée de cinquante années, un bail gratuit, résiliable chaque année à la volonté seule des preneurs sur une parcelle no. 211 B lui appartenant, bail régi par les lois du fermage; que, dans le cadre d'une opération d'utilité publique, . . . le service national de l'Electricité de France s'est rendu acquéreur du fonds servant et, pour partie, du fonds dominant; que, le 9 décembre 1970, dame veuve Fleureau a assigné les époux de La Baume aux fins qu'il soit jugé que les bail consenti par son mari

---

[33] Quoted by Garay, Gaz. Pal. 1949.1.Doctr. 20.

décédé était devenu sans cause, du fait de la disparition de sa contrepartie, et que soit constatée sa résolution; — Attendu qu'il est fait grief à l'arrêt d'avoir débouté dame veuve Fleureau de sa demande, alors, selon le moyen, que la convention du 30 juillet 1955, qui a été dénaturée, ne constituait pas un échange, car elle n'opérait aucun transfert de propriété, mais un engagement à des prestations successives; qu'en reconnaissant d'ailleurs leur existence, tout en qualifiant d'échange l'accord intervenu, l'arrêt s'est contredit; que, contrairement à ce qu'affirmait la cour d'appel, en cas de contrat à prestations successives, la cause doit subsister tout au cours de l'exécution du contrat: qu'en l'espèce, la cause de l'obligation de la dame veuve Fleureau avait disparu avec la servitude de passage concédée par les époux de La Baume sur leur parcelle 109, que cette disparition n'était pas son fait, ni celui de son mari; qu'elle était la conséquence des ventes consenties, de part et d'autre, au service national de l'Electricité de France, sous la menace d'une procédure d'expropriation déjà engagée; . . .

Mais attendu que le contrat litigieux, tel qu'il a été analysé par les juges du fond, constitute un contrat synallagmatique à caractère instantané, que, par suite, c'est à juste titre que la cour d'appel a déclaré qu'il fallait se placer au moment de la formation du contrat pour apprécier l'existence de la cause des obligations qu'il comportait, qu'elle a put ainsi affirmer que le bail concédé par Fleureau avait pour cause les servitudes de passage consenties par les époux de La Baume; — Attendu que par ces seuls motifs, exempts de dénaturation et étrangers à la contradiction alléguée, les juges du second degré ont légalement justifié leur décision; que le moyen n'est donc pas fondé;

Par ces motifs, rejette.

NOTE

Could the plaintiff have pleaded 'failure of consideration' before an English court?

Cass. civ. 12.2.1975
(Mazeau *c.* Perriot)
J.C.P. 1976 II 18463, note Larroumet

LA COUR; — Sur le moyen unique, pris en ses trois branches: — Attendu qu'il résulte du jugement attaqué, rendu en dernier ressort, que Perriot a passé commande à Mazeau, garagiste, d'une automobile Taunus et lui a versé une somme de 1 000 francs à valoir sur le prix; que le véhicule n'ayant pas été livré à Perriot. celui-ci a assigné Mazeau en restitution de l'acompte versé et en dommages-intérêts; — Attendu que Mazeau fait grief au jugement attaqué d'avoir fait droit à ces demandes, alors, selon le pourvoi, que d'une part, le fait qu'un véhicule ne soit pas coté à l'Argus ne signifie pas qu'il ne soit pas commercialisé[34] en France et qu'en décidant le contraire, le tribunal aurait privé son jugement de base légale; que, d'autre part, à supposer exacte la non commercialisation en France du véhicule, l'acompte reçu serait dépourvu d'objet et non pas de cause; qu'enfin une mise en demeure préalable à une demande en résiliation de la vente était nécessaire, que le contrat excluait l'allocation de dommages-intérêts à l'acquéreur et ne visait expressément que le remboursement de l'acompte versé; — Mais attendu que le tribunal, qui a constaté que Perriot ne sollicitait pas la résiliation de la vente mais fondait son action sur l'art. 1131 du Code civil, a retenu, par une appréciation dont le contrôle échappe à la Cour de Cassation, qu'en promettant de livrer un véhicule non commercialisé en France, Mazeau avait trompé son client; qu'il a pu, dès lors, en déduire que le versement de la somme de 1 000 francs à valoir sur le prix, effectué par Perriot lors de sa commande était sans cause et, par ces seuls motifs, a justifié sa décision;

Par ces motifs: — Rejette.


## From the note

Dans la mesure où la demande de l'acheteur avait été fondée sur l'art. 1131 du Code civil, c'est-à-dire sur l'absence de la cause de l'obligation, qui est une condition de formation du contrat, il n'était pas douteux que c'était la nullité du contrat et non sa résolution qui était invoquée. Remarquons que dans la mesure où le vendeur avait trompé l'acheteur en le déterminant à conclure un contrat portant sur une automobile non commercialisée en France, et qui, par conséquent, pouvait ne jamais être livrée, l'acheteur aurait pu éventuellement se prévaloir de l'art. 1110 du Code civil

---

[34] On the market.

(erreur sur la substance de la chose vendue, car la commercialisation en France constitue très certainement une qualité substantielle d'une automobile vendue en France, qualité exigée par
l'acheteur et que le vendeur ne peut ignorer) ou de l'art. 1116 (dol
du vendeur ayant entraîné une erreur de l'archeteur sur l'objet de
la contre-prestation). Or le dol et l'erreur entraînent la nullité du
contrat, de la même façon que l'absence de cause. Cependant, il
pouvait s'agir ici d'une erreur sur l'existence de la cause de
l'obligation de l'acheteur, c'est-à-dire d'une erreur portant sur
l'existence de la contre-prestation, en l'occurrence l'obligation du
vendeur, dans la mesure où l'acheteur s'engageait sans contrepartie, l'automobile ne pouvant lui être livrée en raison de sa non
commercialisation en France.

En présence d'une telle erreur, on peut hésiter entre le régime
juridique de la nullité pour erreur ou celui de la nullité pour
absence de cause . . .

S'il y a croyance en l'existence d'une contre-prestation qui
n'existe pas en réalité, la nullité doit être prononcée pour absence
de cause et non pas pour erreur. Ce n'est que dans l'hypothèse
d'une erreur sur les motifs, c'est-à-dire sur la cause impulsive et
déterminante, que l'on doit s'interroger sur le point de savoir si
l'art. 1110 commande l'art. 1131, auquel cas l'erreur sur la cause se
ramène à une erreur sur la substance. Quoiqu'il en soit, dans
l'espèce qui a donné lieu à l'arrêt de la 1re Chambre civile du 12
février 1975, on pouvait à la rigueur hésiter entre la nullité pour
erreur (ou dol) en mettant l'accent sur l'absence d'une qualité
substantielle, à savoir la commercialisation du véhicule en France,
ou bien la nullité pour absence de cause, la non commercialisation
se manifestant par l'inexistence de l'obligation du vendeur. A
notre avis, c'est cette seconde solution qui est la meilleure.

### c. Cause illicite

Cass. req. 15.7.1878
(Duffau *c*. Boyancé)
S. 1879.1.393, note Labbé

14 août 1876, arrêt de la Cour d'appel de Bordeaux, ainsi concu:
'Attendu que, quelle que soit la qualification donnée à un acte, les
tribunaux saisis d'une demande tendant à le faire annuler, ont le

droit d'examiner sa nature, de déterminer son véritable caractère, et de rechercher s'il réunit les conditions que la loi exige pour sa validité; — Attendu que l'acte en date du 27 juillet 1874, par lequel Boyancé a donné tous ses biens aux époux Duffau, à condition de le nourrir et de lui servir une rente viagère de 150 fr. par an, a été fait dans des conditions qui enlèvent à cet acte les caractères d'un contrat de bienfaisance, et ne lui laissent que le titre et l'apparence d'une donation; — Attendu, en effet, qu'il résulte de la procédure criminelle instruite contre les époux Duffau et qu'il est d'ailleurs reconnu que, le 26 juillet 1874, le nommé Boyancé se rendit, à onze heures du soir, chez la femme Duffau, qui lui avait promis de le recevoir en l'absence de son mari; que, sur la foi d'un signal convenu entre eux, il pénétra dans la chambre . . . ; mais qu'à ce moment, il se trouva en présence de Duffau, qui le terrassa et le frappa violemment, lui passa autour du cou une corde . . . , et le menaça de le tuer . . . ; que Boyancé, éperdu, consentit alors à faire aux époux Duffau une donation de tous ses biens; qu'on alla immédiatement chercher le notaire d'Auros, et, qu'en l'attendant, Boyancé fut placé dans une chambre et gardé à vue; que le notaire étant arrivé, le 27 au matin, fut immédiatement introduit dans cette chambre, où toute la famille Duffau se trouvait réunie, et qu'il dressa, séance tenante, un acte de donation, acceptant sans examen la fable par laquelle Boyancé cherchait à expliquer sa présence dans cette maison, les conditions dont il était convenu et la détermination soudaine qu'il avait prise de disposer de tous ses biens au profit des époux Duffau; — Attendu qu'on ne saurait trouver dans cet acte la volonté libre de gratifier, qui est le caractère essentiel de la donation; que l'affection et la bienfaisance n'y ont aucune part; que le soin pris par les époux Duffau de garder Boyancé chez eux, la surveillance qu'ils ont exercée sur lui, la précipitation qu'ils ont mise à appeler un notaire pour dresser dans leur maison, sous leurs yeux, l'acte par lequel Boyancé devait se dépouiller à leur profit, prouvent, d'ailleurs, suffisamment qu'ils ne se croyaient pas en droit de compter sur les dispositions libérales du prétendu donateur; — Attendu que si cet acte n'a pas le caractère d'une donation, il ne vaut pas non plus comme obligation, qu'à quelque point de vue qu'on se place, soit qu'on l'envisage comme l'exécution d'une promesse antérieurement faite à la femme Duffau, soit qu'on veuille l'expliquer comme une réparation de l'atteinte portée à l'honneur de son mari, il n'a pas de cause licite et doit être dépourvu de toute efficacité juridique; — Attendu, en effet, que, s'il est vrai, comme les époux Duffau l'allèguent, que Boyancé ait promis à la femme Duffau de lui faire une donation afin de la déterminer à de coupables complaisances, il serait déraisonnable que cette pensée eût survécu à la mystification dont il avait été victime; que, dans tous les cas, l'acte qui serait la réalisation d'une pareille promesse, serait nul comme contraire aux bonnes mœurs; — Attendu, d'autre part, qu'en s'associant aux manœuvres de sa femme pour attirer Boyancé chez elle dans un but de débauche, en cherchant dans le rendez-vous qu'elle avait donné à ce vieillard infirme un prétexte pour le rançonner, en prenant enfin, de concert avec elle, les mesures destinées à le faire tomber dans un guet-apens, Duffau avait perdu le droit de se plaindre de l'outrage fait à son honneur et de réclamer une indemnité à titre de réparation, qu'il serait contraire à la morale et à l'ordre public de sanctionner un engagement obtenu par ces moyens honteux; — Attendu que, la cause de l'obligation étant illicite, l'acte du 27 juillet 1874 est absolument sans valeur; qu'il est entaché d'une nullité radicale et ne pourrait être ratifié; qu'il y a donc lieu de réformer la décision des premiers juges qui ont cherché et cru trouver la preuve de cette ratification dans la conduite ultérieure de Boyancé; — . . . Emendant, déclare nulle la prétendue donation du 27 juillet 1874, au rapport de M. Lafon, notaire à Auros; et, sans s'arrêter à l'exception de ratification qui est déclarée non recevable, dit que tous les biens donnés viendront en la possession de l'appelant, libres de charges et hypothèques, et que les fruits indûment perçus seront restitués, etc.'

Pourvoi en cassation par les époux Duffau pour excès de pouvoirs et violation des art. 1109, 1382, 1338 al. 3, C. civ.

LA COUR; — Sur l'unique moyen du pourvoi, pris d'un excès de pouvoirs, ainsi que de la violation des art. 1109, 1382, et 1338 al. 3, C. civ.; — Attendu, en fait, que par acte du 27 juillet 1874, Boyancé ayant fait donation de tous ses biens aux époux Duffau, une instruction correctionnelle a d'abord été suivie contre ceux-ci pour extorsion de signature, et que, cette instruction correctionnelle ayant abouti à une ordonnance de non-lieu, Boyancé a demandé aux tribunaux civil la nullité de l'acte du 27 juillet 1874; — Attendu, en droit, que les juges civils ont pu, sans excès de pouvoirs, puiser des éléments de conviction dans les faits établis par la procédure correctionnelle, ces faits étant d'ailleurs reconnus par les parties; qu'ils ont pu constater souverainement que Duffau s'était associé aux manœuvres de sa femme pour attirer Boyancé chez elle, et en conclure que l'acte du 27 juillet 1874 était nul, comme ayant une cause illicite; enfin, qu'ils n'ont pas violé l'art. 1338, et qu'ils ont fait une juste application de l'art. 1131, C. civ., en décidant que l'exécution volontaire par Boyancé de l'acte dont il s'agit, ne l'avait point rendu non recevable à en demander la nullité; — Et attendu que la décision attaquée, étant ainsi expliquée et justifiée, n'a évidemment violé ni l'art. 1109 ni l'art. 1382, C. civ.; Rejette etc.

From the note

. . . Une donation peut-elle être annulée pour cause illicite? Parmi les auteurs, les uns soutiennent carrément la négative. Dans une donation, la cause est uniquement l'intention de donner, le rôle accepté de bienfaiteur. Or, en soi, l'intention de se constituer le bienfaiteur d'autrui n'est jamais immorale. Sans doute, cette intention peut être déterminée par des motifs plus ou moins purs. Cela est vrai: mais la loi annule un acte, non parce que les motifs plus ou moins éloignés sont illicites, uniquement parce que la cause est illicite. La cause d'un acte juridique est la raison d'être essentielle, celle sans laquelle l'acte d'après sa nature ne se conçoit pas, celle qui est la même pour tous ceux qui font un acte semblable. Les motifs n'ont rien d'essentiel, ni d'invariable; ils ne se lient pas à la nature de l'acte. La loi s'occupe de la cause; elle ne considère pas les motifs. Dans une donation, l'esprit de libéralité est la seule condition déterminante qui découle du caractère même de l'acte, qui ne varie pas de personne à personne. Or, répétons-le, la volonté de conférer un bienfait à autrui n'est jamais illicite.

D'autres auteurs sont d'avis qu'une telle conclusion qui rend l'art. 1131 inapplicable aux donations, qui déclare aveuglément toute libéralité licite, qui interdit aux juges de scruter l'immoralité des motifs, suffit à la réprobation du principe. En effet, l'argumentation subtile des adversaires contrarie, dit-on, la vérité et la simplicité naturelle des choses. Dans une donation, la volonté ne peut s'isoler de ce qui la détermine. La donation suppose une affection qui pousse au sacrifice. Cette affection doit être pure, honnête, pour que le législateur la sanctionne. Les juges doivent donc étendre leur examen jusqu'à la nature, jusqu'à la source de l'affection qui produit la libéralité.

. . .

Mais, quand l'acte est une donation, il est malaisé de l'annuler comme ayant une cause illicite; la distinction entre la cause et les motifs est, à nos yeux, incontestable.

La cause est dans la réponse directe à cette question *cur debetur?* Pourquoi vous êtes-vous obligé ou dépouillé, sans recevoir ou attendre d'équivalent pécuniaire? A cette question tout donateur répondra: Parce que j'ai voulu être libéral, conférer un bienfait, remplir le rôle de donateur. Voilà juridiquement la cause, la cause qui fait partie essentielle de l'acte, qui sert à le nommer et à le classer. Si poursuivant l'enquête on demande: Qu'est-ce qui vous a induit à vouloir donner? Chaque donateur répondra différemment et développera ses motifs particuliers. Nous sommes en dehors du cercle des éléments juridiques de l'acte. Nous flottons sur la mer infinie des mobiles de la volonté humaine. La loi a renoncé à s'occuper de ces mobiles tout individuels et souvent insaisissables. Or, relativement à une donation, le caractère illicite se trouve dans les motifs. Il est illogique et dangereux d'altérer et d'étendre le sens du mot cause. L'art. 1131 ne permet pas de donner unè double définition de ce mot, l'une étroite, conforme aux explications précédentes pour les actes à titre onéreux, l'autre plus large, plus vague pour les actes à titre gratuit.

Mais si l'art. 1131 bien entendu ne vient pas en aide à la jurisprudence, il est dans le Code civil un autre article dont il faut tenir compte: c'est l'art. 6. Il défend 'de déroger par des conventions particulières aux lois qui intéressent l'ordre public et les bonnes mœurs'. Cet article refuse toute efficacité aux conventions dont le but est illicite ou immoral. Il ne précise pas dans quel élément, dans quelle partie de la convention se trouve la contrariété avec la loi ou la morale. Nous échappons à la nécessité de prouver que c'est la cause elle-même qui est illicite ou honteuse.

Il est vrai que d'après le texte de l'art. 6, nous rencontrons sous un autre rapport une limitation aux pouvoirs du juge, que ne continent pas l'art. 1131. L'art. 6 défend uniquement de déroger aux lois concernant les bonnes mœurs. Il semble donc indispensable que le fait immoral, qu'une convention a pour objet ou pour but, soit réprimé ou réprouvé par une loi, pour que la convention soit annulée . . .

. . . Nous préférons néanmoins suivre la judicieuse inspiration de notre maître si regretté, M. Valette, et nous nous plaisons à reproduire quelques passages d'un développement où brillent d'un pur éclat ses qualités habituelles, et l'intuition, le goût du juste, et la limpidité du style: 'Si le droit . . . ne se propose pas de réglementer tous les devoirs de l'homme en général, le droit positif ou la loi n'entend pas non plus confirmer par son intervention ce qui serait contraire à la morale. Voilà quel est le sens de l'art. 6 et autres semblables, C. civ.' (Cours de C. civ., Introd. p. 3), et ailleurs: 'Si l'art. 6 mentionne particulièrement les lois, c'est qu'elles sont l'objet traité dans le titre préliminaire . . . mais notre article a une portée plus générale, il s'applique à toutes les conventions . . . et même aux autres actes qui seraient contraires à l'ordre public et aux bonnes mœurs . . . Il n'est pas nécessaire, pour donner lieu à l'application de l'art. 6, qu'il s'agisse d'attentats aux bonnes mœurs constituant des délits ou des crimes . . . Le fait que la morale réprouve sans que la loi pénale les frappe . . . ne pourraient point davantage faire l'objet d'une convention valable.'

Ce qui nous fait pencher vers l'interprétation la plus large, c'est la comparaison entre l'art. 6 et les art. 900 et 1133, C. civ. On concevrait que le législateur eût redouté l'arbitraire variable des tribunaux dans l'appréciation des bonnes mœurs. Mais notre législateur l'a-t-il redouté? Nous ne le pensons pas, et cela résulte pour nous de la rédaction des art. 900 et 1133. Art. 900: 'Les conditions qui sont contraires aux lois ou aux mœurs sont réputées non écrites.' Art. 1133: 'La cause est illicite quand elle est prohibée par la loi, quand elle est contraire aux bonnes mœurs ou à l'ordre public.' Notre législateur confie donc aux tribunaux le soin de définir les bonnes mœurs dont le respect importe à l'ordre dans la société. Il admet qu'en dehors du cercle des prescriptions légales, il y a des conventions qu'aucune loi ne réprouve, auxquelles pourtant la sanction judiciaire doit être refusée.

NOTES

1. If Boyancé's obligation was incurred in return for Mme Duffau's promise 'de le recevoir en l'absence de son mari' was its *cause licite*?

2. If Boyancé's obligation was incurred to compensate the husband, did it have a *cause*?

Cass. civ. 23.6.1879
(Villacèque *c.* Levray)
S. 1879.1.473

M. Levray a actionné M. Villacèque fils aîné et compagnie, en paiement de 4 750 fr. 80 cent, représentant le prix de trois fûts de caramels colorants livrés à ceux-ci. Devant le tribunal de commerce de Caen, Villacèque et compagnie ont opposé que les fûts de caramels colorants avaient été saisis par le parquet comme substances nuisibles, ainsi que les vins colorés avec lesdits caramels; et ils ont soutenu, par suite, que la vente était nulle comme contraire aux conventions des parties entre lesquelles il n'aurait été question que d'un procédé pour coller les vins, et, en tout cas, illicite. 13 novembre 1876, jugement du tribunal de commerce de Rouen, qui condamne Villacèque et compagnie à effectuer le paiement réclamé. Appel par Villacèque.

26 avril 1877, arrêt de la Cour de Rouen, 2ᵉ ch., qui infirme le jugement en ces termes: 'Attendu que toute obligation ayant une cause illicite ne doit avoir aucun effet; qu'une cause est illicite quand elle est prohibée par la loi, quand elle est contraire à l'ordre public; — Attendu que la falsification des boissons constitue un délit; qu'il y a même aggravation de peine dans le cas de mixtions nuisibles à la santé, et qu'ainsi les conventions qui ont pour base des actes de cette nature sont illicites et frappées de nullité; — Attendu que les traites dont Levray poursuit le paiement contre Villacèque ont pour cause des livraisons considérables de caramels colorants destinés à donner aux vins une couleur artificielle; qu'il est reconnu que ces caramels contiennent une certaine quantité de fuchsine, substance préparée industriellement au moyen de l'acide arsénique, et, par conséquent, dangereuse comme tous les poisons; . . . que Villacèque, en recommandant à Levray d'apposer sur ses factures certaines mentions dont le but évident était de donner de change à la justice, a révélé par ces précautions mensongères qu'acheteur et vendeur avaient conscience l'un et l'autre que leurs opérations n'étaient pas légales; . . . qu'il est établi jusqu'à l'évidence que les marchés passés entre Villacèque et Levray étaient illicites, contraires aux lois et à l'ordre public; que, dès lors, ces conventions étant frappées de nullité, le vendeur est non recevable à en poursuivre l'exécution; . . . Par ces motifs, infirmant le jugement, déclare nulles et de nul effet les conven-

tions passées entre les parties; dit Levray sans action pour en exiger l'exécution et pour se faire payer des marchandises livrées. etc. . . . ' Pourvoi en cassation par M. Levray.

LA COUR; — Sur le moyen unique du pourvoi: — Attendu qu'il résulte de l'arrêt attaqué, que les caramels colorants vendus par Levray à Villacèque fils aîné et compagnie, sont propres à communiquer aux vins une couleur artificielle, que leur emploi donne lieu à des produits certainement nuisibles, et que la convention intervenue entre les parties a eu pour objet, dans leur intention commune, l'œuvre de falsification à opérer au moyen de la substance vendue; — Attendu que, la convention ainsi appréciée, ayant pour cause déterminante une fraude concertée en vue d'une opération délictueuse, l'arrêt l'a déclarée à bon droit illicite, et par conséquent sans effet, au regard des deux parties; qu'en statuant ainsi, loin d'avoir violé l'art. 1131, C. civ., il en a fait au contraire une juste application; — Rejette, etc.

## NOTES

1. What, in classical theory, is the *cause* of the obligation to pay the price?
2. Note that the *Cour de cassation* speaks of the *cause de la convention*.
3. Note the emphasis on *intention commune* and compare *Pearce* v. *Brooks*.[35]
4. Had the seller been *bona fide* would he have succeeded:
   (*b*) by using the classical theory of *cause*;
   (*b*) by applying to the buyer the maxim *nemo auditur*?

Cass. soc. 8.1.1964
(Dlle Monge *c*. Vve Minart)
D. 1964.267

LA COUR; — Sur le moyen unique pris de la violation et de la fausse interprétation de la loi, notamment des art. 1131 et 1133, C. civ. et de l'art. 7 de la loi du 20 avril 1810, dénaturation des conventions: — Attendu qu'il est fait grief au jugement attaqué (Trib. civ. Bayonne, 14 janvier 1957) d'avoir débouté la demoiselle Monge

---

[35] (1866) L.R. 1 Exch. 213.

de sa demande en payement de solde de salaires en raison de
l'illicéité du contrat de travail qui la liait à dame Minart, alors que
cette dernière n'avait pas rapporté la preuve qui lui incombait de
la cause immorale et illicite du contrat et que demoiselle Monge
ignorait lors de la passation dudit contrat les raisons qui pouvaient
le vicier; — Mais attendu que les juges du fond ont constaté que la
demoiselle Monge avait été employée comme femme de chambre
dans la maison de tolérance exploitée par la dame Minart et avait
participé à cette entreprise 'illicite et immorale'; qu'ils ont pu en
déduire qu'elle était mal fondée à se prévaloir d'un contrat 'dont la
cause était illicite et contraire aux bonnes mœurs'; — Attendu que
la demoiselle Monge ne justifie pas avoir soutenu devant eux
qu'elle ignorait, lors de la conclusion du contrat, les raisons qui
pouvaient le vicier, ce qui constitue un moyen nouveau, mélangé
de fait et de droit, donc irrecevable;

Par ces motifs, rejette.


Cass. crim. 7.6.1945
(Lavaure)
S. 1945.1.120     D. 1946.1.149, note R. Savatier
Gaz. Pal. 1945.2.146


LA COUR; — Statuant sur le pourvoi de Lavaure contre un arrêt de
la cour d'appel de Bordeaux du 2 mars 1944 qui l'a condamnée à
trois mois de prison wr 15 000 fr. de réparations civiles pour
exercice du métier de souteneur; . . .

— Attendu qu'il résulte des énonciations de l'arrêt attaqué que
Lavaure a partagé les produits de la prostitution de la fille Janin, sa
maîtresse, et ainsi exercé le métier de souteneur, délit prévu par la
loi du 2 mars 1943; — Attendu que, sur les conclusions de la fille
Janin, partie civile,[36] tendant à l'allocation d'une somme de 35 000
fr. qu'elle affirmait avoir remise en plusieurs fois au prévenu, la
cour d'appel lui a alloué celle de 15 000 fr. 'à titre de dommages-
intérêts;

Sur le troisième moyen, pris de la violation des art. 1108, 1131,
et 1133, C. civ., 7 de la loi du 20 avril 1810 pour défaut ou
insuffisance de motifs et manque de base légale, en ce que la cour a
condamné Lavaure à payer la somme de 15 000 fr. à la partie civile

[36] See above, Part II, Civil and Criminal Law.

en tant que constituant le revenu de la prostitution de cette
dernière, alors qu'en tout état de cause, vu son origine, pareille
somme ne pouvait être réclamée en justice, faute de pouvoir l'être
sans mettre la demanderesse dans la situation d'alléguer sa propre
turpitude: — Attendu que si l'art. 1131, C. civ. déclare sans effet
l'obligation sur cause illicite, il ne vise pas les obligations ayant
leur source, comme en l'espèce, dans un délit caractérisé par la loi
pénale et dont la somme allouée par les juges à la partie civile
constitue la réparation; — D'où il suit qu'en condamnant le
prévenu à payer à la fille Janin la somme de 15 000 fr. à titre de
dommages-intérêts, l'arrêt attaqué n'a violé aucun des textes visés
au moyen;
    Par ces motifs, rejette.

From the note

   . . . Il y a aujourd'hui une remarquable tendance de chaque
branche du droit à proclamer son autonomie, et à prétendre, dans
une sorte d'esprit revendicatif, rompre les liens qui la rattachent à
l'ensemble du droit positif, spécialement au droit privé. . . . Le
présent arrêt n'est pas loin d'apparaître comme une manifestation
de l'autonomie que revendiquerait pareillement le droit criminel,
même dans ses prolongements civils. Le langage employé en est
révélateur. La chambre criminelle y laisse le droit civil libre de
persévérer dans ses errements traditionnels, en appliquant l'art.
1131, et en privant d'efficacité l'obligation de cause illicite. Mais
quand cette obligation se rapporte à un délit puni par la loi pénale,
l'arrêt déclare l'art. 1131 hors de jeu, et affirme que, si illicite que
soit la cause de l'obligation, celle-ci doit se traduire, devant la
juridiction criminelle, par des dommages-intérêts . . .
   . . . Pourtant, en dépit de ces rapprochements plus ou moins
lointains, il est certain que l'arrêt ci-dessus ne suit nullement la
jurisprudence antérieure. Il rompt même délibérément avec elle.
Car, dans l'ensemble, les tribunaux avaient bien respecté, jusqu'ici, le principe que la partie civile ne peut demander, devant
aucune juridiction, à l'occasion d'un délit pénal, d'autres dommages-intérêts que ceux conformes aux principes généraux de la
responsabilité civile. Spécialement, quand le délit pénal se
rattache à une convention immorale, les juridictions pénales,

comme les juridictions civiles, avaient, jusqu'ici, refusé toute
indemnité elle-même liée à cette convention . . .

. . . Cette confusion existe en effet et elle porte sur la nature des
règles de droit civil que la chambre criminelle a cru devoir écarter.
Car, si émancipé qu'ait voulu être, par rapport au droit civil, le
présent arrêt, il a bien été amené, à l'occasion de l'affaire
criminelle qui lui était soumise, à confronter les dommages-
intérêts qu'il prononce avec certaines règles de droit privé. Quand
une juridiction criminelle connaît d'une action civile, elle ne peut
faire, du droit civil, complète abstraction. Or, il est curieux de
constater que tout l'effort de l'arrêt consiste, sur ce point, à écarter
l'art. 1131, C. civ., qui prive d'effets les obligations sans cause ou
sur cause illicite. Direction où cet effort, induit du reste en erreur
par certains auteurs, s'exerce précisément au rebours du véritable
problème. Car l'obligation de cause immorale consistait ici dans
celle de la prostituée à l'égard du souteneur, obligation en
exécution de laquelle la prostituée avait remis à celui-ci de
l'argent. Et, pour fonder la restitution qu'essaie de justifier la
chambre criminelle, il aurait fallu, non pas, comme elle se
l'imagine, écarter l'art. 1131, mais l'appliquer. Car l'obligation de
la prostituée envers le souteneur étant de cause illicite, l'art. 1131
eût logiquement comporté la restitution de ses versements, c'est-à-
dire le résultat auquel tend la chambre criminelle. Il est donc
singulièrement paradoxal de la voir précisément s'attaquer à la
règle de droit civil qui eût pu expliquer sa sentence.

C'est qu'elle a, en réalité, méconnu l'obstacle de droit civil qui
s'opposait à la restitution admise par elle. Cet obstacle existait
bien. Seulement, il ne consistait nullement dans l'art. 1131, mais
dans une règle distincte, dont les effets, tantôt coincident avec
ceux de ce texte, et tantôt s'y opposent: la règle *Nemo auditur
turpitudinem suam allegans*. La Cour n'a sans doute pas vu que
cette maxime est, tour à tour, utilisée à deux fins. Elle peut, sans
doute, paralyser en accord avec l'art. 1131, l'application d'une
convention immorale. Mais, si cette convention a été exécutée,
elle peut aussi paralyser les restitutions que devrait en entraîner la
nullité. Loin d'être alors conforme à l'art. 1131, elle en exclut, au
contraire, les conséquences. Or dans l'espèce, c'était précisément
pour exclure le jeu de l'art. 1131 que la jurisprudence habituelle
aurait fait jouer la maxime *Nemo auditur* . . . C'est cette maxime
qui eût paralysé toute action en restitution de ce que le souteneur

avait reçu de la prostituée, en vertu d'un contrat cependant nul. Car, contrairement à ce qu'a pensé Capitant, la maxime *Nemo auditur* . . . ne dérive nullement de la théorie de la cause dans les obligations contractuelles. Elle manifeste simplement le refus du juge de s'immiscer dans des règlements immoraux.

## NOTES

1. Whether the payment is a gift or remuneration for services as a pimp, who is driven to plead that the *cause* is *illicite*?

2. Could an English court justify this result on the grounds that the contract is prohibited by a statutory provision intended to protect the girl? Is this what the *Cour de cassation* means by 'obligations ayant leur source . . . dans un délit caractérisé par la loi pénale'?

## The Effects of a Contract *inter partes*

### Code Civil

1134. Les conventions légalement formées tiennent lieu de loi à ceux qui les ont faites.

Elles ne peuvent être révoquées que de leur consentement mutuel, ou pour les causes que la loi autorise.

Elles doivent être exécutées de bonne foit.

1135. Les conventions obligent non seulement à ce qui y est exprimé, mais encore à toutes les suites que l'équité, l'usage ou la loi donnent à l'obligation d'après sa nature.

A. Interpretation

A. General principles

From Malaurie et Aynès, *Droit civil: les obligations* (1985)

420. *Office du juge.* L'interprétation des contrats relève des juges du fond qui, depuis 1808, exercent en la matière un *pouvoir souverain*. C'est une différence d'avec la loi, dont la Cour de

cassation contrôle toujours l'interprétation. Mais ce pouvoir dit souverain ne s'exerce pas sans aucun contrôle. Depuis 1872, la Cour de cassation censure les juges du fond lorsqu'ils dénaturent le contrat, ce qui apparaît lorsqu'ils interprètent un contrat clair, ou, pire encore, qu'ils le refont sous prétexte d'équité. C'est la Cour de cassation qui décide ce qui est 'clair', et ce qui est 'obscur'. De temps à autre, elle impose également son interprétation de clauses claires et précises, lorsqu'il s'agit de contrats reproduisant une formule à des milliers d'exemplaires, tels qu'une police d'assurance, ou un emprunt obligataire. La question n'est plus alors du fait, mais du droit, à cause de la *portée générale* que prend l'interprétation, comme lorsque le juge 'force' le contrat, en lui imposant des obligations que les parties n'avaient pas été prévues.

**421.** *Fondements.* L'interprétation est aussi souvent pour le juge un procédé de 'forçage' du contrat. 'Forçage' qui pourrait mieux se justifier par l'art. 1135: 'Les conventions obligent non seulement à ce qui y est exprimé' . . .

En voici deux exemples. L'un a des origines relativement anciennes: l'obligation de sécurité et la stipulation pour autrui 'découvertes' dans le contrat de transport de voyageurs. L'autre est plus récent: les obligations d'information qui pèsent sur le contractant professionnel. Ils traduisent, l'un et l'autre, deux besoins du corps social contemporain, la *sécurité* et l'*information*.

Cass. civ. 20.12.1852
(Hébert *c*. Durand)
S. 1853 I 101

Le sieur Durand, ouvrier tailleur, avait été chargé par le sieur Hébert, tailleur confectionneur, de faire deux paletots: le prix de la façon avait été fixé à 6 fr. 50 c. pour chaque paletot. L'ouvrage fait, le sieur Durand prétendit que le prix de 6 fr. 50 c. pour la façon de chaque paletot n'était pas suffisant, et il a cité le sieur Hébert devant le bureau particulier du conseil des prud'hommes . . . .

27 septembre 1850, jugement du bureau général du conseil des prud'hommes, ainsi conçu: — Attendu qu'il n'est point permis de payer le salaire moins qu'il ne vaut; qu'une convention verbale de ce genre est contraire à l'ordre public, et que le conseil doit en prononcer l'annulation, lorsqu'elle est demandée; — Attendu que

le prix de 6 fr. 50 c. pour façon d'un paletot donné par le défendeur au demandeur ne saurait être maintenu, lorsqu'il est constant, et ce, sur l'estimation des prud'hommes, que le travail n'est point trop élevé en le fixant à la somme de 12 fr.; — Attendu que la convention verbale intervenue entre les parties est contraire à l'ordre public, en ce qui touche le prix; — Par ces motifs le bureau général, jugeant en dernier ressort, déclare nulle et de nul effet la convention verbale relative au prix de 6 fr. 50 c. par chaque paletot façonné; fixe le prix de la façon à 12 fr. le paletot; en conséquence, condamne le sieur Hébert à payer avec intérêts la somme de 24 fr. au sieur Durand, pour prix de la façon de deux paletots, que le sieur Durand sera tenu de lui remettre contre ledit paiement; plus, une indemnité de 6 fr. pour perte de temps.

Pourvoi en cassation par le sieur Hébert, pour violation de l'art. 1134, Cod. Nap. . . .

LA COUR; . . . — Vu l'art. 1134, Code. Nap.; — Attendu que le jugement attaqué a condamné le demandeur à payer au défendeur, pour la façon de deux paletots, un prix supérieur à celui qui avait été convenu, en se fondant sur ce que ce prix n'était pas la juste rémunération du travail, et qu'une telle convention était contraire à l'ordre public; — Attendu, en droit, que toute convention légalement formée tient lieu de loi à ceux qui l'ont faite, et que c'est une convention légalement formée que celle par laquelle un maître et un ouvrier arrêtent librement et de commun accord le montant d'un salaire pour un ouvrage détermine; — Attendu qu'il n'est permis à aucune juridiction de méconnaître une convention faite dans de telles conditions, pour substituer un prix fixé par le juge à celui formellement arrêté par les contractants, comme il a été fait par le jugement attaqué; qu'une décision aussi arbitraire est non-seulement la violation la plus formelle de l'art. 1134, Cod. Nap., mais encore celle de tous les principes de la législation sur la liberté du commerce et de l'industrie; et sans qu'il soit besoin de statuer sur le moyen tiré de l'excès de pouvoir; — Casse, etc.

## b. Obligations de moyens et de resultat

### Code civil

1137. L'obligation de veiller à la conservation de la chose, soit que la convention n'ait pour objet que l'utilité de l'une des parties, soit qu'elle ait pour objet leur utilité commune soumet celui qui en est chargé à y apporter tous les soins d'un bon père de famille.

Cette obligation est plus ou moins étendue relativement à certains contrats, dont les effets, à cet égard, sont expliqués sous les titres qui les concernent.

1147. Le débiteur est condamné, s'il y a lieu, au paiement de dommages et intérêts, soit à raison de l'inexécution de l'obligation, soit à raison du retard dans l'exécution, toutes les fois qu'il ne justifie pas que l'inexécution provient d'une cause étrangère qui ne peut lui être imputée, encore qu'il n'y ait aucune mauvaise foi de sa part.

### From Frossard, *La Distinction des obligations de moyens et des obligations de résultat* (1965)[37]

[A]vant de reconnaître la responsabilité d'un individu, il convient de rechercher le contenu précis de la diligence qu'il devait fournir pour faire honneur à ses obligations.

En 1925, Demogue proposa une distinction.[38] Parfois, enseignait-il, le débiteur n'est tenu qu'à la diligence du bon père de famille, et le savant auteur proposa alors l'expression 'obligation de moyens' pour qualifier le contenu d'un tel devoir. Quelquefois, ce n'est plus seulement une attitude diligente qui est attendue d'un contractant . . . mais un fait ou un acte précis, un résultat indépendant des efforts fournis pour l'obtenir: la terminologie 'obligations de résultat' devait caractériser ce second groupe . . . la jurisprudence ne tarda pas à utiliser la théorie . . .

Une débiteur promet un 'résultat' lorsqu'il prend l'engagement d'effectuer une prestation, sans possibilité d'être libéré en cas d'inexécution due à la survenance de difficultés graves et inattendues, la force majeure ayant seule un pouvoir libératoire. Le résultat est donc une prestation précise (la livraison d'un meuble par exemple) objet direct de l'obligation. Son caractère objectif rend inutile pour le créancier la prise en considération de la conduite du débiteur: ce dernier n'aura aucune chance d'être exonéré en essayant de montrer sa bonne foi ou sa conduite diligente. Dans d'autres hypothèses, une personne peut simplement consentir à faire son possible pour réaliser une œuvre. . . .

---

[37] pp. 1'10.
[38] Demogue, *Traité des obligations*, vol. v, no. 1237, vol. vi, no. 599 (Paris, 1925). [Author's footnote.]

Elle se propose d'agir avec diligence, d'apporter à l'exécution de sa prestation tous les soins du bon père de famille. Tel est le cas du médecin promettant de mettre en œuvre sa science et son art au service de la guérison d'un malade. Si le but espéré n'est pas atteint, le débiteur n'encourra la charge de la responsabilité que si son attitude est fautive . . .

Cass. civ. 17.3.1947
(Etabl. Dollonne e.a. *c*. Epoux Béaa)
D. 1947.1.269

LA COUR; — Sur le moyen unique: — Vu l'art. 1147, C. civ.; — Attendu qu'en matière contractuelle, le débiteur n'est présumé en faute que si l'obligation à l'exécution de laquelle il s'est engagé envers le créancier n'a pas été remplie; — Attendu que pour faire droit à la demande en dommages-intérêts formée par la dame Béaa, en réparation du préjudice résultant pour elle d'une chute dans un escalier de la salle de spectacle des Etabl. Dollonne, au cours d'une séance cinématographique, l'arrêt attaqué (Aix, 16 mai 1938) adoptant les motifs du tribunal, s'est uniquement fondé sur ce que, à défaut de prouver la faute de la victime, les exploitants d'un cinéma sont responsables, aux termes de l'art. 1147, C. civ., de l'accident dû à l'obscurité que nécessite le spectacle, et qui rend dangereuse la circulation dans la salle; — Mais attendu que, sauf convention contraire, l'entrepreneur de spectacles s'oblige seulement à observer, dans l'organisation et le fonctionnement de son exploitation, les mesures de prudence et de diligence qu'exige la sécurité du spectateur, et n'assume pas l'obligation de rendre celui-ci sain et sauf à la sortie de son établissement; qu'il incombe dès lors au demandeur en dommages-intérêts de démontrer que le préjudice qu'il invoque a été causé par l'inexécution des obligations dont le défendeur a la charge; d'où il suit qu'en statuant comme il l'a fait l'arrêt attaqué a faussement appliqué et, par suite, violé le texte susvisé; — Par ces motifs, casse . . .

NOTE

Compare Occupiers' Liability Act, 1957 § 2 (I); and contrast Cass. civ. 6.12.1932.[39]

___

[39] See below.

Cass. civ. 11.2.1975
(S.A. Centre attractif Jean Richard et Cie La Préservatrice *c.*
Dame Bruzzesi)
D.S. 1975.512, note Le Tourneau      J.C.P. 1975 II 18179,
note Viney

LA COUR; — Sur le moyen unique, pris en sa première branche: —
Vu l'art. 1147, C. civ.; — Attendu que dame Bruzzesi assistait à
un spectacle donné par la Société 'Centre attractif Jean Richard',
lorsqu'elle a été blessée à l'épaule gauche; qu'à la suite de cet
accident, elle a assigné en paiement de dommages-intérêts ladite
société et l'assureur de celle-ci, la Compagnie 'La Préservatrice'; — Attendu que la cour d'appel (Amiens, 2 mai 1973),
tout en admettant que la dame Bruzzesi ne prouvait pas que la
Société 'Centre attractif Jean Richard' avait commis une faute, a
déclaré celle-ci responsable de l'accident, au motif que l'entrepreneur de spectacles est tenu en ce qui concerne la sécurité des
spectateurs d'une obligation de résultat; — Attendu, cependant,
que l'entrepreneur de spectacles n'est tenu, sauf circonstances
particulières découlant de la nature du spectacle, que d'une
obligation de moyens: que, dès lors, en statuant ainsi, sans relever
de circonstances impliquant en l'espèce l'existence d'une obligation de résultat, l'arrêt attaqué n'a pas donné de base légale à sa
décision;
    Par ces motifs, et sans qu'il y ait lieu de statuer sur la seconde
branche du moyen, casse . . .

Cass. civ. 12.2.1975
(Orsoni *c.* Cie La Concorde et Madoire)
D.S. 1975.533 note Le Tourneau      J.C.P. 1975 II 18179,
note Viney

LA COUR; — Sur le premier moyen: — Vu l'art. 1147, C. civ.; —
Attendu que François Orsoni, qui se trouvait dans une auto-
tamponneuse[40] du manège exploité par Madoire, a été blessé à la
suite d'un choc survenu entre sa voiture et celle d'un autre client
du manège; qu'Ange Orsoni, agissant en qualité de représentant
de son fils mineur, a assigné en paiement de dommages-intérêts

[40] 'Dodgem' car.

Madoire et l'assureur de celui-ci, la Compagnie 'La Concorde'; —
Attendu que la cour d'appel (Aix, 20 juin 1973) a rejeté cette
demande, au motif que Madoire n'était pas tenu d'une obligation
de 'sécurité absolue' et qu'il n'était pas établi qu'il avait manqué à
son obligation de surveillance générale; — Attendu qu'en se
déterminant ainsi, alors que l'exploitant d'un manège d'auto-
tamponneuses est, pendant le jeu, tenu d'une obligation de
résultat en ce qui concerne la sécurité de ses clients, les juges du
second degré ont violé le texte susvisé;
   Par ces motifs, et sans qu'il y ait lieu de statuer sur le second
moyen, casse . . .

NOTES

1. In these last two cases (decided on succeeding days) the *Cour de
cassation* quashes the lower court. Is the content of the obligation
undertaken in each case a matter of fact?[41]

2. Remember C. civ. art. 5.

3. Does the judicial approach justify the criticisms of Touffait and Tunc
(above, Part II, the Style of Judgment)?

Cass. civ. 16.3.1970
(Richard *c.* Buer)
D.S. 1970.421, note Rodière     Gaz. Pal. 1970.1.363

LA COUR; — Sur le moyen unique: — Vu l'art. 1147, C. civ.; —
Attendu qu'il résulte des énonciations de l'arrêt confirmatif
attaqué que, le 17 août 1966, Buer, son fils et dlle Reinerd ont loué
à Richard, organisateur de promenades à cheval, trois chevaux
pour faire, sous la conduite du fils de Richard, une excursion au lac
Pavin; qu'au cours de cette promenade, à l'occasion d'un passage
sur route, le cheval de Buer, apeuré par le bruit d'un avertisseur
de voiture, monta sur un talus et voulut rebrousser chemin; que
sur les conseils du guide qu'il avait sollicités, Buer déchaussa les
étriers[42] et sauta, se fracturant ainsi la jambe;
   Attendu que, pour faire droit à l'action formée par Buer contre

---

[41] See *Greaves & Co. (Contractors) Ltd.* v. *Baynham Meikle & Partners* [1975] 3
All. E.R. 99 per Denning M.R. at p. 104.
[42] Stirrups.

Richard, en réparation du préjudice qu'il avait subi, la cour d'appel énonce qu'est lié à un client, par contrat de transport entraînant une obligation de résultat, celui qui, par profession et moyennant rémunération, organise des promenades à cheval pour des touristes en excursion, de telles promenades ne constituant pas la pratique d'un sport, mais un mode de transport à la portée de n'importe quelle personne ne s'étant jamais livrée à l'équitation;

Attendu, cependant, qu'en mettant à la charge de Richard, loueur de chevaux de promenade, une obligation de résultat, alors que la pratique du sport équestre, qui s'exerce, comme en l'espèce, sous forme de promenade à l'extérieur, impliquant l'acceptation de certains risques provoqués, notamment, par les réactions, parfois imprévisibles, des chevaux qui exposent à des accidents des cavaliers confirmés, il n'était tenu que d'une obligation de prudence et de diligence, la cour d'appel a violé, par fausse application, le texte susvisé; Par ces motifs, casse . . .

## Notes

1. Why is the determination of the extent of an obligation not within the *pouvoir souverain du juge du fond*?

2. To what extent does English law recognize a distinction between *obligations de moyens* and *de résultat*? Consider, for instance, the liability of a dealer under Sale of Goods Act, 1979, s. 14 and of a non-dealer; or of, say, a manufacturer of explosives to those (*a*) outside and (*b*) within his premises.

3. Where a dentist contracted to make and supply false teeth, the Court of Appeal held: ' . . . such a contract must necessarily, by reason of the relationship between the parties and the purpose for which the contract is entered into, import a term that, given reasonable co-operation by the patient, the dentist *will achieve reasonable success* in his work; or, in other words, that there *shall be success* to the extent of producing dentures which fit well, and which can be used . . . for eating and talk-ing . . . '.[43] Would a French court have found an *obligation de résultat*?

4. Is the distinction between *obligations de moyens* and *de résultat* reflected in arts. 1137 and 1147 *Code civil*?

---

[43] *Samuels* v. *Davis* [1943] 2 All E.R. 3 per Scott L.J. at 4; italics added.

Cass. civ. 12.6.1979
(C.I.A.M. *c.* dame Huguet)
J.C.P. 1980 II 19422, note Dejean de la Batie

LA COUR; . . . —Sur le moyen unique:—Attendu que, selon l'arrêt confirmatif attaqué, Mme Huguet effectuait des achats dans un supermarché appartenant à la société l'Aquitaine, lorsqu'une bouteille de limonade qu'elle venait de prendre dans un rayon en vue de la mettre dans un chariot a éclaté et l'a blessée à la jambe; que la Caisse primaire d'assurance maladie de la Gironde a assigné, en remboursement des prestations versées à la suite de cet accident, la société l'Aquitaine, la Caisse industrielle d'assurances mutuelles, assureur de celle-ci, ainsi que la société européenne de brasseries, fournisseur de la bouteille, et son assureur, l'Union des assurances de Paris; que l'agent judiciaire du Trésor public est intervenu pour réclamer le remboursement du traitement versé à Mme Huguet pendant son interruption de travail et que celle-ci a, de son côté, réclamé la réparation du dommage qu'elle avait subi; que la Cour d'appel a déclaré la société l'Aquitaine seule responsable de l'accident; — Attendu qu'il est reproché aux juges du second degré d'avoir ainsi statué, au motif que la société l'Aquitaine était tenue d'une obligation de sécurité dont elle ne pouvait s'exonérer qu'en justifiant d'un cas de force majeure, alors que la responsabilité contractuelle de l'exploitant de magasin, qui n'est tenu vis-à-vis de sa clientèle que d'une obligation de moyens ne peut être engagée que si la preuve qu'il a commis une faute est rapportée et qu'à défaut d'avoir relevé l'existence d'une telle faute, l'arrêt attaqué ne serait pas légalement justifié; — Mais attendu que la société l'Aquitaine avait l'obligation de ne mettre à la disposition de ses clients que des articles ne présentant pas de danger autres que ceux pouvant résulter normalement de leur nature et que dès lors, c'est à bon droit que la Cour d'appel a retenu la responsabilité de cette société en relevant qu'elle avait, en l'espèce, manqué à cette obligation sans justifier de l'existence d'une cause étrangère qui ne lui soit pas imputable; qu'ainsi elle a légalement justifié sa décision; Qu'il s'ensuit que le moyen n'est pas fondé;
Par ces motifs, Rejette.

408    *Private Law*

From the note

La première chambre civile se prononce implicitement, on le voit, sur le fondement juridique de la responsabilité de l'exploitant, rattachée à une obligation contractuelle de sécurité. Elle rejette en outre, expressément, la thèse du pourvoi, qui prétendait qu'il ne pouvait s'agir là que d'une obligation de moyens.

## c. Obligations to inform or advise

As Malaurie and Aynès point out above, a recent development in French law has been the growing insistence on (or discovery of) a duty on one party to inform or to advise the other. Sometimes the duty arises at the pre-contractual stage, sometimes during performance. In some cases it is imposed by particular consumer protection statutes, while as a general proposition it has been deduced by doctrine from both laws and case-law.[44]

Obligations to inform or advise seem to differ from the general duty of good faith (art. 1134 above) by being imposed only on 'professionals'. These, however, range from doctors to artisans. Indeed the Rouen Court of Appeal is credited with having almost single-handedly imposed on French motor-mechanics a duty to warn the customers of how much the repairs will cost.[45] Since the developing law is both bulky and wobbly, we give only two examples. Other references may be found both in Ghestin (above) and in Pierre Legrand Jr., 'Pre-contractual Disclosure and Information: English and French law compared'.[46]

Rouen 18.5.1973
(Savary *c*. Halley)
J.C.P. 1974 II 17867, note Gross

LA COUR; — Statuant sur l'appel, interjeté par le docteur Savary, d'un jugement rendu le 15 septembre 1972 par le Tribunal de commerce de Bernay qui l'a condamné à verser au sieur Halley une somme de 6 297,24 F, montant d'une fracture de réparation

[44] See especially, J. Ghestin, *Traité de droit civil*, vol. ii, *Le contrat*, 457 ff.
[45] See Daverat's note to Cass. 20.3.1985, D. 1985 494.
[46] (1986) 6 O.J.L.S. 322.

d'un véhicule de marque Volvo; — Attendu qu'il suffit de rappeler que le docteur Savary avait acheté, le 9 février 1971, au garage Halley, un véhicule d'occasion de marque Volvo pour lequel il était certifié qu'il n'avait pas plus de 80 000 km; — Attendu qu'étant tombé en panne à Mantes, le 27 octobre 1971, le docteur Savary demanda au sieur Halley, garagiste à Harcourt, de venir chercher la voiture pour la réparer; — Attendu que le 7 décembre 1971, le docteur Savary refusa de payer les réparations au motif que le sieur Halley s'était engagé à réparer le véhicule pour la somme forfaitaire de 2 000 F; — Attendu que les premiers juges, estimant que la preuve n'était pas rapportée d'un accord des parties pour que les réparations soient effectuées pour le prix forfaitaire de 2 000 F, ont condamné Savary à payer l'intégralité de la facture, soit 6 297,24 F; — Attendu que le docteur Savary demande la réformation de cette décision, soutenant qu'il rapporte la preuve de l'engagement du garagiste de faire la réparation pour la somme forfaitaire de 2 000 F; qu'il estime qu'en tout état de cause la facture présentée est trop élevée; qu'il demande 5 000 F de dommages-intérêts pour avoir été privé de sa voiture depuis décembre 1971 et une astreinte de 250 F par jour si le garagiste ne lui restituait pas la Volvo contre paiement de la somme de 2 000 F; . . . Sur le quantum de la facture: — Attendu que le docteur Savary soutient que la facture qui lui est présentée est trop élevée; — Attendu que les premiers juges ont écarté ce soutien au motif que, compte tenu de l'importance des travaux envisagés, le sieur Savary, s'il voulait limiter le montant de ses obligations, aurait dû exiger un devis; — Attendu qu'un tel raisonnement méconnaît les obligations d'un garagiste qui a, à l'égard de son client, un devoir de conseil, et qui ne devait exécuter des travaux dépassant la valeur vénale de la voiture, 4 000 F environ, qu'après avoir averti l'intéressé du cette situation et sur instructions expresses; — Attendu qu'en l'espèce Halley allègue qu'il a téléphoné au docteur Savary pour l'avertir que les travaux à entreprendre étaient plus importants que prévu, mais ne soutient pas avoir fait connaître à son interlocuteur qu'il aurait à payer une somme supérieure à la valeur vénale du véhicule concerné; — Attendu qu'il devait d'autant plus expliquer la situation à son client qu'il était également possible de faire la réparation par le moyen d'un échange standard sans dépasser le montant de cette valeur vénale; — Attendu en conséquence que c'est au montant de cette valeur vénale, indiquée par le docteur Savary dès son assignation, et qui n'a jamais été contestée, que doit être limitée la somme à payer par celui-ci;

Par ces motifs: — Reçoit le docteur Savary en son appel; le déclare partiellement bien fondé; fixe à 4 000 F, toutes causes confondues et toutes taxes comprises, la somme due par le docteur Savary au garagiste Halley pour la réparation du véhicule Volvo en cause, avec intérêts de droit à compter de ce jour:

Cass. civ. 9.5.1983
(Dr G. *c*. Epoux Coffard)
D. 1984 121, note Penneau

LA COUR, — Sur le premier moyen, pris en ses deux branches: — Attendu que, selon l'arrêt attaqué (Rouen, 2 mars 1982), le docteur G. a pratiqué une ligature des trompes sur la personne de Mme Coffard; que celle-ci s'est cependant trouvée en état de grossesse moins d'un mois après l'intervention; que, les époux Coffard ayant assigné le médecin en réparation du préjudice causé, compte tenu notamment de l'état de santé précaire de la femme qui, âgée de 28 ans, avait déjà eu cinq grossesses et était intolérante aux contraceptifs ordinaires, la cour d'appel l'a condamné à leur payer des dommages-intérêts; — Attendu que le docteur G. reproche aux juges du second degré d'avoir ainsi statué aux motifs que, la parfaite obtention du résultat espéré par la patiente ne pouvant être assurée, il avait eu tort de ne pas informer les époux Coffard du risque minime, mais possible, d'une nouvelle grossesse, alors, selon le moyen, d'une part, que la cour d'appel a fait peser sur le chirurgien une obligation de résultat, et alors, d'autre part, qu'elle ne pouvait, sans violer les art. 1147 et suivants C. civ., lui faire grief de ne pas avoir informé sa patiente d'un risque minime dont la survenance était du reste indépendante de l'intervention qu'il avait pratiquée, ce qui, en l'absence de toute faute technique, n'était pas de nature à engager sa responsabilité:

Mais attendu, d'abord, qu'en énonçant que le chirurgien devait informer sa cliente de l'incertitude du résultat recherché, la cour d'appel ne l'a pas déclaré tenu de parvenir à ce résultat; que le grief est totalement dépourvu de fondement; — Attendu, ensuite, que le risque désigné par l'arrêt attaqué n'était pas le risque d'une complication provoquée par l'intervention elle-même, lequel, s'il ne se réalise qu'exceptionnellement et n'est justifiable d'aucune mesure de prévention, peut, sans que ce soit constitutif d'une faute, ne pas être signalé au patient par le chirurgien; qu'il s'agissait, au contraire, du risque d'une nouvelle grossesse, c'est-à-dire d'un risque résiduel qui, comme l'admet la rédaction du moyen, subsistait malgré l'intervention et dont les intéressés, s'ils en avaient connu l'existence, auraient éte en mesure d'éviter la réalisation; que la cour d'appel a donc pu estimer que le chirurgien devait signaler ce risque aux époux Coffard et qu'il avait manqué à son devoir de conseil; d'où il suit que le moyen n'est pas non plus fondé en sa seconde branche et doit être rejeté;

Sur le second moyen, pris en ses deux branches: — Attendu qu'il est encore soutenu, d'une part, que, contrairement à ce qu'aurait jugé la cour d'appel, la naissance d'un enfant n'est pas en soi génératrice d'un préjudice et, d'autre part, que pour ne pas avoir précisé si le préjudice dont elle ordonne réparation est effectivement imputable — et dans quelles proportions — à la faute d'abstention retenue, la cour d'appel n'aurait pas donné de base légale à sa décision, aurait assorti celle-ci de motifs incertains, et aurait faussement appliqué l'art. 1147, C. civ.;

Mais attendu qu'après avoir constaté que le défaut d'avertissement avait 'participé à la survenance de la nouvelle grossesse', la cour d'appel a énoncé que, pour des raisons d'ordre médical qui sont énumérées dans son arrêt, cette nouvelle grossesse avait 'occasionné des difficultés non seulement matérielles et de santé pour la mère, mais aussi d'ordre psychique et relationnel'; qu'elle en a déduit 'que, l'absence de mise en garde du docteur G. ayant, dans une certaine mesure, participé à la réalisation de ces difficultés et perturbations, constitutives d'un dommage ouvrant droit à réparation, il est justifié, compte tenu de l'ensemble des circonstances de l'espèce et sans qu'il y ait lieu de recourir à une expertise, de le condamner à payer aux époux Coffard une indemnité de 20 000 F'; qu'ainsi, les juges du second degré n'ont aucunement déclaré que la naissance d'un enfant était, en soi, génératrice d'un préjudice; — Et attendu qu'en répétant que le préjudice était 'dans une certaine mesure' — c'est-à-dire partiellement — imputable au manquement du médecin à son devoir de conseil, et en allouant dès lors 20 000 F de dommages-intérêts aux époux Coffard, la cour d'appel, sans user de motifs dubitatifs, a

légalement justifié sa décision; d'où il suit que le second moyen n'est pas mieux fondé que le premier;
Par ces motifs, rejette.

Compare *Thake* v. *Maurice* [1986] 1 All E.R. 497 (C.A.).

## B. Revision

This section deals with the issue of whether a court can revise a contract which has been made without any defect in consent, and whose performance has not been made impossible by *force majeure*. In some cases, the Code itself permits revision: thus, by a 1975 addition to art. 1152, a penalty clause may be altered to reflect the loss sustained by any given breach. And the title on sale contains (art. 1644) the ancient *actio quanti minoris*, whereby the buyer of goods with latent defects may have the price reduced.

1. Principle. Apart from these and similar statutory provisions, however, traditional doctrine denies that private-law courts have any revising power; and this view is certainly supported by the decision of 20.12.1852 given above, and by the following three cases.

Cass. civ. 6.3.1876
(Syndicat des arrosants de Pélissanne *c.* de Gallifet e.a.)
S. 1876.1.161    D. 1876.1.193, note Giboulot

La Cour d'Aix a rendu, le 31 décembre 1873, l'arrêt suivant: — Sur l'augmentation de la redevance d'arrosage: — Attendu que si les conventions légalement formées tiennent lieu de loi aux parties et si elles ne peuvent être modifiées que du consentement commun, il n'en est pas de même pour les contrats qui ont un caractère successif; — Qu'il est reconnu, en droit, que ces contrats, qui reposent sur une redevance périodique, peuvent être modifiés par la justice, lorsqu'il n'existe plus une corrélation équitable entre les redevances d'une part et les charges de l'autre; que, dans l'espèce, la redevance due par les arrosants représente la jouissance successive des eaux du canal, ayant pour corrélatif l'entretien et les dépenses de ce même canal; que du jour où cette égalité cesse, la loi primitive du contrat est rompue et qu'il appartient aux tribunaux de rétablir l'égalité primitive; — Attendu, en fait, que les conventions de 1560 et 1567 représentent ce caractère successif; que l'œuvre de Craponne, en prenant l'engagement de fournir de l'eau aux arrosants de Pélissanne, a stipulé, comme compensation, une redevance déterminée; que cette redevance de 3 sols par carteirade, qui pouvait être suffisante à cette époque, cesse de l'être aujourd'hui que les dépenses pour l'entretien du canal ont considérablement augmenté; qu'on ne peut soutenir qu'Adam de Craponne a reçu, à l'origine, des avantages particuliers qui rendraient ses successeurs non recevables à demander aujourd'hui une équitable augmentation dans les redevances; — Attendu que les premiers juges, en fixant cette augmentation à 60 centimes par carteirade de soixante arbres, ont sagement apprécié les faits du procès, etc.

POURVOI en cassation par le syndicat des arrosants. — 1ᵉʳ Moyen. Excès de pouvoirs et violation de l'art. 1134, C. civ., en ce que sous prétexte qu'il s'agissait d'un contrat successif, on a substitué un prix nouveau à celui qui résultait de la convention des parties.

LA COUR; — Sur le deuxième moyen du pourvoi: . . . etc.; — Rejette ce moyen; — Mais sur le premier moyen du pourvoi: — Vu l'art. 1134, C. civ.; — Attendu que la disposition de cet article n'étant que la reproduction des anciens principes constamment suivis en matière d'obligations conventionnelles, la circonstance que les contrats dont l'exécution donne lieu au litige sont antérieurs à la promulgation du Code civil ne saurait être, dans l'espèce, un obstacle à l'application dudit article; — Attendu que la règle qu'il consacre est générale, absolue et régit les contrats dont l'exécution s'étend à des époques successives de même qu'à ceux de toute autre nature; — Que, dans aucun cas, il n'appartient aux tribunaux, quelque équitable que puisse leur paraître leur décision, de prendre en considération le temps et les circonstances pour modifier les conventions des parties et substituer des clauses nouvelles à celles qui ont été librement acceptées par les contractants; — Qu'en décidant le contraire et en élevant à 30 cent. de 1834 à 1874, puis à 60 cent. à partir de 1874, la redevance d'arrosage, fixée à 3 sols par les conventions de 1560 et de 1567, sous prétexte que cette redevance n'était plus en rapport avec les frais d'entretien du canal de Craponne, l'arrêt attaqué a formellement violé l'art. 1134 ci-dessus visé; — Casse, dans la disposition relative à l'augmentation du prix de la redevance d'arrosage, etc.

From the note

Est-ce à dire que cette doctrine, si formellement proclamée par la cour de cassation, soit en contradiction avec les nombreux arrêts qui ont reconnu aux juges du fond le droit d'apprécier et d'interpréter les termes du contrat, et que la cour suprême ait entendu élargir les limites de son pouvoir de contrôle et de censure? Il n'en est rien. Si, d'après les déclarations de l'arrêt attaqué, l'acte de 1567 avait contenu des clauses dont il fût résulté, au moins implicitement, que les arrosants s'engagaient à payer une redevance représentant exactement les dépenses d'entretien faites par le propriétaire du canal, et que cette redevance, fixée d'abord à trois sols par carteirade, devait, dans l'intention des parties, augmenter ou diminuer selon les variations des frais d'entretien du canal, la cour de cassation se serait arrêtée devant cette interprétation souveraine de la volonté des auteurs des parties en cause. Mais telle n'était pas la situation; les juges du fond n'avaient rien à interpréter, puisque le contrat portait expressément, sans la moindre ambiguïté, que le prix était fixé à une somme invariable. Aussi la cour d'Aix a-t-elle reconnu que la question ne pouvait être jugée qu'en droit pur, et elle a formulé la thèse qui a été censurée par la cour de cassation . . . Elle cédait à l'influence de cette équité arbitraire dont la commode flexibilité reçoit aisément toutes les impressions de la volonté du magistrat . . . La cour de cassation, gardienne de la loi, ne pouvait donc qu'annuler une décision qui, sous prétexte d'équité, mutilait et violait formellement une convention licite, consacrée par une exécution trois fois séculaire, et dont l'art. 1134, C. civ. fait la loi des parties.

Cass. civ. 6.6.1921

(Bacou *c*. Saint-Pé)

S. 1921.1.193, note Hugueney   D.P. 1921.1.73, rapport Colin, note X.   G.A. 182

[By a lease with livestock made in 1910 the parties agreed a value per head; the land and cattle were to be returned at the end of the lease, and a valuation made, when any excess over the agreed figure was to go to the tenant. The *Cour d'appel* of Toulouse refused to allow the tenant all the excess. Motion to quash by Bacou (the tenant).]

Extract from the *arrêt*

LA COUR; . . . Vu les art. 1134 et 1826, C. civ. . . .
   Attendu que la Cour d'appel allègue vainement que les parties, en contractant, n'avaient pu prévoir l'augmentation extraordinaire du prix des animaux résultant de la guerre de 1914, mais seulement une hausse normale . . . Attendu, en effet, qu'en s'astreignant à supporter le risque d'une élévation factice . . . Saint-Pé s'était fait à lui-même une loi dont il ne pouvait s'affranchir en alléguant que ses prévisions avaient été trompées; qu'il lui aurait appartenu de restreindre son engagement à un taux déterminé; mais qu'en induisant cette restriction de circonstances sur lesquelles le bail ne s'était pas expliqué, l'arrêt attaqué n'a fait que substituer une convention supposée à la convention exprimée par les contractants; — Casse . . .

Cass. civ. 15.11.1933
(S.A. des Verreries de Carmaux *c*. Cie des Mines de Graissessac)
Gaz. Pal. 1934 J.68

LA COUR; — Sur le 1<sup>er</sup> moyen: — Vu l'art. 1134, C. civ.; — Attendu que la règle établie par cet article est générale et absolue; qu'elle s'applique aux contrats dont l'exécution s'étend a des époques successives aussi bien qu'à ceux de toute autre nature; qu'en aucun cas, il n'appartient aux tribunaux de prendre en considération le temps et les circonstances pour modifier les conventions des parties; qu'ils ne peuvent davantage, sous prétexte d'une interprétation que le contrat ne rend pas nécessaire, introduire dans l'exercise du droit constitué par les contractants des conditions nouvelles, quand bien même le régime ainsi institué paraîtrait plus équitable, à raison des circonstances économiques;
   Attendu qu'il résulte des qualités et des motifs de l'arrêt attaqué que le 21 novembre 1845 est intervenu entre les auteurs de la Société des Verreries de Carmaux et ceux de la Cie des Mines de Graissessac un acte en vertu duquel les Verreries de Carmaux sont investies, à titre de servitude réelle et perpétuelle, du droit de prendre dans les mines de Graissessac le charbon nécessaire au fonctionnement de l'usine de verrerie, limité à 3 fours; que l'extraction et le triage doivent être opérés par la Cie minière et

qu'aux termes de l'art. 19 de l'acte du 21 novembre 1845, il est stipulé que 'le charbon sera payé au prix de 0 fr. 50 pour 100 kg. et fourni comme par le passé pour la qualité';

Attendu que les Mines de Graissessac ont prétendu que le prix était fixé non pas de manière invariable et quelles que fussent les conditions économiques, mais en fonction du prix de revient de l'exploitation de la mine et comme étant l'expression d'un rapport constant avec ce prix de revient; que l'arrêt attaqué a admis cette prétention et ordonné une expertise pour déterminer le prix qui serait dû, en tenant compte des variations du prix de revient; qu'il appuie cette décision sur une interprétation de la clause du contrat réglant le prix à payer par le fonds dominant pour la fourniture due;

Mais attendu que la disposition de l'art. 19 de l'acte du 21 novembre 1845 est claire et précise; qu'elle n'offre aucune ambiguïté et ne nécessite aucune interprétation; que déjà, dans les litiges antérieurs, entre les mêmes parties, sur des points litigieux voisins de celui qui est en discussion, il a été déclaré dans les décisions judiciaires alors intervenues que le prix de 0 fr. 50 par 100 kilogr. de charbon était 'un prix invariable'; et encore que 'le prix à payer par les Verreries de Carmaux était fixé une fois pour toutes'; que le raisonnement que forme l'arrêt attaqué, en s'attachant soit à des documents étrangers au contrat, et même postérieurs en date, soit à des clauses de l'acte du 21 novembre 1845, ne contient pas d'éléments positifs autorisant à croire qu'au moment du contrat les parties aient envisagé une variation éventuelle du prix qu'elles fixaient en termes précis, sans réserve aucune pour l'avenir; qu'en ajoutant à la convention des parties des modalités que l'acte ne formule pas, l'arrêt attaqué a dénaturé le contrat et violé la disposition de loi ci-dessus visée;

Par ces motifs, . . . —Casse . . .

2. Exceptions. The extracts just given could be called 'leading cases' since, along with art. 1134 itself, they are often cited for the rule that, in general, courts have no revising power. Two points, however, should be noted about them. First, all three deal with transactions that lie on the borders of property law and involve arrangements affecting immovables. Secondly, they are the decisions of private-law courts, who—unlike the Conseil d'Etat—must pay more attention to the litigants than to the public interest. Recent doctrine has argued, with a wealth of evidence, that even

private-law courts may in fact discreetly revise contracts, especially where they cannot rescind them because they have been performed: Pierre Legrand Jr., 'Judicial Revision of Contracts in French Law: a case-study' 62 Tul. L.R. 963 (1988). The next three cases illustrate this activity in the private-law courts. The fourth demonstrates the much wider powers of the Conseil d'Etat.

Cass. req. 11.3.1913
(Amyot *c*. Breton)
D.P. 1913 I 408

LA COUR; — Sur le moyen pris de la violation des art. 1134, 1984 et suiv., 1999, C. civ., et 7 de la loi du 20 avril 1818: — Attendu que, par jugement du tribunal de commerce de Saint-Lô, du 20 juillet 1910, Breton a été condamné à payer à Amyot la somme de 6 000 fr., à titre de commission sur la vente de son usine de papeterie, ledit Amyot n'ayant figuré dans cette opération qu'à titre de courtier et de simple intermédiaire; — Attendu qu'appel a été interjeté de cette décision, et que la cour (Caen, 5 mai 1911), statuant sur les conclusions du demandeur, tendant à faire dire qu'Amyot avait été, dans la circonstance, son mandataire, a maintenu la condamnation prononcée en la réduisant toutefois à 2 000 fr., déclarant ainsi que le demandeur avait réellement agi comme mandataire du défendeur éventuel; — Attendu qu'en réduisant, pour le proportionner à l'importance du service rendu, la salaire stipulé par Amyot comme rémunération du mandat que lui avait confié Breton, la cour, dont la décision est d'ailleurs suffisamment motivée, n'a fait qu'user du pouvoir de contrôle et de revision qui appartient aux tribunaux, et n'a violé, par suite, aucun des textes visés au pourvoi; — Par ces motifs, rejette.

Cass. soc. 18.10.1972
(Lamy *c*. Chapelle)
D.S. 1973 43, note Serra

LA COUR; — Sur le moyen unique, pris de la violation des art. 1134, 1158, 1161, 1162, 1184, C. civ., 29 k, liv. 1$^{er}$, C. trav., et 7 de la loi du 20 avril 1810 . . .

Attendu que Lamy fait grief à l'arrêt attaqué (Aix, 24 juin 1971) d'avoir estimé que la clause de non-concurrence, contenue dans le contrat de travail qui le liait à Chapelle, était licite, et de l'avoir condamné à réparer le dommage causé par sa violation au motif que si ladite clause ne contenait aucune précision quant à l'étendue géographique de l'interdiction, il convenait de l'interpréter en faveur de Lamy, donc restrictivement, et de dire qu'elle s'appliquait à la région Sud de la France, pour laquelle elle était valable, alors qu'en des termes clairs et précis, la convention du 14 octobre 1963, interdisait au salarié 'd'exercer une activité d'expert auprès des compagnies d'assurances pour le compte d'un tiers ou à titre personnel pendant une durée de trois ans', qu'elle ne prévoyait donc rigoureusement aucune limitation géographique à cette interdiction et que, par suite, les juges du fond ne pouvaient, sans ajouter au contrat une disposition qui ne s'y trouvait pas et que rien ne permettait de croire qu'elle y fut implicitement incluse, décider que la clause de non-concurrence était licite comme limitée à la région Sud de la France;

Mais attendu que les juges du fond ont constaté que Chapelle, exploitant à Paris un bureau d'études et d'expertises en matériels industriels et automobiles, avait engagé Lamy en 1963 pour assurer la gestion d'un bureau à Marseille; qu'une clause du contrat interdisait à ce dernier 'd'exercer une activité d'expert auprès des compagnies d'assurances pour le compte de tiers ou à titre personnel, pendant une durée de trois ans à compter du jour de son départ, quelle qu'en soit la cause'; que Lamy avait démissionné en mars 1967, et qu'en juillet 1967, il avait ouvert à Marseille un cabinet où il s'était livré dans la même clientèle à une activité analogue à celle qu'il exerçait précédemment pour le compte de Chapelle; qu'il avait créé un véritable établissement concurrent; que si la clause ne précisait pas le lieu géographique de l'interdiction, il ressortait des conditions fixées dans la lettre d'engagement du 14 octobre 1963 que Lamy devait exercer essentiellement son activité dans la région Sud de la France, qu'il devait résider à Marseille ou dans les environs de cette ville, ce dont il résultait que, dans la commune intention des parties, l'interdiction se trouvait limitée à cette région, lieu de l'emploi et de l'exécution du contrat de travail; que, de plus, en réponse à la lettre de démission, Chapelle avait mis Lamy en garde contre un établissement éventuel dans la région Sud seulement, ce que Lamy

ne contredisait pas; qu'en l'état de ces constatations et appréciations, la cour d'appel a justement estimé que Lamy avait transgressé la clause de non-concurrence, dès lors qu'il concurrençait directement son ancien employeur dans le secteur même où il avait précédemment exercé son activité à son service, limite dans laquelle la clause était en tous cas applicable; qu'elle a, ainsi, sans dénaturation, légalement justifié sa décision;
Par ces motifs, rejette.

From the note

On est sensible à l'hésitation des juges à s'engager dans l'une ou l'autre des deux branches de l'alternative qui se présente à eux: prononcer la nullité de la clause de non-concurrence, ce qui sacrifie souvent les intérêts légitimes du créancier de non-concurrence, de l'employeur dans notre espèce, ou bien déclarer licite et donc pleinement obligatoire la convention entre les parties, ce qui porte atteinte au débiteur de non-concurrence, à la liberté de l'ancien salarié . . . Entre l'application de l'art. 6, C. civ. et celle de l'art 1134, n'y a-t-il pas une voie médiane qui permettrait au juge, tout en reconnaissant la validité d'une clause, d'en modifier le contenu et d'aboutir à une solution plus équitable? . . . Les juges du fond disposent ainsi, à côté de la force obligatoire des conventions ou de la nullité de celles-ci, d'une troisième voie qui, dissimulée sous l'apparence de l'interprétation de la commune intention des parties, leur permet de remodeler partiellement le contenu des clauses de non-concurrence.

[Compare *Goldsoll* v. *Goldman* [1915] 1 Ch. 292 (C.A.); *Attwood* v. *Lamont* [1920] 3 K.B. 571 (C.A.)]

Cass. civ. 13.4.1988
(Mme Bianchi *c.* Mme Meyer)
D.S. 1989 334, note Aubert

LA COUR; — Sur les deux moyens réunis: — Vu l'art. 1134, C. civ.; — Attendu que pour constater, en application d'une clause résolutoire, la résiliation du bail commercial consenti par Mme Meyer à Mme Bianchi, l'arrêt attaqué (Chambéry, 18 novembre

1986) retient que rien ne démontre que l'attestation d'assurances ait été reçue par Mme Meyer avant l'expiration du délai imparti par le commandement d'avoir à justifier d'un contrat d'assurance; qu'en statuant ainsi, tout en constatant qu'il était établi que Mme Bianchi était assurée pour les risques locatifs par une police souscrite en 1971 et toujours en cours, constatation dont il résultait que la locataire exécutait de bonne foi ses obligations à cet égard, la cour d'appel a violé le texte susvisé;

Par ces motifs, casse . . ., renvose devant la cour d'appel de Grenoble.

From the note

. . . Pour autant qu'on puisse reconstituer les faits, il semble qu'en l'espèce — comme il est fréquent — un bail commercial ait comporté une clause de résolution de plein droit sanctionnant les différents manquements du locataire à ses obligations, dont le défaut d'assurance et, plus précisément, le défaut de justification de cette assurance dans le délai imparti par le commandement. La justification sollicitée n'ayant été fournie dans ledit délai, les juges du fond avaient constaté la résolution du bail. Sur pourvoi du locataire, leur décision est censurée au motif que dès lors qu'il était avéré que le locataire était bel et bien assuré, il se trouvait établi que ce locataire exécutait de bonne foi ses obligations à cet égard, de sorte que la cour d'appel avait violé l'art. 1134, C. civ.

Une telle solution, si elle peut séduire par l'hommage qu'elle rend à l'équité, ne laisse pas d'inquiéter, cependant.

Donner un sens, d'une portée réelle, à l'art. 1134, al. 3, n'est assurément pas une quête nouvelle . . . les textes sont faits pour être interprétés et l'histoire du droit civil français comporte des exemples bien connus d'interprétations innovantes particulièrement audacieuses . . . Mais du moins faut-il que l'interprétation n'apparaisse pas intrinsèquement contradictoire avec le texte auquel elle prétend s'appliquer. De ce point de vue, l'arrêt du 13 avril 1988 nous paraît extrêmement critiquable.

En premier lieu, s'il est certainement concevable de voir dans l'art. 1134, al. 3, l'affirmation d'un principe général selon lequel les contractants doivent respecter les exigences de la bonne foi dans l'exécution du contrat, et notamment dans la mise en œuvre de leurs prérogatives contractuelles, il convient de ne pas en tirer d'autre conclusion que celle selon laquelle le contractant qui *méconnaît* cette exigence de bonne foi s'expose à une sanction: ainsi, le créancier qui prétend faire jouer une clause résolutoire dans des conditions déloyales peut-il se voir imposer par les juges un délai pour la mise en œuvre de ladite clause. Au rebours de cela, l'arrêt du 13 avril 1988 prétend stériliser un droit contractuel, hors de toute mauvaise foi du créancier — et, en tout cas, sans la moindre référence à une telle mauvaise foi — sur le seul fondement de la bonne foi du débiteur. Outre que l'affirmation de cette bonne foi est étrange — car si elle est, sans doute, exacte au regard de certaines obligations de ce débiteur, elle demeure inappropriée en ce qui concerne l'obligation précisément méconnue par celui-ci — il est inacceptable de prétendre lui faire jouer un rôle particulier, cette bonne foi n'étant rien d'autre que la règle, l'état normal de l'exécution du contrat. La bonne foi d'un contractant peut, sans doute, servir parfois de révélateur de la mauvaise foi du cocontractant, et par ce biais, permettre l'intervention du juge; elle ne peut, à elle seule, justifier celle-ci, sauf à nier le principe, initialement posé, que les conventions doivent être exécutées de bonne foi!

En second lieu, il convient de souligner que l'interprétation mise en œuvre par l'arrêt du 13 avril 1988 va très au-delà de ce qu'autorisent les termes de l'art. 1134, al. 3, même interprétés dans un sens compréhensif. L'exigence du respect de la bonne foi dans l'exécution du contrat autorise, sans doute, le juge à *aménager* les conditions d'exécution de telle ou telle stipulation contractuelle, elle ne lui permet pas de méconnaître purement et simplement celle-ci. En bref, l'art. 1134, al. 3, habilite le juge à organiser la mise en œuvre des obligations contractuelles, de manière à assurer une exécution loyale; elle ne l'autorise pas à réviser le contrat en privant d'effet telle ou telle stipulation. Or, c'est bien à une telle révision que tend l'arrêt du 13 avril 1988 — si elle ne la consacre pas directement — en empêchant le jeu de la clause résolutoire malgré l'inexécution d'une obligation conventionnellement garantie par celle-ci . . .

C.E. 30.3..1916
(Comp. gén. d'éclairage de Bordeaux *c.* Ville de Bordeaux)
S. 1916.3.17, note Hauriou concl. Chardenet    D. 1916.3.25 concl.
Chardenet

La Comp. générale de Bordeaux, à raison de la hausse du charbon amenée par la guerre, a actionné la ville de Bordeaux devant le conseil de préfecture de la Gironde, pour voir dire que le prix du gaz, fixé par le contrat de concession, serait relevé pour les fournitures à faire, la compagnie réclamait une indemnité pour les pertes que lui avait déjà fait subir la hausse du charbon. Cette demande a été rejetée par un arrêté du conseil de préfecture, en date du 30 juillet 1915.—La Comp. générale d'éclairage de Bordeaux a formé un pourvoi contre cet arrêté.

M. Chardenet, commissaire du gouvernement, a présenté dans l'affaire les conclusions suivantes:
Ce litige est né dans les conditions suivantes.

A la suite de l'ouverture des hostilités actuelles, une hausse considérable s'est produite sur le prix de revient[47] du charbon rendu aux usines de la Comp. d'éclairage de Bordeaux. La compagnie s'est adressée à la municipalité de Bordeaux, en faisant valoir qu'elle ne pouvait, dans ces circonstances, assurer l'exécution du service de l'éclairage suivant les conditions qui avaient été prévues au contrat de concession de 1904. En somme, et pour laisser de côté tous les détails des conclusions prises, elle lui a demandé de la mettre en état de pouvoir continuer à assurer le service public qui lui avait été concédé, tant que la situation économique actuelle subsisterait. La ville de Bordeaux n'ayant pas accueilli la demande de la compagnie, le conseil de préfecture de la Gironde a été saisi. Cette juridiction a donné gain de cause à la ville de Bordeaux, par un arrêté du 30 juillet 1915. La Comp. générale d'eclairage vous a déféré cet arrêté.

Avant d'examiner la question, il est essentiel de remarquer que vous avez à statuer sur un litige qui n'existe qu'entre la ville de Bordeaux et la Comp. du gaz, sur un litige né entre le concédant d'un service public et le concessionnaire. Ceux qui, à Bordeaux, ont contracté des abonnements pour le gaz ne sont pas en cause devant vous. Il ne s'agit pas de leur imposer, par une décision de justice rendue par vous, un relèvement du prix d'abonnement; il

---

[47] Prime cost.

ne s'agit pas pour vous de refaire les tarifs d'abonnement. Il ne s'agit pas davantage de prononcer, par une décision émanant de vous, la rupture des contrats d'abonnement qui existent actuellement. Non; le débat n'est pas engagé avec les abonnés au gaz de la ville de Bordeaux, et, au surplus, s'il l'avait été, vous n'auriez pu à leur égard que décliner votre compétence: c'est à l'autorité judiciaire qu'il appartient de connaître des difficultés auxquelles peuvent donner lieu des contrats d'abonnement. Ceci bien indiqué, nous vous demandons la permission de vous présenter tout d'abord quelques considérations d'ordre général, car, il faut bien le reconnaître, la question posée devant vous a une portée générale. Ce litige met en jeu la question du fonctionnement d'un service public.

Les contrats de concession étant conclus pour des périodes de temps forcément étendues, il peut se produire, au cours de leur exécution, bien des événements qui viendront plus ou moins troubler leur économie, événements qui n'avaient pas été prévus au moment où les parties avaient contracté. Il arrivera que le concessionnaire ne pourra pas assurer le service dans les conditions fixées au contrat. Que devront faire les parties contractantes et que devra faire le juge, au cas où le concessionnaire et le concédant n'arrivent point à se mettre d'accord? Si nous étions en présence d'un contrat passé dans les conditions du droit commun, et régi exclusivement par les dispositions du Code civil, on n'aurait qu'à se reporter aux art. 1134, 1147 et 1148, C. civ., et à appliquer la jurisprudence de l'autorité judiciaire pour l'interprétation du texte. Vous connaissez l'art 1184, C. civ., relatif aux contrats synallagmatiques. Il en résulte que, pour ces contrats, tels qu'ils sont régis par le Code civil, si l'une des parties ne remplit pas les obligations dont elle est tenue, et si l'exécution de ces obligations est possible, l'autre partie peut poursuivre l'exécution de la convention, ou bien demander au juge de prononcer la résolution du contrat, avec dommage-intérêts. D'ailleurs, à défaut d'une clause expresse de résolution, il appartient toujours aux tribunaux d'apprécier, en cas d'inexécution, si la résolution du contrat doit être prononcée, ou s'il suffit d'allouer des dommages-intérêts.

Mais il est à remarquer que la Cour de cassation interprète l'art. 1184, C. civ., en ce sens que, ne faisant aucune distinction entre les différentes causes d'inexécution des conventions, cette disposition n'admet point la force majeure comme un obstacle à la résolution du contrat, pour le cas où l'une des parties ne satisfait point à ses engagements. Quant aux art. 1147 et 1148, C. civ., ils envisagent les événements de force majeure et les cas fortuits. Vous savez comment ces cas ont été interprétés par l'autorité judiciaire et par la doctrine. M. Tardieu vous le rappelait, en concluant dans différentes affaires concernant des compagnies de navigation, sur lesquelles vous avez statué le 29 janvier 1909, dans les affaires Comp. des messageries maritimes, Comp. gén. transatlantique et Comp. de navigation mixte (S. et P. 1911.3.78; Pand. pér., 1911.3.78). Il vous disait: 'La doctrine et la jurisprudence sont d'accord pour admettre que seuls constituent un cas de force majeure: 1° un fait indépendant de la volonté du débiteur; 2° un fait qu'il n'a pu ni prévenir, ni empêcher; 3° un fait qui le met dans l'impossibilité de remplir ses obligations'. Lorsque ces conditions sont remplies, l'autorité judiciaire prononce la résolution du contrat. Elle déclare que le débiteur n'est pas tenu de remplir son obligation et qu'il n'est pas passible de dommages-intérêts.

Mais l'autorité judiciaire a précisé bien souvent qu'à impossibilité d'exécution, il ne fallait pas assimiler les événements qui rendent pour l'un des contractants, l'exécution du contrat plus onéreuse ou plus difficile.

Les mêmes règles sont-elles applicables en matière administrative? Sans doute, vous vous conformez aux principes généraux du Code civil; mais avez aussi à tenir compte, lorsqu'il s'agit de marchés de travaux publics, de transports, de fournitures, des nécessités de l'intérêt général. Aussi, tout en admettant les mêmes règles que l'autorité judiciaire, en ce qui concerne les événements de force majeure, avez-vous interprété plus largement le caractère d'événements de force majeure ou de cas fortuit. Vous avez bien reconnu que, pour qu'il y eût événement de force majeure, on devait se trouver en présence de faits ayant apporté un obstacle insurmontable à l'exécution du marché, et, sur ce point, vous étiez en complet accord avec la Cour de cassation. Mais vous avez reconnu également qu'il y avait obstacle insurmontable, lorsque l'événement qui s'était produit avait troublé très gravement l'économie du contrat . . .

D'autre part, et surtout, vous avez appliqué très largement le principe que les contrats doivent être exécutés de bonne foi, et conformément à l'intention que les parties en présence avaient pu avoir au moment où elles contractaient. Vous avez été ainsi amenés à tenir compte des faits qui n'avaient pu être prévus lors de la passation du marché, de difficultés exceptionnelles que rien ne permettait de soupçonner, et qui avaient été rencontrées par l'entrepreneur ou le fournisseur au cours de l'exécution du marché. Et, de vos nombreuses décisions, s'échelonnant sur de longues années, on a déduit toute une doctrine, que l'on a appelée la 'théorie de l'imprévision'.

La même jurisprudence devrait s'appliquer, selon nous, au cas d'une hausse sur le prix de la matière nécessaire pour la fourniture. Vient-il à se produire une hausse tout à fait hors de proportion avec les conditions économiques régulières, une hausse qu'aucune des parties contractantes n'avait pu prévoir au moment de la passation du marché, une hausse telle qu'elle rend le marché pratiquement inexécutable dans les conditions où les contractants ont entendu l'établir, on se trouve en présence d'une difficulté aussi exceptionnelle que celle recontrée par un entrepreneur, lorsqu'il doit effectuer des déblais[48] d'une nature que rien ne lui faisait prévoir, et qui sont particulièrement onéreux, ou lorsqu'il est en présence de nappes d'eau considérables qui ne permettent pas l'exécution des ouvrages.

Lorsque vous avez alloué des indemnités dans les cas que nous venons d'examiner, lorsque vous avez accordé des prix nouveaux etc., avez-vous pour cela refait le contrat, ce qui n'est pas le rôle du juge? Mais pas du tout. Le contrat a subsisté. Vous avez seulement tenu compte d'événements que les parties contractantes n'avaient pu prévoir, de faits extérieurs au contrat, qui étaient postérieurs à sa passation, qui en avaient troublé gravement l'économie, et à raison desquels l'application stricte et littérale des dispositions du marché n'était plus juridiquement possible. Vous avez rémunéré l'entrepreneur du montant des charges extracontractuelles qu'il n'avait pas à supporter en principe et qu'il avait supportées.

Les mêmes principes doivent être appliqués à bien plus forte raison en matière de concessions de services publics.

Mais, lorsqu'on se trouve en présence d'événements qui viennent troubler profondément l'économie du contrat, qui mettent le concessionnaire dans l'impossibilité d'exécuter son marché dans les conditions où ce marché a été passé et existe, il faut faire face à cette situation nouvelle, que les parties n'avaient

---

[48] Excavations.

en rien pu prévoir; il faut y faire face tant qu'elle subsiste; les nécessités du service public l'exigent. C'est alors à la puissance publique, à qui incombe, à l'égard de tous, la responsabilité du service, d'intervenir et de prendre les mesures indispensables pour surmonter les difficultés exceptionnelles rencontrées momentanément.

La puissance publique, le concédant, exigera du concessionnaire l'exécution du service, à laquelle il est tenu par son contrat; mais la puissance publique aura à tenir compte du concessionnaire, — soit en lui allouant des indemnités, soit en restreignant certaines des obligations dont il est tenu, soit par tout autre arrangement, — de l'excédent de charges dépassant le maximum des difficultés ou le maximum de l'amplitude des variations économiques, dont la prévision était possible au moment où l'on avait contracté. La puissance publique est tenue de le faire, puisque, au delà du maximum des difficultés qu'on pouvait prévoir, le concessionnaire ne serait pas obligé d'assurer le service en vertu de son contrat, à raison des événements qui se sont produits. On est en dehors du contrat, passez-nous l'expression. Le concessionnaire ne peut être tenu de faire face à des sujétions extra-contractuelles que si la puissance publique lui donne le moyen d'y faire face, si elle supporte les dépenses au delà des limites que nous venons d'indiquer, et qui sont celles résultant d'une saine interprétation du contrat. Et, remarquez-le bien, ce n'est pas là enrichir le concessionnaire, ce n'est pas le mettre à l'abri de tous les risques, c'est seulement le mettre en état de continuer à assurer le service public, dont le fonctionnement se trouve menacé à raison de faits que les parties ne pouvaient en rien prévoir, et qui ont porté une grave atteinte à l'économie du contrat. Une fois la période des difficultés passée, on reviendra à l'exécution normale du marché.

En résumé, les principes sont pour nous les suivants. On se trouve en présence de charges dues à des événements que les parties contractantes ne pouvaient prévoir, et qui sont telles que, temporairement, momentanément, tant que dureront les événements ayant déterminé ces charges nouvelles, le contrat ne peut plus être exécuté dans les conditions où il est intervenu. Le service public n'en doit pas moins être assuré, — l'intérêt général l'exige — et le contrat doit subsister. La puissance publique, le concédant, aura à supporter les charges qu'exige le fonctionnement du service public, et qui excèdent le maximum de ce que l'on pouvait admettre comme prévision possible et raisonnable par une saine interprétation du contrat.

LE CONSEIL D'ETAT;—Sur les fins de non-recevoir opposées par la ville de Bordeaux:—Considérant que les conclusions de la compagnie requérante tendaient, devant le conseil de préfecture, comme elles tendent devant le Conseil d'Etat, à faire condamner la ville de Bordeaux à supporter l'aggravation des charges résultant de la hausse du prix du charbon; que, dès lors, s'agissant d'une difficulté relative à l'exécution du contrat, c'est à bon droit que par l'application de la loi du 28 pluv. an 8, la compagnie requérante a porté ses conclusions en première instance devant le conseil de préfecture et en appel devant le Conseil d'Etat:

Au fond:—Considérant qu'en principe, le contrat de concession règle, d'une façon définitive, jusqu'à son expiration, les obligations respectives du concessionnaire et du concédant; que le concessionnaire est tenu d'exécuter le service prévu dans les conditions précisées au traité, et se trouve rémunéré par la perception, sur les usagers, des taxes qui y sont stipulées; que la variation des prix des matières premières, à raison des circonstances économiques, constitue un aléa du marché, qui peut suivant le cas, être favorable ou défavorable au concessionnaire, et demeure à ses risques et périls, chaque partie étant réputée avoir tenu compte de cet aléa dans les calculs et prévisions qu'elle a faits avant de s'engager;—Mais considérant que, par suite de l'occupation par l'ennemi de la plus grande partie des régions productrices de charbon dans l'Europe continentale, de la difficulté de plus en plus considérable des transports par mer, à raison tant de la réquisition des navires que du caractère et de la durée de la guerre maritime, la hausse survenue au cours de la guerre actuelle dans le prix du charbon, qui est la matière première de la fabrication du gaz, s'est trouvée atteindre une proportion telle que, non seulement elle a un caractère exceptionnel, dans le sens habituellement donné à ce terme, mais qu'elle entraîne dans le coût de la fabrication du gaz une augmentation, qui, dans une mesure déjouant tous les calculs, dépasse certainement les limites extrêmes des majorations ayant pu être envisagées par les parties lors de la passation du contrat de concession; que, par suite du concours des circonstances ci-dessus indiquées, l'économie du contrat se trouve absolument bouleversée; que la compagnie est donc fondée à soutenir qu'elle ne peut être tenue d'assurer, aux seules conditions prévues à l'origine, le fonctionnement du service, tant que durera la situation anormale cidessus rappelée; — Considérant qu'il résulte de ce qui précède que, si c'est à tort que la compagnie prétend ne pouvoir être tenue de supporter aucune augmentation du prix du charbon au delà de 28 fr. la tonne, ce chiffre ayant, d'après elle, été envisagé comme correspondant aux prix maximum du gaz prévu au marché, il serait tout à fait excessif d'admettre qu'il y a lieu à l'application pure et simple du cahier des charges, comme si l'on se trouvait en présence d'un aléa ordinaire de l'entreprise; qu'il importe, au contraire, de rechercher, pour mettre fin à des difficultés temporaires, une solution qui tienne compte tout à la fois de l'intérêt général, lequel exige la continuation du service par la compagnie à l'aide de tous les moyens de production, et des conditions spéciales qui ne permettent pas au contrat de recevoir son application normale; qu'à cet effet, il convient de décider, d'une part, que la compagnie est tenue d'assurer le service concédé, et d'autre part, qu'elle doit supporter, seulement au cours de cette période transitoire, la part des conséquences onéreuses de la situation de force majeure cidessus rappelée que l'interprétation raisonnable du contrat permet de laisser à sa charge; qu'il y a lieu, en conséquence, en annulant l'arrêté attaqué, de renvoyer les parties devant le conseil de préfecture, auquel il appartiendra, si elles ne parviennent pas à se mettre d'accord sur les conditions spéciales dans lesquelles la compagnie pourra continuer le service, de déterminer, en tenant compte de tous les faits de la cause, le montant de l'indemnité à laquelle la compagnie a droit, à raison des circonstances extra-contractuelles dans lesquelles elle aura dû assurer le service pendant la période envisagée; — Art. 1$^{er}$. L'arrêté du conseil de préfecture de la Gironde, en date du 30 juillet 1915, est annulé. — Art. 2. La Comp. générale d'éclairage de Bordeaux et la ville de Bordeaux sont renvoyées devant le conseil de préfecture, pour être procédé, si elles ne s'entendent pas amiablement sur les conditions spéciales auxquelles la compagnie continuera son service, à la fixation de l'indemnité à laquelle la compagnie a droit, à raison des circonstances extra-contractuelles dans lesquelles elle aura dû assurer le service concédé.

NOTES

1. Note that M. Chardenet asserts that the *Conseil d'Etat* would have no

jurisdiction over the contracts between the Gas Company and its customers.

2. M. Chardenet points out that contracts such as that litigated are to last a very long time; but so was that in the Craponne Canal case. What is it about this situation that impels the *Conseil d'Etat* to take a different view from that of the *Cour de cassation*?

3. Compare: *Davis Contractors Ltd.* v. *Fareham U.D.C.* [1956] A.C. 696; *Commissioner of Crown Lands* v. *Page* [1960] 2 Q.B. 274 (C.A.); *Staffordshire Area Health Authority* v. *S. Staffs Waterworks Co.* [1978] 3 All E.R. 769 (C.A.).

## C. Cas fortuit and Force majeure

### Code Civil

1147. Le débiteur est condamné, s'il y a lieu, au paiement de dommages et intérêts, soit à raison de l'inexécution de l'obligation, soit à raison du retard dans l'exécution, toutes les fois qu'il ne justifie pas que l'inexécution provient d'une cause étrangère qui ne peut lui être imputée, encore qu'il n'y ait aucune mauvaise foi de sa part.

1148. Il n'y a lieu à aucuns dommages et intérêts lorsque, par suite d'une force majeure ou d'un cas fortuit, le débiteur a été empêché de donner ou de faire ce à quoi il était obligé, ou a fait ce qui lui était interdit.

Cass. soc. 8.3.1972
(Théâtre du Gymnase-Marie Bell *c*. Dacqmine)
D.S. 1972 340

LA COUR; — Sur le moyen unique, tiré de la violation des art. 1134, 1148 et s., C. civ., et 7 de la loi du 20 avril 1810 pour défaut et contradiction de motifs, dénaturation des documents produits et manque de base légale;

Attendu que le Théâtre du Gymnase-Marie Bell reproche à l'arrêt attaqué (Paris, 29 janvier 1971) d'avoir refusé de voir dans la cessation des représentations à partir du 21 mai 1968 un cas de force majeure le déliant de ses obligations à l'égard des salariés de l'enterprise, et de l'avoir condamné à leur verser des indemnités compensatrices de salaire et de préavis aux motifs, d'une part, que la direction du théâtre a simplement cédé, dans le contexte de peur de l'époque, à la pression du syndicat gréviste et aux menaces formulées par celui-ci, dont on n'est pas sûr d'ailleurs qu'il les eût mises à exécution et, d'autre part que cette direction ne peut pas davantage justifier son attitude en prétendant que le public ne serait pas venu et que l'on eût joué devant une salle vide, car il s'agirait là d'une simple hypothèse, alors que, d'une part il y a contradiction évidente à reconnaître le contexte de peur régnant à Paris à l'époque concernée, ainsi que les menaces formulées à l'encontre du théâtre, ce qui constitue une contrainte révélatrice de la force majeure, et à dénier néanmoins ce caractère à ladite contrainte, et alors que, d'autre part, c'est par une dénaturation flagrante des documents produits et consignés dans son rapport par le conseiller prud'homme, que la cour d'appel a pu décider que le risque de jouer devant une salle vide était une simple hypothèse incertaine puisqu'il était établi que la représentation du 20 mai s'était déroulée devant une salle désertée par une grande partie du public;

Mais attendu, d'une part, que si le conseil de prud'hommes avait retenu que la fermeture du Théâtre du Gymnase-Marie Bell avait été provoquée par la situation de désordre social qui existait alors plus encore à Paris qu'en province; que certains établissements avaient été occupés et mis à sac par des manifestants politiques, et s'il avait estimé que la violence et l'insécurité créaient alors un véritable cas de force majeure, la cour d'appel relève, au contraire, que le personnel technique du théâtre ne s'était pas mis en grève; que deux des trois comédiens de la pièce, le troisième étant Marie Bell, avaient expressément manifesté leur volonté de jouer et que la plupart des cinémas avaient continué de présenter leurs programmes devant les spectateurs; qu'elle a pu estimer, sans se contredire, après avoir observé de plus que, bien que le syndicat des acteurs qui avait déclenché la grève eût fait pression sur Marie Bell et l'eut même menacée, et si la direction avait cédé à la peur, elle ne s'était pas trouvée devant un obstacle insurmontable, ni dans l'impossibilité absolue de poursuivre son activité; — Attendu, d'autre part, que c'est tout aussi vainement que le pourvoi reproche aux juges du fond d'avoir écarté le moyen tiré de ce que la pièce aurait été jouée devant une salle vide, ainsi que permettait de le présumer la représentation du 20 mai; qu'en effet, l'absence de public aurait simplement rendu plus onéreuse

l'exécution du contrat sans, pour autant, constituer davantage un cas de force majeure; d'où il suit que l'arrêt attaqué est légalement justifié et que le pourvoi doit être rejeté;
Par ces motifs, rejette.

Cass. civ. 17.11.1925
(Delphin e.a., Scté. des Docks de Plombières *c.* Lugagne)
D.H. 1926.35   Gaz. Pal. 1926.1.68

LA COUR; . . . Vu l'art. 1148, C. civ.;

Attendu que le cas de force majeure s'entend des événements qui rendent l'exécution de l'obligation impossible, mais non de ceux qui la rendent plus onéreuse;

Attendu que par marché du 5 janvier 1920, Lugagne et de Bouillanne s'étaient engagés à exécuter à Marseille pour Delpin, aux droits duquel se trouvaient les Docks de Plombières, divers travaux de construction, d'après des prix de série;

Attendu que les entrepreneurs ont réclamé des majorations sur les prix convenus, en raison de l'augmentation des salaires que leur avait fait subir l'application d'un contrat collectif de travail, en date du 14 mars 1920;

Attendu que l'arrêt attaqué a fait droit à leur demande, sous prétexte qu'au moment où ils avaient contracté ils ne pouvaient prévoir cette augmentation, laquelle ayant gravement affecté l'exécution du marché, avait le caractère de la force majeure;

Mais attendu que l'augmentation susvisée, si elle avait rendu l'exécution des travaux plus onéreuse, ne l'avait pas rendue impossible, qu'elle n'était pas dès lors constitutive de la force majeure;

D'où il suit qu'en statuant comme il l'a fait, l'arrêt attaqué a violé le texte visé au moyen;

Par ces motifs, casse . . .

NOTE

Compare *Davis Contractors Ltd.* v. *Fareham U.D.C.*[49]

---

[49] [1956] A.C. 696.

Cass. req. 4.1.1927
(Kahn *c*. Scté. franco-belge d'Extrême Orient)
S. 1927.1.188 note anon.   D.H. 1927.65   Gaz. Pal. 1927.1.587

LA COUR; — Sur le premier moyen, pris de la violation et fausse application des art. 1147 et 1148, C. civ., 1$^{er}$, 2 et 4 de la loi du 3 avril 1918, manque de base légale et violation de l'art. 7 de la loi du 20 avril 1810: —

Attendu en fait que les frères Kahn ont acheté, le 9 novembre 1920, à la Société franco-belge d'Extrême-Orient, 300 tonnes de riz Saïgon au prix de 23 livres sterling 15 shillings la tonne; qu'ils s'étaient engagés, pour garantir le paiement de cette marchandise, à fournir de suite à leur vendeur un crédit de banque confirmé, irrévocable et transmissible pour la totalité à Saïgon; qu'ils n'ont pas obtenu à cet effet l'autorisation nécessaire du comité de contrôle de l'exportation des capitaux et ont déclaré à la société venderesse que ce refus d'autorisation leur faisait considérer l'affaire comme terminée; —

Attendu que ladite société ayant intenté contre eux une action en résiliation du marché et dommages-intérêts, le pourvoi reproche à l'arrêt attaqué d'avoir fait droit à cette demande, alors que l'inexécution des engagements pris par les frères Kahn provenait uniquement d'un fait qui leur était étranger et constituait pour eux un cas de force majeure; —

Mais attendu qu'on ne peut considérer comme un cas de force majeure un fait qui rentrait dans l'application d'une loi bien antérieure au marché litigieux; que l'arrêt attaqué déclare à bon droit qu'il appartenait aux frères Kahn de prendre les dispositions nécessaires pour se procurer les autorisations voulues en temps opportun; qu'ainsi le moyen n'est pas fondé;

Sur le second moyen, pris de la violation des art. 1144 et 1146, C. civ., et 7 de la loi du 20 avril 1810, pour défaut et contradiction de motifs: —

Attendu qu'une mise en demeure est inutile quand le débiteur prend l'initiative de déclarer à son créancier qu'il refuse d'exécuter son obligation; qu'il est constaté par l'arrêt attaqué que les frères Kahn se trouvant dans l'impossibilité de se procurer le crédit de banque confirmé qu'ils s'étaient engagées à fournir, ont écrit, le 8 décembre 1920, à leur vendeur qui leur proposait de modifier les clauses premières du contrat, qu'il était inutile de continuer une correspondance sur une affaire qu'ils considéraient comme terminée; —

Attendu que ce refus de donner suite à leurs engagements et par suite de prendre livraison de la marchandise entraînait résolution de plein droit et sans sommation de la vente, dégageait le vendeur de l'obligation de livrer et le dispensait de tenir la chose vendue à la disposition de l'acheteur; —

D'où il suit que l'arrêt attaqué qui est régulièrement motivé, n'a violé aucun des textes visés au pourvoi; —

Rejette . . .

From the note

Pour qu'il y ait force majeure dispensant d'exécuter un contrat, il ne suffit pas que cette exécution soit impossible, . . . il fait, en outre, qi'il s'agisse d'un événement que la volonté humaine n'a pu ni prévoir ni conjurer . . .

Dans ces conditions, l'application d'une loi ou d'un décret, ou d'une manière plus générale, le fait du prince peut bien constituer un cas de force majeure, si la mesure prise est postérieure à la conclusion du contrat, car elle n'a pu être prévue à ce moment-là . . . .

Mais il en est autrement, d'après l'arrêt ci-dessus, lorsque l'obstacle qui empêche l'exécution du contrat résulte de l'application d'une loi qui est antérieure à sa passation. Le débiteur ne saurait alors invoquer la force majeure, même s'il est dans l'impossibilité d'exécuter, car il devait s'attendre à l'empêchement qu'il recontre et n'avait qu'à prendre ses mesures en conséquences . . .

On se demande si une mise en demeure est indispensable de la part du créancier soit pour obtenir du débiteur des dommages-intérêts compensatoires en cas d'inexécution de l'obligation. . . . Sans prendre expressément parti sur cette question, l'arrêt ci-dessus décide qu'à tout le moins une mise en demeure n'est pas nécessaire lorsque le débiteur a pris lui-même l'initiative de déclarer à son débiteur qu'il refuse d'exécuter son obligation.

Cette solution doit être rapprochée de celle d'après laquelle aucune mise en demeure n'est nécessaire lorsque de débiteur a accompli un fait offensif en contradiction avec l'obligation qu'il a contractée . . .

434    *Private Law*

NOTES

1. Compare *Walton Harvey Ltd.* v. *Walker & Homfrays Ltd.*[50]

2. For the *moyen* on *mise en demeure* see below.

Cass. req. 28.11.1934
(Marty e.a. *c.* Barral et Villeneuve)
S. 1935.1.105    Gaz. Pal. 1934.2.1020

LA COUR; — Sur les deux moyens réunis, pris de la violation des art. 1134, 1657, 1184, 1147 et 1148, C. civ., et 7 de la loi du 20 avril 1810: —

Attendu que le pourvoi fait grief à l'arrêt attaqué d'avoir refusé de reconnaître à Marty, vendeur, le 29 décembre 1927, de 1 200 hectolitres de vin dont l'enlèvement devait être terminé 'd'ici fin février', le droit de se prévaloir de la résiliation du marché, conformément à l'art. 1657, C. civ., pour défaut de retirement dans le délai, sous prétexte que les pluies avaient empêché l'acquéreur de prendre livraison en temps utile, alors que, d'une part, l'événement considéré comme constitutif de la force majeure ne présentait pas ce caractère et qu'en tout cas, la force majeure n'était pas un obstacle à la résolution du contrat; —

Mais attendu que la Cour d'appel ayant constaté que pendant les trois derniers jours du mois de février 1928 des pluies diluviennes rendant les chemins impraticables, ont interdit toute circulation aux camions automobiles et aux voitures à chevaux envoyés par les acheteurs à la cave de Marty pour prendre livraison du vin, a qualifé à bon droit ces événements imprévisibles, rendant totalement impossible l'exécution du marché, de cas de force majeure; —

Attendu, d'autre part, que le défaut d'exécution d'un marché à terme portant sur des livraisons de vin, au temps convenu, par suite de force majeure, n'entraîne la résolution de plein droit du marché que si la date de la livraison a été une condition essentielle et déterminante du contrat; qu'il n'en a pas été ainsi, en l'espèce, les juges du fait se fondant tant sur la correspondance que sur la commune intention des parties, pour déclarer 'que le délai que s'étaient réservé Barral et Villeneuve, acheteurs, pour retirer le vin ne constituait pas un terme fatal, mais un élément secondaire et accessoire du contrat'; —

[50] [1931] 1 Ch. 274.

Mais attendu que par cette appréciation qui rentre dans son pouvoir souverain d'interpréter le contrat et sans le dénaturer, la Cour de Montpellier a justifié sa décision sans violer les textes visés au moyen; —
Rejette.

Cass. req. 27.12.1937
(Scté. L'Energie Industrielle *c*. Louis et Jean Grange)
S. 1938.1.52

LA COUR; — Sur les deux moyens réunis, pris de la violation des art. 1138, 1148, 1178, 1722, 1182, 1184, 1797, C. civ., 1$^{er}$ et s. de la loi du 20 avril 1810, défaut et contradiction de motifs, manque de base légale; —

Attendu qu'en 1918, une convention est intervenue, par laquelle Grange s'engageait à céder tous ses droits sur la rivière du Doron à la Soc. Giron, laquelle s'obligeait, en échange, à lui fournir du courant électrique, après avoir aménagé un barrage d'une chute d'eau, permettant de créer une usine hydro-électrique; que cette société et celles qui lui ont été substituées, n'ayant pas exécuté ces travaux, n'ont pu procurer à Grange le courant électrique promis; —

Attendu que la Cour d'appel ayant prononcé la résiliation de ces accords et décidé que leur inexécution étant due au fait de la société, elle devait payer à Grange des dommages-intérêts à fixer par experts, le pourvoi en fait grief à l'arrêt par le motif que la loi du 16 octobre 1919 sur l'utilisation de l'énergie hydraulique constituant un cas de force majeure, qui rendait impossible l'exécution des obligations des deux contractants, leur convention ne pouvait qu'être résiliée sans indemnité; —

Mais attendu que la Cour d'appel, considérant, par une appréciation souveraine, que l'accord de 1918 constituait, non pas un échange ferme, créant immédiatement des obligations pour les deux parties, mais un échange conditionnel, la naissance des engagements réciproques était subordonnée à la construction, par les soins de la société, d'un barrage et d'une chute d'eau, il lui suffisait de rechercher et de décider si la loi du 16 octobre 1919 avait rendu impossible la réalisation de cette condition suspensive; —

Or, attendu que l'arrêt constate que la société ne justifie pas que

la loi de 1919 ait été un obstacle insurmontable à l'exécution des travaux susvisés; que si, du fait de cette loi, leur accomplissement était devenu plus difficule et plus onéreux, il n'etait pas, cependant, impossible et que la société à laquelle aucun délai n'avait été imposé par le contrat de 1918, avait négligé de solliciter de l'Etat une concession ou une autorisation qui, dans les circonstances où sa demande aurait été présentée, lui eût été très vraisemblablement accordée; que, dès lors, la non-réalisation de la condition à laquelle était subordonné l'engagement prévu dans les accords de 1918 était due, non à un cas de force majeure, mais au fait personnel de la société; d'où il suit que la Cour d'appel, dont l'arrêt dûment motivé, ne renferme pas de contradictions, a justement et légalement justifié sa décision, sans violer les textes visés aux moyens; —
Rejette.

NOTES

1. Compare *Maritime National Fish Ltd.*v. *Ocean Trawlers Ltd.*[51]

2. Compare *Joseph Constantine S.S. Line Ltd.* v. *Imperial Smelting Corp. Ltd.*,[52] and consider, in both systems, who has the burden of proving that the obstacle to performance was — or was not — 'self-induced'.


Cass. civ. 4.5.1898
(Anglo-American Telegraph Co. *c.* Cie Française du télégraphe de Paris à New-York)
S. 1898.1.281 D.    1898.1.457, note Planiol


[In 1880 the two companies entered into a working arrangement to pool gross receipts and split them in a defined proportion for a minimum of 22 years. This was done until 1887 when the French company refused to continue; finally, after certain governmental difficulties in France, the French company was forbidden to carry out the contract by a ministerial letter of 21 May 1891.

The Anglo-American Company claimed the return of certain monies taken out by the French company since 1880 and damages. The Paris *Cour d'appel* distinguished three periods:
  (i) 1880–36: during this time the contract was being properly performed and the Anglo-American company recovered nothing;

[51] [1935] A.C. 524 (P.C.).          [52] [1942] A.C. 154.

(ii) 1887–91: for these years the French company admitted breach and the Court ordered an account of sums due from it;
(iii) 21 May 1891 to the expiry of the contract: the Ministerial letter was found to be *force majeure*, and no damages were awarded from that date.]

POURVOI en cessation par l'Anglo-American Telegraph Co.,

1. Violation des art. 1131, 1134, 1142 et suiv., 1183 et 1184, C. civ. et 7 de la loi du 20 avr. 1810 en ce que l'arrêt en prononçant la résolution anticipée d'un contrat partiellement exécuté, à raison des agissements de l'une des parties, a dispensé cette dernière de restituer à son cocontractant des sommes que celui-ci ne lui avait versées qu'en vue d'avantages futurs, dont la rupture du contrat a empêché la réalisation.

2. Violation des art. 1142 et suiv., 1382 et suiv., C. civ., et 7 de la loi du 20 avr. 1810 en ce que la cour, réglant l'indemnité due pour inexécution et résiliation consécutive d'un contrat, en a réduit le chiffre en considération d'un prétendu événement de force majeure, qui, d'après elle, se serait produit à une époque postérieure à la résiliation du contrat, dont il aurait de toute façon empêché la continuation.

LA COUR; — Sur le deuxième moyen du pourvoi: — Attendu qu'après avoir admis le principe d'une indemnité due par la Comp. française du Télégraphe de Paris à New-York pour réparation d'une faute par elle commise, l'arrêt attaqué devait tenir compte de tous les événements qui, étant de nature à influer sur le chiffre de cette indemnité, se seraient produits avant le moment où il prononçait la résolution du contrat; qu'il en était ainsi, notamment, de la lettre du 21 mai 1891, par laquelle le ministre des postes et télégraphes déclarait formellement refuser son approbation aux traités des 24 septembre 1880 et 12 mai 1882, et être dans la disposition, si l'exécution de ces traités était reprise, d'appliquer la clause de déchéance inscrite dans l'art. 13 du cahier des charges régissant la concession faite à la Comp. du Télégraphe de Paris à New-York; — Attendu que, du texte de cette lettre, comme des conditions dans lesquelles cet acte administratif était intervenu, et alors que rien ne constatait qu'il été provoqué par des manœuvres de la Comp. française, l'arrêt attaqué a pu déduire l'existence d'un cas de force majeure, faisant disparaître la responsabilité de ladite

Comp. pour les temps postérieurs à la lettre ministérielle; que, par suite, en décidant que les dommages-intérêts à déterminer par experts ne s'appliqueraient qu'à la période courue du 31 décembre 1886 au 21 mai 1891, l'arrêt attaqué n'a violé aucun des articles de loi invoqués par le pourvoi; — Rejette ce moyen;

Mais sur le premier moyen: — Vu l'art. 1183, C. civ.; — Attendu, en droit, qu'aux termes de l'art. 1183, C. civ., la résolution du contrat, quand elle s'accomplit, opère la révocation de l'obligation et remet les choses au même état que si elle n'avait pas existé; qu'il suit de là que les prestations déjà effectuées deviennent caduques et doivent être restituées, quand la partie qui les a reçues n'en a pas fourni d'équivalentes; qu'il importe peu, d'une part, que, jusqu'au moment de la résolution, le contrat ait été loyalement exécuté, la loyauté d'exécution ne pouvant suffire pour donner existence et faire produire effet à un contrat qui a juridiquement disparu; — et, d'autre part, que les effets de la convention se soient produits sous forme de règlements périodiques, ces règlements ne pouvant être considérés comme constituant des contrats successifs, mais n'étant qu'un mode d'exécution d'un seul et même contrat; — Attendu, en fait, que, des constatations de l'arrêt il résulte que, par traités des 24 septembre 1880 et 12 mai 1882, la Comp. Anglo-American Telegraph et la Comp. française du Télégraphe de Paris à New-York sont convenues de mettre en commun leurs recettes brutes, et de les répartir entre elles dans des proportions déterminées; que, pendant les six années qui ont suivi ces traités, la Comp. française aurait touché des sommes dépassant notablement ses recettes propres, sans qu'il soit établi que ladite Comp. française ait fourni l'équivalent de cette différence; — Attendu que, l'Anglo-American Telegraph Company ayant demandé, à la suite de la résolution des traités pour inexécution par la Comp. française, la restitution de ce que celle-ci n'eût pas touché si elle n'avait pas traité avec les Comp. anglaises, l'arrêt attaqué a refusé d'ordonner cette restitution par l'unique motif que, les traités des 24 septembre 1880 et 12 mai 1882 ayant été loyalement exécutés de part et d'autre jusqu'à la dénonciation du 31 décembre 1886, ils ont été la cause légitime et juridique des prélèvements faits périodiquement sur les recettes de la caisse commune, dans la proportion stipulée; — Attendu qu'en attribuant ainsi effet à un contrat, qui en conséquence de sa résolution, devait être considéré comme n'ayant jamais existé, l'arrêt attaqué a violé l'article de loi susvisé; — Casse l'arrêt de la Cour de Paris du 10 juillet 1894, mais seulement en ce que, pour la période du 24 septembre 1880 au 31 décembre 1886, il a refusé d'ordonner, — compte préalablement établi des avantages respectivement tirés par les parties de l'exécution des conventions, — la restitution des sommes que n'eût pas encaissées la Comp. française, si elle n'avait point traité avec la Comp. anglaise, etc.

NOTES

1. Damages are due from the date of breach to that of *force majeure*. Would the common law of frustration lead to the same result?

2. Can the award of damages for the period 1887–91 be reconciled with the *Cour de cassation*'s statement that the contract 'devait être considéré comme n'ayant jamais existé'? See art. 1184 al 2.

3. Compare the *Cour de cassation*'s insistence that, while there must be *restitutio in integrum*, account must be taken of *avantages respectivement tirés* with the effect of the Law Reform (Frustrated Contracts) Act, 1943.

4. Compare the differing attitudes to *cause* of the *Cour d'appel* and the *Cour de cassation* with the views on consideration of the Court of Appeal[53] and the House of Lords.[54]

5. Should the effect of *force majeure* be dealt with under art. 1183 and 1184 C. civ.? See Cass. civ. 14.4.1891.[55]

# The Effects of a Contract on Third Parties

## Code Civil

1165. Les conventions n'ont d'effet qu'entre les parties contractantes; elles ne nuisent point au tiers; et elles ne lui profitent que dans le cas prévu par l'art. 1121.

1166. Néanmoins, les créanciers peuvent exercer tous les droits et

[53] *Chandler* v. *Webster* [1904] 1 K.B. 493.
[54] See below, Cancellation.
[55] *Fibrosa* [1943] A.C.32.

actions de leur débiteur, à l'exception de ceux qui sont exclusivement attachés à la personne.

1167. Ils peuvent aussi, en leur nom personnel, attaquer les actes faits par leur débiteur en fraude de leurs droits.

## A. The basic principle

Cass. req. 17.5.1938
(S.A. Tarn et Agout *c*. Cayla)
D.H. 1938.419    Gaz. Pal. 1938.2.377

LA COUR; — Sur le moyen unique pris de la violation de l'art. 1134, C. civ., du décret du 13 fruct. an 3, de l'art. 18 du cahier des charges de la concession de la société demanderesse au pourvoi, 7 de la loi du 20 avril 1810, défaut de motifs, manque de base légale, défaut de réponse à un chef des conclusions:

Attendu que, sur refus de Cayla, qui avait une convention verbale avec la société d'électricité Tarn et Agout, de se soumettre à une clause de cahier des charges de la concession, comportant une consommation minimum et de signer la police contenant cette clause, la société lui a coupé le courant; que, la société ayant été condamnée par la cour d'appel à le lui restituer, le pourvoi reproche à l'arrêt, d'une part, de n'avoir pas répondu aux conclusions de la société soutenant que la période provisoire pour laquelle devait s'appliquer la convention verbale susvisée était expirée, l'abonné ne pouvait se refuser à souscrire une police conforme au cahier des charges, et d'autre part d'avoir condamné le concessionnaire alors que l'usager n'exécutait pas ses propres obligations;

Mais attendu que la cour d'appel, adoptant les motifs du juge des référés, a suffisamment répondu aux conclusions prises par la société en constatant que déjà un contrat verbal liait la société et Cayla, établissant entre eux une sorte de *modus vivendi*; que jusqu'à ce jour Cayla a toujours consenti à payer le courant au prix prévu au cahier des charges, se refusant seulement à respecter la clause du minimum; que cette situation, toute particulière, ne permet pas d'assimiler Cayla à l'usager du réseau électrique à qui déjà a été livré le courant sous la réserve expresse de signer ensuite la police, ou à celui qui, demandant le courant, refuserait de signer préablablement ladite police;

Attendu, d'autre part, que les usagers n'étant ni parties ni représentés au traité de concession passé entre la commune et la société concessionnaire, cette dernière ne peut leur imposer une clause de ce marché qu'à la condition de justifier l'adhésion de l'intéressé; que, dès lors, en la cause, Cayla n'ayant pas adhéré aux dispositions du contrat de concession et du cahier des charges, par suite de son refus de signer la police, les clauses de cette police ne lui étaient pas opposables;

Attendu, enfin, que l'interdépendance des obligations réciproques résultant d'un contrat synallagmatique qui donne le droit à l'une des parties de ne pas exécuter son obligation quand l'autre n'exécute pas la sienne, suppose essentiellement des obligations dérivant d'un même contrat; que, par suite, la société ne pouvait, pour refuser de fournir le courant à Cayla conformément au contrat verbal passé avec lui, prendre prétexte qu'il se dérobait à l'exécution d'une obligation inscrite dans un cahier des charges auquel il était demeuré étranger; d'où il suit que l'arrêt attaqué, dûment motivé, a justifié légalement sa décision sans violer les textes visés au pourvoi;

Par ces motifs, rejette.

NOTE

Observe that this contract fell within the jurisdiction of the civil courts. Contrast C.E. 30.3.1916.[56]

Cass. civ. 6.6.1966
(Vve Jourdan *c.* Laugier)
D.S. 1966 481, note Voulet

LA COUR; — Sur le premier moyen: — Vu l'art. 1165, C. civ.; — Attendu qu'aux termes de ce texte les conventions n'ont d'effet qu'entre les parties contractantes; — Attendu que les eaux de la rivière l'Huveaune ont envahi le 20 décembre 1958 la propriété de dame Jourdan, par une brèche existant dans la digue bordant une parcelle de terre appartenant alors à Grimaud; — Attendu que dame Jourdan ayant assigné ce dernier en dommages-intérêts, la cour d'appel, tout en retenant qu'il avait commis une faute en

[56] Above, Part II, Revision.

négligeant de remettre la digue en état malgré une mise en demeure du 24 août 1958, l'a mis hors de cause au motif qu'aux termes d'un acte notarié en date du 12 février 1959, enregistré, transcrit et publié, il avait vendu sa parcelle à Roubaud en spécifiant que l'acquéreur soutiendrait en son nom personnel et à ses risques et périls l'instance que dame Jourdan avait manifesté l'intention d'engager à la suite du sinistre, et dans laquelle il se substituerait entièrement à Grimaud; qu'en statuant ainsi l'arrêt attaqué (Aix, 11 juin 1963) a violé le texte susvisé; . . .

Par ces motifs, casse . . . renvoie devant la cour d'appel de Nîmes.

From the note

Grimaud était propriétaire d'une petite parcelle de terre bordant la rivière l'Huveaune. En 1956, la chute d'un platane a créé une brèche dans la digue qui surmontait la berge; Grimaud n'a pas effectué de réparations malgré une sommation que la dame Jourdan, propriétaire d'un domaine voisin, lui avait fait délivrer en août 1958. Lors d'une crue de l'Huveaune survenue le 20 décembre suivant, les eaux de cette rivière se sont engouffrées par la brèche sur la terre de Grimaud puis se sont répandues sur la propriété de dame Jourdan, occasionnant à ses cultures d'importants dégâts.

Dame Jourdan a fait connaitre à Grimaud son intention de l'assigner en dommages-intérêts. Ce dernier a vendu alors sa parcelle à Roubaud par acte notarié du 12 février 1959; il était stipulé à l'acte que l'acquéreur soutiendrait en son nom personnel et à ses risques et périls l'instance que dame Jourdan serait susceptible d'intenter.

Mais Roubaud, se rendant compte qu'il risquait d'avoir fait une bien mauvaise affaire, a revendu son terrain dès le 17 avril 1959 à un vieillard insolvable nommé Girard.

En décembre 1959, la brèche n'étant toujours, pas réparée, les eaux de l'Huveaune, à la suite d'une seconde crue, ont encore envahi le terrain Girard, ex-Roubaud, puis le domaine de dame Jourdan qui a subi de nouveaux dommages.

Peu aprés Girard est décédé, laissant sa sœur pour seule héritière.

C'est alors que dame Jourdan a assigné en réparation les propriétaires successifs: Grimaud, Roubaud et la sœur de Girard.

Cette dernière ayant renoncé à la succession, la cour d'appel ne pouvait que la mettre hors de cause et sur ce point sa decision n'est pas critiquée.

Mais la cour d'Aix a mis hors de cause le premier propriétaire Grimaud en se fondant sur son acte de vente du 12 février 1959 . . .

Dame Jourdan, de son côté, a formé un pourvoi contre la partie de la décision d'Aix qui avait mis hors de cause Grimaud (qui était propriétaire lors du premier sinistre) . . .

## B. Sale: Running of the Benefit

When a contract of sale is made, then—unless he expressly excludes them—the seller owes certain guarantees to the buyer covering both his title and latent defects in the thing sold. The liability does not depend on any fault on the part of the seller, but an action has to be brought within 'un bref délai'. The benefit of these guarantees runs with the thing, so that when it is transferred to the ultimate user or consumer he is enabled to sue the first seller (manufacturer) in contract. Of course a 'products liability' development in tort will assist where the defective product has damaged other things or people. But where the ultimate owner is simply claiming that the product itself is unsatisfactory, the contractual technique gives him a claim but also gives the original seller any defences available in his contract. Furthermore if he can sue, not for latent defects but for non-conformity with the contractual description, the limitation period is extended to the residual thirty years for civil and ten for commercial contract claims (C. civ. art. 2262; C. com. art. 189 bis). There have been many conflicting decisions in the French courts as to whether the ultimate owner can sue the original seller only in tort; and, if contract is open, whether the brief limitation period of C. civ. art. 1648 applies. We give below the one recent decision which appears to solve the problem.

The common-law system—unlike that of the civil law—has different sets of rules for sale according to whether the object is land, goods, or something else. In the first case, the benefit of the covenants for title runs with the land to subsequent acquirers (Law of Property Act 1925 ss. 76(6), 77(5)). Where goods are involved, however, the terms as to merchantable quality and fitness for the purpose (implied in the first contract by the Sale of Goods Act 1979 s.14) do not seem to run with the goods nor, in practice, to be specifically assigned.

## Code Civil

1625. La garantie que le vendeur doit à l'acquéreur, a deux objets: le premier est la possession paisible de la chose vendue; le second, les défauts cachés de cette chose ou les vices rédhibitoires.

. . .

1641. Le vendeur est tenu de la garantie à raison des défauts cachés de la chose vendue qui la rendent impropre à l'usage auquel on la destine, ou qui diminuent tellement cet usage, que l'acheteur ne l'aurait pas acquise, ou n'en aurait donné qu'un moindre prix, s'il les avait connus.

1642. Le vendeur n'est pas tenu des vices apparents et dont l'acheteur a pu se convaincre lui-même.

1643. Il est tenu des vices cachés, quand même il ne les aurait pas connus, à moins que, dans ce cas, il n'ait stipulé qu'il ne sera obligé à aucune garantie.

1644. Dans le cas des art. 1641 et 1643, l'acheteur a le choix de rendre la chose et de se faire restituer le prix, ou de garder la chose et de se faire rendre une partie du prix, telle qu'elle sera arbitrée par experts.

1645. Si le vendeur connaissait les vices de la chose, il est tenu, outre la restitution du prix qu'il en a reçu, de tous les dommages et intérêts envers l'acheteur.

1646. Si le vendeur ignorait les vices de la chose, il ne sera tenu qu'à la restitution du prix, et à rembourser à l'acquéreur les frais occasionnés par la vente.

. . .

1648. L'action résultant des vices rédhibitoires doit être intentée par l'acquéreur, dans un bref délai, suivant la nature des vices rédhibitoires, et l'usage du lieu où la vente a été faite.

Cass. Ass. Plen. 7.2.1986
(Scté. M.P.I. *c*. Union des Assurances de Paris et autres)
D.S. 1986 293, note Bénabent

LA COUR; — Sur le premier moyen: — Attendu que, selon les enonciations de l'arrêt attaqué (Paris, 19<sup>e</sup> ch. B, 14 juin 1984), la S.C.I. Résidence Brigitte, assurée par l'Union des Assurances de Paris (U.A.P.) a, en 1969, confié aux architectes Marty et Ginsberg, aux droits desquels se trouvent les consorts Ginsberg, assistés des bureaux d'études Oth et Bepet, la construction d'un ensemble immobilier, que la Soc. Petit, chargée du gros œuvre, a soustraité à la Soc. Samy l'ouverture de tranchées pour la pose de canalisations effectuée par la Soc. Laurent Bouillet, que la Soc. Samy a procédé à l'application sur ces canalisations de Protexculate, produit destiné à en assurer l'isolation thermique, qui lui avait été vendu par la Soc. commerciale de matériaux pour la protection et l'isolation (M.P.I.), fabricant, que des fuites d'eau s'étant produites, les experts désignés en référé ont conclu en 1977 à une corrosion des canalisations imputable au Protexculate et aggravée par un mauvais remblaiement des tranchées, que l'U.A.P. a assigné la Soc. M.P.I., les Soc. Petit, Samy et Laurent Bouillet, MM. Marty et Ginsberg ainsi que les bureaux d'études, pour obtenir le remboursement de l'indemnité versée aux co-propriétaires suivant quittance subrogative du 30 octobre 1980;

Attendu que la Soc. M.P.I. fait grief à l'arrêt d'avoir accueilli cette demande avec intérêts au taux légal à compter du 30 octobre 1980 sur le fondement de la responsabilité délictuelle, alors, selon le moyen, d'une part, que le maître de l'ouvrage ne dispose contre le fabricant de matériaux posés par un entrepreneur que d'une action directe pour la garantie du vice caché affectant la chose vendue dès sa fabrication et que cette action, nécessairement de nature contractuelle, doit être engagée dans un bref délai après la découverte du vice; qu'en accueillant donc, en l'espèce, l'action engagée le 28 janvier 1980 par l'U.A.P., subrogée dans les droits du maître de l'ouvrage, pour obtenir garantie d'un vice découvert par les experts judiciaires le 4 février 1977 et indemnisé par l'U.A.P. le 30 octobre 1980, la cour d'appel, qui s'est refusée à rechercher si l'action avait été exercée à bref délai, a violé, par fausse application, l'art. 1382 c. civ. et, par défaut d'application, l'art. 1648 du même code; Mais attendu que le maître de l'ouvrage, comme le sous-acquéreur, jouit de tous les droits et actions attachés à la chose qui appartenait à son auteur; qu'il dispose donc à cet effet contre le fabricant d'une action contractuelle directe fondée sur la non-conformité de la chose livrée; que, dès lors, en relevant que la Soc. M.P.I. avait fabriqué et vendu sous le nom de 'Protexculate' un produit non conforme à l'usage auquel il était destiné et qui était à l'origine des dommages subis par la S.C.I. Résidence Brigitte, maître de l'ouvrage, la cour d'appel qui a caractérisé un manquement contractuel dont l'U.A.P., substituée à la S.C.I., pouvait se prévaloir pour lui demander directement réparation dans le délai de droit commun, a, par ces motifs, légalement justifié sa décision;

Sur les deuxième et troisième moyens: — (*sans intérêt*);

Par ces motifs, rejette.

From the note

Dans les cas où la 'solution contractuelle' s'applique, il convient de dresser (nécessairement de façon imparfaite tant la réalité a de ressources pour déjouer les prévisions que l'on croyait les plus complètes) un tableau de ses principales conséquences.

— D'abord, le manquement contractuel s'appréciera exclusivement d'après les obligations du contrat initial; notamment si celui-ci définissait avec précision les obligations de chacun, cette définition sera opposable au sous-contractant;

— Les clauses relatives à la responsabilité (clauses de non-garantie de responsabilité ou limitative de responsabilité, ou inversement clause pénale), si du moins elles sont valables dans le contrat initial, s'appliqueront à l'encontre ou au profit du sous-contractant;

— L'étendue de la réparation sera limitée par l'art. 1150 aux dommages prévisibles lors du contrat initial.

Ces trois premières conséquences traduisent l'idée, fort justement exprimée par un auteur, qu'un 'contractant ne doit pas pouvoir être surpris par une action qui mettrait en jeu sa responsabilité dans des conditions différentes de celles qu'il avait pu prevoir' (Néret, *Le Sous-contrat*, n°373. p. 268). Dès 1969, M. Durry invitait la jurisprudence ou le législateur à s'engager sur cette voie permettant d'assurer 'au débiteur d'une obligation contractuelle mal exécutée ou inexécutée une responsabilité conforme a ce que le contrat a prevu' (*Rev. trim. dr. civ.* 1969, 775). En particulier, cette prévisibilité lui a permis de s'assurer.

— L'assurance en effet à mettre en jeu sera celle qui garantit la responsabilité contractuelle et non pas la responsabilité délictuelle. Or on sait que les polices d'assurances distinguent souvent ces deux catégories de risques, qui ne sont pas necessairement couvertes de la même façon . . .

— Enfin la prescription applicable sera non pas celle de dix ans, instaurée d'une manière générale en matière délictuelle par la loi du 5 juillet 1985 (art. 2270–31 C. civ), mais la prescription spécifique à l'action contractuelle transmise: trente ans en droit commun, dix ans en matière commerciale, voire des prescriptions spéciales comme le délai décennal ou biennal en matière de construction, ou le bref délai de l'art. 1648. Mais puisqu'il s'agit de l'action du premier titulaire qui est transmise avec la chose, la prescription doit s'apprécier d'après le rapport initial. Il en résulte que:

— Le délai ne recommence pas à courir lors du sous-contrat, mais se transmet en l'état d'avancement où il était parvenu; une fois ce délai initial expiré, le sous-contractant ne dispose plus d'action qu'à l'encontre de son auteur direct (s'agissant par exemple d'un délai de dix ans, courant de la première vente suivie d'un contrat d'entreprise trois ans après, le maître d'ouvrage ne disposera plus que de sept ans pour agir contre le fabricant).

— Le caractère commercial ou civil de la prescription s'apprécie d'après la qualité des parties au contrat initial, ce qui peut jouer dans les deux sens: si le contrat initial était soumis au délai de l'art. 189 *bis* C. com., ce délai sera seul transmis au sous-contractant, même si le sous-contrat a été conclu entre deux non-commerçants; inversement, si le délai initial était trentenaire, il sera transmis même à un sous-contractant commerçant qui ne pourrait pourtant agir contre son propre auteur que pendant six ans: en ce cas, l'action directe contre le premier contractant survivrait à celle issue du sous-contrat lui-même. Cela ne peut d'ailleurs que contribuer à souhaiter un abandon général de la prescription trentenaire au profit d'un délai de droit commun unitaire de dix ans.

Mais c'est, précisément, sur le terrain de la prescription propre au cas particulier des actions en garantie issues d'une vente que l'Assemblée plénière parait avoir apporté une seconde innovation importante . . .

Bien qu'admettant que le recours du maître de l'ouvrage soit situé sur le seul terrain contractuel, l'Assemblée plénière rejette le pourvoi du vendeur, fondé sur l'art. 1648, en retenant que 'l'action contractuelle directe, fondée sur la non-conformité de la chose livrée', permet de 'demander réparation dans le délai de droit commun'. Or si les produits étaient non-conformes au contrat, c'est, toujours selon l'un des arrêts lui-même, 'en raison de leur mauvaise fabrication' . . .

NOTE

COMPARE *Simaan General Contracting Co.* v. *Pilkington Glass Ltd. (No. 2)* [1988] 1 All. E.R. 791 (C.A.). See also B. S. Markesinis; 'An Expanding Tort Law — the Price of a Rigid Contract Law', 103 L.Q.R. (1987) 354; *The German Law of Tort*, O.U.P., 1986, 53 ff.

## C. Stipulation pour autri

### Code Civil

1121. On peut pareillement stipuler au profit d'un tiers, lorsque telle est la condition d'une stipulation que l'on fait pour soi-même ou d'une donation, que l'on fait à un autre. Celui que a fait cette stipulation ne peut plus la révoquer, si le tiers a déclaré vouloir en profiter.

It is impossible, within a brief compass, to portray by means of extracts the vast edifice which the French courts have consructed on the frail foundation of art. 1121. In the last century it provided the one text on which to build the whole law of life assurance (the leading cases are given in previous editions of this work). Since the 1930s, however, its most innovative function has been to supplement the law of tort in situations where that law required fault, and fault was hard to prove. The extracts which follow are all from 'leading' cases.

Cass. civ. 6.12.1932 et 24.5.1933
1<sup>ère</sup> Espèce — (Chem. de fer de Paris à Orléans *c.* Vve Noblet)
S. 1934.1.81, note P. Esmein   D. 1933.1.137, note
Josserand   Gaz. Pal. 1933.1.269 (1<sup>ère</sup> esp.); 1933.2.350 (2<sup>ème</sup>
esp.)   G.A. 186–7

LA COUR; — Sur le premier moyen: — Attendu que Noblet, capitaine
d'infanterie, qui avait pris place dans un wagon en direction
d'Angers, est tombé sur la voie; que sa mort a été instantanée; —
Attendu que la veuve de la victime agissant tant en son nom
personnel que comme tutrice de ses enfants mineurs, a demandé
réparation du préjudice qui leur a été causé par cet accident; —
Attendu que la faute de la compagnie n'étant pas établie, la Cour
d'appel a écarté l'application de l'art. 1382; qu'elle a néanmoins
accueilli la demande en dommages-intérêts en vertu des règles de
la responsabilité contractuelle et par application de l'art. 1147, C.
civ.; — Attendu, d'après le pourvoi, que la veuve Noblet et ses
enfants mineurs ne pouvaient obtenir les réparations qui leur ont
été accordées, sur le seul fondement de l'art. 1147; qu'agissant du
chef de la victime, ils n'avaient droit, d'après ledit article, qu'au
préjudice matériel, subi par le défunt du fait de l'accident,
antérieurement au décès; que le décès ayant été instanté, ce
préjudice était nul; qu'ainsi, à défaut d'établir la faute de la
compagnie, la veuve Noblet et ses enfants mineurs n'avaient droit
à aucun dommage; — Mais attendu qu'en vertu du contrat de
transport, la compagnie des chemins de fer assume envers la
personne transportée l'obligation de la conduire saine et sauve à
destination; qu'en cas d'accident mortel survenu en cours d'exécution du contrat, le droit d'obtenir réparation du préjudice s'est
ouvert, en vertu de l'art. 1147, C. civ., au profit du conjoint et des
enfants de la victime en faveur de qui celle-ci a stipulé, sans qu'il
ait été besoin de le faire expressément, dans la mesure de leur
intérêt;

Sur le second moyen: — Attendu que l'arrêt constate qu'à raison
du décès de Noblet, sa veuve et ses enfants sont actuellement dans
une situation particulièrement précaire, que ce motif suffit pour
faire écarter le grief fondé sur ce que les juges auraient envisagé un
dommage, qui ne serait ni certain, ni actuel, ni direct; d'où il suit
que l'arrêt attaqué a pu statuer comme il l'a fait, sans violer aucun

des textes visés aux deux moyens du pourvoi; — Rejette le pourvoi formé contre l'arrêt de la Cour d'Angers du 13 mai 1929, etc.

2$^e$ Espèce — (Dlle Falduti *c.* Comp. des Chem. de fer de Paris–Lyon–Méditerranée)

LA COUR; — Sur le moyen unique: — Attendu que le pourvoi reproche à l'arrêt attaqué d'avoir refusé d'allouer à la demoiselle Falduti des dommages-intérêts en réparation du préjudice qu'elle alléguait avoir subi à raison de la mort accidentelle de son frère, qui subvenait à tous ses besoins, et qui est décédé des suites de la chute qu'il a faite, d'un train en marche, sur le réseau de la Compagnie de Paris–Lyon et à la Méditerranée; — Mais attendu qu'il résulte des qualités et des motifs que les causes de cette chute mortelle sont restées inconnues et que la demanderesse n'a ni prouvé, ni offert de prouver qu'elle soit imputable à une faute du transporteur; — Attendu qui si le voyageur qui a été victime d'un accident mortel doit être présumé avoir stipulé au profit des personnes envers lesquelles il était tenu d'un devoir d'assistance en vertu d'un lien légal, une telle présomption ne peut être étendue au cas où le demandeur ne peut, comme en l'espèce, alléguer, pour justifier son action, aucun devoir de cette nature; d'où il suit qu'en l'état des faits, déclarés constants par l'arrêt, et abstraction faite des motifs erronés, critiqués par le pourvoi, le dispositif se trouve légalement justifié; — Rejette, le pourvoi formé contre l'arrêt de la Cour de Paris du 11 juillet 1928, etc.

From the note by Esmein

Dans quels cas une personne à laquelle le décès accidentel d'une autre cause un préjudice peut-elle se faire indemniser par le tiers responsable du décès? Les deux arrêts ci-dessus, à l'occasion de morts survenues au cours de transports contractuels, donnent sur cette question controversée deux solutions nouvelles. L'une fonde le droit du demandeur sur une stipulation pour autrui, censée intervenue entre le transporté et le transporteur. L'autre restreint le droit à indemnité aux personnes à l'égard desquelles le défunt était tenu d'un devoir d'assistance en vertu d'un lien légal.

1. La veuve et les enfants d'un homme mort en tombant sur la voie au cours d'un transport par chemin de fer, demandaient une indemnité à la compagnie sans pouvoir prouver une faute de ses agents. Pour justifier une condamnation, la Cour de cassation déclare,.dans l'arrêt Noblet: 'En vertu du contrat de transport, la compagnie de chemins de fer assume envers la personne transportée l'obligation de la conduire saine et sauve à destination; en cas d'accident mortel survenu en cours d'exécution du contrat, le droit d'obtenir réparation du préjudice s'est ouvert, en vertu de l'art. 1147, C. civ., au profit du conjoint et des enfants de la victime, en faveur de qui celle-ci a stipulé, sans qu'il ait été besoin de le faire expressément, dans la mesure de leur intérêt'. L'arrêt Falduti reproduit cette doctrine.

Cet appel à une stipulation pour autrui a soulevé des critiques qu'il était aisé de formuler. Une stipulation pour autrui est un contrat; si la loi fait souvent découler d'un contrat des obligations auxquelles les parties n'ont pas songé, il faut, au moins, qu'elles aient voulu passer le contrat; de même, il faut, au moins, pour qu'il y ait stipulation pour autrui, que l'une des parties ait entendu stipuler quelque chose au profit du tiers envisagé. Or, qui prétendra que le voyageur, en demandant au guichet son billet de chemin de fer, a eu la pensée de stipuler le paiement d'une indemnité à ses proches en cas d'accident mortel?

A prendre isolément cette affirmation, par les arrêts Noblet et Falduti, d'une stipulation pour autrui, elle n'est, en effet, guère acceptable. Mais il en est autrement si, avec les motifs cités plus haut de l'arrêt Noblet, on la rattache à l'ensemble de la jurisprudence sur la responsabilité du transporteur de personnes.

Cette jurisprudence, inaugurée par les arrêts de la Cour de cassation (Ch. civ.) (21 novembre 1911, S. 1912.1.73 et 21 avril 1913, S. 1914.1.5, et les notes de M. Lyon-Caen), déclare qu'en vertu du contrat de transport le transporteur assume envers la personne transportée l'obligation de la conduire saine et sauve à destination . . .

2. S'il est choquant de rendre le transporteur responsable, suivant des règles différentes, à l'égard du transporté et des tiers souffrant de sa mort, il faut rattacher au contrat l'action en indemnité ouverte aux tiers. Mais à quel titre peuvent-ils invoquer le contrat?

Des arrêts de Cours d'appel ont cru pouvoir admettre les

parents et le conjoint à invoquer le contrat de transport en qualité d'ayants cause du transporté. Mais cela est inacceptable . . .

Une autre voie est ouverte pour rattacher au contrat le droit à indemnité des parents: c'est d'y voir le produit d'une stipulation pour autrui. Mais d'abord le moyen technique répond-il au résultat visé?

M. Josserand a fait à cet égard des objections: 'La stipulation pour autrui, dit-il, n'est valable qu'en faveur de personnes dont le stipulant a pu se faire une idée suffisamment nette', et ce ne serait pas ici le cas. Mais la jurisprudence n'exige pas que les bénéficiaires soient déterminés nominativement. Il suffit qu'ils soient déterminables (Planiol, Ripert et P. Esmein, Tr. Prat. de dr. civ., t. 6, n. 367).

. . .

Il ne semble donc pas que le procédé technique adopté soit inapte à jouer le rôle qu'on attend de lui.

Mais comment écarter la grave objection tirée du caractère fictif de la volonté de stipuler en faveur des parents? Comment justifier une jurisprudence qui paraît en prendre à son aise avec la réalité des faits?

Au fond, l'objection ne porte pas, parce que l'allusion à une stipulation pour autrui n'est qu'une manière de parler, pour dire que le droit des tiers se rattache au contrat. Nul ne doute, ni les rédacteurs, ni les lecteurs des arrêts, que la Cour de cassation a entendu établir une règle de droit en vertu de laquelle les parents des transportés ont, en cas d'accident, un droit personnel à indemnité.

La question qui se pose alors est de savoir si la jurisprudence était qualifiée pour créer une pareille règle de droit. Or, l'affirmative nous paraît certaine.

A notre sentiment, la jurisprudence, en France, n'a pas qualité pour réformer ou abroger la loi écrite. La conception française de la loi, expression de la volonté générale par la voix du parlement, et le principe de la séparation des pouvoirs, y font obstacle. Et même, la loi étant un commandement qui, comme tel, ne vaut que comme expression de la pensée de celui qui a pouvoir de commander, nous croyons inacceptable la thèse, admise pourtant en 1904 par le premier président de la Cour de cassation, Ballot-Beaupré, dans un passage célèbre de son discours à l'occasion du centenaire du Code civil, d'après laquelle, à condition que la lettre de la loi n'y répugne pas, le juge peut, pour satisfaire des besoins nouveaux, négligés par le législateur, donner au texte un sens autre que celui qui était dans l'esprit des auteurs de la loi. Une pareille interprétation revient à refaire la loi. Elle est un empiétement sur le pouvoir législatif.

Mais sur une question non réglementée par la loi écrite, il appartient à la jurisprudence de suppléer à l'absence de loi et de formuler des règles de droit comme le ferait le législateur. Cela résulte de l'art. 4, C. civ., qui interdit au juge de refuser de juger. Et depuis la suppression du référé législatif et l'établissement de l'obligation pour la juridiction de renvoi de statuer conformément à l'arrêt de cassation des chambres réunies, il ne peut être mis en doute que le juge, dans le silence ou devant l'obscurité de la loi, doit statuer en droit, et non en équité. Ce rôle de légiférer pour combler les lacunes de la loi est d'ailleurs attribué à la jurisprudence, dans les termes les plus nets, par Portalis, dans le discours préliminaire du projet de Code civil. 'On ne peut pas plus se passer de jurisprudence que de lois, et c'est à cette jurisprudence que nous abandonnons les cas rares et extraordinaires . . . et tous les objets qu'on s'efforcerait inutilement de prévoir ou qu'une prévoyance limitée ne pourrait définir sans danger. C'est à l'expérience à combler successivement les vides que nous laissons. Les Codes des peuples se font avec le temps, mais, à proprement parler, on ne les fait pas.'

Nous nous élevons avec force contre la doctrine qui permet aux juges de modifier la loi. Mais il faut affirmer nettement qu'ils doivent faire la loi là où elle manque. S'il règne à cet égard, actuellement, une grande confusion, c'est parce qu'on a voulu tout régler au moyen des textes en se permettant, sous couleur d'interprétation, d'en détourner le sens. En affirmant qu'il faut respecter la loi, mais seulement là où elle existe, on rend à la jurisprudence une liberté nécessaire, en même temps qu'on rend à loi sa force et son autorité, compromises par les libertés qu'on prend avec elle . . .

Nous pouvons donc dire qu'il était permis à la Cour de cassation de rattacher au contrat le droit à indemnité des parents de la victime, comme une obligation légale que des raisons d'aménagement technique commandent de faire découler du contrat . . .

NOTES

1. In 1933 it was doubtful whether a plaintiff could succeed in delict without proving fault. Why would the court prefer to classify the claim as contractual?

2. The court implies an *obligation de résultat* in the contract of carriage. Compare the English Law of carriage of goods; and contrast carriage of persons: see *Readhead* v. *Midland Rly*.[57] and the dissent of Blackburn.[58]

Cass. civ. 17.12.1954
(Centre national de transfusion sanguine et Cie d'assurances La
Nationale *c*. Epoux L.)
D. 1955.269, note Rodière   Gaz. Pal. 1955.1.54   J.C.P. 1955 II
8490, note Savatier

LA COUR;—Sur les deux moyens réunis:—Attendu qu'il résulte de l'arrêt attaqué qu'une transfusion de sang fut ordonnée, au cours d'un traitement auquel était soumise la dame L. à l'hôpital Boucicaut; que les services de cet établissement firent appel au Centre national de transfusion sanguine, qui désigna la demoiselle V. comme donneuse de sang; que celle-ci étant atteinte de syphilis, cette maladie fut transmise à la dame L.;

Attendu que le pourvoi reproche à la cour d'appel d'avoir, en une matière essentiellement contractuelle, déclaré, à tort, le Centre national de transfusion sanguine responsable délictuellement d'une faute commise à l'égard de la dame L. et apprécié le préjudice causé sur des données purement conjecturales, bien que la preuve d'une faute de la préposée n'ait été nullement rapportée et que les usages médicaux, admis à l'époque de l'accident, aient exclu la faute de quiconque;—

Attendu que tout en recherchant devant le juge administratif l'Assistance publique pour la responsabilité encourue par ses propres services, la dame L. a obtenu des juges civils, sur la base de l'art. 1382, la condamnation du Centre national de transfusion sanguine à des dommages-intérêts;—

Mais attendu qu'il appartient à la Cour de cassation de restituer leurs véritables caractères aux rapports juridiques déduits par le juge des faits qu'il a souverainement constatés;—

[57] (1869) L.R. 4. Q.B. 379 (Ex. Chbr.)
[58] (1867) L.R. 2. Q.B. 412 (Q.B.)

Attendu qu'il n'est point contesté que la convention passée entre l'Assistance publique et le Centre, demandeur au pouvoir, avait pour objet de procurer à la malade hospitalisée le concours d'une donneuse de sang, pour l'exécution d'une prescription médicale; que cette convention était ainsi accompagnée d'une stipulation pour autrui, faite au nom de la dame L., qui, bien qu'étrangère au contrat originaire et n'y ayant point été représentée, devait bénéficier de l'engagement contracté à son profit; que l'inexécution de celui-ci par le débiteur rendait donc ce dernier, par l'effect des dispositions combinées des art. 1121 et 1135, C. civ., directement responsable, envers la créancière, du préjudice en résultant;—

Et attendu qu'en l'état des relations contractuelles par lui-même invoquées, le débiteur n'a ni prouvé ni même allégué que, selon l'art. 1147 du même code, la contravention à l'engagement litigieux dérivât d'une cause étrangère, telle que la force majeure, qui ne pût lui être imputée; qu'en constant, dans des circonstances exclusives de toute responsabilité d'ordre médical, le fiat de 'l'inoculation à la dame L. d'un sang vicié', les juges du fond ont établi que le Centre de transfusion sanguine n'avait pas fourni la prestation loyale à laquelle la dame L. était en droit de prétendre, et fondé sur la faute ainsi commise le droit à réparation; d'où il suit que, par ce motif de droit pur substitué d'office à tous autres, que critique le pourvoi, l'arrêt attaqué se trouve légalement justifié;—

Par ces motifs, rejette.

From the note by Rodière

. . .

Recherchant à la fois l'Assistance publique devant la juridiction administrative et le Centre de transfusion devant les juges civils, la dame L. a obtenu de ceux-ci la condamnation du Centre sur la base de l'art. 1382, C. civ. Mais ces juges avaient dans le même temps reconnu qu'en l'état des usages de l'époque, le Centre n'avait ni par lui-même, ni par ses préposés commis de faute. Le pourvoi avait beau jeu de relever la contradiction: la responsabilité délictuelle fondée sur l'art. 1382 suppose la faute de l'auteur et cette faute doit être prouvée par la victime. Or, en l'espèce, non seulement cette faute n'était pas prouvée, mais il semblait même établi qu'il n'en avait pas été commis. La cassation se serait imposée si la Cour suprême, usant d'une faculté qui ne lui est pas contestée, n'avait substitué à la motivation de l'arrêt attaqué une argumentation de droit différente, argumentation de pur droit fondée sur les faits constatés souverainement par les juges du fond. Pour justifier la condamnation du Centre, seul défendeur devant les juges civils, la Cour de cassation établit successivement:

1. que la responsabilité du Centre envers l'hôpital était d'ordre contractuel;
2. que la malade était en droit de la faire valoir parce qu'elle bénéficiait d'une stipulation pour autrui, annexée au contrat par lequel le Centre avait promis une prestation loyale à l'administration de l'Assistance publique.

Sur la stipulation pour autrui. — La construction est désormais classique. C'est par le même moyen que les parents d'un voyageur ont pu faire condamner le transporteur à réparer le dommage que celui-ci leur avait directement causé en n'amenant pas le voyageur sain et sauf à destination. Malgré la différence des situations, la construction juridique est la même: un contrat est passé entre A et B; la mauvaise exécution de ce contrat par B cause un dommage à C, mais celui-ci ne peut arguer de l'inexécution contractuelle que s'il est contractuellement créancier de B; il faut pour cela l'associer au contrat; c'est à quoi l'on parvient en déclarant que A a stipulé pour lui. Quand cette stipulation est expresse, il n'y a pas de difficulté spéciale. Mais elle est supposée par les juges dans le cas précité des parents du voyageur comme elle est supposée dans la présente espèce. On a déjà montré que ces constructions ne sont pas aussi fermes qu'il le paraît d'abord et qu'elles reposent sur une volonté incertaine des parties. Mais ceux qui se flattaient de voir bientôt disparaître cette jurisprudence doivent en perdre l'espoir. Loin de céder du terrain, elle en gagne comme en témoigne le présent arrêt.

Cependant, le bénéficiaire de la stipulation pour autrui peut y renoncer. Il n'est pas associé de force au contrat de base. Le conseiller E. Pilon l'avait indiqué clairement (rapport S. 1937.242, col. 2, et 243, col. 1) et la Cour de cassation l'a reconnu (Civ. sect. com., 19 juin 1951, D. 1951.717, note G. Ripert; S. 1952.1.89, note Nerson). Malgré certaines hésitations les juges du fond l'ont suivie. On peut dès lors se demander s'il ne faut pas que le bénéficiaire fasse acte positif d'acceptation. Certes, cette acceptation peut intervenir à n'importe quel moment; elle peut même être tacite et résulter du seul fait que le tiers agit en vertu du contrat.

Mais, en l'espèce, la dame L. ne parait à aucun moment de la procédure avoir réclamé le bénéfice de cette stipulation tacite. Elle a agi contre le Centre de transfusion sanguine en invoquant la faute commise par lui (ou présumée à sa charge) sur la base de l'art. 1382. Si, devant la Cour suprême, le mémoire en défense a invoqué la stipulation faite en faveur de la dame L. il n'y a rien à dire. Si la construction nouvelle est entièrement due a la Cour de cassation, la technique de la stipulation pour autrui n'aura pas été respectée . . .

NOTES

1. The claim was formulated in delict; but it was almost impossible to prove fault since, had the donor's blood been checked, it is unlikely that the incubating syphilis could have been discovered. Why should the *Cour de cassation* prefer to '*restituer* leurs *véritables* caractères aux rapports juridiques' and classify the claim as contractual? Would the House of Lords act thus?

2. What view of the nature of judicial activity is presented by the words italicized in the previous paragraph?

3. Presumably the husband contracted syphilis from his wife. Is he also a *tiers bénéficiaire*?

Cass. civ. 21.11.1978
(Scté. Parisienne de Surveillance *c*. Scté. Sogara)
J.C.P. 1980 II 19315, note Rodière

LA COUR; — Sur le moyen unique, pris en ses deux branches: — Attendu que, selon l'arrêt attaqué, le 8 mars 1972, des membres du personnel de la Société Parisienne de Surveillance (S.P.S.) étaient en train de charger, dans le coffre d'une automobile Mercédès, une cantine contenant la recette d'un magasin Carrefour exploité par la Société des Grands Magasins Garonne-Adour

(Sogara) en vue de son transport au siège du Crédit Commercial de France (C.C.F.) à Bordeaux, lorsque des individus armés, après avoir blessé un des employés de la S.P.S., se sont emparés de la cantine et ont pris la fuite; que la Société Sogara a assigné en paiement de dommages-intérêts la S.P.S., qui effectuait d'une manière habituelle des transports de fonds entre le magasin et le C.C.P. en vertu d'une convention du 28 juin 1971, conclue entre cette dernière société et la S.P.S., reprochant à la S.P.S. de ne pas avoir pris toutes les précautions nécessaires et en particulier d'avoir utilisé une voiture de tourisme au lieu d'un véhicule blindé; que la Cour d'appel a admis qu'il y avait eu une stipulation pour autrui de la part du C.C.F. au profit de la Sociéte Sogara et, retenant un manquement de la S.P.S. à ses obligations contractuelles, a condamné cette dernière société à payer des dommagesintérêts à la Société Sogara; — Attendu qu'il est reproché aux juges du second degré d'avoir ainsi statué, alors, d'une part, que l'existence d'une stipulation pour autrui ne saurait résulter du seul fait que le tiers trouve un intérêt au contrat auquel il est étranger; qu'il n'y aurait de stipulation pour autrui que dans le cas où le contrat fait naître un droit au profit du tiers et ne met pas à sa charge une obligation, alors, d'autre part, qu'auraient été laissées sans réponse les conclusions de la S.P.S., suivant lesquelles la faute de la Société Sogara qui ne se serait pas opposée au transport des fonds dans une voiture Mercédès, aurait exonéré le transporteur de sa responsabilité; — Mais attendu que la Cour d'appel, par un motif des premiers juges par elle adopté, a relevé que par la convention du 28 juin 1971, la S.P.S. s'engageait à mettre à la disposition du C.C.F. des véhicules blindés ainsi que des équipes de conducteurs et d'accompagnateurs pour assurer le transport d'espèces monnayées pour un tarif déterminé et à souscrire une assurance pour se garantir depuis le moment ou les valeurs sont remises à ses préposés jusqu'au moment où elles sont placées dans le coffre du C.C.F.; qu'elle a pu ainsi considérer que le contrat faisait naître un droit au profit de la Société Sogara et admettre que cette convention conclue tant dans l'intérêt du C.C.F. que de la Société Sogara contenait une stipulation pour autrui au profit de cette dernière société, le fait que le contrat mettait à la charge de la Société Sogara le règlement des factures, ce que celle-ci a accepté, n'excluant pas l'existence d'une stipulation pour autrui; qu'en second lieu, en retenant encore par un motif des premiers

juges par elle adopté que la S.P.S. ne pouvait pas soutenir que la Société Sogara avait autorisé l'emploi de l'automobile Mercédès alors que Rolland, employé de la S.P.S., avait reconnu avoir seul pris cette décision, la Cour d'appel a répondu aux conclusions invoquées; Qu'ainsi le moyen n'est fondé en aucune de ses branches;
Par ces motifs, Rejette . . .

From the note

Observations.—Faits: un contrat de transport d'un type particulier. Le 8 mars 1972, un transporteur de fonds (la Société Parisienne de Surveillance) charge dans le coffre d'une voiture de tourisme une cantine contenant la recette d'un magasin Carrefour (Sociéte Sogara) pour aller la déposer dans une banque. Une attaque a lieu et la recette est volée.

La Société Sogara, propriétaire des fonds, assigne le transporteur en responsabilité. Elle fonde son action sur un contrat qu'elle n'a pas elle-même conclu, mais qui l'a été entre la banque où les fonds devaient être acheminés et le transporteur.

Dans l'accord, datant du 28 juin 1971, il était stipulé que le transporteur devait utiliser des véhicules blindés avec conducteurs et accompagnateurs (et souscrire une assurance pour garantir les fonds pendant le transport).

Jusqu'au jour du hold-up, une série de transports avait eu lieu sur la base de ce contrat.

La Société Sogara reproche au transporteur de n'avoir pas pris les précautions nécessaires, en particulier en n'utilisant qu'une simple voiture de tourisme au lieu d'un véhicule blindé . . .

L'action est accueillie et le transporteur est condamné.

Tout l'intérêt de la décision commentée réside dans le mécanisme juridique utilisé pour asseoir l'action du propriétaire des fonds volés.

La Cour de cassation, après la Cour d'appel, admet l'existence d'une stipulation pour autrui. Le transporteur de fonds—promettant—se serait engagé auprès de la banque—stipulant—à acheminer jusqu'au coffre de celle-ci les recettes successives du magasin—bénéficiaire—. La Société Sogara aurait donc exercé contre le transporteur l'action directe reconnue au bénéficiaire d'une stipulation pour autrui contre le promettant . . .

A première vue, le recours au mécanisme de la stipulation pour autrui ne surprend pas. Nous sommes devant un contrat de transport de marchandises, et la jurisprudence, dans une analyse bien établie, estime qu'un tel contrat, dont la nature veut qu'il intéresse nécessairement trois personnes—l'expéditeur, le transporteur, le destinataire—, comporte une stipulation pour autrui . . .

La qualification de l'opération comme 'stipulation pour autrui' est cependant fort critiquable, mais les objections viennent d'ailleurs.

Pour le comprendre, il faut avoir des faits ainsi qualifiés une vision plus complète. Si le contrat négocié et signé entre la banque et le transporteur, puis ratifié ou accepté par le propriétaire des fonds transportés, aboutissait à créer un droit au profit de ce dernier, il faisait en même temps naître une obligation à sa charge. Le contrat prévoyait en effet que les factures des transports seraient adressées à la société propriétaire des fonds. Celle-ci avait souscrit, en réglant les factures, à l'obligation ainsi mise à sa charge, en même temps qu'elle avait réciproquement accepté le profit de l'opération.

C'est évidemment là que surgit l'objection fondamentale à l'encontre de la qualification retenue.

En effet, ou l'opération considérée était bien de la nature d'une stipulation pour autrui, et alors elle ne pouvait créer d'obligation à la charge du prétendu 'bénéficiaire', ou bien elle créait cette obligation, et ce n'était donc pas une stipulation pour autrui.

Une stipulation pour autrui peut-elle créer une obligation à la charge de son bénéficiaire? Comment répondre autrement que par la négative?

Ce sont d'abord le langage et ses définitions qui se révoltent. La stipulation pour autrui est fait 'au profit d'un tiers' (art. 1121 du Code civil). Celui-ci est désigné comme le 'bénéficiaire' de la promesse. Que l'on regarde la tradition, les auteurs actuels, la jurisprudence, les définitions y voient toujours un contrat pour autrui, *en faveur* d'un tiers . . .

## D. Simulation

The situation covered by this heading occurs when parties to a transaction deliberately make two, inconsistent, contracts. One is merely simulated or 'sham'; the other is the arrangement which they really intend to operate as between them. It is called a '*contre-lettre*' in French and a 'back-letter' in Scots. The topic is placed in this section, because its most difficult problems concern the effect of one or other of the contracts on third parties.

As a matter of general principle, as between the original parties the sham will be disregarded and their real agreement will prevail. An example of a similar common-law approach would be the traditional mortgage: it looked like a sale to the lender with an option to buy back exercisable in six months; but the courts enforced what the parties genuinely intended, namely a loan on security and allowed the borrower to buy back ('redeem') at any time. Similarly where a lease is intended but the arrangement is called a 'licence', the former prevails (*Street* v. *Mountford* [1985] 2 All E.R. 289 (H.L.); *A.G. Securities* v. *Vaughan* [1988] 3 All E.R. 1058 (H.L.)).

But sham transactions are often entered into in an attempt to escape the legal or fiscal consequences of the real contract. One such consequence is the rights given to next-of-kin by the French law of succession: they will often have a legal right to part of a relative's property and the power to set aside gifts made before the relative's death which diminish their statutory share; consequently there may be a temptation to disguise such gifts as sales or some other type of onerous transaction. If the simulation involves a fraud on creditors, they have a direct action to annul (C. civ. art. 1167). As regards other third parties, however, the Code contains only the one sentence, and that in the section devoted to *preuve*.

### Code Civil

1321. Les contre-lettres ne peuvent avoir leur effet qu'entre les parties contractantes; elles n'ont point d'effet contre les tiers.

From Josserand, *Les Mobiles dans les actes juridiques du droit privé* (1928)

194. . . . Le principe qu'on ne songe plus à contester aujourd'hui, c'est que la simulation ne vicie pas l'acte qui en est l'objet ou

l'occasion; c'est qu'elle ne constitue pas, en elle-même et à elle seule, une cause de nullité. La règle contraire, qui avait été consacrée par le droit de la période intermédiaire, est considérée comme ayant été condamnée par l'art. 1321 du Code civil aux termes duquel 'les contre-lettres ne peuvent avoir leur effet qu'entre les parties contractantes: elles n'ont point d'effet contre les tiers': du moment que l'acte clandestin produit effet entre ceux qui l'ont conclu, c'est évidemment que la validité en est reconnue par la loi qui le place ainsi sous la protection de ce grand principe que 'les conventions légalement formées tiennent lieu de loi à ceux qui les ont faites'. La seule réserve à faire — et elle est fondament-ale — c'est que la convention secrète n'est point opposable aux tiers qui sont en droit de l'ignorer et qui peuvent donc s'en tenir à l'acte apparent comme à la situation qui en est résultée, sauf à eux d'ailleurs, si cet acte leur est défavorable, à faire la preuve de la simulation pour se placer sous la protection de la contre-lettre: car, si le Code civil décide, dans l'art. 1321, que celle-ci saurait avoir d'effet *contre* eux, il ne dit nullement qu'elle ne puisse pas en produire *en leur faveur*; en sorte qu'ils se trouvent placés, de par le déguisement auquel les parties ont eu recours, dans une situation exorbitante du droit commun: ils sont fondés à se réclamer, au gré de leurs convenances et de leurs intérêts, soit de l'acte ostensible qui constitue pour eux, jusqu'à plus ample informé, la vérité juridique, soit de l'acte secret dont ils sont admis à démontrer qu'il représente précisément cette vérité dont la convention apparente n'est que le travestissement choisi par les parties pour dissimuler la réalité; ils parviendront à ce résultat en exerçant *l'action en déclaration de la simulation*; grâce à cette arme, ils perceront l'enveloppe sous laquelle les contractants avaient caché leur véritable but et ils pénétreront ainsi jusqu'à la vérité juridique qu'on s'était proposé de leur dissimuler. Cette option ouverte aux tiers entre l'acte apparent et l'acte secret les place dans une situation singulièrement avantageuse, mais qui trouve sa justific-ation dans l'équivoque créée par les parties et dont ils ne sauraient être les victimes.

Cass. civ. 25.4.1939
(Marion *c*. Raoux)
D.H. 1939.305   D.P. 1940.1.12, note anon.   Gaz. Pal. 1939.2.57
G.A. 108

Pourvoi en cassation contre un arrêt de la cour d'appel d'Alger du 17 juin 1935, pour violation des art. 2182, 2125, 1321, C. civ. et 7 de la loi du 20 avril 1810, pour défaut de motifs et manque de base légale, en ce que, statuant sur la validité d'une hypothèque constituée par un donataire dont le titre de propriété avait par la suite été anéanti rétroactivement pour simulation frauduleuse, l'arrêt attaqué a décidé que cette hypothèque subsistait et devenait opposable à l'héritier réservataire auquel l'immeuble était attribué après l'annulation de la donation, sous prétexte que le créancier hypothécaire était de bonne foi, alors que la bonne foi du créancier ne pouvait être prise en considération en présence de la nullité absolue du droit de propriété du constituant de l'hypothèque.

LA COUR; — Sur le moyen unique: — Attendu que Jean-François Marion étant mort, le 4 février 1923, à la survivance de deux enfants, Louise Marion, épouse Bauthéac, et Jean Marion, celui-ci a engagé, le 1ᵉʳ décembre 1925, contre sa sœur, une action tendant à l'annulation d'une donation immobilière que le père de famille lui avait faite, au mois de juin 1918, sous la forme mensongère d'une vente, et, par surcroît, avec la connivence d'une personne interposée; qu'il a été rendu, sur cette action, le 2 juillet 1930, un premier arrêt déclarant la libéralité dont s'agit, non pas simplement réductible à la quotité disponible, mais entièrement nulle, 'par application de l'art. 911, C. civ.'; —

Attendu qu'en suite de cette décision, passée en force de chose jugée à défaut de pourvoi formé contre elle, et en se fondant sur l'anéantissement rétroactif du titre de propriété de l'épouse Bauthéac, le sieur Jean Marion a actionné le sieur Raoux en nullité d'une hypothèque que la susnommée et son mari avaient consentie à ce dernier, le 15 décembre 1924, sur un immeuble compris dans la donation annulée le 2 juillet 1930 pour cause de simulation; que cette nouvelle demande de Jean Marion a été rejetée, le 17 juin 1935, par l'arrêt aujourd'hui déféré à la Cour de cassation; —

Attendu qu'au regard des conventions simulées de juin 1918, le créancier hypothécaire Raoux, et l'héritier réservataire Jean Marion agissant en vertu des droits qu'il tenait directement de la loi, avaient pareillement la qualité de tiers au sens de l'art. 1321 C. civ., et que, d'après ce texte, chacun d'eux pouvait se réclamer, suivant son intérêt, soit de l'acte ostensible derrière lequel les contractants avaient dissimulé leur véritable volonté, soit, au contraire, des véritables conventions tenues secrètes par lesdits contractants; qu'en cette situation, et alors que les deux adversaires exerçaient en sens opposé la faculté d'option à eux ouverte par l'art. 1321, les juges du fond ont pu donner la préférence au droit du créancier hypothécaire, en considération de l'erreur que la force invincible des apparences avait provoquée dans l'esprit de ce prêteur sur la valeur et la solidité du titre ostensible sur lequel paraissait reposer la possession paisible et prolongée des emprunteurs constituants de la sûreté réelle; — D'où il suit que la décision attaquée est légalement justifiée, indépendamment d'autres motifs surabondants critiqués par le pourvoi; Par ces motifs, rejette.

From the note

Le procès auquel met fin l'arrêt de rejet ci-dessus rapporté avait été précédé d'un autre litige dont il n'était que le prolongement. Cette contestation initiale était née à l'occasion de la succession d'un sieur J.-F. Marion, décédé le 4 février 1923 à la survivance de deux enfants, un garçon, Jean Marion, et une fille, dame Bauthéac, cette dernière légataire de toute la quotité disponible. Sans attaquer le testament qui avantageait sa sœur, Jean Marion poursuivait alors l'annulation de deux contrats constatés par actes notariés, le premier, en date du 19 juin 1918, par lequel le père de famille disait vendre certains de ses immeubles à un sieur Massardier, le second, intervenu dix jours plus tard, et portant revente des mêmes biens par Massardier à la dame Bauthéac, née Marion, et à son mari. La cour d'appel d'Alger a considéré, par une appréciation souveraine des faits de la cause, que la double opération dont s'agit masquait une véritable donation faite par le père de famille à sa fille, en fraude des droits que l'autre enfant tenait de la loi en sa qualité réservataire. Mais, de ces constatations et appréciations contre lesquelles il n'y avait rien à dire, la cour d'Alger a, dans son premier arrêt (2 juillet 1930), tiré une conséquence fausse en prononçant la nullité totale des deux actes de juin 1918. On sait, en effet, qu'en dehors des deux cas prévus par les art. 911 et 1099, al. 2, C. civ., la donation faite par personne interposée, ou bien déguisée sous l'apparence d'un contrat à titre onéreux, reste valable, étant assujettie seulement aux règles de fond édictées par la loi en ce qui concerne les libéralités entre vifs. A cet égard, il suffira de rappeler la proposition doctrinale reproduite dans maints arrêts de la Cour suprême: '. . . que les donations déguisées entre personnes capables de donner et de recevoir sont valables jusqu'à concurrence de la quotité disponible; *qu'il en est ainsi, même lorsque ces donations, par suite d'un concert frauduleux entre le donateur et le donataire, tendent à porter atteinte à la réserve des hérities; que le droit de ceux-ci, en ce cas, se borne à demander la réduction de ces donations à la quotité disponible, et non pas leur annulation totale* . . . ' (Civ. 13 décembre 1859, D.P. 59.1.503 et 504; Req. 1$^{er}$ juin 1932, D.P. 1932.1.169, et la note de M. Savatier).

Ces principes certains avaient été méconnus manifestement par l'arrêt du 2 juillet 1930 qui prononçait la nullité complète de l'opération de juin 1918, uniquement à raison de la forme sous laquelle se cachait son caractère de libéralité. Mais, à défaut de pourvoi formé en temps utile contre cette décision, l'erreur de la cour d'appel bénéficiait de la présomption irréfragable de vérité qui s'attache à la chose jugée. Par l'effet dudit arrêt, les immeubles litigieux, censés n'être jamais sortis du patrimoine du *de cujus*, faisaient partie de l'actif successoral, et grâce à la disposition de l'art. 792, alin. 2, sur le recel ou le divertissement des biens héréditaires par l'un des héritiers, ils se trouvaient être la propriété exclusive de Jean Marion.

Tout eût été terminé par là, sans une complication tenant à une hypothèque que les époux Bauthéac avaient constituée sur les immeubles litigieux au cours de l'année 1924, à une époque où ils jouissaient paisiblement de ces biens en vertu des actes de juin 1918, non encore contestés par Jean Marion. Il est évident que l'arrêt du 2 juillet 1930 n'aurait procuré à Jean Marion qu'une demi-satisfaction si les immeubles en question ne lui étaient revenues que grevés de cette hypothèque.

C'est ainsi qu'est né le second procès, celui à l'occasion duquel a été rendu l'arrêt ci-dessus rapporté. Cette fois, Jean Marion dirigeait son action contre le sieur Raoux, au profit de qui avait été constituée par les époux Bauthéac l'hypothèque de 1924. Pour demander l'annulation de cette charge réelle, il se prévalait du principe que le propriétaire seul peut créer une hypothèque sur son bien et que l'hypothèque disparaît automatiquement lorsque le titre de propriéte de celui que l'avait constituée se trouve anéanti rétroactivement par résolution, rescision ou annulation (art. 2125, C. civ.) . . .

Si, dans l'affaire actuelle, la chambre civile s'est prononcée en faveur du créancier hypothécaire, qui tenait cependant son droit *a non domino*, c'est précisément parce que, en cette circonstance, la solution à laquelle elle s'arrêtait trouvait son fondement dans un texte de la loi positive. Et c'est le soin avec lequel elle a insisté sur cette disposition de la loi qui mérite d'être retenu.

Le texte invoqué ainsi dans l'arrêt est l'art. 1321, C. civ., relatif aux contre-lettres. La contre-lettre est l'acte secret dans lequel les parties consignent leurs intentions véritables, dissimulées par elles dans un acte ostensible volontairement mensonger. Il y a d'ailleurs contre-lettre dès que les parties s'entendent, même verbalement, pour cacher dans leur acte ostensible les conventions vraies sur lesquelles elles se sont mises d'accord et qui, dans leur pensée, doivent seules recevoir effet. Or, il résulte de l'art. 1321 que, si les parties sont bien liées par leur convention vraie mais occulte (à la condition naturellement que cette convention ne soit ni illicite, ni immorale), les tiers sont en droit de s'en tenir, si tel est leur intérêt, aux clauses de l'acte apparent et mensonger. Et l'on sait que, dans cet art. 1321, le mot 'tiers' a un sens plus large que dans l'art. 1165, les créanciers même chirographaires jouissant de la faculté qui vient d'être dite, dans le cas de simulation ou de dissimulation, par les parties, de leurs intentions alors qu'en règle générale ils sont censés avoir été représentés par leur débiteurs, dont les contrats leur sont en conséquence opposables . . .

Si, par exemple, deux compères ont établi un acte purement fictif de vente, étant d'accord pour que la propriété de la chose vendue en apparence reste sur la tête du pseudo-vendeur, le créancier de bonne foi au profit de qui le pseudo-acheteur aura plus tard consenti une hypothèque pourra se fonder sur la disposition de l'art. 1321 pour exiger que la vente fictive soit considérée, par rapport à lui, comme valable. Quoique le pseudo-acheteur constituant de l'hypothèque, n'ait jamais été propriétaire du bien, à défaut de contrat de vente formé par l'accord des parties sur la chose et sur le prix, l'immeuble restera grevé de la charge réelle . . .

Donc, si, dans la présente espèce, le créancier Raoux s'était trouvé en conflit avec Jean-François Marion père, partie à l'opération simulée de 1918, c'est en vain que ce dernier aurait contesté la validité de l'hypothèque litigieuse en se fondant sur l'accord occulte qui rétablissait le véritable caractère de cette opération qualifiée mensongèrement de vente dans l'acte apparent. Fort de la disposition de l'art. 1321, Raoux n'eût pas manqué de faire juger que, pour lui, les époux Bauthéac tenaient l'immeuble à titre d'acheteurs, et qu'ils avaient pu, en conséquence, grever ce bien de la charge réelle litigieuse . . .

Cependant une difficulté nouvelle se présentait ici, du fait que Raoux, tiers par rapport à la convention simulée de 1918, avait pour adversaire, non pas l'une des parties à cette convention, mais Jean Marion fils, qui, en sa qualité de réservataire, pouvait se prévaloir, lui aussi, de la disposition de l'art. 1321. . . . On sait que si l'art. 1321 permet aux tiers de s'en tenir à l'acte ostensible dressé par les parties contractantes, ce n'est là qu'une faculté pour eux, le droit leur restant, s'ils y trouvent un avantage, de se prévaloir des conventions vraies et secrètes qui constituent la contre-lette. . . .

Raoux et Jean Marion, étant l'un et l'autre des tiers, semblaient donc être à égalité, puisant chacun dans le même texte le droit de faire considérer l'acte de 1918, soit comme une vente, caractère qu'il avait en apparence, soit comme une donation, caractère qu'il avait après la convention vraie mais secrète. Il est évident, d'ailleurs, que l'intérêt de Jean Marion était de faire restituer à l'opération de 1918 sa véritable nature de libéralité (et de libéralité nulle selon le premier arrêt rendu par la cour d'Alger le 2 juillet 1930), alors que Raoux avait un intérêt tout contraire . . .

Que faire quand deux plaideurs exercent ainsi en sens opposés la faculté que la loi leur accorde pareillement à l'un et à l'autre, en leur qualité de tiers, d'opter soit pour l'acte ostensible et mensonger, soit pour l'acte vrai mais occulte? . . .

Dans la circonstance, il résultait de l'arrêt attaqué que Jean-François Marion père, l'auteur de l'acte simulé de 1918, étant mort le 4 février 1923, Jean Marion fils avait attendu jusqu'au 1er décembre 1925, soit près de trois ans, avant d'engager contre les époux Bauthéac et Massardier son premier procès en nullité de cet acte combiné pour faire échec à ses droits de réservataire. D'autre

part, il était constant que Raoux avait consenti son prêt hypothécaire aux époux Bauthéac en décembre 1924, vingt mois après
l'ouverture de la succession, alors que ceux-ci jouissaient encore,
sans protestation aucune de Jean Marion, des immeubles ayant
fait l'objet de l'opération de 1918. C'était bien le cas de retenir,
comme dernier élément propre à faire pencher la balance en
faveur du créancier hypothécaire, et contre le véritable propriétaire
trop lent à se révéler, l'erreur que la force invincible des
apparences avait provoquée, dans l'esprit du bailleur de fonds, sur
la valeur et la solidité du titre ostensible en vertu duquel les
emprunteurs possédaient paisiblement, et depuis si longtemps, les
biens litigieux.

NOTES

1. Why is art. 1321 placed in the chapter of the Code devoted to *preuve*?
Can it be compared at all with the English doctrine of estoppel?

2. Why has English (unlike Scots) law never developed a doctrine of
'sham transactions'?

E. Concurrence déloyale

**Code Civil**

1382. Tout fait quelconque de l'homme, qui cause à autrui un
dommage, oblige celui par la faute duquel il est arrivé à le réparer.

1383. Chacun est responsable du dommage qu'il a causé non
seulement par son fait, mais encore par sa négligence ou par son
imprudence.

Cass. civ. 27.5.1908
(Doeuillet et Cie *c*. Raudnitz)
D. 1908.1.459

[Facts extracted from the judgment of the lower court.]

La dame Richard était employée chez Raudnitz; elle avait un
engagement prenant fin au 31 décembre 1901, aux appointements
de 11 000 fr.; au mois de juin 1901, elle a brusquement quitté la

maison Raudnitz; Doeuillet et Cie. ont engagé la dame Richard à partir du 1ᵉʳ juillet suivant aux appointements de 12 000 fr. avec stipulation d'un dédit⁵⁹ de 10 000 fr. — Pour conserver le concours de cette employée qu'il s'était cependant assuré par contrat jusqu'au 31 décembre, Raudnitz a dû, le 21 juin 1901, lui consentir les conditions les plus favorables qui lui avaient été faites par la maison Doeuillet; il a payé le dédit de 10 000 fr. et remboursé, à titre d'appointements pour le mois de juin, une gratification de 1 000 fr. que la dame Richard avait reçue d'avance et qu'elle devait restituer. Il est possible de chiffrer exactement le préjudice causé à Raudnitz: pour le mois de juin, 83 fr. 35 cent.; du 1ᵉʳ juillet au 31 décembre 1901, 500 fr.; le dédit, ci 10 000 fr., soit une somme totale de 10 583 fr. 35 cent.

Pourvoi en cassation par les sieurs Doeuillet et Cie pour violation des art. 1165, 1382, 1383, C. civ., du principe de la liberté du commerce et de l'industrie et de l'art. 7 de la loi du 20 avril 1810, en ce que l'arrêt attaqué a condamné les exposants⁶⁰ à payer au défendeur éventuel 10 583 fr. 35 cent. à titre de dommages-intérêts, sous prétexte qu'ils auraient commis une faute en engageant une employée qu'ils savaient liée à une maison concurrente et en prenant à leur charge le payement de son dédit, alors que, d'une part, les exposants n'ont fait qu'user d'un droit légitime, soit parce que le précédent contrat leur était inopposable, en tant que tiers, soit parce qu'il renfermait une faculté de dédit, et que, d'autre part, le préjudice allégué ayant été souffert volontairement par le défendeur éventuel, il ne pouvait en demander réparation.

LA COUR; — Sur le moyen unique du pourvoi pris dans sa première branche:

Attendu qu'il résulte de l'arrêt attaqué que Doeuillet et Cie, couturiers à Paris, ont engagé comme employée une dame Richard à partir du 1ᵉʳ juillet 1901, alors qu'il la savaient liée à la maison concurrente de Raudnitz par un traité qui ne devait prendre fin qu'au 31 décembre de la même année; qu'ils lui ont alloué des appointements supérieurs à ceux qu'elle gagnait chez le défendeur, en stipulant un dédit de 10 000 fr.; que l'arrêt déclare qu'en agissant ainsi et 'en facilitant à cette employée la violation de son

---

⁵⁹ Penalty.
⁶⁰ Petitioners.

engagement, par la promesse de prendre à leur charge les conséquences pécuniaires de la rupture du contrat, Doeuillet et Cie ont commis une faute dont l'appelant est bien fondé à leur demander réparation';

Attendu que les demandeurs en cassation soutiennent que la cour d'appel a considéré à tort comme une faute des faits qui n'auraient constitué, de leur part, que l'exercice d'un droit, puisque, en premier lieu, en contrat intervenu entre Raudnitz et la dame Richard ne leur était pas opposable, et que, d'autre part, ce contrat contenait, suivant eux, la faculté pour la dame Richard de se dégager, en payant une somme fixée à titre de dédit;

Mais attendu, sur le premier point, que l'arrêt n'a pas reproché à Doeuillet et Cie de n'avoir pas exécuté ou fait exécuter une convention à laquelle ils étaient étrangers, mais d'en avoir, par des actes quasi-délictueux accomplis en connaissance de cause et dans leur intérêt, amené ou facilité la rupture; que le moyen en cette partie, manque donc en fait;

Attendu, sur le second point, qu'il n'appert, ni de l'arrêt attaqué, ni des pièces de la procédure qui sont visées, que les demandeurs en cassation aient invoqué l'existence, en faveur de la dame Richard, d'une faculté de dédit stipulée entre elle et Raudnitz; que l'arrêt ne contient aucune indication sur la nature de l'obligation à laquelle cette dame se serait soumise au cas de rupture de son engagement avant le term fixé; que le moyen en cette partie, étant mélangé de fait et de droit, ne saurait être soulevé pour la première fois devant la cour de cassation;

Attendu, au fond, que l'arrêt a pu, sans violer aucun des textes visés par le pourvoi, considérer les faits ci-dessus spécifiés comme excédant les droits de la libre concurrence et comme constituant, de la part de Doeuillet et Cie, une faute de nature à engager leur responsabilité;

Sur la seconde branche du moyen:—Attendu que l'arrêt attaqué déclare que, 'pour conserver le concours de l'employée qu'il s'était cependant assurée par contrat jusqu'au 31 décembre', Raudnitz a dû lui consentir les conditions les plus favorables que lui avaient faites Doeuillet et Cie et payer le dédit de 10 000 fr., stipulé par ceux-ci;

Qu'il a ainsi, par une appréciation souveraine des faits de la cause, suffisamment indiqué que le dommage souffert par Raudnitz provenait, non de sa libre volonté, mais de la situation qui lui avait été faite par la faute des demandeurs, qu'il a donc constaté la relation entre la faute et le préjudice, et que la condamnation à des dommages-intérêts est ainsi motivée et justifiée;

Par ces motifs, rejette.

## NOTES

1. Observe that this is one of the many cases which determine how far contractual relations are protected by the law of delict.

2. Note that the *pourvoi en cassation* pleads a general principle — 'liberté du commerce et de l'industrie'.

3. Compare, from the point of view of judicial technique, the French treatment of problems of causation and of privity with, for example, *Lumley* v. *Gye*[61] and *Rookes* v. *Barnard*,[62] and see *Torquay Hotel Co. Ltd.* v. *Cousins*.[63]

4. The French bring the cases under the general provisions of art. 1382; contrast the English invention of a *sui generis* tort.

5. In Raudnitz's second contract with Richard, what *cause* did she provide?[64]

Cass. com. 13.3.1979

(Dlle Pedelmas et autres *c.* Epoux Morin et autre)

D.S. 1980 1, note Serra

LA COUR; . . . Sur le moyen unique: — Vu l'art. 1382, C. civ.; — Attendu que selon l'arrêt attaqué (Montpellier, 7 décembre 1976) la dame Morin, assistée de son mari, a vendu à la Dlle Pedelmas et aux époux Destigny-Pedelmas un fonds de commerce de lingerie qu'elle exploitait à Carcassonne; qu'il était stipulé dans l'acte de vente des 27 juillet et 4 août 1967 que la dame Morin s'interdisait de se rétablir ou de s'intéresser directement ou indirectement, même comme simple associée commanditaire, dans un commerce de même nature que celui vendu, dans Carcassonne, pendant dix ans; que le 18 juin 1971 a été constituée la S.A.R.L. Rolatex dont

---

[61] (1853) 2 Ellis & Blackburn 217 (esp. Coleridge L.C.J.'s dissent).
[62] [1964] A.C. 1129 (esp. per Lord Devlin at 1208, 1209).
[63] [1969] 2 Ch. 106 (C.A.) (per Lord Denning M.R. at 137ff.).
[64] See Pothier above, Part II, *Cause*.

la dame Morin détenait le quart du capital social tandis que son mari en devenait le gérant; que l'une des branches d'activité de cette société avait le même objet que le commerce vendu par la dame Morin; que cette dernière ainsi que son mari et le Soc. Rolatex ont éte assignés par la Dlle Pedalmas et par les époux Destigny-Pedalmas en paiement de dommages-intérêts pour violation de la clause de non-rétablissement par la dame Morin et pour se voir interdire sous astreinte la vente des articles concurrentiels; — Attendu que, pour décider qu'aucune complicité dans la violation par la dame Morin de son engagement de non-rétablissement ne pouvait être imputée à son mari, ni à la Soc. Rolatex qu'elle avait constituée avec lui et avec son père, la cour d'appel s'est bornée à énoncer qu'il n'était pas établi que Morin, soit personnellement, soit en sa qualité de gérant de la Soc. Rolatex, eût incité sa femme à entrer dans cette société à laquelle elle n'appartenait que par sa seule volonté; — Attendu qu'en statuant ainsi, alors que toute personne, qui, avec connaissance, aide autrui à enfreindre les obligations contractuelles pesant sur elle, commet une faute délictuelle à l'égard de la victime de l'infraction, la cour d'appel, qui n'a pas recherché si Morin pouvait ignorer les obligations qui s'imposaient à la dame Morin, n'a pas donné de base légale à sa decision;

Par ces motifs, casse.

# The End of Contractual Obligations

Almost all contractual obligations end as intended, by being carried out. Of the rest, some become, through *force majeure*, impossible to fulfil and are not transmuted into the type of obligation (the payment of money) which is always, in law, capable of performance.

It is the few remaining — those which are broken — which engross the attention of lawyers. The consequences of breach must be considered in three stages. The first is its effect on the obligation of the party not in breach; the second relates to the remedies available to him to secure performance or its substitute; the third concerns the means of compulsion of the debtor in breach which the law will tolerate.

## A. Performance

### Code Civil

1234. Les obligations s'éteignent par le paiement . . .

1235. Tout paiement suppose une dette: ce qui a été payé sans être dû est sujet à répétition.

La répétition n'est pas admise à l'égard des obligations naturelles qui ont été volontairement acquittées.

1236. Une obligation peut être acquittée par toute personne qui y est intéressée, telle qu'un coobligé ou une caution.

L'obligation peut même être acquittée par un tiers qui n'y est point intéressé, pourvu que ce tiers agisse au nom et en l'acquit du débiteur, ou que, s'il agit en son nom propre, il ne soit pas subrogé aux droits du créancier.

1237. L'obligation de faire ne peut être acquittée par un tiers contre le gré du créancier, lorsque ce dernier a intérêt qu'elle soit remplie par le débiteur lui-même.

1238. Pour payer valablement, il faut être propriétaire de la chose donnée en paiement, et capable de l'aliéner.

Néanmoins, le paiement d'une somme en argent ou autre chose qui se consomme par l'usage ne peut être répété contre le créancier qui l'a consommée de bonne foi, quoique le paiement en ait été fait par celui qui n'en était pas propriétaire ou qui n'était pas capable de l'aliéner.

1239. Le paiement doit être fait au créancier, ou à quelqu'un ayant pouvoir de lui, ou qui soit autorisé par justice ou par la loi à recevoir pour lui.

Le paiement fait à celui qui n'aurait pas pouvoir de recevoir pour le créancier est valable, si celui-ci le ratifie, ou s'il en a profité.

. . .

1243. Le créancier ne peut être contraint de recevoir une autre chose que celle qui lui est due, quoique la valeur de la chose offerte soit égale ou même plus grande.

1244. Le débiteur ne peut point forcer le créancier à recevoir en partie le paiement d'une dette, même divisible.

Les juges peuvent néanmoins, en considération de la position du débiteur et compte tenu de la situation économique, accorder, pour le paiement, des délais qui emprunteront leur mesure aux circonstances, sans toutefois dépasser deux ans, et surseoir à l'exécution des poursuites, toutes choses demeurant en l'état.

. . .

1246. Si la dette est d'une chose qui ne soit déterminée que par son espèce, le débiteur ne sera pas tenu, pour être libéré, de la donner de la meilleure espèce; mais il ne pourra l'offrir de la plus mauvaise.

## B. Non-performance

## A. Self-help

### Code Civil

1612. Le vendeur n'est pas tenu de délivrer la chose, si l'acheteur n'en paie pas le prix et que le vendeur ne lui ait pas accordé un délai pour le paiement.

From Carbonnier, *Droit civil: les obligations* (1985)

84. C'est un principe, reconnu par la jurisprudence, que dans les contrats synallagmatiques, les deux obligations doivent être exécutées simultanément, *trait pour trait*. Chacune des parties n'est en droit d'exiger la prestation qui lui est due qu'autant qu'elle offre d'exécuter la sienne. Réciproquement, elle peut se refuser à exécuter sa prestation tant que son partenaire n'offre pas lui-même d'exécuter. Ce refus se manifestera par une exception (au sens procédural du terme), l'exception de contrat non accompli (*exceptio non adimpleti contractus*), ou exception d'inexécution. C'est une conséquence de l'interdépendance des obligations dans le contrat synallagmatique. Il n'est pas, d'ailleurs toujours facile de distinguer cette exception du *droit de rétention*, dont l'étude ressortit au droit du crédit (c'est une sorte de sûreté en vertu de laquelle le créancier qui a en sa *détention* ou *possession* un bien appartenant au débiteur peut refuser de s'en dessaisir tant qu'il n'est pas payé).

. . .

L'exception d'inexécution n'est prévue que par quelques textes fragmentaires (ex. art. 1612, 1653). On peut, cependant, pour reconnaître à l'exception une portée générale, argumenter *a fortiori* de l'art. 1184: mieux vaut autoriser le refus d'exécution que d'avoir ensuite à prononcer une résolution rétroactive, avec sa séquelle de restitutions.

(*a*) *Principe.* La jurisprudence a admis l'exception d'inexécution en dehors des textes (ex. le locataire peut refuser de payer son loyer s'il n'a pas la libre jouissance des lieux loués; le bailleur peut refuser de procéder aux réparations si les loyers ne lui sont pas payés). C'est l'idée *synallagmatique* qui délimite le domaine: l'exception est recevable dans tous les contrats synallagmatiques véritables . . .

(*b*) *Restrictions.* Les tribunaux écartent l'exception quand elle leur paraît invoquée dans des circonstances contraires à la bonne foi que se doivent les contractants. Ex. un locataire ne peut refuser de payer les loyers sous prétexte que le bailleur a négligé de procéder à des réparations dont l'immeuble a besoin. C'est qu'il ne serait pas conforme à la bonne foi d'opposer ainsi l'inexécution d'une obligation relativement secondaire (et d'ailleurs, non liquide) pour se dispenser de remplir soi-même son engagement essentiel. Ce sont seulement les obligations de même importance qui doivent s'accomplir trait pour trait, et dans le bail, le locataire, par cela seul qu'il est en jouissance des lieux loués, bénéficie déjà d'une exécution suffisante pour faire équilibre à son obligation de payer les loyers: le contrat a pour lui un intérêt, une cause suffisante.

Cass. civ. 4.1.1910
(Cahen *c.* Teyssonnier)
S. 1911.1.195

M. Teyssonnier, représentant de commerce, qui avait des relations établies dans une région, s'est chargé de représenter dans cette région les produits de la maison Cahen. Cette maison, après avoir utilisé un certain temps des services, lui a adjoint un employé pour l'accompagner dans ses tournées, et ce en vue de le remplacer par cet agent, aussitôt qu'il serait au courant et connu de la clientèle. M. Teyssonnier ayant à raison de ces faits, rompu brusquement son contrat, sans observer le délai de préavis stipulé, M. Cahen l'a assigné en dommages-intérêts. M. Teyssonnier a opposé une demande reconventionelle. —Par jugement du 21 mai 1907, le tribunal de commerce de St.-Etienne a repoussé la demande principale, et accueilli, au contraire, la demande reconvention-nelle.

POURVOI en cassation par M. Cahen. —Moyen unique. Violation des art. 1184 et 1134, C. civ., défaut de base légale, et violation de l'art. 7 de la loi du 20 avril 1810, en ce que le jugement attaqué a décidé qu'une partie pouvait, de sa propre autorité, tenir pour résolu un contrat par elle signé, sous prétexte d'inexécution des obligations de l'autre partie contractante, alors, d'une part, que les obligations prétendues inexécutées ne figuraient pas au contrat, et alors, d'autre part, que la résolution, fût-elle justifiée, ne pouvait être prononcée que par justice.

LA COUR; —Sur le moyen unique de cassation: —Attendu qu'il résulte des constatations du jugement attaqué que Teyssonnier, engagé en qualité de courtier livreur par la maison Cahen, a cessé ses fonctions sans donner à son patron le préavis de huitaine prévu par son contrat; —qu'assigné à raison de ce fait en paiement de dommages-intérêts, il a formé une demande reconventionnelle, fondée sur ce que son départ aurait été nécessité par des actes dolosifs dont Cahen s'était rendu coupable vis-à-vis de lui; —

Attendu que le pourvoi soutient que le tribunal de commerce de St.-Etienne, en rejetant la demande principale et en accueillant la demande reconventionnelle dont il était saisi, aurait admis, d'une part, l'existence à la charge de Cahen d'obligations non prévues par le contrat, et décidé, d'autre part, contrairement aux dispos-itions de l'art. 1184, C. civ., qu'une partie pouvait résoudre un contrat synallagmatique de sa propre autorité, sans recourir aux tribunaux; —

Mais attendu, sur le premier point, que les juges du fond se bornent à rappeler l'obligation générale imposée par la loi aux parties; que le grief manque donc en fait; —

Attendu, sur le second point, qu'il résulte de l'ensemble des constatations du jugement: que Teyssonnier était parvenu, grâce à ses efforts, à trouver de nombreux acheteurs pour les produits de la maison Cahen; que celle-ci, dans le but de s'approprier la clientèle ainsi créée, tout en se dégageant de ses obligations envers son représentant, avait adjoint à ce dernier un autre employé, avec mission d'accompagner Teyssonnier dans ses tournées et de le supplanter aussitôt que ce nouvel agent aurait été mis suffisamment en contact avec les clients; que, sur les réclamations du défendeur à la cassation, cette adjonction avait été momentanément suspendue; mais qu'elle n'avait pas tardé à être imposée de nouveau à Teyssonnier, et que c'est alors que celui-ci, pour éviter de se voir frustré du profit légitime de son labeur, avait quitté la maison Cahen; —

Attendu que ces constatations, déduites des résultats de l'enquête ordonnée, établissent une véritable fraude à la charge de Cahen; que, dans ces circonstances, le tribunal a pu décider que la partie dont la mauvaise foi avait causé la rupture du contrat était sans droit pour se prévaloir des dispositions de l'art. 1184, C. civ., et qu'une indemnité devait, au contraire, être allouée à l'autre contractant, qu'en statuant ainsi, il n'a violé aucun des textes de loi visés par le pourvoi;

Rejette, etc. . . .

NOTES

1. Observe that the *pourvoi* is against a judgment of a *tribunal de commerce*.

2. Is art. 1134 al. 3 relevant?

*B. Cancellation*

**Code Civil**

1183. La condition résolutoire est celle qui, lorsqu'elle s'accomplit, opère la révocation de l'obligation, et qui remet les choses au même état qui si l'obligation n'avait pas existé.

Elle ne suspend point l'exécution de l'obligation: elle oblige seulement le créancier à restituer ce qu'il a reçu, dans le cas où l'evénément prévu par la condition arrive.

1184. La condition résolutoire est toujours sous-entendue dans les contrats synallagmatiques, pour le cas où l'une des deux parties ne satisfera point à son engagement.

Dans ce cas, le contrat n'est point résolu de plein droit. La partie envers laquelle l'engagement n'a point été exécuté a le choix, ou de forcer l'autre à l'exécution de la convention, lorsqu'elle est possible, ou d'en demander la résolution avec dommages et intérêts.

La résolution doit être demandée en justice, et il peut être accordé au défendeur un délai selon les circonstances.

From Malaurie et Aynès, *Droit civil: les obligations* (1985)

537. *Option*. Lorsque l'inexécution est imputable au débiteur, le créancier a un choix: il peut réclamer, ou l'exécution, ou la résolution, c'est-à-dire l'anéantissement du contrat. Cette dernière voie présente des avantages et des inconvénients.

La résolution est une *incitation* indirecte à l'exécution, car sa simple menace pousse le débiteur à exécuter. Lorsqu'elle est consommée, elle présente aussi l'avantage de débarrasser les contractants d'un contrat non viable et les libérer de leurs obligations. Mais elle constitue une mesure grave, puisqu'elle délie le débiteur de son obligation et produit un effet rétroactif.

Aussi le système français a-t-il posé qu'en principe la résolution a un caractère judiciaire: ce qui permet d'apprécier l'importance de l'inexécution et de conférer à la résolution un caractère exceptionnel en maintenant un contrat qui pourrait être sauvé; ce qui a aussi des inconvénients: la lourdeur, la lenteur et les frais de procédure.

. . .

541. *Appréciation judiciaire*. La résolution a pour cause une inexécution à la fois imputable au débiteur et grave. *Imputable au débiteur*, signifie que lorsque l'inexécution est due à la force majeure, il s'agit d'un problème de risques, dont le régime est différent. *Grave* signifie que la résolution doit être prononcée lorsqu'il y a *inexécution totale d'une obligation essentielle*; il n'existe de difficultés appelant l'appréciation du juge que lorsqu'il y a inexécution totale d'une *obligation accessoire ou inexécution partielle* d'une obligation essentielle.

Selon la plupart des auteurs, la résolution suppose le caractère fautif de l'inexécution. Ni la loi ni la jurisprudence ne sont en ce sens: ce qui importe est que le contrat n'assure plus l'*utilité économique* qu'il poursuivait.

Cass. civ. 14.4.1891
(Conjoints Ceccaldi *c.* Albertini)
S. 1894.1.391  D. 1891.1.329, note Planiol  G.A. 112

En 1877, la dame Pulicani, assistée de son mari, le sieur Ceccaldi, maire d'Evisa (Corse), avait donné pour dix ans au sieur Albertini, à titre de bail à complant, un terrain inculte, à la condition de planter ce terrain en vignes pendant les trois premières années et de procéder ensuite au provignage selon l'usage local. Le preneur devait avoir la jouissance exclusive des lieux loués pendant la durée du bail, à l'expiration duquel il deviendrait propriétaire d'une moitié du terrain, au choix du bailleur. La vigne fut bien plantée, comme il était convenu, pendant les trois premières années, mais le phylloxera rendit le provignage impossible. — En 1886, Ceccaldi demanda le délaissement du terrain qui, n'étant pas complanté et ne pouvant plus l'être, devait faire retour à sa femme. Le preneur prétendait rester en possession jusqu'à l'expiration des dix années et garder ensuite la moitié du terrain. — Dans l'intervalle ce terrain avait été en partie exproprié pour l'établissement de la ligne de Bastia à Corte qui le traverse, et l'indemnité d'expropriation fut fixée par le jury, en avril 1883, à la somme de 13 500 fr. Par un jugement en date du 1$^{er}$ février 1887, le tribunal civil de Corte a déclaré résilié le bail à complant de 1877. Toutefois, le preneur s'étant trouvé dans l'impossibilité absolue de remplir ses engagements par suite d'une force majeure, le tribunal a déclaré qu'il n'y avait pas lieu de le condamner à des dommages et intérêts et qu'il fallait au contraire lui tenir compte de la plus-value donnée à la propriété par ses travaux de culture, l'indemnité allouée par le jury ayant été calculée d'après l'état actuel du terrain. Mais ce jugement a été infirmé par un arrêt de la cour de Bastia, du 12 juillet 1887.

Pourvoi en cassation par les époux Ceccaldi, pour violation des art. 1148, 1184 et 1220 C. civ. en ce que l'arrêt attaqué a refusé d'ordonner la résolution du bail pour cause d'inexécution des engagements du preneur, sous prétexte que cette inexécution ne serait que partielle et proviendrait d'un cas de force majeure, bien que, pour l'événement de la condition résolutoire, la loi n'exige pas que l'inexécution soit totale et n'admette point la force majeure comme faisant obstacle à son application.

LA COUR; — Statuant sur le moyen unique du pourvoi: — Vu l'art. 1184, C. civ.; — Attendu que cet article ne distingue pas entre les causes d'inexécution des conventions, et n'admet pas la force majeure comme faisant obstacle à la résolution, pour le cas où l'une des deux parties ne satisfait pas à son engagement; qu'en effet, dans un contrat synallagmatique, l'obligation de l'une des parties a pour cause l'obligation de l'autre et réciproquement, en sorte que, si l'obligation de l'une n'est pas remplie, quel qu'en soit le motif, l'obligation de l'autre devient sans cause; — Attendu, il est vrai, que lorsque le contrat ne contient aucune clause expresse de résolution, il appartient aux tribunaux de rechercher, dans les termes du contrat et dans l'intention des parties, quelles sont l'étendue et la portée de l'engagement souscrit par celle d'entre elles qui y aurait manqué complètement, et en cas d'inexécution partielle, d'apprécier, d'après les circonstances de fait, si cette inexécution a assez d'importance pour que la résolution doive être immédiatement prononcée, ou si elle ne sera pas suffisamment réparée par une condamnation à des dommages-intérêts; que ce pouvoir d'appréciation est souverain; — Mais attendu que, pour repousser la demande en résolution du contrat de bail à complant du 20 octobre 1877, l'arrêt attaqué se fonde uniquement sur ce que la condition résolutoire que l'art. 1184 déclare sous-entendue dans tous les contrats synallagmatiques, en cas d'inexécution par une des parties, ne serait pas applicable au cas où le contrat a été exécuté en partie et où c'est par un cas de force majeure qu'il n'a pu recevoir sa complète exécution; qu'il déclare que ce principe doit s'appliquer sans difficulté à l'espèce, où il est constant, d'une part, que le sieur Albertini a, conformément au contrat de bail, planté la vigne en fossés, dans les trois premières années dudit bail, et, d'autre part, que s'il n'a pas provigné ensuite, c'est par suite de l'empêchement de force majeure résultant de l'invasion du phylloxera; — Attendu qu'en statuant ainsi, la cour d'appel, au lieu d'exercer son pouvoir souverain d'appréciation, a fait uniquement dépendre sa décision d'une doctrine contraire à l'article visé par le pourvoi; que l'arrêt attaqué a ainsi violé cet article; — Par ces motifs, casse . . .

From the note

. . .
Cette solution est conforme à plusieurs décisions antérieures. En cas d'inexécution partielle, la cour de cassation reconnaît actuellement aux tribunaux un pouvoir d'appréciation et les autorise à rejeter la demande en résolution, lorsque la portion déjà exécutée leur paraît d'une utilité suffisante pour que le demandeur puisse être équitablement forcé de se contenter de dommages et intérêts pour le surplus . . .

La doctrine de l'arrêt ci-dessus semble bien établie aujourd'hui. Elle est très équitable et très juridique, à la condition toutefois que la principale considération sur laquelle se guident les juges soit l'intention des contractants. La résolution doit être prononcée toutes les fois qu'il est permis de croire que le demandeur n'eût pas contracté, s'il avait prévu l'inaccomplissement de cette partie de l'obligation. L'art. 1184, C. civ. n'est qu'une interprétation de volonté; son texte l'annonce lui-même: 'la condition résolutoire est toujours sous-entendue . . .' Cette disposition légale est donc l'équivalent d'une stipulation expresse réservant aux parties le droit d'agir en résolution . . .

L'art. 1184, C. civ., en accordant l'action résolutoire dans les contrats synallagmatiques, ne distingue pas pour quelle cause la partie poursuivie ne satisfait pas à ses engagements. De là, dit-on, la possibilité d'obtenir la résolution, même quand il y a eu empêchement par force majeure.

Nous ne contesterons pas le résultat pratique auquel arrivent la cour de cassation et les auteurs qui partagent sa manière de voir. Il nous semble absolument certain que, lorsque l'une des parties est empêchée par force majeure d'accomplir son obligation, elle perd le droit d'exiger l'accomplissement à son profit de l'obligation contractée par l'autre partie; mais nous ne croyons pas que ce soit par l'effet de l'exercice de l'action en résolution, et la façon dont cette solution est déduite de l'art. 1184, C. civ. nous paraît inexacte.

Est-il vrai que cet article vise à la fois l'inexécution imputable au débiteur, due à sa faute ou à sa négligence, et celle qui est due à un cas fortuit ou de force majeure? . . .

Lorsqu'on veut justifier, dans le système que nous discutons, la portée absolue qu'on attribue à l'art. 1184, C. civ., on en donne l'explication suivante. Les obligations des parties, dit-on, se servent réciproquement de cause dans les obligations synallagmatiques; par conséquent, lorsque l'une d'elles n'exécute pas son engagement, l'obligation de l'autre cesse d'avoir une cause. Cette explication va directement contre le système qu'elle prétend établir. En essayant de préciser ces motifs et en parlant du défaut de cause, elle nous indique elle-même la raison pour laquelle il est impossible d'englober sous un même article les deux cas de force majeure et de faute.

L'idée d'un défaut de cause fait bien comprendre la disparition simultanée des deux obligations, lorsqu'il survient pour l'exécution de l'une d'elles un empêchement de force majeure. La force majeure a un effet direct: elle produit la suppression immédiate et définitive de l'obligation dont elle empêche la réalisation (C. civ. 1148 et 1302 et arg. de ces art.). Cette suppression a lieu sans que le créancier ait été satisfait ou se tienne pour satisfait. Par la disparition de sa créance, sa propre obligation, dont l'exécution est encore possible, reste, pour ainsi dire, en l'air. Sa contre-partie nécessaire lui fait défaut, et on peut dire d'elle qu'elle est désormais sans cause. Par conséquent, elle disparaît.

Mais, nous ne croyons pas que cette idée puisse également servir à justifier l'action en résolution fondée sur une inexécution imputable à l'autre partie. Il y a, en effet, une différence profonde entre le débiteur qui pourrait se libérer, mais qui ne fait rien pour y réussir, et celui qui ne demanderait pas mieux que d'exécuter sa promesse, mais qui en est empêché par une force supérieure à sa volonté: le premier reste légalement tenu; le second est forcément libéré. Or une obligation inexécutée n'est pas une obligation inexistante. Elle en est plutôt l'opposé; elle subsiste avec toute sa force, et la preuve, c'est que la loi elle-même réserve à l'autre partie le choix entre l'exécution du contrat et sa résolution. Il est alors manifestement inexact de dire que les obligations du demandeur en résolution sont sans cause; ses obligations ont une cause, puisqu'il a encore en face de lui un débiteur tenu en vertu du même contrat. Ainsi le fondement théorique de la libération des parties ne peut pas être le même dans les deux cas. Il varie suivant la nature des faits qui empêchent l'exécution du contrat par l'une d'elles. S'il y a faute ou fait imputable à l'une des parties, l'action en résolution dérive d'une convention de résiliation sous-entendue et elle a son origine historique dans la *lex commissoria* du droit romain. S'il y a cas fortuit ou force majeure, la libération simultanée des deux parties est imposée par la théorie de la cause, et elle s'opère sans qu'on ait besoin de sous-entendre aucun pacte résolutoire.

Il y a plus: l'anéantissement du contrat ne se produit pas de la même façon dans les deux cas. Au cas de faute du débiteur, la résiliation est prononcée par le juge: c'est un acte d'autorité qui délie les parties. Au cas de force majeure, la libération des contractants s'opère *ipso facto*; le jugement n'intervient que pour la constater, en cas de contestation, absolument comme s'il s'agissait d'une condition résolutoire casuelle.

NOTES

1. Note the court's explanation in terms of *cause*.

2. Art. 1184 deals expressly with the case where 'l'une des deux parties ne satisfera point à son engagement'. The *Cour de cassation*, however, gives the lower courts power over situations of *inexécution partielle*. Had the Bastia court based its refusal to grant *résolution* solely on this ground, would the *Cour de cassation* have intervened?

3. The *Cour de cassation* states that art. 1184 covers *inexécution* due to *force majeure* as well as to fault; and this is what Planiol criticizes. Art. 1184 al. 2 provides for *résolution* with damages: would this occur also in a case of *force majeure*?

Cass. civ. 25.4.1936
(Estivant *c*. Dorigny)
Gaz. Pal. 1936.1.879

LA COUR; — Sur les deux moyens réunis:

Attendu que des qualités du jugement attaqué, il résulte qu'Estivant a été engagé le 1$^{er}$ octobre 1933 par le garagiste Dorigny, pour une période d'une année, comme collaborateur préposé à la vente des voitures automobiles moyennant des appointements fixes, un pourcentage sur les bénéfices et la garantie d'un minimum d'émoluments s'élevant à 2 500 F par mois;

Attendu que congédié pour incapacité après trois mois et demi de services, Estivant a été assigné devant le Conseil de Prud'hommes d'Argenteuil en résiliation du contrat à ses torts et griefs et qu'il a conclu reconventionnellement à ce qu'il lui fut alloué 50 000 F de dommages-intérêts pour rupture sans motifs légitimes d'un louage de services à durée déterminée;

Attendu que si, en cas de louage de services à durée déterminée, la partie, qui prétend avoir contre l'autre des griefs suffisants pour motiver la résiliation du contrat, doit, en principe, demander cette résiliation en justice conformément aux dispositions de l'art. 1184 C. civ., elle est en droit de rompre le contrat sans l'intervention d'une décision judiciaire, lorsque l'autre partie a rendu cette rupture nécessaire par un manquement grave aux obligations qui lui incombaient;

Attendu que, pour prononcer la résiliation du contrat litigieux aux torts et griefs d'Estivant et pour repousser sa demande reconventionnelle basée sur la faute qu'aurait commise Borigny, en rompant ce contrat, le tribunal se fonde sur ce que Estivant, qui était tenu de consacrer toute son activité au développement de l'enterprise, n'a visité que 8 clients et n'a vendu qu'une seule voiture pendant sa présence au garage, alors que, dans un laps de temps d'égale durée à la même époque de l'année, son prédécesseur et son successeur avaient vendu respectivement 12 et 9 voitures;

Attendu que de ces faits souverainement constatés par lui, le jugement attaqué a pu déduire qu'Estivant avait fait preuve dans l'exercice de ses fonctions d'une inertie ou d'une incapacité notoire justifiant la rupture du contrat par son employeur; qu'il s'ensuit que, par ces motifs, qui répondent suffisamment aux conclusions d'Estivant, le tribunal a donné une base légale à sa décision;

Par ces motifs, rejette.

NOTES

1. Note the interrelation between judicial resolution under art. 1184 and the *exceptio non adimpleti contractus*. See G. H. Treitel, *Remedies for Breach of Contract*, Oxford, 1988, chs. VIII, IX.

2. The *pourvoi* is taken against a decision of the *Conseil de prud'hommes*.

## C. Damages

### Code Civil

**1146.** Les dommages et intérêts ne sont dûs que lorsque le débiteur est en demeure de remplir son obligation, excepté néanmoins lorsque la chose que le débiteur s'était obligé de donner ou de faire ne pouvait être donnée ou faite que dans un certain temps qu'il a laissé passer.

**1149.** Les dommages et intérêts dus au créancier sont, en général, de la perte qu'il a faite et du gain dont il a été privé, sauf les exceptions et modifications ci-après.

**1150.** Le débiteur n'est tenu que des dommages et intérêts qui ont été prévus ou qu'on a pu prévoir lors du contrat, lorsque ce n'est point par son dol que l'obligation n'est point exécutée.

**1151.** Dans le cas même où l'inexécution de la convention résulte du dol du débiteur, les dommages et intérêts ne doivent comprendre, à l'égard de la perte éprouvée par le créancier et du gain dont il a été privé, que ce qui est une suite immédiate et directe de l'inexécution de la convention.

**1152.** Lorsque la convention porte que celui qui manquera de l'exécuter paiera une certaine somme à titre de dommages-intérêts, il ne peut être alloué à l'autre partie une somme plus forte, ni moindre.

Néanmoins, le juge peut, même d'office, modérer ou augmenter la peine qui avait été convenue, si elle est manifestement excessive ou dérisoire. Toute stipulation contraire sera réputée non écrite.

**1153.** Dans les obligations qui se bornent au paiement d'une certaine somme, les dommages-intérêts résultant du retard dans l'exécution ne consistent jamais que dans la condamnation aux intérêts au taux légal, sauf les règles particulières au commerce et au cautionnement.

Ces dommages et intérêts sont dus sans que le créancier soit tenu de justifier d'aucune perte.

Ils ne sont dus que du jour de la sommation de payer, excepté dans le cas où la loi les fait courir de plein droit.

Le créancier auquel son débiteur en rétard a causé, par sa mauvaise foi, un prejudice indépendant de ce retard, peut obtenir des dommages et intérêts distincts des intérêts moratoires de la créance.

1. Mise-en-demure

From Malaurie et Aynès, Droit civil: les obligations (1985)

498. *Première vue*. La mise en demeure soulève des difficultés qui, pour classiques qu'elles soient, subsistent encore aujourd'hui. Elle est une objurgation solennelle adressée au débiteur d'exécuter, manifestant la volonté du créancier qui déclare qu'il refuse d'attendre plus longtemps l'exécution.

Elle produit trois conséquences, liées à l'inexécution dont elle assure la constatation. 1° Elle permet au créancier d'obtenir des dommages-intérêts (art. 1146) ou des intérêts de retard (art. 1153); la loi présume, en quelque sorte, que le retard du débiteur jusqu'à sa mise en demeure ne faisait pas éprouver de préjudice au créancier; 2° elle met la chose aux risques du débiteur (art. 1138, al. 2; 3° elle est un préliminaire à la résolution pour cause d'inexécution et à l'exécution forcée.

Les *formes* de la mise-en-demeure ont été assouplies par la jurisprudence. Telle que la comprend l'art. 1139, il s'agit d'un acte solennel, la sommation, qui est un exploit d'huissier. Un acte plus énergique aurait le même effet; par exemple, une assignation: qui peut le plus peut le moins. Longtemps, on a estimé que la lettre recommandée, moins formaliste, ne suffisait pas, sauf disposition légale ou conventionnelle; le droit actuel s'en contente. Même une lettre ordinaire serait suffisante; ce qui compte est que le débiteur sache que le créancier veut obtenir sans tarder l'exécution de l'obligation, en en rappelant la consistance.

Le *domaine* de la mise-en-demeure soulève plus de difficultés. L'idée générale est qu'elle est nécessaire, chaque fois que l'exécution est encore possible; sinon, pourquoi obliger le créancier à demander au débiteur d'exécuter lorsque l'inexécution est acquise? La doctrine précise parfois davantage le critère: la mise en demeure ne serait exigée que pour la responsabilité contractuelle (1) et pour les dommages-intérêts moratoires (2). Ce qui est exact, mais approximatif.

499. *Dommages-intérêts moratoires.* En principe, le débiteur n'est tenu de dommages-intérêts moratoires—c'est-à-dire ceux qui réparent le retard—que s'il a été mis-en-demeure; le seul fait que le débiteur n'ait pas encore payé à l'échéance du terme ne cause pas au créancier un préjudice tenant au retard; l'échéance du terme ne fait donc pas courir les dommages-intérêts de plein droit. Par exemple, si l'obligation a pour objet une somme d'argent, les intérêts moratoires ne courent qu'à compter de la sommation de payer (art. 1153, al. 3). Sauf si la convention ou la loi avaient écarté l'exigence de cette formalité.

Lorsqu'il s'agit de faire courir les dommages-intérêts moratoires, la mise en demeure est donc, en principe, nécessaire. Tandis que lorsqu'il s'agit de dommages-intérêts compensatoires, une distinction s'impose.

500. *Dommages-intérêts compensatoires.* Quand il s'agit des dommages-intérêts compensatoires auxquels le débiteur peut être tenu, la mise-en-demeure est nécessaire ou inutile selon que l'exécution est encore possible ou l'inexécution avérée.

Lorsque l'inexécution est *consommée*, la mise en demeure est inutile. Ainsi, si le délai pendant lequel l'obligation devait s'exécuter est expiré (ex. un fabricant qui s'est engagé à livrer des jouets avant le premier décembre), ou s'il s'agit de la violation d'une obligation de ne pas faire (ex. violation d'une obligation de non-concurrence), ou si le débiteur a déclaré ne pas vouloir exécuter.

Lorsque le préjudice du créancier n'est *pas encore acquis*, la mise-en-demeure est nécessaire. Ainsi en est-il lorsqu'aucune date n'avait été précisée pour l'exécution, si celle-ci reste encore possible, ou si l'exécution tardive est susceptible de le satisfaire.

La distinction soulève des difficultés pour les contrats à *exécution successive* lorsqu'ils imposent une collaboration entre les parties. Quand on ne sait pas nécessairement quel est le concontractant responsable de l'inexécution, la mise-en-demeure est nécessaire.

Cass. civ. 13.11.1940
(Marbach *c.* Bernard)
S. 1941.1.11    D.A. 1941.2    Gaz. Pal. 1941.1.52

LA COUR; . . . Vu l'art. 1146, C. civ.; — Attendu que la demande en dommages-intérêts formée contre le bailleur pour inexécution de ses obligations, n'est pas, en principe, subordonnée à la mise en demeure prévue par ce texte, dès lors que le locataire a avisé, sous une forme quelconque, son propriétaire de la nécessité d'effectuer, d'urgence, les réparations qui s'imposaient; —

Attendu qu'il résulte des qualités du jugement attaqué que Marbach ne pouvant obtenir de Bernard, malgré des réclamations réitérées, les réparations exigées par l'état d'insalubrité des locaux loués, l'a fait citer en dommages-intérêts; que Bernard a répondu par une demande reconventionnelle pour loyers dus; —

Attendu que, pour débouter Marbach de son action et accueillir la demande reconventionnelle de Bernard, le juge de paix, sans examiner le mérite des allégations du locataire, s'est uniquement fondé sur ce que la mise-en-demeure du créancier par acte d'huissier était obligatoire; d'où il suit que sa décision manque de base légale; —

Casse . . .

Cass. civ. 13.4.1923
(Chemin de fer de l'Ouest-algérien *c.* Simon et Bernheim)
S. 1926.1.17, note Hubert    Gaz. Pal. 1923.2.82

LA COUR; — Sur la première branche du moyen: — Vu les art. 1146 et 1147, C. civ.;

Attendu qu'en cas d'inexécution ou de retard dans l'exécution d'une obligation, le créancier doit, pour fair naître le droit à des dommages-intérêts, mettre le débiteur en demeure;

Attendu que Bernheim a assigné Simon, son vendeur, en paiement de dommages-intérêts pour retard dans l'exécution d'un marché de grains; que Simon a appelé en garantie l'Administration des Chemins de fer de l'Ouest-algérien, laquelle a été condamnée à payer à Bernheim la somme réclamée;

Attendu qu'en appel, cette Administration des chemins de fer a prétendu ne pas devoir de dommages-intérêts, parce qu'elle n'avait pas été mise-en-demeure de livrer les marchandises à l'expiration des délais de transport; que l'arrêt attaqué déclare que seul le destinataire est obligé de remplir cette formalité;

Mais attendu que la mise-en-demeure est nécessaire de la part de tout créancier qui veut faire sanctionner, par des dommages-intérêts, l'inexécution de l'obligation ou le retard dans l'exécution;

Sur la seconde branche: . . .

Par ces motifs, casse . . .

NOTES

1. Although the case is on delay, the Court refers to *inexécution*, thus raising the question whether a *mise-en-demeure* must precede a remedy for non-performance.

2. A contracts with B to deliver him 100 kilos of potatoes monthly for a year.
   (a) The first load is sent late. Must B have served a *mise-en-demeure*?
   (b) The first load is sent on time but with short weight. Must B have served a *mise-en-demeure*? Would such an act be possible?
   (c) The first load is sent late with short weight. Must a *mise-en-demeure* precede damages for (i) delay; (ii) the short weight?

3. Compare Cass. civ. 3.12.1930.[65]

4. Compare *Raineri* v. *Miles* [1980] 2 All E.R. 145 (H.L.).

2. Measurement of damages

Cass. req. 6.2.1922

(Scté. Les Distilleries de Bretagne *c*. Brosset)

Gaz. Pal. 1922.1.714

LA COUR;—Sur le moyen pris de la violation des art. 1147, 1149, 1150, 1158 et s., C. civ., des règles du droit en matière de fixation des dommages-intérêts pouvant être dus pour cause d'inexécution prétendûment fautive d'un contrat, de l'art. 1315, C. civ. et des règles de la preuve, ainsi que de l'art. 7 de la loi du 20 avril 1810, pour défaut de motifs et manque de base légale:

Attendu que, suivant convention du 1er septembre 1919, la Scté. des Distilleries de Bretagne avait acheté à Bourhy, représenté

---

[65] See below.

aujourd'hui par Brosset, 2 000 tonnes de pommes à cidre au prix de 175 fr. la tonne, livrables d'octobre à décembre 1919; qu'a la suite de la promulgation du décret du 10 septembre 1919, interdisant la distillation des pommes, la Scté. des Distilleries de Bretagne a demandé la résiliation du contrat et que Bourhy a demandé reconventionnellement à celle-ci des dommages-intérêts pour refus injustifié de prendre livraison de la marchandise vendue; que, par arrêt du 29 janvier 1912, la Cour de Rouen a prononcé la résiliation du marché aux torts de l'acheteur, condamné la Société demanderesse au pourvoi à payer à Bourhy, à titre dommages-intérêts, la différence entre le prix fixé au contrat et le cours moyen coté à l'époque où devait s'exécuter le marché, soit 45 fr. par tonne, ou au total, 90 000 fr.;

Attendu que le pourvoi reproche à l'arrêt attaqué d'avoir alloué au vendeur des dommages-intérêts autres que ceux représentant le préjudice réellement subi par lui et calculés arbitrairement dans l'hypothèse où, vendeur à découvert, il se serait procuré à l'époque convenue pour la livraison, les pommes à un prix inférieur à celui de la vente à la société;

Mais attendu que la Cour de Rouen avait le droit de faire entrer, dans l'évaluation du préjudice subi par Bourhy, le gain par lui mangué; que, pour fixer ce gain, elle a jugé une expertise inutile et l'a fait consister dans la différence entre le prix promis à Bourhy et le cours moyen coté à l'époque où devait s'exécuter le marché; qu'en calculant ainsi, elle n'a fait qu'user de son pouvoir souverain d'appréciation, et n'a en rien violé les textes et règles visés au moyen;

Par ces motifs, rejette . . .

## NOTES

1. Compare Sale of Goods Acts 1893 and 1979 s. 50 (3).

2. The buyers were prevented by statute from distilling; but, as it was no part of the contract that they should do this, *force majeure* does not apply.

Cass. civ. 22.11.1893
(Chem. de fer de Paris–Lyon–Méditerranée *c.* Benoît et Laurin)
D. 1894.1.358

A la date du 8 décembre 1890, le tribunal de commerce de
Tarascon a rendu le jugement suivant:
Attendu que Benoît et Laurin ont fait assigner la Compagnie
Paris–Lyon–Méditerranée en payement de 1 200 fr. de dommages-
intérêts, à raison du préjudice par eux éprouvé à la suite du retard
apporté par ladite Compagnie dans la livraison d'une machine
devant servir à leur industrie; — Attendu que la Compagnie, sans
dénier le retard de huit jours dans la remise des colis expédiés en
grande vitesse et sans contester sa responsabilité, offre en
dédommagement du préjudice la somme de 50 fr. ainsi que les
frais de transport s'élevant à 17 fr.; — Attendu que la Compagnie
invoque l'application des art. 1150 et 1151, C. civ., sous prétexte
que les transporteurs ne peuvent être rendus responsables que du
préjudice prévu ou qu'on a pu prévoir au moment du contrat, et
jamais de dommages-intérêts; — Mais attendu que les conséquences dommageables subies par les demandeurs n'ont pas éte
prévues entre les parties, au moment du contrat; que les parties
n'ayant pu les prévoir, le contrat de transport s'est engagé en
dehors des dispositions desdits articles; qu'il en résulte que le
préjudice subi par Benoît et Laurin ne peut être intégralement
réparé que dans les limites et applications de l'art. 1149, C. civ.; —
Attendu qu'il n'y a pas lieu d'apprécier des dommages appelés
indirects par la Compagnie, mais qu'il s'agit, conformément à
l'article précité, de déterminer la perte faite par les demandeurs et
le gain dont ils ont été privés; — Attendu que le colis en retard
formant une machine à éplucher les artichauts aurait dû parvenir
le 4 juin aux destinataires; qu'à ce moment, ces derniers auraient
pris leurs dispositions pour mettre en vente, au moyen de cet
engin, une certaine quantité de légumes; que la machine n'arrivant
pas, ils ont été obligés de faire appel à des ouvriers; — Attendu
qu'une partie de la marchandise s'est détériorée et que les
demandeurs ont dû payer une indemnité de 300 fr. à leurs
fournisseurs; — Mais attendu que la preuve n'étant pas faite que
leurs pertes s'élèvent à la somme de 1 200 fr., le tribunal croit
devoir remplir les prescriptions de l'art. 1149, C. civ., en arbitrant
à 600 fr. la totalité des dommages; — Par ces motifs, condamne la

Compagnie à payer la somme de 600 fr. à titre de dommages-intérêts.

POURVOI en cassation par la Compagnie des chemins de fer de Paris–Lyon–Méditerranée, pour violation des art. 97, 104, C. com. et 1150 C. civ.; fausse application de l'art. 1149, C. civ., en ce que le jugement attaqué a condamné la Compagnie à payer aux défendeurs des dommages-intérêts, tout en reconnaissant que les dommages-intérêts n'avaient pas été prévus et n'avaient pu l'être lors du contrat.

LA COUR; — Sur le premier moyen: — Vu l'art. 1150, C. civ.; — Attendu, en droit, que la loi ne met à la charge du débiteur, en cas d'inexécution d'une obligation, que les dommages-intérêts qui ont été prévus ou qu'on a pu prévoir lors du contrat; — Attendu, en fait, que Benoît et Laurin demandaient à la Compagnie des chemins de fer de Paris–Lyon–Méditerranée la réparation du préjudice qui leur aurait été causé par le retard apporté dans l'expédition d'une machine nécessaire pour leur industrie; — Qu'-après avoir constaté 'que les conséquences dommageables subies par eux n'avaient pas été prévues entre les parties au moment du contrat et qu'elles n'avaient pu les prévoir', le tribunal a cependant condamné la Compagnie à payer la somme à laquelle il évalue 'la *totalité* du dommage éprouvé; — Qu'en statuant ainsi par le motif que 'les parties n'ayant pu prévoir le préjudice, le contrat de transport s'est engagé en dehors des dispositions de l'art. 1150, C. civ.', le jugement a formellement violé ledit article de loi; — Par ces motifs, et sans qu'il soit besoin de statuer sur le second moyen du pourvoi; — Casse . . .

NOTE

Compare *Hadley* v. *Baxendale*.[66]

---

[66] (1854) 9 Ex. 341.

Cass. civ. 21.11.1910
(Chem. de fer de l'Est *c.* Lamiraux)
D. 1911.1.208

LA COUR; — Vu l'art. 1150, C. civ.; — Attendu que la loi ne met à la charge du débiteur, en cas d'inexécution d'une obligation, que les dommages-intérêts qui ont été prévus ou qu'on a pu prévoir lors du contrat, lorsque ce n'est point par son dol que l'obligation n'est pas exécutée; — Attendu, dans l'espèce, qu'à l'occasion d'un retard survenu dans l'expédition de huit demi-muids,[67] remis le 30 août 1906 à la gare de Châlons-sur-Marne, pour être adressés, par petite vitesse, à Lafontaine, commissionnaire en vins, en gare d'Uchizy-lès-Mâcon, Lamiraux demandait à la Compagnie des chemins de fer de l'Est des dommages-intérêts en précisant deux éléments distincts de préjudice; (1) privation des fûts[68] à l'époque des vendanges; (2) impossibilité d'exécution d'un marché de vins conclu avec le destinataire; — Attendu que la Compagnie ne contestait pas le principe de sa responsabilité et qu'elle faisait offre de 100 fr., mais qu'elle prétendait faire écarter le second élément du dommage allégué en soutenant qu'elle n'avait pu prévoir, lors de la formation du contrat de transport, qu'un retard dans son exécution entraînerait la résiliation d'un marché; — Attendu, d'une part, que le jugement attaqué ne relève aucun dol à la charge de la Compagnie; que, d'autre part, il ne contient aucune constatation ou appréciation de fait de nature à contredire le moyen de défense qu'elle présentait; que, cependant, il tient compte, pour la détermination du préjudice dont il alloue la réparation, des deux chefs de réparation formulés dans la demande; — D'où il suit que le tribunal . . . n'a pas légalement justifié la décision . . . Par ces motifs, casse.

NOTE

Could Lamiraux have been sued for breach of his contract?

---

[67] Muid = hogshead.
[68] Casks.

Cass. civ. 23.12.1913
(Chem. de fer du Midi *c*. Bousquet)
D. 1915.1.35

LA COUR; — Vu l'art. 1150, C. civ.; — Attendu que la loi ne met à la charge de débiteur, en cas d'inexécution d'une obligation, que les dommages-intérêts qui ont été prévus ou qu'on a pu prévoir lors du contrat; — Attendu que la demande en 500 fr. de dommages-intérêts, introduite par Bousquet contre la Compagnie dés chemins de fer du Midi, était fondée sur ce que, par suite du retard d'un train qu'il avait pris à Caux, il avait manqué la conclusion d'une affaire importante, pour laquelle il était appelé d'urgence à Béziers; attendu que la Compagnie ne contestait pas le principe de sa responsabilité, qu'elle faisait offre de 15 fr.; mais qu'elle soutenait dans ses conclusions qu'elle n'était pas tenue du surplus des dommages-intérêts réclamés, qu'elle n'avait pas prévus lors de la formation du contrat de transport; attendu que, sans répondre à ces conclusions, sans relever aucune circonstance établissant que la Compagnie avait connu l'objet du voyage et prévu, ou pu prévoir, les risques particuliers qu'il comportait, le jugement attaqué (*Trib. com. de Pézénas*, 2 décembre 1908) l'a condamnée à 200 fr. de dommages-intérêts; — Qu'en statuant ainsi, le tribunal de commerce de Pézénas n'a pas légalement justifié sa décision et a, par suite, violé l'article de loi susvisé; — Par ces motifs, casse.

Cass. civ. 3.12.1930
(Chemin de Fer P.L.M. *c*. Barthe)
S. 1931.1.101    Gaz. Pal. 1931.1.78

LA COUR; — Sur le 1ᵉʳ moyen: — Attendu qu'il résulte des constatations de l'arrêt attaqué, qu'une caisse, expédiée à l'adresse de Barthe, livrable en gare de Turenne et contenant, d'après la déclaration d'expédition 210 kg. de plants de vigne américaine racinés, n'est arrivée à destination qu'après l'expiration des délais réglementaires; qu'à la date du 6 mars 1923, alors que ces délais étaient déjà expirés, Barthe informa la chef de gare de Turenne par lettre recommandée, que, s'étant déjà présenté plusieurs fois à la gare de Turenne, pour retirer les plants à lui expédiés et rien n'étant arrivé, il se réservait de demander des dommages-intérêts

pour rétard dans la livraison à la Cie P.L.M.; qu'à cette mise en
demeure le chef de gare répondit le 8 mars que le colis allait
parvenir d'Oran dans le plus bref délai, que, néanmoins, ce fut
seulement le 12 mars que Barthe reçut avis que la caisse était à sa
disposition; qu'il refusa, dans ces conditions, d'en prendre
livraison et que, lors de l'ouverture qui en fut faite, les plants
furent reconnus, par suite de leur dessiccation, impropres à la
culture;

Attendu qu'étant démontré que la Compagnie n'avait pas
observé, pour le transport de la marchandise, les prescriptions
réglementaires, l'arrêt attaqué a pu mettre à sa charge toutes les
conséquences dommageables de sa faute; qu'en déclarant que le
temps écoulé entre la date d'expédition du colis et le jour où les
plants avaient été mis effectivement à la disposition du destinataire,
avait été plus que suffisant pour amener leur dessiccation complète
et rendre leur reprise impossible, il a fait un usage souverain de
son pouvoir d'appréciation;

Attendu, il est vrai, que, dans ses conclusions, la Compagnie a
prétendu, sans d'ailleurs en offrir ni en rapporter la preuve, que le
préjudice s'étant au moins dans quelques-uns de ses éléments,
avant toute mise-en-demeure et que celle-ci étant le point de
départ de sa responsabilité, l'intégralité du préjudice ne pouvait
être mis à sa charge;

Attendu que le pourvoi fait grief à l'arrêt d'avoir repoussé ces
conclusions;

Mais attendu qui, si la Compagnie ne pouvait être constituée en
état de retard que par une mise-en-demeure régulière, le fait par le
destinataire de n'avoir accompli cette formalité, demeurée d'ailleurs sans effet, que plusieurs jours après l'expiration des délais
impartis à la Compagnie pour le transport de la marchandise, ne
saurait, même partiellement, exonérer celle-ci des conséquences
dommageables d'un événement, imputable, aux termes de l'arrêt,
à l'inexécution constatée de ses obligations contractuelles;

Par ces motifs et abstraction faite de motifs surabondants,
rejette le 1er moyen.

Sur le 2e moyen:

Attendu que le pourvoi fait grief à l'arrêt attaqué d'avoir
condamné la Compagnie non seulement au remboursement des
plants avariés, mais encore à la réparation du préjudice que

Barthe aurait subi à raison d'une année de retard dans sa récolte,
et ce, sans répondre à ses conclusions ni sans relever aucun fait qui
pût être considéré comme ayant permis au transporteur de prévoir
que le retard dans la livraison aurait pour conséquence une perte
dans la récolte;

Mais attendu que le jugement dont l'arrêt adopte sur ce point les
motifs, déclare que le préjudice subi par Barthe pouvait être prévu
et a été la conséquence naturelle du retard; que l'arrêt ajoute que
la Compagnie savait, par la mention 'plantes vivantes' portée sur
la déclaration d'expédition et corroborée par le certificat d'origine
joint au colis, qu'il s'agissait de plants devant être remis au
destinataire dans un délai extrêmement bref, sous peine de dépérir
sans remède; qu'ainsi se trouve légalement justifiée la décision
attaquée;

Par ces motifs, rejette . . .

Cass. req. 24.10.1932
(C^ie générale de transports et déménagements de la ville de Nice *c.*
de Robiglio)
D.P. 1932 176, note E.P.

LA COUR; — Sur les deux moyens réunis pris de la.violation des art.
1134, 1149, 1150, 1153, 1382, C. civ. et 7 de la loi du 20 avril
1810: — Attendu que la cour d'appel (Aix, 22 décembre 1930)
ayant condamné la Compagnie générale des transports et déménagements de la ville de Nice, dépositaire d'un important mobilier
appartenant à de Robiglio, à lui verser une somme de 100 000 fr.
avec intérêts du jour de la demande, en réparation intégrale des
dégâts causés à ce mobilier par une fuite d'eau que la compagnie
avait laissée, pendant plusieurs années, s'infiltrer dans le garde-
meuble, le pourvoi reproche à l'arrêt, d'une part, d'avoir substitué
à la responsabilité contractuelle de dépositaire, dont l'exonérait
une clause de non-responsabilité, une responsabilité délictuelle,
et, d'autre part, d'avoir alloué, comme étant de droit, des intérêts
qui ne sont qu'un complément d'indemnité; — Mais attendu que la
faute lourde, assimilable au dol, empêche le contractant auquel
elle est imputable de limiter la réparation du préjudice qu'il a
causé aux dommages prévus ou prévisibles lors du contrat et de
s'en affranchir par une clause de non-responsabilité; que, dès lors,

en la cause, la cour d'appel relevant, d'après les faits et circonstances qu'elle énumère, une faute lourde à la charge du dépositaire, consistant à avoir, pendant plusieurs années, négligé d'ouvrir et de vérifier un garde-meuble contenant un mobilier très important, a pu le condamner à l'entière réparation du préjudice causé au déposant, et ajouter les intérêts courus du jour de la demande, lesquels ont, de plein droit, un caractère compensatoire; — D'où il suit, et sans qu'il y ait à s'arrêter à certains motifs critiqués par le pourvoi qui sont surabondants, que l'arrêt attaqué a justifié légalement sa décision sans violer aucun des textes visés aux moyens;

Par ces motifs, rejette.

Cass. civ. 22.10.1975
(Jacques Martin *c*. Chevalier et autre)
D.S. 1975 151

LA COUR; — Sur le moyen unique: — Attendu qu'il résulte des énonciations de l'arrêt attaqué (Paris, 1<sup>re</sup> ch., 19 avril 1974) que l'artiste Jacques Martin s'est, par acte sous seing privé du 12 juillet 1971, engagé à se produire, le 26 septembre 1971, comme vedette au cours d'une fête organisée à Rigny-le-Ferron par la Coopérative scolaire et le syndicat d'initiative de cette localité; que, Jacques Martin ne s'étant pas présenté le jour convenu, les organisateurs l'ont assigné en paiement de dommages-intérêts; que la cour d'appel, pour condamner cet artiste au paiement d'une somme supérieure au montant du dédit prévu au contrat, s'est fondée sur le fait qu'il avait commis une faute dolosive; — Attendu qu'il est reproché aux juges du second degré d'avoir ainsi statué, alors que le débiteur qui n'a pas exécuté son obligation n'est tenu que des dommages-intérêts qui ont été stipulés au contrat, lorsque celui-ci contient, comme en l'espèce, une clause pénale et que, s'il en est autrement lorsque c'est par son dol que l'obligation n'est pas exécutée, les énonciations de l'arrêt attaqué n'auraient pas caractérisé l'existence d'un dol; — Mais attendu que les juges d'appel ont relevé que Jacques Martin, qui avait signé lui-même le contrat, n'avait pas, ne fût-ce qu'en dernière heure, avisé de sa défection et n'avait jamais allégué le moindre prétexte qui soit de nature à expliquer celle-ci, ce qui établissait qu'il avait eu la volonté arrêtée

de ne pas exécuter l'obligation qu'il avait contractée; qu'en l'état de ces énonciations, ils ont pu estimer que Jacques Martin avait commis une faute dolosive permettant l'allocation de dommages-intérêts supérieurs à ceux prévus au contrat;
Par ces motifs, rejette.

### d. Specific enforcement[69]

**Code Civil**

1138. L'obligation de livrer la chose est parfaite par le seul consentement des parties contractantes.

Elle rend le créancier propriétaire et met la chose à ses risques dès l'instant où elle a dû être livrée, encore que la tradition n'en ait point été faite, à moins que le débiteur ne soit en demeure de la livrer: auquel cas la chose reste aux risques de ce dernier.

1142. Toute obligation de faire ou de ne pas faire se résout en dommages et intérêts, en cas d'inexécution de la part du débiteur.

1143. Néanmoins, le créancier a le droit de demander que ce qui aurait été fait par contravention à l'engagement soit détruit: et il peut se faire autoriser à la détruire aux dépens du débiteur, sans préjudice des dommages et intérêts, s'il y a lieu.

1144. Le créancier peut aussi, en cas d'inexécution, être autorisé à faire exécuter lui-même l'obligation aux dépens du débiteur.

2092. Quiconque s'est obligé personnellement, est tenu de remplir son engagement sur tous ses biens mobiliers et immobiliers présents et à venir.

2092-1. Les biens du débiteur peuvent être appréhendés alors même qu'ils seraient détenus par des tiers.

L'appréhension s'opère selon les règles propres à la nature de chacun d'eux.

2092-2. Ne peuvent être saisis:
(1) Les biens que la loi déclare insaisissables . . .
(4) Les biens mobiliers nécessaires à la vie et au travail du saisi et de sa famille, si ce n'est pour paiement de leur prix, dans les limites fixées par le Code de procédure civile.

[69] See J. P. Dawson, 'Specific Performance', 57 Michigan L.R. (1959) 495; G. H. Treitel, *Remedies for Breach of Contract*, Oxford, 1988, ch. III.

2093. Les biens du débiteur sont le gage commun de ses créanciers, et le prix s'en distribue entre eux par contribution, à moins qu'il n'y ait entre les créanciers des causes légitimes de préférence.

## Nouveau Code de Procedure Civil

### Tribunal de grande instance

ART. 808. Dans tous les cas d'urgence, le président du tribunal de grande instance peut ordonner en référé toutes les mesures qui ne se heurtent à aucune contestation sérieuse ou que justifie l'existence d'un différend.

809. Le président peut toujours, même en présence d'une contestation sérieuse, prescrire en référé les mesures conservatoires ou de remise en état qui s'imposent, soit pour prévenir un dommage imminent, soit pour faire cesser un trouble manifestement illicite.

Dans le cas où l'existence de l'obligation n'est pas sérieusement contestable, il peut accorder une provision au créancier ou ordonner l'exécution de l'obligation même s'il s'agit d'une obligation de faire.

### Tribunal d'instance

#### L'INJONCTION DE FAIRE

ART. 1425-1. L'exécution en nature d'une obligation née d'un contrat conclu entre des personnes n'ayant pas toutes la qualité de commerçant peut être demandée au tribunal d'instance lorsque la valeur de la prestation dont l'exécution est réclamée n'excède pas le taux de compétence de cette juridiction.

. . .

1425-3. La demande est formée par requête déposée ou adressée au greffe par le bénéficiaire de l'obligation . . .

La requête content . . . l'indication précise de la nature de l'obligation dont l'exécution est poursuivie ainsi que le fondement de celle-ci. Elle est accompagnée des documents justificatifs . . .

1425-4. Si, au vu des documents produits, la demande lui paraît fondée, le juge rend une ordonnance portant injonction de faire non susceptible de recours.

Il fixe l'objet de l'obligation ainsi que le délai et les conditions dans lesquelles celle-ci doit être exécutée.

L'ordonnance mentionne, en outre, les lieu, jour et heure de l'audience à laquelle l'affaire sera examinée, à moins que le demandeur n'ait fait connaître que l'injonction a été exécutée.

. . .

1425-8. Le tribunal en cas d'inexécution totale ou partielle de l'injonction de faire qu'il a délivrée, statue sur la demande, après avoir tenté de concilier les parties . . .

NOTE

This procedure before the *Tribunal d'instance* (in force 1.1.1989) applies only to small claims involving non-merchants.

From Mazeaud et Chabas, *Leçons de droit civil: obligations* (1985)

934. *L'exécution forcée en nature et les obligations de donner*. Lorsque l'obligation de donner (*dare*: transférer la propriété) porte sur une *somme d'argent*, elle est toujours susceptible d'être exécutée sans le concours du débiteur: s'il refuse de payer, le créancier obtiendra la somme qui lui est due en faisant saisir et vendre ses biens, opérations qui sont possibles contre la volonté du saisi.

La solution est la même lorsque l'obligation de donner porte sur une autre *chose de genre* non individualisée: le créancier a la faculté d'acheter à un tiers une même quantité de choses de genre identiques, et d'en faire payer le prix par le débiteur en procédant à la saisie de ses biens.

Si l'obligation est de donner un *corps certain*, elle est immédiatement exécutée; le simple échange des consentements a, en effet, opéré le transfert de propriété. Le créancier, par exemple l'acheteur, ne peut donc pas demander l'exécution: il est déjà devenu propriétaire. Mais il ne lui suffit pas d'avoir acquis cette qualité. Il désire que la chose lui soit livrée. Cette *obligation de livraison*, obligation de faire, est intimement liée à l'obligation de donner. Aussi obéit-elle à la même règle: elle est susceptible d'exécution forcée en nature. Au reste, ce n'est pas tant en qualité de créancier de l'obligation de livraison, que de propriétaire,

qu'agit l'acquéreur du corps certain. Tout propriétaire a le droit
d'exiger la livraison de sa chose; ce droit ne peut céder devant la
mauvaise volonté du débiteur; le créancier pourra donc se faire
mettre en possession, au besoin *manu militari*. Il n'y a là aucune
atteinte véritable à la liberté individuelle.

**935. *L'exécution forcée en nature et les obligations de faire ou de ne
pas faire*.** D'après l'art. 1142 C. civ., 'toute obligation de faire ou
de ne pas faire se résout en dommages et intérêts, en cas
d'inexécution de la part du débiteur'. C'est la traduction de
l'adage: Nemo præcise cogi potest ad factum. Malgré cette
affirmation de portée générale, on va constater que, même dans le
domaine de l'obligation de faire ou de ne pas faire, le créancier est
souvent en droit d'obtenir l'exécution en nature; la portée de l'art.
1142 est très reduite . . . Aussi bien, a notre avis l'art. 1142 fait-il
obstacle seulement à une condamnation à la contrainte physique
sur le débiteur pour l'obliger à s'exécuter personnellement. Il
n'empêche pas le juge de prononcer, en vertu de son *imperium*,
une *injonction*, au besoin assortie d'une astreinte;

Cass. civ. 17.1.1984
(Abou *c*. Alessandra)
Pourvoi no. 82-15.982 LEXIS

Sur le pourvoi formé par M. Maurice Abou . . . en cassation d'un
arrêt rendu . . . par la Cour d'appel d'Aix-en-Provence (8ème
chambre) au profit de M. François Alessandra . . .

   Premier moyen: le moyen reproche à l'arrêt attaqué d'avoir
débouté M. Abou de sa demande tendant à voir procéder par M.
Alessandra aux travaux utiles et à la mise en conformité de la
piscine et de ses accessoires conformément au devis contractuel du
26 décembre 1977, notamment en ce qui concerne le nombre des
marches d'accès à ladite piscine, au motif que la preuve n'étant pas
rapportée que cette modification soit de nature à rendre plus
malaisé l'accés, le grief n'est pas à retenir, alors que la Cour a
refusé d'appliquer les clauses prévues au contrat . . . signé des
deux parties . . .; qu'elle a ainsi privé sa décision de base légale au
regard de l'art. 1134 du Code civil . . .

   LA COUR; . . . Vu l'art. 1184 du Code civil; Attendu que, selon ce
texte, la partie envers laquelle l'engagement n'a point été exécuté

peut forcer l'autre à l'exécution de la convention lorsque cette
exécution est possible; Attendu que pour rejeter la demande du
maître de l'ouvrage qui demandait la mise en conformité de
l'escalier de la piscine qui comprenait trois marches au lieu des
quatre prévues au [contrat], l'arrêt retient que la preuve n'êtait pas
rapportée que cette modification soit de nature à rendre malaisé
l'accès de la piscine; qu'en statuant ainsi, sans rechercher si la
remise en état des lieux était impossible, la Cour d'appel n'a pas
donné de base légale à sa décision;
Par ces motifs, casse . . .

Cass. civ. 14.3.1900
(Eden *c.* Whistler)
S. 1900.1.489, note anon.

Il y a eu pourvoi en cassation par M. Eden contre l'arrêt rendu par
la Cour de Paris le 2 décembre 1987, et rapporté S. et P.
1900.2.201. — Moyen unique. Violation des art. 1136, 1138, 1583,
1584, 1603 et s., 1787 et 1788, C. civ., fausse application de l'art.
1142 du même Code, manque de base légale, défaut de motifs et
violation de l'art. 7 de la loi du 20 avril 1810, en ce que, tout en
reconnaissant que Whistler avait contracté, vis-à-vis de Sir W.
Eden, l'obligation de faire le portrait de Lady Eden et qu'il avait
fait et parachevé ce portrait, l'arrêt attaqué a refusé d'en ordonner
la remise au demandeur, sous le prétexte que le contrat intervenu
entre les parties n'avait donné naissance qu'à une simple obligation de faire, résoluble en dommages-intérêts en cas d'inexécution, alors que ce contrat constituait une vente de chose future ou
un louage d'ouvrage, dans lequel l'ouvrier devait fournir la
matière, ou, tout au moins, une obligation de donner qui avait
pour effet de transférer de plein droit la propriété du portrait sur la
tête du demandeur, dès son achèvement ou tout au moins dès son
agrément par Sir Eden, et ce avant toute livraison, et que,
l'obligation de M. Whistler n'eût-elle constitué qu'une simple
obligation de faire, les juges du fond auraient encore dû ordonner
l'exécution directe, l'obligation étant de celles qui peuvent être
exécutées directement, sans exercer aucune contrainte sur la
liberté du débiteur.

LA COUR; — Attendu que la convention, par laquelle un peintre s'engage à exécuter un portait, moyennant un prix déterminé, constitue un contrat d'une nature spéciale, en vertu duquel la propriété du tableau n'est définitivement acquise à la partie qui l'a commandé que lorsque l'artiste a mis ce tableau à sa disposition et qu'il a été agréé par elle; que, jusqu'à ce moment, le peintre reste maître de son œuvre, sans toutefois qu'il lui soit loisible de la retenir pour lui-même ou d'en disposer au profit d'un tiers, à l'état de portrait, le droit de reproduire les traits du modèle ne lui ayant été concédé que conditionnellement en vue de l'exécution complète du contrat, et que, faute par l'artiste de satisfaire à ses engagements, il se rend passible de dommages-intérêts; — Attendu qu'il résulte des constatations de l'arrêt attaqué que Whistler s'est engagé à faire le portrait de Lady Eden, mais qu'il s'est toujours refusé à mettre ledit portrait à la disposition du demandeur en cassation qui en avait fait la commande; et qu'après avoir exposé le tableau au salon du Champ-de-Mars, il a fait subir à la peinture des modifications radicales, remplaçant la tête de Lady Eden par celle d'une autre personne; — Attendu, en cet état des faits, qu'en décidant, d'une part, que le demandeur en cassation, n'étant pas devenu propriétaire du tableau, n'en pouvait exiger la remise en son état actuel; d'autre part, que Whistler serait tenu de restituer avec des dommages-intérêts le prix perçu d'avance, et en interdisant, en outre, à ce dernier de faire un usage quelconque de la toile avant d'en avoir modifié l'aspect, de manière à la rendre méconnaissable, l'arrêt attaqué, lequel est motivé, loin de violer le texte de loi visé par le pourvoi, en a fait, au contraire, une juste application; — Rejette etc.

## NOTES

1. Would an English court have ordered specific performance against Whistler had the portrait been (*a*) finished; (*b*) unfinished?

2. If not, would an injunction have been made similar to the French court's interdiction? How is the latter enforced?

Cass. civ. 4.6.1924
(Chemin de fer d'Orléans *c.* Vidal)
S. 1925.1.97    D.H. 1924.469    Gaz. Pal. 1924.2.237

La Comp. d'Orléans a formé un pourvoi en cassation contre un arrêt rendu par la Cour de Riom, le 7 décembre 1922. — Moyen unique: Violation des art. 1134, 1142, C. civ., 101, C. comm.; et 7 de la loi du 20 avril 1810, en ce que l'arrêt attaqué a condamné la compagnie à exécuter elle-même la réparation d'avaries survenues aux objets transportés, alors que l'inexécution du contrat de transport n'autorisait les juges du fond qu'à prononcer une condamnation à des dommages-intérêts.

LA COUR; — Donne défaut contre le défendeur; — Sur le moyen unique: — Vu l'art. 1142, C. civ.; — Attendu qu'aucune disposition légale n'autorise les tribunaux à condamner une partie, en réparation d'un dommage causé par elle, à exécuter un acte qui ne lui est imposé ni par une convention, ni par la loi, alors qu'elle refuse de l'accomplir; —
Attendu que des meubles expédiés le 20 février 1922 à Vidal en gare de Saint-Gervais-Châteauneuf, ayant été avariés en cours de transport, l'arrêt attaqué, rejetant l'offre d'une indemnité faite par la Comp. des chemins de fer de Paris à Orléans, l'a condamnée à faire réparer elle-même et à ses frais, par des ouvriers qualifiés, les meubles avariés; qu'en statuant ainsi, il a violé le texte susvisé; —
Casse . . .

Cass. civ. 20.1.1953
(Epoux Ailloud *c.* consorts Plissonnier)
J.C.P. 1953 II 7677, note P. Esmein

LA COUR; . . . Sur le second moyen: — Attendu qu'en raison de la prétendue impossibilité où se trouverait Ailloud d'effectuer la restitution de divers objets mobiliers que lui a imposée l'arrêt du 20 janvier 1947, la réparation du préjudice en résultant pour Plissonnier, leur propriétaire, devait, selon le pourvoi, se résoudre en dommages-intérêts; que, dès lors, en le condamnant à titre de réparation à livrer des objets de même nature et valeur, l'arrêt attaqué aurait violé l'art. 1142 du Code civil; — Mais attendu que ce texte ne peut trouver son application qu'au cas d'inexécution d'une obligation personnelle de faire ou de ne pas faire; qu'il résulte des énonciations de l'arrêt attaqué que la faute génératrice du dommages réside dans la rétention pure et simple et injustifiée d'objets appartenant à autrui; que, dès lors, le texte visé au pourvoi est sans application dans la cause, et qu'en jugeant qu'une restitution par équivalence d'objets de même nature pouvant se trouver dans le commerce sera le meilleur mode de réparation du préjudice, la Cour d'Appel n'a fait qu'user de son pouvoir souverain d'appréciation; — D'où il suit que le moyen n'est pas fondé;

Par ces motifs; — Rejette le pourvoi.

Cass. civ. 17.12.1963
(Jalaguier e.a. *c.* Scté. Immobilière Le Rabelais)
J.C.P. 1964 II 13609, note Blaevoelt   Gaz. Pal. 1964.1.158

LA COUR; — Sur le premier moyen: . . . (sans intérêt): — Mais sur le second moyen, pris en sa première branche du même pourvoi: — Vu l'article 1143, Code civil; — Attendu qu'il était uniquement demandé aux juges du fond de condamner Parena et la Société civile immobilière La Rabelais à démolir les étages de l'immeuble par eux élevés en violation d'une stipulation du cahier des charges régissant les constructions érigées sur le lotissement; — Attendu que l'arrêt attaqué, tout en constatant la réalité de l'infraction à cette stipulation, a refusé d'ordonner la démolition des étages excédentaires et alloué aux demandeurs des dommages-intérêts compensatoires au motif que devaient être sauvegardés les intérêts des attributaires des logements situés dans ces étages; — Attendu qu'ayant reconnu que l'exécution de la condamnation en nature sollicitée n'était pas impossible et que les demandeurs avaient intérêt à obtenir cette condamnation, la Cour, en refusant de la prononcer pour des raisons tenant à l'intérêt des tiers, a violé le texte ci-dessus visé;

Par ces motifs, et sans qu'il y ait lieu de statuer sur la seconde branche du même moyen; — Casse.

From the note

Les faits sont très simples. Parena et la Société immobilière Le Rabelais avaient élevé dans un lotissement un immeuble comportant plus d'étages que n'en autorisait le cahier des charges de ce lotissement. Des propriétaires de lots les assignèrent en démolition. La Cour d'appel de Montpellier, saisie de l'affaire, tout en constatant la réalité de l'infraction aux stipulations du cahier des charges, a refusé d'ordonner la démolition et alloué aux demandeurs des dommages-intérêts en compensation au motif que devaient être sauvegardés les intérêts des attributaires des logements situés dans ces étages. C'est l'arrêt attaqué.

La 1$^{re}$ section civile de la Cour de cassation, statuant sur le moyen pris de l'art. 1143 du Code civil, a décidé que la Cour d'appel l'avait violé: après avoir reconnu que la condamnation sollicitée n'était pas impossible et que les demandeurs avaient intérêt à l'obtenir, elle avait refusé de la prononcer pour des raisons tenant à l'intérêt des tiers.

Cependant, certaines Cours d'appel avaient coutume de se tenir à des dommages-intérêts. Ces Cours invoquaient diverses considérations: le fait que 'ordonner la démolition aurait été une sanction disproportionnée avec le préjudice . . .', le faible dépassement de la hauteur autorisée, l'intérêt général de ménager les constructions en raison de la crise du logement, parfois la bonne foi du constructeur. . . . La fermeté de la Chambre civile dans l'application du Code ne peut qu'être approuvée pour sa concordance avec le souci du législateur qui a tenu à préserver la salubrité . . . dans certains lieux par de graves sanctions aux règles qu'il impose en matière d'urbanisme.

*e. Astreintes*

From Pekelis, 'Legal Techniques and Political Ideologies' (1943)

The Anglo-American idea of responsibility for contempt means, indeed, that the party who does not abide by certain specific decrees emanating from a judicial body is a contumacious person and may, as a rule, be held in contempt of court, in the king's mercy, so to say, and consequently fined and jailed. And although the institution is not utilized to the same extent in all areas of enforcement, it is still a highly characteristic illustration of the philosophy underlying the whole mechanism of the Anglo-American legal machinery.

Now, this very concept of contempt simply does not belong to the world of ideas of a Latin lawyer. It just does not occur to him that the refusal of the defendant to deliver to the plaintiff a painting sold to the latter, a purely *private* matter between plaintiff and defendant, may, as soon as a judicial order is issued, become a matter to a certain extent *personal to the court*, and that the court may feel hurt, insulted, 'contemned', because its order has been neglected or wilfully disobeyed.

The Latin conception of the means of enforcement is of a far more mechanical or formalistic character: it is a play with certain rules, traps, catches, and loopholes; and the court itself is one of the cogs of the mechanism, a party to the play. It does not occur to the actors that you have to bow to the judge's will, or that you may be punished by him or, even more absurd, *blamed* for not having complied with his orders. The court says that the painting belongs to the plaintiff? Very well, let him try to get it! He may send the sheriff, and the defendant certainly will not prevent him from coming into his house and looking for the painting; if he is lucky enough to find it *there*, not elsewhere, well, he has won. Neither the sheriff nor the court can ask where the defendant put the painting. . . . The Anglo-American solution of this situation, namely, to send the debtor to jail until he chooses to deliver the painting — theoretically for life — simply does not occur to the Latin lawyer.[70] . . . The enforcement device known to the civil law . . . is the French '*astreinte*'.

## NOTES

An *astreinte* is a court order obliging a person in breach of an obligation to pay to the innocent party a sum of money calculated usually by the day. There are two main types:

---

[70] See Carlandrea Cremonini, 'An Italian Lawyer looks at Civil Contempt — from Rome to Glastonbury', [1984] C.J.Q. 133.

1. *Astreinte provisoire.* The court fixes a sum *per diem* which is to run until the obligation is fulfilled. Before the plaintiff can enforce the order, however, he must apply to the court to 'liquidate' the amount: to set, that is, a total figure which can then be taken by way of execution. In arriving at this figure the Court does not merely multiply the sum by the period of time; it can increase or reduce the amount so calculated in the light of the plaintiff's losses and the defendant's conduct.

2. *Astreinte définitive.* This is an award of a fixed sum per period: liquidation is merely mathematical.

*Before the loi* of 5.7.1972 (below) the use of the *astreinte* presented some difficulties; the following observations are offered as background to the texts:

(*a*) It was founded on no article of the Code. Indeed, it could be argued that it was forbidden by art. 1142, which makes damages the sanction for breach of obligations to act or abstain.

(*b*) Its use was not confined to contract cases. In fact, as the first case shows, the earliest *astreintes* were in the field of family law; and they are still used, for instance, to persuade a defendant to abate a nuisance.

(*c*) It was difficult to reconcile with the rule that an innocent party must be compensated for his loss and no more; art. 1147 obliges the debtor to pay damages *s'il y a lieu*. Again, the first case shows the Court's uneasy awareness of the problem. In the case of an *astreinte provisoire* the question was whether, on liquidating the final amount, the Court must arrive at a figure no greater than the plaintiff's loss; and, in the *astreinte définitive*, whether the figure must be a judicial forecast of damage. Of course, the lower courts had a completely free hand in assessing such losses; but, even then, if the *astreinte* had to be tied to them, it would lose much of its force.

The Second World War brought this problem to a head. At a time of great housing shortage, if a lease was properly terminated, the landlord could obtain a court order for possession; but how was he to enforce it? Apparently, the Administration would not help. In 1947 a lower court complained: 'qu'il est en effet navrant que la formule exécutoire des décisions de justice est journellement mise en échec par la carence ou le mauvais vouloir de l'Administration préfectorale, qui trouble ainsi l'ordre public au lieu de l'assurer comme elle en a la charge'. What then was the court to do? The tribunal had no hesitation: 'Il n'est pas sans intérêt, dans les temps présents, de souligner, en fait, l'utilité, la légitimité et l'opportunité de l'astreinte, pour éviter les conséquences abusives et arbitraires des pratiques administratives.'[71]

---

[71]   Trib, civil des Sables d'Olonne 24.11.1947; D. 1948.34.

So the practice grew of imposing an *astreinte* on the tenant until he left. But if this is not to exceed the landlord's loss (to be, say, a market rent) the tenant will be loath to surrender possession. Consequently many *astreintes* were pitched high to force the defendant to obey; and, as the liquidated amount was paid to the landlord, he received more than his loss. In the field of housing this practice was stopped by a *loi* of 21.7.1949.[72]

In situations not covered by this statute, the *Cour de cassation*, after some vacillation, finally generalized the function of the *astreinte* in 1959, declaring it to be entirely distinct from damages. The decision was codified in a statute of 5 July 1972[73] and the utility of the device has since been recognized in other fields. The New Code of Civil Procedure art. 11 empowers courts to order an *astreinte* to enforce discovery; and in the field of public law the statute of 16 July 1980 is given and discussed above, Part I, Administrative Law, Enforcement against the Public Power.

Paris 7.8.1876
(De Bauffremont *c.* de Bauffremont)
D. 1878.2.125

[Princess Bibesco had been ordered to return her children to her husband.]

LA COUR; . . . Considérant qu'il est du droit et du devoir de la justice, en prévision de l'inexécution ou du retard dans l'exécution de ce qu'elle ordonne, de prendre dès à présent les dispositions que la loi autorise, soit pour vaincre la résistance de la princesse . . . soit pour indemniser, autant que possible, le mari du préjudice qui lui serait causé . . . Considérant que l'obligation imposée a la princesse . . . de remettre à son mari leurs enfants communs, constitue une obligation de faire, dont l'inexécution ou le retard dans l'exécution se résout, suivant l'art. 1142, C. civ., en dommages-intérêts . . . Considérant qu'en réduisant à de simples dommages-intérêts la sanction demandée, il convient de la proportionner à la résistance qu'il s'agit de vaincre et au dommage à réparer . . .

Par ces motifs . . . Dit toutefois que, faute par elle d'avoir remis les enfants au prince . . . dans la quinzaine de la signification du

[72] Below.
[73] Below.

présent arrêt, elle est dès à présent condamnée à lui payer pour
chaque jour de retard . . . 500 fr. pendant le premier mois et 1 000
fr. pendant le second mois; passé lequel délai de deux mois, il sera
par la cour fait droit définitivement.

[Two months later the Princess had not complied.]

Paris 13.2.1877
D. 1878.2.125

LA COUR; . . . Considérant que la princesse . . . ne tenant aucun
compte des décisions de la justice, n'a point encore satisfait aux
condamnations . . . Qu'en présence de la résistance qu'il s'agit de
vaincre, la justice doit d'autant moins hésiter à recourir à une
contrainte pécuniaire . . . Par ces motifs . . . dit et décide que,
faute par la princesse . . . d'avoir remis leurs enfants communs au
prince . . . elle demeure, dès à présent, condamnée à lui payer, en
outre de dommages-intérêts actuellement acquis, la somme de
1 000 fr. par chaque jour du retard . . .

Loi No. 49-972 du 21 juillet 1949[74]

ART. 1er. Les astreintes fixées pour obliger l'occupant d'un local à
quitter les lieux ont toujours un caractère comminatoire et doivent
être révisées et liquidées par le juge une fois la décision
d'expulsion exécutée.

ART. 2. Le montant de l'astreinte une fois liquidée ne pourra
excéder la somme compensatrice du préjudice effectivement
causé. Il devra être tenu compte, lors de sa fixation, des difficultés
que le débiteur a rencontrées pour satisfaire à l'exécution de la
décision . . .

Cass. civ. 20.10.1959
(Scté. X. *c.* P.)
S. 1959.225 D.1959.537, note Holleaux

LA COUR; — Sur le moyen unique, en ses deux branches: — Attendu qu'il est reproché à l'arrêt attaqué (Riom, 10 décembre
1956, D. 1956.101) d'avoir, lors de le liquidation d'une astreinte

[74] D. 1949, Légis.328

precédemment ordonnée pour assurer l'exécution d'une obligation de faire, pris en considération la résistance fautive du débiteur, sans s'attacher à mesurer l'importance du préjudice causé au créancier par le retard de l'exécution, alors que selon le pourvoi, le juge qui liquide une astreinte est tenu de ne pas dépasser le montant du dommage dont la constatation est indispensable pour justifier la condamnation; —

Mais attendu qu'en décidant que l'astreinte provisoire, mesure de contrainte entièrement distincte des dommages-intérêts, et qui n'est en définitive qu'un moyen de vaincre la résistance opposée à l'exécution d'une condamnation, n'a pas pour objet de compenser le dommage né du retard et est normalement liquidée en fonction de la gravité de la faute du débiteur récalcitrant et de ses facultés, la cour d'appel, dont l'arrêt est motivé, a légalement justifié sa décision;

Par ces motifs, rejette . . .

From the note

1. Les circonstances de l'espèce font apparaître l'intérêt pressant de la question de droit soumise à la Cour de cassation: la nature juridique des astreintes.

Une société industrielle est condamnée à modifier un ouvrage établi au mépris des droits d'un particulier. En vue d'assurer l'exécution de sa décision, la cour d'appel assortit la condamnation d'une astreinte, calculée par jour de retard. Néanmoins, la société n'exécute pas. L'astreinte est liquidée et une nouvelle astreinte ordonnée. La société persiste à ne pas exécuter. Nouvelle liquidation, suivie d'une nouvelle astreinte. En vain. Enfin par nouvel arrêt (le quatrième) une nouvelle astreinte, de 10 000 fr. par jour cette fois, est ordonnée pendant trois mois. L'exécution n'ayant toujours pas eu lieu, les bénéficiaires demandent la liquidation de l'astreinte au plein de son montant (90 000 fr.) et la fixation d'une nouvelle astreinte plus forte.

C'est alors que la société, qui jusque-là paraissait être restée indifférente aux liquidations, à un chiffre modéré, des astreintes antérieures, peu élevées, s'émeut enfin. Elle fait plaider que l'astreinte n'est pas autre chose que des dommages-intérêts, et que sa liquidation doit donc se mesurer exactement au préjudice effectivement souffert du fait de la non-exécution ou du retard dans l'exécution de la condamnation. Et elle demande même avant dire droit une expertise afin d'évaluer le dommage.

Sur quoi, la cour d'appel prend nettement parti sur la nature de l'astreinte (Riom, 10 décembre 1956, D. 1956.101; S. 1957.112) où elle voit une mesure de contrainte, entièrement étrangère à la notion de dommages-intérêts. Et en considération de l'obstination de la société à ne pas exécuter une décision de justice, elle fait droit à la demande de liquidation de l'astreinte à son plein chiffre, sans aucune référence au montant du préjudice.

L'enjeu du litige sur lequel avait à statuer l'arrêt ci-dessus rapporté était extrêmement grave. C'est le sort de toute l'institution des astreintes qui en dépendait. Si l'astreinte en définitive ne devait plus être considérée que comme des dommages-intérêts moratoires purs et simples, la justice serait, en matière de décision ayant pour objet un *facere* ou un *non facere*, le plus souvent entièrement désarmée en présence d'un plaideur obstinément récalcitrant. Seule l'éventualité et la menace de condamnations pécuniaires d'un montant croissant pouvant atteindre des chiffres éléves est de nature à faire réfléchir un litigant de mauvaise volonté . . .

2. Ceci amène à préciser la distinction entre deux catégories d'astreintes. Ce sont:

(1) les astreintes définitives qui prononcent—à raison de chaque jour de retard dans l'exécution de la décision, ou à raison de chaque infraction à une décision ordonnant soit l'accomplissement d'un acte soit plus souvent une abstention—, une condamnation à une somme d'ores et déjà acquise au bénéficiaire de cette condamnation et

(2) les astreintes provisoires qui comportent à l'expiration du délai pour lequel elles sont prononcées, la révision éventuelle du chiffre de l'astreinte, sa 'liquidation'.

C'est d'ailleurs tout à fait à tort que seule la deuxième catégorie d'astreinte—l'astreinte provisoire soumise à liquidation—est en pratique qualifiée de 'comminatoire'. C'est là une erreur certaine. Le caractère comminatoire qui est de l'essence de toute astreinte étant même en réalité bien plus marqué dans l'astreinte définitive que dans l'astreinte provisoire, puisque dans l'astreinte définitive la sanction calculée par jour ou par infraction ne peut être révisée. La menace inhérente à toute astreinte consiste dans l'augmentation progressive de la condamnation et non dans son caractère révisable, comme on a trop souvent tendance à le croire. C'est même justement l'inverse.

Mais de nos jours s'est progressivement établi entre les deux catégories d'astreintes une différence très remarquable, — d'ailleurs beaucoup plus de forme que de fond. L'astreinte définitive a évolué — en principe — vers la notion formelle de dommages-intérêts. On est venu de nos jours à considérer que l'astreinte dont le taux est définitivement fixé constitue juridiquement une condamnation à des dommages-intérêts. Cela signiferait-il donc, sur ce plan, l'abandon du caractère sanctionnateur de l'astreinte ?

On pourrait le croire à voir certaines décisions des dix dernières années, qui imposent aux juges du fond l'obligation de 'justifier dès à présent (c'est-à-dire dès le prononcé de l'astreinte) que la somme fixée représente le préjudice causé au créancier par le retard' . . .

Mais il n'en est rien. Il faut, en effet, toujours tenir compte de la liberté incontestée du juge du fond pour évaluer le préjudice, qu'il sera donc libre d'évaluer à un taux particulièrement élevé en fixant l'astreinte. Cette considération atténue déjà singulièrement l'exigence qui figure dans les termes des arrêts ci-dessus cités. Mais il y a mieux encore, et un très remarquable courant jurisprudentiel, inauguré par une importante décision de la chambre civile (2 février 1955, Bull. civ. 1955.1, no. 54, p. 50), a cessé d'exiger aucune justification de l'adéquation de l'astreinte définitive au préjudice, la simple fixation du chiffre de l'astreinte définitive valant, par elle-même et sans autre justification, évaluation souveraine du préjudice futur . . .

La tendance de cette jurisprudence tout à fait remarquable est visiblement de rétablir, sous le vocable (et nous oserons dire, sous le 'masque') de la notion de dommages-intérêts, le caractère de sanction de l'astreinte définitive. La 'menace' est ici fonction du pouvoir souverain d'évaluation du préjudice futur par les juges du fond. . . .

. . .

Cette évolution est très intéressante car elle montre comment, même quand on prétend ne voir dans l'astreinte que des dommages-intérêts (ce qui est le cas suivant la conception actuelle régnante en matière d'astreinte définitive), celle-ci revient nécessairement, sous l'apparence, et disons franchement sous la fiction, de la notion de dommages-intérêts, à sa vraie nature qui est d'être une sanction et une peine . . .

3. Si nous passons maintenant à l'astreinte soumise à liquidation, tout le monde est d'accord que le chiffre de l'astreinte est, au moins provisoirement, fixé à titre de menace, sans aucun rapport avec le préjudice futur prévisible. Toute la difficulté vient de la question de savoir si, lors de la liquidation, la condamnation finale (que le juge est libre de maintenir au chiffre primitif ou d'abaisser) doit être mesurée exactement — ou du moins être réputée mesurée exactement — au taux du préjudice réellement causé par le retard ou l'infraction.

. . .

5. Telle était bien en effet la portée du débat. La thèse de l'arrêt de la cour de Riom — qui est celle professée par la majorité des juridictions de fond, conscientes du caractère indispensable de l'institution des astreintes fonctionnant à titre de sanction d'une attitude récalcitrante, et hors de toute confusion avec des dommages-intérêts — ne pouvait être condamnée sans que toute l'institution ne fût démantelée du même coup . . .

NOTES

1. Is the dilemma of the *astreinte non-comminatoire* due to an insufficient distinction between a penalty designed to introduce obedience and an assessment of compensation for an unquantifiable loss?

2. What happens if the defendant cannot pay?[75]

### Loi N° 72–626 du 5 juillet 1972[76]

TITRE II

### De l'astreinte en matière civile[77]

ART. 5. Les tribunaux peuvent, même d'office, ordonner une astreinte pour assurer l'exécution de leurs décisions.

ART. 6. L'astreinte est indépendante des dommages-intérêts. Elle est provisoire ou définitive. L'astreinte doit être considérée

[75] See *Le Monde* 7–8.5.1978 sub. tit. 'Chère Bicyclette'.
[76] D.S. 1972 L. 361.
[77] See M. F. Chabas, *La réforme de l'astreinte*. D.S. 1972 Chron. 271.

comme provisoire, à moins que le juge n'ait précisé son caractère définitif.

ART. 7. Au cas d'inexécution totale ou partielle ou de retard dans l'exécution, le juge qui a ordonné l'astreinte doit procéder à sa liquidation.

ART. 8. Sauf s'il est établi qui l'inexécution de la décision judiciaire provient d'un cas fortuit ou de force majeure, le taux de l'astreinte définitive ne peut être modifié par le juge lors de sa liquidation.

Il appartient au juge de modérer ou de supprimer l'astreinte provisoire, même au cas d'inexécution constatée.

# Bibliography

[Unless otherwise stated, Paris is the place of publication.]

AUBY, J.-M. ET DUCOS-ADER, R. *Droit Public*, 2 vols., 3rd edn. Sirey, 1966.

AUBY, J.-M. ed., *Droit Public*, 2 vols., Economica, 1985.

AZIBERT, M. ET DE BOISDEFFRE, M. 'Service des postes', A.J.D.A. 1986, pp. 694 ff.

BEL, J. 'Le Bicentenaire de la Révolution: retour aux sources pour la Cour de cassation', D.S. 1989 Chron. 105.

BRETHE DE LA GESSAYE, J. 'Droit administratif et droit privé', in Ripert, G., *Le Droit privé français au milieu du XX^e siècle: études offertes à Georges Ripert*, 2 vols., L.G.D.J., 1950, pp. 304 ff.

CAPITANT, H. *De la cause des obligations*, Dalloz, 1923.

CAPITANT, H. *Introduction à l'étude de droit civil*, 5ème éd. Sirey, 1929.

CARBONNIER, J. *Droit civil*, vol. i, *Introduction: les Personnes*, P.U.F., 1988; vol. iv, *Les Obligations*, P.U.F., 1985.

COHEN, D. *La Cour de cassation et la séparation des autorités administrative et judiciaire*, Economica, 1987.

COUR DE CASSATION, *Rapport* 1987.

FAVOREU, L. ed., 'Le Controle de constitutionnalité des normes juridiques par le Conseil constitutionnel', R.F.D.A. 1987, p. 845.

FRÒSSARD, J. *La Distinction des obligations de moyen et des obligations de résultat*, L.G.D.J., 1965.

GAUDEMET, E. *Théorie générale des obligations* (reimpression of the edition published in 1937), Sirey, 1965.

JESTAZ, P. 'La Jurisprudence, ombre portée du contentieux', D.S. 1989 Chron. 149.

JOSSERAND, L. *Les Mobiles dans les actes juridiques du droit privé*, Dalloz, 1928.

DE JUGLART, M. *Cours de droit civil*, 7ème éd., Montchrestien, 1972.

JULLIOT DE LA MORANDIÈRE, L. 'L'Ordre public en droit privé interne', in Capitant, H. *Etudes de droit civil à la mémoire de Henri Capitant*, Dalloz (n.d.).

DE LAUBADÈRE, A. *Traité de Droit Administratif*, 2 vols., 9ème éd. Venezia, J.-C. et Gaudemet, Y., L.G.D.J., 1984–6.

MALAURIE, P. ET AYNÈS, L. *Cours de droit civil: les obligations*, Cujas, 1985.

MARTY, G. ET RAYNAUD, P. *Droit civil: les Obligations*, 2ème éd. Sirey, 1988.

MASSOT, J. ET MARIMBERT, J. *Le Conseil d'Etat*, La Documentation Française, 1988.

MAURY, J. 'Cause', *Encyclopédie Dalloz* (Civil), 1951, vol. i, pp. 514 ff.

MAZEAUD, H., L. ET J., *Leçons de droit civil*, 4 vols. 5ème éd. par M. de Juglart, Montchrestien, 1960–70.

MAZEAUD, H., L. ET J. ET CHABAS, F. *Leçons de droit civil, Obligations: théorie générale*, Montchrestien, 1985.

MEYNIAL, E. 'Les Recueils d'arrêts et les arrêtistes', in *Livre du centennaire du Code civil*, 2 vols., Rousseau, 1904, vol. i, pp. 173 ff.

MIMIN, P. *Le Style des jugements*, 4ème éd., Librairie Technique, 1970.

PEKELIS, A. H. 'Legal Techniques and Political Ideologies', 41 *Michigan L.R.* (1943), pp. 665 ff., at p. 668.

PERROT, R. *Institutions Judiciaires*, 3ème éd., Montchrestien, 1989.

PIROVANO, A. 'Introduction critique au droit commercial contemporain', 1985 *Rev. Tr. Dr. Comm.*, p. 219.

POTHIER, R.J. *Traité des obligations (1760)*, Pichon-Béchet, 1827.

PRADEL, J. *Droit Pénal*, vol. ii, *Procédure pénale*, 4ème éd., Cujas, 1987.

RIPERT, G., ED. ROBLOT, R. *Traité élémentaire de droit commercial* 12th edn., vol. i, 10ème éd., vol. ii, L.G.D.J., 1986.

RIVERO, J. *Droit administratif*, Précis Dalloz, 3ème éd., 1973.

TERCINET, J., 'Vers la fin de l'inexécution des decisions juridiction-nelles par l'Administration', A.J.D.A., 1981, pp. 3 ff.

TOUFFAIT, A. ET TUNC, A. 'Pour une motivation plus explicite des

décisions de justice notamment celles de la Cour de cassation',
1974 *Rev. Tr. Dr. Civ.*, pp. 487 ff.

TUNC, A. 'La Méthode du droit civil: analyse des conceptions
françaises', 1975 *Rev. Int. Dr. Comp.*, pp. 817 ff.

VINCENT, J. *Procédure civile*, Précis Dalloz, 16ème éd., 1973.

WALINE, M. *Droit administratif*, Sirey, 9ème éd., 1963.

# Index

judgeships:
  sale of 3
judiciary:
  Constitution, provisions in 41
  *juridictions d'instruction* 265–6
  *juridictions de jugement* 266–9

legal personnel:
  *avocats* 293–4
  judges 288–90
  legal profession and auxiliary
    personnel 292–7
  *ministère public* 290–2
  *officiers ministériels* 294–7
legislation:
  Ancien Régime, procedure in 4–5
  Post Office 178–80
  publication, effect and application
    of 9–10

*ministère public* 290–2
  Ancien Régime, in 4

nationalizations 67–71

*officiers ministériels* 294–7
ordinance:
  legislation by 81–2

*Parlement de Paris*:
  judgeships, sale of 3
  lawcourt, as 3
  legislation, procedure as to 4–5
  nobility, judicial office carrying 3
*parlements*:
  Ancien Régime, under 2–6
  Crown servants, interference with 6
  rule-making powers 6–8
Parliament:
  Constitution: breach of 62;
    provisions in 32–4
  government: delegation of power
    to 81–7; relationship with 34–9
partnership:
  principles governing 213
police:
  branches of 98
  liability of 98–103
  search powers 65–6
Post Office:
  jurisdiction 180–6
  legislation 178–80
  litigation: private law 193–204;

public law 186–93
President:
  Constitution, provisions in 29–31
  election of 54
private law:
  categories of: civil and
    commercial 209–18; civil and
    criminal 206–9; *ius cogens, ius
    dispositivum* 218–29;
    normative 218–33; status 229–33
  choice of 9
  *Code de commerce* 211–13
  *Code de Procédure Pénale* 207
  consumer protection 231–2
  contract, *see* contract
  contrary intention, rules yielding
    to 218–29
  courts: collegiate principle 260; *Cour
    de cassation* 269–78; courts of
    appeal 264–5; criminal 265–8;
    decentralization 259–60; English
    courts, comparison with 259;
    *juridictions d'instruction* 265–6;
    *juridictions de jugement* 226–9;
    style of judgment 278–88; *tribunal
    d'odre judiciaire* 12, 259; *tribunaux
    de droit commun* and *tribunaux
    d'exception* 261; *tribunaux de
    grande instance* 262–3; *tribunaux
    d'instance* 260, 263
  division, whether constitutional 87–
    90
  juridical equals, based on assumption
    of 11
  legal personnel, *see* legal personnel
  *lois impératives* and *lois
    supplétives* 218
  Post Office litigation 193–204
  private persons, dealing with 10
  public law distinguished 10–19
  sources of: Civil Code 233–9;
    doctrine 255–8; general
    principles 239–41;
    jurisprudence 241–54
  types of enactment 219
public law:
  choice of 9
  constitutional, *see* constitutional law
  criminal courts, applied by 141
  division, whether constitutional 87–
    90
  divisions of 19–20
  police, actions against 99